厚德博學

經濟匡時

金融学系列

第3版

国际金融学

奚君羊　主编

上海财经大学出版社

图书在版编目(CIP)数据

国际金融学 / 奚君羊主编. —3 版. —上海:上海财经大学出版社,2019.8
(匡时·金融学系列)
ISBN 978-7-5642-3337-2/F·3337

Ⅰ. ①国… Ⅱ. ①奚… Ⅲ. ①国际金融学 Ⅳ. ①F831

中国版本图书馆 CIP 数据核字(2019)第 169791 号

责任编辑:袁　敏
封面设计:张克瑶
版式设计:朱静怡

国际金融学(第 3 版)

著 作 者:奚君羊　主编
出版发行:上海财经大学出版社有限公司
地　　址:上海市中山北一路 369 号(邮编 200083)
网　　址:http://www.sufep.com
经　　销:全国新华书店
印刷装订:上海华教印务有限公司
开　　本:787mm×1092mm　1/16
印　　张:30
字　　数:586 千字
版　　次:2019 年 8 月第 3 版
印　　次:2021 年 7 月第 4 次印刷
印　　数:85 001—90 000
定　　价:58.00 元

第3版前言

早在30多年前，我就萌发了编写一本国际金融教科书的愿望，因为在我国，有独特风格的、适宜财经类院校和综合性大学商学院学生，包括非金融专业本科生需要的中文版国际金融教科书实在是凤毛麟角。但由于本人教学和科研任务繁重，况且又不由自主地陷入种种社会事务，疲于应酬，当然，最根本的原因则是本人生性失于勤勉，故一直未能如愿。

我国出版的中文版国际金融教科书大都由综合性大学的经济学院教授编写，内容主要偏重于宏观经济，脱胎于“国际经济学”，唯不含国际贸易的内容，相当于“国际宏观经济学”(international macroeconomics)，涉及外汇交易和国际金融市场等微观方面的内容很少涉及。此外，这些教科书一般偏重于理论学说，在结合实际方面，尤其是结合我国的实际方面有所不足。如果说此类教科书对以后的职业生涯主要是在学术机构或政府部门从事研究性工作的综合性大学经济学专业和金融学专业本科生还有其适用性的话，那么对于以从事商务工作为目标的财经类院校和商学院的学生而言，使用这种教科书无异于削足适履。近年来，一些财经类院校和商学院的教师编写的国际金融教科书也开始不断涌现，但在拥有自身特色的同时，也有某些不足，例如过于偏重交易细节、有些重要的国际金融现象存在缺失、与我国的现状结合不够紧密等。

出于以上考虑，我作为主编力图使本书体现以下特色：

随着各国经济开放度的不断提高和世界经济的日趋一体化，国际金融现象与人们的一般经济生活的关系也愈益紧密。从我国的情况看，人民币汇率和外汇储备变动、跨境资本流动、人民币国际化，以及这些现象与我国经济的关联已成为人们普遍关心的热点话题，这就使得许多非金融学专业和非经济学专业的其他社会科学类的学生需要通过学习国际金融学来了解和把握相关知识。为了适应这部分学生的需要，本书力图以直白和通俗的文字，深入浅出地将国际金融学科的某些复杂的内容表述清楚。即使是使用其他指定教科书的经济学和金融学专业的学生，在修学国际金融课程时，若以本书作为课外参考教材，也会因其浅显易懂而有助于加快理解国际金融的理论性内容。

国际金融学是一门覆盖面很广的学科，而且与现实的经济活动密切相关，国际金融领域的创新活动也十分活跃。因此，单本国际金融教科书难免会漏失某些学生应该了解和掌握的内容。为了避免这种缺陷，本书把内容的完整性作为追求的目标，尽可能完整覆盖国际金融专业领域的基本概念和基本理论、学说、原理，没有重要的遗漏。此外，本书充实了最新的内容，如纳入了一般教科书尚付阙如的新开放宏观经济学和外汇市场微观结构理论有关汇率的内容，以减少学生课外的参考读物数量。国际金融学与许多其他相关学科(如货币银行学、证券投资学、金融工程学等学科)都有密切联系，为了避免课程内容的重复，本书仅选取这些学科中与国际金融(如外汇和汇率)相关的内容，否则就可能造成国际金融学科的外延无限扩大的结果。

如前所述，近年来，我国的国际收支、人民币汇率及其制度改革、跨境资本流动和人民币国际化等问题及其对中国经济的影响，已引起整个社会的广泛关注。然而，现有的国际金融教科书一般取材于国外教科书，很少对此进行解释和分析。作为面向中国学生的国际金融学教科书，本书安排了较多结合我国情况的篇幅，以便学生日后能结合我国实际运用国际金融学的相关知识。

国际金融学是从国外移植而来的一门学科，其涉及的许多概念、原理和学说对我国学者来说还面临如何用规范的中文予以表述的问题。由于各个学者的知识背景不同、理解的角度迥异，因此许多概念的表述在不同的中文文献中也有很大差别。本书在这方面不吝笔墨，在反复推敲的基础上试图廓清歧义，推崇规范的中文表述，以便学生在修学国际金融课程的开端伊始，就能走上规范。本书对外文人名做如下处理：凡已有规范且被广泛使用的中文人名，本书沿袭使用，否则，就直接使用外文，以免因翻译成中文后反而引起混淆。外文文献则一般不做翻译，以便读者查找原文。

最后，正如我已反复强调的，突出体现商务和交易等微观活动也是本书的一大特色。因此，本书除了具备一般国际金融教科书的内容之外，还纳入了学术界初兴的微观分析和研究成果，做到宏观与微观、学术与实践的兼收并蓄，以便不同专业、不同类别的学生可以各取所需，既可以适应经济学和金融学专业强调理论性和学术性的需要，也可以适应商务类专业和其他应用类专业学生的特点。需要说明的是，国际金融的微观分析形成的历史不到 40 年，还不够成熟，至今还未在国内外教科书中占有地位。我们将其编入教科书是一种冒险的尝试，是否成功还有待检验。

对上述目标的追求或许是我的一厢情愿，虽然我从事国际金融学的学习、教学与研究已愈 30 载，但鉴于国际金融这门学科本身的复杂性，我依然常有出错的时候。本书于 2008 年初版和 2013 年再版后我们果然在教学过程中发现以及被学生指出了一些表述不够严谨和准确，甚至谬误之处。在此仅对读者表示歉意！尽管我们在第三版再版之际做了更正，但仍然可能与上述目标存在极大偏差，那只能归因于我的力所不逮甚至是志大才疏。我唯一所能祈求的是得到学术界各位同仁和读者的善意批评和指正(联系邮箱：junyang@shufe.edu.cn)，我将尽力在本书下一次再版之际予以修订和补充，使得本书虽然不可能达到完美，但愿能逐步臻于完美。

本书的篇章顺序安排主要出于以下考虑：第一、二、三章是对国际金融有关基本现象的介绍，是理解所有其他国际金融现象的基础，且涉及的理论性内容相对较少，为便于学生在理解上的循序渐进，故放在最前面。在此之后是理论性较强的第四章和第五章。由于后者的部分内容（国际收支理论）是对前者（汇率理论）的应用，故作这样的先后安排。其余五章主要是对国际金融方面的专门问题的讨论，其间既需要应用最前面三章的基本知识，也需要应用第四、五章的基本理论。这五章的顺序主要从其在一国经济中的重要性由强至弱的顺序安排。

本书是集体智慧的结晶，撰稿人均为上海财经大学国际金融系的资深教师，他们是奚君羊（第一章和第二章）、徐晓萍（第三章）、周继忠和冯玲（第四章）、谈儒勇（第五章）、丁剑平（第六章）、钱婵娟（第七章）、李晓洁（第八章）、于研（第九章）和金洪飞（第十章）。我作为主编拟定了本书的大纲和撰稿要求，并对书稿按我个人确定的准则进行了增删、修改和版面顺序的调整。因此，本书的功绩得益于所有撰稿人的奉献，而其中的缺陷乃至谬误，则是我修改不当或失察所致，应由我个人负责。

2019 年 4 月于上海财经大学

目 录

第一章　国际收支

教学目的与要求

● 完整、精确把握国际收支的概念，了解国际收支与国际借贷、贸易收支和外汇收支的区别。

● 详尽了解国际收支平衡表的编制原理及其内容，明确国际收支平衡表中各项目的含义及相互关系。

● 了解国际收支平衡的性质上的含义及其成因。

● 掌握针对国际收支不平衡的基本对策。

● 明确各种因素影响国际收支的作用机理。

国际收支是国际金融学科的一个最基本的重要内容，国际金融学科的其他许多方面，如外汇、汇率、国际货币体系、国际金融市场和国际储备等组成部分，都与国际收支有着非因即果的关系。因此，深入了解和正确把握国际收支的含义及相关原理，是学习国际金融这门学科的必要组成部分。

第一节　国际收支的基本含义

一、国际借贷和国际收支

国际收支是一个与国际经济交易密切相关的概念。由国际经济发展史可知，国际经济交易的起源或最初形式是国际贸易。然而，随着社会生产力的发展和国际交通与电讯的日臻发达，以及各国政策的愈益开放，国际经济关系也日趋密切，结果，除了货物贸易以外，服务贸易、各国间的资本流动和直接投资、政府间的转移支付(援助、捐赠等)等都得到了迅速的发展。

各种不同类型的国际经济交易一旦发生，就会引起各种债权债务关系以及与之相联系的货币支付。例如，一国居民出口一批商品，由此就获得了一笔对外债权，而进口一批商品则会发生一笔对外债务。在国际金融学中，我们对这种国际间的债权债务关系用国际借贷(balance of international indebtedness)这一术语予以表示。所谓国际借贷，是指一国在一定日期(例如，某年某月某日，一般为期末)对外债权债务的综合情况。

我国国家外汇管理局(简称外管局[①])会按季度发布中国国际投资头寸表，该表主要体现了我国对外金融活动形成的债权债务关系，没有包含货物和服务往来形成的债权债务关系(见表 1-1)。鉴于货物和服务往来形成的债权债务关系通常会在短期里了结，而且部分会通过金融性的贸易融资得到反映，因此，国际投资头寸表的内容可以大致说明我国的国际借贷状况。根据表 1-1 可知，截至 2018 年末我国的对外资产大于对外负债，净资产约 2.1 万亿美元，是全球最大的债权国之一。

国际间的债权债务关系必须在一定时期内清算、结算，债权国应收入货币，了结其对外债权；债务国应支付货币，清偿其对外债务。这种清算、结算或支付就形成了国际收支(international balance of payments)，国际收支在某种程度上反映了一国在一定时期内的对外收入和支付的情况。[②] 因此，国际借贷是产生国际收支的原因，国际借贷的发生，必然会形成国际收支。由此可见，国际借贷和国际收支虽然是两个密切相关的概念，都反映一国的对外经济状况，但其含义却有很大的差异。除了这种因果差异以外，国际借贷和国际收支的第二个差异是，从时间序列的角度看，前者表示的是一定时点(a point of time)，后者表示的是一定时段(a period of time)。国际借贷和国际收支的第三个差异是，前者表示一国对外债权债务的余额，即最终结果，是一种"存量"(stock)，后者是指一国对外收付的累计结果，是一种"流量"(flow)。此外，这两个概念包括的范围也不同。除了国际借贷以外，侨民赡家汇款、馈赠等单边转移行为也会导致国际收支(支付)现象，但并未发生债权债务关系，因而不包括在国际借贷范围之内。所以，国际收支的范围要比国际借贷的范围更加宽泛。

表 1-1　　2016～2018 年中国国际投资头寸表　　单位:亿美元

项　目	2016 年末	2017 年末	2018 年末
净头寸	19 504	21 007	21 301
资产	65 070	71 488	73 242
1 直接投资	13 574	18 090	18 990

① 许多中文文献将国家外汇管理局简称为外汇局，这与简称一般取每个词语的第一个字的行文习惯不符。

② 外管局目前按季度、半年度和年度发布我国的国际收支相关数据。

续表

项 目	2016年末	2017年末	2018年末
1.1 股权	11 274	15 590	16 316
1.2 关联企业债务	2 300	2 501	2 674
1.a 金融部门	/	2 371	2 518
1.1.a 股权	/	2 276	2 416
1.2.a 关联企业债务	/	95	102
1.b 非金融部门	/	15 719	16 472
1.1.b 股权	/	13 314	13 900
1.2.b 关联企业债务	/	2 405	2 572
2 证券投资	3 670	4 925	4 980
2.1 股权	2 152	2 977	2 700
2.2 债券	1 518	1 948	2 279
3 金融衍生工具	52	59	62
4 其他投资	16 797	16 055	17 530
4.1 其他股权	1	54	54
4.2 货币和存款	3 653	3 611	3 937
4.3 贷款	5 768	6 373	7 097
4.4 保险和养老金	123	101	106
4.5 贸易信贷	6 145	5 319	5 972
4.6 其他	1 107	597	364
5 储备资产	30 978	32 359	31 680
5.1 货币黄金	679	765	763
5.2 特别提款权	97	110	107
5.3 在国际货币基金组织的储备头寸	96	79	85
5.4 外汇储备	30 105	31 399	30 727
5.5 其他储备资产	2	5	−2
负债	45 567	50 481	51 941
1 直接投资	27 551	27 257	27 623
1.1 股权	25 370	25 150	25 386
1.2 关联企业债务	2 181	2 107	2 237
1.a 金融部门	/	1 351	1 422

续表

项　目	2016 年末	2017 年末	2018 年末
1.1.a 股权	/	1 241	1 277
1.2.a 关联企业债务	/	110	145
1.b 非金融部门	/	25 906	26 201
1.1.b 股权	/	23 909	24 109
1.2.b 关联企业债务	/	1 997	2 092
2 证券投资	8 111	10 994	10 964
2.1 股权	5 795	7 623	6 842
2.2 债券	2 316	3 370	4 122
3 金融衍生工具	60	34	60
4 其他投资	9 844	12 197	13 294
4.1 其他股权	0	0	0
4.2 货币和存款	3 166	4 365	4 833
4.3 贷款	3 205	3 922	4 169
4.4 保险和养老金	88	100	109
4.5 贸易信贷	2 883	3 523	3 931
4.6 其他	408	188	154
4.7 特别提款权	94	100	97

注：

1. 本表计数采用四舍五入原则。

2. 净头寸是指资产减负债，"+"表示净资产，"—"表示净负债。

3. 本表按照国际货币基金组织(International Monetary Fund，IMF)《国际收支和国际投资头寸手册》(第六版)标准进行编制和列示。

4. 2017 年末以来贸易信贷数据根据最新调查结果修订，未追溯调整之前的数据。

数据来源：国家外汇管理局。

国际收支是一个历史的概念，其外延随着国际经济交易的发展而不断丰富。国际收支概念最初起源于 17 世纪初期。当时国际经济往来的基本形式是货物贸易，位居经济学主流的重商学派(mercantilist)把国际收支简单地解释为一个国家的对外贸易差额，即贸易收支(balance of trade)。这反映了资本主义形成时期货物交易在国际经济往来中占统治地位的状况。在这以后很长一段时期内，国际金融界一直通行这一概念。即使在现代经济条件下，由于货物贸易仍然在国际经济往来中占有重要地位，且是对外实体经济活动的主要组成部分，因此人们有时还会以贸易收支指代国际收支，所以，狭义的国际收支就仅仅指这种贸易收支。

第一次世界大战以后，由大规模移民形成的侨汇和战争赔款构成的单边转移、国际投资导致的资本流动日益增多，使国际经济交易的形式已经不限于贸易。此外，金本位制度开始解体，黄金逐步退出流通领域，纸币流通日益盛行，外汇已成为国际贸易、国际结算和国际投资的主要支付手段。这使得外汇收支的重要性与日俱增，这时，各国通行的国际收支概念就由贸易收支推广到了外汇收支，即把所有涉及外汇收付的内容都包括在内。

第二次世界大战之后，国际收支概念又有了新的发展。由于国与国之间政治、经济和文化等方面的往来更加频繁和广泛，贸易方式更加灵活，各种形式的对销贸易迅速发展[①]，而这些贸易方式并不涉及外汇收支，于是，为了完整考察一国的对外经济活动，就必须把不发生外汇收支的交易也纳入国际收支的范畴，由此形成了以所有国际经济往来为外延的广义的国际收支概念。

按照国际货币基金组织（简称基金组织，IMF）的定义[②]，国际收支是在一定时期内，一个经济实体（economic entity，economy）的居民（resident）同非居民（non-resident）之间所发生的全部经济往来的系统记录。

在这里，“经济实体”是指作为单独财政结算单位的国家或地区[③]；“居民”是指在这个经济实体的境内居住、生活、工作或从事各种经济活动达 1 年以上的政府机构、个人、企业和社会组织，否则即为非居民。但是一个国家的外交使节、驻外军事人员，尽管在另一个国家居住 1 年以上，仍是派出国的居民，是居住国的非居民，因为其收入来源主要是派出国而不是居住国。一个企业的国外子公司是其所在国的居民，是其母公司所在国的非居民。例如，美国通用电气公司在新加坡的子公司是新加坡的居民、美国的非居民。该子公司与母公司的业务往来是新加坡和美国之间的国际经济交易，因而须纳入国际收支范畴。国际性机构如世界银行、IMF 等不属于任何国家的居民，而是所有国家的非居民。居民与非居民身份的划分以 1 年作为期限并无严格的理论依据，是人为的设定。其出发点是，在一个经济实体长期存在的个人和法人，其主要的经济活动，例如收入和支出都发生在该实体之内，已融入该实体，因而不能视为国际经济交易。

---

① 对销贸易（counter trade），又译“反向贸易”、“对等贸易”、“互抵贸易”，是出口和进口互为条件的各种贸易方式的总称。其基本内容是，出口方承诺从进口方购买等值或一定金额的货物或服务，贸易双方的进出口货款全部或部分抵消的贸易方式。对销贸易的基本形式有易货贸易（barter trade）、互购贸易（counter purchase）、回购贸易（buyback）、补偿贸易（compensation trade）和记账贸易等。

② IMF 是 1944 年创立的国际金融机构，其主要职责是为成员国提供短期性的资金融通，以帮助其弥补临时性的国际收支逆差，并对成员国的对外货币金融活动进行有限度的监管。

③ 为了便于直观理解，本书后文均以国家、本国和外国而不是经济体予以表述。

二、国际收支的重要性

国际收支概念从仅仅指简单的贸易收支发展到把全部国际经济交易都包括在内，充分说明了国际收支的重要性与日俱增。

早期的重商学派认为一国的出口若大于进口，由此产生的贸易顺差可导致对外净收入，作为货币的金银就会流入，货币供应量相应增加，利率随之下跌，这有助于促进投资和经济增长。在这一理论的指导下，各国政府都比较重视国际收支，并以争取国际收支顺差作为制定贸易政策的出发点。后来，古典学派强调在金本位制度下，黄金的流入和流出可对国际收支起自动调节作用，政府无需对国际收支进行调节。而且这一时期盛行自由贸易，一些西方国家通过对殖民地及附属国的出口使其国际收支始终处于顺差，因而对国际收支问题不予重视。第一次世界大战后，国际收支问题再度引起人们的关注，因为大规模短期资金流动与巨额战争赔款造成的国际收支严重失衡对一些国家的经济产生了十分不利的影响。此外，1929～1933 年世界性的经济大萧条(Great Depression)，迫使各国相继放弃金本位制度，国际经济关系陷入极度的混乱之中。各国为了维护本国利益，竞相实行贸易管制、复汇率制度、货币贬值等措施[①]，以实现国际收支平衡。国际收支的重要性再次受到各国的普遍关注。

第二次世界大战以后，由于国际经济的一体化趋势日趋增强，各国之间的经济关系日益密切，国内经济对国际经济的依赖也更为突出，国际收支状况对国内经济的影响愈益显现。同时，随着凯恩斯主义的流行，西方国家加强了政府对宏观经济的管理，国际收支成为宏观经济管理的主要目标之一。20 世纪 60 年代后，美元与英镑不断发生危机，国际间投机性短期资金流动频繁，再加上 20 世纪 70 年代的两次石油危机，导致西方国家不断出现国际收支危机。所有这一切使得当今各国对国际收支重要性的认识达到了前所未有的高度。

第二节　国际收支平衡表及其主要内容

一、国际收支平衡表

一个国家的国际收支情况只有通过具体的统计数字才能得到切实的体现，这就涉及国际收支平衡表(balance of payments statement)。国际收支平衡表是反映一个经济实体在一定时期内(年度、半年度或季度)以货币单位表示的全部对外经济往来的一

① 由于这些政策措施对本国有利而对他国不利，故常常被称作以邻为壑(beggar thy neighbor)政策。

种统计表。所以,国际收支平衡表实际上是国际收支的外在表现形式。

国际收支平衡表是按照复式记账的原理编制的。按照这种记账原理,一切收入项目或负债增加、资产减少的项目都列为贷方(credit),或称正号项目(plus item),以“+”号表示;一切支出项目或资产增加、负债减少的项目都列为借方(debit),或称负号项目(minus item),以“-”号表示。每一笔交易都须同时记录相应的借方和贷方,金额相等。

具体而言:

(1)货物出口属于收入项目,记贷方;货物进口属于支出项目,记借方。

(2)本国居民为外国居民提供服务(运输、保险、旅游等)或从外国取得投资及其他收入,属于贷方项目;外国居民为本国居民提供服务或从本国取得收入,属于借方项目。

(3)本国居民收到国外的单边转移,属于贷方项目;本国居民对外国居民的单边转移,属于借方项目。

(4)本国居民获得外国资产(包括财产和对外国居民的债权)属于借方项目;相反,外国居民获得本国资产或对本国投资,属于贷方项目。

(5)外国居民偿还债务属于贷方项目;本国居民偿还外国居民债务属于借方项目。

(6)官方储备减少属于贷方项目;官方储备增加属于借方项目。

由此可见,原则上,国际收支平衡表全部项目的借方总额与贷方总额总是相等的,其净差额为零。但实际上,国际收支平衡表每一具体项目的借方和贷方(即收入和支出)却是经常不平衡的,收支相抵总会出现一定的差额。当收入大于支出,即贷方数额大于借方数额时,差额为正数(+),称之为顺差(surplus);反之,当支出大于收入,即贷方数额小于借方数额时,差额为负数(-),称之为逆差(deficit)。各项目收支差额的总和,便是国际收支总差额。①

国际经济交易是一个连续的过程,如签订买卖合同、货物装运、结算、交货和付款等,一般都是在不同日期进行的,那么,国际收支平衡表中究竟应根据什么日期来记录有关的经济交易呢? IMF 对经济交易的记录日期做了明确规定。其基本原则是,记录日期以所有权变更日期为准。一笔经济交易如在国际收支平衡表编制时期内完全结清,则理所当然可以如实记录。但如果一笔经济交易涉及贸易信用,如预付货款或

① 许多中文文献把英文 surplus 和 deficit 翻译为盈余和赤字。我们认为,盈余和赤字在中文中分别含有褒义和贬义,容易使人们以“顺差”而不是“平衡”作为追求的目标。实际上,在国际金融学中,持续巨额的 surplus 和 deficit 都是国际收支失衡的表现。而且,国际收支中的逆差数字并不以红色表示。此外,“顺差”和“逆差”能够更明确地体现“差额”的含义。

延期付款等，那么按照“所有权变更”原则，这类经济交易发生时，所有权已发生变更，因而应在交易发生日期进行记录。再如，在编表时期内已到期应予支付的利息，实际上却并未支付，则也应在其到期日记录，未付的利息作为新的负债记录。又如，某种服务虽已提供，但在编表时期内尚未获得收入，则也应按服务提供日期记录，未获得的收入作为债权记录。

二、国际收支平衡表的主要内容

国际收支平衡表包括的内容按经济性质分为经常项目、资本项目和平衡项目三大类，每一大项目可再分为一些分支项目(sub-account)。

(一)经常项目

经常项目(current account)是国际收支平衡表中最基本和最重要的项目，因为该项目反映了一国实体经济(real economy)的对外状况。该项目主要记载表现为货物和服务的国际交易。该项目又可细分为贸易收支、收益和转移收支三个项目。①

1. 贸易收支，主要由货物贸易和服务贸易两部分组成。货物贸易(merchandise trade)又称为有形贸易收支(visible trade)，指货物(goods)的进出口。这是国际收支中一个最重要的项目。按国际收支的记账原理，出口记入贷方，进口记入借方。

IMF 规定，货物的进出口以各国的海关统计为准，而且都应按离岸价(free on board，FOB)计算。有些国家的统计，出口货物以离岸价计算，进口货物以到岸价(cost，insurance and freight，CIF)计算(即离岸价加上保险费和运费)。IMF 要求这些国家在编制国际收支平衡表时，应将进口货物部分的运费和保险费从进口支出中剔除，将其列入服务收支项目。②

服务贸易(service transaction)，又称无形贸易收支(invisible trade)，主要包括以下几个项目：

(1)加工服务(包括来料加工和出料加工)。

(2)运输，即货运、客运、港口、仓储、邮电等费用的收入和支出，通称贸易从属费用。

---

① current account 有两层含义：在国际收支中是指国际经济交易的一个类别，而在商业银行中是指往来账户或支票账户。我国以前发布的国际收支平衡表都把 account 表述为“项目”而不是“账户”，但自 2015 年起则用“账户”予以表述。

② 在统计货物贸易时，国际收支口径与海关口径的主要差异在于：(1)国际收支中的货物只记录所有权发生了转移的货物(如一般贸易、进料加工贸易等贸易方式的货物)，所有权未发生转移的货物(如来料加工或出料加工贸易)不纳入货物统计，而纳入服务贸易统计；(2)计价方面，国际收支统计要求进出口货值均按离岸价格记录，海关出口货值为离岸价格，但进口货值为到岸价格，因此国际收支统计从海关进口货值中调出国际运保费支出，并纳入服务贸易统计；(3)补充了部分进出口退运等数据；(4)补充了海关未统计的转手买卖下的货物净出口数据。

(3)旅游,指旅游者和其他访问者在外国旅游时所支付的费用,如食宿、交通运输和娱乐费用。

(4)银行和保险业务收支,指银行及保险业从外国得到的收入和对外国的支出。在银行业务中计列利息和手续费的收入和支出,在保险业务中计列货物保险、人寿保险等各种保险的保险费、保险额的收入和支出。

(5)军事支出,指在国外的军队开支,包括食品、电力、运输及在国外需要的供应品,其中并不包括运往外国的供应品和设备。

(6)政府往来,如使领馆经费支出、外交人员个人支出等。

(7)其他服务收支,如办公费、专利使用费、广告宣传费、签证费及其他租赁费等。

2. 收益(初次收入),包括雇员报酬和投资收益。投资收益有两个组成部分:一是国际直接投资产生的收益,如股息、红利及利润的收支;二是国际间接投资如延期付款、信用贷款、证券投资、外债等的利息收支。本国从国外获得收益记入贷方,外国从本国获得收益记入借方。

3. 经常转移(current transfer),即转移收支(transfer payment),(二次收入)是指不发生偿还或收益报酬的单边支付,是无对等的交易,所以又称单边转移(unilateral transfer),或不偿还的转移(unrequited transfer),如货物、服务、现金等的单方面转移。在民间方面,有侨民汇款,养老金,宗教团体、教育机构、财团法人捐赠钱款物资,各种奖金及奖学金等;在政府方面,有对外经济和军事援助、战争赔款、没收走私货物、政府间的馈赠、捐款及税款等。

上述3个项目差额的总和就是经常项目差额(见图1-1)。

(二)资本和金融项目

资本和金融项目(简称资本项目,capital account)主要记录表现为资金形态的资本流出和流入情况,可分为长期资本和短期资本两大类。

1. 长期资本(long-term capital),是指期限在1年以上或未规定期限(如股票)的资本,又可分为政府长期资本和私人长期资本。

政府长期资本流动主要包括:(1)政府间贷款,如发达国家对发展中国家的官方开发援助(official development aid,ODA)贷款;(2)政府投资,如购买外国政府发行的债券等;(3)其他,如向国际金融机构的借款等。需要注意的是,IMF与各成员国之间相互的贷款不属于资本项目,而被列入官方储备项目。

私人长期资本流动主要包括:(1)国际直接投资(foreign direct investment,FDI),如私人企业(包括跨国公司)在外国(即东道国,host country)采矿、开厂、办企业;外资企业在东道国获得的利润在当地的再投资(reinvestment);购买某外国公司的股票超

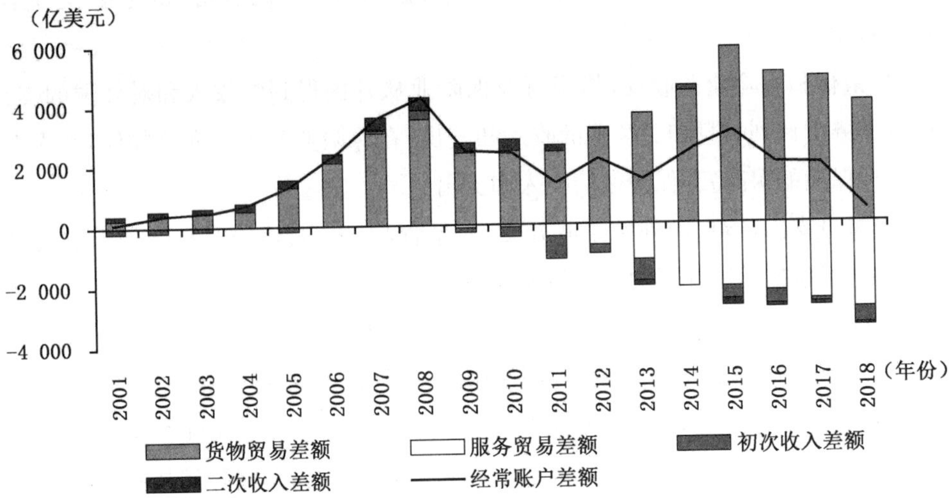

数据来源:国家外汇管理局。

图 1-1 2001～2018 年中国的国际收支经常项目状况

过一定比例。[①] (2)国际证券投资(international portfolio investment),又称国际间接投资,主要指购买外国政府债券、外国公司的股票和债券等。这里应指出的是,就购买股票的行为而言,直接投资和证券投资的区别在于拥有外国企业的股权是否超过一定的比例。对这一比例各国有不同的规定,有的国家规定 10%以上,有的国家规定 25%以上。如美国政府规定,外国公司购买一家美国企业的股票超过 10%,便属直接投资。我国的法规规定,中外合资企业的外商投资额最少应占总投资额的 25%以上;境外投资者购买一家公司的人民币特种股票(B 股)超过股本总额的 25%便从证券投资转为直接投资,该公司就成为中外合资股份有限公司。这一规定的依据是,一旦一国居民拥有另一国公司的股票达到足够的数量,就会对该公司取得控股权,进而享有决策权,影响其经营管理活动,因而具有直接投资的性质。(3)国际信贷(international credit),如中长期出口信贷、银团贷款等。

2. 短期资本(short-term capital),是指期限为 1 年或 1 年以下的资本,也可分为政府短期资本和私人短期资本。短期资本流动主要包括进出口信贷、套汇套利交易、跨国公司的资金调拨、金融机构的头寸调整,以及资本外逃(capital flight)和投机性资金流动等。短期资本流动,尤其是游资(hot money,又译热钱),其流动性很强,经常在

---

① 许多中文文献把 foreign direct investment 翻译为"外国直接投资"或"对外直接投资"。我们认为,这些中文表述仅刻画了国际直接投资的单向行为特征。其实,国际直接投资是一种双向的行为,既包括"外来直接投资"(inward direct investment),也包括"对外直接投资"(outward direct investment,或 overseas direct investment,ODI)。在统计直接投资时国际收支口径与商务部公布的数据主要差异在于,国际收支统计中还包括了外商投资企业的未分配利润、已分配未汇出利润、盈余公积、股东贷款、金融机构吸收外资、非居民购买不动产等内容。

国际间频繁转移，是造成国际金融局势动荡的重要因素。

资本外逃的主要原因是：(1)一国的政局动荡，局势不稳，资金因安全原因而流出；(2)一国的经济状况恶化，国际收支巨额逆差，货币可能大幅度贬值，资金为免受损失而流出；(3)一国将实施严格的外汇管制或政策法令的限制，资金为自由运作或免受损失而流出。可见，资本外逃主要是出于安全考虑的资本流出，是为了避免风险，不是出于商业性的获利动机。

在投资方面，资本项目记录的是本金在国际间的转移，至于投资收益，则因其不断形成，具有相对的稳定性和经常性，故而列入经常项目(收益，初次收入)，并不反映在资本项目中。

资本项目记录的经济活动既可能是实际发生的资金收付，也可能不发生资金收付，仅仅是债权债务关系发生了变化，如外资企业的利润再投资。此外，资金的收付既可能是源于经常项目的经济活动，例如出口收入和进口支出，也可能与经常项目无关。

从国际收支统计的角度看，资本流入(capital inflow)是指资本从国外流入国内，这意味着本国对外国的负债增加，或外国对本国的资产增加，或本国在外国的资产减少，或外国对本国的负债减少。相反，资本流出(capital outflow)是指资本从国内流向国外，这说明本国在国外的资产增产，或本国对外国的负债减少，或外国在本国的资产减少，外国在本国的负债增加。

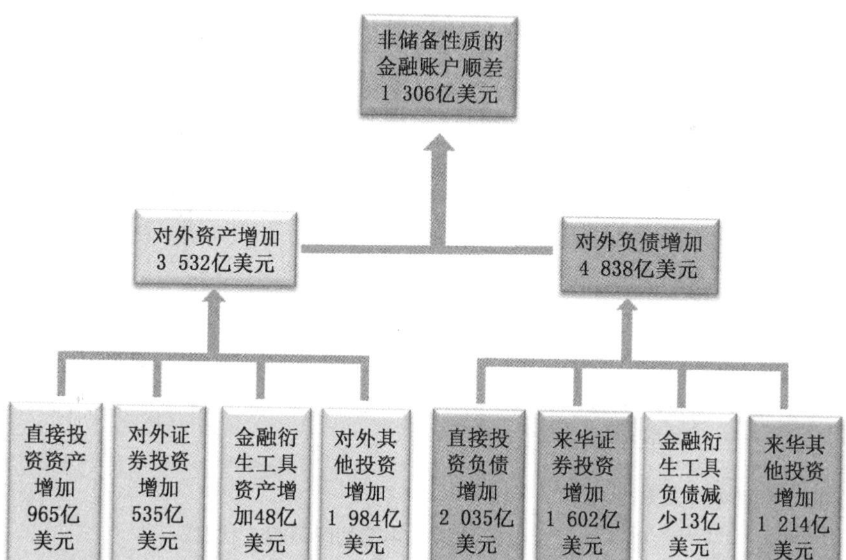

数据来源：国家外汇管理局。

图1-2　2018年中国的资本流动状况

(三)平衡或结算项目

平衡或结算项目(balancing or settlement account)包括储备资产和净误差与遗漏。

1. 储备资产(reserve asset),又称官方储备(official reserve),是一个国家的货币当局(monetary authorities),即专门负责货币金融事务的政府部门,包括财政部、中央银行(简称央行)、外汇管理部门等持有的可用于对外支付的资产及其对外债权。① 一国的官方储备主要包括 4 个组成部分,即黄金、外汇、特别提款权(special drawing right,SDR)和在 IMF 的储备头寸(reserve position)。②

一个国家的国际收支出现顺差时,其对外收入大于支出,这部分差额就会转化为官方的储备资产;而在逆差时,由于收入小于支出,政府就必须动用相应数量的官方储备对外支付,导致储备资产的减少。可见,储备资产的一个重要功能就是平衡国际收支。储备资产的增减是国际收支数量变化的结果。从图 1-3 我们可以发现,我国的外汇储备增减额与经常项目和资本项目的合计差额存在明显的对应关系。

按国际收支平衡表的编制原理,官方储备属于资产项目,因而其增加用负号(—)表示,而减少则以正号(+)表示。

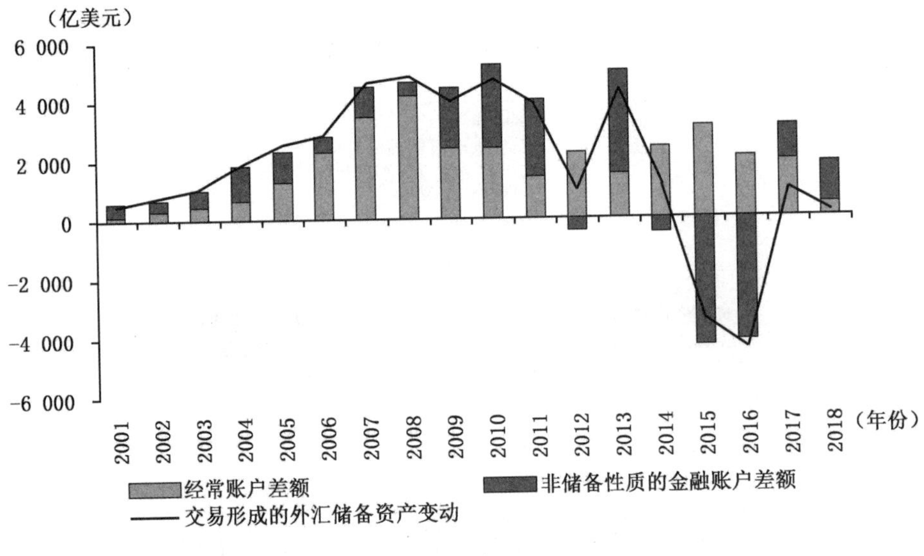

数据来源:国家外汇管理局。

图 1-3 2001~2018 年中国的国际收支状况

① 虽然货币当局是一个比中央银行含义更广的概念,但在国际学术文献中,这两个术语经常混用。

② 本书第七章将对国际储备的 4 个组成部分作详尽讨论。

2. 净误差与遗漏(errors and omissions)，这是一个人为设立的平衡项目，用于轧平国际收支平衡表中的借贷两方的总额。[①] 国际收支平衡表中的统计数字出现错漏是不可避免的，这是因为：(1)资料来源不一。由于商务部、财政部、海关、税务和银行等各部门的统计口径不一，导致汇总数字不符。如我国的进出口数据来自海关，直接投资(非金融领域)数据来自商务部，境外上市融资数据来自证监会，境外投资收益数据来自外管局。(2)资料不全。有些国际经济活动未经过对应的部门办理，如走私及私自携带现钞出入国境等，因而无法获得相应的统计数据。(3)资料本身错漏。有关部门提供的统计数字也不能保证绝对准确无误，有的仅仅是估算数字，也有可能在抄录时发生错漏。由于上述原因，国际收支平衡表的借贷方总额总会出现差额。设立这一项目后就可以将无法平衡的差额记入其中，用于轧平总的差额。此外，该项目并不反映各个统计环节中具体的错漏，而是一个总数，因此称作净误差与遗漏。

由于短期资本流动的统计数字最易发生错漏，所以，通常的编制方法是把这一项目设于短期资本流动之后，以便账务处理。但近年来各国均根据 IMF 的要求把该项目列在了国际收支平衡表的最后。

按照复式记账原理，一笔经济交易往往会同时涉及两个项目，需要分别在不同项目得到反映。以补偿贸易为例，其进口设备金额反映在贸易收支项目的货物进口上，由于此时并未支付进口货款，因此，还要在资本项目中，以对外负债的增加作相应的反映。以后用出口货物偿还时，其金额当然也反映在贸易收支项目的货物出口上，但由于这时并未获得出口货款，因此，也要在资本项目中以对外负债的减少作相应的反映。所以，每个项目并不是独立的，相互之间有密切的联系。这种联系还表现在各个项目差额可以相互抵补，如服务收支顺差可以抵补贸易收支逆差，资本项目顺差可抵补经常项目逆差，等等。

以上讨论的是编制国际收支平衡表的基本原理，实际上，各国往往根据本国的特定情况和习惯按自己的分类编制国际收支平衡表。

IMF 为了比较各成员国的国际收支状况，于 1948 年首次发布了《国际收支手册(第一版)》(*Balance of Payments Manual*)，要求成员国按统一的统计口径和格式报送国际收支平衡表，并分别于 1950 年(第二版)、1961 年(第三版)、1977 年(第四版)、1993 年(第五版)和 2008 年(第六版)修订再版。IMF 要求各成员国自 2015 年起按 2008 年版执行，该手册的名称也改为《国际收支和国际投资头寸手册(第六版)》(*Balance of Payments and International Investment Position Manual*，BPM6)，并对

① 有些中文文献将英文 errors and omissions 翻译成“错误与遗漏”，实际上，这种情况主要并非主观、故意或人为的结果，而是客观因素造成的，因此翻译成“误差与遗漏”似乎更确切一些，而且与我国发布的国际收支平衡表也能保持一致。

国际投资头寸表的编制做了相应规定。

从 2015 年起，我国国家外汇管理局开始按照《国际收支和国际投资头寸手册（第六版）》，即 2008 年版编制和发布国际收支平衡表（参见国家外汇管理局官网）。与之前相比，主要变化是：（1）将储备资产纳入金融账户统计，并在金融账户下增设“非储备性质的金融账户”，与原金融项目包含的内容基本一致；（2）项目归属发生变化，如将经常项目下的转手买卖从原服务贸易调整至货物贸易统计，将加工服务（包括来料加工和出料加工）从原货物贸易调整至服务贸易等；（3）项目名称和细项分类有所调整，如将经常项目、资本项目和金融项目等重新命名为经常账户、资本账户和金融账户，将收益和经常转移重新分别命名为初次收入和二次收入等；（4）金融项目用资产和负债而不是借方和贷方表示；（5）借方项目和资产项目用负值表示。

IMF 自《国际收支手册》（第五版）开始取消了长期资本和短期资本的分类，这是因为随着各种金融衍生产品的出现，长期资本和短期资本的界限日益趋于模糊，在二级市场，许多期限在 1 年以上的资本也可以在短时间内流入流出某个国家或地区。第五版还把资本项目改为资本与金融项目，主要包括：（1）资本项目（资本转移和非生产性、非金融性资产收买和放弃）；（2）金融项目（直接投资、证券投资、金融衍生品、其他投资和储备资产）。

IMF 新的分类方法把官方的储备资产与非官方的直接投资和证券投资等经济交易合在一起，统称资本与金融项目，这种分类不利于区别和分析这两种不同性质的经济往来。因此，国际学术界在对国际收支进行分析和研究时往往把储备资产从资本与金融项目中剔除，形成狭义的资本与金融项目，而且有时仍然简称为资本项目。本书后文所称的资本项目就是指剔除了储备资产后的资本与金融项目，大致相当于非储备性质的金融账户。

表 1-2　　2016～2018 年中国国际收支平衡表　　单位：亿美元

项　目	2016 年	2017 年	2018 年
1. 经常账户	2 022	1 951	491
贷方	24 546	27 450	29 136
借方	−22 524	−25 499	−28 645
1. A 货物和服务	**2 557**	**2 170**	**1 029**
贷方	21 979	24 293	26 510
借方	−19 422	−22 123	−25 481
1. A. a 货物	**4 889**	**4 759**	**3 952**
贷方	19 895	22 162	24 174
借方	−15 006	−17 403	−20 223

续表

项目	2016 年	2017 年	2018 年
1. A. b 服务	**−2 331**	**−2 589**	**−2 922**
贷方	2 084	2 131	2 336
借方	−4 415	−4 720	−5 258
1. A. b. 1 加工服务	184	179	172
贷方	185	181	174
借方	−2	−2	−3
1. A. b. 2 维护和维修服务	32	37	46
贷方	52	60	72
借方	−20	−23	−25
1. A. b. 3 运输	−468	−560	−669
贷方	338	373	423
借方	−806	−933	−1 092
1. A. b. 4 旅行	−2 057	−2 193	−2 370
贷方	444	386	404
借方	−2 501	−2 579	−2 773
1. A. b. 5 建设	42	36	49
贷方	127	123	136
借方	−85	−86	−86
1. A. b. 6 保险和养老金服务	−88	−74	−66
贷方	41	41	49
借方	−129	−115	−116
1. A. b. 7 金融服务	11	18	12
贷方	32	34	33
借方	−20	−16	−21
1. A. b. 8 知识产权使用费	−228	−239	−302
贷方	12	48	56
借方	−240	−287	−358
1. A. b. 9 电信、计算机和信息服务	127	75	65
贷方	254	269	300
借方	−127	−194	−235
1. A. b. 10 其他商业服务	147	169	191
贷方	580	593	662
借方	−432	−424	−470
1. A. b. 11 个人、文化和娱乐服务	−14	−20	−24
贷方	7	8	10
借方	−21	−27	−34

续表

项　目	2016年	2017年	2018年
1. A. b. 12 别处未提及的政府服务	−20	−18	−27
贷方	12	17	18
借方	−32	−35	−45
1. B 初次收入	**−440**	**−100**	**−514**
贷方	2 258	2 876	2 348
借方	−2 698	−2 976	−2 862
1. B. 1 雇员报酬	207	149	82
贷方	269	217	181
借方	−62	−68	−99
1. B. 2 投资收益	−650	−254	−614
贷方	1 984	2 652	2 146
借方	−2 634	−2 906	−2 760
1. B. 3 其他初次收入	3	4	18
贷方	6	7	21
借方	−2	−3	−3
1. C 二次收入	**−95**	**−119**	**−24**
贷方	309	282	278
借方	−404	−400	−302
1. C. 1 个人转移	/	−25	−4
贷方	/	70	62
借方	/	−95	−66
1. C. 2 其他二次收入	/	−93	−20
贷方	/	212	216
借方	/	−305	−236
2. 资本和金融账户	**272**	**179**	**1 111**
2. 1 资本账户	**−3**	**−1**	**−6**
贷方	3	2	3
借方	−7	−3	−9
2. 2 金融账户	**276**	**180**	**1 117**
资产	−2 320	−4 239	−3 721
负债	2 596	4 419	4 838
2. 2. 1 非储备性质的金融账户	−4 161	1 095	1 306
资产	−6 756	−3 324	−3 532
负债	2 596	4 419	4 838
2. 2. 1. 1 直接投资	−417	278	1 070
2. 2. 1. 1. 1 资产	−2 164	−1 383	−965

续表

项 目	2016 年	2017 年	2018 年
2.2.1.1.1.1 股权	−1 470	−1 363	−790
2.2.1.1.1.2 关联企业债务	−694	−20	−175
2.2.1.1.1.a 金融部门	/	−178	−208
2.2.1.1.1.1.a 股权	/	−176	−200
2.2.1.1.1.2.a 关联企业债务	/	−2	−8
2.2.1.1.1.b 非金融部门	/	−1 205	−757
2.2.1.1.1.1.b 股权	/	−1 186	−590
2.2.1.1.1.2.b 关联企业债务	/	−18	−167
2.2.1.1.2 负债	1 747	1 661	2 035
2.2.1.1.2.1 股权	1 649	1 406	1 544
2.2.1.1.2.2 关联企业债务	98	255	491
2.2.1.1.2.a 金融部门	/	121	176
2.2.1.1.2.1.a 股权	/	90	149
2.2.1.1.2.2.a 关联企业债务	/	32	26
2.2.1.1.2.b 非金融部门	/	1 539	1 859
2.2.1.1.2.1.b 股权	/	1 316	1 395
2.2.1.1.2.2.b 关联企业债务	/	223	465
2.2.1.2 证券投资	−523	295	1 067
2.2.1.2.1 资产	−1 028	−948	−535
2.2.1.2.1.1 股权	−382	−328	−177
2.2.1.2.1.2 债券	−645	−620	−358
2.2.1.2.2 负债	505	1 243	1 602
2.2.1.2.2.1 股权	234	362	607
2.2.1.2.2.2 债券	271	881	995
2.2.1.3 金融衍生工具	−54	4	−62
2.2.1.3.1 资产	−65	15	−48
2.2.1.3.2 负债	12	−12	−13
2.2.1.4 其他投资	−3 167	519	−770
2.2.1.4.1 资产	−3 499	−1 008	−1 984
2.2.1.4.1.1 其他股权	0	0	0
2.2.1.4.1.2 货币和存款	−643	−571	−731
2.2.1.4.1.3 贷款	−1 103	−435	−818
2.2.1.4.1.4 保险和养老金	−3	0	−6
2.2.1.4.1.5 贸易信贷	−1 008	−194	−653
2.2.1.4.1.6 其他	−743	191	224
2.2.1.4.2 负债	332	1 527	1 214

续表

项　目	2016 年	2017 年	2018 年
2.2.1.4.2.1 其他股权	0	0	0
2.2.1.4.2.2 货币和存款	91	1 079	514
2.2.1.4.2.3 贷款	−174	501	321
2.2.1.4.2.4 保险和养老金	−7	7	2
2.2.1.4.2.5 贸易信贷	162	−12	408
2.2.1.4.2.6 其他	259	−47	−31
2.2.1.4.2.7 特别提款权	0	0	0
2.2.2 储备资产	4 437	−915	−189
2.2.2.1 货币黄金	0	0	0
2.2.2.2 特别提款权	3	−7	0
2.2.2.3 在国际货币基金组织的储备头寸	−53	22	−7
2.2.2.4 外汇储备	4 487	−930	−182
2.2.2.5 其他储备资产	0	0	0
3. 净误差与遗漏	**−2 295**	**−2 130**	**−1 602**

数据来源：国家外汇管理局。

IMF 为了比较不同国家的对外金融的债权和债务状况，还要求成员国按统一的格式编制和报送国际投资头寸表。国际投资头寸表是反映特定时点上一个国家或地区对其他国家或地区金融资产和负债存量的统计报表。国际投资头寸的变动是由特定时期内交易、价格变化、汇率变化和其他调整引起的。国际投资头寸表在计价、记账单位和折算等核算原则上均与国际收支平衡表保持一致，并与国际收支平衡表共同构成一个国家或地区完整的国际账户体系。目前，我国外管局已按照《国际收支和国际投资头寸手册》(第六版)，即 2008 年版要求按季度发布我国的国际投资头寸表。

表 1－3　　国际收支平衡表与国际投资头寸表的关联

	本期国际收支平衡表		
	经常账户顺差		
	资本账户顺差		
上期末对外净债权（期初存量）	金融账户对外债权净增加（期间交易）	期间非交易变动	本期末对外净债权（期末存量）
	净误差与遗漏		

注：根据国际货币基金组织《国际收支和国际投资头寸手册》，国际收支平衡表与国际投资头寸表的关联是：期初对外净债权＋期间净债权交易（BOP 金融账户差额）＋期间对外净债权的非交易变动＝期末对外净债权。

专栏1-2 外来直接投资对东道国的国际收支的影响

人们一般都认为，引进外资对一国的国际收支总是有利的，其实有时也可能有不利的一面。

外来直接投资对东道国(host country)的国际收支具有三方面的积极作用：首先，外来直接投资意味着资本的流入，因此，其资本项目有望改善。其次，如果东道国通过外来直接投资取代货物和服务的进口，这就有助于改善其贸易收支。例如，美国和英国引进了日本的汽车公司，以此替代从日本的汽车进口，因此，贸易收支在一定程度上得到了改善，尤其重要的是日本汽车公司还大量使用了当地的生产要素而不是日本的生产要素。第三，如果外资企业的产品用于出口而不是全部在当地销售，这也会提升东道国的出口能力。

然而，外来直接投资也可能对东道国的国际收支产生不利的影响。其一，随着外商投资利润向母国(home country)的返还，资本就会相应流出，这会导致东道国的经常项目中投资收益的逆差。如果这种利润的返还年复一年地发生，则从长期来看，外来直接投资对一国的国际收支可能是不利的。其二，如果外资企业从国外进口大量用于投入的产品，那么，东道国的贸易收支就会受到不利影响。因此，许多东道国对外资企业的产品有国产化的要求。

第三节 国际收支的平衡

一、国际收支不平衡的概念

国际收支平衡表从其编制原理来看，在某种程度上总是平衡的，其平衡的表现有两个方面：(1)由于采取复式记账原理，因此国际收支平衡表的借方总额和贷方总额总是相等的。(2)由于设立了平衡项目，因此经常项目和资本项目的合计差额最终总是可以通过官方储备的增减和净误差与遗漏项目得到平衡，以致最终的账面差额，即总差额(overall balance)必然为零。

从另一方面看，国际收支又常常是不平衡的，其不平衡的表现也有两个方面：(1)国际收支平衡表中的各个项目，例如货物的进口和出口一般是不相等、不平衡的，总会出现一定的差额，这就是所谓的局部差额(partial balance)。(2)撇开国际收支账面上的表象的平衡，一国的国际收支在性质上仍然可能是不平衡的。为了把握国际收支在性质上是否平衡，我们首先要把国际经济交易划分成自主性交易和调节性交易。①

所谓自主性交易(autonomous transaction)，又称事前交易(ex-ante transaction)，是指事前纯粹为达到一定的经济目的，如降低成本、增加收益而主动进行的交易。所谓调节性交易(accommodating or compensatory transaction)，又称事后交易(ex-post transaction)，是有关国家的政府为了改变自主性交易各项目所发生的不平衡状况而直接进行或通过各种政策措施致使经济主体(如企业和个人)所进行的交易。

将所有国际经济交易划分为自主性交易和调节性交易，可作为判断国际收支性质上是否平衡的依据。一国国际收支中的自主性交易如果达到平衡，不需要做事后调节，则我们可认为该国的国际收支在性质上是平衡的。如果一国的自主性交易出现不平衡，只是在采取了调节性交易后才实现了平衡，那么，由于这种账面上的、形式上的平衡是虚假的和暂时的，缺乏牢固的基础，不能长久维持，因此其国际收支在性质上仍然是不平衡的。

按交易性质判断国际收支性质上是否平衡固然具有理论上的精确性，但在实际上有时却很难区分不同的交易。这是因为任何一个国家每天都在发生成千上万笔的对外交易，要对所有的交易进行性质上的认定所需耗费的代价是不可承受的。此外，国际收支逆差国政府常常会对顺差国政府施加一定的压力，要求其采取有效措施促使其本国企业增加从该逆差国的进口。在这种情况下，人们往往无法确认究竟哪一笔进口是由于政府行为所造成的调节性交易。

在实际应用中，通常采取的一种粗略的方法是把不同类别的国际经济交易按自主性程度由高到低排列，并在中间划一道横线，将线上项目(items above the line)近似地看作自主性交易，线下项目(items below the line)则近似地看作调节性交易。由此可得出考察国际收支性质上是否平衡的四个口径：

(一)贸易差额

一些对自主性交易性质的尺度把握十分严格的学者认为，判断交易性质的横线应该划在贸易收支下方，因为贸易往来通常都是出于自然的经济原因，其中的调节性交易所占比重最小，所以，只有贸易收支才能在总体上反映一国的自主性交易的状况。如果一国的贸易收支出现严重的不平衡现象，那么不管其他项目的收支是否平衡，其国际收支在性质上可以说是不平衡的。

此外，从贸易收支另一方面的重要性来看，虽然其仅是整个国际收支的一个组成部分，不能完全代表国际收支整体，但是对许多国家来说，贸易收支在全部国际收支中

① 詹姆斯·米德(James Meade)在1951年出版的《国际收支》一书中提出了这一考察国际收支性质上是否平衡的观点。

所占的比重相当大。因此，为了简便起见，可将贸易收支作为国际收支的近似代表。此外，贸易收支往往能综合地反映一国的产业结构、产品质量和劳动生产率状况，是一国实体经济对外状况的重要表现。所以，尽管一些西方发达国家的资本项目的交易量所占比重很大，但仍然十分重视贸易差额(trade balance)。许多国际收支理论也以贸易收支指代国际收支。

（二）经常项目差额

不少对自主性交易性质的认定持宽松态度的学者则把界限划在经常项目下方，其依据是，除了贸易以外，国际间的服务往来和各种收益一般也是出于自然的经济原因。而且，随着服务贸易的迅速发展，其在整个国际收支中的地位呈上升趋势，有些国家的对外经济甚至在很大程度上依赖于服务贸易和投资收益。因此，以经常项目差额(current account balance)来考察一国的国际收支是否达到性质上的平衡更为全面。

（三）基本差额

有的学者认为，长期资本相对于短期资本来说是一种比较稳定的非投机性资本流动。它以市场、利润及获取资源等为目的，因而在很大程度上也属于自主性交易，并反映了一国在国际经济往来中的地位和实力。因此，他们主张把判断交易性质的横线划在长期资本下方，将经常项目差额和长期资本项目差额合在一起，称为基本差额(basic balance)。基本差额能反映一国国际收支的基本状况，所以成为许多国家，特别是那些长期资本流动规模较大的国家判断和观察其国际收支状况的重要指标。

（四）官方结算差额

对自主性交易的尺度持最宽松态度的学者更是进一步把横线挪到了私人短期资本下方。他们认为，私人的短期资本往来，包括投机资金的国际转移，无非是出于避险获利的目的，其决定因素仍然是国际经济的基本结构和其他状况，因而同样可看作自主性交易。由此形成的基本差额再加上私人短期资本差额就构成了官方结算差额(official settlement balance)，因为这一差额必须通过官方的行为，如官方短期借贷或官方储备的相应变动才能得到平衡。

综上所述，尽管一国的国际收支最终在账面上始终是平衡的，但其各个项目却总是不平衡的，尤其是从性质上来看，按不同的口径进行考察，国际收支的不平衡是一种经常的现象，国际收支的平衡只能是一种偶然的现象。

二、国际收支不平衡的成因

一国国际收支无论是出现持续性的巨额顺差还是逆差，都对本国经济有所不利。持续性的逆差会导致官方储备的不断流失，使国内经济活动受到紧缩压力，抑制经济增长；反之，持续性的巨额顺差，又会导致本国货币汇率上升，削弱出口竞争力，或者会

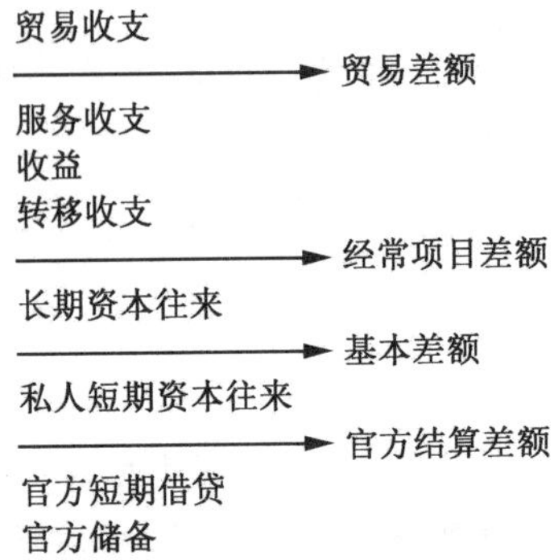

图 1-4 国际收支平衡的考察口径

引起官方储备的过多积累，这意味着放弃实际资源的使用权，引发通货膨胀，有时还会产生并加深与其他国家之间的矛盾和冲突，形成贸易争端。但相比较而言，逆差国由于直接面临官方储备减少的局面，因而较之顺差国承受了更直接、更紧迫的调节压力，否则，其官方储备就可能彻底耗竭。因此，本书所谓的国际收支不平衡主要是指持续、巨额的逆差现象。

如前所述，按不同的口径来看，一国的国际收支在性质上经常是不平衡的。造成国际收支的这种性质上不平衡的原因固然十分繁多，但主要的原因则有以下四个方面：

（一）经济周期

在市场经济条件下，由于经济周期的影响，一国经济会周而复始地出现繁荣、衰退、萧条、复苏等四个阶段。周期的不同阶段会对国际收支产生不同的影响。在繁荣时期，由于国内需求旺盛，进口相应增加，出口反而减少，国际收支可能出现逆差；而在萧条时期，由于需求不足，进口就会下降，出口反倒上升，就会出现顺差。随着周期的阶段性演变，这种不平衡现象也交替发生。这种因经济周期引起的国际收支不平衡就称为周期性不平衡(cyclical disequilibrium)。

（二）国民收入

随着一国经济增长率的高低变化，其国民收入也会相应增加或减少。有关的研究结果表明，一国的进口与国民收入之比，即进口倾向(Propensity to Import)存在稳定的比率关系。因此，国民收入的增加引起的购买能力的上升会导致进口的增加。另外，服务、捐赠、旅游及投资等方面的对外支出也会随着收入的增加而上升。假定其他条件不变，其国际收支就可能出现逆差。这种由国民收入的变化而产生的国际收支不平衡就称收入性不平衡(income disequilibrium)。

(三)货币价值

一国货币在国内的实际购买力的变动,也会影响其国际收支。当一国出现较严重的、高于世界平均水平的通货膨胀时,国内的价格水平就会过度上升,致使其货币购买力明显下降。这就导致其货物和服务的出口竞争力减弱,出口必然减少。与此同时,国外的货物和服务的价格则显得相对低廉,进口由此受到鼓励,致使国际收支出现逆差。这种由货币价值变化引起的国际收支不平衡就是货币性不平衡(monetary disequilibrium),又称价格性不平衡(price disequilibrium)。

(四)经济结构

1. 产业结构

当一国的产业结构与整个世界的产业结构不相一致或不相协调时,其货物和服务的出口就会发生困难,以致国际收支出现逆差。

发展中国家由于历史和地理环境、自然资源、劳动力数量和质量、技术水平等方面的原因,主要生产农产品、矿产品、畜产品等初级产品,即使是制成品的生产方面也仅限于附加值和技术含量很低的产品。第二次世界大战以后,世界经济结构性变化的一个主要特征是对初级产品需求相对下降,而对制成品的需求急剧上升。由此造成国际市场上初级产品的价格上升速度极为缓慢,制成品的价格上升速度很快。[①] 许多发展中国家由于种种原因,未能及时将生产初级产品为主的经济结构转向制成品为主的经济结构。面对日益恶化的贸易条件,这些发展中国家的初级产品的出口收入增加不多,而为了维持经济增长所必需的原材料、能源、机械设备等进口制成品价格却大幅度上扬,使其进口支出猛增,国际收支因而出现持续逆差。

这里的贸易条件是指一定数量的出口商品能够换取的进口商品的数量,若以同一种货币计值,其数学表达式为:

$$T=P_X/P_M$$

式中,T 表示贸易条件,P_X 表示出口商品的价格,P_M 表示进口商品的价格。出口商品的价格变动率与进口商品的价格变动率之差可用来表示贸易条件的变动情况。

2. 宏观结构

一国的内部经济失衡,如投资大于储蓄,造成国内需求过度,国内产出相对不足,只能通过进口得到满足,这也会导致国际收支不平衡。[②]

上述由于国内经济结构与世界经济结构发生错位或内部经济失衡而形成的国际收支不平衡就称为结构性不平衡(structural disequilibrium)。

---

① 根据恩格尔法则(Engle's Law)可以推断,从总体上看,人们对初级产品的需求随收入的增加而相对减少。

② 本书第五章对此有更详尽的讨论。

三、国际收支不平衡的对策

一国的国际收支如果发生暂时性的不平衡，即短期的、由非确定或偶然因素引起的不平衡，那么这种不平衡一般程度较轻、持续时间不长，带有可逆性，因而不需要采取政策调节，不久便可自行得到纠正。但是，如果一国的国际收支不平衡属于持续性不平衡，是由于一些根深蒂固的原因造成的，且属巨额顺差或逆差，那么这种不平衡没有可逆性，属于基本性不平衡(fundamental disequilibrium)，就必须采取相应的对策加以纠正。

(一)国际收支的自动调节

古典学派的研究表明，市场经济可通过一系列经济变量，在所谓的"看不见的手"的作用下自动地由失衡转向均衡。英国学者大卫·休谟(David Hume，1711—1776)在其1752年发表的《贸易收支》(*The Balance of Trade*)一书中对金本位条件下贸易收支，即狭义的国际收支的自动调节过程——"价格—金币流动机制"(price specie flow mechanism)作了完整的描述。

在国际金本位制度条件下，一国的国际收支(贸易收支)如发生逆差，则迫使该国货币汇率下跌至黄金输出点而使黄金外流。黄金外流导致银行准备金降低，从而使货币发行量减少，由此引起价格下跌，进而增强其商品在国际市场上的竞争能力，因而促进出口，同时，国外价格水平的相对上升也抑制了进口。这样，外来收入增加而对外支出减少，逐步消除逆差，使国际收支恢复平衡(见图1-5)。

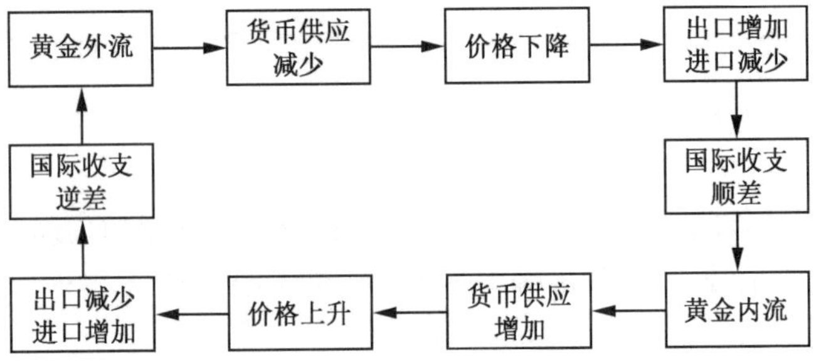

图1-5 价格—金币流动机制

在纸币流通条件下，一国的国际收支已无法借助黄金的输出入而自动调节，但在市场机制得到充分发挥的情况下，经济的"内在稳定器"(internal stabilizer)仍有一定的功效。例如，国际收支的逆差会引起外汇的供不应求，促使本国货币汇率下跌，进口价格相对上升，出口价格相对下降，导致出口增加、进口减少，国际收支由此改善。但在现代的不兑现纸币本位制度中，由于金融资产的品种不断增多，功能日益丰富，以至金融体系的复杂性愈益强化，更何况政府在宏观经济管理方面的作用也明显加强，这使得国际收支自动调节的效果受到了极大的削弱。

（二）国际收支的调节政策

国际收支的调节（adjustment）是指一国政府，尤其是货币当局通过一定的政策措施，使原有的国际收支变化趋势得以遏制甚至逆转，进而恢复平衡。

调节国际收支的政策措施从支出的角度来看可划分成两大类型：

1. 支出转移政策

支出转移政策（expenditure-switching policy）主要是通过改变支出的流向，鼓励用于购买货物和服务的支出由国外转向国内，最终改善国际收支。具体而言，这类政策包括：（1）调低本国货币汇率，使得经汇率折算以后，外国的货物和服务的价格相对上升，本国货物和服务的价格相对下降；（2）采取复汇率制度（multiple exchange rate system），即对不同的交易实行不同的汇率，从而刺激某些商品的出口、限制某些商品的进口；（3）提高进口关税，增加进口成本；（4）实行进口配额、限制进口数量、提供出口补贴等。这类政策主要通过改变进出口商品的相对比价或进出口数量，借以提高出口商品的国际竞争能力，结果，出口收入增加，进口支出减少，国际收支由此得到改善。

2. 支出增减政策

支出增减政策（expenditure-changing policy）是通过增加或减少国民收入，以改变可用于购买货物和服务的支出数量。支出增减政策又可分成两种：支出增加政策（expenditure-increasing policy），如扩张性的财政货币政策；支出减少政策（expenditure-reducing policy），如紧缩性的财政货币政策。在国际收支逆差时可采取支出减少政策，实行紧缩性的财政政策：减少政府支出，增加税收；紧缩性的货币政策：减少货币供应量，提高利率。支出减少政策的核心是减少国民收入，迫使本国支出下降，用于进口的支出也相应下降。此外，随着经济紧缩，国内的价格水平也会降低，有助于刺激出口。最后，较高的利率水平还可吸引外国资本的流入，以获取利息收益，使资本项目得到改善。

（三）国际收支的融资手段

采取一定的调节措施虽然能使国际收支得到平衡，但由此可能产生经济增长减慢、经济衰退、失业增加、通货膨胀、贸易条件恶化等副作用。因此，在有些情况下，尤其是国际收支逆差不很严重时，就可采取融资措施。融资措施（finance）是指以筹措资金的方式来填补国际收支不平衡的缺口。这包括两个方面：一个是内部融资（internal finance），即当一国持有充足的官方储备时，可直接用官方储备，或动员和集中国内居民持有的外汇来满足对外支付的需要；另一个是外部融资（external finance），即通过从外国政府、国际金融机构或国际金融市场融通资金，以弥补国际收支逆差。融资措施虽然能暂时应付国际收支逆差，但由于其没有消除国际收支逆差的成因，不能改变国际收支逆差的趋势，因此不能从根本上解决国际收支逆差问题，尤其是持续的巨额逆差。

（四）直接管制

直接管制（direct control）是政府通过强制性的行政手段，如法规和条例，对进出口和外汇买卖予以规定的做法。直接管制的出发点是限制涉及对外支付的交易，如进口和购买外汇；鼓励涉及外来收入的交易，如出口和卖出外汇，从而达到改善国际收支的目的。对进出口的直接管制通常称作贸易管制，而对外汇买卖、收支、存兑的直接管制则称作外汇管制。

在改善国际收支方面，直接管制由于不受时滞的影响，因而效果比较迅速和显著。此外，直接管制措施的选择性较好，可以根据不同的交易有针对性地予以限制或鼓励，而不会累及其他交易。因此，对于因局部因素造成的国际收支逆差，直接管制措施具有很大的优越性。直接管制的缺陷在于其常常会扭曲市场机制，损害市场效率，不利于资源的有效配置。而且，直接管制措施并未从根本上消除导致国际收支逆差的原因，由此形成的国际收支平衡只是表面上的平衡，"内隐逆差"依然存在，一旦取消管制，这种内隐逆差即刻就会转换成"外显逆差"。最后，直接管制是改变国际竞争的力量对比的不公正手段，因而在限制进口的同时会使有关的国家出口受到不利影响，这些国家也会采取报复措施，相应限制进口，使直接管制的效能大打折扣。

专栏1-2　中国的国际收支与国际热钱流动规模及途径

国际热钱又称国际游资，前者是英语"hot money"的直译，后者是对国际热钱特征的描述。学术界对热钱尚无确切的定义，但一般认为热钱基本反映了以下主要特点：(1)热钱是在国际间专门从事牟利活动的短期资金，其主要特点是流动频繁，集中活动于投机性产业，如证券市场、房地产市场等；(2)驱动热钱流动的主要因素是各国间的利差、各国间的货币汇率变动以及投机行业的盈利空间。因此，当一国利率上升、本币汇率看涨或投机行业迅速发展时，热钱将大规模入境进行套利；相反，在以上变量看跌的情况下，热钱将全面、迅速撤出，极可能引起该国的金融波动甚至是金融或经济危机。

一、热钱流动规模的估算

鉴于热钱的流动往往与正常的短期资金流动混淆在一起，很难在技术上予以确认，因此，国际学术界的许多研究主要体现在对短期跨境资本流动的考察（见表1-4）。

表 1-4　国外学者对短期跨境资本流动的估算方法

估算方法	估算公式
卡丁顿(1986)	误差与遗漏+私人短期资本流出
凯特(1986)	误差与遗漏+其他部门其他短期资本项目中的其他资产项目+债券+公司股权投资
世界银行(1985)	外商直接投资增加+外债增加+经常项目顺差－外汇储备增加
摩根(1986)	外商直接投资增加+外债增加+经常项目顺差－外汇储备增加－银行与货币当局拥有的短期外币资产增加
克莱因(1987)	外商直接投资增加+外债增加+经常项目顺差－外汇储备增加－银行与货币当局拥有的短期外币资产增加－旅游收入－留存国外的再投资收益
杜利(1986)	资本外逃额=可识别的资本外流加总－正常的对外债权存量变动数

资料来源:谢春凌(2009)。

由于我国对资金的跨境转移实行比较严格的管制,热钱难以通过正式的合法途径流入,只能假借各种合法的名义或隐蔽的方式进入我国。这就导致热钱数量无法精确识别和确认,只能进行估算。不同的方法又形成了估算结果的巨大差异。

具体而言,我国学者主要使用以下方法估算热钱的规模:

(一)净误差与遗漏

国际收支平衡表中的"净误差与遗漏"项目反映了没有被官方记录的资本流动状况,一些学者认为"净误差与遗漏"项目的大部分应该视为热钱的流动。按照这种估算方法,"净误差与遗漏"项目为正则意味着存在官方统计之外的热钱的流入,为负则意味着热钱的外流(见图 1-6)。

用"净误差与遗漏"估算热钱的方法虽然简单明了,但不够精确,因为"净误差与遗漏"数额的形成除了没有被官方记录的资金流动以外,还有可能是统计技术上的原因造成的。因此,利用"净误差与遗漏"估算热钱的规模只能显示资金的整体流动趋势。此外,这种方法忽略了假借贸易项目(虚报进出口价格)和资本项目中的外商直接投资(FDI)形成的资金流动,通常会低估热钱的流动规模。

(二)残差法

这种估算方法是用外汇储备增长额减去贸易差额和直接投资差额来计算热钱流动规模(见表 1-5)。其依据是外汇储备的增量一般由贸易差额、直接投资差额和热钱流动构成,因此,估算热钱流入的规模可以下式表示:

热钱流入量=外汇储备增量－贸易差额－直接投资差额

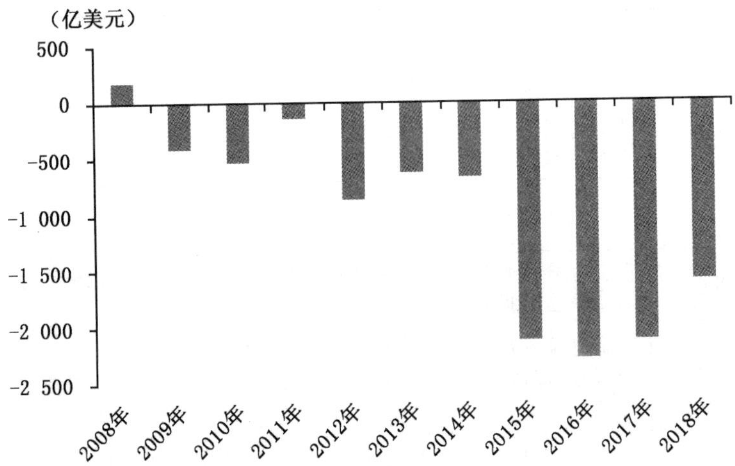

数据来源：国家外汇管理局。

图 1-6 2008～2018 年中国国际收支的净误差与遗漏

表 1-5 以残差法估算的 2000～2018 年热钱规模 单位：亿美元

年度	外汇储备总额	新增外汇储备	贸易差额	直接投资差额	热钱
2000	1 656	109	288	375	−554
2001	2 122	466	281	374	−189
2002	2 864	742	374	468	−100
2003	4 033	1 169	358	494	317
2004	6 099	2 067	512	601	954
2005	8 189	2 089	1 246	904	−61
2006	10 663	2 475	2 089	1 001	−615
2007	15 282	4 619	3 080	1 391	148
2008	19 460	4 178	3 488	1 148	−458
2009	23 992	4 531	2 201	872	1 458
2010	28 473	4 481	2 230	1 857	394
2011	31 811	3 338	1 819	2 317	−798
2012	33 116	1 305	2 318	1 763	−2 776
2013	38 213	5 097	2 354	2 180	563
2014	38 430	217	2 213	1 450	−3 446
2015	33 303	−5 127	3 579	681	−9 387
2016	30 105	−3 198	2 557	−417	−5 338
2017	31 399	1 294	2 170	278	−1 154
2018	30 727	−672	1 029	1 070	−2 771

数据来源：国家外汇管理局。

按照残差法计算，我国在2014～2018年间出现了规模较大的热钱流出。

残差法并非完美无缺，据此计算得出的热钱中事实上包括了经常项目下的收益与经常转移，以及通过QFII（Qualified Foreign Institutional Investor）流入的资金和其他投资（包括贸易信贷与外债等），因而也不够精确；此外，外汇储备的变动可能是由于不同外汇资产之间的汇率变动或外汇储备资产的投资损益所导致，而非资本流入流出造成；最后，如前所述，贸易顺差与外商直接投资净流入中也可能包含隐蔽的热钱流入，残差法却将其剔除在外。尽管如此，残差法由于含义明确且使用简便，因而被广泛运用。

（三）调整后的残差法

国家外汇管理局（2012）认为残差法计算的热钱数额中还应该扣除境外投资收益和境外上市融资的数额，并运用这种方法计算了热钱的流入规模（见表1－6）。这种估算方法剔除了假借境外投资收益流入我国的热钱，因此也可能存在低估。

表1－6　以调整后残差法估算的2001～2012年热钱规模　单位：亿美元

年份	外贸顺差①	直接投资净流入②	境外投资收益③	境外上市融资④	前四项合计⑤＝①＋②＋③＋④	外汇储备增量⑥	"热钱"规模⑦＝⑥－⑤
2001	225	398	91	9	723	466	－257
2002	304	500	77	23	905	742	－163
2003	255	507	148	65	974	1 377	403
2004	321	551	185	78	1 136	1 904	768
2005	1 021	481	356	206	2 063	2 526	463
2006	1 775	454	503	394	3 126	2 853	－273
2007	2 643	499	762	127	4 032	4 609	577
2008	2 981	505	925	46	4 457	4 783	326
2009	1 957	422	994	157	3 530	3 821	291
2010	1 831	467	1 289	354	3 941	4 696	755
2011	1 551	559	1 258	113	3 482	3 848	366
2012	2 311	345	1 438	160	4 254	987	－3 267
合计	17158	5 688	8 151	1 732	32 730	32 611	－119

数据来源：外贸顺差数据来自海关，直接投资（非金融领域）数据来自商务部，境外上市融资数据来自证监会，外汇储备增量和境外投资收益数据来自外管局（2012年为初步数）。

外管局(2013)在其发布的《2012年中国跨境资金流动监测报告》中回避了"热钱"一词,代之以"跨境资金流动净额",而且在此后的《中国跨境资金流动监测报告》中不再用这种方法测算"跨境资金流动净额"。

(四)全口径方法

张明、徐以升(2008)从热钱的定义入手,在详细考察热钱进入我国的途径之后,通过全面调整外汇储备增量,并考虑到贸易顺差和FDI中隐藏的热钱,建立了估算热钱流入规模的计算式:

热钱流入量=调整后的外汇储备增加额－贸易顺差－FDI+贸易顺差中隐藏的热钱+FDI中隐藏的热钱

具体估算步骤为:

首先,对外汇储备增加额进行多方面调整:(1)汇率变动收益调整。假定我国外汇储备的币种结构为美元、欧元和日元资产分别占70%、20%和10%,计算得出汇率变动的总收益,将此部分从外汇储备增加额中剔除。(2)投资收益调整。假定我国的外汇储备全部投资于美国10年期国债得到外汇储备投资收益,将此部分从外汇储备增加额中剔除。(3)考虑中国人民银行(简称"人行")对中投公司的外汇储备转账因素(合计2 079亿美元),中投公司以670亿美元从人行手中收购中央汇金公司,因此中投公司从人行获得的外汇储备净值为1 409亿美元,据此2007年的外汇储备增加额应调增至1 409亿美元。(4)考虑到人行在2003~2007年对国有银行及券商合计注资654亿美元,应将其计入2003~2007年的外汇储备增加额。(5)考虑商业银行用美元缴纳本币法定存款准备金,应将2007年的外汇储备增加额调增1 084亿美元。

其次,考虑到人民币升值造成的贸易条件改善、出口行业劳动生产率提高、外需增强等因素,假定2005~2008年真实贸易顺差同比增长率分别为30%、35%、40%和45%。

再次,将FDI未汇出利润及折旧视为热钱(长期投机性资金),调整FDI中隐含的热钱数额,最终得出的流入我国的热钱规模如表1-7所示。

表1-7　　全口径法估算的热钱规模　　单位:亿美元

2003年	2004年	2005年	2006年	2007年	2008年第一季度
956	1 398	1 915	1 389	5 410	964

数据来源:张明、徐以升(2008)。

张明、徐以升最后得出的结论是：2003～2008 年第一季度，累计流入我国的热钱为 12 032 亿美元，热钱在我国的累计收益为 5 510 亿美元，二者之和为 17 542 亿美元，约为同期外汇储备增加额的 104%。根据这种估算方法，我国热钱流入的规模是十分惊人的，我国的外汇储备几乎完全是由热钱流入形成的。

此方法的优点在于对外汇储备增加额进行了调整，比较全面地考虑了各种情况，包括汇率变动、投资收益、人行对中投公司的转账和对国有银行的注资，以及人行要求商业银行以美元缴纳的准备金等，而且还将热钱在国内的投资收益也考虑在内。不足在于没有全面分析国际收支平衡表的各个项目，几乎将除“外贸顺差”和“外商投资”（即“直接投资”）之外 68 项的正“差额”都估算为热钱的流入，由此使得他们估算的热钱流入量远远大于“外汇储备增加额—（外贸顺差额＋外商投资额）”。此外，对于国家外汇储备的币种结构和贸易顺差的调整估计是否准确也值得商榷。

二、热钱流入我国的途径

沈庆、林文浩(2009)对热钱流入我国的可能途径进行了考察，认为主要途径如下：

（一）资本项目

在我国逐步放松对资本项目的管制后，资本项目成为国际投机资本进入我国的一个重要渠道。热钱通过资本项目流入的方式主要为：(1)利用国内某些地方政府实施的招商引资政策进行虚假投资，然后利用各种关联交易将无实体产业投资需求的资本转移到投机利润较高的房地产、有价证券等领域。(2)国内投资者通过在国外成立专设公司，在境外通过银行借款、出让公司股份、发行可转换债券等方式募集资金，进行返程投资进入国内。(3)一些国际金融机构、大型跨国公司通过从内部调拨资金或是短期国际借贷的方式，将国外转入的资金投入高利润行业。这些转移手法的共同特点在于利用我国外汇管理机构的监管疏漏和企业的境内外的网络优势，变换资本的实际用途。

（二）贸易收支

在进出口贸易中，通过低报进口价格或高报出口价格可以将利润向国内输送，实现资本的流入；而通过高报进口价格或低报出口价格可以将利润向海外输送，实现资本的流出。通过价格虚报途径实现的资本流动将反映在国际收支平衡表的贸易项目中，但是很难将其与正常的进出口贸易导致的资本流动区分开来。但是通过这种途径实现资本转移有时需要支付高额的税收，成本很高；另外，这种资本转移需要依附于进出口贸易，本身没有贸易需求的经济主体很难利用这种方式。

近年来我国香港的人民币贷款利率水平持续低于我国境内利率水平。这就催生了两地最流行的“内保外贷”套利方法，即企业A在境内存一笔人民币“存款”，并要求银行开具信用证并交送香港的关联企业B;B在香港的银行用信用证获得人民币贷款，然后通过高报价格向A进口并支付进口款项。结果，A按境内利率获得较高的“存款”利息，而B在香港则支付较低的利率，实现息差套利。与此同时，相应数量的资金从香港转移到了我国境内。

(三)提前或延期付款

提前或延期付款是贸易融资的主要方式，属于短期融资。出口企业通过接受海外预付款，进口企业通过延期付款都可以实现短期跨境资本的流入。从进出口企业凭合同到银行换汇到实际进出口活动发生，这笔资本流动将被记录在国际收支平衡表资本项目中的贸易信贷项目。

自2008年以来，外管局加强了对这方面短期资本流动的监管，如果所涉企业被列为关注型企业，则必须凭海关报关单而非进出口合同去银行换汇，实际上禁止了提前或延期付款途径。对于非关注型企业，外管局也规定了提前或延期付款的最高额度，对于高出额度的部分须报外管局批准，降低了通过该途径实现大规模资本跨境流动的可能性。

(四)个人交易

居民个人有3种渠道可以实现资本的流入和流出。一是通过个人贸易项目进行资金转入。个人贸易活动分散、收汇金额小，其国际收支申报的真实性难以鉴别，因而成为热钱流动的又一便利途径。二是通过个人贸易佣金形式流入。贸易佣金是个人通过贸易中介获得的合法收入。个人可以与有关单位或个人先签订虚假佣金合同，然后通过境外账户向国内个人账户汇款的方式，巧妙规避外汇监管。三是通过职工报酬、赡家费用等名目汇款回国。

此类资金转移虽然总额相对较小，但若以分散、高频率的方式进行，也可形成较大数额的热钱流动。通过个人项目流入的资金的主要特点是数量繁多，资金的来源及真实性调查难度大、成本高，且缺少相关法律法规的制约。

(五)地下金融途径

通过地下金融途径实现短期跨境资本流动的代表性手段是资本流入方与资本流出方将人民币与外币直接交换。该途径实现的资本流动不受政府控制，不被官方记录，既不显示在国际收支平衡表的线上项目中，也可能不显示在净误差与遗漏项目中。通过地下途径实现短期跨境资本流动，需要经济中同时存在大量的资本流入方与资本流出方。我国长期以来处于资本外逃与热钱流入并存状态，这一条件可以得到满足。但是通过地下途径实现短期跨境资本流动一般需要借助相应的非法金融中介（地下钱庄），成本也比较高，该途径完全是一种违规行为，存在较大的法律风险。

本章小结

国际借贷是一国在一定日期对外债权债务的综合情况。国际收支是在一定时期内，一个经济实体的居民同非居民之间所进行的全部经济往来的系统记录。国际收支平衡表是反映一国国际收支状况的统计报表。国际收支平衡表上的各项目的收入（+）大于支出（—），即贷方数额大于借方数额时，称为顺差；反之，则表示逆差。各项目收支差额的总和，便是国际收支总差额。国际收支平衡表主要分为经常项目、资本项目和平衡项目三大类。

一国的自主性交易若不能达到平衡，该国的国际收支在性质上是不平衡的。在这种情况下，该国政府，尤其是货币当局会通过一定的政策措施进行调节。这种措施可划分成两大类型：一类是支出转移政策，使支出由国外转向国内，最终改善国际收支；另一类是支出减少政策，即通过减少国民收入，如紧缩性的财政货币政策等，使得用于进口的支出下降。政府也可以通过融资政策，即在国内外融通资金弥补差额，或者通过直接管制，即强制性的行政手段，如法规和条例，对进出口和外汇交易予以规定，以改善国际收支。

重要术语

国际借贷	国际收支	国际收支平衡表	顺差
逆差	经常项目	贸易收支	服务收支
转移收支	资本项目	长期资本	国际直接投资
国际证券投资	短期资本	资本外逃	游资（热钱）
误差与遗漏	官方储备	总差额	局部差额
跨境收付	结售汇	自主性交易	调节性交易
周期性不平衡	收入性不平衡	货币性不平衡	价格性不平衡
结构性不平衡	价格—金币流动机制	支出转移政策	支出增减政策
内部融资	外部融资	直接管制	贸易管制
外汇管制			

思考题

1. 什么是国际借贷？什么是国际收支？这两者有何异同？
2. 国际收支与外汇收支有何区别与联系？
3. 什么是“居民”？什么是“非居民”？
4. 经常项目包括哪些内容？资本项目包括哪些内容？
5. 什么是自主性交易？什么是调节性交易？
6. 造成国际收支不平衡的主要因素有哪些？这些因素为什么会导致国际收支不平衡？
7. “价格—金币流动机制”的原理是什么？
8. 针对国际收支不平衡的措施有哪些？这些措施为什么能改善国际收支？

参考文献

1. 保罗·克鲁格曼、茅瑞斯·奥伯斯法尔德:《国际经济学》,中国人民大学出版社 2016 年版,第 13 章:国民收入核算与国际收支平衡。

2. 国家外汇管理局:各年度《中国跨境资金流动监测报告》。

3. 国家外汇管理局:各期《中国国际收支报告》。

4. 纪筱琪:我国的资本外逃与人民币汇率失衡,《新金融》,2007 年第 10 期。

5. 姜波克:《国际金融新编》(第六版),复旦大学出版社 2018 年版,第 2 章:国际收支和国际收支平衡表。

6. 沈国兵:《国际金融》(第三版),北京大学出版社 2018 年版。

7. 沈庆、林文浩:我国短期跨境资本流动研究综述——途径、规模和影响因素,《世界经济与政治论坛》,2009 年第 1 期。

8. 谢春凌:浅析流入我国境内国际热钱规模的估算方法,《宏观经济》,2009 年第 10 期。

9. 杨长江、姜波克:《国际金融学》,高等教育出版社 2014 年版。

10. 张明、徐以升:全口径估算我国当前的热钱规模,《当代亚太》,2008 年第 4 期。

第二章　外汇与汇率

教学目的与要求

- 掌握外汇的基本含义及特征。
- 了解货币可兑性的含义。
- 熟练把握汇率的不同标价及其本质区别。
- 分清货币升值和贬值与汇率上升和下跌的概念区别。
- 认识汇率的不同种类及其含义。
- 知晓外汇管制的内容及其利弊。
- 明确各种因素影响汇率的内在机理。
- 熟知外汇风险的概念和类型，掌握外汇风险的管理方法。

第一节　外汇

一、外汇的概念

在通常情况下，一国的货币只能在该国境内流通。因此，发生国际经济交易的A、B双方在使用收付的货币时最多有3种选择：一是使用A国货币，二是使用B国货币，三是使用第三国货币。所以，在国际经济交易中，无论上述哪种情况，至少有一方需要使用以外国货币表示的支付手段，由此就形成了外汇（foreign exchange，简称Forex）的概念。从完整的角度来看，外汇具有动态（dynamic）和静态（satic）两方面的含义。外汇的动态含义是指把一国货币兑换成另一国货币的国际汇兑行为和过程，即借以清偿国际间债权债务关系的一种专门性经营活动。可见，外汇的动态含义所强调的是外汇交易的主体，即外汇交易的参与者及其行为。外汇的静态含义则是指以外币表示的可用于对外支付的金融资产。[①] 静态含义所强调的是外汇交易的客体，即用于交易的对象。在人们日常的经济生活中最广泛使用的是外汇的静态含义。

表 2-1　　主要发达国家在贸易中使用本币的比率　　单位：%

	日本	美国	英国	德国	法国	意大利
出口	36	96	57	74.8	49.2	38
进口	21.8	85	40	51.5	46.6	38.1

注：统计数据的年份分别是日本，1998 年；美国和英国，1988 年；德国，1995 年；法国和意大利，1997 年。

数据来源：李晓、平山健二郎(2002)。

我国 2008 年 8 月 6 日发布的《中华人民共和国外汇管理条例》第三条对外汇的范围做了这样的规定："本条例所称外汇，是指下列以外币表示的可以用作国际清偿的支付手段和资产：

(一)外币现钞，包括纸币、铸币；

(二)外币支付凭证或者支付工具，包括票据、银行存款凭证、银行卡等；

(三)外币有价证券，包括债券、股票等；

(四)特别提款权；

(五)其他外汇资产。"

根据以上有关外汇概念的描述，我们可以发现，外汇是包括外币在内，但比外币的范围更广的概念。

二、外汇的特征

根据外汇的定义，我们可以得出外汇的三个基本特征：

第一，外汇是一种金融资产。

所谓资产，是具有货币价值的财物或权利，或者说是用货币表现的经济资源。资产可以是实物性的，即所谓的实物资产(physical asset)，如土地、机器等，也可以是金融性的，亦即金融资产(financial asset)，如现金、存款、商业票据、有价证券等。既然外汇只能以货币形态得到表现，因此它必然属于金融资产。所以，实物资产和版权、专利权等无形资产不能构成外汇。

第二，外汇必须以外币表示。

少数国家的货币，如美国的美元由于种种特殊的原因而在国际间被普遍接受，因

① 外币是外国货币的简称。

此，美国居民常常可以直接用美元对外支付。但美元对美国居民而言，显然只是本币[1]，所以，尽管美元有时具有对外支付的功能，但美国居民仍然不能由此将其看作外汇。

第三，用作外汇的货币必须具有较充分的可兑性。

货币的可兑换性（convertibility，简称可兑性）是指一种货币能够不受限制地兑换成其他国家的货币的特性。[2] 如前所述，人们持有外汇的最基本动机是用于对外支付，但由于各国（或地区）货币制度不同，外汇管制宽严程度不同，以及政府维持货币主权的要求，一国货币一般不能在另一国流通使用。在这种情况下，一种外币（如英国英镑）的持有者（如法国居民）为了清偿由于对外经济交易而产生的国际债权债务关系，或为了在国与国之间进行某种形式的单边转移，就不得不将英镑按一定的比率兑换成另一种货币，如加拿大元，以便对加拿大居民进行支付。显然，如果一种货币不具有可兑性，即不能兑换成其他货币，则其对外支付的能力就几近丧失，外国居民就不愿持有该种货币，其结果就是无以具有外汇的功能。

货币按其可兑性程度可分成以下 3 类：

（1）完全的可自由兑换货币

当一国政府对本币兑换成外币的行为没有严格限制，不采取差别性的复汇率措施时，该国的货币就成为完全的可自由兑换货币。

（2）有限的或部分的可兑换货币

当一国政府对本币兑换外币的行为实行某些方面的严格限制时，该国的货币就成为有限的或部分的可兑换货币。这种限制通常表现在两个方面：一是按居民身份实行限制，如外国居民可以自由兑换，本国居民则不能兑换；二是对与经常项目交易有关的货币兑换没有限制，但对涉及资本项目交易的兑换仍施加限制。

（3）不可兑换货币

有些国家对贸易收支、服务收支和资本项目收支都实施严格的外汇管制，境内没有外汇市场，所有本币对外币的兑换行为都须经过政府审批。这些国家的货币就是不可兑换货币。

IMF 为了促进国际经济交易的发展，因而在《IMF 协定》第八条“成员国的一般义务”中规定，各成员国不能对因经常项目交易而发生的货币兑换要求予以限制。货币的完全可自由兑换意味着任何该种货币持有人均可不受限制地在外汇市场上将其转

---

① 本币是本国货币的简称。

② 货币的可兑换性的另一个含义是指在金本位条件下货币能按发行国官方规定的含金量或价格，即黄金官价（official price）兑换成黄金的特性。

换成其他货币。在这种情况下，一旦由于国际收支严重恶化、本币遭受投机性攻击或资本外逃等原因，一国的外汇市场就会出现大量抛售本币而抢购外币的风潮，以致本币汇率面临冲击，外汇储备急剧流失，甚至酿成货币危机。所以，一国是否有能力实行本币的自由兑换，这取决于其是否具有稳定对外经济的强大实力，具体而言，取决于其稳定国际收支和汇率的能力以及是否持有充足的外汇储备。

从目前情况看，实行完全的货币自由兑换的国家主要是西方发达国家和收入相对较高的发展中国家。许多发展中国家由于对外经济实力相对较弱，在世界经济中处于不利地位，因而缺乏实行货币自由兑换的条件。我国自实行改革开放政策以来，对外经济实力得到了很大的提高，在外汇管理方面，市场经济体制也有了一定程度的发育，国际收支状况不断改善，外汇储备迅速增加，因此，1996 年 11 月 27 日，中国人民银行行长戴相龙致函 IMF，正式宣布从 1996 年 12 月 1 日起接受《IMF 协定》第八条款，基本实现了经常项目交易的人民币自由兑换，成为所谓的“第八条款成员国”，对少部分经常项目交易的兑换，如服务收支方面的出国旅游、留学和转移支付方面的侨汇、捐赠等仍实行一定的限制。

随着我国国际收支状况的不断改善和外汇储备的增加，人民币自由兑换的限制也在持续放宽。例如我国对因私出国旅游购买外汇的次数原先规定每年 1 次，自 1999 年起不再受次数限制；自 2003 年起，我国居民用银行卡在国外透支消费，可在回国后用人民币偿还；根据 2007 年 2 月 1 日起生效的《个人外汇管理办法实施细则》，个人每年可购外汇额度由 2 万美元提高到 5 万美元。可以肯定，我国居民在经常项目方面的购汇限制逐步放宽的趋势不会逆转，最终将实现经常项目交易的人民币的完全自由兑换。

我国在资本项目交易的人民币自由兑换方面也在稳步推进。我国于 2006 年取消了国内机构对外直接投资的购汇额度，允许无限量购汇，并建立了“合格境内机构投资者制度”(Qualified Domestic Institutional Investor，QDII)，允许经批准的境内金融机构在获得购汇额度后可向个人发售基金，并投资于境外金融市场。截至 2019 年 3 月 27 日，外管局批准的 152 家境内机构 QDII 购汇额度已累计达到 1 032.33 亿美元。

与货币的可兑性有密切关系的一种现象是金融市场的对外开放，即允许外国居民进入本国金融市场。由于一国金融市场上交易和结算所使用的通常只能是本币，这就意味着该国同时还必须允许外国居民以外币兑换本币。此外，外国居民一旦撤回投资，还需要允许其以本币兑换成外币。我国于 2002 年试点实行“合格境外机构投资者制度”(Qualified Foreign Institutional Investor，QFII)，允许经批准的境外金融机构在获得额度后可用外汇兑换人民币在我国证券市场进行投资。截至 2019 年 3 月 27 日，外管局批准的 289 家境外机构的 QFII 投资额度已累计达到 1 015.96 亿美元。

2011 年 2 月，我国在 QFII 制度的基础上开始在北京和上海试点合格境外有限合伙人制度(Qualified Foreign Limited Partner，QFLP)，允许境外有限合伙人按批准的投资额度将外币换成人民币投资于国内的未上市股权。

2011 年 12 月 16 日我国发布了《基金管理公司、证券公司人民币合格境外机构投资者境内证券投资试点办法》，允许符合条件的基金公司、证券公司香港子公司作为试点机构开展 RQFII 业务。RQFII(RMB Qualified Foreign Institutional Investors)是指可从事人民币交易的合格境外机构投资者。该业务初期试点额度约 200 亿元人民币，试点机构投资于股票及股票类基金的资金不超过募集规模的 20%。截至 2019 年 3 月 27 日，外管局批准 210 家境外机构的 RQFII 投资额度已累计达到 6 609.72 亿元人民币。

在 QDII 制度的基础上，我国自 2013 年起分别在上海和深圳试点合格境内有限合伙(Qualified Domestic Limited Partner，QDLP)和合格境内投资企业(Qualified Domestic Investment Enterprise，QDIE)制度试点，允许这些企业在获得的额度内将人民币兑换为外币，投资于境外的股权投资基金项目。2018 年 4 月 24 日经外管局批准，两地各自试点额度分别增加至 50 亿美元。

2014 年 11 月和 2016 年 11 月我国相继建立了沪港通和深港通交易，使得境外投资者可以通过香港利用沪股通和深股通参与沪深交易所的交易，境内投资者则可以通过沪深交易所的港股通参与香港证券市场。人民币和外币的兑换范围进一步扩大。

2017 年 5 月 31 日，中国人民银行发布《内地与香港债券市场互联互通合作管理暂行办法》，建立了所谓的债券通，允许境外投资者参与内地银行间债券市场。①

需要说明的是，货币的可兑性与金融市场开放虽然紧密相关，但在概念上并不相同。例如，即使一国允许外国居民用外币兑换本币，但其金融市场仍然可以限制外国居民的参与。

IMF 发布的《汇率安排与汇兑限制年报》把资本管制细分为资本和货币市场工具交易管制、衍生品及其他工具交易管制、信贷工具交易管制、直接投资管制、直接投资清盘管制、房地产交易和个人资本交易管制七类。中国人民银行于 2012 年 2 月发布了研究报告——《我国加快资本账户开放的条件基本成熟》，该报告认为，目前中国不可兑换项目有 4 项，占比 10%，主要涉及非居民参与国内货币市场、基金信托市场以及金融衍生产品的交易；部分可兑换项目有 22 项，占比 55%，主要集中在债券市场交易、股票市场交易、房地产交易和个人资本交易四大类。基本可兑换项目 14 项，主要集中在信贷工具交易、直接投资、直接投资清盘等方面。该报告还提出了在 10 年内分

① 本书第九章对债券通有更详尽的讨论。

3个阶段逐步取消资本管制的设想。

外管局于2012年6月发布了《关于鼓励和引导民间投资健康发展有关外汇管理问题的通知》，允许境内企业使用境内外汇贷款进行境外放款。这意味着我国在放宽资本管制方面又向前迈出了重要的一步。

国际经济交易中大量使用的外汇都是通过银行的结算系统实现收付的，相比之下，外币现钞却并不能通过银行的结算系统实现收付。因此，严格的狭义的外汇并不包括外币现钞(即纸币和铸币)，而是指能不受限制地存入货币发行国的商业银行的结算账户，从而转换为外币存款，以便进入国际结算过程的外币，即所谓的现汇。

国际银行业将澳大利亚元、加拿大元、丹麦克朗、欧元、日元、挪威克朗、英镑、瑞典克朗、瑞士法郎、美元、新加坡元等列为国际结算货币。其中美元、欧元、英镑、日元是使用频率最高的结算手段。不仅仅因为这些货币是可以自由兑换的货币，而更主要的是这些货币在全球贸易中占据一定的支付和结算比重。所谓国际结算货币，是指被多个国家或地区所接受用于国际贸易和投资的计价(currency of invoicing)和支付手段的货币。

国际结算货币由可自由兑换的货币组成，但是可自由兑换货币不一定是国际结算货币。全世界可自由兑换的货币在币种上远远超过国际结算货币。一国可以实行本币的自由兑换，但如果这种货币并没有被其他多个国家接受用于相互支付，则其不能成为国际结算货币。2017年我国跨境贸易人民币结算业务达到4.36万亿元，全球排名第六，2018年增长到5.11万亿元，以人民币进行结算的跨境货物贸易、服务贸易及其他经常项目、对外直接投资、外商直接投资分别发生3.66万亿元、1.45万亿元、8 048.1亿元、1.86万亿元。虽然人民币目前还不是完全的自由兑换货币，但由于我国的进出口数量全球第一，国际直接投资规模庞大，因此我国与伙伴国用人民币进行的双边支付数量庞大。

第二节 汇 率

一、汇率的标价

外汇的动态含义引出了不同货币的折算问题，这就涉及到了汇率。汇率(exchange rate)是一个国家的货币折算成另一个国家货币的比率，即用一国货币所表示的另一国货币的兑换比率。换言之，汇率就是两种不同货币之间的比价，它反映一国货币的对外价值。由于汇率为外汇买卖确定了标准，因而又称外汇牌价或外汇价格

(简称汇价),亦称外汇行市(foreign exchange quotation)。

为了表示两种不同货币之间的比价,先要确定用哪个国家的货币作为标准,由于确定的标准不同,因而便产生了两种不同的汇率标价方法。

(一)直接标价

直接标价(direct quotation),又称应付标价(giving quotation),是指一国以整数单位(如1、100、1万等)的外国货币为标准,折算为若干单位的本币的标价法。在直接标价法下,外币是基准货币(base currency)[①],因而又称外币标价法,外币数额固定不变,汇率涨跌都以相对的本币数额的变化来表示。一定单位的外币折算的本币增多,说明外汇汇率(foreign exchange rate)上升,或本币汇率下降。

反之,一定单位外币折算的本国货币减少,说明外汇汇率下跌,或本币汇率上升。由此可见,在直接标价法下,汇率数值的上下起伏波动与相应的外币的价值变动在方向上是一致的,而与本币的价值变动在方向上却是相反的。

(二)间接标价

间接标价(indirect quotation),又称应收标价(receiving quotation),是指一国以整数单位的本国货币(如1、100、1万等)为标准,折算为若干数额的外国货币的标价法。间接标价法的特点正好同直接标价法相反,即本币是基准货币,所以又称本币标价法,本币金额不变,其折合成外币的数额则随着两种货币相对价值的变化而变动。如果一定数额的本币能兑换成更多的外币,说明本币汇率上升;反之,如果一定数额的本币兑换的外币数额减少,则说明本币汇率下跌。在间接标价法下,汇率数值的上下起伏波动与相应的外币的价值变动在方向上刚好相反,而与本币的价值变动在方向上却是一致的。目前除了英国、美国、澳大利亚和欧元区外,国际上绝大多数国家都采用直接标价法。从历史上看,英镑曾长期用作国际结算的主要货币,因此,伦敦外汇市场一直采用间接标价法。

美国长期以来一直对美元汇率采用直接标价法,但在第二次世界大战后,随着美元在国际结算和国际储备方面逐渐取得主导地位以及国际外汇市场的高速发展,为了与各国外汇市场上对美元的标价一致,美国从1978年9月1日起,除了对英镑(以及后来的澳元和欧元)继续采用直接标价法外,对其他货币一律改用间接标价法。我国对人民币兑主要国际货币的汇率也采用直接标价法,但人民币兑某些次要货币,如马来西亚林吉特和俄罗斯卢布的汇率则采用间接标价法。

---

① 基准货币指一个"货币对"中作为被计价标的(标准)的货币。

表 2-2 **2019 年 4 月 19 日人民币对外币中间价**

直接标价		间接标价	
美元/人民币	6.704 3	人民币/马来西亚林吉特	0.617 85
欧元/人民币	7.534 2	人民币/俄罗斯卢布	9.529 9
100 日元/人民币	5.987 4	人民币/南非兰特	2.096 7
港元/人民币	0.854 58	人民币/韩元	169.58
英镑/人民币	8.709 5	人民币/阿联酋迪拉姆	0.547 85
澳元/人民币	4.793 7	人民币/沙特里亚尔	0.559 34
新西兰元/人民币	4.483 4	人民币/匈牙利福林	42.463 8
新加坡元/人民币	4.945 0	人民币/波兰兹罗提	0.567 83
瑞士法郎/人民币	6.606 1	人民币/丹麦克朗	0.991 0
加元/人民币	5.011 2	人民币/瑞典克朗	1.387 9
		人民币/挪威克朗	1.269 2
		人民币/土耳其里拉	0.867 00
		人民币/墨西哥比索	2.804 5
		人民币/泰铢	4.744 6

数据来源:中国外汇交易中心。

直接标价和间接标价之间存在着一种倒数关系,即直接标价法下的汇率数值的倒数就是间接标价法下的汇率数值,反之亦然。例如,根据我国的中国银行按直接标价法挂牌的 100 美元=632.45 元人民币,我们可很方便地推算出 1 元人民币=100/632.45=0.158 1 美元,即 100 元人民币=15.81 美元。又如,根据伦敦外汇市场 1 英镑=1.613 0 美元,运用倒数关系即可将外汇市场的间接标价换成直接标价,即 1 美元=1/1.613 0=0.620 0 英镑。

由于在不同的标价法下,汇率涨跌的含义恰恰相反,因此我们在谈论某种货币汇率的变动时,必须说明具体的标价方法,否则就容易引起歧义。我们也可以在汇率之前加上外汇或本币等限定词,以说明外汇汇率或本币汇率的变动情况,如外汇汇率上升或本币汇率下跌。① 因此,本书所谓的人民币汇率或人民币兑其他货币汇率的上升(下跌),均是指人民币对外价值的上升(下跌),不考虑所用的标价法。按国际金融界的惯例,若对标价法不做特别说明,则一般是指采用了直接标价法。

在战后兴起的欧洲货币市场上由于银行相互间买卖的都是外币,没有本币,因此各种货币的报价都以美元作为基准货币,形成了所谓的美元标价法(Dollar quotation),其他货币之间的汇率则按照各自对美元的汇率进行套算得出。

---

① 许多中文文献在讨论汇率变动时常常因汇率标价而出现混淆,因此,读者对不同标价法的运用必须极为关注。

二、汇率的种类

根据不同的适用情况，我们可以将汇率进行各种分类。

（一）按汇率允许波动的程度分类

1. 固定汇率

如果一国货币与其他货币之间的汇率以某些相对稳定的标准或尺度，如各自的货币含金量来确定，使其波动幅度受到严格限制，这就称为固定汇率（fixed rate）。[①] 这种确定汇率水平的标准或尺度偶尔会因种种原因发生较大调整，结果，汇率水平也会相应出现大幅度的上升或下跌。由于这种原因造成的汇率上升，称为货币升值（revaluation），而下跌则称为货币贬值（devaluation）。[②] 因此，严格地说，货币升值或贬值是固定汇率制度下的现象。

2. 浮动汇率

如果一国货币与其他货币之间的汇率主要取决于外汇买卖的供求关系，并随之不断上下波动，其波幅不受任何限制，这就称为浮动汇率（floating rate）。浮动汇率向上的波动称作汇率上浮或汇率上升（appreciation）；反之，则称作汇率下浮或汇率下跌（depreciation）。由于目前国际性的固定汇率制度已经不复存在，因此，在浮动汇率条件下若一国货币汇率出现大幅度的或持续的上升，也称为货币升值；反之，则称为货币贬值。[③]

无论是固定汇率还是浮动汇率，凡汇率具有上升趋势或前景的货币通常称为硬货币（hard currency，又译硬通货或强势货币）；反之，若汇率呈下跌趋势或前景的货币则称为软货币（soft currency，又译软通货或弱势货币）。[④]

（二）按汇率确定的方式分类

1. 基本汇率

有些国家在对外经济活动中主要使用某种外币，因此在确定本币与各种外币的汇率时首先需要确定本币与该种外币的汇率，这就是基本汇率（basic rate），而该种外币

---

① 在英文文献中，exchange rate 常简称为 rate。

② 许多中文文献用汇率升值和汇率贬值来表示货币升值和货币贬值。其实，升值和贬值应该与货币搭配，汇率则应该与上升或下跌搭配，因为货币升值或贬值是专指某种货币的价值变化，如含金量和平价的变化，而汇率变动却表示两种货币价值的相对变化，不能专指某种货币的价值变化。例如，即使 A 货币的价值并无变化，但其汇率仍然有可能因为 B 货币的升值或贬值而发生变化。

③ 许多中文文献把汇率的小幅度波动也称作货币升值或贬值，这种说法有失规范。此外，浮动汇率按不同的浮动方式也可分为不同的种类，其他还有一些汇率的变动程度介于固定汇率和浮动汇率之间的各种汇率。本书第六章将对此进行详尽的讨论。

④ 有些中文文献把所有国际上使用量较大的货币均称为硬通货，这是对 hard currency 的误解。此外，英文 hard money 是指硬币，即铸币，并非硬通货，而 soft money 是指纸币，并非软通货，与汇率无关。

就是关键货币(key currency)。因此,基本汇率就是本币与关键货币的汇率。

2. 套算汇率

在外汇市场上,有的时候并不能直接得到两种货币之间的汇率,这时就可以分别利用这两种货币各自兑第三种货币的汇率进行套算[①],由此就需要运用套算汇率。所谓套算汇率(cross rate,又译交叉汇率),是指国际外汇市场上一种外币,尤其是关键货币与其他外币的汇率,其功能是用来套算本币与该种外币的汇率。

设美元为一国的关键货币,按下式就可套算本币与英镑的汇率:

$$(\text{本币}/\text{英镑})=(\text{本币}/\text{美元})\times(\text{美元}/\text{英镑})$$

式中,美元兑英镑汇率就是套算汇率。可见,套算汇率是两种外币之间的汇率。

表 2-3　2019 年 4 月 12 日国际外汇市场的套算汇率

	USD	EUR	JPY	GBP	CHF	AUD	NZD	CAD	CNY	HKD
USD		1.129 5	0.008 9	1.307 2	0.996 8	0.716 9	0.676 2	0.749 9	0.149 1	0.127 5
EUR	0.885 3		0.007 9	1.157 2	0.882 5	0.634 7	0.598 5	0.663 9	0.131 8	0.112 8
JPY	111.980	126.511		146.415	111.670	80.305	75.727	84.002	16.683	14.281
GBP	0.764 8	0.863 6	0.006 8		0.762 5	0.548 4	0.517 1	0.573 6	0.114 0	0.097 5
CHF	1.002 5	1.132 7	0.009 0	1.310 9		0.718 9	0.678 1	0.752 1	0.149 5	0.127 8
AUD	1.394 3	1.574 8	0.012 4	1.822 7	1.389 5		0.942 8	1.045 8	0.207 9	0.177 8
NZD	1.478 6	1.669 9	0.013 1	1.932 9	1.474 0	1.059 9		1.108 9	0.220 4	0.188 5
CAD	1.333 0	1.505 8	0.011 8	1.742 5	1.329 0	0.955 9	0.901 4		0.198 7	0.160 1
CNY	6.703 2	7.563 6	0.059 7	8.753 7	6.676 0	4.801 7	4.528 8	5.022 6		0.853 7
HKD	7.841 4	8.857 4	0.070 0	10.252	7.817 2	5.622 2	5.302 2	5.879 8	1.169 6	

注:表中的字母是国际标准组织(International Standard Organization,ISO)创立的表示各国货币的代码。

表 2-4　部分货币的 ISO 代码

ASF	瑞士法郎	FRE	法国法郎	NPR	尼泊尔卢比
ATS	奥地利先令	GBP	英镑	MYR	马来西亚林吉特
AUD	澳大利亚元	HKD	港元	NLG	荷兰盾
BEF	比利时法郎	IEP	爱尔兰镑	NOK	挪威克朗
BRL	巴西雷亚尔	IDR	印度尼西亚卢比	NZD	新西兰元
CAD	加拿大元	INR	印度卢比	PHP	菲律宾比索
CHF	瑞士法郎	IRR	伊朗里亚尔	PKR	巴基斯坦卢比

① 本书在表示两种货币之间汇率时,如果涉及市场交易行为,一般用“兑”而不是“对”,以突出其买卖的动态行为。

续表

CNY	人民币元*	ITL	意大利里拉	RUB	俄罗斯卢布
CZK	捷克克朗	JOD	约旦第纳尔	SDR	特别提款权
DEM	德国马克	JPY	日元	SEK	瑞典克朗
DKK	丹麦克朗	KRW	韩元	SGD	新加坡元
DZD	阿尔及利亚第纳尔	KWD	科威特第纳尔	SUR	苏联卢布
ECU	欧洲货币单位	KZT	哈萨克斯坦坚戈	THB	泰国铢
ESP	西班牙比塞塔	MOP	澳门元	TWD	台湾币
EUR	欧元	MXN	墨西哥比索	USD	美元
FIM	芬兰马克	MYR	马来西亚林吉特		

*在中文文献中我国的货币常用“人民币元”表示，而按照国际规范，货币名称一般以国家或地区名称+货币名称组成，因此，我国的货币名称似乎应为“中国元”，这样也能与英文名称“Chinese Yuan”保持一致。

（三）按银行买卖外汇的角度分类

1. 买入汇率

买入汇率(buying rate 或 bid rate)，又称结汇汇率或买入价①，是银行从客户那里买入外汇时所使用的汇率。

2. 卖出汇率

卖出汇率(selling rate，offer rate 或 ask rate)，又称卖出价，是银行将外汇卖给客户时所使用的汇率。对银行的客户而言则是从银行购买外汇，因此又称作购汇汇率，银行报出的买入价总是低于卖出价，其中的差价就成为银行的收益。在间接标价时，由于经过倒数处理，因此买入价与卖出价的数值是前高后低。有时，银行对于大客户并不采取买卖差价的做法，而是直接协商一个汇率，然后按交易量收取一定比率的佣金。

3. 中间汇率

中间汇率(middle rate)，又称中间价，是买入汇率和卖出汇率的中间值，一般用于考察汇率水平的高低变化而不是用于实际的外汇买卖。

4. 现钞汇率

银行在办理外汇买卖业务时会不断买进外币现钞，而这些现钞并不能产生利息收益，银行只能在这些现钞累积到较大规模时运送到货币发行国，存入该国银行，转换成现汇，才能通过国际结算系统用于对外支付。为此，银行就须为买入的现钞支付保管、

① 银行把从客户那里买入外汇的行为称作结汇，因此所适用的汇率又称结汇汇率。

保险和运输费用。为了弥补这些费用,银行报出的外币现钞买入汇率(买入价)就会低于现汇的买入汇率,而现钞的卖出汇率则一般与现汇卖出汇率一致。所以,现钞的买卖差价要大于现汇的买卖差价。

(四)按外汇的到账速度分类

人们购买外汇一般都是为了对外支付,而卖出的外汇则是已收到的别人的支付,所以,所谓的外汇通常都表现为以外币作为面值的支付凭证,如商业票据等。由于这种支付凭证的送达方式(即汇款方式)不同,资金到账的时间也不同,因此,银行报出的汇率也有差异。

1. 电汇汇率

如果客户在从银行买入外汇时,要求银行用电报、传真和电子网络等电讯方式将支付凭证送达国外的收款方,这时使用的就是电汇汇率。对客户而言,用电汇方式支付外汇速度最快,受汇率变动的影响较小,但汇率在各种支付方式中最高。

2. 信汇汇率

如果客户在从银行买入外汇时,要求银行将支付凭证通过邮递方式送达国外的收款方,这时使用的就是信汇汇率。由于收款方要在较长一段时间以后才能收到支付凭证,然后从银行取出汇款,银行实际上可以在这段时间占用资金,因此,银行报出的汇率就会比电汇汇率低,其差额相当于对客户提供的利息补偿。

3. 票汇汇率

银行在买卖外汇汇票时所使用的汇率就是票汇汇率,即通过汇票汇款的汇率。客户买入银行签发的外汇汇票后须自行送达国外的收款方。由于汇票的期限有不同的长短,因而适用的汇率也不一致:即期汇票的汇率较高,长期汇票的汇率较低,且期限越长,汇率越低,这与占用资金的时间长短恰好对应。

(五)按外汇交割的时间分类

外汇买卖双方达成协议,确认成交后不一定马上办理一手交外汇、一手交本币的交割(delivery,又译交收)。交割的时间不同(交割日又称起息日,value date),买卖外汇时的汇率高低也不一样。

1. 即期汇率

即期汇率(spot rate),又称现汇汇率,是买卖即期外汇时所使用的汇率。即期外汇,又称现汇,是指买卖成交后须在 2 个营业日[business day,又称工作日(working day)或交易日(transaction day)]内(T+2)办理交割的外汇。这里的 2 个营业日与 2 个日历天数不同。在计算营业日的天数时,须剔除银行不营业的天数,亦即须剔除休假日,包括周六、周日和国定假日。例如,周四成交的外汇买卖,即使到周一才办理交割,我们也把其归入即期外汇交易。

2. 远期汇率

远期汇率(forward rate),又称期汇汇率,是买卖远期外汇时所使用的汇率。远期外汇,又称期汇,是外汇买卖成交后须在未来双方约定的时间办理交割的外汇。[①]

即期汇率与远期汇率之间的差额称为远期差价(forward margin 或 forward differential)。如果外汇的远期汇率高于即期汇率,则该差价称为升水(at premium);如果外汇的远期汇率低于即期汇率,则该差价称为贴水(at discount);如果外汇的远期汇率与即期汇率恰好相等,差价为0,则称为平价(at par)。因此,在直接标价法下,外汇的远期汇率等于即期汇率加升水或减贴水,但在间接标价法下,由于汇率的数值反映的是本币汇率的高低,因此,外汇远期汇率高于即期汇率在数值上应该是前者小于后者。根据这一原理,外汇的远期汇率应该等于即期汇率减升水或加贴水,即:

在直接标价法下,

$$\begin{aligned}\text{远期汇率} &= \text{即期汇率} + \text{升水}\\ &= \text{即期汇率} - \text{贴水}\end{aligned}$$

在间接标价法下,

$$\begin{aligned}\text{远期汇率} &= \text{即期汇率} - \text{升水}\\ &= \text{即期汇率} + \text{贴水}\end{aligned}$$

远期差价一般以基点(Basis Point,Pips,也称BP)或点数形式标出,基点通常为汇率最小变动单位,即报价的最后一位数。外汇市场报价一般采取5位数,大多数货币的一个基点等于0.000 1,报价精度为4,即小数点后4位,但USD/JPY和EUR/JPY的一个基点为0.01,报价精度为2,这是因为日元的面值比较低,小数点前面已经有3位数,因此只保留小数点后面2位。

根据点数我们不能获得外汇是升水还是贴水的信息。例如,英镑对美元的即期汇率为GBP/USD=1.969 9—1.970 3[②],一个月的远期差价为20/24,我们并不能就此直接判断远期汇率是往上加还是往下减,所以需要借助一些简便的方法来计算远期汇率。第一种方法是:左大右小往下减,左小右大往上加。第二种方法是:与即期汇率相比,远期汇率的买入价与卖出价之间的差价总是更大。如上例的远期差价为20/24,因为左小右大,所以往上加,远期汇率应为GBP/USD=1.971 9—1.972 7。或者用第二种方法,要使远期汇率买卖差价变大,必须要将远期差价加到即期汇率上。两种方法可以互相检验各自的结果。

(六)按政府在汇率确定中的作用分类

1. 官方汇率

---

① 所谓"现汇"有两层不同的含义:一是与现钞对应的含义;二是与期汇对应的含义。

② 按国际惯例,如果用ISO表示汇率,前面的货币通常是基准货币,其单位通常为1。

官方汇率(official rate)是政府用行政方式规定的汇率,汇率水平一般不受供求关系影响,能在较长时间里保持稳定,政府只有在其认为必要的情况下才会人为地对汇率水平做出调整。

2. 市场汇率

市场汇率(market rate)是在外汇市场上自发形成的,并随外汇供求关系而变化的汇率。

(七)按汇率的统一性分类

1. 单一汇率

单一汇率(single rate)是指本币对同一种外币只存在一种汇率,并适用于该国所有的对外经济交易。

2. 复汇率

复汇率(multiple rate)又译多重汇率,指本币对同一种外币存在两种或两种以上的汇率,不同的经济交易须根据政府的规定,使用不同的汇率。若只存在两种汇率,则称为双重汇率(dual rate)。

(八)按外汇买卖成交的时间分类

1. 开盘汇率

开盘汇率(opening rate),又称开盘价,是某一地区(如伦敦)的银行一天营业开始时第一笔外汇买卖成交时使用的汇率。

2. 收盘汇率

收盘汇率(closing rate),又称收盘价,是某一地区的银行一天营业结束前最后一笔外汇买卖成交时使用的汇率。

3. 成交汇率

成交汇率(dealt rate)是外汇买卖达成交易时使用的汇率。

在汇率波动幅度较大的情况下,当天的开盘汇率与收盘汇率有可能出现很大的偏差。此外,各地区外汇市场由于在时间上互相联结,其汇率也会相互影响。例如,香港的外汇市场收市后,伦敦的外汇市场恰好开市,因此,香港市场的收盘汇率会成为伦敦市场外汇定价的参考依据,进而影响其开盘汇率。

(九)按经济含义分类

1. 名义汇率

名义汇率(nominal rate)是外汇买卖交易时使用的汇率,由于其不一定体现不同国家的价格水平变动,不一定体现货币购买力变化的情况,不一定真正反映货币的实际价值,所以称为名义汇率。

2. 实际汇率

实际汇率(real exchange rate,又译真实汇率)是把名义汇率和其他影响外汇买卖的与名义汇率有类似影响作用的因素结合在一起的理论汇率。因此,在分析影响国际经济活动时,实际汇率的作用常常比名义汇率更重要。

国际金融学中经常用到的实际汇率主要有两种不同的含义。一种是把名义汇率和财政补贴或税收减免等因素结合在一起,以考察其对进出口的实际影响,其公式为:

实际汇率＝名义汇率±财政补贴或税收减免

目前我国为了鼓励某些产品的出口,实行了出口退税政策。设人民币的名义汇率为1美元＝6.62元人民币,该产品生产商每获得1美元出口收入,政府给予0.10元人民币退税,那么,按照上述公式,该厂商在出口了1 000万美元的商品后,除了在外汇市场可兑换成6 620万元人民币外,还可获得100万元人民币的退税。显然,对该厂商而言,实际汇率相当于1美元＝6.72元人民币。

同样的原理也可应用在进口关税方面。如果每1美元的进口须支付0.15元人民币的关税,则对进口商而言,实际汇率相当于1美元＝6.77元人民币。

另一种在学术界更广泛使用的实际汇率则是把价格因素和名义汇率结合在一起,以考察其对国际经济交易的影响,其公式为:

$$e = E\frac{P^*}{P} \tag{2-1}$$

式中,e 表示实际汇率,E 表示名义外汇汇率,P 表示本国的价格水平(或价格指数),P^* 表示外国的价格水平(或价格指数)。[①] 由该公式可以看出,名义汇率本身并无突出意义,它只有与不同国家的价格水平结合在一起,经过换算,才能比较不同国家的相对价格水平的高低,才会对国际经济交易产生影响。因此,实际汇率就是经过名义汇率折算的两国价格水平之比。[②]

鉴于价格水平的数据无法获得,所以人们常常用价格指数取代价格水平来考察两国价格的变动对实际汇率的影响。实际汇率主要受三个因素的影响:名义汇率、本国的价格水平、外国的价格水平。至于影响国际经济交易的因素则是实际汇率而不是名义汇率。当我们讨论名义汇率上升和下跌对经济的影响时,我们所假定的是,实际汇率会随之发生相应的变化,即名义汇率的上升会导致实际汇率的相应上升,而名义汇率的下降会引起实际汇率的相应下跌。

设1994年至1996年美元兑人民币的汇率始终为8.30元,同期美国和中国的消费价格指数(consumer price index,CPI)分别为106和127,1996年美元对人民币的实际汇率按等式(2-1)计算为:8.30×(106/127)＝6.93。这意味着同样的1美元,在

---

① 变量以星号作为上标通常表示相应的外国变量,这已成为国际学术界的通例。

② 公式中 EP^* 的乘积实际上就是折算成本币的外国的价格水平。

1996 年虽然仍然能兑换 8.30 元人民币，但其在中国只能买到相当于 1994 年价值 6.93 元人民币的货物和服务。换言之，人民币兑美元的实际汇率在这一时期出现了上升。

欲使 1996 年人民币兑美元的实际汇率保持在 1994 年的水平，则可变换等式(2-1)，求得名义汇率，即：

$$E=e\frac{P}{P^*}=8.30\times127/106=9.94$$

亦即只有当人民币兑 1 美元的名义汇率为 9.94 元时，才能使实际汇率与 1994 年的相等。这说明实际汇率会随名义汇率同步升降。由此可得出的结论是：1996 年的人民币兑美元汇率相对于 1994 年出现高估(overvaluation)。所谓高估，是指汇率高于某一基准值的现象。反之，若汇率低于某一基准值，则称为低估(undervaluation)。

以上讨论的是两个国家货币的双边实际汇率(bilateral real exchange rate, BRER)，事实上，我们有时还需要考察一国货币对其他多个国家货币的实际汇率，也就是其他各国货币的名义汇率与价格指数的乘积的加权平均数与本国价格指数之比，即多边实际汇率(multilateral real exchange rate, MRER)。在未特别说明的情况下，学术界平时讨论的实际汇率就是指等式(2-1)所表述的含义。

3. 有效汇率

有效汇率(effective exchange rate)是一国货币对一篮子货币(a basket of currencies)经过加权平均计算后得出的汇率，因此，它不是反映两种货币之间的汇率，即双边汇率的指标，而是综合反映一种货币对多种货币的多边汇率平均值。利用有效汇率指数，即不同时期的有效汇率比值，还可以考察一国货币在不同时期的变动幅度。

计算有效汇率时可根据需要选择不同的指标，如贸易值和劳动力成本等作为权数。由于汇率与一国的贸易有着极为紧密的联系，因此，贸易值是最常用的权数，以此为权数的有效汇率计算公式如下：

$$A\text{币有效汇率}=\sum_{i=1}^{n}A\text{ 币兑 }i\text{ 币的汇率}\times\frac{A\text{ 国与 }i\text{ 国的贸易值}}{A\text{ 国的贸易总值}}$$

或

$$E=\sum_{i=1}^{n}E_i\frac{Q_i}{Q}$$

根据有效汇率是否反映了价格变动的情况，可以将其分为名义有效汇率(nominal effective exchange rate, NEER)和实际有效汇率(real effective exchange rate, REER)，前者是不考虑价格对比的多边汇率，后者是纳入了相对价格变动因素的多边汇率，也就是多边实际汇率。①

2005 年 7 月 21 日我国宣布人民币兑 1 美元汇率由 8.27 元调整为 8.11 元，升值幅度约为 2%，此后，人民币兑美元的名义汇率呈现了稳步的上升态势，人民币升值成为我国经济领域的重大现象。

本国货币兑外国货币的双边名义汇率，如人民币兑美元汇率的变动，既可能是本币价值变动的结果，也可能是外币价值变动的结果。因此，考察一国货币对外总体价值的变化，应该以有效汇率，尤其是实际有效汇率作为标准。

国际清算银行（International Bank for Settlement，BIS）对许多国家的名义有效汇率和实际有效汇率月度数据和日数据定期进行了统计和发布。该行一般根据一国的前 3 年对外贸易值作为计算其货币有效汇率时的权重（参见 https://www.bis.org/statistics/eer.htm? m=6%7C381%7C676）。

有些学者认为，BIS 计算的实际有效汇率是以消费价格指数（CPI）为基础的，而汇率反映的是国际间的商品的相对价格，所以应该以贸易品的价格指数作为计算依据。由于近年来我国的消费价格指数大大高于贸易品的价格指数，因此，国际清算银行计算的人民币实际有效汇率指数存在高估（贺力平，2007）。除了国际清算银行以外，还有许多国际机构，如美联储和 IMF 也编制和发布有关国家的有效汇率。

2006 年 7 月《第一财经日报》选择了美元、欧元等 11 种货币以计算人民币名义有效汇率，结果发现，人民币名义有效汇率在 2005 年下半年维持上升态势，到 2005 年 12 月达到顶峰，自 2006 年 1 月起进入下降通道，到 2006 年 7 月，又基本回到 2005 年 7 月 21 日前的水平（巴曙松等，2007）。这种现象昭示：在这段时期，人民币兑美元汇率的上升主要是美元汇率下跌的结果，人民币兑欧元和英镑等货币的汇率并未出现很大变化，因此，人民币名义有效汇率保持了基本稳定。

表 2-5　IMF 和 BIS 对人民币有效汇率的编制方法

机构	IMF	BIS
采用的贸易数据	工业制成品贸易	工业制成品贸易、基础商品贸易和服务贸易
货币篮子	中国香港、日本、美国、欧元区、中国台湾、英国、加拿大、韩国、新加坡、澳大利亚和瑞士 11 个国家或地区	美国、欧元区、日本、中国香港、韩国等 36 个国家或地区

① 对等式（2-1）做进一步的数学推导，还可得出实际汇率的另一种表达式，即国内的贸易品和非贸易品价格之比，又称内部实际汇率，而等式（2-1）所表示的则是外部（对外）实际汇率。内部实际汇率一般用于比较复杂的理论分析，我们将在研究生教科书中予以讨论。

续表

机构	IMF	BIS
权重的计算方法	依据1999～2001年的贸易数据确定多边贸易权重	曾使用过1993～1995年、1996～1998年、1999～2001年、2002～2004年等时间段的多边贸易数据确定权重
基期以及调整频率	2000年为基期，每5年调整权重；非链式汇率指数	根据贸易值，每3年调整货币篮子和权重；链式汇率指数
价格指标	CPI	CPI

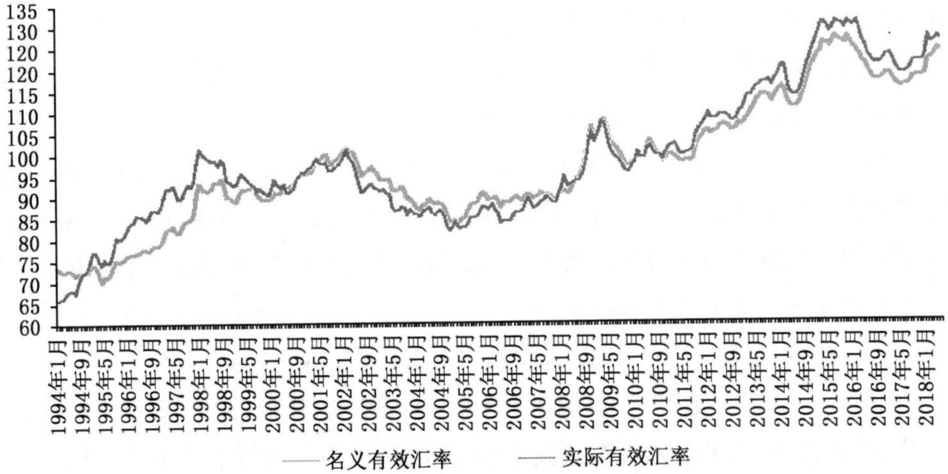

数据来源：国际清算银行。

图2-1 1994～2018年人民币有效汇率走势

专栏2-1 美元、欧元和人民币指数[①]

美元指数是综合反映美元对一篮子货币的汇率变化程度的指标。美元指数最初由纽约棉花交易所（New York Cotton Exchange，NYCE）编制和发布，即USDX美元指数，又称DXY美元指数。[②] 该指数是参照1973年3月美元对一篮子外币的汇率变化的几何平均加权值来计算的，并以100.00点为基准来衡量其价值。如果美元指数为105.50点，这意味着从1973年3月以来其价值上升了5.50%。

纽约棉花交易所建立于1870年，并于1985年成立了金融部门，正式进军全

① 货币指数的全称是货币汇率指数，因此，美元指数的全称是美元汇率指数，其他货币指数可以此类推。

② USDX是US Dollar Index的缩写，DXY是该指数的交易代码。

球金融商品市场，首先推出的便是美元指数期货。1998 年，纽约棉花交易所和咖啡、糖、可可交易所(Coffee Sugar Cocoa Exchange)合并成立纽约期货交易所(The New York Board of Trade，NYBOT)。2006 年 9 月，纽约期货交易所并入美国洲际交易所(Intercontinental Exchange，ICE)，成为其下属的一个部门，因此，美元指数期货转入美国洲际交易所交易。美元指数及其期货行情的实时数据也开始由该交易所发布。

截至 2016 年底，美元指数曾高达 165 点，也低至过 80 点以下。在最初发布时，美元指数由 10 个样本货币构成，即德国马克、法国法郎、意大利里拉、荷兰盾、比利时法郎、日元、英镑、加拿大元、瑞典克朗和瑞士法郎。1999 年 1 月 1 日欧元启动后，许多欧洲国家货币被欧元取代，故其样本从 10 种减少为 6 种，欧元也一跃成为权重最大的货币，其所占权重达到 57.6%，其他货币的权重依次为日元 13.6%、英镑 11.9%、加拿大元 9.1%、瑞典克朗 4.2%、瑞士法郎 3.6%。可见，美元指数其实就是美元的名义有效汇率指数。

除了 DXY 美元指数之外，美联储也编制和发布美元指数，该指数反映了美元兑 26 种货币，既包含发达国家也包含发展中经济体货币，也是以贸易作为权重。《华尔街日报》自 2012 年中期开始编制和发布美元指数，该指数采用外汇交易量对各货币进行加权，而交易量数据则来自国际清算银行每三年发布一次的外汇调查报告，与此对应的是，该指数每隔三年对货币权重调整一次，以反映最新的交易量情况。此外，还有道琼斯 FXCM 美元指数。但在各种美元指数中，DXY 美元指数，即 USDX 指数影响最大，人们平时所谓的美元指数一般即指该指数。

欧元指数

欧元是除美元以外的第二大国际储备货币，故欧元指数的推出及其意义也不容小视。2005 年 9 月，道琼斯指数公司发布并注册了道琼斯欧元指数(DJEURO5)。该欧元指数的基期是 1998 年 12 月 31 日，1999 年 1 月 1 日，欧元在欧盟各成员国范围内正式发行。该指数选择了 5 个流动性最强的币种(美元、英镑、日元、瑞士法郎和澳大利亚元)作为样本货币。而各币种的权重确定比美元指数更为复杂一些，主要依据三个因素：各经济体与欧元区的双边贸易额占 40%，各经济体货币供应量 M_2 占 40%，各经济体的国内生产总值占 20%。纽约期货交易所下属的金融产品交易所也编制了自己的欧元指数，两者的样本货币和权重略有差异。

此外，2004 年 10 月 13 日，Bloomberg 和 JP Morgan 联合推出了一种亚洲货币指数(ADXY)，这是首个可以交易的新兴亚洲货币指数，这不仅提高了亚洲货币市场的流动性，也为客户提供了新的投资和风险管理工具。在一些外汇软件中也可以查到日元指数、英镑指数和澳大利亚元指数的即时数据和历史数据，但这三种指数的编制方法并未向外公布。

人民币指数

鉴于人民币汇率对我国经济的影响日渐凸显，2006 年 7 月，《第一财经日报》的 CBN 有效汇率研究团队提出并编制了一个 CBN 人民币指数，该指数包括人民币名义有效汇率(NEER)指数和人民币实际有效汇率(REER)指数。该指数选择 2005 年 1 月 3 日，即 2005 年第一个交易日为基期，样本货币确定为 11 种主要货币构造货币篮，分别是美元、欧元、日元、韩元、新加坡元、英镑、林吉特、卢布、澳大利亚元、泰铢和加拿大元，及根据国际清算银行发布的中国对主要贸易伙伴的贸易权重数据推算确定的权重。

2015 年 12 月 11 日，中国外汇交易中心(China Foreign Exchange Trading System，CFETS)正式开始发布月度人民币汇率指数(参见 http://www.chinamoney.com.cn/fe/Channel/16384256)。CFETS 人民币汇率指数的样本货币主要是中国外汇交易中心挂牌的各人民币对外汇交易币种，权重采用考虑转口贸易因素的贸易权重法计算而得。样本货币取价是当日人民币外汇汇率中间价和交易参考价。CFETS 人民币汇率指数的分布有助于引导市场改变过去主要关注人民币兑美元双边汇率的习惯，逐渐把参考一篮子货币计算的有效汇率作为人民币汇率水平的主要参照系，有利于保持人民币汇率在合理均衡水平上的基本稳定。

此外，北京航空航天大学经济管理学院和上海财经大学等学术机构也用不同的方法编制和发布人民币汇率指数。

资料来源：根据互联网的相关资料编写。

4. 理论汇率

学术界通常会用各种分析框架和方法来讨论汇率水平的确定或变动，根据这种框架或方法得出的汇率水平就是理论汇率。由于理论汇率只是一个学术上的概念，主要用于进行理论分析和研究，因此其与外汇市场上直接进行外汇买卖的汇率未必一致。

5. 均衡汇率

均衡汇率(equilibrium exchange rate)是经济处于均衡状态时的汇率。当名义汇率与均衡汇率出现很大偏差时，经济就会出现失衡。学术界对经济均衡和均衡汇率的含义并未达成一致的观点。有的学者认为所谓均衡是指国际收支的均衡，有的则主张以宏观经济均衡（包括内部均衡和外部均衡）作为出发点，但这种定性的均衡很难在数量上予以把握，因而难以用于对汇率的考察。

均衡汇率是一种理论汇率，在现实经济生活中无法观测到，只能通过建立一个纳入影响均衡汇率的主要因素的模型进行测算。把握均衡汇率对于货币当局而言尤为重要，因为这有助于货币当局按照均衡汇率确定名义汇率目标，进而使名义汇率不至于过度偏离均衡汇率，确保实现宏观经济均衡。学术界形形色色的汇率理论尽管视角不同、方法迥异，但都集中于对均衡汇率的探讨，至少与均衡汇率有密切关联。

许多学者认为，鉴于经常项目平衡是一国实体经济对外平衡的表现，因此，如果一国货币的汇率水平与经常项目平衡保持一致，则该汇率水平即可认为大致符合均衡汇率。

第三节　汇率变动

一、影响汇率变动的主要因素

汇率既是一国宏观经济状况的反映，也是其对外经济关系的表现，因此，其影响因素可以说极为纷繁复杂，但其主要因素如下：

（一）利率

通常情况下，一国的利率水平较高，在该国表现为债权的固定收益类金融资产，如存款、贷款、存单、债券、商业票据和货币市场基金等的收益率也相对较高。这就会吸引大量国外资金的流入，以投资于这些金融资产。结果，在外汇市场上，外汇的供应就急剧增加，从而导致本币汇率的上升。反之，一国若降低利率，就会使短期资本流往国外，该国对外国货币的需求增加，造成本币汇率下降。所以，各国利率的变化，尤其是国内外利差，是影响汇率的一个十分重要的因素。由于国际上追求利息收益的短期资本对利率的高低十分敏感，会对利率变动迅速做出反应，因此，利率对汇率的影响可在短期内很快发生作用。从各国的政府行为来看，提高利率往往成为稳定本国货币汇率，防止其大幅度下跌的重要政策手段。

（二）国际收支

国际收支的变化也是影响汇率的重要因素。由于不发生外汇收付的国际经济活动在数量上比重极低，因此，国际收支的贷方（＋）项目，如出口和资本流入往往会形成一国的外汇收入，而借方(−)项目，如进口和资本流出则构成了外汇支出。一国国际收支发生顺差，这往往意味着外汇收入大于支出，企业、个人等非银行部门的跨境收付就表现为收大于付，形成跨境资金的净流入，银行代客结汇(非银行部门结汇)在数量上一般就会大于售汇(非银行部门购汇)，形成结售汇顺差。

这在外汇市场上就表现为需要卖出(结汇)的外汇数量(外汇收入)大于需要买进(售汇或购汇)的外汇数量(外汇支出)，亦即外汇供过于求(反过来说也就是外汇市场上的本币供不应求)，外汇汇率就会下跌，本币汇率相应上升。若为逆差，则该国对外国货币需求增加，外汇供不应求，外汇汇率随之上升，本币汇率相应下跌。可见，国际收支差额及其大小对汇率有很大的影响。但是，由于国际收支差额对汇率的影响须通过外汇市场上的供求状况的变化才能逐步体现出来，这就需要一个时间过程。因此，国际收支对汇率具有中期的影响作用。

(三)价格水平

一国价格水平的上升，势必削弱该国商品在国际市场上的竞争能力，对出口不利，同时却会鼓励进口，这样将造成进口增加、出口减少，使国际收支出现逆差，以致外汇市场出现外汇供不应求的现象，进而导致该国货币汇率下降。

由于价格水平的变动须通过国际收支，进而是外汇供求才能对汇率产生影响，况且价格水平的变动本身具有趋势特征，因此，价格水平对汇率具有长期的影响，往往成为影响汇率变动趋势的因素。

(四)中央银行的直接干预

由于汇率变动对一国的进出口贸易和资本流动等有着直接的影响，并转而影响到国内的生产、投资、价格和就业等，所以各国中央银行为了避免汇率波动，尤其是短期内的剧烈起伏波动对国内经济造成不利影响，往往对汇率进行干预，即由中央银行在外汇市场上买卖外汇，当外汇汇率过高时卖出外汇，回笼本币，而在外汇汇率过低时则买进外汇，抛售本币，使汇率变动有利于本国经济。这种干预有三种情况：一是在汇率变动剧烈时使其趋于缓和，减缓汇率的波动幅度，但并不试图改变汇率的变化趋势；二是使汇率稳定在某个水平上，不让其发生较大的偏离；三是使汇率上浮或下浮到某个比较合适的水平。

(五)经济增长状况

一国的经济增长状况良好，如果是得益于劳动生产率的提高，这就意味着该国的经济实力和国际竞争力的改善，从而有助于提升其货币的价值基础，促使其货币汇率的上升。如果一国的经济增长是因扩张政策所致，则其收入的增加可能导致进口的增加，价格水平也会相应上升，本币汇率反而可能下跌。

(六)政局变动

一国的政局不稳,出现变动,常会引发经济波动,因而可能造成该国货币汇率下跌。

外汇是一种金融资产,其交易与股票等其他金融资产有类似之处,因此,在短期里,其汇率变动受市场对其未来走势的预期影响很大,而上述因素则是市场形成预期的来源。

二、本币贬值的"恶性循环"效应

在理论上,本币贬值有可能形成一种所谓的"恶性循环"现象,这是因为本币贬值会对该国的价格水平产生推动作用。

(一)比价效应

本币贬值会导致进口商品的价格经汇率折算成本币时出现上升。进口消费品价格上升会形成增加工资的压力,否则就意味着工薪阶层的实际收入下降;而中间投资品(investment goods),如原料、原材料、配件和机械设备的进口价格的上升也会导致生产成本的增加。这两种因素的结合,就会促成最终产品的价格上升,引发成本推动型(cost push)通胀。

(二)数量效应

本币贬值造成的出口增加,进口减少会引起国内总供应减少,以致出现超额需求(excess demand),这也会推动价格的上升,即需求拉动型(demand pull)通胀。

(三)货币效应

本币贬值如果使得国际收支出现顺差,则会造成外汇储备增加,即中央银行购买外汇的过程,这又意味着中央银行本币投放的增加。由于这些本币都是基础货币(basic money),又称高能货币(high powered money),所以在货币乘数的作用下会呈现成倍放大,致使货币供应量急剧增加。

在上述因素的共同作用下,一国的价格水平就可能出现大幅度上升,如果公众因此而形成通货膨胀预期,则会进一步推动价格的上升,结果抵消本币贬值的效果。于是,本币贬值的"恶性循环"效应就会产生,即"本币贬值→出口增加、进口减少→价格上升→出口减少、进口增加→本币进一步贬值"。由于本币贬值一般会促进出口、刺激需求、增加货币供应,因此对宏观经济具有一定的扩张效果;反之,本币升值则会对宏观经济产生紧缩作用。

厦门大学、新加坡国立大学和《经济参考报》于 2011 年 2 月 26 日联合发布"中国季度宏观经济模型(CQMM)",根据该模型的预测,如果人民币连续两年平均对美元升值 15%,则中国的消费价格指数(CPI)平均每年下降 3%左右。其原理即在于本币升值对宏观经济形成的紧缩效应。

第四节　外汇管制

外汇管制是一国为保障本国经济的发展，维护对外经济往来的正常进行，从而对境内的外汇收、支、存、兑等交易和活动用行政手段和方法强制性地予以限制的一种政策措施。具体而言，一国实行外汇管制的主要目的如下：(1)改善本国的国际收支，防止发生巨额的结构性逆差和国际储备的大量流失；(2)维护本国货币汇率，防止发生不利本国经济的汇率波动，尤其是货币贬值；(3)防止破坏性的资本流入和流出，使本国金融市场和实体经济急剧波动。总之，外汇管制的基本目的是避免或减缓本国经济受到外来冲击(external shock)。

一、外汇管制的内容

(一)经常项目交易的外汇管制

贸易外汇收支是一国外汇收支的重要组成部分，又是实体经济的重要组成部分，因此往往成为外汇管制的重点。贸易外汇管制一般包括以下内容：

1. 出口外汇管制

政府一般规定出口商必须把出口所得的外汇收入按照官方汇率通过指定的银行结汇，以便政府集中宝贵的外汇资源，用于满足对国民经济影响比较重要的部门的外汇需求。有时，政府为了鼓励出口，也会允许出口商保留一部分外汇，既可以用于自身的进口，也可按较高的汇率在自由市场卖出。

2. 进口外汇管制

进口购汇通常须得到外汇管理部门审核批准，政府对于其认为不太重要的产品进口可不予批准。有时，政府会要求某些产品的进口商在购汇时还须另外缴纳外汇购买税，变相提高外汇汇率，增加进口成本；或者要求进口商事先在银行存入足够的进口款项，银行不付利息，提高进口商的资金成本；或者要求进口商先要获得国外提供的出口信贷等。此外，政府对购汇还可以采取数量控制，如按年度规定购汇额度。

对非贸易的外汇收支，通常也可参照上述方法，如外汇税、数量控制等予以管制。

(二)资本管制

资本流动属于非实体经济的活动，具有所谓的虚拟性，更何况其流动的规模大、速度快，而且是可逆的，因此对实体经济的影响很大。所以，政府对资本流动以及相应的结汇和售汇的管制往往更加严格。IMF虽然要求成员国取消经常项目交易的外汇管制,但对资本管制(capital control)却未作规定。从各国放松外汇管制的情况看,一般是先放松经常项目交易的外汇管制,后放松资本管制。

资本管制包括流入管制和流出管制以及相应的外汇买卖的限制。流入管制主要是限制非居民在本国从事某些行业,如国防工业和房地产业等的直接投资,以及购买本国证券和相应的结汇;流出管制的表现主要是限制本国居民对外直接投资和证券投资以及相应的购汇。

除了对经常项目和资本项目的交易实行管制外,政府有时还对贵金属和货币的携带出入境予以限制。

专栏 2-2　游资对墨西哥经济的影响

哈佛大学教授马丁·费尔德斯坦(Martin Feldstein)认为,大多数的国际性资本流动是在追求短期收益,一旦情况发生变化,资本将迅速流入或流出。他对短期资本即"游资"(hot money),和支持长期跨国资本流动的"耐心货币"(patient money)作了区分。对费尔德斯坦来说,耐心货币是非常稀少的,主要原因在于尽管资本能够在国际自由流动,但其所有者和管理者仍然倾向于将大部分资金保留在国内,此即所谓本国偏向(home bias)。费尔德斯坦用统计数据支持了他的论点,证明尽管每天有大量资金通过外汇市场发生流动,但"当尘埃落定时,一国的大部分储蓄仍然留在自己的国家"。费尔德斯坦认为,耐心货币缺乏的原因是投资者获得的有关外国投资的信息相对缺乏。根据他的观点,如果投资者有更充分的有关外国资产的信息,全球资本市场的运作效率就会提高,就不容易受短期的投机性资本流动的影响。费尔德斯坦声称,20 世纪 90 年代中期墨西哥的经济问题在于流出和流入这个国家的游资太多,而耐心货币则太少。

有关国际投资基本状况的信息不足,可能会促进全球资本市场中投机性资金的流动。由于缺乏高质量的信息,投资者可能会对外国重大的新闻事件做出反应,并迅速撤出其资金。尽管信息技术有了发展,但对投资者来说,与国内投资机会相比,要获得相同数量和质量的有关外国投资机会方面的信息仍然是相当困难的。这种信息差距在不同的国家由于受不同会计惯例的影响而加大了。例如,历史上德国的会计准则与美国的会计准则不同,因而财务报告在反映公司的业绩方面有很大的差异。尽管信息数量和质量方面的差异会带来很多问题,但许多投资者仍然冒险进行跨国投资,这些投资者很容易在有限的(也许是不准确的)信息基础上改变决策。

自20世纪80年代末起，墨西哥政府实施了合理的货币、预算、税收和贸易政策。按历史的标准来看，通货膨胀水平较低，经济稳健增长，出口不断增加。这种繁荣的景象吸引了外国投资者的资本。1991～1993年间，墨西哥的外来投资达到750多亿美元，超过了任何其他发展中国家。

墨西哥的不幸在于20世纪90年代前期的每年多达250亿美元的资本流入中，有许多并不都是耐心的长期资金。相反，根据经济学家马丁·费尔德斯坦的分析，流入的资金中多是短期资本，如果经济状况恶化，就会迅速外流。1994年2月，美联储开始提高利率。这就引起美国债券价格迅速下跌。同时，日元兑美元的汇率开始急剧上升。这些事件导致许多短期资本的管理机构，例如对冲基金和银行遭受巨大损失，它们都把赌注压在了恰恰相反的另一面。许多对冲基金都曾认为利率将下降，债券价格将上升，而美元将对日元升值。此外，墨西哥南部的恰帕斯州出现了武装暴动，一个主要的总统候选人被暗杀，通货膨胀率加速上升。投资者逐渐感到在墨西哥投资的风险远比想象中的大，于是开始将许多短期投资撤出这个国家。接下来的一个月里，比索兑美元的汇率下跌了40%，政府被迫采取经济紧缩政策，墨西哥经济的繁荣期突然走到了尽头。

按照马丁·费尔德斯坦的说法，墨西哥经济的崩溃不是由于外汇市场上的货币投机，而是由于缺乏长期的耐心货币。他认为墨西哥提供了而且仍然在提供许多具有吸引力的长期投资机会。由于缺乏关于墨西哥长期投资机会的信息，1991～1993年间流入这个国家的多是短期的投机资金，这种资金的流动会迅速逆转方向。费尔德斯坦认为，如果外国投资者拥有更充分的信息，墨西哥就能够利用资本流入为经常项目逆差融资，因为耐心资本将自然地向具有吸引力的墨西哥投资机会倾斜。

资料来源：查尔斯·希尔和托马斯·霍特：《国际商务》，中国人民大学出版社2019年版。

（三）汇率管制

汇率管制的表现是政府以行政手段来规定和维持汇率水平，形成所谓的官方汇率，有时为了鼓励和限制某些项目的外汇收支，还会设定多种汇率，形成复汇率制度。

表2-6　1973年智利曾实行的混合复汇率制度

进口汇率	出口汇率	非贸易汇率
机械品	矿产品	外交使团旅游
非必需品	农牧工业品	赡家汇款
高级消费品	铜制品	投资收入

一般而言，实行外汇管制是一国外汇短缺的结果，因而其出发点是鼓励外汇收入，限制外汇支出。发展中国家的经济对进口投资品依赖较大，为了保持这种进口的低成本，又要避免进口过多的消费品而浪费宝贵的外汇，还要促进本国的出口，在这种互相冲突的目标中，唯一可行的协调措施只能是高估本币汇率，同时实行外汇管制，以应对外汇短缺现象。

20 世纪 90 年代中期以前，我国曾长期面临外汇短缺，因而实行了比较严格的外汇管制。其中的一项重要内容是所谓的强制结售汇制度，强制规定企业不得自行保留外汇，获得的外汇必须在规定的时间内通过外汇指定银行结汇，企业需要购汇时必须通过合法途径，甚至获得外汇管理部门的批准后，才能经由银行售汇获得。

1994 年起，中国人民银行对外汇指定银行的结售汇周转头寸，即结售汇综合头寸的外汇数量实行限额管理，若银行用于结售汇业务周转的外汇资金超过核定的区间上限，则必须进入银行间外汇市场进行平补，即卖出外汇；如果低于核定的区间下限，必须通过银行间外汇市场进行平补，即买入外汇。如果银行间市场在整体上仍然不能平衡头寸，则可通过央行的结售汇最终平衡头寸。

国家外汇管理局于 2013 年发布了《关于加强外汇资金流入管理有关问题的通知》，该《通知》规定：各银行当月结售汇综合头寸下限=(上月末境内外汇贷款余额 − 上月末外汇存款余额×参考贷存比)×国际收支调节系数”。其中：中资银行的参考贷存比为 75%，外资银行的参考贷存比为 100%，国际收支调节系数为 0.25。此后，外管局曾多次对综合头寸进行调整，以便影响银行行为。

近年来，随着我国经济实力和国际竞争力的不断提升，国际收支开始出现持续巨额顺差，外汇出现过剩。因此，我国的外汇管制，包括结售汇的强制规定也在不断放宽。1996 年，我国基本实现了经常项目交易的人民币自由兑换，企业因进口所需的购汇，即银行的售汇不再予以限制。1997 年 10 月 15 日起，允许部分经批准的中资企业开立外汇账户，保留一定限额的经常项目外汇收入(不超过年进出口额的 15%)。2001 年起，符合年度出口收汇额等值 200 万美元以上、年度外汇支出额等值 20 万美元以上等条件的企业，经外汇管理部门批准后可开设外汇结算账户，保留一定限额的货物出口、服务贸易等外汇收入，不必结汇。2002 年，我国进一步放宽了企业开设外汇结算账户的条件，并设置账户限额为企业上年进出口贸易额的 20%；2004 年，提高企业外汇结算账户的限额至其上年进出口贸易额的 30%或 50%，并在 2005 年，提高至 50%或 80%。2007 年 8 月 13 日外管局发布《关于境内机构自行保留经常项目外汇收入的通知》，允许企业保留 100%的外汇收入不必结汇。这意味着强制结汇制度实际上已经取消。2008 年，我国发布修订后的《外汇管理条例》，明确企业和个人可以按规定保留外汇或者将外汇卖给银行。这相当于在法律上正式废止强制结售汇制度。

2010 年，外管局大幅提高银行结售汇综合头寸上限，其中 21 家全国性银行的上限总额平均上调了 3.5 倍，银行可在限额内自主增减外汇资金用于外汇放款。2010 年 10 月 1 日，我国允许北京、广东(含深圳)、山东(含青岛)、江苏四个省(市)开展出口收入存放境外试点。在此基础上，2011 年 1 月 1 日起在全国范围内推广货物贸易出口收入存放境外。

2005 年以来，随着人民币升值压力的不断增大，我国甚至采取了一些反向管制措施，对企业和个人的结汇实施了一定的限制，以致出现了既限制购汇又限制结汇的矛盾现象。此外，人行还一度规定商业银行必须以外汇缴纳存款准备金，以抑制银行向人行结汇的行为。

外汇管制通常与本币汇率高估有关，我国在人民币汇率并无高估的情况下依然保留了某些外汇管制措施，这是一种特例。

外汇管制与货币的可兑性有密切的关系。一国货币的可兑性程度越高，意味着外汇管制越宽松，居民和非居民在外汇买卖方面的限制越少。

二、外汇管制的利弊

对一个国家来说，实施外汇管制的有利方面主要是：(1)改善国际收支和稳定汇率的效果比较明显。外汇管制的效果不受时滞的影响，不容易受其他条件的影响，因而见效快且效果直接。(2)能充分利用供求价格弹性，具有针对性。不同的进出口商品的供求弹性不一致，很难通过单一汇率予以区别对待。外汇管制则具有选择性(selective)，可以根据不同的情况采取不同的对策，包括采取不同的汇率，针对性很强。(3)有助于保护本国婴幼行业“Infant Industry”。

外汇管制的缺陷也很明显，主要是：(1)汇率、税收和补贴等管制手段的最优值难以确定，适当的尺度很难把握，往往取决于主观判断，很容易造成过度保护和限制；(2)形成额外的行政管理费用，耗费大量人、财、物等资源；(3)容易产生腐败、滥用权利和不负责任等官僚主义；(4)可能引起贸易伙伴国的报复；(5)导致市场机制扭曲，引发资源错配；(6)形成不公平竞争。

第五节　外汇风险管理

一、外汇风险概述

(一)外汇风险的概念

外汇风险(foreign exchange risk)，又称汇率风险(exchange rate risk 或 exchange rate exposure)，是指在国际经济、贸易、金融等活动中，以外币定价或衡量的资产、负债、收入与支出以及未来经营活动中可能产生的净现金流量，在用本币表示其价值时因汇率波动而产生损失或收益的不确定性(uncertainty)。因此，外汇风险是由于汇率变动引起当事人未来收益、净现金流、资产或负债的价值变化的不确定性，外汇风险的直接成因在于汇率的变动。外汇风险并非仅仅表现为损失，即使有收益也存在风险，即收益可能明显低于原先的预期。

跨国公司、经营进出口业务的公司、金融机构等在经营过程中都会产生外汇风险，甚至只在国内生产销售的企业也可能因为进口产品的竞争而面临风险。因此，外汇风险涉及的范围非常广泛，企业管理者的一个重要任务就是度量和管理外汇风险，使企业的收益、净现金流和市场价值保持稳定。

(二)外汇风险的类型

外汇风险一般可分为三类：交易风险、营运风险和折算风险。

1. 交易风险

交易风险(transaction exposure)是指已经签订的以外币标价的合同，由于当前汇率与将来结算时的汇率存在差异，从而导致相同金额的外币合约按现时汇率和未来汇率折算为本币金额时不同而产生的风险。导致交易风险的可能情况主要有：(1)已经签订的以外币计价的进出口合同，在未来的某一时间里履行和结算；(2)以延期付款为结算方式的进出口业务，将要付出或收到的货款用外币结算；(3)以外币计价的国际借贷业务；(4)其他以外币计价的资产和负债等。

例如，一家英国公司与一家美国的银行签订了1亿美元的借款合约，借款利率为10%，合约要求英国公司一年后归还1.1亿美元的本金和利息。由于英镑兑美元的汇率不确定，英国公司在取得借款的时候不能准确知道一年后需用多少英镑来兑换1.1亿美元。如果英镑对美元升值(贬值)，则英国公司需较少(较多)的英镑来归还美元借款本金和利息。

2. 营运风险

营运风险(operating exposure)，也称经济风险(economic exposure)，是指由于无法预料的汇率变化而引起企业未来营运现金流变化进而导致企业价值发生变化的风险。企业价值变化的程度取决于汇率变动对其未来销售额、销售价格和生产成本的影响程度。

例如，中国一家主要生产服装供出口美国的企业，其生产线是在2005年7月21日汇率制度改革之前建设的，当时每件服装的成本为90元人民币，出口价格为12美元，人民币兑美元的汇率为8.27，每件服装的净利润为9.24元人民币，成本利润率为10.27%。汇率改革之后，服装的生产成本和出口价格都没有变化，至2007年7月16

日，人民币兑美元的汇率为7.568 1，则该企业的每件服装利润为0.82元，成本利润率为0.91%，近乎没有利润。如果人民币继续升值，该企业只能调整生产和经营策略，不然就有可能破产。因此，营运风险可能影响企业整体的生产经营，是企业经营中不可忽视的因素。

3. 折算风险

折算风险(translation exposure)，又称会计风险(accounting exposure)，指跨国公司的母公司采用本币编制母公司和国外子公司的合并财务报表时，因汇率变动而使合并财务报表的数字发生变化的可能性。因为国外子公司的财务报表一般是以外币编制的，所以在汇总财务报表时必须折算成以母公司本币计量的财务报表，这个时候就可能出现折算风险。如中国跨国公司的海外子公司，在中国总部需要编制以人民币表示的合并资产负债表和利润表时，必须将其海外子公司所在地使用的诸如美元、欧元、日元等国外货币表示的会计科目价值重新用人民币来计算，由于年末人民币兑外币的汇率与业务发生时的汇率可能存在差异，就导致在编制合并报表时产生折算风险。

二、外汇风险的管理

(一)交易风险的管理

1. 风险转移

(1)尽可能以本币收付。由于用本币收付不涉及外汇和汇兑，就可避免汇率风险，因为不论将来汇率如何变化，公司都可以收到(或付出)确定金额的本币。然而合同采用本币标价并不能消除交易风险，只不过是把风险从本国公司转移到了外国公司。

(2)收取硬货币，付出软货币。这种做法需要对硬货币和软货币进行认定，如果判断错误，则反而不利，因而带有投机的成分。此外，尽管风险转移这种形式只是一种零和博弈，但在国际商务中却很普遍。不过这种策略成功与否要看公司在该笔交易中的谈判地位，因为交易对方也会试图采取这种策略。

2. 风险对冲

风险对冲(exposure netting)，即以同种货币收付。例如，公司出售农用机械产生1 500万欧元的应收账款，但同时，如果公司从欧洲购买原材料，同期又产生了1 000万欧元的应付账款，那么，只需对应收账款减去应付账款部分的净风险头寸，即500万欧元应收账款进行管理，因为有1 000万欧元的应收账款和应付账款的折算金额会随汇率的变动而相互抵消。再例如20世纪90年代初，日元对美元一直走强，日本丰田公司出口到美国的汽车以美元标价不断上升，从而使销量逐渐下降。在日元升值以前，丰田公司习惯用日元筹集资金，日元升值以后，它开始考虑使用美元筹集资金。采取这种融资策略后，尽管日元升值造成丰田出口到美国市场的汽车销售收入兑换成日元后下降,但日元升值同样使丰田可以用比预期更少的日元资金偿还美元借款,这在一定程度上补偿了日元收入下降所带来的损失。

这说明,当公司拥有同种外币收入和支出时,外汇风险可以相互抵消。

3. 外汇风险分担

外汇风险分担(currency risk sharing)是指交易双方可以在交易合同中通过一系列安排共担外汇风险。例如,双方可以在合同中约定以现在的即期汇率和支付发生时的即期汇率的中间汇率进行结算,汇率变动的风险按一定的比例相互分摊。

4. 提前错后

提前错后(leads and lags)是通过提前收取以软货币计价的应收账款、推迟收取以硬货币计价的应收账款,或推迟支付以软通货计价的应付账款、提前支付以硬通货计价的应付账款等方法来规避交易风险。这种方法的前提是对汇率的预测,一旦预测发生重大偏差则反而蒙受严重损失,因此含有投机因素。

5. 套期保值

运用套期保值方法回避外汇风险需要涉及一些比较复杂的外汇交易。本书第三章将进行详尽讨论。

(二)营运风险管理

1. 财务多元化

财务多元化是指公司应该在多个国家资本市场上以多种货币筹集资金,由于一些货币汇率的上升往往伴随着其他货币的汇率下跌,使不同货币币值的变动对公司盈亏的影响可以相互抵消,从而达到规避营运风险的目的。

2. 营销管理

如果汇率波动频繁,跨国公司可以重新设计营销策略以降低营运风险。对于跨国公司的国际营销部门而言,如何识别汇率变动的可能影响以及如何通过调整定价和产品策略对营运风险进行管理是其基本职能。

(1)市场选择

跨国公司可以采用产品销售市场分散化方法来管理营运风险。假设丰田公司分别在美国和欧洲销售汽车,如果日元相对于美元升值,则丰田公司出口到美国的汽车数量减少,但如果同时日元相对于欧元贬值,则丰田汽车出口到欧洲市场的数量可能会增加,这在一定程度上可以弥补美国销量下降的损失。因此,产品销售市场分散化使得丰田公司的现金流量比只拥有美国一个销售市场时更为稳定。只要日元兑美元或者欧元的汇率不朝同一个方向变化,公司就可以通过市场分散化来稳定现金流量水平。

(2)定价策略

跨国公司可以通过调整定价策略以应对汇率变动的风险。在调整定价策略时，必须综合考虑市场占有率与利润率两个因素。在上例提到人民币升值后，中国服装生产企业面临着两种选择：如果不提高产品价格，出口产品的利润率仅为0.91%，如果人民币继续升值，公司将面临亏损的命运，该企业如果不想提价就必须通过控制成本、提高生产效率、改变市场选择等其他策略来提高利润率；如果提高产品价格，该企业可能面临着出口产品市场占有率迅速降低的风险，因为服装是低附加值、竞争比较充分的产品，提高价格可能使该企业难以在美国市场立足。

企业在调整定价策略时必须考虑以下因素：(1)买方对价格变化的敏感程度。本币贬值时，本国产品的需求价格弹性越大，出口的销量增长幅度就越大，也就越能刺激本国企业降低产品价格，从而进一步增加销量和销售收入。(2)规模经济。如果企业存在显著的规模效应，那么可以通过降低产品价格扩大需求和产品产量，利用规模经济降低生产成本，从而得益。(3)调整价格的频率。有些企业将价格稳定视为其维持客户基础的重要因素，所以即使在汇率变动时也不经常调整价格；而有些企业则频繁地调整价格，采取更为灵活的定价策略。

(3)产品策略

企业还可以通过推出新产品、进行产品更新以及推出系列产品等产品策略来应付营运风险。例如，在人民币升值的情况下，中国服装企业可以更新产品的品种，推出新产品，并根据汇率变化重新定价，保证产品在本币升值后仍然有较高的利润率，由于消费者对新产品的价格敏感程度一般低于对旧产品的敏感程度，这使企业市场占有率不至于因本币升值而过度降低，如新产品符合市场需求的话，市场占有率有可能还会上升。

3. 生产管理

如果汇率变动幅度较大，并且持续时间较长，跨国公司采用定价策略或其他营销策略都可能不再有效。20世纪80年代初的美国企业和20世纪90年代初的日本企业都曾遇到过这种情形。在此情况下，公司只有通过生产管理，停止生产缺乏竞争力的产品或削减成本，才能将营运风险降低到最小限度。在生产管理方面，跨国公司一般可以通过以下几种途径来管理营运风险：

(1)灵活调整原料来源地

当汇率变化时，跨国公司可以通过调整原料采购地来应对汇率风险。当一个国家货币升值时，跨国公司可以减少从这个国家的原料采购；当一个国家货币贬值时，跨国公司可以增加这个国家的原料采购。例如，沃尔玛公司在人民币升值后考虑大幅缩减在中国的采购额度，预计2007年度其在华采购额将下降到120亿美元，与往年相比减幅达40%，并将大量订单转移到越南、印度等国。[①] 因此，原料来源地多样化是跨国公司进行营运风险管理的有效途径。

(2)调整产品产地

汇率的变化对跨国公司的影响比其他纯粹以出口为目的的厂商影响要小得多。当汇率发生变化时，在世界各地都拥有生产基地的跨国公司，能够在其众多海外的工厂间分配生产任务，提高在货币贬值国家的生产量，降低在货币升值国家的生产量，从而使得以本币表示的生产成本下降。因此，跨国公司的全球生产和营销网络使其有能力在全球范围内调整其生产计划和经营方针。

(3)选择合适的厂址

汇率发生变化后，跨国公司可以在货币贬值的国家开设新厂，减少货币升值国家的工厂。与调整产品产地不同的是，选择厂址伴随着投资的增减，而调整产品产地是在跨国公司本身已有生产厂址之间的产量的调整。选择厂址是一个长期的投资策略，因为建设一个工厂或减少一个工厂的成本很高，所以只有汇率发生了不可逆转的持续变化时，跨国公司才会对厂址进行调整。例如，20世纪90年代末期以来，随着美元的持续疲软，日本汽车制造商，包括日产和丰田，开始大规模将生产任务迁往在美国的工厂进行生产，以期减轻日元相对美元升值而带来的负面效应。

(4)提高劳动生产率

面对汇率波动，跨国公司可以通过努力提高劳动生产率来降低生产成本，从而维持正常的净现金流。例如，关闭效益差的工厂，采用先进的生产技术，提高生产自动化程度，与工会就降低工资和福利或者放宽劳动标准进行协商等措施。20世纪90年代初，美国公司利用美元贬值的机会，纷纷采用削减成本的措施，在产品价格上更具竞争力，以期从国外同行竞争对手那里夺回丧失的市场份额。

(三)折算风险管理

对于是否应对折算风险进行管理，学术界和实务界都存在分歧。一方面，折算风险仅仅在做合并报表时产生，而非公司生产经营过程中产生，而且对其采取规避措施有可能增加公司的风险头寸。另一方面，折算风险又确确实实影响着公司的股价，而股价又是投资者对经营者业绩考核的重要指标。例如，1996年IBM公司宣布，由于其海外子公司的盈利在汇总到母公司时汇率发生了不利变化，导致该公司第二个季度的每股盈利减少了0.25美元，虽然这只是账面损失而非实际损失，但还是导致该公司股价大幅下跌。

---

① 该消息来自2007年7月18日《21世纪经济报道》第20版。消息发布后，沃尔玛(中国)公司对此予以了否认。

折算风险规避方法一般有以下几种：

1. 资产负债管理

跨国公司可以选择资产和负债的计值货币，使资产承担的汇率风险与负债产生的汇率风险相抵消，这样无论货币升值还是贬值，该公司都不会承担折算风险。

2. 澄清事实

一些跨国公司认为，折算风险仅仅是账面风险，而非实际经营过程中的风险，所以管理折算风险最好的方法就是向外界澄清事实。例如，菲利浦石油公司就在其年报中明确表示不规避折算风险，因为折算风险并不会对其实际的现金流产生影响。

三、汇率的可测性

有一种存在争议的外汇风险管理方法是汇率预测。如果未来的汇率变化能够通过有效的方法予以准确预测，那么外汇风险管理显然就会轻而易举。然而，对于汇率是否具有可测性，国际金融界仍然存在一定的分歧。

（一）效率市场假说

许多学者把证券投资学中的效率市场假说（Efficient Market Hypothesis，EMH）运用到外汇市场，认为外汇市场与股票市场类似，其定价效率很高，任何未来汇率的预测方法的准确性都不可能持续超越外汇市场上的远期汇率，亦即远期汇率能够更准确地反映未来的即期汇率，因而汇率预测不仅是资源的浪费，而且往往导致决策错误，反而造成损失。

按照效率市场假说，只要市场参与者都能及时充分地得到影响价格的相关信息，就会对价格的变动方向和幅度形成趋于一致的预期，在这种情况下，市场处理信息的效率是很高的（informationally efficient）[①]，因此，无论是当前的即期汇率还是远期汇率（未来的即期汇率）都已经充分反映了所有可得信息，任何人都不可能重复利用这些信息持续做出超越市场的准确预测。如果汇率出现变化，这是因为受到新的相关信息影响的结果。可见，如果外汇市场的信息效率是很充分的，则远期汇率意味着市场参与者作为整体已经预测了未来的即期汇率，任何方法都不可能持续得出更准确的预测结果。因此，撇开远期汇率，则未来汇率是不可测的。

如果外汇市场是有效率的，远期汇率应是未来即期汇率的无偏（unbias）预测指标。这并不意味着在任何特定情况下的预测都很精确，而是意味着不精确指标不会持续高于或低于未来即期汇率，即不断趋向于未来的即期汇率，这些不精确指标的变动

---

① 许多中文文献把 Efficient Market Hypothesis 翻译成“有效市场假说”。我们认为，“有效”一词通常表示“有效果”，应该与英文“effective”相对应，并没有直接包含“效率”的含义。

是随机的。

有的经济学家认为外汇市场的信息效率是不充分的，信息的收集和处理是有成本的，有些信息只有知情者才能获得，并非所有的市场参与者都能获得所有相关信息。此外，市场参与者之间存在很大差异，即使对同样的信息，其对汇率的影响程度也有不同判断。因此，汇率常常不是偏高就是偏低，并不反映所有可得信息，远期汇率并非未来即期汇率的最佳预测指标。所以，专业机构对于未来即期汇率的预测准确度可以高于远期汇率。

学术界的大部分实证检验证明外汇市场的信息效率是比较充分的，但也有一些实证检验否定了外汇市场的信息效率的充分性，证明远期汇率对于未来即期汇率并非是无偏的预测指标。但迄今为止，几乎没有一家专业性的汇率预测机构能够持续准确地预测较大幅度的汇率变动（查尔斯·希尔和托马斯·霍特，2019）。

（二）汇率预测方法

尽管专业性的汇率预测机构运用的预测方法名目繁多，但大致可以分为两大类：一类是基本分析（fundamental analysis），另一类则是技术分析（technical analysis）。

基本分析主要是根据汇率理论建立复杂的统计模型来预测汇率变动。这些模型通常包含各种基本面影响因素（fundamentals），如货币供应增长率、通货膨胀率、利率和国际收支差额等。基本分析的难点在于，未来的汇率是由未来的基本面因素决定的，而这些因素在当前是很难确定的。因此，许多学者认为基本分析的可靠性难以得到充分保证。技术分析则是根据以往的汇率走势和成交量的变化制作走势图，以得到不同时期的量价关系和各种走势形态，如底部或头部形态；或通过计算各种统计指标，如移动平均线等，借以对汇率做出预测。技术分析的依据是汇率走势具有“记忆”（memory），会不断重复，汇率趋势会在未来得以延续。因此，只要把以往的汇率变动规律归纳总结出来，就可用以预测汇率走势。许多学者认为技术分析的上述依据并不存在，因而不能用以准确预测汇率。

本章小结

外汇的动态含义是指把一国货币兑换成另一国货币的国际汇兑行为和过程。外汇的静态含义是指以外币表示的可用于对外支付的金融资产。用作外汇的货币必须具有较充分的可兑性，即能够不受限制地兑换成其他国家的货币的特性。

国际结算货币是被多个国家或地区所接受用于国际贸易与投资的计价和支付手段的货币。

汇率是一个国家的货币折算成另一个国家货币的比率。汇率的直接标价法是指以整数单位（如1、100、1万等）的外国货币为标准，折算为若干单位的本国货币的标价法。间接标价法是指以整数单位的本国货币（如1、100、1万等）为标准，折算为若干数额的外国货币的标价法。

固定汇率是以某些相对稳定的标准或尺度来确定的汇率,浮动汇率是随外汇买卖的供求关系而变动的汇率。硬货币是汇率具有上升趋势或前景的货币,软货币是汇率呈下跌趋势或前景的货币。

即期汇率是买卖成交后须在两个营业日内办理交割的外汇时使用的汇率,远期汇率是买卖成交后须在未来双方约定的时间办理交割的外汇时使用的汇率。名义汇率是外汇买卖交易时使用的汇率,实际汇率是经过名义汇率折算的两国价格水平之比。有效汇率是一国货币对一篮子货币经过加权平均计算后得出的汇率,是综合衡量该国货币汇率变动状况的重要指标。

利率、国际收支和价格水平是影响汇率的重要因素,政府的干预和宏观经济状况也会对汇率产生影响。货币贬值有可能导致一国的价格水平上升,从而抵消其对国际收支的改善作用,迫使该国只能再次贬值。这种现象就是所谓的“恶性循环”。

外汇管制是政府对外汇有关的活动用强制性的行政手段予以限制的措施。外汇管制虽然有助于平衡国际收支,但由此也会带来许多副作用。随着一国国际竞争力的不断提高,政府通常会逐步取消外汇管制。

外汇风险是由于汇率变动引起当事人未来收益、净现金流量、资产或负债价值变化的不确定性,外汇风险产生的直接原因在于汇率的变动。外汇风险可分为三类:交易风险、营运风险和折算风险。

交易风险是指已经签订的以外币标价的合同,由于当前汇率与将来结算时的汇率存在差异,从而导致相同金额的外币合约按现时汇率和未来汇率折算为本币时的不同而产生的风险。交易风险可通过风险转移、风险对冲、外汇风险分担、提前错后等措施进行管理。

营运风险,也称经济风险,是由于无法预料的汇率变化而引起企业未来营运现金流变化进而导致企业价值发生变化的风险。营运风险可通过财务多元化、营销管理和生产管理等方法进行管理。

折算风险,又称会计风险,指跨国公司的母公司采用本国的货币编制母公司和国外子公司的合并财务报表时,因汇率变动而使合并财务报表发生变化的可能性。折算风险可通过澄清事实等方法来处理。

学术界对于汇率是否可测存在一定分歧,主流的观点是运用效率市场假说认为汇率是不可测的,但也有一些学者认为效率市场假说不能成立,因此,汇率是可测的。预测汇率的方法主要是基本分析和技术分析,但这些方法的可靠性尚未得到充分证明。

重要术语

外汇	可兑性	国际结算货币	汇率
直接标价(法)	间接标价(法)	美元标价(法)	固定汇率
浮动汇率	货币升值	货币贬值	硬货币
软货币	基本汇率	套算汇率	买入价
卖出价	中间价	即期汇率	远期汇率
远期差价	升水	贴水	官方汇率
市场汇率	复汇率	名义汇率	实际汇率

有效汇率　　美元指数　　均衡汇率　　外汇管制
资本管制　　外汇风险

思考题

1. 什么是外汇?
2. 什么是货币的可兑(换)性?
3. 直接标价法和间接标价法有何区别?
4. 决定和影响汇率的因素有哪些?
5. 试说明名义汇率与实际汇率的异同、关联及其在衡量一国汇率水平方面的优劣。
6. 影响汇率的因素有哪些? 这些因素为什么会影响汇率?
7. 外汇管制是利大于弊还是弊大于利? 为什么?
8. 外汇风险主要有哪几种? 外汇风险的管理方法各有什么特点?
9. 你认为汇率是否可测? 为什么?

参考文献

1. 巴曙松、吴博、朱元倩:汇率制度改革后人民币有效汇率测算及对国际贸易、外汇储备的一些分析,《国际金融研究》,2007 年第 4 期。

2. 保罗·克鲁格曼、茅瑞斯·奥伯斯法尔德:《国际经济学》,中国人民大学出版社 2016 年版。

3. 查尔斯·希尔、托马斯·霍特:《国际商务》,中国人民大学出版社 2019 年版。

4. 贺力平:人民币汇率变动对国际收支平衡的影响,《新金融》,2007 年第 12 期。

5. 姜波克:《国际金融新编》(第六版),复旦大学出版社 2018 年版。

6.(日文)李晓、平山健二郎:东亚通货制度的构造与"日元的国际化",《世界经济评论》,2002 年第 4 期。

第三章　外汇市场与外汇交易

教学目的与要求

- 知晓外汇市场的概念、类型、特点、市场结构和市场参与者。
- 明确远期汇率的计算、无本金交割远期与掉期业务以及运用外汇远期进行套期保值和投机的方法。
- 把握外汇期货的概念及其与外汇远期的区别以及运用外汇期货进行套期保值和投机的方法。
- 熟悉外汇期权的概念、特征和类型，掌握外汇期权的应用和盈亏分析方法。
- 掌握货币互换和利率互换的概念和应用。
- 了解我国银行间外汇市场的发展历程、市场组织形式、交易模式及品种，了解远期结售汇业务和人民币离岸金融产品。

外汇市场是国际金融市场的核心组成部分，国际贸易、国际融资以及其他国际经济活动都涉及不同货币之间的兑换，因而都离不开外汇市场。外汇市场也是金融创新的重要场所，许多金融衍生品交易都发生在外汇市场，这些创新产品和工具为套期保值者提供了避险工具，也为投机者提供了投机的舞台。

第一节　外汇市场概述

外汇市场(foreign exchange market)是外币供求双方互相买卖不同货币的交易网络、交易设施及其组织结构和制度规则的总和。外汇市场是国际金融市场的重要组成部分，国际货币市场的借贷业务、国际资本市场的投资活动，以及国际黄金市场和国际商品市场的交易都需要用到外币，因此都离不开外汇买卖。毫无疑问，外汇市场是国际金融体系中极为重要的一环，其发达程度也是衡量一个国家金融体系成熟与否的主要标志之一。

一、外汇市场的类型

根据不同的标准，我们可以把外汇市场划分成以下不同类型：

(一)按组织形态划分

1. 有形外汇市场

有形外汇市场又称具体的外汇市场，主要指进行外汇交易的各方在有固定交易场所和设施的外汇交易所内，在规定的营业时间里进行交易的市场。比较著名的有形外汇市场有瑞士的苏黎世、法国的巴黎、德国的法兰克福、荷兰的阿姆斯特丹、意大利的米兰等，因为这些外汇市场主要集中于欧洲大陆国家，所以又称为“大陆式外汇市场”。

2. 无形外汇市场

外汇市场更多的时候表现为一个无形的市场，又称抽象的外汇市场。这是一个由电话、电传、传真或计算机网络等通信工具将买卖双方连接起来的庞大的外汇交易系统，交易的任何一方只要通过电讯方式就可以进入这个市场进行交易。伦敦和纽约的外汇市场就采取了这一形式，故又称“英美式外汇市场”。此外，东京、中国香港和加拿大等地的外汇市场也是无形外汇市场。

无形外汇市场的迅速发展，使各国的局部市场发展成全球性的统一的大市场，使有固定交易时间的市场成为一个可以 24 小时不间断进行外汇交易的市场。例如，在北京时间凌晨 5 时，新西兰惠灵顿、澳大利亚悉尼的外汇市场相继开市，7 时日本东京市场开市，9 时中国香港、新加坡开市，下午 3 时巴黎、法兰克福、伦敦又相继开市，晚上 8 时纽约市场开市，凌晨 5 时纽约收市时，惠灵顿、悉尼又相继开始新一天的交易。一天 24 小时，人们都可以通过无形外汇市场进行交易。由于无形的外汇市场使外汇交易更加便利，并且效率明显提高，所以无形外汇市场迅速发展，即使在欧洲大陆国家，大部分外汇交易也是在无形市场进行的。无形外汇市场无疑是当今外汇市场的主导形式。

(二)按交易主体划分

1. 外汇零售市场

外汇零售市场主要是银行同客户之间买卖外汇的市场。客户可能是因为进出口需要买卖外汇，也可能因为投资于某一外汇资产而买卖外汇，无论是哪种情况，银行都在外汇终极供应者与终极需求者之间起中介作用，即一方面从客户手中买入外汇，另一方面又把外汇卖给需要的客户，从中赚取买卖差价。因为这一层次的外汇市场与批发外汇市场相比，每笔交易的金额相对较小，所以叫作外汇零售市场。

2. 外汇批发市场

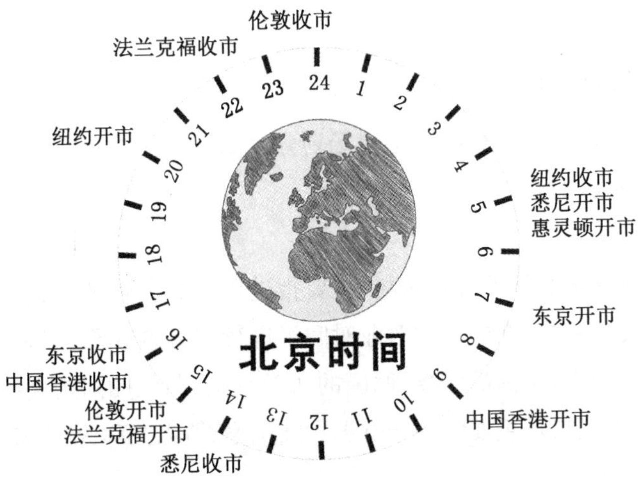

资料来源:Sixcapital。

图 3-1 全球主要外汇市场交易时间分布

外汇批发市场是指银行同业之间进行外汇交易的市场,因此是银行间市场。由于这一市场每笔交易的金额大、起点高,所以被称为外汇批发市场。外汇批发市场和外汇零售市场构成了我们通常意义上所称的广义外汇市场,而批发市场则是狭义的外汇市场。外汇批发市场汇集了巨额的供求流量,所以外汇批发市场决定着外汇市场的即时汇率,而零售市场的汇率就是在批发市场汇率的基础上加减一定点数形成的。

在外汇批发市场中主要有三个层次的外汇交易:各商业银行之间进行的交易;中央银行同商业银行之间的交易;各国中央银行之间进行的交易。

商业银行之间进行的外汇交易主要是为了轧平在零售市场上交易产生的外汇头寸(position),即所持有的专门用于外汇买卖业务的每一种外币的数量,也就是外币库存。银行在为客户提供外汇买卖的中介服务时,因为客户对各种外汇买卖金额的不匹配,难免使银行某种或多种外汇的买入数量超过卖出数量,即超买(overbought),导致银行的外汇库存过多,出现多头头寸(long position);或者卖出数量超过买入数量,即超卖(oversold),形成空头头寸(short position),这两种头寸统称敞口头寸(open position)或头寸裸露(暴露,position exposure)。敞口头寸对于银行来说是一种外汇风险,因为他们要承担汇率变动的风险。例如,在多头头寸情况下,如果以后汇率出现下跌,或在空头头寸时汇率发生上涨,银行为了平衡头寸而卖出多余头寸或买入外汇补足头寸时就会面临损失。所以银行需要在汇率尚未变动时及时通过同业之间的交易来轧平头寸,即抛出多头头寸的外汇,买入空头头寸的外汇。除为了轧平头寸,银行还可能出于投机、套利、套汇等目的买卖外汇。

中央银行从事外汇交易主要是为了进行外汇干预(foreign exchange intervention)。在固定汇率制下,中央银行进行外汇交易是为了维持固定的货币平价关系。在浮动汇率制下,各国中央银行为了把汇率维持在符合本国利益需要的水平上,也会进行外汇干预。中央银行可能通过与商业银行或他国中央银行的外汇交易进行干预,也可能与他国中央银行进行联合干预。除了外汇干预,中央银行进行外汇交易还可能是出于调整外汇储备的币种结构、增加储备收益等目的。这种行为属于外汇储备管理。

(三)按交割时间划分

按交割时间可以把外汇市场分为即期外汇市场和远期外汇市场。即期外汇市场是指外汇买卖成交后在两个交易日内办理交割的外汇市场;远期外汇市场是指买卖双方签订交易合同后,约定在将来某一时间按合同规定的汇率和金额进行交割的市场。

(四)按管制的程度划分

按政府的管制程度,可以把外汇市场分为:(1)自由市场,即外汇交易不受政府限制的市场;(2)平行市场,即在官方设定的外汇市场之外存在的外汇市场;(3)外汇黑市,即非法交易外汇的市场。平行市场和外汇黑市都是政府对外汇市场予以管制的产物,其区别在于前者得到政府认可,后者则不被政府认可,属于非法市场。

(五)按市场地位划分

外汇市场按参与者的广度可分为全球性的外汇市场和区域性的外汇市场。前者是世界各国居民广泛参与的市场,如伦敦、纽约和中国香港;后者则主要是所在地周边地区居民参与的市场,如阿姆斯特丹和米兰等。

二、外汇市场的参与者

外汇市场的参与者主要有以下各方:

(一)商业银行

商业银行是外汇市场的主体和外汇业务的中心,外汇市场上几乎所有的大额交易都是由商业银行办理的。在实行外汇管制的国家,中央银行一般指定或授权一些商业银行经营外汇业务,被指定或授权的银行即成为外汇银行,又称外汇指定银行(Appointed Bank)或授权银行(Authorized Bank)。在外汇市场上交易活跃的商业银行习惯上都被称为外汇银行。

商业银行一般在批发和零售两个层次的外汇市场经营外汇买卖业务。如前所述,在外汇零售市场,他们通过与客户的买卖交易赚取买卖差价;在外汇批发市场,他们通过与其他银行的交易来轧平在零售市场上交易带来的敞口外汇头寸。银行有时候也在外汇市场上做一些投机交易,例如,当其预期某一货币汇率将上升,就买入这一货币，即持有该种货币的多头头寸。大中型商业银行也在衍生外汇市场参与外汇交易，而且很多外汇衍生产品都是由他们设计和提供的。

一些大型的跨国银行还在外汇市场上承担了做市商（market maker，dealer 或 jobber，又译为坐市商）职责①，即独立给出外汇的买卖报价，随时应客户要求按其所确定的报价买卖外汇。同时，这些银行的外汇交易员（trader）还在各个外汇市场与其他银行的交易员进行交易，以此来平衡外汇头寸。成为做市商需要一定的条件，如需要有雄厚的资本和实力，对汇率的未来走势有较好的把握能力，在各大外汇市场都有结算账户，并有足够的能力来清算大笔的外汇交易。尽管中小银行也有参与批发市场交易的，但一般不会成为做市商，他们通常都在外币库存增加时直接调低报价，而在库存不足时调高报价，由此鼓励客户买进或卖出外汇，进而实现自身头寸的平衡。

（二）外汇经纪商

外汇经纪商（broker）是指协助外汇交易双方进行交易的中介机构，但他们本身并不是交易主体，并不持有外汇，也不需要外汇，只是向客户提供中介服务，并向其收取佣金。外汇经纪商需要随时与全球的外汇市场保持紧密联系，根据瞬息万变的外汇行情报出最新的买入价和卖出价，并迅速做出安排，使客户节约了收集信息的成本，其外汇交易能够按较有利的汇率成交。外汇经纪商的存在有助于外汇交易的迅速成交，提高了外汇市场的效率。

外汇的最终需求者、商业银行以及外汇经纪商的关系可以用图 3－2 来描述。假设客户 A 由于业务关系，需要从位于纽约的波士顿银行买入 1 000 万英镑的外汇，即波士顿银行向其客户 A 出售 1 000 万英镑。为了轧平这一交易产生的英镑头寸，波士顿银行可以直接与当地的花旗银行或美国银行进行交易，或者与位于伦敦的渣打银行或汇丰银行进行交易。但是在最短的时间内直接寻找卖出同样数量英镑的交易对象比较麻烦，需要付出较高的搜寻成本和交易成本，而且价格不一定是最优的。所以，波士顿银行可以向纽约或者伦敦的经纪商咨询报价并下定单，经纪商通过自己庞大的交易网络，为其寻找最优的交易对手。如图 3－2 所示，经纪商可以联系纽约的花旗银行、美国银行，或者伦敦的汇丰银行、渣打银行，直到撮合完成交易，这样就大大提高了交易的效率。

可见，银行通过经纪商进行交易主要是为了缩短交易时间（给经纪商打 1 个电话可能省去给可能的交易对手打 10 个电话），同时可以保持匿名身份，因为在交易双方确认货币兑换的汇率之前，参与者身份的泄露在很大程度上会影响其交易报价。

---

① 有些中文文献把 market maker 译作“造市商”。我们认为中文中的“造市”含有贬义，有在市场上通过操纵市场或散布虚假信息造成市场混乱，以便从中渔利的含义，这与做市商稳定市场的功能不符，因此我们译为做市商。

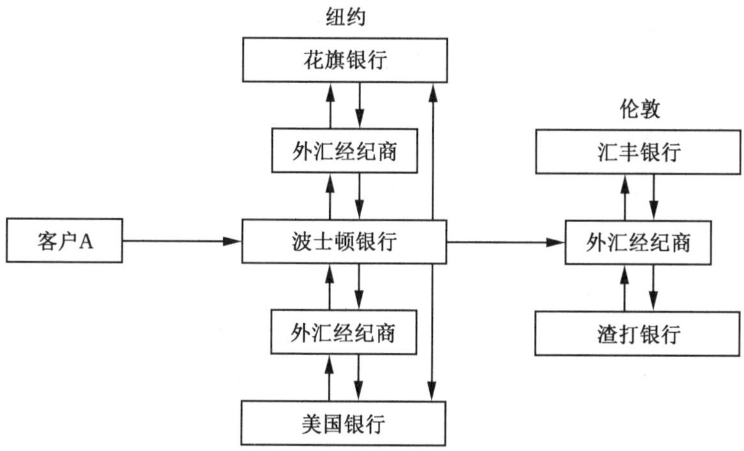

图 3－2　外汇银行与外汇经纪商的关系

不通过经纪商而进行的交易称作直接交易；反之，则称作间接交易。

（三）进行商业或投资活动的企业和个人

进出口商、跨国证券投资者、跨国公司或者个人都有可能需要利用外汇市场进行商业和投资活动，他们还会利用外汇市场来管理和规避国际交易中的汇率风险。如跨国公司作为套期保值者，一般会利用外汇远期合约的安排，以保证以外币表示的资产和负债在合约期内的本币价值不变。

（四）投机者和套汇者

投机和套汇者进行外汇交易的目的既不同于外汇经纪商，也不同于进行商业或投资活动的公司和个人，他们参与外汇市场，仅仅是为了从市场本身的交易中获取收益。他们是出于自身的利益进行交易，无须服务于客户，也无须保证市场交易的连续性。投机者的所有利润都来自汇率变动。而套汇者则试图从同一时刻不同市场的汇率价差中获得无风险收益。

投机和套汇行为多半由大的国际银行的外汇交易员代表银行进行。因此，银行同时扮演了外汇交易和投机套汇者的角色，当然，银行很少承认自身的投机行为。

（五）中央银行

中央银行一般不直接参与外汇市场活动，而是通过经纪商进行外汇交易，以免暴露自己的身份。如前文中所述，中央银行通过在外汇市场进行外汇交易，增加外汇储备或卖出多余的外汇资产，以此来影响本国货币的汇率。他们的动机主要不是为了获取收益，而是为了实现汇率目标。所以，尽管中央银行参与外汇市场活动有时是为了外汇储备的保值和增值，但很多时候，中央银行出于宏观经济管理的需要而宁愿承担外汇交易的风险，这是其与其他市场参与者最为显著的区别。

三、外汇市场的交易模式

外汇市场主要有以下两种交易模式：

(一)竞价驱动模式

竞价驱动(auction-driven)又称指令驱动(order-driven)，在该交易模式下，买卖双方以自己设定的价格向交易所的竞价撮合系统提交买入指令和卖出指令，外汇交易所按照价格优先、时间优先的原则为买卖双方进行撮合成交。例如，A 银行提交 EUR1＝USD1.067 4 买入 1 000 万美元的指令，同时，B 银行提交 EUR1＝USD1.067 2 卖出 1 000 万美元的指令，则外汇交易所不能为其撮合成交，如果 C 银行提交 EUR1＝USD1.067 4 卖出 1 000 万美元的指令，则其就可以和 A 银行成交。由于这种交易是通过交易所集中完成的，因而是集中交易和场内交易。这里所谓的"场"就是指交易所，尤指交易所的交易大厅。此外，交易的清算通常也是通过交易所集中完成的，即所谓的集中清算。竞价驱动交易模式在国际外汇市场上并不多见。

(二)报价驱动模式

前文已经提到，一些实力雄厚的大银行往往会在外汇市场发挥做市商的作用。做市商不断向客户报出买卖价格，并按其主动报出的价格接受客户的买卖要求，以其自有资金和外汇与客户进行交易，从而为市场提供流动性，并通过买卖价差获取一定的利润。因此，做市商最基本的作用是持续双向报价，为市场提供流动性，使大额交易迅速成交，提高市场的效率。此外，做市商的报价一般比较稳定，从而也起到了减缓市场波动的作用。做市商报价驱动(dealer-driven 或 quote-driven)交易模式已经成为当今外汇市场上最主要的交易模式。采取这种交易模式时，交易的清算通常是在做市商和其客户之间直接进行的，即所谓的双边清算。此外，由于这种交易的买卖双方并不与交易所办理清算和交割，因此称作场外(over the counter，OTC)交易。

我国银行间外汇市场起初实行竞价驱动模式，现在实行竞价驱动和做市商报价驱动两种机制并行的交易模式，但以报价驱动为主。在报价驱动模式中，客户有时会主动向做市商询价，要求做市商报价，甚至要求做市商调整报价，使报价对客户更有利，即讨价还价。因此，报价驱动模式有时又称作询价驱动模式。

四、外汇市场的交易程序

外汇交易一般有 5 个基本的交易程序：询价、报价、成交、确认和交割。在交易程序第一项询价开始前，交易一方首先必须选择交易对手。一般说来，交易方会选择资信良好、报价迅速、买卖价差小、服务水平高的外汇银行作为交易对手，以保证交易的成功。其次，交易一方还需自报家门，通过电话或电传与对手交易，让对手知道自己银行的名称、交易代码等，以便对方决策。如果通过路透社开发的外汇交易系统与对手交易，本银行的名称会自动显示在对方的终端上，因此可不必主动标示。下面我们分别对 5 种交易程序作简单介绍。

（一）询价

询价就是发起外汇交易的一方询问对方有关货币的买入价和卖出价，但并不一定需要表明自己希望买入还是卖出。除了买卖价格，询价的内容还应包括交易的币种、数量、交易方式、交割时间以及其他可能影响交易价格的因素。按照惯例，交易金额通常以百万美元为单位，以 million 表示，或缩写作 MIO 或 M。

（二）报价

接到询价的银行交易员应迅速做出反应，及时向询价者报出相关货币现汇或期汇的买卖价格。因为交易双方对汇价的大致水平都非常清楚，所以报价时一般只报出最后两位数字。例如，英镑兑美元的即期汇率是 1.0642/48，交易员只需报 42/48 即可。

（三）成交

询价者接到报价后需要在数秒钟内做出成交或放弃交易的表示。如果表示愿意以报价成交，报价者则必须以报出价格买卖外汇，不能反悔。如果询价者不满意该报价或者超过时间没有做出反应，则报价者可以撤销报价。外汇交易通讯工具的多通道话音记录仪会把交易对话一字一句记录下来，打印出来的记录即可作为交易的原始凭证或交易合约。

（四）确认

因为询价、报价和成交都是通过电话、电传或电脑网络在非常短的时间内完成的，需要交易双方当事人将交易的所有细节以书面形式确认一遍，以便清算工作的进行和日后的查询。

（五）交割

交割是指买卖双方在合同规定的日期一手交钱一手交货的行为，即将卖出的外汇划入买方账户并收取相应款项的过程。这是外汇交易的最后一个过程，也是最有实质意义的过程。

五、外汇市场的主要特征

外汇市场与国际货币市场、资本市场、黄金市场以及衍生品市场密切联系，成为贯穿这些市场的一条主线，它们也共同组成了统一的国际金融大市场。但因为外汇交易本身的独特性，外汇市场也有其独特的特点。

（一）交易规模巨大

随着各国对各自外汇市场开放步伐的加快以及越来越多的国家对资本项目交易

的放开，全球外汇交易量持续增长，外汇交易市场已经成为世界上交易规模最大的市场。国际清算银行(BIS)每隔3年会对外汇及外汇衍生品市场进行一次统计调查(见表3-1)。

表3-1 **2001～2016年全球日平均外汇交易量** 单位:10亿美元

项目	2001年	2004年	2007年	2010年	2013年	2016年
即期交易	386	631	1 005	1 489	2 047	1 652
远期交易	130	209	362	475	679	700
外汇掉期	656	954	1 714	1 759	2 240	2 378
估计误差	142	−50	−201	−306	−440	0
合计	1 314	1 744	2 880	3 417	4 526	4 730

注:表内数据为每年4月的日平均交易额。

数据来源:BIS(2016)。

由表3-1可知，2016年传统外汇市场的日全球成交额高达4.73万亿美元，相比2001年，上升了260%。

(二)交易币种比较集中

在外汇市场交易的货币大多为可自由兑换货币，主要有美元(USD)、欧元(EUR)、日元(JPY)、英镑(GBP)、瑞士法郎(CHF)、加拿大元(CAD)、澳大利亚元(AUD)、新加坡元(SGD)、港元(HKD)等。交易量最大的5种货币的数据如表3-2所示。

表3-2 **全球传统外汇交易市场货币分布** 单位:%

货　币	占　比	货币对	占　比
美元	87.6	美元/欧元	23.1
欧元	31.4	美元/日元	17.8
日元	21.6	美元/其他	32.2
英镑	12.8	美元/英镑	9.3
澳元	6.9	美元/澳元	5.2
合　计	160.3	合　计	87.6

注:由于每笔交易都涉及两种货币，因此单种货币市场占比总和为200%;表内数据为2016年4月的日平均交易额。

数据来源:BIS(2016)。

由表3-2可知，在传统外汇交易市场中，美元占主导地位，其次是欧元和日元，这三种货币的交易额占了全球交易总额的2/3。欧元对美元的交易是所有货币中最为经常交易的一对货币，2016 年，欧元对美元的交易占全球货币交易额的 23.1%。

（三）交易地域分布集中

外汇市场按地域分主要有欧洲、北美洲和亚洲三大市场，英国的伦敦、美国的纽约、日本的东京、德国的法兰克福、瑞士的苏黎世、中国的香港等国际金融中心是这些市场的典型代表，全球大多数的外汇交易都集中于这些市场。表 3－3 显示了全球主要市场的相应外汇交易量和交易比例。

表 3－3　**全球日平均外汇交易量的地理分布**　单位：10 亿美元；%

国别和地区	2007 年		2010 年		2013 年		2016 年	
	金额	比例	金额	比例	金额	比例	金额	比例
英国	1 483	34.6	1 854	36.7	2 726	40.8	2 406	36.9
美国	745	17.4	904	17.9	1263	18.9	1272	19.5
日本	250	5.8	312	6.2	374	5.6	399	6.1
新加坡	242	5.6	266	5.3	383	5.7	517	7.9
中国香港	181	4.2	238	4.7	275	4.1	437	6.7
瑞士	254	5.9	249	4.96	216	3.2	156	2.4
德国	101	2.4	109	2.2	111	1.7	116	1.8
澳大利亚	176	4.1	192	3.8	182	2.7	121	1.9
法国	127	3.0	152	3.0	190	2.8	181	2.8
丹麦	88	2.1	120	2.4	117	1.8	101	1.5
合计	3 647	85.1	4 396	87.16	5 837	87.3	5 706	87.5

注：表内数据为每年 4 月的日平均交易额。

数据来源：BIS(2016)。

从表 3－3 可以看出，英国是世界上最大的外汇交易市场，2016 年交易额占了全球总交易额的 36.9%。其次是美国和新加坡。事实上，超过半数的全球外汇交易都发生在这三个国家。2016 年中国香港名列第四。中国香港和新加坡的外汇交易均超过了除英国外的其他欧洲国家，这些排名反映了亚洲经济在全球经济中的重要性。

（四）外汇市场全球一体化运作、全天候交易

前文已经述及，外汇市场在很大程度上是一个无形的市场，迅捷、发达的通信网络使外汇市场突破了时间和空间的限制，我们可以在全球的任何一个有通信网络覆盖的地方全天 24 小时不间断地进行外汇交易。

从图 3－3 可以看出，外汇市场全天 24 小时都有交易，但各个时点的交易深度或

者说流动性不尽相同，从格林尼治时间早上 8 点欧洲市场开市到美国市场收市的这段时间内是外汇市场交易量最大的时候，因为这是欧元对美元交易的主要时段。由于该时段市场流动性最强，所以如果需要确保一些大宗交易能够顺利实现，就应该选择在这段时间内交易。当一天的交易在美国结束，东京和中国香港交易者开始进行下一天的交易时，市场的流动性较差。在这个时段里，一些中央银行和实力强大的投机商有时会通过大额交易来改变外汇价格，从而影响第二天欧洲市场外汇的开盘价。

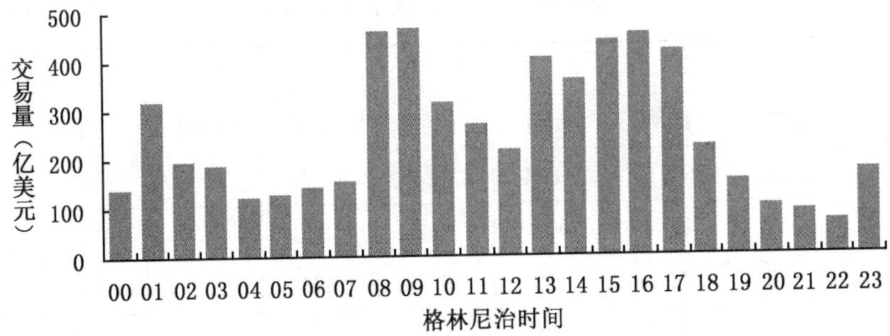

数据来源：MetaTrader。

图 3-3 欧元兑美元 2007 年 1 月 30 日各时点成交量

（五）汇率波动频繁，不同市场间的汇率差日益缩小

自 20 世纪 70 年代各国实行浮动汇率制后，国际资本流动规模越来越大，金融自由化程度越来越高，使得汇率波动日益频繁。尽管如此，由于各国的外汇市场已经连成了一个统一的全球大市场，各地的行情变化可以迅速传播，因此使得各市场之间的汇率差距能够迅速调整。当不同外汇市场相同货币的汇率有差异时，迅速而规模巨大的套汇行为就会产生。套汇活动使得汇率较低市场的需求激增，汇率较高市场的需求骤降。需求增加的货币，其汇率会迅速上升，而需求减少的货币，其汇率会迅速下降，结果各外汇市场的货币汇率差异会在非常短的时间内得以消除。

（六）外汇衍生工具不断增多，交易规模不断增大

随着各国货币汇率波动的日益频繁，外汇风险越来越大，各国进出口商、跨国公司、跨国银行等交易主体迫切需要更多的金融工具来规避风险，这使外汇衍生工具有了存在的必要，而现代计算机技术和信息技术的发展也为金融创新提供了可能的技术手段。各种外汇衍生工具不断涌现，而且其交易额不断增长。如表 3-4 所示，场外衍生外汇交易的增长速度非常快，从 2001 年开始出现到 2016 年增长超过了 300%。外汇衍生产品的交易与国际贸易、国际投资以及投机活动密切地结合在一起，成为国际金融市场上一股重要的推动力量。

表 3-4　全球场外外汇衍生品市场的日平均交易额　单位:10 亿美元

场外衍生外汇交易	2001 年	2004 年	2007 年	2010 年	2013 年	2016 年
远期和掉期	786	1 163	2 076	2 234	2 919	3 078
货币互换	7	21	31	43	54	82
期权及其他	60	119	212	207	337	254
合计	853	1 303	2 319	2 484	3 310	3 414

注:表内数据为每年 4 月份日平均交易额。

数据来源:BIS(2016)。

(七)各国政府对外汇市场干预频繁

如前文所述,中央银行参与外汇市场的最主要目的是干预外汇市场,维持固定汇率制,或在浮动汇率制下使汇率向有利于本国利益的方向发展。由于外汇市场及汇率对一国经济发展的影响巨大,干预外汇市场促进国际收支平衡,从而影响或者稳定国内经济发展,是各国中央银行的货币政策目标之一。20 世纪 80 年代以来,西方国家货币汇率的过度波动给各国经济带来了不利影响,因此各国政府从未停止对外汇市场的干预。

第二节　外汇市场交易

一、即期外汇交易

(一)即期交易的概念和特点

即期外汇交易(spot transaction),又称现汇交易(cash transaction)或称现货交易,是指交易双方成交后,于当日或后两个营业日(business day)按照协定汇率完成交割的外汇交易。交割时间的长短主要取决于对交易所涉及的时差。由于即期交易的交割时间很短,所以一般风险较小。

交割的日期也称为起息日,即外汇交易的实际结算日期。全球大部分美元交易都是通过纽约清算行银行同业支付系统(Clearing House Interbank Payment System, CHIPS)进行结算的。该系统还提供各会员银行赊欠其他银行的净账户余额数据(每天下午美国东部时间 4:30CHIPS 终端关闭前打印出),以及截至当天下午 6:00,纽约联邦储备银行各会员行借方和贷方头寸余额支付情况。

在全球外汇交易中,即期市场交易在总的外汇交易中(包括外汇衍生品)所占的比重越来越小。虽然即期外汇交易的绝对额由 1989 年的 3 170 亿美元上升到 2016 年的 16 520 亿美元，但其份额却从 1989 年的 53.73%下降到 2016 年的 30%左右。但即期交易仍占传统外汇交易的 1/3 以上。

(二)即期交易中的套汇交易

套汇交易(currency arbitrage)是指利用两个或两个以上不同市场的汇率差价，在低价市场买入某种货币，同时在高价市场卖出该种货币，以赚取利润的活动。在实际的外汇市场上，高度发达的通讯技术使得在各个外汇市场上交易的成本非常小，所以各地外汇市场的汇率差异非常小，而且这种差异转瞬即逝，因此只有交易设备精良，资金雄厚的大银行才有可能通过套汇交易赚取利润。与此同时，套汇交易也会使各外汇市场的汇率迅速趋于一致。

根据是否涉及多个外汇市场，套汇交易一般可分为直接套汇和间接套汇。

1. 直接套汇

直接套汇(direct arbitrage)又称双边套汇或两角套汇，是利用两个外汇市场之间出现的汇率差异进行贱买贵卖，以获取买卖差价收益。这是最简单的套汇方式。我们以一个简单的例子予以说明。

假设在纽约外汇市场上，USD1 = JPY110.56/60，而在伦敦外汇市场上，USD1 = JPY110.62/65。假如这两种报价恰好出现在伦敦和纽约市场交易时间重叠的时候，并且假设交易成本为 0，银行外汇交易员就可以用 1 亿美元的资金，在伦敦市场上买入 110.62 亿日元，然后把日元在纽约市场上卖出，得到$\frac{110.62}{110.60}$亿美元，比之原来的 1 亿美元，赚取的利润为 18 083 美元。如果套汇交易继续进行下去，则伦敦市场上日元需求增加，供应减少，美元的供应增加，需求减少，那么在伦敦市场上，日元必定上升，美元必定下跌，同理在纽约市场上，日元下跌，美元上升，从而使两地汇率趋于一致。

在理论上，套汇交易是一种无风险交易，但如果第一笔交易发生后市场的汇率出现不利变化，而第二笔交易尚未完成，那么套汇者就要承担汇率风险。而且套汇交易要花费佣金、电传费用等交易成本，所以只有在汇差大于交易成本，并有足够的利润使套汇者愿意承担汇率风险的情况下，套汇交易才可能发生。

2. 间接套汇

间接套汇(indirect arbitrage)又称三角套汇(three point arbitrage)或多角套汇(multiple point arbitrage)，是指利用三个或更多不同地点的外汇市场的汇率差异，同时在这些市场贱买贵卖，以赚取利润。

判断三个市场是否有套汇机会，基本的计算步骤是首先选择其中的两个汇率，用套算汇率的计算方法套算成第三种汇率的表示方式，再与第三种汇率进行比较，以判断是否存在套汇机会。我们来看下面的例子。

假设3个不同外汇市场上的即期汇率为：

伦敦市场 GBP/EUR=1.170 2—1.170 6

纽约市场 GBP/USD=1.239 9—1.240 3

法兰克福市场 EUR/USD=1.057 2—1.057 4[①]

根据上述行情，用1亿美元套汇的具体过程如下：

首先，利用伦敦市场英镑和欧元的汇率以及纽约市场英镑和美元的汇率套算出欧元和美元的汇率：EUR/USD=$\frac{1.239\,9}{1.170\,6}-\frac{1.240\,3}{1.170\,2}$=1.059 2—1.059 9。需要注意的是，伦敦市场采取间接标价法，因此，数额较大的数字才是银行的外汇买入价。

其次，把该套算汇率与法兰克福市场上的汇率比较，可以看出存在套汇机会，因为套算汇率中的欧元买入价，即套汇者的卖出价(1.059 2)明显高于法兰克福市场上的欧元卖出价，即套汇者的买入价(1.057 4)。在法兰克福市场欧元的卖出价偏低意味着套汇者购买欧元的成本偏低，即法兰克福市场上欧元兑美元价值小于套算汇率中的美元价值。于是就可以进行以下套汇过程：在法兰克福市场上卖出1亿美元，可得1/1.057 4亿欧元。在伦敦市场上卖出欧元，可得$\frac{1/1.057\,4}{1.170\,6}$亿英镑。最后在纽约市场上卖出英镑，可得美元$\frac{1/1.057\,4}{1.170\,6}\times 1.239\,9=1.001\,702\,67$亿美元，套汇者最终可获利170 267美元。[②]

需要指出的是：(1)这种套汇只有在参与者能够即时获得报价并能进行交易时才有可能存在。因此，一般情况下，只有外汇交易员才能够进行这种套汇活动，公众参与者很难进行套汇。(2)套汇只有在没有外汇管制和政府干预的条件下才能顺利进行。(3)银行交易员进行套汇时，并不需要本金，只需银行的信用等级即可，因为交易员的交易和最终平仓是通过电讯方式在未来两天的正常结算期内进行的。(4)外汇交易员一旦识别套汇机会，须迅速做出反应，因为这种机会转瞬即逝。

二、远期外汇交易

远期外汇交易(forward exchange transaction)是指交易双方按照事先约定的汇率，在未来某一确定的日期交割一定数量的某种货币的外汇交易。远期合约中的合同

---

① 按国际惯例，斜杠左边为基准货币。

② 在计算中要区分外汇的买卖价，套汇者是客户，其买入价就是银行的卖出价，客户的卖出价就是银行的买入价。此外，在间接标价的情况下还要用倒数进行换算。

金额、到期时间、约定汇率等都可以由签约双方协商确定，所以远期合约可以说是一种为客户"量体裁衣"式的合约，受到很多进出口商的欢迎。但也因为其自身具有的"个性"，或者说非标准化的特点，使其流动性较差，合约无法中止，在市场上难以转手。远期合约的非标准化特点，使远期外汇交易一般采用场外交易方式。场外交易是不通过交易所进行的交易，因而不是集中交易，而是所谓的"点对点"或"一对一"交易，如银行与客户之间的交易，故一般不必支付保证金，这使远期交易有一定的信用风险。例如，银行在与客户签署了远期合约后，为了避免汇率风险，就需要在外汇市场上进行对冲以平衡头寸，但若客户未履约，银行因此会产生外汇风险头寸，面临着汇率变动的风险。因此，银行在与客户进行远期外汇交易时，一般要求客户具有一定的授信额度。

(一)远期外汇交易的类型

1. 固定交割日的外汇远期交易

固定交割日的远期外汇交易是指交易双方约定在将来某一固定日期进行外汇交割。在办理这种远期交易之前，进出口商或债权债务人一般已经签订了合同，因而需要按照合同约定的时间收取外汇或者支付外汇，但由于到时的汇率可能发生变化，就需要承受外汇风险，为了避免风险，所以通过与该时间一致的固定交割日的远期外汇交易来规避外汇风险。

2. 择期交割外汇远期交易

择期交割外汇远期交易(forward option)是指客户可以在某一段时间内任意选择交割日的远期外汇交易。它可以分为部分择期交易和完全择期交易两种。部分择期交易是指买卖双方约定客户可以在将来的某一时间开始到远期合同到期日的任意时间选择交割日。例如，某客户与银行在 6 月 15 日签订一笔 6 个月期以英镑买入 100 万美元的择期外汇合同，约定客户可以在 3 个月后至合同到期日的任意时间内进行交割，也就是说，客户可以在 9 月 15 日到 12 月 15 日的任意一天办理交割。完全择期交易是指客户可以选择在成交后的第三个交易日至到期日的任何一天进行外汇交易。若上例为完全择期交易，那么客户可以选择在 6 月 18 日到 12 月 15 日的任何一天进行交割。

择期外汇交易可以使客户在不能确定付汇或收汇确切时间的情况下规避外汇风险。但因为择期外汇交易对客户有利，而银行只能根据客户的选择被动地进行交易，所以一般择期外汇交易的约定汇率是在可以选择的时期内银行各档汇率中对银行最有利的汇率。如上例中银行的英镑兑美元 1 个月远期汇率为 GBP/USD＝1.239 9－1.240 3，2 个月期的为 GBP/USD＝1.241 0－1.241 4，3 个月期的为 GBP/USD＝1.242 2－1.242 8，6 个月期的为 GBP/USD＝1.242 8－1.244 2，则部分择期交易应确定的汇率为 GBP1＝USD1.242 2，完全择期交易应选择的汇率为 GBP1＝

USD1.239 9。

（二）远期汇率的报价

远期汇率的报价一般分为两种：一种是直接报出远期汇率，称完全报价（outright rate），瑞士和日本等国采用这种方法。例如，英镑对美元 3 个月的远期汇率为 GBP/USD＝1.239 9－1.240 3。另一种是报即期汇率与远期汇率的差价，即报远期差价。银行同业间的远期交易一般以报远期差价为主。

（三）套期保值

套期保值（hedging）是当事人为了避免已有的外币资产（债权）或负债（债务）在到期时因汇率的变动而面临风险，因而在外汇市场卖出或买进未来日期办理交割的外汇，使外汇头寸实现平衡的交易。此后，如果汇率变动使原有的外币头寸在到期时发生损失，但其在外汇市场上的远期交易却产生收益，从而抵消了损失。同理，如果外汇市场上的远期交易因汇率变动而出现亏损，则原有的外币头寸反而获利，同样可抵消损失。可见，只要外汇市场上的远期交易与原有外币头寸由于汇率变动而发生相反的结果，相互间的盈亏就恰好能够抵消。

例如，ABC 公司向法国出口产品，合同规定 3 个月后可以收到 1 000 万欧元货款。若 3 个月后欧元汇率急剧下跌，ABC 公司就会蒙受损失。为此，公司可卖出 1 000 万 3 个月期的远期欧元，3 个月后，即使欧元汇率下跌，公司仍然可以按远期合约规定的汇率办理交割，从而回避了汇率风险。当然，如果 3 个月后欧元汇率出现上升，公司也就无法获取汇兑收益。由此可见，套期保值的目的不在于获取汇兑收益，而在于规避风险。

套期保值可以有不同的情况：如果是在外汇市场上通过买进外汇的方式进行套期保值，这就是多头套期保值，反之则是空头套期保值；如果买卖外汇的数量与已有的头寸在数量上完全相等，这就是完全套期保值，否则就是部分套期保值。

套期保值操作一般应该遵循以下 4 项基本原则：

1. 币种相同或相近

当事人在进行套期保值交易时，所选择的币种要与已有的外币头寸保持基本一致。如果当事人已有的头寸是港元，那就需要在外汇市场上买卖港元合约。如果外汇市场上没有港元交易，则可进行美元交易，因为港元汇率是与美元挂钩的。只有贯彻这一原则，才能使已有的头寸与新构建的头寸在面临汇率变动时在币种上形成匹配。

2. 期限相同或相近

当事人在进行套期保值操作时，所持有的合约的交割时间与已有头寸的到期时间基本一致，避免因期限错配期间的汇率变动使得风险无法得到充分覆盖。

3. 方向相反

当事人在实施套期保值操作时，已有的外币头寸和新持有的头寸在方向上必须相反，亦即无论汇率涨跌，其中必有一个头寸亏损，另一个头寸盈利，从而实现盈亏相抵的目标。

4. 数量相当

当事人在进行套期保值操作时，两个头寸之间在数量上要尽可能相等，即实现完全套期保值。如果数量不等，其差额部分就会成为敞口头寸，面临风险。

（四）无本金交割远期

无本金交割远期（non-deliverable forward，NDF）是指合约到期后，交易双方并不进行合同基础货币，即本金的交割，而是根据合同确定的远期汇率与合约到期时即期汇率的差额，以可自由兑换货币（通常是美元）进行差额支付的交易。实际上，无本金交割远期就是一笔远期合约，只是交割时不必交易本金，而只需支付合同的盈亏差额。例如，客户 A 买入 100 亿 NDF 韩元，合约汇率为 1 150 韩元/美元，期限为 3 个月，当合约到期时，即期汇率为 1 200 韩元/美元。此时银行和客户不必办理韩元和美元的交割，只需以美元支付差额。因为韩元贬值，所以客户在此交易中亏损，客户应支付银行的金额为：

$$\frac{100\text{亿}}{1\,150}-\frac{100\text{亿}}{1\,200}=0.003\,623\text{亿美元}=36.23\text{万美元}$$

因为 NDF 不涉及基础货币的实际交易，所以在供求关系方面对基础货币的汇率影响甚小，但因为其对实际中的汇率存在标尺作用，反映了市场对即期汇率变动的预期，因而可能会引导即期汇率或远期汇率的变动。

NDF 主要适用于存在外汇管制的国家的货币或国际上使用范围较窄的货币，因为当事人很难获得这种货币用于交割。发达国家的远期外汇市场非常活跃，很容易找到避险或投机的工具；可是在一些新兴市场和发展中国家，远期外汇市场发育程度低，并且存在着外汇管制，很难找到避险的工具。NDF 的产生很好地解决了这一问题，为市场主体提供了非常好的货币避险工具。

为了避免受到管制，NDF 一般在货币发行国之外的一些离岸市场进行交易。当非居民需要对某些货币进行套期保值时，这些货币的远期交易或是不够活跃，或是货币当局不允许非居民参与远期交易，因此，NDF 就在离岸市场应运而生。在 NDF 市场上进行交易的主要是拉丁美洲、亚洲以及东欧和俄罗斯等地区的货币。拉美货币的大部分 NDF 交易在纽约进行，东欧和俄罗斯货币的 NDF 交易也在纽约进行，而亚洲国家货币的 NDF 则一般在新加坡和中国香港市场进行交易。表 3－5 列出的是 NDF 交易比较活跃的几种货币的交易量情况。

表 3-5 新兴市场以美元计价无本金交割远期的日平均交易量 单位:百万美元

货币	2013 年		2016 年	
	交易额	占比(%)	交易额	占比(%)
巴西雷亚尔	15 894	13.34	18 653	14.32
人民币	17 083	14.33	10 359	7.95
印度卢比	17 204	14.44	16 427	12.61
韩元	19 565	16.42	30 075	23.09
俄罗斯卢布	4 118	3.46	2 926	2.25
新台币	8 856	7.43	11 504	8.83
其他	36 458	30.59	40 280	30.93
合计	119 178		130 224	

注:不包括以其他货币计价的无本金交割远期。

数据来源:BIS(2016)。

在标准的远期外汇交易中,有时也可在到期时不办理交割,而是仅仅支付到期时的即期汇率与合约规定的汇率之间的差价。这种行为也称作无本金交割远期(non-delivery forward,NDF),需要注意英文的 deliverable 和 delivery 的区别。

(五)远期外汇交易的应用

1. 利用远期外汇交易进行套期保值

进出口商和国际投资者等参与远期外汇交易,主要是为了锁定未来货币交易的汇率,避免承担汇率变动的风险。

2. 银行利用远期外汇交易平衡头寸

银行在与客户进行远期外汇交易后,经常会出现币种的不匹配或者相同货币的买卖金额不匹配,这就使银行产生了风险头寸,面临汇率波动的风险,因此就需要利用与其他银行进行的远期外汇交易来平衡头寸。

3. 利用远期外汇交易进行外汇投机

外汇投机者经常会对未来的即期汇率进行预测,如果发现远期汇率的报价与所预测的汇率有很大的差异,就会买卖远期合约,一旦合约到期,到期日的即期汇率和所预测的汇率一致,则投机者就可以获得收益。反之,若到期日的即期汇率和所预测的汇率出现很大差异,则投机者就需要承担损失。例如,如果投机者预测到期日的即期汇率低于远期汇率,就会卖出远期外汇,等到远期合约到期时,只要即期汇率确实低于远期合约的汇率,就可以在即期外汇市场买入外汇,然后按远期合约办理交割,就可获得差价收益。在实际操作中,有时并不需要具体进行上述的买卖活动,而是只需与签约的银行按汇率差价支付差额即可。

远期外汇交易一般不收保证金，由此形成了高倍率的财务杠杆和高风险高收益的特性，因此这种交易很受投机者的偏爱。

三、外汇掉期

外汇掉期(foreign exchange swap)是指在进行一笔外汇交易的同时，进行另一笔币种相同、金额相同，而买卖方向相反、交割期限不同的交易。根据第一笔交易的交割时间，掉期可分为即期对远期和远期对远期。即期对远期(spot against forward)是指买入或卖出一笔现汇的同时，卖出或买进一笔期汇。例如，美国 ABC 公司准备在法国证券市场投资 1 000 万欧元，预计 3 个月后收回，该公司可以在即期买入 1 000 万欧元的同时，卖出 1 000 万 3 月期远期欧元以规避汇率风险。远期对远期(forward to forward)是指交易者在买入或卖出一笔期汇的同时，卖出或买进另一笔交割时间不同的期汇。在远期对远期的掉期交易中，时间相对较近的远期又可称作近端，较远的则称作远端，由此形成近端对远端的掉期。例如，若 ABC 公司准备 3 个月后在法国证券市场投资 1 000 万欧元，6 个月后收回，则该公司可以在买入 1 000 万 3 个月期远期欧元的同时，卖出 1 000 万 6 月期远期欧元来规避汇率风险。

掉期业务是利用远期外汇交易进行避险的一个重要工具。继续上述例子，我们对如何利用掉期进行保值避险做进一步讨论。

假设美国 ABC 公司需要 1 000 万欧元投资于法国证券市场，计划 3 个月后收回。已知欧元与美元的即期汇率为 EUR/USD＝1.057 2－1.057 4，3 个月的远期差价为 20/24，若你是公司财务人员，你如何运用掉期业务规避公司面临的汇率风险？

【解】首先计算远期汇率。要使远期汇率的买卖差价变大，就要把远期差价加到即期汇率上，得到的远期汇率为 EUR/USD＝1.059 2－1.059 8。

其次，计算 ABC 公司买入即期欧元所需要的美元为：

1 000×1.057 4＝1 057.4 万美元 (第一笔交易)

接下来，计算 ABC 公司进行保值卖出远期欧元得到的美元为：

1 000×1.059 2＝ 1 059.2 万美元 (第二笔交易)

这样，不管 3 个月后的即期汇率如何变化，ABC 公司都可以确切地知道其投资的成本和收益(假定投资品种为固定收益证券)。

从原理上看，掉期交易实质上也是一种套期保值，但与一般的套期保值又有所不同。从时间上看，掉期交易是两笔外汇交易同时进行，而一般套期保值可能只发生一笔外汇交易，即使有两笔交易，也未必同时发生。

四、外汇期货交易

(一)外汇期货的发展历程

期货合约(futures)是指合约双方在期货交易所指定的日期办理交割的某种商品或金融产品的标准化合约。商品期货的交易已经有很长的历史,最早可追溯到19世纪中叶。商品期货的标的主要有谷物、咖啡、原油、有色金属等,其共同特点是大宗同质、易于保存并且价格经常变动。

外汇期货以及其他金融期货仅是最近三四十年的产物。20世纪70年代早期,世界经济经历了两个重要事件:一个是布雷顿森林体系的崩溃[①],另一个是石油输出国组织(Organization of the Petroleum Exporting Countries,OPEC)的石油禁运及由此带来的石油危机。这两个历史性事件导致汇率剧烈波动和通货膨胀迅速上升,金融风险也随之大大增加。虽然远期合约可以使交易者锁定汇率风险,但因为远期外汇交易的参与者一般是大型商业银行和跨国公司,一般中小企业和个人投资者很难进入这一市场,所以他们需要一种能够用来规避汇率风险的产品。美国芝加哥商业交易所(Chicago Mercantile Exchange,CME)发现了这一市场需求,并抓住了布雷顿森林体系崩溃后汇率出现剧烈起伏波动的机遇[②],经过精心准备,于1972年5月16日正式推出了7种货币:英镑、加元、联邦德国马克[③]、意大利里拉、日元、墨西哥比索和瑞士法郎期货合约,并取得了极大成功。之后其他交易所也相继推出了外汇期货,但芝加哥商业交易所仍占据着主导地位。[④]

(二)外汇期货的概念和特征

外汇期货(foreign exchange future)又称货币期货(currency future),主要有以下特征:

1. 合约的标准化

合约的标准化是外汇期货合约及其他所有期货合约的最主要特征。外汇期货合约的标准化是指合约的交易币种、合约金额、交易时间、交割时间等都有统一的规定,也就是说,每一份外汇期货合约都有大量的与其完全同质化的合约,投资者可以随时

---

① 布雷顿森林体系规定了各国货币之间汇率的相对固定,该体系崩溃后西方各国均采取了浮动汇率制度。本书第六章和第八章将对此做详细讨论。

② 芝加哥商业交易所甚至支付了5 000美元请米尔顿·弗里德曼教授撰写了一篇关于外汇期货的文章,这篇文章对外汇期货的推出起到了极大的推动作用。

③ 第二次世界大战结束后,德国一度被分为联邦德国和民主德国两个国家。

④ 外汇期货取得成功后,芝加哥商业交易所又陆续推出了利率期货、欧洲美元期货、股票指数期货、股票期货等产品,其他交易所也推出了这些产品,金融期货的体系逐步形成,并发展壮大。到2016年,全球市场仅外汇期货的日均成交金额已经达到1 190亿美元。

以市价在交易所买卖不同数量的该种合约。合约的标准化是外汇期货合约和外汇远期合约的主要区别，标准化合约不是为交易主体量身定做的，与远期合约相比，这是期货合约的劣势。但是，因为合约的标准化，期货合约就具有了非常强的流动性，买卖和转手十分方便，这是期货合约优于远期合约之处。

外汇期货合约通常以“手”作单位，每一手合约就是一个标准化的产品。这一标准化的合约主要包括以下内容：

(1)合约的货币及其报价

在外汇期货交易所交易的货币一般是可以自由兑换的几种主要货币。例如，芝加哥商业交易所期货合约的主要标价货币有：英镑、日元、加拿大元、瑞士法郎、欧元等。外汇期货市场上的报价不同于即期外汇市场的报价，期货市场的汇率均以美元为计价货币，一般报出小数点的后四位，例如＄1.568 0/£。日元因为币值较小，一般报出小数点后6位；如果日元期货以4位数报出，实际上省略了前面两位数。

(2)合约的金额

每份外汇期货合约都是金额固定的合约，交易双方只能买卖几份合约或者几手合约。这里所说的金额固定是指用以标价的外国货币的金额是固定的，而每份合约的美元价格则根据远期汇率的变化而变化。例如，在芝加哥商业交易所内，英镑合约的每份金额是62 500英镑，日元合约的每份金额是1 250万日元。

(3)合约的交割月份和交割日期

期货合约都有标准化的交割月份。期货交易所规定，期货交易只能在规定的交割月份交割，其他时间只能买卖对冲，不能交割。例如，芝加哥商业交易所外汇期货合约的交割月份分别是3月、6月、9月、12月。不仅合约的交割月份是标准化的，合约的交割时间也是标准化的。例如，芝加哥商业交易所的合约到期时间是每个合约到期月份的第三个星期三。从交割日前推两个交易日为合约的交易终止日，如果外汇期货合约在交易终止日没有对冲，则期货合约的买方需根据当日，即交易终止日结算的汇率，支付外汇期货合约的美元数额，卖方则需支付相应价值的外汇金额。绝大部分期货合约持有人都会在终止日之前选择对冲交易平仓，以避免实际交割带来成本和手续上的麻烦。

(4)最小价格变动金额和每日最高限价

每份期货合约中都规定了最小价格变动金额和每日最高限价。例如，芝加哥商业交易所英镑合约的最小价格变动金额为12.5美元。其计算方法为：英镑合约内含的最小汇率变动为0.000 2美元，合约金额为62 500英镑，则最小价格变动金额应为0.000 2×62 500＝12.5美元。

最高限价是指外汇期货合约的每日价格最大波动幅度，俗称涨跌停板。设定期货合约的最高限价主要是为了控制交易风险，并且限制过度的投机行为。例如，巴西商品和期货交易所规定，其美元合约的每日价格与前一交易日的结算价格相比，涨跌幅度不能超过 7.5%，但最近合约的最后三个交易日不受限制；在存在严重风险的情况下，巴西商品和期货交易所有权在任何交易日 30 分钟内改变价格限制幅度。

2. 保证金制度

为了防止期货合约亏损的一方违约，期货交易所都规定买卖期货合约必须交纳一定的保证金。保证金金额一般为合约价值的 1%～10%。保证金制度使期货交易成为一种杠杆交易，能够起到以小博大的作用。同样，如果以期货进行投机交易，那么保证金的杠杆作用也会使期货交易的风险放大数倍甚至数十倍。

各个国家规定的保证金制度有所不同。美国的保证金分为初始保证金和维持保证金。初始保证金(initial margin)是指在签订期货合约开始时须缴纳的保证金。例如，芝加哥商业交易所规定每份英镑期货合约的初始保证金为 1 620 美元。维持保证金(maintenance margin)是指保证金的最低水平。由于汇率每日变动，合约持有者每天会有一定的亏损或盈利，其对应的保证金则会减少或增多。当保证金增加至超过初始保证金水平时，投资者可提取超出部分。当保证金减少至低于维持保证金水平时，交易所就会要求合约持有者增加保证金，使保证金达到初始保证金的水平，以保证期货合约的持有者不会到期违约。

英国的期货市场没有维持保证金，期货交易所在每日交易结束后，计算出持有者的变动保证金，如果持有者亏损，则须在第二天上午开盘前的某段时间里补足保证金至初始保证金水平，否则期货交易所会为其强制平仓，用保证金账户的余额弥补其亏损，并将余额退还给该交易者。如果交易者保证金账户的余额不足以弥补其亏损，则交易所须动用交易所会员共同缴纳的风险准备金来弥补亏损。英国的保证金制度需要每天对保证金账户进行管理，这无疑增加了交易者缴纳保证金和交易所管理保证金账户的成本和负担。

3. 每日清算制度

每日清算制度又称为逐日盯市制度(mark to market)，是指期货交易所每天在收市时，以期货合约在收盘前 30 秒或 60 秒的平均价作为结算价，计算交易所会员账户的盈亏情况，并将损益记入其保证金账户的过程。具体的账户处理是由专门的清算机构，又称登记结算机构完成的。[①] 在期货交易中，虽然一般是买卖双方的配对交易，清算机构不持有多头或空头头寸，但实际上投资者的所有交易都是以清算机构为对手

---

① 我们平时所称的交易所实际上还包括了清算机构，狭义的交易所主要负责证券或合约的买卖，而清算机构则负责证券或合约以及资金在不同账户间的转移和划拨。

的，清算机构提供了信用保证，从而避免了信用风险。换言之，一旦某个交易者不能履行合约，清算机构就必须承担履约职责。清算机构的另一个重大职责就是执行每日的清算，计算投资者的盈亏，增加或减少投资者保证金账户的余额，防止交易者出现违约。下面我们举例说明逐日盯市制度：

2016 年 6 月 4 日某投资者在芝加哥商业交易所买入一份 9 月份到期的英镑期货合约，合约面值为 62 500 英镑，合约规定远期汇率为 GBP1＝USD1.059 9，初始保证金为 1 620 美元，维持保证金为 1 200 美元，汇率变动使该投资者盈亏及保证金余额的变动如表 3－6 所示。

表 3－6　　投资者盈亏及保证金余额变动　　单位:美元

时间	汇率	当日盈亏	保证金账户余额	投资者操作
6 月 4 日	1.059 9	0	1 620	
6 月 5 日	1.064 2	268.75	1 888.75	高于初始保证金，提取 200
6 月 6 日	1.058 2	－375	1 313.75	高于维持保证金，不做操作
6 月 7 日	1.054 2	－250	1 063.75	低于维持保证金，须交 556.25，补足至 1 620
6 月 8 日平仓	1.053 2	－62.5	1 557.5	平仓后可提出全部保证金

（三）外汇期货交易与外汇远期交易的区别

1. 合约规模

远期合约的规模和金额一般由交易双方自行协商，而期货合约的规模都是标准化的，客户可以选择购买合约的数量，即可以选择购买几份合约，但不能决定单个合约的规模。

2. 合约到期日

期货合约的到期日是标准化的，而对于远期合约的到期日，交易双方可以自行协商。

3. 交易场所

期货合约交易有固定的交易场所，是在有形的交易所里进行的，采取指令驱动模式，是集中交易；而远期合约通常通过电讯方式达成交易，采取报价驱动模式，是客户与银行之间的一对一交易，故属于场外交易。

4. 保证金

期货合约的投资者必须交纳一定的保证金，而远期合约一般是以彼此的诚信和双方的友好关系为交易基础的，在交易到期前，交易不涉及任何现金支付，没有保证金要求。

5. 交割

在期货交易中,大约只有不到5%的期货合约会在到期日进行外汇实际交割。大多数情况下,买方或卖方都只会在交割期前通过做一个反向的头寸来抵消先前的头寸,这就是所谓的对冲或平仓。也就是说,一个交易者在购买了一份期货合约后,如果不想进行实物外汇交割,则他可以通过出售一份到期日相同的期货合约来轧平头寸。纯粹的买了又卖或卖了又买的交易被称为买卖平仓。而在远期外汇交易中,交易双方一般无法“平仓”,只能在交割日进行外汇的实际交割。

6. 佣金

在期货交易中,客户需支付给经纪商(通常是所谓的期货公司)一定比例的佣金,通过经纪商执行买卖交易和平仓。经纪商只会向客户报出一个价格,经纪商的收益来自交易客户缴纳的佣金。在远期合约交易中,银行分别报出买入价和卖出价,不收取佣金,银行的利润来自买卖价差。

7. 违约风险

在期货合约交易中,所有的合约都是在客户和外汇清算行之间签订的,因此,客户无须担心市场的配对方(对手)违约。同时,由于实行的是每日清算和最低保证金制度,清算机构可以将客户的违约风险降到最低。而远期合约交易双方的风险相对较大,因此,远期合约的交易双方一般都要求有良好的信用等级。

(四)期货价格与现货价格的关系

期货价格一般以现货价格为基础,不能无限偏离现货价格。如果期货价格过高,人们就可以通过买进现货、卖出期货的套利方式获利;反之,如果期货价格过低,套利者又可以卖出现货、买进期货来获利。这种套利交易会缩小期货价格和现货价格的差价。但是如果现货市场规模不够大,现货价格不能对期货价格产生有效制约,期货价格就可能极度偏离现货价格。例如,期货市场上有时会出现所谓的“逼空”行情,其特征就是通过大规模做多,使持仓量超过市场上的现货数量,导致做空方没有足够的现货用于交割,被迫在高位平仓,以致期货价格过度高于现货价格。

期货价格与现货价格的关系可以用基差来表示,即:

基差＝现货价格－期货价格

基差有可能为正值,也可能为负值,这取决于持有现货的成本和收益对比。如果持有现货的成本高于收益,那么期货价格就应高于现货价格,基差就应为负值。如果持有现货的收益高于成本,那么持有现货是有利的,现货价格就应高于期货价格,基差就应为正值。这里所指的成本都是机会成本,即如果不持有现货,而投资于其他可得资产的最大收益。

随着到期日的临近,期货价格应收敛于现货价格,即基差的绝对值应随着到期日的临近有逐步减少的趋势,并且在期货合约的到期日,基差应为零。这是由套利行为决定的。如果在合约到期日,期货价格高于现货价格,套利者就可以买入现货资产、卖出期货合约来获利,从而造成现货价格上升、期货价格下降,直到基差逐步缩小为零。同理,当期货价格小于现货价格时,套利者就可以通过买入期货合约、卖出现货资产来获利,从而使基差缩小为零。

在期货市场上,人们往往还把相关期货品种之间或同一品种但不同交割月份的合约之间的价差称作基差。[①]

(五)外汇期货的应用

因为外汇期货与外汇远期的设计原理类似,所以其应用也与外汇远期类似,可用于套期保值、投机和套利的交易。但因为外汇期货标准化、具有杠杆作用等一系列的特点,它与外汇远期的应用又有显著的不同。

1. 套期保值

尽管利用外汇期货进行套期保值原理与外汇远期类似,但由于外汇期货标准化的特征使得运用期货进行套期保值有以下特点:

(1)只能进行部分套期保值,不能对全部头寸都进行完全套期保值。因为每份期货合约的金额固定,如果套期保值者预期将要收到的外汇或将要付出的外汇不是期货合约的整数倍,当事人就不能做完全的套期保值。例如,芝加哥商业交易所每份英镑期货合约的交易单位是 62 500,当事人如果已有 10 万英镑头寸,在这种情况下无论是买卖 1 份英镑合约还是 2 份英镑合约,都不能实现完全套期保值,结果就有部分头寸面临风险。

表 3-7　芝加哥商业交易所部分货币期货合约的面值

币种	交易单位	币种	交易单位
英镑	62 500	日元	12 500 000
瑞士法郎	125 000	澳元	100 000

(2)基差的存在使得套期保值者需要承受基差风险。如果当事人需要保值的期限不是期货合约的到期日,那么当事人就需要在期货合约到期之前做反向交易进行对冲,而在到期之前期货价格和现货价格可能存在一定的价差,即基差,因而就需要承担一定的基差风险。

假设美国 ABC 公司于 2017 年 8 月 16 日需要 1 000 万欧元投资于法国证券市

---

① 基差的更广泛含义是指任何两个相关品种的价格之差,后面讨论的套利交易将涉及这一广义的基差概念的运用。

场，3 个月后收回投资，即期汇率为 EUR/USD＝1.067 2，假设芝加哥商业交易所的欧元期货合约每份金额为 125 000 欧元，9 月份到期的协议汇率为 1.068 2[①]，12 月份到期的协议汇率为 1.069 2，初始保证金为 2 430 美元，ABC 公司借入美元的利率为 8%。假设 ABC 公司无须补充保证金，且不考虑手续费等其他因素，请问 ABC 公司应如何应用外汇期货业务来规避汇率风险？

【解】 因为 ABC 公司 3 个月后需要卖出欧元，为了避免欧元下跌的风险，所以需要卖出欧元期货合约。但 3 个月后即为 11 月 16 日，所以只能卖出 12 月份到期的期货合约，卖出份数：$\frac{10\ 000\ 000}{125\ 000}=80$ 份，须交保证金：$80\times2\ 430=194\ 400$ 美元，保证金的机会成本或借入成本：$194\ 400\times8\%\times\frac{3}{12}=3\ 888$ 美元。若 3 个月后，12 月份到期外汇期货汇率为 1.067 8，11 月 16 日的即期汇率为 1.066 5，则 ABC 公司买入 80 份 12 月份到期的期货合约对冲，在期货市场上盈利：$10\ 000\ 000\times(1.069\ 2-1.067\ 8)-3\ 888=10\ 112$ 美元，在即期市场亏损：$10\ 000\ 000\times(1.067\ 2-1.066\ 5)=7\ 000$ 美元。两者相抵后，ABC 公司不但没有汇率损失，反而盈利 3 112 美元，这是由基差造成的。

2. 投机

由于外汇期货的流动性非常强，价格波动剧烈，而且又有非常大的杠杆效应，因此外汇期货备受投机者青睐。投机者把自己对未来期货价格的预期与当前的外汇期货价格相比，若预期的未来期货价格高于当前的期货价格，则买入期货合约；若预期的未来期货价格低于当前的期货价格，则卖出期货合约。如果预测准确，投机者实现盈利；如果预测失败，投机者就亏损。

3. 套利

套利与纯粹的投机不同，投机者一般是单向操作，而套利者一般是同时买进和卖出两种不同种类的期货合约，买卖为双向操作。因为套利者买卖的两种期货合约的价格一般同方向变动，所以可以抵消很大一部分风险。

套利者通常要对合理的基差进行测定，当市场的基差偏离合理范围，就买进其认为价格低估的品种，卖出其认为价格高估的品种，然后等待基差恢复至合理范围，这时就可进行平仓，获取收益。

外汇市场上的套利一般有以下三种形式：

(1)跨期套利，即套利者同时买进和卖出币种相同但交割月份不同的外汇期货合约，利用交割月份不同的期货价格的变动差异来获利。

(2)跨市套利，即套利者利用同一外汇期货合约在不同交易所的价格差异，买进价

① 协议汇率是期货交易所报出的各期合约的汇率。

格偏低的合约，卖出价格偏高的合约来进行套利。

(3)跨品种套利，即套利者利用两种相关联的外汇期货合约之间的价格差进行套利。相关联的两种外汇期货一般价格同方向变动，但波动幅度可能不同，套利者利用这一特点买进价格偏低的品种、卖出价格偏高的品种来获利。

五、外汇期权交易

(一)期权的概念

期权(option)是指卖方在收取期权费(premium，又译权利金)的条件下，赋予买方一项权利，即买方可以按照合约规定的期限和价格向卖方买进或卖出一定资产的权利，而卖方只承担按合约规定卖出或买进一定资产的义务，不享有权利。外汇期权(foreign exchange option)中买方的权利是买进或卖出一定数额外汇的权利。从前面讨论的远期和期货交易可知，在利用远期和期货进行套期保值的时候，当事人在回避风险的同时，也丧失了盈利的可能。鉴于远期和期货交易在这点上的不足，期权应运而生。期权的买方在支付期权费之后，即拥有了买进或卖出金融资产的权利，但不承担卖出或买进的义务，由此当事人在锁定风险的同时，也获得了盈利的可能性。[①]

最早出现的金融期权是股票期权。早在100多年前，伦敦股票交易所就推出了股票期权。最早的期权交易所是1973年由芝加哥期货交易所设立的芝加哥期权交易所，其主要交易产品是股票的看涨期权，到1976年又推出看跌期权。之后，其他交易所也陆续推出股票期权。2015年2月9日，上海证券交易所推出上证50ETF股票期权。1982年，美国费城交易所推出了第一笔英镑期权和德国马克期权，并获得了美国证券交易委员会的批准，至此外汇期权才成为正式的交易品种。

(二)外汇期权的类型

1. 按买入者的权利不同，可分为看涨期权和看跌期权

看涨期权(call option)是指期权买方支付期权费后从卖方取得的以一定的条件买入一定数量外汇的权利。担心外汇汇率上升的当事人或预期外汇汇率上升的投机者，可通过买入看涨期权来进行套期保值或投机。

看跌期权(put option)是指期权买方在支付期权费后从卖方取得的以一定的条件卖出一定数量的外汇的权利。担心外汇汇率下跌的当事人或预期外汇汇率下跌的投机者，可通过买入看跌期权来进行套期保值或投机。[②]

---

① 由于期权无论在技术上还是在交易策略上都非常复杂，而且类型繁多，鉴于我们讨论的重点是外汇期权，所以这里仅介绍与外汇期权相关的内容。有关期权的其他内容可参阅《金融工程学》等相关教科书。

② 有些中文文献将call option和put option分别翻译为买入期权和卖出期权，于是在期权的买卖时就出现了买入买入期权和卖出卖出期权的说法，不仅造成字面理解上的困难，而且十分拗口。

2. 按可行使期权的时间不同，可分为美式期权和欧式期权

美式期权（American option）是指买方从合约签订日到合约到期日之间的任何一个工作日都可以行使权利的期权。

欧式期权（European option）是指买方只能在合约的到期日行使权利的期权。相比欧式期权，美式期权的买方执行期权的时间更加灵活，因此美式期权的期权费相对较高。

3. 按期权交易环境和方式的不同，可分为场内期权和场外期权

场内期权又称交易所期权，和期货一样是一种标准化的期权，即期权的到期日、执行汇率、合约金额、交割地点等都是由交易所规定的，买卖双方能够决定的只有期权费，如果买入数量大于卖出数量，期权费（权利金）就会上涨；反之，如果卖出数量大于买入数量，期权费就会下跌。

场外期权与外汇远期一样，是通过电子通信网络或者交易双方协商在柜台上进行交易的期权。场外期权与场内期权最大的区别就是非标准化，它不是已经设计好的合约，而是买卖双方一起商定的合约，合约金额、协定汇率、合约到期日、期权费等都可以由买卖双方协商制定，所以它是一种“量身定做”的期权。不过为了提高交易效率，场外期权也有标准化的趋势。

4. 按表现形式的不同，期权可分为标准期权和内嵌期权

标准期权是指交易的相关内容直接表现为期权特性且不包含非期权特性的期权，是一种典型的期权。场内期权通常都是标准期权。内嵌期权（embedded option，又称隐含期权）是在其他金融工具中嵌入期权特性而形成的金融工具，是期权特性与非期权特性融合的产物，不是一个完整的独立的期权。如可转股债券虽然形式上直接表现为债券，但买方获得了按事先确定的价格和期限将债券转化成股票的权利，因而包含了内嵌期权。

（三）外汇期权的盈亏分析

在外汇期权交易中，买卖双方的权利和义务是不对称的，对应的盈亏也是不对称的。对于期权的买方来说，其可能的收益是无限的，可能的亏损最多只有期权费；而对于卖方来说，可能的损失是无限的，可能的收益最多只有期权费。

1. 看涨期权的收益和损失

对看涨期权的买方来说，当市场即期汇率小于或等于执行汇率时，买方是不会执行合约的，其损失的是已支付的期权费。当市场即期汇率大于执行汇率时，买方选择执行期权合约，此时若即期汇率小于执行汇率与期权费之和，买方还是有亏损；当即期汇率等于执行汇率与期权费之和时，买方盈亏平衡；当即期汇率大于执行汇率与期权费之和时，买方盈利，由于即期汇率的上升理论上无限制，所以买方可能获得的盈利是

无限的。

对于看涨期权的卖方来说，其盈亏与买方正好相反，买方的亏损即是卖方的盈利，买方的盈利即是卖方的亏损。因此，期权被称为零和游戏。

现在我们用坐标图来解释外汇期权买卖双方的收益和损失不对称现象。设 P 为期权费[①]，S 为期权执行时的即期汇率，X 为执行汇率。如图 3－4 所示，若期权执行时的即期汇率在 X 点之前，买方放弃执行期权，其亏损额为期权费 P。若即期汇率处在 X 点和 E 点之间的区域，买方会执行期权，但买方仍然亏损，亏损额为：$P-(S-X)$。可见即期汇率越靠近 E 点，买方的损失越小。若即期汇率在 E 点，期权买方实现盈亏平衡。只有当即期汇率大于 E 点，买方才有盈利，盈利额为：$(S-X)-P$。

看涨期权卖方的盈亏情况与买方正好相反（见图 3－5）。

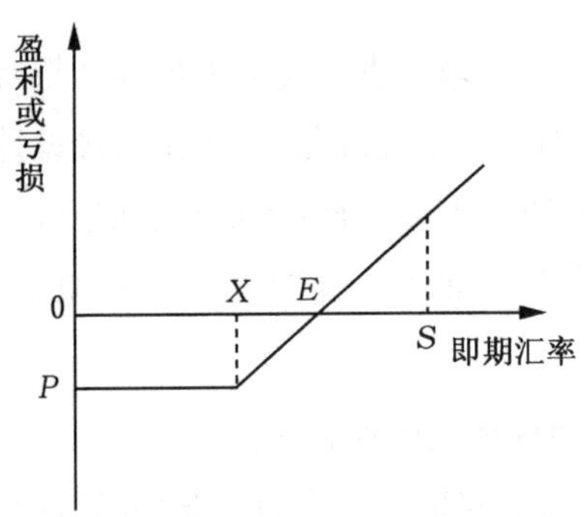

图 3－4　看涨期权买方的盈亏

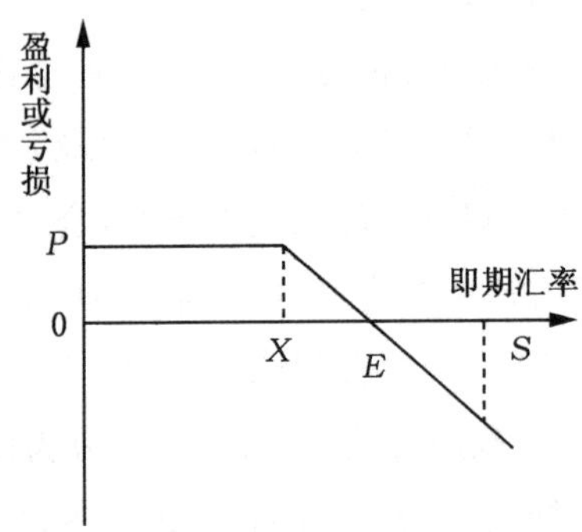

图 3－5　看涨期权卖方的盈亏

2. 看跌期权的收益和损失

如图 3－6 所示，如果即期汇率 S 大于约定的执行汇率 X，则看跌期权买方不会执行期权合同，其损失为期权费 P。当即期汇率位于 E 和 X 之间区域时，买方会执行期权，但仍然亏损，亏损额为：$P-(X-S)$。当即期汇率在 E 点时，看跌期权的买方盈亏平衡。若即期汇率小于 E 点，则买方盈利，其盈利额为：$(X-S)-P$。

看跌期权卖方的盈亏情况与买方正好相反（见图 3－7）。

（四）外汇期权的应用

与外汇远期和外汇期货相类似，外汇期权也可以用于套期保值和投机，但是外汇期权又有着自己独特的功能，使用期权对于保值者来说可以在锁定风险的同时保留可能的收益，对于投机者来说可以锁定投机的风险。

1. 利用期权规避外汇风险

---

① 这里期权费表示为每单位货币需花费多少美元，例如，英镑期权的期权费为每英镑 0.01 美元。

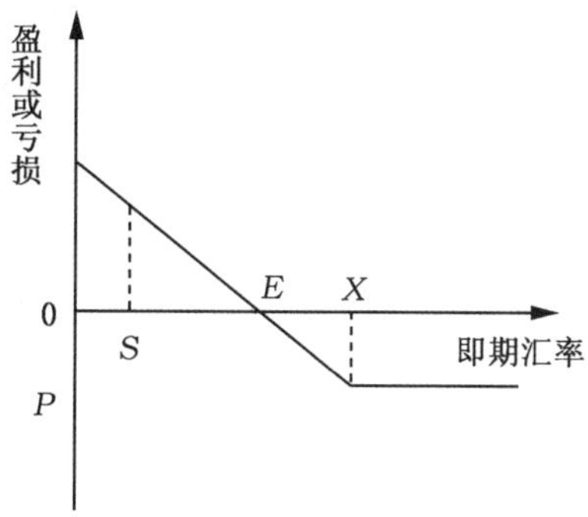

图 3-6 看跌期权买方的盈亏

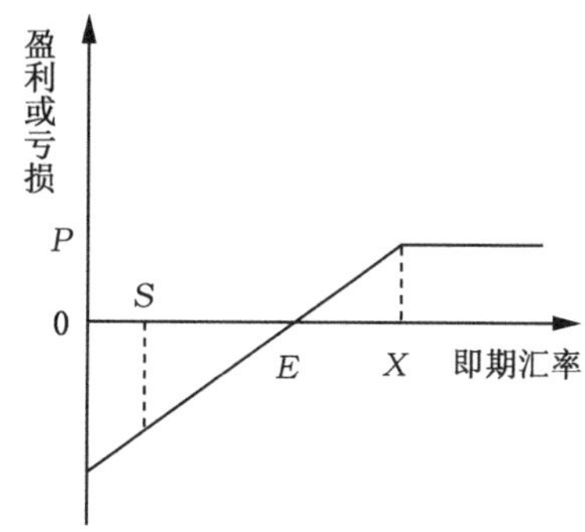

图 3-7 看跌期权卖方的盈亏

保值者可以利用看涨期权规避外币汇率上升的风险，也可以利用看跌期权规避外汇汇率下跌的风险。下面的例子简单介绍了如何利用看涨期权规避外汇汇率上升的风险。利用看跌期权规避外币汇率下跌的风险与此类似。

设美国 ABC 公司 3 个月后需要 1 000 万欧元投资于法国证券市场，已知即期汇率为 EUR/USD＝1.037 2，ABC 公司担心 3 个月后欧元汇率可能上升，假定其利用场外期权规避汇率风险，看涨期权执行汇率为 EUR/USD＝1.038 0，期权费为 $0.01/€，请问 ABC 公司应如何利用外汇期权来规避汇率风险？若 3 个月后即期汇率为 1.026 0、1.042 0 或 1.062 0，ABC 公司应如何操作？

【解】 ABC 公司应买入 1 000 万欧元的看涨期权，期权费为 10 000 000×0.01＝100 000 美元。

当 3 个月后即期汇率为 1.026 0 时，公司放弃执行期权，其损失为期权费 100 000 美元，在即期市场上以 1.026 0 的汇率买入欧元，总计付出的美元成本为：1.026 0×10 000 000＋100 000＝10 360 000 美元，期权交易使 ABC 公司损失期权费 10 万美元。

若 3 个月后即期汇率为 1.042 0，公司选择执行期权，总计付出的美元成本为：1.038 0×10 000 000＋100 000＝10 480 000 美元。无期权交易时，买入成本为 10 420 000 美元，期权交易使 ABC 公司与无期权交易相比亏损 6 万美元，小于期权费 10 万美元。

若 3 个月后即期汇率变为 1.062 0，ABC 公司执行期权，总计付出的美元成本为：1.038 0×10 000 000＋100 000＝10 480 000 美元。无期权交易时买入成本为 10 620 000 美元，期权交易使 ABC 公司与无期权交易相比盈利 14 万美元。

外汇期权在国际招投标中也具有非常重要的作用。国际投标有非常高的不确定性，如果中标，就会发生外汇收入或支出，如果流标，则不发生外汇收付。如果利用远期或者期货交易来规避中标后发生的汇率风险，万一没有中标，投标者反而形成了单方面的远期交易或者期货交易的外汇头寸，在办理交割时就可能因汇率变动而承担风险。如果用期权来规避风险，则投标者可以在汇率变动有利时选择执行期权，汇率变动不利时不执行期权，从而回避风险。因此，在国际招投标中，期权是非常有效的避险工具。可见，在外汇收付不确定的情况下，期权在套期保值方面具有独到优势。

2. 利用期权进行投机

期权的主要作用是避险，投机者利用期权主要也是为其投机行为规避一定的风险，利用期权进行纯粹的投机的情况比较少，因为期权费一般非常高，会侵蚀投机者很大一部分利润甚至导致投机者亏损。

外汇投机与套汇和套利等交易存在性质上的区别。投机交易通常具有两个要素：(1)需要对行情变动做出预测；(2)需要对交易行为承担风险。如果行情判断正确，投机者就可能获利；反之，则会发生亏损。因此，投机是以承受风险为代价试图获取收益的行为。而套汇和套利等交易则是利用市场上已经存在的价格差异谋取收益，风险很小。

外汇投机根据其对行情的影响可分为稳定性投机(stabilizing speculation)和非稳定性投机(destabilizing speculation)。如果投机者在行情上升时卖出外汇，在行情下跌时买入外汇，则由于这种低吸高抛行为抑制了行情的涨跌，故而对行情起到了稳定作用，这就是稳定性投机；反之，如果投机者在行情上升时买进外汇，在行情下跌是卖出外汇，则由于这种追涨杀跌行为扩大了行情的涨跌，故而是非稳定性投机。

六、金融互换

(一)金融互换的概念和历史①

金融互换(financial swap)是指交易双方通过签订互换协议，同意在未来一定期限内互相交换一定现金流或资产的交易。互换交易作为重要的金融衍生工具之一，已经成为降低融资成本、进行资产负债管理的有效手段，它已经被跨国公司、商业银行甚至是一些国际机构和许多国家政府运用于汇率和利率风险的管理。据统计，国际上发行的大部分债券都进行过互换交易。

互换交易起源于20世纪70年代英国和美国企业之间安排的英镑与美元的平行贷款(parallel loan)和背对背贷款(back-to-back loan)。

平行贷款一般涉及4个当事人：A跨国公司的母公司、A跨国公司的子公司、B跨国公司的母公司、B跨国公司的子公司。假设A母公司和B子公司在一个国家，如在美国，B母公司和A子公司在另一个国家，如在德国。如果两个子公司需要所在国币

---

① 这部分内容主要参照了于研(2005)。

种的贷款，则由 A 母公司给 B 子公司美元贷款，B 母公司给 A 子公司欧元贷款，以满足两个子公司的贷款需求。图 3－8 以美国可口可乐和德国大众公司为例说明了这一安排过程。

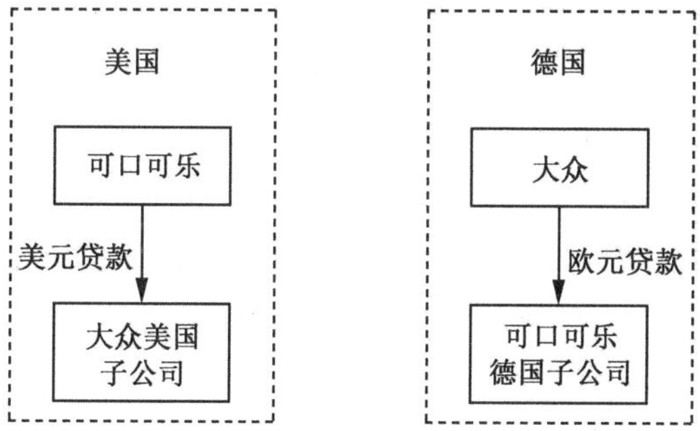

图 3－8　平行贷款

背对背贷款是在平行贷款基础上发展起来的贷款形式。当国外子公司需要外币资金时，母公司先借入本币资金，然后与另一家跨国公司的母公司进行贷款互换，换来子公司需要币种的资金。承上例，可口可乐公司先是把美元资金借给大众公司，从大众公司借来欧元资金，然后再由可口可乐公司把欧元资金借给其在德国的子公司。大众公司也是如此，把欧元资金借给可口可乐公司，借来美元资金，然后把美元资金借给其在美国的子公司（见图 3－9）。

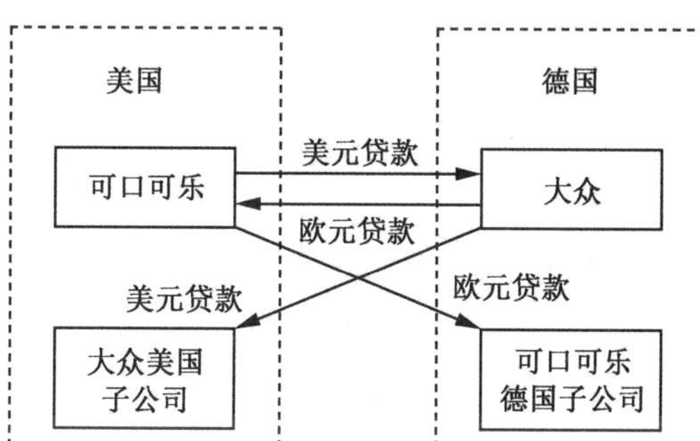

图 3－9　背对背贷款

尽管平行贷款和背对背贷款解决了跨国公司各自子公司的资金需求，但也存在很多问题：第一，因为这两种贷款都涉及两个相对独立的贷款协议，所以若一方违约，另一方还得继续执行贷款协议；第二，这两种贷款都需要在资产负债表内反映，因此可能影响资产负债表的质量；第三，很难找到与自己贷款需求匹配的交易对手。

由于以上 3 个缺陷，平行贷款和背对背贷款的应用受到很大的限制。而之后产生的货币互换交易很大程度上弥补了这两种贷款的不足。

(二)货币互换

货币互换(currency swap)是指交易双方通过签订互换协议，在一定期限内将以不同货币计价的本金进行互换，并互相支付利息，到期后将本金换回。世界上第一笔货币互换是所罗门兄弟公司于 1981 年 8 月为世界银行和 IBM 公司安排的。当时，世界银行需要瑞士法郎和德国马克资金，但因其利率较高，直接在德国和瑞士筹措资金成本较高。而 IBM 公司正好拥有瑞士法郎和德国马克的融资额度，但担心瑞士法郎和德国马克升值，想换成以美元计价的债务。通过互换，双方的要求都得到了满足。世界银行以较低的利率发行 2.9 亿美元的美元债券，通过互换得到了德国马克和瑞士法郎。而 IBM 则换得了美元，规避了瑞士法郎和德国马克汇率上升的风险，并且实现了互换之前美元汇率上升的收益。

货币互换主要分为 3 个步骤：双方本金的初始互换、双方定期支付利息、双方本金的再次互换。我们还是以可口可乐公司和大众公司为例描述互换的过程。

设欧元与美元的即期汇率为 \$1.040 0/€，美元利率为 5%，欧元利率为 4%，大众公司希望将 1 000 万欧元换成美元，而可口可乐公司希望将美元换成欧元，双方通过花旗银行安排了一笔以即期汇率为协定汇率的货币互换，合约期为两年，利息每年支付一次。则第一个步骤，双方互换本金，可口可乐公司得到 1 000 万欧元，大众公司得到 1 040 万美元。第二个步骤，双方互换利息：可口可乐公司每年可以得到 52 万美元的利息，大众公司可以得到 40 万欧元的利息。第三个步骤，双方再次互换本金：可口可乐公司得到 1 040 万美元，大众公司得到 1 000 万欧元(见图 3-10)。

1. 本金的初始互换

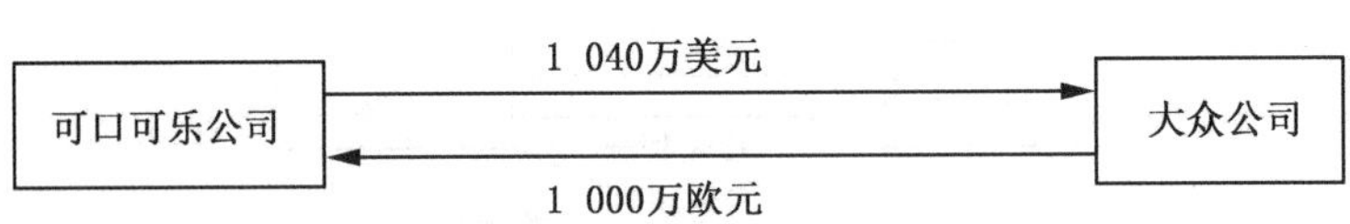

2. 双方定期支付利息

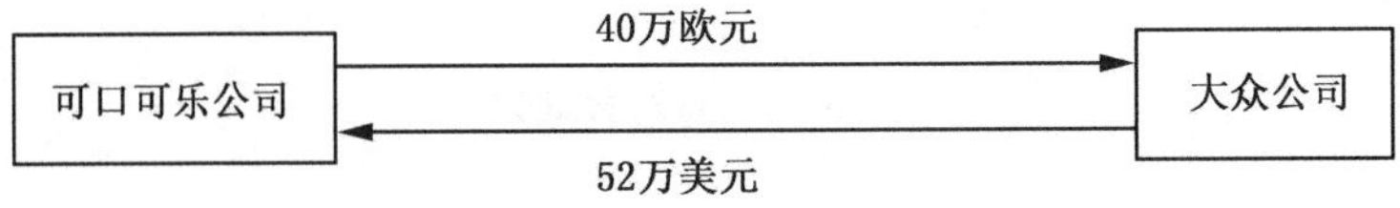

3. 本金的再次互换

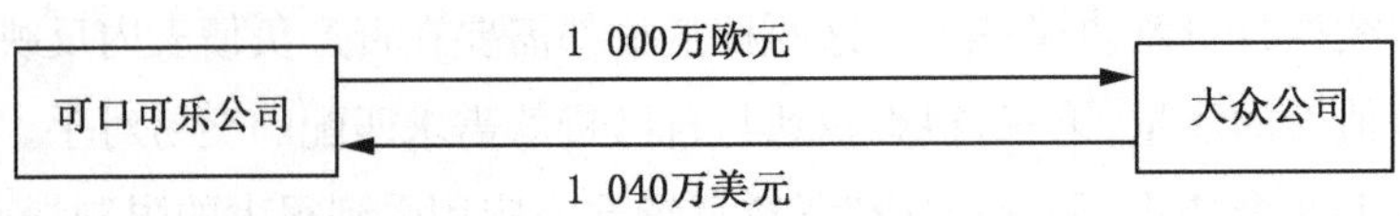

图 3-10 货币互换

货币互换有以下优势:第一,货币互换一般只签订一个协议,所以若一方违约,不会使另一方遭受损失,这解决了平行贷款和背对背贷款的第一个缺点。第二,货币互换一般不需要在资产负债表内反映,它属于表外业务,这解决了平行贷款和背对背贷款的第二个缺点。第三,货币互换一般由金融机构为交易双方进行安排,更容易找到交易对手,这解决了平行贷款和背对背贷款的第三个缺点。

货币互换(currency swap)与外汇掉期(foreign exchange swap)有相通之处,都包含了两笔同样币种的外汇交易,但前者一般不通过外汇市场,而是私下完成交易。

专栏 3-1 中国央行与俄罗斯央行完成双边本币互换操作

互换不仅存在于企业与企业之间,各国央行也会参与到互换当中。

中国人民银行 2016 年 3 月 2 日宣布,与俄罗斯央行自 2015 年 10 月以来相互发起的多笔双边本币互换操作均已顺利完成,资金最终提供给部分中国和俄罗斯商业银行,而这将有利于提高中俄双边贸易和投资的便利化。

2014 年 10 月,中国人民银行曾与俄罗斯央行签署了规模为 1 500 亿元人民币/8 150 亿卢布的中俄双边本币互换协议,旨在便利双边贸易及直接投资,促进两国经济发展。经双方友好协商,2015 年 10 月以来,中国人民银行与俄罗斯央行相互发起了多笔双边本币互换资金动用,资金最终提供给部分中国和俄罗斯商业银行。有关操作均顺利完成,流程顺畅,未来双方可根据需要继续启动互换操作。

中国人民银行表示,双边本币互换安排有利于提高中俄双边贸易和投资的便利化,标志着中国和俄罗斯在金融领域的合作取得新的进展。俄罗斯央行指出,该协议将成为确保国际金融稳定的额外工具,也有机会在紧急情况下吸引流动性资金。另外,由于本币结算本身具有减少汇兑损失、规避美元的汇兑风险等优势,因此,中俄货币互换协议意味着扩大了卢布和人民币在贸易结算中使用的机会。

实际上,中央银行间的货币互换可以追溯到布雷顿森林体系下美联储与法国中央银行 1962 年 2 月 28 日宣布并与 3 月 1 日生效的货币互换协议。当时,美联储为了维持美元汇率的稳定,需要欧洲国家货币干预市场。于是法国央行通过互换协议为美联储贷记 5 亿法郎,而美联储则为法国央行账户贷记 5 000 万美元。该笔互换最初只是短期互换,期限为 3 个月。可是,随着美元危机的不断深化,美联储陆续又与奥地利、比利时、英国、德国、意大利、荷兰、瑞士、加拿大等国签署了互换协议。2001 年"9·11"恐怖事件爆发后,为防止金融市场动荡,美联储迅速与欧洲央行、英国央行及加拿大央行签署了临时性货币互换协议,期限均为 30 天。货币互换尽管一直被作为西方央行干预市场、应对突发性冲击的重要手段,但是货币互换规模和货币互换存续的时间通常都比较短。

中国最早于2008年12月与韩国签订了1 800亿元人民币/38万亿韩元的本币互换协定，开启了人民币作为货币互换的先河。

人民币货币互换对于国际货币体系改革的意义在于：

首先，它打破了以美元为核心的货币互换的排他性，对新兴市场国家在国际货币体系中发挥更重要的作用、维护自身利益具有重要影响。

其次，中国人民银行的人民币货币互换虽然在规模上不及西方六国央行的货币互换，但是在对象和国家数量上已经远远超过西方央行货币互换参与的国家数量，这种包容性得到了国际社会的广泛好评，为国际货币体系改革需要满足国际社会大多数国家的需求和利益这一正确的方向提供了诠释，将促进国际货币体系的改革。

最后，中国人民银行的人民币货币互换与中国积极推动成立的金砖国家开发银行、金砖国家应急储备库和亚洲基础设施投资银行相互呼应，将从竞争的层面推动整个国际金融体系改革的步伐。

当然，中国人民银行与其他国家央行的人民币互换与美联储主导的美元互换都属于国际货币体系改革进程中的过渡性措施，并不能解决当前国际货币体系存在的问题和缺陷，央行货币互换的流行进一步说明在全球建立更加广泛的合作机制变得更加必要和紧迫。在G20的基础上，以IMF为平台推进发达国家和新兴市场国家的合作，就如何稳定国际货币金融体系、构建相应的规则和制度应该成为未来全球治理的重要内容。

资料来源：中国日报网2016年3月3日报道；徐明棋：央行货币互换：对国际货币体系的影响，《社会科学》，2016年第3期。

（三）利率互换

利率互换(interest rate swap)是指交易双方在债务币种相同的情况下，互换以一定名义本金为基础的不同支付形式的利率的业务。因为交易以同种货币表示，所以这里的名义本金只是双方计算利息的基础，互换交易并不需要支付本金，而且利息也是采取净额支付的形式来结算的。利率互换包括息票互换(coupon swap)和基础互换(basis swap)两种形式。息票互换是指固定利率对浮动利率的互换。基础互换是指双方互换不同参照利率的利息支付，为一种浮动利率对另一种浮动利率的互换，如美国优惠利率对Libor的互换。[①] 我们以下例简要介绍利率互换。

① Libor是伦敦银行同业拆借利率，本书第九章将详细介绍。

假设有A、B两家公司，A公司信誉好、信用评级高，B公司信誉较差、信用评级较低。A、B两家公司面临的借款利率如表3-8所示。

表3-8　A公司和B公司的借款利率

单位：%

	信用等级	浮动利率	固定利率	利差比较
A公司	AA	Libor+0.3	10.0	
B公司	BB	Libor+1.1	11.4	
利差		0.8	1.4	0.6

A公司虽然在浮动利率和固定利率贷款方面都占有优势，但是B公司在浮动利率贷款方面占有相对优势，A公司在固定利率贷款方面占有相对优势。所以，A公司借入固定利率贷款，B公司借入浮动利率贷款，然后双方以某银行作为中介商安排进行互换。经过这样的互换可获得的总收益为(11.4%−10.0%)−(1.1%−0.3%)=0.6%，扣除银行赚取的20点利差，两个公司各得收益：(0.6%−0.2%)/2=0.2%。

互换的具体安排有无数种可能，下面给出的只是其中的一种：A公司借入10.0%的固定利率贷款，以10.2%借给互换交易商(dealer，如银行)，互换得到Libor+0.3%的浮动利率贷款，B公司借得Libor+1.1%的浮动利率贷款，以Libor+0.3%借给互换交易商，互换得到10.4%的固定利率贷款。A公司收益为：(10.2%−10.0%)+(0.3%−0.3%)=0.2%。B公司收益为：(11.4%−10.4%)+(0.3%−1.1%)=0.2%。交易商收益为：(10.4%−10.2%)+(0.3%−0.3%)=0.2%。

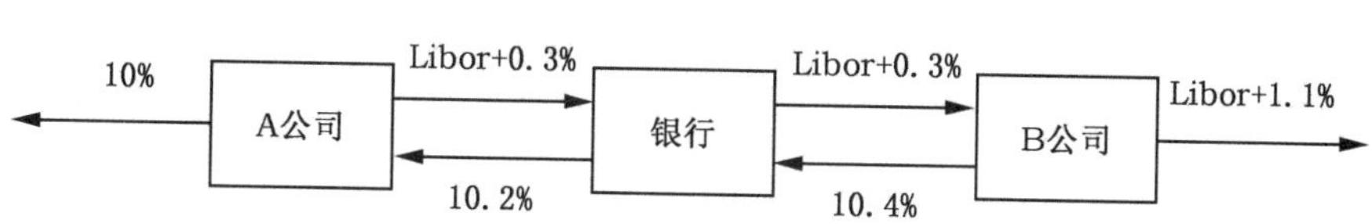

图3-11　A公司与B公司的利率互换交易

专栏3-2　套期保值方法的应用

本章第二节在讨论远期、期货、期权、互换等金融衍生产品时已经详细说明了利用衍生工具进行套期保值、管理外汇风险的方法，下面以一个例子来说明如何利用金融工具对交易风险进行管理。

假设2018年6月1日，美国农用机械公司(简称“农机公司”)与西班牙赛特公司签订了一份买卖合同，由农机公司向赛特公司提供价值1 500万欧元的农业机械设备，合同约定赛特公司需在签约之日起的6个月内付款。又假设在两家公司签订合同时，美元与欧元的即期汇率为1.064 0美元/欧元，美元与欧元6个月的远期汇率为1.054 0美元/欧元，西班牙的年贷款利率为10%（半年利率为5%），西班牙的年投资回报率为8%（半年回报率为4%），美国的年贷款利率为8%（半年利率为4%），美国的年投资回报率为6%（半年回报率为3%）；美国芝加哥商业交易所6月份看跌期权的合约金额为每份125 000欧元，执行价格为1.05美元/欧元，期权费为每欧元2.5美分；场外交易（银行）市场上6月份的看跌期权，100万欧元合约的执行价格为1.05美元/欧元，期权费为1.5%。美国农机公司汇率咨询服务部门提供的美元与欧元的走势预测是6个月后即期汇率将为1.060 0美元/欧元。

在已知上述信息的基础上，农机公司有以下几项选择：

1. 不进行套期保值

农机公司不进行套期保值而准备承担交易风险。如果公司相信汇率咨询服务部门的预测，则公司预期在6个月后会收到1 590万美元（1 500万欧元×1.060 0美元/欧元）。如果汇率咨询服务部门预测不准确，6个月后即期汇率变为1.045 0美元/欧元，则农机公司只能收到1 567.5万美元（1 500万欧元×1.045 0美元/欧元）。当然，如果6个月后的即期汇率高于汇率咨询部门预测的水平，则农机公司的收入会超过1 590万美元。

2. 利用远期市场套期保值

如果农机公司利用远期市场进行套期保值，则需在签订销售合同的同时卖出一份6个月后到期、价值为1 500万欧元的远期合约，远期汇率为1.054 0美元/欧元，这样6个月后，农机公司将从赛特公司收到1 500万欧元，并将这些资金存入银行以履行其远期合约，可以兑换成1 581万美元（1 500万欧元×1.054 0美元/欧元）。

利用远期合约套期保值后，不管将来的即期汇率如何变化，农机公司都将收到确定的1 581万美元，从而锁定未来的本币现金流。

3. 利用货币市场套期保值

货币市场套期保值的基本思路是：现在借入外币兑换成本币进行投资，然后用将来收到的外币偿还外币借款或应付账款。如果美国农机公司采用货币市场进行套期保值，则公司应该在销售合约签署后立即借入一笔欧元，然后将其转换成美元进行投资，6个月后赛特公司偿还的货款正好用来归还借入的欧元。

西班牙市场年贷款利率为10%，农机公司借款半年需要支付的半年利率为5%。因此农机公司从西班牙市场借入欧元的金额为14 285 714.3欧元[1 500万欧元/(1+5%)]，然后在即期市场上按即期汇率1.064 0美元/欧元兑换成15 200 000美元(14 285 714.3欧元×1.064 0美元/欧元)，再将这笔美元投资到美国市场，年投资回报率为6%，6个月后在美国市场上的投资本金和利息为15 656 000美元[15 200 000美元×(1+3%)]，同时将从赛特公司收到的应收账款1 500万欧元偿还到西班牙市场的借款。

4. 利用期权市场套期保值

如果农机公司对未来欧元价值变化不太明了，公司希望确保一个收入下限，但又希望在欧元升值时仍可受益，在这种情况下，可利用期权市场进行套期保值。

根据报价，农机公司可在芝加哥商业交易所购买6月份到期的欧元看跌期权，每份合约金额为125 000欧元，执行价格为1.05美元/欧元，期权费为0.025美元/欧元，则期权成本为：

每份期权的价格(125 000欧元×0.025美元/欧元)	3 125美元
所需合约数(1 500万欧元/125 000欧元)	120份
期权合约的总成本(120份×3 125美元)	375 000美元

农机公司也可以从一家提供货币期权业务的银行购买6月份的看跌期权：

每份期权的价格(100万欧元×1.05美元/欧元×1.5%)	15 750美元
所需合约数(1 500万欧元/100万欧元)	15份
银行柜台市场购买期权的成本为(18 750美元×15份)	281 250美元

与芝加哥商业交易所购买的期权成本相比，柜台市场交易成本较少，两者相差93 750美元(375 000−281 250)。因此，农机公司选择在场外期权市场进行套期保值。

农机公司6个月后从赛特公司收到1 500万欧元的应收账款，可以兑换的美元数量取决于当时美元与欧元的即期汇率。其上限可以无限大，与未做套期保值的头寸一样。只要即期汇率高于1.05美元/欧元，农机公司就不会执行看跌期权，而是将收回的应收账款在现汇市场上兑换成美元。假设6个月后的即期汇率为1.06美元/欧元，农机公司将收到的1 500万欧元在现汇市场上兑换成1 590万美元(1 500万欧元×1.06美元/欧元)，扣除在柜台市场购买看跌期权的期权费281 250美元，农机公司可以得到15 618 750美元的净收入。

由此可见，利用期权进行套期保值可以很好地规避汇率风险。如果6个月后欧元即期汇率低于1.05美元/欧元，农机公司将执行看跌期权，以1.05美元/欧元的执行价格卖出1 500万欧元，得到1 575万美元(1 500万欧元×1.05美元/欧元)，扣除281 250美元的期权费后得到15 468 750美元。

5. 四种方法的比较

接下来我们将可供农机公司进行选择的4种风险规避方法进行比较(见表3-9)。根据上文的分析可知，采用远期市场套期保值的方法可保证6个月后一定收到1 581万美元，与货币市场套期保值可以获得的15 656 000美元比较起来，远期市场套期保值显然更为可取。

如果农机公司不作如何避险措施，根据预期将在6个月后收到1 590万美元。但这需要冒一定的风险，最终获得的美元数量有可能高于也可能低于这个数字。当远期汇率被认为基本等于未来的即期汇率时，未做套期保值的预期收入将等于远期套期收入。这种情况下，套期保值的优势在于降低了未来收入的不确定性，从而降低了外汇风险。

表3-9　　美国农机公司交易风险管理各方法的比较

方　法	结　果
不进行套期保值，等待6个月后在现汇市场上按即期汇率将1 500万欧元换成美元	6个月后收到货款，按当时的即期汇率将1 500万欧元兑换成美元
远期市场套期保值，立刻以远期汇率1.054 0美元/欧元卖出1 500万欧元以交换美元	6个月后收到赛特公司的货款，确定性地得到1 581万美元
货币市场套期保值： 1. 在西班牙市场按年利率10%借入资金14 285 714.3欧元 2. 按现汇汇率1.064 0美元/欧元将借入的14 285 714.3欧元换成15 200 000美元 3. 在美国按年利率6%投资半年	立刻收到15 200 000美元，6个月后的价值变为15 656 000美元
期权市场套期保值，以281 250美元的期权成本在银行柜台市场购买6个月期、15份、每份100万欧元的看跌期权，执行价格为每欧元1.05美元	6个月后收到： 1. 无限制的最大美元数量减去281 250美元 2. 最低为15 468 750美元(1 575万—281 250)

第三节　中国的外汇市场

2005 年 7 月 21 日，我国开始实行以市场供求为基础、参考一篮子货币进行调节的有管理的浮动汇率制度，标志着我国汇率改革的市场化进程进一步加快。汇率改革离不开相关市场制度的配套措施，2006 年 1 月 4 日，中国人民银行发布《关于进一步完善银行间即期外汇市场的公告》，在我国银行间即期外汇市场引入做市商制度和询价交易方式，首批做市商由 9 家中资银行、6 家外资银行组成。这标志着完善人民币汇率形成机制的市场改革正式进入操作阶段。

一、外汇市场的层次

与国际外汇市场相似，我国外汇市场主要也包括批发外汇市场和零售外汇市场两个层次。如上文所示，批发外汇市场是指银行间外汇市场，零售外汇市场主要是指银行与客户之间的外汇市场(见图 3－12)。

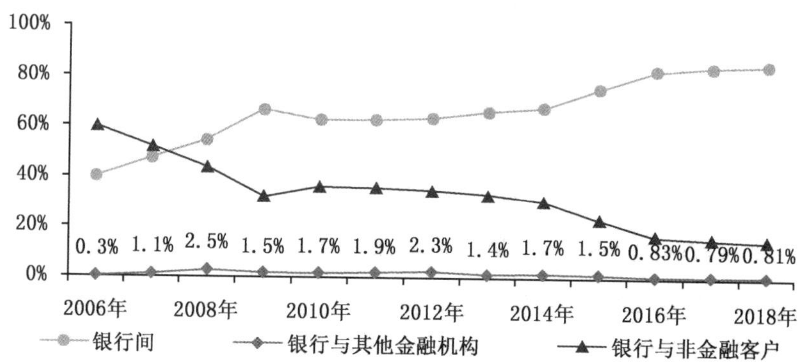

数据来源：国家外汇管理局。

图 3－12　2006～2018 年中国外汇市场参与者结构

银行间外汇市场主要是指符合条件的银行、非银行金融机构和非金融企业等通过中国外汇交易中心的交易系统进行外汇交易的外汇市场。银行间外汇市场主要包括即期外汇市场、远期外汇市场、掉期外汇市场、期权外汇市场和外币买卖市场等几个子市场。

银行与客户之间的外汇零售市场主要是指银行与客户在银行的物理网点(柜台)或通过网上银行、电话银行和手机银行等方式完成的外汇交易。在我国，这一市场主要是银行与客户之间的结售汇、外汇理财、外汇买卖等市场。

二、银行间外汇市场

(一)发展历程

自1994年1月1日起,我国外汇管理体制进行了重大改革:汇率并轨,实行以市场供求为基础的、单一的、有管理的浮动汇率制度;取消外汇留成和上缴,实行银行结售汇制度;建立全国统一、规范的银行间外汇市场。同年4月4日,银行间外汇市场(即中国外汇交易系统)正式启动运营。当时,银行间市场交易的外汇主要为美元,该市场主要为外汇指定银行平补结售汇头寸余缺及其清算提供服务。其后,银行间外汇市场不断发展和完善。1994年4月5日增设港元交易,1995年3月1日开办日元交易,2002年4月1日增加欧元交易币种,2006年8月1日增设英镑交易,2011年11月28日新增加了澳大利亚元和加拿大元交易,2015年11月9日增设瑞士法郎交易,2016年又陆续增加南非兰特、韩元、沙特里亚尔、阿联酋迪拉姆交易。在增加交易品种的同时,交易时间进一步延长。从2003年2月8日开始,外汇市场交易时间从过去的9:20～11:00延长到9:30～15:30。自2006年9月29日起,银行间外汇市场即期竞价交易收市时间由原来的15:30调整为17:30,与即期询价交易的收市时间保持一致,便利金融机构在柜台结售汇交易结束后及时平补外汇头寸。自2016年1月4日起,银行间外汇市场交易系统每日运行时间延长至北京时间23:30,人民币汇率中间价及浮动幅度、做市商报价等市场管理制度使用时间相应延长。

与此同时,外汇市场的交易方式、交易品种也在不断丰富和完善。2003年10月1日起,允许交易主体当日进行双向交易。2005年5月18日开办了8种外币对(currency pair),即外币对外币交易。2005年8月15日推出远期外汇交易。2006年1月4日引入了询价交易。从此形成了银行间市场可全天候满足结售汇业务的双向外汇资金买卖、头寸平补和资金调度的市场运行现状。2007年8月31日,外汇市场开办了人民币对外币掉期业务,主要交易人民币兑美元、欧元、日元、港元、英镑5个货币对。2011年2月16日,又推出人民币对外汇期权交易,为企业和银行提供更多的汇率避险保值工具。2012年6月4日,外管局对银行间外汇市场人民币外汇远期、外汇掉期、货币掉期业务实行一次性备案管理,简化了相关业务的市场准入管理,同时增加了货币掉期业务的本金交换形式,进一步推动金融服务实体经济,促进了外汇市场的发展。

(二)市场组织形式

银行间外汇市场以中国外汇交易中心的交易平台为依托。交易中心实行会员制,凡是符合人行规定的银行、非银行金融机构及非金融企业均可申请成为中国外汇交易中心会员,获得会员资格后可在交易中心现场或通过远程终端进行交易。

我国外汇市场的参与者主要是银行和非银行金融机构，其中银行占绝大多数，是我国外汇市场的主要组成部分(见图 3－13)。而近年来随着我国外汇市场规模的不断扩大，银行间外汇市场的参与者也不断增多。

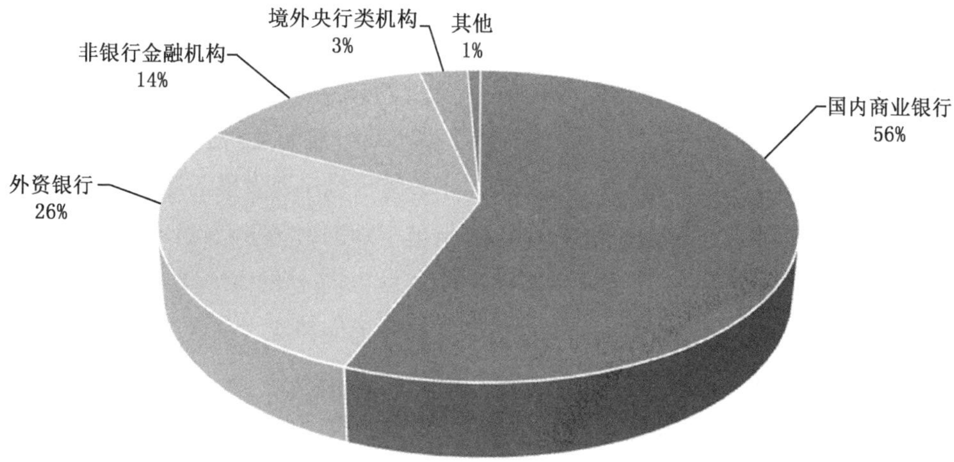

数据来源：中国货币网——外汇市场会员信息。

图 3－13　2018 年 10 月 17 日银行间即期外汇市场会员结构

2015 年 11 月，中国人民银行发布公告称，首批境外央行类机构在中国外汇中心完成备案，正式进入中国银行间外汇市场。这些境外央行类机构包括中国香港金融管理局、匈牙利国家银行、国际复兴开发银行等，涵盖了境外央行和其他官方储备管理机构、国际金融组织、主权财富基金三种机构类别。截至 2016 年 8 月 22 日，共有 6 批 23 家境外央行类机构在中国外汇交易中心完成备案，进入银行间外汇市场。在此之后，截至 2018 年 10 月 24 日，中国外汇交易中心又陆续批准了 20 家境外央行类机构成为银行间外汇市场会员。

2016 年 9 月 14 日，华为技术有限公司获得国家外汇管理局备案同意，正式进入中国银行间外汇市场，成为第二家非金融企业类型即期会员。华为此次入市，距离中国首次批准非金融企业进入银行间外汇市场已有十年时间。截至 2019 年 3 月 10 日，外汇即期市场共有会员 667 家。

(三)交易机制

1. 做市商制度

我国的做市商制度是指，在我国银行间外汇市场进行交易时，经外管局核准获得做市商资格的银行有义务向市场会员持续提供买、卖价格，并承诺以报出的买卖价格接受银行间外汇市场会员的买卖要求并完成交易的制度安排。做市商制度具有活跃市场、稳定市场、提高市场流动性的功能，并依靠其公开、有序、竞争性的报价驱动机制保障交易的规范和效率。

2002 年，银行间外汇市场在欧元和港元交易中推行做市商制度试点。2005 年 5 月 18 日，银行间外币买卖市场开始办理“外币对”业务，正式实施做市商报价驱动的竞价交易模式。2006 年 1 月 4 日，外汇交易中心推出外汇即期询价交易，完全采用了标准的做市商制度，6 家外资银行和 9 家中资银行获得了做市商资格。根据 2010 年 8 月修订发布的《银行间外汇市场做市商指引》，银行间外汇市场推出了尝试做市业务，降低了非做市商开展做市竞争准入门槛；建立做市商分层制度，提高远期和掉期等衍生品市场流动性和交易效率。这一举措满足了外汇市场迅速发展的需求，提高了外汇市场的流动性，促进了人民币价格发现效率，保证了外汇市场平稳运行。截至 2019 年 3 月，银行间外汇市场共有 32 家人民币外汇即期做市商和 26 家远期掉期做市商，并各有 2 家和 7 家商业银行取得即期尝试做市资格和远期掉期尝试做市资格。

2. 经纪商制度

为进一步提高外汇市场流动性和交易效率，2008 年 10 月外管局发布了《货币经纪公司外汇经纪业务管理暂行办法》，规范和鼓励货币经纪公司在银行间外汇市场开展外汇经纪业务。外汇经纪商本身并不买卖外汇，只是连接外汇买卖双方，促成交易。外汇经纪商的收入是靠收取外汇买卖点差和手续费来获得的，他们自身不承担交易风险。引入外汇经纪业务为市场参与者节约询价时间、便利匿名报价提供新的交易手段，在市场参与者、中国外汇交易中心和货币经纪公司之间形成良性互补互动机制，丰富和完善外汇市场的交易机制。

(四)交易及清算方式

1. 竞价交易

1994 年外汇管理体制改革后，我国银行间外汇市场采用撮合竞价交易方式。竞价交易是指交易主体在交易中心现场或通过远程终端报出买卖价格，由系统按照价格优先、时间优先的原则进行撮合成交，具有指令驱动的特点。

竞价交易的清算方式实行“集中、双向、差额”的清算原则，买卖双方均以交易中心为对象进行差额清算，由交易中心集中办理。人民币资金清算通过人行支付系统办理，外币资金清算通过境外清算系统办理。清算速度为 T＋2。

2. 询价交易

2006 年 1 月 4 日，中国人民银行在我国银行间即期外汇市场引入做市商制度和询价交易方式。考虑到中小金融机构在短期内获取授信存在一定困难，为满足中小金融机构的外汇交易需要，人行决定在银行间即期外汇市场保留撮合竞价交易方式。

询价交易方式(OTC 方式)是指交易主体以双边授信为基础，通过自主双边询价、双边清算进行交易的交易方式。由于这种交易是在买卖双方之间进行的，不需要通过交易系统进行集中撮合配对，因而属于场外交易。全球即期外汇市场的绝大部分交易量都集中在场外市场。外汇交易的国际性及外汇交易主体的广泛性和差异性决定了询价交易方式具有成本低、信用风险分散等优点。

引入询价交易方式后，人民币兑美元汇率中间价的形成方式便由此前根据银行间外汇市场以撮合方式产生的收盘价确定改进为：中国外汇交易中心于每日银行间外汇市场开盘前向所有银行间外汇市场的做市商询价，并将全部做市商的报价作为人民币兑美元汇率中间价的计算样本，去掉最高和最低报价后，将剩余报价加权平均，得到当日人民币兑美元汇率中间价，权重由中国外汇交易中心根据报价方在银行间外汇市场的交易量及报价情况等指标综合确定。人民币兑欧元、日元和港元汇率中间价由中国外汇交易中心分别根据当日人民币兑美元汇率中间价与上午 9 时国际外汇市场欧元、日元和港元兑美元汇率套算确定。

自 2006 年 1 月 4 日起，中国人民银行授权中国外汇交易中心于每个工作日上午 9 时 15 分对外公布当日人民币兑美元、欧元、日元和港元汇率中间价，作为当日银行间即期外汇市场（含 OTC 方式和撮合方式）以及银行柜台交易汇率的中间价。人民币兑美元交易价在中间价上下 3‰的幅度内浮动，人民币兑欧元、日元、港元等非美元货币交易价各自在其中间价上下 3%的幅度内浮动。银行对客户美元现汇挂牌汇价实行最大买卖价差不得超过中间价的 1%的非对称性管理，只要现汇卖出价与买入价之差不超过当日交易中间价的 1%，且卖出价与买入价形成的区间包含当日交易中间价即可；银行对客户美元现钞卖出价与买入价之差不得超过交易中间价的 4%。

询价交易的清算方式根据“双边授信、双边清算”原则，由交易双方根据系统生成的成交单自行办理资金清算（不通过外汇交易中心）。清算速度根据双方约定可以为 T+2、T+1 或 T+0。

在新的市场框架下，做市商成为银行间外汇市场流动性的主要提供者和市场风险分散的主渠道。做市商通过 OTC 方式和撮合方式及银行柜台交易方式使外汇市场形成统一、联动的价格传导机制。做市商作为联结外汇市场各组成部分的枢纽，其报价集中反映了外汇市场供求的变化。

OTC 方式与以往竞价交易不同，它是一种报价驱动交易制度，是指外汇市场交易的买卖价格由做市商给出，买卖双方的委托不直接配对成交，而是从做市商手中买进或卖出外汇，做市商通过不断买卖维持市场流动性，满足客户的交易需求，并获得买卖差价。可以说，做市商制度具有增强市场的流动性、维持价格的稳定性和提高交易的即时性等制度优势，从而成了各国金融市场进行交易制度创新的重要选择。比如美国 OTC 方式的交易量占全部外汇交易量的比例超过 90%。

OTC 方式是一种透明的询价机制。这种询价与以往竞价方式不同，其交易必须以交易双方的信用为基础，由交易双方自行承担信用风险，并需要建立双边授信后才可进行交易；其价格形成机制是由交易双方协商来确定价格，而不是由市场的竞价来确定价格；其结算是由交易双方自行安排资金来清算，而不是由以往交易结算中心来完成。无论是报价与出价，还是价格的确定及成交后的资金清算，整个交易过程完全是由交易双方来完成的，这就使整个交易过程中的相关信息容易集中到交易双方，而交易双方能够通过这些集中的信息选择价格的均衡点。

在银行间外汇市场引入 OTC 方式的同时，正式引入做市商制度，加上新的对人民币汇率中间价的形成方式的改进，这些都有利于活跃外汇市场交易，提高外汇市场流动性，培育金融机构的做市能力与自主定价能力，建立 OTC 方式、撮合方式和银行网点交易方式之间的价格传导机制，进一步完善人民币汇率形成机制。但是，我们也应该看到，由于整个 OTC 方式的交易必须通过做市商进行，做市商市场的买卖差价往往会高于竞价交易市场，其交易成本会较高；同时，相对于其他市场参与者，做市商具有独特的信息优势，因此，做市商可能利用内幕消息提前行为或者合谋限制竞争，从而不利于市场效率的提高和客户利益保护。

(五)银行间外汇市场交易品种

1. 人民币/外币即期交易

(1)参与主体：经监管部门批准可参与人民币兑外币即期买卖业务的机构，截至 2019 年 3 月共有 667 家会员，其中做市商 32 家。

(2)交易币种：截至 2019 年 3 月 10 日，可以与人民币交易的外币已达 24 种，即美元、欧元、日元、港元、英镑、澳大利亚元、新西兰元、新加坡元、瑞士法郎、加拿大元、林吉特、俄罗斯卢布、兰特、韩元、阿联酋迪拉姆、沙特里亚尔、匈牙利福林、波兰兹罗提、丹麦克朗、瑞典克朗、挪威克朗、土耳其里拉、墨西哥比索和泰铢。

(3)交易方式：会员可自主决定采取询价交易或竞价交易方式。2018 年银行间即期外汇市场共成交 51.5 万亿元人民币。

2. 外币/外币交易

2005 年 5 月 18 日我国正式启动了外币兑外币的即期交易，主要目的是弥补中小金融机构难以参与国际外汇市场交易的局限性，降低中小金融机构的外汇资金运作成本，为企业和金融机构运作外汇资金、规避汇率风险提供方便。

(1)参与主体：截至 2019 年 3 月共有 186 家即期会员，其中做市商 20 家，远期会员 153 家，掉期会员 148 家，货币掉期会员 81 家。

(2)交易币种：截至 2019 年 4 月，即期、远期与掉期交易的币种共有 AUD/USD、EUR/JPY、EUR/USD、GBP/USD、USD/CAD、USD/CHF、USD/HKD、USD/JPY、USD/SGD、NZD/USD、EUR/GBP 11 个货币对。2019 年 2 月份美元兑欧元的交易额

占市场份额比重为45.78%。

(3)交易方式:外币买卖业务实行做市商报价驱动的竞价交易模式,由做市商报出各货币对的买/卖报价,同时引入竞价交易模式,由电子交易系统从中选取最优的买/卖报价,在市场实时发布,同时将最优的做市商报价与会员的交易请求按照价格优先、时间优先的原则进行匹配,并将成交信息实时反馈给交易双方。因此,这是一种以指令驱动为基础的做市商制度,使指令驱动与报价驱动的优势得到了互补。

3. 人民币/外币远期交易

2005年8月8日,人行发布《关于加快发展外汇市场有关问题的通知》,对开展银行间远期外汇交易作了相关规定。中国外汇交易中心于2005年8月15日正式推出远期外汇交易。

(1)参与主体:截至2019年3月,远期外汇交易的会员共有206家,做市商26家。

(2)交易币种:外汇远期市场的交易币种有人民币兑美元、港元、日元、欧元、英镑、林吉特、卢布、澳元和加元等24个品种。

(3)期限:人民币外汇远期市场的期限共有1周、1个月、2个月、3个月、6个月、9个月、1年等品种。

(4)交易方式:人民币外汇远期市场全部采用询价交易方式。

(5)清算方式:人民币外汇远期市场既可采取到期日本金全额交割方式,也可采取在到期日根据约定的远期交易价格与到期日即期交易价格差额交割方式。为防范违约风险,会员可按交易对手的信用状况协商设定保证金,保证金可由交易中心代为集中保管。

4. 人民币/外币掉期业务

在推出人民币/外币远期业务的同时,人行还允许获准办理远期结售汇业务6个月以上的银行,向外管局备案后即可办理掉期业务。掉期业务的币种、定价方式、交易期限结构等管理规定与远期结售汇业务一致。2006年4月中国外汇交易中心正式开办掉期业务,截至2019年3月共有205家会员获准办理掉期业务。

2007年8月,银行间外汇市场推出人民币外汇货币掉期交易。① 截至2019年3月,共有170家会员获准办理货币掉期业务。为满足国内经济主体规避汇率风险需求,2011年3月,外汇指定银行获准对客户办理人民币外汇货币掉期业务,交易的币种、期限等交易要素由银行自行确定。

5. 人民币外汇期权

---

① 货币掉期是指在约定期限内交换约定数量人民币与外币本金,同时定期交换两种货币利息的交易协议。本金交换的形式包括在协议生效日双方按约定汇率交换人民币与外币的本金,在协议到期日双方再以相同汇率、相同金额进行一次本金的反向交换,相当于货币互换。

为向企业和银行提供更多的汇率避险保值工具，中国外汇交易中心于2011年4月1日开始办理人民币对外汇期权交易。截至2019年3月，获批的期权业务会员已达119家。取得外管局备案核准的远期结售汇业务经营资格3年以上的银行均可以申请开办对客户期权交易。目前的外汇期权主要是普通欧式期权，交易币种共有USD/CNY、HKD/CNY、JPY/CNY、EUR/CNY、GBP/CNY这5个货币对。银行对企业客户只能办理买入期权业务，除对已买入的期权进行反向平仓外，不得办理企业客户卖出期权业务。这主要是为了防止企业客户卖出期权可能面临较大的汇率风险。

2011年11月8日，外管局发布《关于人民币对外汇期权交易有关问题的通知》，允许银行自12月1日起为客户办理期权组合业务。期权组合是指客户同时买入和卖出一个币种、期限、合约本金相同的人民币对外汇普通欧式期权所形成的组合，包括看跌和看涨两类风险逆转期权组合业务。《通知》规定，银行对客户办理期权组合业务应遵循实需交易和整体性管理等监管要求。客户对期权组合的任何操作(包括但不限于签约、反向平仓、交割方式选择)必须针对整个期权组合，不能选择期权组合中的单一期权进行交易。

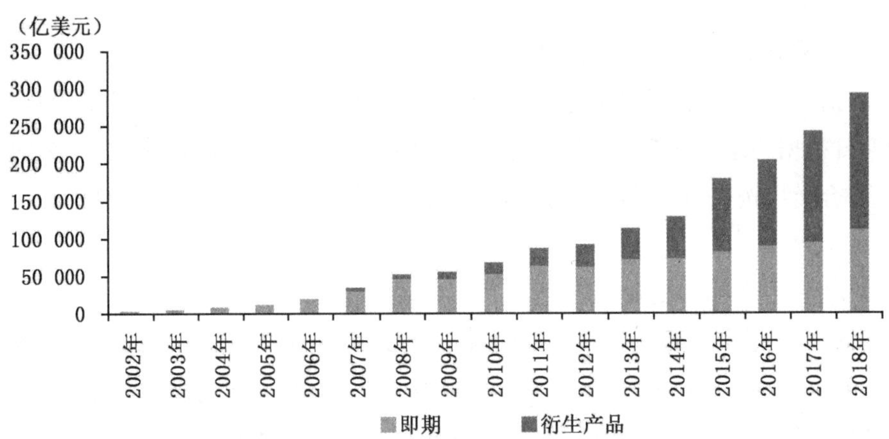

数据来源：国家外汇管理局；中国外汇交易中心。

图3-14 我国银行间外汇市场交易量

三、其他人民币外汇衍生产品

其他人民币衍生产品主要是不在中国外汇交易中心交易的几种人民币衍生业务，包括远期结售汇和人民币离岸金融产品等业务。

(一)远期结售汇业务

1997年1月18日，人行发布了《人民币远期结售汇业务暂行管理办法》，为推出人民币远期结售汇业务奠定了基础。1997年4月1日，中国银行作为中国境内唯一

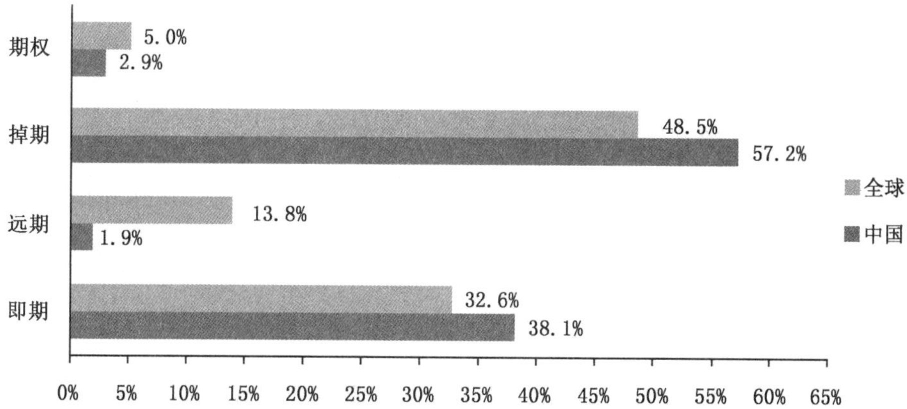

注：中国为 2018 年数据，全球为国际清算银行 2016 年 4 月调查数据。

数据来源：国家外汇管理局；中国外汇交易中心；国际清算银行。

图 3 - 15　我国与全球外汇市场的交易产品构成比较

获授权的试点银行，正式开始开展人民币远期结售汇业务，期限不得超过 120 天。1999 年 3 月 17 日外管局批复中国银行，同意其办理 6 个月远期结售汇业务。2001 年 5 月 24 日，中国证券监督管理委员会、国家经济贸易委员会、对外贸易经济合作部、国家工商行政管理局、国家外汇管理局联合发布了《国有企业境外期货套期保值业务管理办法》，使我国企业利用国际外汇市场套期保值回避外汇风险有了法律依据。随后，中国建设银行和中国农业银行于 2002 年，中国工商银行于 2003 年，先后获得外管局授权开展远期结售汇业务。2005 年 8 月 9 日，中国人民银行又发布《关于扩大外汇指定银行对客户远期结售汇业务和开办人民币与外币掉期业务有关问题的通知》，对远期结售汇业务做了进一步的规定。2010 年 12 月 1 日，国家外汇管理局推出合作办理远期结售汇业务，允许境内不具备经营远期结售汇业务资格的银行及其分支机构与具备经营远期结售汇业务资格的银行及其分支机构合作为客户办理远期结售汇相关业务，提高了金融机构为客户提供规避汇率风险服务的能力。

远期结售汇是指外汇指定银行与境内机构协商签订远期结售汇合同，约定将来办理结汇或售汇的外币币种、金额、汇率和期限；到期外汇收入或支出发生时，按照远期结售汇合同订明的币种、金额、汇率办理结汇或售汇。在该业务开办初期，由于人民币汇率钉住美元，汇率并无波动，而且我国限制资本项目下的远期结售汇，造成远期结售汇业务规模偏小，呈萎缩状态。2005 年 8 月 9 日，中国人民银行发布《关于扩大外汇指定银行对客户远期结售汇业务和开办人民币与外币掉期业务有关问题的通知》后，进一步完善了远期结售汇业务，取消了原有的一些限制，有助于培养和建立真正的远期外汇市场。随着人民币汇率浮动幅度的加大，我国企业更加重视对汇率风险的管理。

表 3-10　　2019 年 3 月 8 日中国银行远期结售汇牌价　（每 100 美元兑换人民币）

交易期限	买入价	卖出价	中间价
一周	670.870 1	678.732	674.801 05
二十天	670.833 95	678.795 85	674.814 9
一个月	670.812 25	678.824 15	674.818 2
二个月	670.760 25	678.784 65	674.772 45
三个月	670.707 05	678.738 85	674.722 95
四个月	670.635 75	678.817 65	674.726 7
五个月	670.465 75	678.647 75	674.556 75
六个月	670.467 5	678.689 1	674.578 3
七个月	670.427 7	678.689 8	674.558 75
八个月	670.416 6	678.678 4	674.547 5
九个月	670.361 45	678.663 15	674.512 3
十个月	670.317 4	678.659 4	674.488 4
十一个月	670.248 4	678.6101	674.429 25
一年	670.199 8	678.561 2	674.380 5

数据来源：中国银行官网。

专栏 3-3　中国企业外汇套保频“受伤”

今年人民币兑美元已经贬值近 6.5%，但出口企业主高先生却怎么也高兴不起来。

高先生在安徽省南部经营着一家竹制品加工厂，主要出口到欧洲和美国，用美元进行结算。从 2014 年起，他开始陆续同银行签订远期结汇协议以锁定外汇收入的汇率风险，结果发现经常踏错，今年也不例外。他在今年 4 月和 6 月分两次共签了近 300 万美元的远期结汇协议，有一次签约价格在 6.6 元，结果收到货款时，人民币已经跌破 6.9 元。

为了签这两笔远期结汇，他需要在银行里存入 200 万元保证金，这笔钱是按照基准利率计息；在资金紧张时他还需要从银行贷款，支付的贷款利率则高得多。

“亏死了，这几年签了基本都是亏的。汇率波动太大，以后都不愿意碰（套保）了，”高先生说，周围的不少公司都签了巨额的远期结汇协议，亏得也很厉害。

即使规模更大，套保操作更加常态化的出口企业，由于今年汇率波动剧烈，在汇兑、成本方面的财务费用也明显增加。一家大型出口企业财务公司负责人表示，今年由于汇率波动剧烈，公司加强了汇率套保，套保比例有所提高，结果因汇率避险带来的财务费用出现了明显上升；由于应收账款账期的原因，也不一定能在合适的时机进行套保。

出口商通过远期结汇，可以锁定未来外汇收入的汇率波动风险。如果人民币贬值超过远期结汇协议汇率，也会损失潜在的汇兑收益。今年下半年人民币大幅贬值，像高先生这样因为前期套保，错过收益的企业不在少数。外汇局公布的远期结汇签约额显示，今年远期结汇高峰出现在3～5月，当时美元兑人民币正处于相对低位。

想从汇率套保中赚钱的心态，使得部分出口企业出现了美元越弱越结汇、美元走强反而不结汇的顺周期倾向。6月之后美元兑人民币不断走强，远期结汇签约额随着人民币贬值预期上升，反而连续下滑。这样的套保策略，企业没有赚到汇兑收益，还放大了汇率的波动。

另一方面，在远期购汇等避险策略的保护下，人民币贬值倒是给一些进口企业增加了账面利润。根据已经公布的上市公司财报，今年三季度中国石油等企业的汇兑收益过亿元。

实际上，企业进行汇率套保，应当立足于保险，而非赚钱。中国外汇局近两年来多次强调企业要树立汇率中性意识，即企业应依靠主营业务而非外汇投机盈利，外汇套保操作应立足于锁定风险，避免汇率大幅波动造成意外损失。

“让企业树立汇率中性意识还是需要时间，对冲不是说你要赚钱，而是有可能赚钱有可能输钱，”丰业银行策略师高奇在采访中表示，目前很多企业延迟结汇，以及减少远期结汇，主要还是存在人民币贬值的单边预期。

上海法询金融信息服务有限公司董事总经理王志毅表示，企业面对汇率波动的盈亏冲动短期比较难扭转，财务制度和避险的理念有一些矛盾，市场教育还需要时间。

“企业真的要做汇率避险，还是要从公司最高层扭转心态，”王志毅称，“要把套期保值看成是一种保险而不是投机工具。”

资料来源：彭博环球财经，2018年11月22日，https://mp.weixin.qq.com/s/AGdg9atx_kJuLe7AbeZHQ。

表 3－11　**2018 年人民币外汇市场交易概况**　单位：亿美元

交易品种	交易量
一、即期	110 647
银行对客户市场	34 315
其中：买入外汇	17 336
卖出外汇	16 979
银行间外汇市场	76 332
二、远期	5 419
银行对客户市场	4 543
其中：买入外汇	2 413
卖出外汇	2 130
其中：3 个月(含)以下	2 048
3 个月至 1 年(含)	2 144
1 年以上	352
银行间外汇市场	875
其中：3 个月(含)以下	552
3 个月至 1 年(含)	293
1 年以上	31
三、外汇和货币掉期	166 171
银行对客户市场	1 036
其中：近端换入外汇	117
近端换出外汇	919
银行间外汇市场	165 135
其中：3 个月(含)以下	141 448
3 个月至 1 年(含)	22 864
1 年以上	823
四、期权	8 474
银行对客户市场	2 363
其中：买入期权	1 146
卖出期权	1 217
其中：3 个月(含)以下	980
3 个月至 1 年(含)	1 187

续表

交易品种	交易量
1 年以上	196
银行间外汇市场	6 111
其中:3 个月(含)以下	4 359
3 个月至 1 年(含)	1 735
1 年以上	17
五、合计	**290 711**
其中:银行对客户市场	42 257
银行间外汇市场	248 454
其中:即期	110 647
远期	5 419
外汇和货币掉期	166 171
期权	8 474

注:(1)外汇市场统计口径仅限于人民币对外汇交易,不含外汇之间交易。

(2)银行对客户市场采用客户买卖外汇总额,银行间外汇市场采用单边交易量,均为发生额本金。

(3)银行对客户市场的即期=买入外汇(售汇)+卖出外汇(结汇)(含银行自身结售汇,不含远期结售汇履约)、远期=买入外汇(售汇)+卖出外汇(结汇)、外汇和货币掉期=近端换入外汇(售汇)+近端换出外汇(结汇)、期权=买入期权+卖出期权,均采用客户交易方向。

(4)本表计数采用四舍五入原则。

数据来源:国家外汇管理局、中国外汇交易中心。

(二)人民币离岸金融产品

1. 人民币无本金交割远期

前文已经对无本金交割远期进行了介绍。人民币 NDF 从 1996 年开始出现在新加坡市场,1997 年亚洲金融危机后交易日趋活跃。随着中国的经济发展,中国成为世界上最大的资本输入国和贸易大国之一,数量众多的跨国公司和贸易商需要利用金融工具来规避人民币的汇率风险,而当时中国内地外汇市场的发展受到较为严格的控制,缺少真正意义上的、境外机构可以参与的外汇远期市场,因此人民币 NDF 市场应运而生。

新加坡是人民币 NDF 交易的主要离岸市场。市场的主要参与者是国际大银行和投资机构,除了一些金融机构和对冲基金等是其主要客户外,他们的客户还包括在中国有大量人民币收入的跨国公司,这些跨国公司通过参与人民币的 NDF 交易规避人民币收入和利润的汇率风险。

在 2008～2009 年的高峰时期，人民币 NDF 的每日成交量高达 100 亿美元左右。2009 年和 2010 年前后，人民币离岸 NDF 市场进入重大转折期。2009 年 7 月，中国国务院批准开展跨境贸易人民币结算试点，人民币国际化征程正式启动。2010 年 7 月，中国人民银行和香港金融管理局同意扩大人民币在香港的贸易结算安排，香港的银行为金融机构开设人民币账户和提供各类服务不再面临限制，个人和企业之间可通过银行自由进行人民币资金的支付和转账，离岸人民币市场随之启动。CNH 市场的建立，加上离岸和在岸市场之间也有一定渠道互通，就改变整个离岸市场对人民币汇率风险对冲工具的选择。[①] 随着 CNH 市场的建立和发展，境外很多银行可以提供远期、掉期和跨货币掉期等多种风险对冲的产品，这些离岸人民币产品又都是可交割的。在这种局面下，人民币离岸 NDF 市场也就不断萎缩，成为边缘化市场。2015 年，人民币离岸 NDF 市场的每日成交量已经降至 8 亿美元左右。

2. 芝加哥商业交易所的人民币期货与期权交易

芝加哥商业交易所于 2006 年 8 月 27 日在其 GLOBEX 电子交易系统上推出人民币兑美元、人民币兑欧元、人民币兑日元的期货和期权交易，每份合约的标定资金量为人民币 100 万元，大约 12.5 万美元，每合约最小价格变动单位为 10 美元，日内交易的最小变动单位为 5 美元。交易的月份为当前月开始的连续 13 个自然月和这之后的两个 3、6、9、12 周期月。这三对人民币衍生品以无本金交割的形式推出，即交易双方并不进行实际交割，而是在每个月的最后一个交易日，以现金结算方式平衡交易的损益。

3. 香港交易所的人民币期货交易

香港交易所于 2012 年 9 月 17 日推出首只美元兑人民币期货。近年来香港一直在推进人民币离岸中心的建设，大量的人民币积聚在香港，使得香港有条件办理可交割的人民币期货交易。因此，香港的人民币期货是全球首只可以人民币办理交割的期货品种。在人民币改而实施参考一篮子货币的管理浮动汇率制度后，香港交易所取得监管机构批准，于 2016 年 5 月 30 日推出了全新的现金结算人民币货币期货。新增的品种包括现金结算的欧元兑人民币期货、日元兑人民币期货、澳元兑人民币期货，以及以美元计价现金结算的人民币兑美元期货。

---

① 文中的 CN 表示中国内地，H 表示中国香港，离岸和在岸则分别表示境外和境内。本书第九章对离岸和在岸的含义有更完整的讨论。

表 3-12　　港交所美元兑人民币期货交易情况　　单位:合约数

年　份	交易日数	合约成交量		未平仓合约
		每日平均	总数	
2012	70	290	20 277	3 673
2013	244	568	138 708	18 701
2014	247	830	205 049	9 747
2015	247	1 062	262 433	23 046
2016	247	2 181	538 594	45 635
2017	247	2 966	732 569	24 483
2018(截至10月16日)	195	7 270	1 417 668	31 290

数据来源:港交所。

近年来,港交所人民币期货成交量急速放大。2017 年,港交所人民币兑美元期货日均成交量近 3 000 张合约,同比增长 36%。2017 年 3 月,港交所首推人民币兑美元期权,全年日均成交量 54 张合约。截至 2017 年 12 月,人民币货币期货未平仓合约超过 2.5 万张,人民币货币期权未平仓合约 3 113 张。

此外,香港在 2006 年推出无本金交割人民币期权(NDO),2007 年 8 月推出无本金交割人民币掉期(NDS),2010 年 7 月推出有交割的人民币远期(CNH DF)等业务。

本章小结

外汇市场是不同货币进行交易的场所,它是一个以外汇银行为中心,由外汇需求方和供应方以及外汇中介商组成的交易网络、交易设施及其组织结构和制度规则的总和。外汇市场按组织形态可划分为有形外汇市场和无形外汇市场,按交易主体可划分为外汇批发和零售市场,按交割时间可分为外汇即期和远期市场。

外汇市场的参与者主要有商业银行、外汇经纪商、商业客户以及中央银行。这些参与者构成了外汇市场的交易主体。外汇市场的交易模式主要有:竞价驱动(又称指令驱动)交易模式和做市商报价驱动交易模式。竞价驱动的原则是买卖的成交取决于买卖双方的委托指令在价格和数量上是否一致。报价驱动的原则是做市商的买卖报价是否被与其交易的买方或卖方接受。

外汇市场的主要特征表现为交易规模巨大、交易币种集中于主要国际货币、交易地域分布也相当集中、可全天候交易、市场汇率波动频繁。这一方面使各外汇市场间的汇率差日益缩小,另一方面也促使各国政府对外汇市场进行频繁干预。另外,为了回避风险,外汇衍生工具也不断增多,衍生交易规模不断增大。

即期外汇交易是最基本、最原始的外汇交易,它是其他外汇交易的基础,即期汇率也是所有其他外汇交易汇率报价的主要依据。

套汇交易是利用两个或两个以上不同市场的汇率差价，在低价市场买入某种货币，同时在高价市场卖出该种货币，以赚取差价的行为。

外汇远期是交易双方按照事先约定的汇率，在未来某一确定的日期交割一定数量的某种货币的外汇交易。远期合约中的合同金额、到期时间、约定汇率等都可以由签约双方协商确定，所以远期合约可以说是一种为客户"量体裁衣"式的合约。无本金交割远期是交割时不必交付作为标的物的外币本金，而只需支付合同到期时的盈亏差额的远期交易。

套期保值是当事人为了避免自己已有的外币资产或负债在到期时因汇率的变动而面临风险，因而卖出或买进未来日期办理交割的外汇，使外汇头寸实现平衡的交易。

外汇期货，又称货币期货，是交易双方在交易所买卖标准化合约的交易。这种合约对交易的币种、数量、报价单位和交割日期等都有统一的规定。除了合约的标准化以外，这种交易的特征还包括保证金制度和每日清算制度，即逐日盯市。

外汇期权是指卖方在收取期权费的条件下赋予买方的一项权利，即买方可以按照合约规定的时间和价格买进或卖出一定数量外汇的权利，而期权卖方只承担按合约规定卖出或买进一定数量外汇的义务，不享有权利。因此，期权买方在锁定风险的同时，也获得了盈利的可能性。

货币互换是双方通过签订互换协议，在一定期限内将以不同货币计价的本金进行互换，并互相支付利息，到期后将本金换回的交易。利率互换是双方在债务币种相同的情况下，互换以一定名义本金为基础的不同支付形式的利率的交易。

远期、期货、期权、货币互换等金融工具为外汇风险管理提供了有效的途径。

我国的外汇市场主要包括批发外汇市场和零售外汇市场两个层次。批发市场即银行间外汇市场以中国外汇交易中心为交易平台。银行间外汇市场实行做市商制度，因而形成了报价驱动交易模式，但依然保留了原有的竞价驱动模式，两种模式同时运行。银行间外汇市场的交易品种主要有人民币/外币即期交易、外币/外币即期交易、人民币/外币远期交易、人民币/外币掉期业务、人民币外汇期权 5 种。其他人民币衍生产品还包括远期结售汇以及人民币无本金交割远期、人民币期货与期权交易等的人民币离岸金融产品。

如果投机者在行情上升时卖出外汇、在行情下跌时买入外汇，则由于这种低吸高抛行为抑制了行情的涨跌，故而对行情起到了稳定作用，这就是稳定性投机；反之，如果投机者在行情上升时买进外汇、在行情下跌时卖出外汇，则由于这种追涨杀跌行为扩大了行情的涨跌，故而是非稳定性投机。

重要术语

外汇市场	零售市场	批发市场	平行市场
做市商	经纪商	竞价驱动	报价驱动
指令驱动	套汇	外汇远期	场外交易
掉期	套期保值	无本金交割远期	外汇期货
货币期货	保证金制度	逐日盯市	基差
外汇期权	看涨期权	看跌期权	美式期权
欧式期权	稳定性投机	非稳定性投机	货币互换

利率互换 远期结售汇

思考题

1. 简述全球外汇市场的特点。

2. 外汇市场的结构包括哪些内容?

3. 外汇远期合约与外汇期货合约的异同点有哪些?

4. 有些企业声称因从事套期保值交易而出现亏损。你是否认为套期保值有可能带来损失?

5. 什么是外汇掉期? 请举例说明。

6. 请解释外汇期货交易的逐日盯市制度。

7. 请举例说明外汇期权在外汇风险管理中的应用。

8. 在人民币离岸金融市场上,各交易品种的定价对国内远期结售汇市场上的远期价格可能有怎样的影响?

9. 英国某外贸公司3个月后可能有一笔600 000美元的外汇收入。但公司管理人员担心美元贬值,因此考虑用外汇期权做套期保值。目前期权市场提供3个月后到期的美元看跌期权执行价格为1.296 0美元/英镑,期权费为1.8%,即期汇率1.300 0美元/英镑。试分析:(1)若3个月后的即期汇率为1.256 0美元/英镑,该外贸公司的现金流发生什么变化?(2)若3个月后的即期汇率为1.356 0美元/英镑,该外贸公司的现金流会有什么变化?

10. 设目前现汇汇率为$1.34/£,3个月期的远期汇率为 $1.29/£。根据你对汇率走势的判断,你认为3个月后的即期汇率为$1.31/£(假设你的交易金额为£1 000 000)。试问:(1)在远期市场上你将做空还是做多? 你的预期美元收益是多少? (2)如果3个月后的即期汇率是$1.26/£,你的实际美元收益是多少?

参考文献

1. 国家外汇管理局:《2018年中国国际收支报告》。

2. 国家外汇管理局:《2018年中国外汇市场交易概况》。

3. 港交所:《人民币货币期货——美元兑人民币期货年度报告》。

4. 港交所:《2016年人民币货币期货中期快报》。

5. 中国外汇交易中心—全国银行间同业拆借中心:《中国外汇交易中心产品指引(外汇市场)》。

6. 吴晓求:《中国资本市场:从制度变革到战略转型》,中国人民大学出版社2007年版。

7. 徐晓萍:《国际公司金融》,上海财经大学出版社2012年版。

8. 于研:《国际金融管理》,上海财经大学出版社2005年版和2010年版。

9. 张光平:《人民币衍生产品》,中国金融出版社2006年版。

10. 张莲英、王未卿:《国际金融学》,中国社会科学出版社2009年版,第6章:外汇市场;第7章:外汇市场业务;第8章:外汇风险及其管理。

11. 中国人民银行:各期《中国货币政策执行报告》。

12. 刘园:《国际金融学》,机械工业出版社 2016 年版。

13. FX168 金融研究院:《2016 中国外汇市场蓝皮书》,上海财经大学出版社 2016 年版。

14. Bank for International Settlements (BIS), 2016, Triennial central bank survey of foreign exchange and derivative market activity.

15. Bank for International Settlements (BIS), 2016, Non-deliverable forwards: impact of currency internationalization and derivatives reform.

第四章　汇率理论与学说

教学目的与要求

- 了解金本位制度下的汇率决定过程。
- 明确国际借贷(国际收支)论、汇兑心理论的基本内容。
- 深入掌握购买力平价论、利率平价论、货币论(包括灵活价格货币论和粘性价格货币论)。
- 知晓资产组合论、新开放宏观经济汇率理论和微观汇率理论的基本原理。
- 能够运用相关汇率理论和学说分析人民币汇率的相关问题。

两种货币之间为什么会按某一汇率水平折算、买卖？决定和影响这一水平的因素究竟是什么？这些问题一直是经济学家十分关注的重大课题。汇率作为一种货币现象，显然与一定的货币制度有密切关系。在不同的货币制度中，汇率的决定基础有很大的差异。本章各节中，如不特殊说明，名义汇率均采用直接标价法，即每单位外币所能购买的本币数量。

第一节　国际金本位制度下汇率的决定基础

19世纪初，英国确立了金本位制度，接着，其他西方国家也纷纷效仿。由于各国金本位制度之间存在完全的一致性，在这种共同的基础上就形成了所谓的国际金本位制度。根据这种制度，各国均规定了每一单位货币所包含的黄金重量与成色，即含金量(gold content)。这样，两国货币间的价值就可以用共同的尺度，即各自的含金量多寡来进行比较。金本位条件下的两种货币的含金量比值称作铸币平价(Mint Par)。铸币平价是决定两种货币汇率的基础。例如，在1929年的“大萧条”(Great Depression)之前，英国规定每1英镑含纯金7.322 4克，美国规定每1美元含纯金

1.504 656 克。这样，按含金量对比，英镑与美元的铸币平价为 7.322 4/1.504 656 = 4.866 5，即 1 英镑 = 4.866 5 美元。这一铸币平价就构成了英镑与美元汇率的决定基础。

铸币平价虽然是汇率决定的基础，但它只是一个理论概念，不是外汇市场上实际买卖外汇时的汇率。在外汇市场上，由于受外汇供求因素的影响，汇率有时会高于而有时又会低于铸币平价。然而，汇率波动并非漫无边际，它是有一定界限的，这个界限就是黄金输送点，简称输金点(Gold Point)。黄金输送点之所以能成为汇率上下波动的界限，这是由于在金币本位制下，各国间办理国际结算可以采用两种方法。第一种方法是利用汇票等支付手段，进行非现金结算。但如果由于汇率变动导致使用汇票结算对付款方不利时，则可改用第二种方法，即直接运送黄金。

第一次世界大战前，英国和美国之间运送黄金的各项费用约为黄金价值的 0.5%～0.7%。假设运输费用取中间值 0.6%。那么，运送价值 1 英镑黄金的各项费用约为 0.03 美元。据此，我们讨论以下两种不同情况：

第一种情况，假定美国对英国的国际收支出现逆差。这意味着美国进口商需要向英国出口商支付英镑。假定美国进口商需支付 1 英镑给英国出口商。该进口商有两种支付手段：(1)按汇率出售美元、购买英镑汇票，以用于支付进口款项；(2)出售美元、购买黄金，然后直接运送黄金去英国，但是运送黄金需加上相应的运输费用。表 4－1 列出了美国进口商选择黄金支付时所需要付出的美元费用以及对应的专业术语。为支付 1 英镑债务，美国进口商需要输出黄金总计 7.366 3 克，其中包含运输费用 0.043 9 克(7.322 4 克×0.6%)。为购买这些黄金，美国进口商总计需要支付 4.896 5 美元。这意味着，当使用黄金支付英镑债务时，1 英镑债务的成本为 4.896 5 美元。此数值构成美国进口商的黄金输出点，即铸币平价与运输费用之和。

表 4－1　　以黄金支付时折算的美元数量

支付 1 英镑债务所需要的黄金	1 美元含金量	对应美元数量	专业术语
1 英镑的含金量：7.322 4 克	1.504 656 克/美元	4.866 5 美元	铸币平价
运输黄金的费用：7.322 4 克×0.6%		0.03 美元	运输费用
合计：7.366 3 克		合计：4.896 5 美元	黄金输出点

表 4－2 中的两个案例显示，黄金输出点是英镑市场汇率波动的上限。案例 1 假定市场汇率为 4.8 美元/英镑，即英镑的市场汇率低于黄金输出点。这时，美国进口商会选择购买英镑汇票作为英镑债务的支付手段，因为购买 1 英镑汇票付出的成本为

4.8 美元，而使用黄金支付 1 英镑债务付出的成本为 4.896 5 美元。案例 2 假定市场汇率为 5 美元/英镑。由于英镑的市场汇率高于黄金输出点，美国进口商会选择黄金作为其英镑债务的支付手段，因为直接运送黄金所需要付出的美元费用相对较低。

表 4－2　黄金输出点决定英镑市场汇率的上限

	支付方式	对应美元数量	是否选择该种支付方式
	案例 1：市场汇率＜黄金输出点		
市场汇率：	以英镑汇票支付	4.8 美元	是
4.8 美元/英镑	以黄金支付	4.896 5 美元	否
	案例 2：市场汇率＞黄金输出点		
市场汇率：	以英镑汇票支付	5 美元	否
5 美元/英镑	否以黄金支付	4.896 5 美元	是

由此可见，当美国的国际收支处于逆差时，其对英镑的需求会增加，英镑汇率必然上升。但如果 1 英镑汇率上升到 4.896 5 美元（黄金输出点）以上时，则美国负有英镑债务的企业就不会购买英镑外汇，而宁愿在美国购买黄金，并将其运送到英国以偿还债务。因此，决定美国黄金是否流出的汇率就是黄金输出点，英镑的市场汇率不可能高于黄金输出点。

第二种情况，假定美国对英国的国际收支出现顺差。这意味着美国出口商从其英国进口商处收入英镑。假定美国出口商从其英国进口商处收入 1 英镑。

该出口商有两种方式将英镑收入转回美国：(1)按市场汇率出售其所拥有的英镑外汇、购买美元；(2)出售英镑外汇、购买黄金，然后直接运送黄金回美国，但最终黄金收入需减去相应的运输费用。表 4－3 列出了美国出口商选择输入黄金时所最终获得的美元数量以及对应的专业术语。1 英镑收入转换的黄金为 7.278 5 克（英镑含金量减去运输费用）。出售该笔黄金可为美国出口商带来 4.836 5 美元。此数值构成美国的黄金输入点，即铸币平价与运输费用之差。

表 4－3　以黄金作为收入时折算的美元数量

1 英镑收入所转换的黄金	1 美元含金量	对应美元数量	专业术语
1 英镑的含金量：7.322 4 克		4.866 5 美元	铸币平价
运输黄金的费用：7.322 4 克×0.6%	1.504 656 克/美元	−0.03 美元	运输费用
合计：7.278 5 克		合计：4.836 5 美元	黄金输入点

表 4－4 的两个案例显示，黄金输入点是英镑市场汇率波动的下限。案例 3 假定市场汇率为 4.85 美元/英镑，即英镑的市场汇率高于黄金输入点(4.836 5 美元)。这时，美国出口商会选择英镑汇票作为出口收入，因为可以按汇率兑换为 4.85 美元，而使用黄金收回 1 英镑债权带来的收入仅为 4.836 5 美元。案例 4 假定市场汇率为 4.7 美元/英镑。因为英镑的市场汇率低于黄金输入点，美国出口商会选择黄金作为出口收入，因为由此换取的美元收入相对较高。

表 4－4　黄金输入点是英镑市场汇率的下限

	收入方式	对应美元收入	是否选择该种收入方式
	案例 3：当市场汇率＞黄金输入点		
市场汇率：	收取英镑汇票	4.85 美元	是
4.85 美元/英镑	收取黄金	4.836 5 美元	否
	案例 4：当市场汇率＜黄金输入点		
市场汇率：	收取英镑汇票	4.7 美元	否
4.7 美元/英镑	收取黄金	4.836 5 美元	是

上述情况表明，当美国对英国的国际收支为顺差，英镑的供应增加，英镑的汇率必然下跌。如果 1 英镑跌到 4.836 5 美元(铸币平价减去黄金运输费用)以下时，则美国持有英镑债权的企业就不会在外汇市场出售英镑外汇，而宁愿在英国用英镑购买黄金运送回美国。这一引起黄金输入的汇率就是黄金输入点。显然，英镑汇率的下跌不可能低于黄金输入点。

上述讨论仅从美国居民作为考虑的出发点，其实，在整个交易过程中英国居民作为交易的当事人也可能面临对美国的收付，也可能需要在收付货币和黄金之间进行选择，但原理是相同的，故在此不做分析。

由此可见，在金币本位制度下，汇率波动的界限是黄金输送点，即最高不超过黄金输出点(铸币平价加运费)，最低不低于黄金输入点(铸币平价减运费)。[①] 汇率的波动幅度是相当有限的，汇率比较稳定(见图 4－1)。

第一次世界大战爆发后，参战各国的金币本位制度陷于崩溃。由于战争期间黄金储备的大量流失，战后，这些国家只能实行金块本位制或金汇兑本位制。在金块和金汇兑本位制度下，货币的含金量之比称为法定平价。法定平价也是金平价的一种表现形式。市场汇率因供求关系而围绕法定平价上下波动。但此时，汇率波动的幅度已不

① 更确切的说法应该是铸币平价加减运送黄金的机会成本，因为用黄金取代票据进行收付除了运费外，还要支付保险费，还要损失因资金占用时间较长而造成的利息收入。

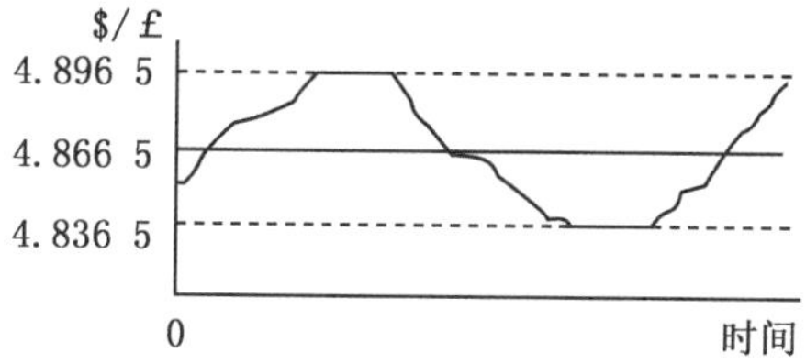

图 4-1 金本位条件下的汇率决定

再受制于黄金输送点。黄金输送点存在的必要前提是黄金的自由输出入。在金块和金汇兑本位制度下，由于黄金的输出入受到限制，因此，黄金输送点实际上已不复存在。在这两种残缺的金本位制度下，虽说法定汇率的基础依然是金平价，但汇率波动的幅度则由政府规定和维护。政府通过设立外汇平准基金来维护汇率的稳定，即在外汇汇率上升时抛售外汇，在外汇汇率下降时买入外汇，以此使汇率的波动局限在允许的幅度之内。很显然，与金币本位制度时的情况相比，金块本位和金汇兑本位下的汇率的稳定程度已大大降低。

金本位制度崩溃以后，各国均实行不兑现纸币流通制度，货币已与黄金脱钩，货币的价值基础已无法通过统一的价值实体得到体现。在这种情况下，汇率是如何决定的？对此，学术界迄今尚无定论，下面我们讨论几种主要的汇率理论与学说。

第二节 国际借贷（国际收支）论和汇兑心理论[①]

一、国际借贷论

英国学者乔治·葛逊(George Joachim Goschen，1831—1907)于 1861 年在其《外汇理论》(*The Theory of Foreign Exchange*)一书中系统提出了国际借贷论(Theory of International Indebtedness)。[②] 他认为，外汇汇率由外汇的供求关系决定，而外汇的供求又是由国际借贷引起的。商品的进出口、债券的买卖、利润与捐赠的收付、旅游支出和资本交易等都会引起国际借贷关系。

在国际借贷关系中，只有已经进入支付阶段的借贷，即流动借贷(floating indebtedness)，才会影响外汇的供求关系。至于尚未进入支付阶段的借贷，即固定借贷(consolidated indebtedness)则不会影响当前的外汇供求，只会影响未来的外汇供

① 许多中文文献把各种理论学说称为“说”，如国际借贷说、汇兑心理说。我们认为，“说”是旧汉语的用法，用现代的普通话发音略显拗口，故以“论”代之。

② 葛逊毕业于牛津大学奥里尔学院，曾任英格兰银行董事，后任英国财政大臣、海军大臣等职。

求。用现代国际金融术语来讲，反映债权债务存量的国际投资状况（international investment position）并不影响外汇供求，因为这些存量并没有得到清算，没有转化为事实上的外汇供应或需求；而反映债权债务流量的国际借贷状况才影响外汇供求，因为它们确实导致了外汇收入与支出的发生。当一国的流动债权（外汇收入）大于流动债务（外汇支出）时，外汇的供应大于需求，因而外汇汇率下降。一国的流动债务大于流动债权时，外汇的需求大于供应，因而外汇汇率上升。一国的流动借贷平衡时，外汇收支相等，于是汇率处于均衡状态，不会发生变动。

该理论实际上只说明了汇率短期变动的原因，并不能解释在外汇供求均衡时汇率为何处于这一点位，更没有揭示长期汇率的决定因素。另外，这一理论只强调国际借贷关系对汇率的影响，忽略了影响汇率变动的许多其他具体因素，尤其是没有说明借贷关系变化的成因，因而不能完整地描述汇率的决定过程。

葛逊所说的流动债权和流动债务是一种流量，其提出的国际借贷在含义上与我们在第一章讨论的作为存量概念的国际借贷并不一致，实际上就是国际收支，所以该理论又被视作早期的国际收支论。但因为葛逊的理论并没有阐述清楚具体哪些因素影响到外汇的供求，后人又在其基础上发展了相对完善的国际收支论。

二、国际收支论

该理论假定汇率完全自由浮动，汇率通过自身变动使国际收支始终处于平衡状态，即实现经常项目差额（CA）和资本项目差额（KA）之和为零（$BP=CA+KA=0$）。故此，该理论认为，为研究汇率的决定因素，首先需要研究哪些因素影响国际收支。

根据第一章的讨论，经常项目差额主要由货物和服务的进出口决定，影响因素包括：本国和外国国民收入（Y,Y^*）、汇率（S）、两国的相对价格水平（P、P^*），即 $CA=f(Y,Y^*,S,P,P^*)$。譬如，当本国国民收入增加（$Y\uparrow$），其对外国货物和服务的需求相应增加，故本国进口增加，本国国际收支逆差。而当本国价格水平上升（$P\uparrow$），外国对本国货物和服务的需求相应下降，则本国出口下降，本国国际收支逆差。影响资本项目的主要因素包括：本国及外国利率（i,i^*）和预期的未来汇率水平（S^e），即 $KA=g(i,i^*,S^e)$。譬如，当本国利率上升（$i\uparrow$），资金就会流入，从而使得资本项目顺差。而当投资者预期外国货币未来将会升值（$S^e\uparrow$），就会增加对外国资产的投资，资本项目因而出现逆差。

若以数学等式表示国际收支均衡条件：

$$BP=h(Y,Y^*,P,P^*,i,i^*,S,S^e)=0$$

从而均衡汇率为：

$$S=k(Y,Y^*,P,P^*,i,i^*,S^e) \tag{4-1}$$

表 4-5 列示了各变量对汇率的影响：当本国收入增加($Y\uparrow$)，则本国进口增加。这意味着本国对外汇的需求上升，故外币汇率上升、本币汇率下降($S\uparrow$)。而当本国价格水平上升($P\uparrow$)，本国产品的国际竞争力下降，外汇市场上本币需求下降，故外币汇率上升、本币汇率下降($S\uparrow$)。如果本国利率上升，则资本内流，外汇市场上本币的需求上升，本币汇率因此上升而外币汇率下降($S\downarrow$)。而当市场预期外汇汇率上升时，资本外流，市场对外汇的需求增加，以致本币汇率下降而外币汇率上升($S\uparrow$)。

表 4-5　各因素对汇率的影响

影响变量	$Y\uparrow$	$Y^*\uparrow$	$P\uparrow$	$P^*\uparrow$	$i\uparrow$	$i^*\uparrow$	$S^e\uparrow$
汇率变化	$S\uparrow$	$S\downarrow$	$S\uparrow$	$S\downarrow$	$S\downarrow$	$S\uparrow$	$S\uparrow$

国际收支论为现代汇率理论提供了一个新的研究视角，但该理论在研究各变量对汇率的影响时，采用了局部均衡的分析方法，假定其他变量不变。事实上，一个变量的变化可能同时影响其他变量。譬如，本国价格水平的上升($P\uparrow$)会使得本国出口减少、进口增加；而价格水平的上升又可能导致市场上的实际货币余额(real money balance)减少($M/P\downarrow$)①，从而造成利率上升，引起资本内流。前者导致经常项目逆差，后者却引发资本项目顺差，故汇率的最终变化可能是不确定的。

总体而言，国际收支论在国际借贷论基础上进一步考察了影响国际收支(国际借贷)的具体因素，更完整地解释了相关因素对汇率的影响，因而比国际借贷论具有更重要的学术价值。但国际收支论仍然只能解释汇率的短期变动，无法揭示国际收支平衡时汇率为什么会有不同点位。

三、汇兑心理论

法国学者阿夫达里昂(A. Aftalion)在其 1927 年出版的《货币、价格与外汇》(*Monnaie, Prix, et Change*)一书中系统提出了汇兑心理论(Psychological Theory of Exchange)。该理论认为，人们之所以需要外国货币，除了需要购买外国商品之外，还有满足支付、投资、外汇投机、资本外逃等需要，这种外国货币所带来的效用构成了其价值基础。因此，外国货币的价值决定于外汇供求双方对外币所做的主观评价，即外币价值的高低是以人们主观评价中边际效用的大小为转移的。

外汇的边际效用递减，而购买外汇的边际成本递增，市场上的外汇汇率取决于外汇的边际效用与边际成本之比。在一定的汇率水平上，如果人们认为外汇提供的边际效用大于边际成本，就会大量购买外汇，导致外汇汇率的上升，直至边际效用等于边际

① 这里的“实际”(real)是指包含了价格因素的情况，类似于实际利率和实际汇率等。

成本;反之,当人们认为外汇的边际效用小于边际成本时,就会抛售外汇,促使外汇汇率下降。由于人们对外汇的效用和成本所做的主观评价会随各种情况而不断变化,因而汇率也会相应变动。

汇兑心理论揭示了学术界以前所忽视的人们的主观心理活动和预期对汇率的影响作用,因而有其合理性。由该理论演变而来的心理预期论至今还有很大的影响。尤其是在解释外汇投机、资本外逃等因素对汇率的影响方面,该理论有很强的说服力,故而特别适用于国际金融动荡时期。但汇兑心理论也只能说明短期汇率,而不是长期汇率的影响因素,且无法据以从数量上确定汇率的实际水平。

第三节 购买力平价论

瑞典学者古斯塔夫·卡塞尔(Gustav Cassel)在其1922年出版的《1914年以后的货币与外汇》(*Money and Foreign Exchange After* 1914)一书中系统地提出了购买力平价论(Theory of Purchasing Power Parity),简称PPP或3P理论。这一理论的要点是:人们之所以需要外国货币,是因为其在外国具有商品的购买力;因此,两种货币的汇率,主要是由这两国货币各自在本国的购买力之比,即购买力平价决定的。该理论的核心理念在于,商品市场存在套购行为(arbitrage)。[①] 套购的结果是:如果将商品价格折算成同一币种,那么同一商品在不同国家的价格势必相等。这一理念即为一价定律或是购买力平价(Purchasing Power Parity,PPP)。二者的区别在于,一价定律适用于单个商品,而购买力平价适用于商品整体。

一、一价定律

从单个商品来看,如果商品 i 在本国的本币价格为 P_i,在外国的外币价格为 P_i^*,商品市场存在套购行为,那么按照汇率 S 应该有:

$$P_i = SP_i^* \tag{4-2}$$

这种现象就是所谓的“一价定律”,又称“单价法则”(the law of one price,LOOP,或LOP,或the law of single price),即在自由交易条件下,任一商品在不同地方换算成同币种之后都只能是同样的价格。

① 套购(arbitrage)是将物品从价格较低的地方买入,在价格较高的地方卖出,以便从中获利的行为。根据不同的对象,套购可以分为商品套购(commodity arbitrage)、黄金套购(gold arbitrage)、利息套购(interest arbitrage,简称套利)和外汇套购(foreign exchange arbitrage,简称套汇)等。许多中文文献一概把arbitrage译作套利,这容易混淆利息套购与其他套购的区别。

对等式(4－2)进行恒等变换,可以发现:

$$S=\frac{P_i}{P_i^*} \tag{4-3}$$

即如果一价定律成立,那么汇率是单个商品在两个国家的相对价格。

现在我们来考察一价定律的运行原理。假设 iPhone4s 在美国的价格为 700USD,汇率为 6.3CHY/USD。如果一价定律成立,该同款产品在中国的价格应为 4 410CHY。假如该产品在中国的价格更高,譬如 5 000CHY,并且假设市场完全竞争且不存在贸易摩擦。那么套购商会在美国买进该产品(成本为 700USD,相当于 4 410CHY)、在中国卖出该产品(收入为 5 000CHY),从而谋取利润。表现在外汇市场上,套购商对美元的需求上升,美元汇率上升、人民币汇率下跌。套购活动最终会使得美国的 iPhone4s 价格上涨(换算成人民币价格,并假设 iPhone4s 的美元价格不变),直至两国的 iPhone4s 同款产品价格相等,一价定律成立。

一价定律的成立存在以下前提条件:(1)该商品在不同国家具有同质特征;(2)不存在贸易摩擦,如不存在运输成本、关税和非关税壁垒、配额限制等;(3)商品市场自由竞争,即不存在单个买家或卖家可以操控该商品价格的行为。因此,并不是所有的商品都满足一价定律。比如当商品本身不可跨境转移或套购成本太高,那么该商品在不同国家的价格将难以满足一价定律。该类商品通常被定义为非贸易品(non-tradable goods 或 non-tradables),包括理发、房地产、餐饮服务和旅游资源等。譬如,酸奶很难在国际间运输,因为酸奶对保存条件要求较高,故运输成本也相对较高。而干奶酪则相对容易满足一价定律。与非贸易品相对应的是贸易品(tradable goods 或 tradables),该类商品的套购成本相对较低,国家或地区间的价格差异可以通过套购活动消除,从而可能满足一价定律。

二、绝对购买力平价

绝对购买力平价(absolute PPP)是一价定律的宏观表现。一价定律将汇率与单个商品在两个国家的相对价格联系起来,而购买力平价则将汇率与商品整体在两国的相对价格联系起来。

我们首先定义一个国家的价格水平为商品篮子中所有商品价格的加权平均值①,即 $P=\prod\limits_{i=1}^{N}(P_i)^{\alpha_i}$。其中 α_i 代表商品 i 在本国商品篮子中的权重,而且 $\sum\limits_{i=1}^{N}\alpha_i=1$。假设外国商品篮子的构成及权重与本国的完全相同,那么外国价格水平为 $P^*=$

① 严格地说,这里的商品篮子应该包括一国的所有货物和服务。

$\prod_{i=1}^{N}(P_i^*)^{\alpha_i}$。于是，只要一价定律对 $i=1,2,\cdots,N$ 种商品都成立，即 $P_i=SP_i^*$，就可以得出 $P=SP^*$。因此，如果换算成同一币种之后，该商品篮子在两个国家的价值应该相等，这就表明绝对购买力平价成立。由此可见，当购买力平价成立时，两国之间的汇率 S 即为：

$$S=\frac{\frac{1}{P^*}}{\frac{1}{P}}=\frac{P}{P^*} \tag{4-4}$$

一种货币的购买力是指每单位该币所能够购买的商品数量。由此可见，货币购买力是一国价格水平的倒数。为了避免用所有商品举例的不便，我们假定一组商品在英国购买时需要 1 英镑，而该组商品在美国的价格水平为 2 美元，那么，英镑的购买力为 1，而美元的购买力为 0.5，即 1 英镑可以买到 1 个商品篮子，1 美元只可以买到 0.5 个该商品篮子。换言之，1 英镑的购买力是 1 美元购买力的 2 倍。英镑与美元的货币购买力之比为 2∶1。相应地，如果购买力平价成立，这两种货币的汇率为 1 英镑＝2 美元。

如前所述，购买力平价是指两国货币的购买力比值，即每单位 B 国(外国)货币与若干数量 A 国(本国)货币购买力一致时的状况。由于货币的购买力主要体现在价格水平上，即货币购买力是价格水平的倒数，因此，购买力平价可以由以下等式表示：

$$\text{购买力平价}=\frac{\text{B 国货币购买力}}{\text{A 国货币购买力}}=\frac{\frac{1}{\text{B 国的价格水平}}}{\frac{1}{\text{A 国的价格水平}}}=\frac{\text{A 国的价格水平}}{\text{B 国的价格水平}}$$

如果购买力平价成立，则市场汇率就与购买力平价一致，于是，该等式就与等式(4-4)等价，即一价定律也同时成立。

三、相对购买力平价

在现实生活中，绝对购买力平价及一价定律的成立存在明显的障碍，这是因为由于文化传统、消费偏好、运输成本等因素的影响，商品套购难以充分实现，且各国的商品种类和构成的差异很大，价格水平缺乏可比性。此外，由于各国的商品种类和数量极为繁多，以致一国的价格水平在技术上也很难用精确的数量来表示。

因此，卡塞尔对绝对购买力平价论进行了拓展，在考虑交易成本、商品篮子及权重存在差异的情况下，考察两国价格水平对汇率的影响，进而提出了一般意义上的购买力平价，即相对购买力平价(relative PPP)。其数学表达式如下：

$$S_t = K\left(\frac{P_t}{P_t^*}\right) \tag{4-5}$$

式中,下标 t 表示某一特定时点,系数 K 是一个正的常数。若 $K=1$,则绝对购买力平价成立;若 $K\neq 1$,则意味着两国的价格水平之比与汇率水平出现偏差,绝对购买力平价不成立。但只要 K 是不等于 1 的正的常数,这就意味着两国的价格水平及其变动与汇率的变动存在对应关系,从而仍然符合购买力平价的基本准则。这就是相对购买力平价的要旨。显然,K 包含了影响绝对购买力成立的有关因素,如交易成本等。此外,等式(4-5)中各变量都设定了下标 t,且 t 是一个变量,可见,相对购买力平价更加强调时间变化条件下的价格水平与汇率的稳定关系。

对等式(4-5)取对数可以更加具体地考察两种货币之间的汇率变化与两国的相对价格水平变化(通胀率)决定。数学推导过程如下:

对于任一变量 X,令 $x=\ln X$ 表示其自然对数形式,于是对等式(4-5)两边各取自然对数,可以得到:

$$s_t = k + p_t - p_t^* \tag{4-6}$$

令 $\Delta x_t = x_t - x_{t-1}$ 表示变量 X 的变化率①,则等式(4-6)又可表示为:

$$\Delta s_t = \Delta p_t - \Delta p_t^* \tag{4-7}$$

也就是说,汇率变化率等于两国通胀率之差。如果本国通胀率高于外国通胀率,那么本币就相对于外币贬值。这就是相对购买力平价的含义。

现在,我们再用文字表述来讨论绝对购买力平价与相对购买力平价的关系。设:

一国价格指数=一国当期价格水平/一国基期价格水平

根据购买力平价的定义,得:

当期绝对购买力平价=A 国当期价格水平/B 国当期价格水平

基期绝对购买力平价=A 国基期价格水平/B 国基期价格水平

于是有:

$$\text{当期绝对购买力平价}=\frac{\text{A 国基期价格水平}\times\text{A 国价格指数}}{\text{B 国基期价格水平}\times\text{B 国价格指数}}$$

即:

$$\text{当期绝对购买力平价}=\text{基期绝对购买力平价}\times\frac{\text{A 国的价格指数}}{\text{B 国的价格指数}}$$

若基期绝对购买力平价成立,则:

$$\text{当期绝对购买力平价}=\text{基期汇率}\times\frac{\text{A 国的价格指数}}{\text{B 国的价格指数}} \tag{4-8}$$

---

① 令 $r_t=(X_t-X_{t-1})/X_{t-1}$ 表示变量 X 的变化率,当 r_t 较小时,$\ln(X_t/X_{t-1})=\ln(1+r_t)\approx r_t$,于是 $\Delta x_t = x_t - x_{t-1} = \ln(X_t/X_{t-1}) \approx (X_t - X_{t-1})/X_{t-1} = r_t$。

即：

$$当期汇率=基期汇率\times\frac{A国的价格指数}{B国的价格指数} \tag{4-9}$$

等式(4－9)体现了相对购买力平价的基本含义，即如果能找到一个历史上符合A、B两国绝对购买力平价的汇率，并将其作为基期汇率，那么就可以根据以后一段时期里这两个国家的价格指数变动情况推算出这两国货币的当前绝对购买力平价。如果当前汇率与当前的绝对购买力平价一致，则相对购买力平价也同时成立。

对等式(4－9)取对数，然后取变化率，我们可以再次得到等式(4－7)。若用文字表述，则有：

$$\frac{当期汇率}{基期汇率}=\frac{当期购买力平价}{基期购买力平价}=\frac{A国的价格指数}{B国的价格指数}$$

即：

$$\frac{当期汇率}{基期汇率}=\frac{A国的价格指数}{B国的价格指数}$$

其对数形式即为：

$$汇率变动率=A国的价格变动率-B国的价格变动率$$

这意味着，只要相对购买力平价成立，我们就可以通过价格指数计算出两个国家之间的汇率变化。这使得我们能够运用历史数据对相对购买力平价进行检验。相对购买力平价由于用价格指数取代了价格水平，解决了数据的可得性问题，就应用性而言具有突出的优势。

需要注意的是：第一，绝对购买力平价描述了价格水平和汇率之间的相关性，在理论上更加严谨；而相对购买力平价描述了价格变化(即通货膨胀率)同汇率变化之间的相关性。第二，价格指数不可以直接代入绝对购买力平价公式用作判断绝对购买力平价是否成立，因为价格指数只是部分商品而不是所有商品价格变化的指标。第三，绝对购买力平价成立，则相对购买力平价必然成立；但相对购买力平价成立不代表绝对购买力平价成立，因为后者的成立必须以一价定律为前提，而在现实生活中该定律很难实现。第四，绝对购买力平价考察的是时点现象；相对购买力平价考察的是时期现象。

四、对购买力平价论的检验

学术界对购买力平价论的可靠性仍然存在争议。因此，许多学者对购买力平价进行了检验。

第一种方法是检验一价定律是否成立，因为购买力平价论的基础是一价定律。相关研究发现，即使对于那些在国际贸易中广泛交易的工业制成品，同一商品在不同国家的价格折算成同一币种时，也并不相同；即使在考虑了运输费用等交易成本对价格差异的影响后，一价定律仍然不成立(Isard，1977；Engel & Rogers，1996)。对于那些并不能方便进行国际贸易的商品（主要是服务等非贸易商品），试图通过国际间的商品套购来使不同国家的价格趋于一致，就更加不切实际了。

第二种方法是考察实际汇率(real exchange rate)的变化情况。我们通常将实际汇率定义为经过名义汇率调整的国内外价格水平之比：

$$e=\frac{SP^*}{P} \tag{4-10}$$

式中，e 代表实际汇率，其数值的上升表示外币相对于本币实际升值。从本质上看，实际汇率是一单位外币在本国的购买力(S/P)与其在外国的购买力($1/P^*$)的比值。如果绝对购买力平价成立，$S=P/P^*$，那么 $e=1$；如果一般意义上的购买力平价成立，$S=K(P/P^*)$，那么 $e=K$。不管是哪一种情况，基于实际汇率的定义，即等式(4-10)，都可以得到 $\Delta q_t=\Delta s_t+\Delta p_t^*-\Delta p_t=0$。也就是说，如果购买力平价成立，那么实际汇率的变化率应该等于0。

许多经验研究运用各种数据考察实际汇率变化率的时间序列性质，但却没有发现支持购买力平价的证据。在绝大多数情况下，实际汇率变化率不等于0，而且也没有明显地回归0这一理论均值的倾向。图4-2显示了日元和英镑相对于美元的实际汇率的变化情况，从图中可以看出，实际汇率变化率只是偶尔等于0，而且也很少停留在0附近，因而不符合购买力平价。

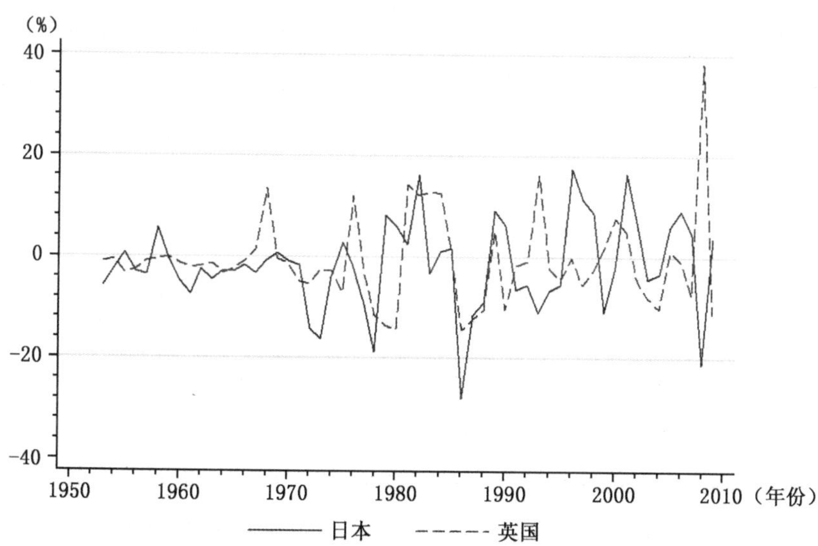

数据来源：Penn World Table 7.0。

图4-2 1953～2009年日元与英镑对美元的实际汇率变化率

在短期内,价格水平常常具有刚性,无法做出灵活及时的调整。假如汇率确实如购买力平价所要求的那样由两国价格水平之比决定,那么汇率本身也应该具有一定的刚性。但是事实上除了在一些实行严格的固定汇率制度的国家,汇率的波动幅度一般都很大,而且许多研究表明名义汇率的波动是造成实际汇率短期波动的主要因素(Stockman,1983;Mussa,1986)。所以就短期而言,购买力平价论并不能解释汇率水平及其变化率的决定过程。从长期来看,价格会做出充分调整,与汇率之间的长期均衡关系更有可能符合购买力平价论的描述。在一些使用时期跨度很长的数据进行的经验研究中,找到支持购买力平价论的证据相对比较容易。另外,在一些高通货膨胀国家,汇率变动与通货膨胀幅度相适应,实际汇率反而较为稳定,从而也有利于证明购买力平价论的成立。

五、对购买力平价论的分析与评价

总的来说,购买力平价论以货币数量理论为基础,以货币数量变化引起的价格以及单位货币购买力的变化来解释汇率的变化,比较适合研究汇率在中长期范围内的决定及变化过程。由于购买力平价论抓住了货币内在的特性——货币的购买力,即价格水平这一影响汇率的核心因素,并首次使理论汇率的确定得到了量化的尺度,因而被普遍用作长期均衡汇率的确定标准。在严重的通货膨胀时期,譬如 20 世纪 20 年代,购买力平价论的可靠性更为突出。

尽管如此,购买力平价论也存在许多缺陷。

第一,该理论的成立需要具备以下假设条件:(1)所有的货物和服务都可以进行国际贸易;(2)国际贸易可自由进行,不受任何限制;(3)国际贸易的交易成本,如运费和关税为 0。在满足以上条件时,如果汇率明显偏离购买力平价,则经汇率换算以后,一国的相对价格水平就会与另一国出现极大偏差,这就为商品套购提供了机会。由于有些物品,如旅游资源是非贸易品,劳动力在国际间不能自由转移,再加上高昂的交易成本,使得许多物品的套购无法进行,这就导致汇率经常会偏离购买力平价。有些学者主张以贸易品价格计算购买力平价,虽然这种做法是一种改进,但仍然无法完全弥补购买力平价论的这一缺陷。[①] Engel 分别用贸易品价格和非贸易品价格进行的研究表明,虽然两者的结果有所不同,但差异很小(宋海,2003,第 40 页)。

第二,相对购买力平价的基期汇率难以确定,无可靠的标准可依。如果选定的基期汇率本身已经偏离购买力平价,则由此算出的相对购买力平价必有很大误差。另

---

① 随着条件的改变,有些非贸易品可能逐步转变为贸易品,如旅游业的开放和交通工具的改善,正在使旅游景点成为贸易品。直接管制的放松也有同样的作用。

外，价格指数的选择亦无严格的标准，究竟应该以国内生产总值平减指数（GDP Deflator）、批发价格指数（Wholesale Price Index，WPI）、生产价格指数（Producer Price Index，PPI）还是消费价格指数（Consumer Price Index，CPI），这很难从理论上提出科学的依据。

第三，购买力平价论把价格与汇率的关系完全看作是单向的因果关系（causal relation），其中价格是因，汇率是果，这也有悖现实。实际上，价格与汇率之间是一种互为因果关系（interrelation），两者相互影响，汇率的变动反过来也会影响价格水平。例如外汇汇率上升以后，进口消费品和投资品的价格相应上扬，由此会推动国内价格水平的涨升。

第四，购买力平价论完全忽略了资本项目差额对汇率的影响。第二次世界大战以来，随着整个世界货币化程度和经济一体化程度的提高，国际资本往来和金融交易的金额不断增长，其增长速度已远远超过了经常项目交易额的增长速度。因此，资本项目差额对汇率的影响作用正在日益增强。从发展趋势来看，购买力平价论作为一种传统的汇率理论，其有效性将会不断减弱。

第五，购买力平价论只考虑价格对汇率的影响，没有考虑消费者偏好、生产率、市场结构、价格垄断等实际因素对汇率的影响。事实上有许多研究发现，上述实际因素会引起实际汇率的持续性的变化，从而使实际汇率的变化率持续性地偏离 0 这一理论均值。这表明，即使从长期来看，购买力平价论也可能无法解释某些汇率变动现象。

六、巴拉萨—萨缪尔森理论

购买力平价论用价格来解释汇率的确定和变动，但价格又受什么因素影响呢？贝拉·巴拉萨（Balassa，1964）和保罗·萨缪尔森（Samuelson，1964）对此进行了研究，并分别发表了相关研究文献，将影响价格的因素归结为劳动生产率和工资水平，在此基础上形成了巴拉萨—萨缪尔森理论。按照这一理论，汇率取决于两国的相对价格，而相对价格则取决于两国的相对劳动生产率和相对工资。一国劳动生产率的提高，可使该国的单位产品的生产成本下降，国际竞争力相应上升。而工资水平的提高则会增加生产成本，进而削弱其国际竞争力。因此，当一国的工资水平相对上升或劳动生产率相对下降时，其价格水平会相对上升，本币将趋于贬值；反之，则本币升值。这种情况表明，即使一国货币的汇率出现大幅度上升，如果其劳动生产率的上升速度高于工资水平的上升速度，则该国的相对价格仍然可能保持不变，甚至还会相对下降，其国际竞争力也仍然能够得到维持。第二次世界大战后的日元汇率曾经持续了数十年的上升态势，但日本的国际竞争力依然能够得到维持。2005～2010 年间，人民币也不断升值，但中国仍然保持了巨额的贸易顺差。这种状况与当时中日两国的劳动生产率不断提高可能有密切的关联。

巴拉萨—萨缪尔森理论还可用以解释发达国家的价格水平，尤其是非贸易品价格经汇率折算为何普遍高于发展中国家。一般而言，发达国家的贸易品生产部门的劳动生产率较高，虽然工资水平也较高，但上升速度低于劳动生产率的提高，因此其货币汇率相应较高，因为汇率主要与贸易品相关。此外，发达国家的非贸易品生产部门的劳动生产率却与发展中国家差异不大，例如，理发师在一定时间里能够服务的客户人数几乎相同，但发达国家的非贸易品生产部门工资水平却随着贸易品部门的工资同步上升，以致整个社会的工资水平相对较高，因而价格水平也就高于发展中国家（见图4-3）。由此可见，如果以包含了非贸易品价格的价格指标来计算实际汇率，则劳动生产率的提高还可能造成实际汇率的上升。

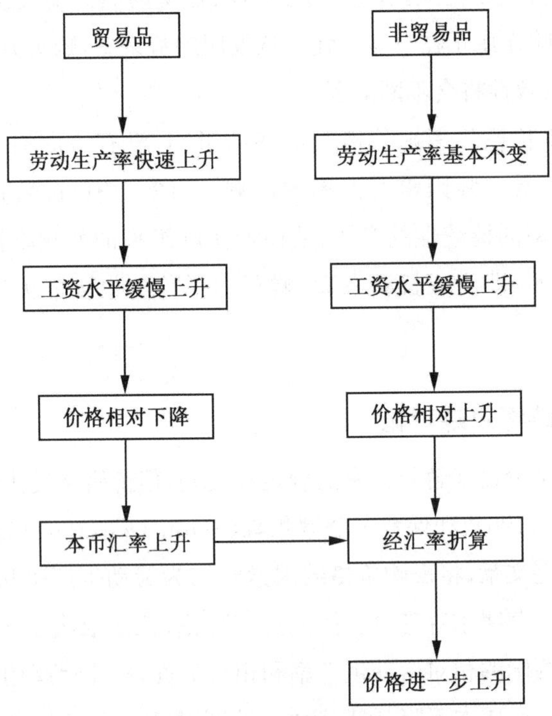

图4-3　巴拉萨—萨缪尔森理论：对发达国家非贸易品价格偏高的解释

专栏 4－1　汉堡包指数

《经济学家》杂志每年公布按自己的一套方式计算的购买力平价，又称为“汉堡包指数”。该杂志社选择了麦当劳的汉堡包来代表“一篮子商品”，因为它是在约 120 国家根据大致相同的配料制作的。汉堡包购买力平价是汉堡包的制作配方相同的各个国家货币之间的汇率。《经济学家》杂志认为，将一国的市场汇率和以汉堡包的相对价格为计算基础的购买力平价进行比较，可以检验一种货币是否低估。正如《经济学家》杂志所承认的，这不是一种十分精确的做法，但确实为我们提供了对购买力平价理论的有用的解释。

在计算汉堡包指数时，该杂志将一国的汉堡包价格按当时的汇率转换成美元价格，并除以美国的汉堡包平均价格。根据购买力平价理论，价格应该是一样的。如果价格不一致，这就意味着这种货币对美元的汇率不是高估就是低估。例如，2015 年 1 月美国的汉堡包平均价格为 4.79 美元，巴西是 5.21 美元，挪威是 6.3 美元，中国是 2.77 美元。这表明巴西雷亚尔高估了 8.7%，挪威克朗高估了 31.5%，中国的货币低估了 42.2%！

根据 2019 年 1 月的以欧元计价的巨无霸指数，价格由高到低依次为瑞士(5.9 欧元)、瑞典(5.2 欧元)、美国(4.9 欧元)、欧元区(西班牙，4.1 欧元)、澳大利亚(3.9 欧元)、英国(3.6 欧元)、阿联酋(3.4 欧元)、日本(3.2 欧元)、中国(2.7 欧元)、墨西哥(2.3 欧元)、南美(2 欧元)、俄罗斯(1.5 欧元)。

资料来源：查尔斯·希尔和托马斯·霍特(2019)；https://mp.weixin.qq.com/s/vA-aQoW7TKPjOydWWEnXCg。

第四节　利率平价论

购买力平价论可能在长期成立，但在短期却很难找到证据。这意味着购买力平价论无法作为研究短期汇率的一种理论。为此，学术界提出了另外一种基于资产视角的汇率决定理论。该理论认为货币是一种金融资产。[①] 外汇市场上的套汇行为会驱使两种货币资产的收益率趋同。如果这种投资可以通过买卖远期外汇得以规避汇率风险，那么就形成了抵补利率平价论(Covered Interest Parity，CIP)；如果这种收益率取

① 这与购买力平价理论不同。购买力平价理论认为货币的价值在于其可以用来购买商品，而资产理论认为货币是一种金融资产。

决于投资者的投资预期，那么就形成了无抵补利率平价论（Uncovered Interest Parity，UIP）。①

汇率的资产理论与购买力平价论存在本质上的区别。第一，购买力平价论往往假设研究视野长达数年；而资产理论只研究汇率的短期成因，研究视野短至数周，最长只至一年。第二，购买力平价论假设商品价格自由变动，而资产理论假设商品价格具有粘性。实证检验表明，商品价格可能在长期自由变动，但在短期往往具有粘性。第三，两种理论因为研究视野不同，故往往具有互补作用，不能相互替代。

一、利率平价论的形成背景

早在19世纪后期，随着英国货币当局管理货币政策经验的积累，人们已经发现可以通过调整利率来影响汇率。例如，提高本国利率可以提升本币汇率，而降低本国利率，则可以防止本币出现升值现象。随着国际资本流动日益自由、规模愈益庞大，利率与汇率日趋成为影响跨国投资收益的重要因素，而远期外汇交易的发展，也为研究利率与汇率的关系提供了一个新的角度。德国经济学家沃尔塞·络茨（Lotz，1889）对利差和远期汇率的关系进行了研究。凯恩斯（1923）在《货币改革论》一书中，在络茨的研究基础上总结出了完整的利率平价（interest rate parity）理论。

与购买力平价论不同的是，凯恩斯的利率平价论没有把汇率看成是两国相对价格的比率，而是将其看成是两国货币资产的相对价格。凯恩斯在研究远期汇率与即期汇率的差异时发现，这一差异主要受资金在不同金融中心之间流动的方向与规模的影响，而造成这种资金跨国流动的最重要的原因就是国际间的利率差异。利率高的货币，远期汇率会相对即期汇率贴水，从而使这种货币资产的较高的利息收益可能被较低的汇率所抵消。由于市场利率变化很快，所以利率平价论主要研究短期内汇率的变化情况，是关于汇率短期决定方式的重要理论。

二、利率平价论的两种形式

（一）抵补利率平价

抵补利率平价是利率平价的一种形式，是指远期升水率或贴水率正好将相关货币资产利率差异相抵消，从而使不同货币资产以同一种货币表示的无风险收益率彼此相同的均衡状态。这种均衡状态是抵补套利的结果。

套利是一种获取利差收益的行为。具体而言，投资者可以在利率较低的国家筹措

① 许多英文文献在讨论利率平价时常常省略rate，直接以interest parity表示利率平价。

资金，再投资于其他国家具有较高利率的固定收益类的金融品种。[①] 假设资金在国际间移动不存在任何限制与交易成本。那么，抵补利率平价的运作机制如下：

假定从时期 t 到 $t+1$，投资于本国货币资产的无风险收益率（例如银行存款利率）为 i_t，而投资于外国货币资产的无风险收益率为 i_t^*。S_t 表示即期汇率，F_t 表示在时期 t 签约、在时期 $t+1$ 交割的远期汇率。假定投资者持有一单位本币。该投资者在 t 时刻可以选择的投资方案如下：

（1）投资于本币存款。那么，到时期 $t+1$，该投资者可以获得本金与利息共 $1+i_t$ 单位本币。

（2）投资于外币存款。为此，该投资者需要先将一单位本币按照即期汇率兑换成 $1/S_t$ 单位外币；到时期 $t+1$，投资者再收取本金与利息共 $(1+i_t^*)/S_t$ 单位外币。由于一年后的即期汇率 S_{t+1} 是不确定的，为消除这种投资方式所带来的汇率风险，投资者可以在 t 时刻购买一年期远期合约。假设远期汇率为 F_t，则一年后投资于外币资产的本金利息收益为 $F_t(1+i_t^*)/S_t$ 单位本币。

如果投资者认为两种存款除了币种与利率的差异外其他性质完全相同，那么，上述两种投资方案的收益也应该相同；否则，就会出现抵补套利。于是就形成了抵补利率平价：

$$\frac{F_t(1+i_t^*)}{S_t}=1+i_t \tag{4-11a}$$

何时会出现抵补套利？假设本币资产为美元资产，外币资产为英镑资产。英镑资产的利率为 $i_t^*=10\%$，美元资产的利率为 $i_t=8\%$；外汇市场上的即期汇率为 $S_t=\$2/£$；远期差价为平价，即 $F_t=\$2/£$。如果投资者投资美元资产，一年后的本息收益为 1.08%（$=1+i_t$）；而如果投资者投资英镑资产并同时卖出一年期远期英镑，一年后的本息收益为 1.1%（$=F_t(1+i_t^*)/S_t$）。由于英镑的本息收益较高，外汇市场上会出现以获取利差为目的的资金从美国流向英国的套利现象。这种资金流动在即期外汇市场上表现为抛售美元、争购英镑，从而导致英镑的即期汇率上升（$S_t\uparrow$）。为防止日后收回英镑本息时英镑汇率下跌，在兑换成美元时发生亏损，套利者就会在远期外汇市场上卖出英镑、换回美元。结果，英镑的远期汇率就会下跌（$F_t\downarrow$），直至远期汇率与即期汇率之比与这两种货币的本金和利息（简称本利）之比恰好相等，套利者的无风险收益等于 0，市场恢复均衡。假设英镑的即期汇率上升至 $S_t=\$2.02/£$，那么抵补套利的结果会使得 1 年期的远期英镑汇率降至 \$1.98/£，即 $F_t=2.02\times1.08/1.1$

① 这里的套利是利息套购的简称，并非是在期货市场上买入价格相对偏低的品种，卖出另一个相关的价格偏高的品种，以获取收益的套利行为。

=1.98。这表明英镑的远期差价为贴水。

由此，我们得出如下结论：远期差价由相应的货币利差决定，利率较高的货币的远期差价应为贴水，利率较低的货币的远期差价应为升水。

上述把掉期（同时买进和卖出同样数量的即期英镑和远期英镑的交易）和套利（利息套购）结合在一起的交易就称为抵补套利（covered interest arbitrage）。"抵补"具有平衡头寸、抵消风险的含义。[①] 抵补套利的结果会使下列等式成立：

远期汇率/即期汇率=（1+美元利率）/（1+英镑利率）

=美元到期本利/英镑到期本利

我们还可以通过数学推导对上述原理进行证明。

根据等式（4-11a）可以得到：

$$\frac{F_t}{S_t}=\frac{1+i_t}{1+i_t^*}$$

两边同减：

$$\frac{F_t}{S_t}-\frac{S_t}{S_t}=\frac{1+i_t}{1+i_t^*}-\frac{1+i_t^*}{1+i_t^*}$$

简化得：

$$\frac{F_t-S_t}{S_t}=\frac{i_t-i_t^*}{1+i_t^*} \tag{4-11b}$$

由于 $1+i_t^*\approx1$，所以：

$$\frac{F_t-S_t}{S_t}\approx i_t-i_t^* \tag{4-12a}$$

即：

$$\frac{\text{远期汇率}-\text{即期汇率}}{\text{即期汇率}}\approx\text{本币利率}-\text{外币利率}$$

等式（4-12a）中的分子就是远期差价，该等式表明，远期贴水（升水）率近似于本外币利差。如果本币利率高于外币利率，本币的远期差价会出现贴水，而外币的远期差价则会出现升水，即 $F_t-S_t>0$，这意味着本币相对较高的利息收益会因汇兑损失而抵消；而如果本币利率低于外币利率，本币的远期差价会出现升水，而外币的远期差价则会出现贴水，即 $F_t-S_t<0$，外币相对较高的利息收益也会因汇兑损失而抵消。

若对等式（4-11b）取对数，则有：

---

① 许多中文文献将英文单词"cover"翻译为"抛补"。我们认为，"抛补"的中文含义并不明确，且并非规范的中文词汇，一般中文词典中并无此词条。而且，如果将"抛"理解为卖出，"补"理解为卖入，则（uncover）"无抛补"应理解为既不买入也不卖出，这与英文原意不合。相反，"抵补"的中文含义比较明确，《现代汉语词典》将其解释为：补足所缺的部分。因此，"无抵补"意味着不补足所缺的部分。

$$f_t - s_t = i_t - i_t^* \tag{4-12b}$$

式中，s_t 和 f_t 分别代表 S_t 和 F_t 的自然对数。①

专栏 4-2　抵补利率平价论的相关例题

假设某投资者拥有 1 000 美元，并且知道 1 年期美元存款利率 $i_t = 1\%$，1 年期欧元存款利率 $i_t^* = 2\%$，1 年期远期汇率 $F_t = 1.3\ \$/€$，即期汇率 $S_t = 1.3\ \$/€$。求解以下问题：

(1)如果投资者投资美元资产，其美元收益为多少？

答案：美元本息收益＝1 000×(1＋1%)＝1 010。

(2)如果该投资者投资欧元存款，并同时购买 1 年期远期合约。他应该卖出还是买入远期欧元？持有欧元存款获得的美元收益为多少？

答案：该美元持有者一年后收回欧元、换回美元。为规避汇率风险，投资者应该立即卖出 1 年期远期欧元。持有欧元存款的美元本息收益＝1 000/(1.3 \$/€)×(1＋2%)×(1.3 \$/€)＝1 020。

(3)市场是否存在套利机会？

答案：存在套利机会。该投资者可以借入美元并转存欧元，1 年后再偿还美元债务。那么，投资者 1 年后需要偿还的债务＝\$1 010，而持有的欧元存款 1 年后的美元收益＝\$1 020。这意味着投资者如果投资 \$1 000，则可以赚取利润 \$10。

(4)由于投资者在远期外汇市场上卖出欧元，这意味着欧元远期汇率将会下降，欧元存款的美元收益也相应下降。投资者的套利行为会持续存在，直至欧元存款的美元收益等同于美元存款的美元收益。于是，抵补利率平价成立，套利者不再有套利机会。假设即期汇率及各币种的利率不发生变化，试计算抵补利率平价(CIP)成立时的远期汇率。

答案：根据等式(4-11)，可以得到远期汇率 $F_t = (1.3\ \$/€) \times (1+1\%)/(1+2\%) = 1.287\ \$/€$。

根据等式(4-12)，可以得到近似的远期汇率值。

(5)根据例题(4)得出的远期汇率，试计算欧元的远期差价，并说明该差价为升水还是贴水？升水率或贴水率与利差是什么关系？

答案：远期差价＝1.287 \$/€－1.3 \$/€＝－0.013 \$/€，远期差价为贴水，远期贴水率＝－0.013/1.3＝－0.01。可以发现远期贴水率等于美元和欧元的利差，即 1%－2%＝－1%。

---

① 因为利率的数值一般都很小，所以等式(4-11)表明 $F_t/S_t = 1 + (i_t - i_t^*)/(1 + i_t^*) \approx 1 + i_t - i_t^*$，而 $F_t/S_t = 1 + (F_t - S_t)/S_t \approx 1 + f_t - s_t$，于是就得到等式(4-12)。

(二)无抵补利率平价

前面在讨论抵补利率平价时提到了两种相互等价的投资方案。事实上投资者还有第三种方案,即首先将一单位本币按照即期汇率兑换成 $1/S_t$ 单位外币,然后投资于外币存款,获得本金与利息共 $(1+i_t^*)/S_t$ 单位外币,最后在时期 $t+1$ 根据当时的即期汇率 S_{t+1} 将这些本金利息兑换成 $S_{t+1}(1+i_t^*)/S_t$ 单位本币。然而与前面两种投资方案不同的是,在这一投资方案下,由于投资者事前并不知晓下一期的即期汇率 S_{t+1},且未对汇率风险予以"抵补",所以必须承担汇率风险。

无抵补利率平价是关于利率与汇率关系的一种假说。其基本思路是:如果投资者对风险持中性(neutral)态度,亦即只关心投资的收益,那么投资者追逐利润的本性会确保市场达到均衡,此时投资于有风险的外币资产的预期收益与投资于无风险的本币资产的收益相等。换言之,即使不存在抵补的交易,套利者也会通过对未来的即期汇率做出预期,并以此作为是否进行套利的决策依据。

假设在时期 t 投资于本币资产的无风险收益是 $1+i_t$,而投资于外币资产的预期收益以本币计价为 $E_tS_{t+1}(1+i_t^*)/S_t$,式中,E_tS_{t+1} 代表在时期 t 对时期 $t+1$ 时的即期汇率的预期。如果无抵补利率平价成立,则有:

$$\frac{E_tS_{t+1}(1+i_t^*)}{S_t}=1+i_t \tag{4-13}$$

无抵补利率平价成立的机制在于,如果外币资产的预期收益低于本币资产,那么外汇市场的投资者会卖掉外币资产,以购买本币资产。外币供应的增加会导致外币即期汇率 S_t 下降。这意味着外币在未来的预期收益会有所上升,即 $E_tS_{t+1}(1+i_t^*)/S_t$ 上升。只有当外币预期收益上升到与本币资产持平时,投资者才会停止抛售外币资产。

若对等式(4-13)取对数,则无抵补利率平价也可以近似地表示为:

$$\frac{E_tS_{t+1}-S_t}{S_t}=E_ts_{t+1}-s_t=i_t-i_t^* \tag{4-14a}$$

令 $\Delta s_{t+1}^e=\frac{E_tS_{t+1}-S_t}{S_t}=E_ts_{t+1}-s_t$,并代入等式(4-14a),得:

$$\Delta s_{t+1}^e\approx i_t-i_t^* \tag{4-14b}$$

式中,Δs_{t+1}^e 表示汇率的预期变动率。

等式(4-14a)和(4-14b)表明,根据无抵补利率平价,汇率的预期变动率等于本外币利差。如果本国利率相对于外国利率有所提高,那么本币预期贬值率将有所扩大,以使本外币存款以同一种货币表示的预期收益保持相等。要使本币预期贬值率有所扩大,预期未来的即期汇率就应该出现较大幅度下跌(E_ts_{t+1} 上升),或者当前的即期汇率出现上升(s_t 下降)，或者两者兼而有之。如果对未来的即期汇率的预期是给定的，比如说由对未来经济基本因素的预测所决定，亦即 $E_t s_{t+1}$ 不受当前利率变动的影响，那么在外国利率不变的前提下，提高本国利率将导致本币立即上升，而降低本国利率将引起本币立即下降。

可见，与抵补利率平价相比，无抵补利率平价仅仅是以预期的未来汇率取代了远期汇率，亦即以预期的汇率变动率取代了远期差价，其依据是：即使套利者不在远期外汇市场上进行抵补，预期的汇率变动依然能与利差形成均衡关系。由此可见，抵补利率平价论主要用以解释利率对远期差价的影响，而无抵补利率平价论则着重解释利率对当期即期汇率和未来即期汇率的影响，以及这两种汇率的相互关系。鉴于当今国际金融市场上许多参与者主要根据预期做出操作决策，所以无抵补利率平价在解释利率对汇率的影响方面有一定的说服力。

专栏 4-3　无抵补利率平价论的相关例题

假设某投资者拥有 1 000 美元，并且知道 1 年期美元存款利率 $i_t=1\%$、1 年期欧元存款利率 $i_t^*=2\%$和即期汇率 $S_t=1.3\$/€$。求解以下问题：

(1)如果抵补利率平价成立，试计算 1 年期欧元远期汇率。

答案：1 年期欧元远期汇率$=1.3\$/€\times(1+1\%)/(1+2\%)=1.287\$/€$。

(2)如果无抵补利率平价成立，试计算 1 年后对欧元的预期汇率。该汇率与 1 年期远期汇率有什么关系？

答案：1 年后对欧元的预期汇率 $ES=1.3\$/€\times(1+1\%)/(1+2\%)=1.287\$/€$。可见，如果无抵补利率平价和抵补利率平价均成立的话，未来预期汇率应该等同于 1 年期远期汇率。

(3)1 年后欧元的预期贬值率为多少？

答案：1 年后欧元的预期贬值率$=(1.287\$/€-1.3\$/€)/(1.3\$/€)=-1\%$。预期贬值率等同于本外币利率差，即 $1\%-2\%=-1\%$。

(4)1 年期远期欧元升水还是贴水？升水或贴水率是多少？

答案：因为欧元利率高于美元利率，根据无抵补利率平价，欧元远期贴水，美元远期升水。欧元远期贴水率等同于本外币利差，即-1%。

结论：如果无抵补利率平价和抵补利率平价均成立，那么在期限相同时，预期汇率等同于远期汇率，预期贬值率等同于远期贴水率，二者均等价于本外币的利率差值。

三、实际利率平价

我们可以利用无抵补利率平价和费雪效应来推导出实际利率与实际汇率之间存在的平价关系。美国经济学家欧文·费雪(Fisher,1930)提出,从长期看,预期通货膨胀率与名义利率之间存在稳定的同步变化关系,从而使预期实际利率保持相对稳定。这就是所谓的费雪效应(Fisher effect)。根据费雪效应,时期 t 到时期 $t+1$ 的本国名义利率(i_t)可以被分解成本国预期实际利率($E_t r_{t+1}$)和本国预期通货膨胀率($E_t \pi_{t+1}$)之和:

$$i_t = E_t r_{t+1} + E_t \pi_{t+1} \tag{4-15}$$

外国名义利率也可以做相应的分解,并以上标星号标记。于是本外币存款的利差可以表示为:

$$i_t - i_t^* = (E_t r_{t+1} - E_t r_{t+1}^*) + (E_t \pi_{t+1} - E_t \pi_{t+1}^*) \tag{4-16}$$

根据实际汇率等式(4-10),对数形式的实际汇率为 $q_t = s_t + p_t^* - p_t$,那么预期的实际汇率应为:$E_t q_{t+1} = E_t s_{t+1} + E_t p_{t+1}^* - E_t p_t^*$,而实际汇率的预期变化率可以表示为:

$$E_t q_{t+1} - q_t = (E_t s_{t+1} - s_t) + (E_t p_{t+1}^* - p_t^*) - (E_t p_{t+1} - p_t) \tag{4-17}$$

根据无抵补利率平价等式(4-14a),$E_t s_{t+1} - s_t$ 等同于 $i_t - i_t^*$。同时,将本国与外国的预期通货膨胀率分别定义为:

$$E_t \pi_{t+1} = E_t p_{t+1} - p_t \tag{4-18a}$$

$$E_t \pi_{t+1}^* = E_t p_{t+1}^* - p_t^* \tag{4-18b}$$

再将等式(4-18a,b)代入等式(4-17),于是等式(4-17)变为:

$$E_t q_{t+1} - q_t = i_t - i_t^* + E_t \pi_{t+1}^* - E_t \pi_{t+1} \tag{4-19}$$

结合等式(4-15),我们得到实际利率之差与实际汇率变化率之间关系的实际利率平价:

$$E_t q_{t+1} - q_t = E_t r_{t+1} - E_t r_{t+1}^* \tag{4-20}$$

实际利率平价(real interest parity)表明,如果两国预期实际利率相等,那么两国货币之间的预期实际汇率就不会发生变化,于是相对购买力平价就成立。但在现实生活中,相对购买力平价常常并不成立,这意味着两国实际利率也不会相等。当然这并不表明实际利率平价不成立。从上述推导过程来看,实际利率平价是否成立,关键取决于无抵补利率平价是否成立,而这有待于经验数据的检验。

利率平价论的政策含义是,在资本完全自由流动的条件下,汇率会受到利率变动的影响,汇率目标与利率目标存在内在的冲突,政府稳定汇率的目标会受到利率目标的制约。

四、对利率平价论的检验与评价

(一)关于抵补利率平价论的经验证据

抵补利率平价论的成立需要满足一些前提条件。这些条件包括:第一,国际资本流动不存在交易成本,利息套购可以自由进行。交易成本可能是由资本管制引起的,也可能是指信息成本和手续费及通讯引起的支出。随着世界经济全球化的发展,资本流动日益自由,因此由资本管制造成的对套利活动的阻碍现象会不断减少。与此同时,通信技术与交易手段的飞速发展也使交易成本不断缩小。然而,只要交易成本不为零,抵补利率平价就难以完全成立。

第二,国际金融资产具有完全替代(perfect substitution)特性,利息套购的资金供应弹性无穷大。即所比较的两种货币资产除了在币种与利率上有所差别外,在期限与其他特征(例如流动性、违约风险与政治风险)方面必须完全相同。20 世纪早期,由于不同金融中心处于不同的监管、政治、经济环境,不同国家的货币资产除了币种与利率的差异外,还具有不同的金融与政治风险,因此很难满足抵补利率平价成立的条件。但随着国际金融市场的发展,越来越多的投资工具之间可能只存在币种与利率的差别,而在信贷风险、税收负担、政治因素等风险特征方面完全相同。比如说同一家银行在同一地点的营业机构提供的不同币种的存款,就属于这种情况。

第三,许多经验研究表明,偏离抵补利率平价的现象几乎都是由交易成本引起的。在考虑交易成本的前提下,抵补利率平价几乎始终是成立的。只有当外汇市场由于政治经济因素或其他突发事件而出现大幅动荡时,才会出现较大幅度偏离抵补利率平价的现象,而这种偏离持续时间往往非常短(Frenkel & Levich,1977;Taylor,1989)。所以总的来说,抵补利率平价得到了事实的支持。

(二)对无抵补利率平价的检验与评价

无抵补利率平价成立的条件包括:(1)货币资产具有可比性;(2)不计交易成本;(3)投资者具有风险中性(risk neutrality)特性。风险中性是一项限制性很强的假设。事实上很多投资者都具有风险回避或风险厌恶(risk aversion)的倾向。因此,即使两种货币资产能带来相同的预期收益,如果一种货币资产比另一种货币资产的风险更大,比如说收益率的变动程度更大,那么投资者就只会选择低风险的货币资产。要想使投资者愿意持有高风险的货币资产,这种货币资产的收益率就必须有所提高,以补偿投资者承担的额外风险。这就引入了风险溢价(risk premium)因素,从而使无抵补利率平价无法成立。

学术界对无抵补利率平价的检验主要通过以下几种方式:

第一,检验远期汇率对未来即期汇率的预测能力。我们知道抵补利率平价得到了数据的支持，如果无抵补利率平价也成立，那么结合等式(4－11)和(4－13)就可以得出 $E_tS_{t+1}=F_t$。也就是说，远期汇率代表市场参与者对未来即期汇率的无偏预测，即远期汇率的无偏性(forward rate unbiasness)。将这一等式两边减去即期汇率(S_t)并取对数可以得到：

$$E_ts_{t+1}-s_t=f_t-s_t \tag{4-21}$$

等式(4－21)表明，远期贴水率(等式右边)可以预测即期汇率变动率(等式左边)。然而，许多经验研究的检验结果却发现，远期贴水的预测与即期汇率的变动方向常常南辕北辙，即远期贴水($f_t-s_t>0$)往往伴随本币升值($E_ts_{t+1}-s_t<0$)，而远期升水伴随本币贬值。这就是所谓的"远期贴水之谜"(forward discount puzzle)。

第二，通过对汇率的实际变动率与利差的比较来检验无抵补利率平价。根据等式(4－13b)，汇率预期变动率(Δs_{t+1}^e)应等于两种货币的利差($i_t-i_t^*$)。如果投资者的预期是准确的，那么汇率实际上的变动率($s_{t+1}-s_t$)与预期变动率之间不会出现系统性的偏差，因此事后的(ex-post)汇率变动率与事前的(ex-ante)利率差之间应该数值上相近且相关程度接近于1。

表4－6列出了1990年1月～2006年12月四个主要西方国家的货币相对于美元的月度汇率变动率、各国相对于美国的利差以及两者之间的相关系数。可以看出，这两个时间序列在数值上相差悬殊，相关性也非常低，而且通常是负相关，因而与无抵补利率平价的预测大相径庭。

表4－6　　1990年1月～2006年12月四种货币的汇率变动率与利差

	加拿大元	德国马克	日元	英镑
$s_{t+1}-s_t$：每月平均变动率(%)	0.000 8	−0.035 0	−0.068 6	−0.058 6
$i_t-i_t^{US}$：每月平均利差(%)	0.061 3	0.016 9	−0.225 3	0.175 9
Corr($s_{t+1}-s_t$, $i_t-i_t^{US}$)：相关系数	−0.056 8	−0.065 5	−0.156 2	0.051 3

数据来源：IMF：International Financial Statistics(IFS)。

注：1999年1月至2006年12月德国的货币为欧元。

总体而言，经验证据并不支持无抵补利率平价论。不过需要说明的是，无抵补利率平价论中包含对未来即期汇率的预期，因此，严格的检验应该直接针对汇率预期，而不是针对远期汇率与同期的即期汇率是否一致。然而，由于预期本身很难准确度量，因而会影响检验结果。

如前所述，风险溢价的存在是导致无抵补利率平价不能成立的重要因素。为此，有些学者就把风险溢价因素纳入无抵补利率平价，构成了如下"修正的"无抵补利率平价：

$$\Delta s_{t+1}^{e} \approx i_t - i_t^* - \lambda$$

式中，λ 表示风险溢价。

迄今为止，虽然已有许多学者进行了大量的研究，试图用风险溢价对远期贴水谜团做出充分解释，但仍然未能得出令人信服的结果。因此，即使是修正的无抵补利率平价论也仍然是未经证实的假说。

第五节 汇率决定的货币论

一、货币论概述

经济学中的主要流派——货币学派将其基本分析框架推广到了汇率的研究方面。随着货币学派对价格、收入、国际收支等经济现象的深入研究，以货币模型研究汇率的理论也日益成熟，由此形成了汇率决定的货币论，又称货币分析法（monetary approach）。

货币论属于广义上的资产市场分析法（asset market approach），因为货币论将汇率看成是两种货币资产存量之间的交换价格，亦即根据不同货币资产的收益与风险特征来决定其相对价格（即汇率）。不过与下一节将讨论的资产组合论不同的是，货币论认为不同货币资产之间具有完全替代特性，而资产组合论认为各种货币资产之间具有不完全替代性。这也意味着对货币论而言，利率平价总是成立的。

根据商品价格可变程度不同，货币论可进一步分为三类：固定价格模型、灵活价格模型以及粘性价格模型。[①] 第一类模型的代表是蒙代尔—弗莱明模型。这类模型假设价格固定不变，因而还带有凯恩斯理论的色彩。[②] 第二类模型走向另一个极端，认为价格会在经济冲击发生的瞬间做出充分调整，因此商品市场始终处于均衡状态。这一假设具有古典经济学思想。鉴于价格在长期里才会发生较大变化，因此，灵活价格模型更适合分析汇率的长期决定过程。第三类模型是对前两类模型的折中。这类模型假设价格在长期内会做出充分调整，但在短期内调整不充分，因此商品市场短期内可能处于失衡状态。

货币论在国际收支与汇率分析中的运用，最早是为了研究固定汇率制度下国际收支的决定及其调节，形成国际收支的货币论。随着浮动汇率制度的盛行，货币论才更

---

① 当代的许多经济学理论都表现为某种模型，因此学术界常以某某模型指代某种理论学说。

② 蒙代尔—弗莱明模型主要讨论不同汇率制度下财政政策和货币政策的效果，因而并非汇率理论，因此本书将在第六章予以详细讨论。

多地被用来解释汇率的决定过程。货币论通常采用一般均衡模型。模型中一般包括三种市场：货币市场、商品市场和资产市场。当货币市场处于出清状态，即货币供应等于货币需求时，货币市场达到均衡。资产市场的均衡体现为利率平价的成立，因为不同国家的资产具有完全替代性。商品市场的均衡相对复杂，取决于模型假设。在灵活价格货币模型中，商品价格可以瞬时调整，商品市场出清，因此购买力平价成立；而在粘性价格及固定价格货币模型中，商品的供应和需求可能不一致，购买力平价也可能在短期内不成立。

二、灵活价格货币模型

灵活价格货币模型（flexible-price monetary approach，FPMA）在很大程度上是对购买力平价论的补充与扩展[①]，是购买力平价条件与价格决定方程相结合的产物。我们用一个简单的两国模型来展示灵活价格货币模型对汇率决定的解释。

设在商品市场，本国与外国生产的商品是完全替代品。在没有贸易壁垒与交易成本等障碍的前提下，商品套购活动可以确保购买力平价始终成立，即：

$$S_t = \frac{P_t}{P_t^*} \tag{4-22}$$

式中，S_t、P_t、P_t^* 分别代表时期 t 的即期汇率、本国价格和外国价格。

该模型的一个重要假设是货币市场始终处于均衡状态，因为如果某个变量发生变化，以致货币市场短暂失衡，这时，其他变量会发生相应变化，直至货币市场均衡为止。例如，一旦一国的货币供应量出现增加，货币市场就会供过于求，价格水平由此上升，导致货币需求随之上升，货币市场进而恢复平衡。因此，一个国家的货币需求（M_t^D）与该国的货币供应（M_t^S）相等：

$$M_t^D = M_t^S \tag{4-23a}$$

$$M_t^{D^*} = M_t^{S^*} \tag{4-23b}$$

一国的货币供应由其货币当局自主设定在 $M_t^S = M_t$ 的水平上；同理，外国的货币供应为 $M_t^{S^*} = M_t^*$。模型进一步假设一国的货币需求是其名义收入的函数，即本国货币需求（M_t^D）与外国货币需求（$M_t^{D^*}$）分别由下列等式决定：

$$M_t^D = kP_tY_t \tag{4-24a}$$

$$M_t^{D^*} = k^*P_t^*Y_t^* \tag{4-24b}$$

式中，Y_t 代表本国的实际收入，k 代表本国居民愿意持有的本国货币数额占名义收入

---

① 许多中文文献把英文 flexible-price 翻译为弹性价格，这容易与“价格弹性”发生混淆，因此我们翻译为灵活价格，表示价格变动具有灵活性。

的比例，Y_t^* 和 k^* 代表相应的外国变量。

根据等式(4－23a)～(4－24b)，可以得出两国价格水平 P_t 和 P_t^* 的表达式：

$$P_t=\frac{M_t}{kY_t} \tag{4－25a}$$

$$P_t^*=\frac{M_t^*}{k^*Y_t^*} \tag{4－25b}$$

然后利用购买力平价条件即等式(4－22)，可以得到灵活价格货币模型关于汇率决定的一个简单表达式：

$$S_t=\frac{P_t}{P_t^*}=\frac{k^*M_tY_t^*}{kM_t^*Y_t} \tag{4－26}$$

等式(4－26)表明，在外国货币供应与实际收入保持不变的前提下，本国货币存量(M_t)越大(分子越大)，本币兑外币的汇率就越低(亦即 S_t 数值越大)，而本国货币供应增长幅度越大，本币的贬值程度就越大。这是因为 M_t 越大，越多的货币追逐一定量的货物和服务，根据灵活价格货币模型的假定，价格水平也就越高，单位货币的购买力就越低，于是根据购买力平价论，本币汇率就越低。另外，本国实际收入(Y_t)越高(分母越大)，本币相对于外币的价值就越大，即 S_t 越小。也就是说，本国实际收入提高会导致本币升值，因为本国实际收入的增加会造成实际货币余额需求(即 M_t^D/P_t)的上升，在名义货币供应量不变的情况下，价格必须下跌才能使实际货币余额的供应(即 M_t^S/P_t)增加，以使货币市场保持均衡，而价格下跌意味着本币购买力上升，于是根据购买力平价论，本币必定升值。① 但在现实社会中，随着收入的增加，货币当局往往会增加货币供应量，以免经济出现通缩现象，结果，本币汇率并不会随收入增加而上升。

综上所述，灵活价格货币论是对购买力平价论的推广，即按照购买力平价论，汇率由两国的价格水平决定，而灵活价格货币论则进一步论证了价格水平取决于两国的实际货币余额，因此，影响汇率的主要因素是本国和外国的货币供应量的相对变化结果。

参照第三节的方法，我们定义 x 为 X 的自然对数，令 $\Delta x_t=x_t-x_{t-1}$ 表示变量 X 的变化率。对等式(4－26)进行对数推导并取变化率，可以得到两国通货膨胀率 Δp_t 和 Δp_t^*：

$$\Delta p_t=\Delta m_t-\Delta y_t \tag{4－27a}$$

$$\Delta p_t^*=\Delta m_t^*-\Delta y_t^* \tag{4－27b}$$

以及汇率变化率：

---

① 更完整的灵活价格货币模型还纳入了持有货币的机会成本，由于这方面的分析过于复杂，因而将在研究生教材中予以讨论。

$$\Delta s_t=\Delta p_t-\Delta p_t^*=(\Delta m_t-\Delta m_t^*)-(\Delta y_t-\Delta y_t^*) \quad (4-28)$$

式中，Δm_t 和 Δm_t^* 分别为本国及外国的货币增长速度，而 Δy_t 和 Δy_t^* 分别为本国及外国的实际 GDP 增长速度。

等式(4-28)说明，本币贬值率取决于本国和外国之间的相对货币增长速度以及相对实际 GDP 增长速度。当本国货币供应速度相对高于外国货币供应速度时，本币会出现贬值；而当本国实际 GDP 增长速度高于外国实际 GDP 增长速度时，本币会出现升值。

上述分析的基本出发点在于，影响经济的因素并非名义货币供应和需求，因为即使货币的名义供求数量不变，但若价格上升，则原有的货币数量就会相对不足。因此，在考察货币数量的实际变化时，必须将货币数量与价格水平进行比较，由此形成实际货币余额(即 M/P)以及相应的实际货币余额的供应和需求。

专栏 4-2　灵活价格货币论的应用

假设 2011 年，中国(本国)的实际收入(Y)年增长速度为 9%，而美国(外国)的实际收入(Y^*)年增长速度为 3%；中国的货币供应量(M)的年增长速度为 14%，美国的货币供应量(M^*)年增长速度为 6%；汇率定义为：美元/人民币。试运用灵活价格货币论进行以下计算：

(1)计算中国和美国的通胀率。

答案：

$$\Delta p_t=\Delta m_t-\Delta y_t=14\%-9\%=5\%$$

$$\Delta p_t^*=\Delta m_t^*-\Delta y_t^*=6\%-3\%=3\%$$

(2)计算人民币相对于美元的贬值率。

答案：

$$\Delta s_t=\Delta p_t^*-\Delta p_t=3\%-5\%=-2\%$$

(3)假设中国希望采用固定汇率制度，那么中国要采用怎样的货币增长速度才可以使人民币对美元汇率保持稳定？

答案：

中国希望 $\Delta s_t=\Delta p_t^*-\Delta p_t=0$，那么，$\Delta p_t=\Delta p_t^*=3\%$。

因为 $\Delta p_t=\Delta m_t-\Delta y_t$，故 $\Delta m_t=\Delta y_t+\Delta p_t=9\%+3\%=12\%$

即中国需下调货币增长速度至 12%，才能使得人民币对美元汇率保持稳定。

(4)假设中国希望人民币相对美元升值，那么中国的货币增长速度需要满足怎样的条件？

答案：

①中国希望 $\Delta s_t>0$，且知道 $\Delta s_t=\Delta p_t^*-\Delta p_t$，故有 $\Delta p_t^*-\Delta p_t>0$，即 $\Delta p_t<\Delta p_t^*$。因为 $\Delta p_t^*=3\%$，故有 $\Delta p_t<3\%$。

②因为 $\Delta p_t=\Delta m_t-\Delta y_t$，故 $\Delta m_t=\Delta p_t+\Delta y_t$。因为 $\Delta p_t<3\%$，$\Delta y_t=9\%$，故 $\Delta m_t<12\%$。因此只有在货币增长速度小于 12%时，才能使得人民币对美元升值。

(5)假设无抵补利率平价和相对购买力平价均成立，美国的存款利率 $i_t^*=4\%$。试计算中国的存款利率。

答案：

无抵补利率平价成立意味着：$\Delta s_t=i_t^*-i_t$

相对购买力平价成立意味着：$\Delta s_t=\Delta p_t^*-\Delta p_t$

故，$i_t^*-i_t=\Delta p_t^*-\Delta p_t$，所以 $i_t=i_t^*+\Delta p_t-\Delta p_t^*=4\%+5\%-3\%=6\%$

因此中国的存款利率为：$i_t=6\%$

(6)试运用费雪效应计算中国和美国的实际利率，并说明两国的实际利率是否相等。

答案：

费雪效应意味着：

$r_t=i_t-\Delta p_t=6\%-5\%=1\%$

$r_t^*=i_t^*-\Delta p_t^*=4\%-3\%=1\%$

两国的实际利率相等，前提是无抵补利率平价、相对购买力平价、费雪效应成立。

三、粘性价格货币模型

粘性价格货币模型(sticky-price monetary approach，SPMA)与灵活价格货币模型都是关于汇率决定的货币学派资产市场分析方法。但粘性价格货币模型认为，商品价格在短期内具有粘性，不能及时做出充分调整，因而商品市场短期内无法出清，购买力平价论在短期内不成立。而资产市场(包括外汇市场)始终处于出清状态，汇率等资产价格具有完全的灵活性，有的时候甚至会出现过度调整，即汇率过调(overshooting，又译超调)的现象，因而具有较大的波动性。

灵活价格货币模型假设价格可充分调整，但商品价格在短期里一般不会出现较大幅度变化，因此，灵活价格货币模型仅适用于解释汇率的长期变动，而粘性价格货币模型则更适宜考察汇率的短期变动。

粘性价格货币模型发轫于鲁迪格·多恩布什（Rudiger Dornbusch，1976）的开创性研究。[①] 该模型假设在长期内，汇率与价格满足购买力平价条件，但是在短期内购买力平价论往往不成立。

购买力平价论在短期内不成立会带来两个问题。第一个问题涉及短期内汇率的变动方式。由于购买力平价在短期内不成立，故短期内汇率的预期变化率不等于国内外预期通货膨胀率之差。因此，汇率预期变化率的决定必须另辟蹊径。假设短期内汇率预期变化率（Δs_{t+1}^{e}）取决于当前汇率（s_t）偏离其长期均衡值（$\bar{s}_t$）的程度[②]，即：

$$\Delta s_{t+1}^{e}=\phi(\bar{s}_t-s_t),0<\phi<1 \tag{4-29}$$

那么根据等式（4－29），如果本币（外币）的当前汇率高于（低于）长期均衡值（$\bar{s}_t>s_t$），由此就会形成本币贬值预期，即预期外汇汇率上升（$\Delta s_{t+1}^{e}>0$），而且当前的偏差程度越大，预期贬值的幅度也越大。

第二个问题涉及短期内价格的调整方式。当经济体受到冲击时，价格不能瞬间调整到新的长期均衡值，而是按照超额需求的强度决定价格调整的速度：

$$\Delta p_{t+1}=\pi(d_t-y_t),\pi>0 \tag{4-30}$$

式中，d_t 代表总需求，π 代表价格调整的速度。总需求超过总供应，则价格开始上涨。总需求函数的形式为：

$$d_t=\beta_0+\beta_1(s_t-p_t)+\beta_2 y_t-\beta_3 i_t,\beta_j>0,j=0,1,2,3 \tag{4-31}$$

式中，s_t-p_t 代表实际汇率，其数值增加表示本币的实际汇率下跌，由此对贸易收支以及总需求产生正面影响。y_t 代表总收入，收入越高，消费需求就越大，从而增加总需求。i_t 代表利率，高利率会降低投资需求，从而对总需求有负面影响。β_0 代表其他因素（例如政府开支）对总需求的影响。

为了集中考察货币因素对价格与汇率的影响，同时考虑到短期内产出很难做大幅度的调整，因此为简化起见，我们假设产出（y_t）固定在充分就业所对应的水平上：$y_t=\bar{y}$。于是根据等式（4－30）和（4－31），可以得到短期内价格调整的表达式：

$$\Delta p_{t+1}=\pi[\beta_0+\beta_1(s_t-p_t)+(\beta_2-1)\bar{y}-\beta_3 i_t] \tag{4-32}$$

式中，s_t-p_t 代表实际汇率，反映了汇率和价格的相对关系，其数值增加表示本币的实际汇率下跌，由此对贸易收支以及总需求产生正面影响。y_t 代表总收入，收入越高，消费需求就越大，从而增加总需求。i_t 代表利率，高利率会降低投资需求，从而对

① 本小节内容主要参考了 Hallwood & MacDonald(2004)的相关分析。

② 学术界通常在变量上加横线用以表示该变量的长期均衡值。

总需求有负面影响。β_0 代表其他因素(例如政府开支)对总需求的影响。

根据上述分析，我们就可以用图 4-4 来演示粘性价格货币模型对汇率决定及短期变化的解释。图中的 45°线代表长期内购买力平价成立的情况，即价格的变动会导致汇率的同样幅度的变动。在假设 $\bar{p}_t^* = 0$ 的前提下，$\bar{s}_t = \bar{p}_t$。在 45°线右侧，本币汇率偏低导致总需求超过总供应，在左侧则存在超额供应现象。

根据一般均衡的要求，货币市场和商品市场必须同时达成均衡。首先看货币市场。MM 曲线代表在既定的货币供应状况下货币市场达到均衡时价格与汇率的关系。[①] MM 曲线是向下倾斜的，因为经济处于货币市场均衡(A 点)时价格上升会对外汇汇率(S)产生向下(即本币汇率向上)的影响。其中的缘由在于价格上升，会导致实际货币余额(M/P)下降，货币市场出现供不应求，因此必须通过利率上升来遏制货币需求以维持货币市场均衡。而利率上升会吸引资本流入，导致本币立即升值(s_t 向左偏离 $\bar{s}_A$)，因此，为了维持货币市场均衡，价格上升应伴随外汇汇率下降(本币汇率上升)，所以 MM 曲线向下倾斜。换言之，价格变动与本币汇率的变动正向相关，即价格上升→实际货币余额下降→利率上升→资本流入→本币汇率上升。这是粘性价格货币模型与灵活价格货币模型的分野所在，因为灵活价格货币模型的基础是购买力平价论，即价格上升应该导致本币汇率下跌。

再来看商品市场。短期里商品市场均衡时价格与汇率的关系由 $\Delta p = 0$(即价格的变动率=0)曲线表示。由于产出固定不变，一旦价格上涨(p 上升)造成需求减少，就必须通过本币汇率下跌(s 上升)来刺激需求，从而维持商品市场上的供求平衡，所以 $\Delta p = 0$ 曲线向上倾斜。可见，货币市场的均衡要求价格水平与本币汇率正数相关，但商品市场的均衡却要求价格水平与本币汇率负数相关。但是 $\Delta p = 0$ 曲线比 45°线平坦，也就是说，本币汇率的下跌幅度要超过价格上升的幅度。我们知道，价格上升既会对贸易收支产生不利影响，又会导致实际货币余额减少。如果只是要使贸易收支恢复原状，汇率只需按照价格上升的幅度进行下跌，亦即只需使实际汇率恢复原来的水平。但是实际货币余额减少会导致利率上升，从而抑制总需求。为了抵消这一抑制作用，本币汇率需要进一步下跌才能使总需求恢复到与总供应相等的水平。于是一定幅度的价格上升导致更大幅度的本币贬值，$\Delta p = 0$ 曲线因此比 45°直线平坦。如果经济处于曲线右下方的点位，这表明本币汇率偏低，就会出现超额需求和经济过热；反之，如果经济落在该曲线的左上方，则本币汇率偏高，需求受到抑制，存在超额供应现象。

现在我们来考察货币供应永久性增加对价格与汇率造成的长期与短期影响。假

① 为了简单起见，在不影响理解的情况下，本书中所有的曲线均以直线表示。

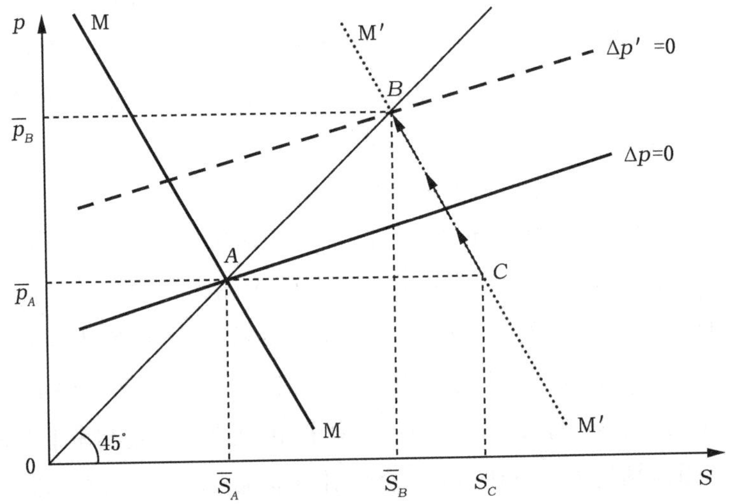

图 4 - 4　货币供应量增加引起的汇率过调

设经济原来处于均衡状态（A 点），购买力平价成立，货币市场和商品市场同时处于均衡状态。当经济因货币供应量的增加 MM 曲线右移，$\Delta p=0$ 曲线上移而调整到新的长期均衡状态时，购买力平价重新成立，因此价格与外汇汇率出现等比例上升，新的均衡点（B 点）仍然在 45°直线上，此时新的货币市场均衡线向右平移到 M′M′曲线，而新的商品市场均衡曲线向上平移到 $\Delta p'=0$ 曲线。但是在货币供应出现扩张后的短期内，由于价格具有粘性，仍然停留在 $\bar{p}_A$ 的水平上，所以商品市场不能立即取得均衡，而是出现超额需求，亦即经济处于 $\Delta p=0$ 曲线的右下方。货币市场将通过利率的下降来实现均衡，因此经济将处于新的货币市场均衡线——M′M′曲线上。也就是说，当货币供应出现永久性增长时，经济立刻从 A 点跳跃到 C 点，价格没有变动，但本币汇率出现下跌。从 C 点开始，经济沿着新的货币市场均衡线向新的长期均衡点（B 点）做调整。随着价格的上涨，汇率不断下降（本币不断升值），从而维持货币市场均衡。

图 4 - 5 展示了上述例子中货币供应、价格、利率与汇率的变化轨迹。虽然货币供应出现了跳跃式增加，但具有粘性的价格无法呈跳跃式上涨，而是逐渐缓慢地调整到新的长期价格水平。利率则出现跳跃式下降，以此使货币需求出现大幅度增加，从而吸收突然增加的货币供应。当经济达到新的长期均衡时，通过价格上涨正好使货币市场重新取得均衡，因此利率恢复到原来的均衡水平。汇率出现了过调（超调）现象（overshooting），即本币的瞬间贬值（由 $\bar{s}_A$ 点跳跃至 s_C 点）超过其长期贬值的幅度（即 $s_C>\bar{s}_B$），然后通过逐渐升值回到新的长期均衡水平。这一现象完全符合利率平价论的要求。货币扩张导致本币在长期内存在贬值压力，但由于在调整过程中本国利率一

直低于外国利率，按照利率平价论，本币又面临升值压力。要使这两种现象互相兼容，唯一可能的做法就是让本币汇率一开始过度下跌，即出现过调，然后逐渐上升回归到新的长期均衡水平。

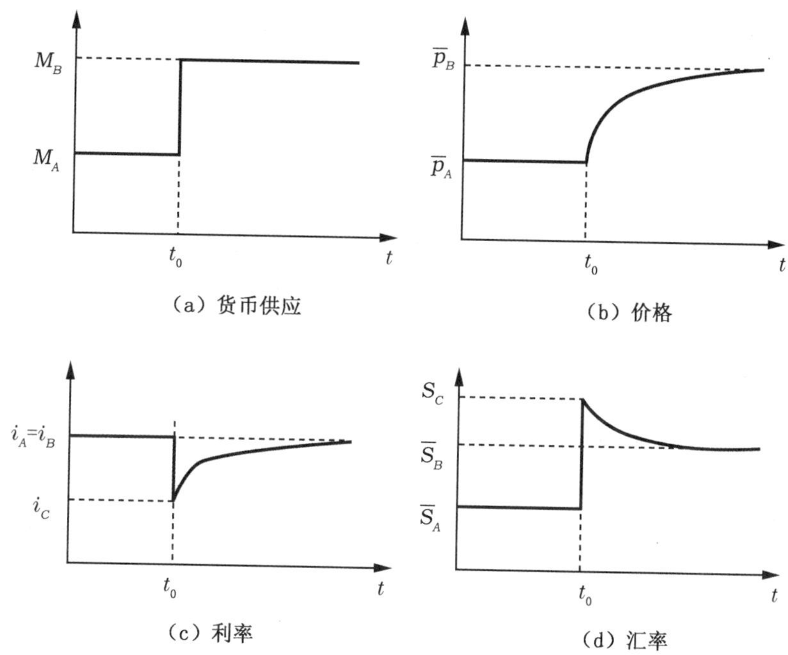

图 4-5 粘性价格与汇率过调现象

四、对货币论的检验与评价

学术界对灵活价格货币论的检验，主要是考察经济基本面因素，如收入和货币供应量对汇率变动的解释能力，总的结论是这一模型在长期内有解释力，但在短期内往往与事实不符。这与该模型假设购买力平价始终成立有直接关系。另外，经济基本面因素通常比较平稳，尤其在短期内很少有大幅度变化，所以汇率在短期内也应该是比较稳定的。然而，在实行比较自由的浮动汇率制度的国家，汇率波动程度通常都很大，因而很难用灵活价格货币论来解释。

表 4-7 列示了 1980 年第一季度到样本期末的加拿大、德国、日本与英国的汇率变动率与经济基本面因素变动率的波动程度(均以标准差衡量)。很明显，汇率波动程度普遍高于经济基本因素的波动程度，更高于相对货币供应量的波动程度。这表明粘性价格货币论比灵活价格货币论更符合汇率短期波动的情况。

表 4-7 汇率与经济基本因素的波动程度

指标	度量方法	加拿大	德国	日本	英国
汇率波动程度	$\sigma(\Delta s)$	8.21	20.76	20.30	19.13
相对货币供应量波动程度	$\sigma[\Delta(m-m^*)]$	6.79	7.00	8.43	7.44
经济基本面因素波动程度	$\sigma(\Delta z)$	7.12	8.27	9.39	7.75

数据来源：IMF：International Financial Statistics(IFS)。

注：德国的样本期为1980年第一季度到1998年第四季度，其他国家的样本期为1980年第一季度到2006年第四季度。

专栏 4-5　2015～2017年人民币兑美元汇率持续下跌的成因

2015年8月11日，中国人民银行宣布调整人民币兑美元汇率中间价报价机制，做市商参考上日银行间外汇市场收盘价，向中国外汇交易中心提供中间报价，在此之前，做市商主要根据上日中间价提供报价。这就是所谓的"811"汇改。由于收盘价比中间价更加真实地反映了当期外汇市场的供求关系，因此，这一调整使得人民币兑美元汇率中间价机制进一步市场化。"811"汇改之后，人民币兑美元汇率开始出现持续下跌走势，至2017年1月3日，人民币兑美元汇率跌至汇改后的最低点6.95元，比2015年的最高点6.09元下跌14.12%。

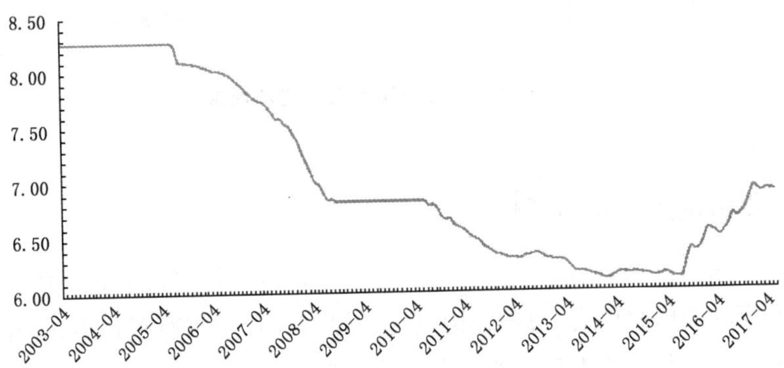

数据来源：Wind数据库。

图 4-6　2003～2017年人民币兑美元中间价

对于此轮人民币汇率的持续大幅下跌，我们能否运用相关的汇率理论和学说予以解释？

按照相对购买力平价论，两国货币的汇率变动幅度主要取决于两国的价格变动幅度。如果以中美两国的消费价格指数(CPI)作为指标，我们发现，中国的价格上升幅度与美国大致相当，因此，价格因素并非人民币兑美元汇率下跌的成因。

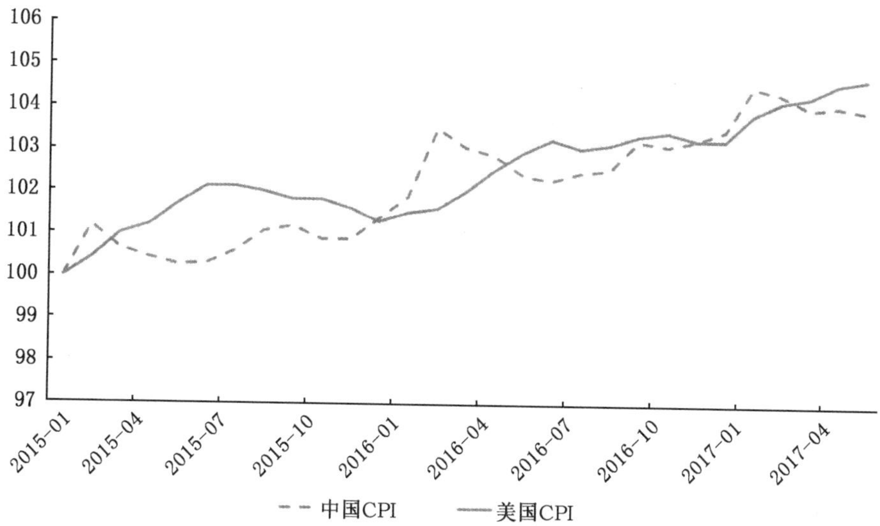

数据来源：Wind 数据库。

图 4-7　中美两国的消费价格指数

我们再以 2015 年 1 月作为基准月份来观察按照相对购买力平价计算的人民币兑美元的理论汇率走势，并与人民币兑美元中间价走势进行比较，可以发现，两者的走势并不一致，甚至呈剪刀差态势，开口持续扩大。根据理论汇率，人民币汇率不仅不应该下跌，反而应该缓慢上升。显然，购买力平价论不能解释在此期间人民币兑美元汇率的下跌。

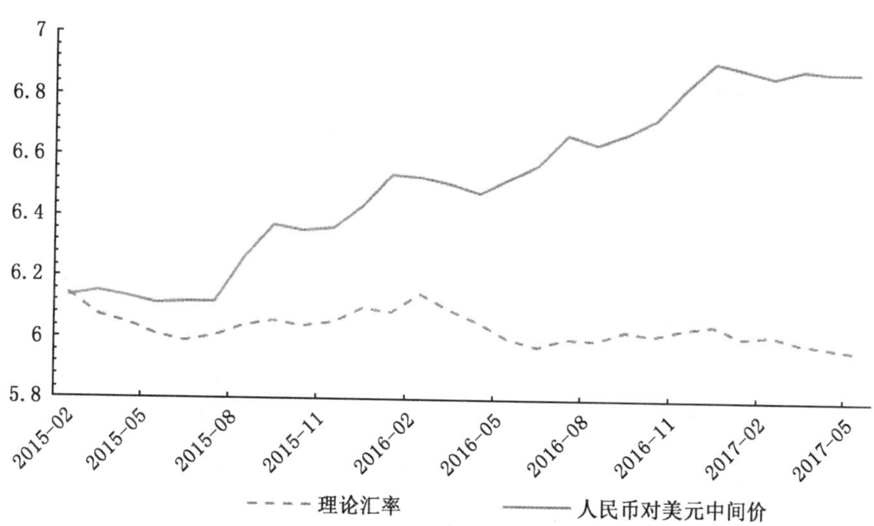

数据来源：Wind 数据库。

图 4-8　购买力平价理论汇率与人民币中间价

按照利率平价论，两国货币的汇率变动主要取决于两国的利率变动。在2015年1月至2017年1月期间，中国的一年期定期存款利率出现了多次下调，合计下调1个百分点，而美国的一年期联邦基金利率则有一次上升，幅度为0.25个百分点，两国的利率变动之和为1.25个百分点。因此，利率变动在一定程度上可以解释人民币兑美元汇率的下跌，但远远小于在此期间的人民币兑美元汇率14.12%的跌幅。考虑到中国实行比较严格的资本管制，利率变动难以引发充分的跨境资本流动，因此，利率变动对汇率的影响还应该更小。

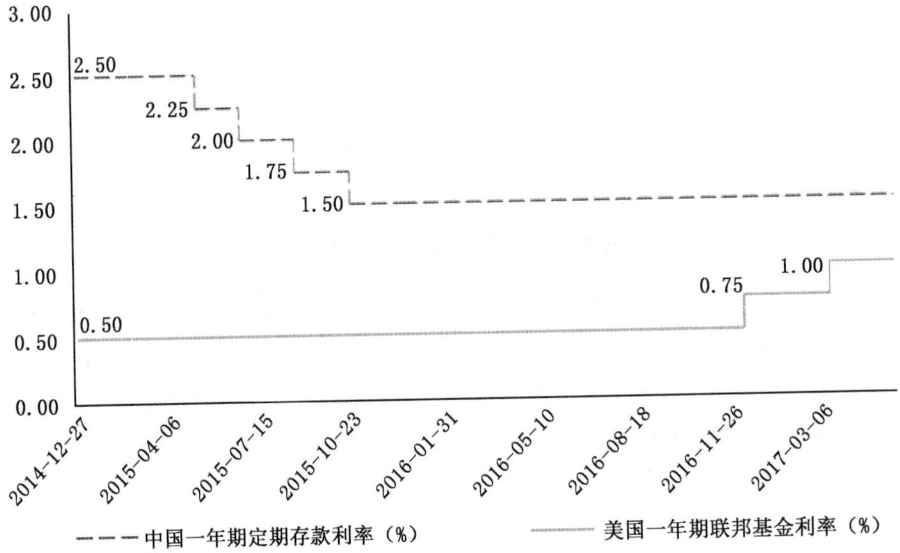

数据来源：Wind数据库。

图4-9 中美两国利率走势

按照汇率的货币论，两国货币的汇率变动主要取决于两国货币供应量的变动。我们以2015年1月为基准，采用中美两国M2的增速之比，以此与汇率变动幅度进行对比，得到图4-10和图4-11。

仅从图4-10和图4-11来看，货币供应量的变动与汇率变动是基本一致的，但是货币论的基础是购买力平价论，其原理是货币供应量的变化会引起价格的变化，进而影响汇率。如前所述，中美两国的相对价格变动幅度很小，不足以解释人民币汇率的变动。其中的可能原因是中国的货币供应量的增加被货币需求的相应上升所吸收，因而没有导致价格的大幅度上升。

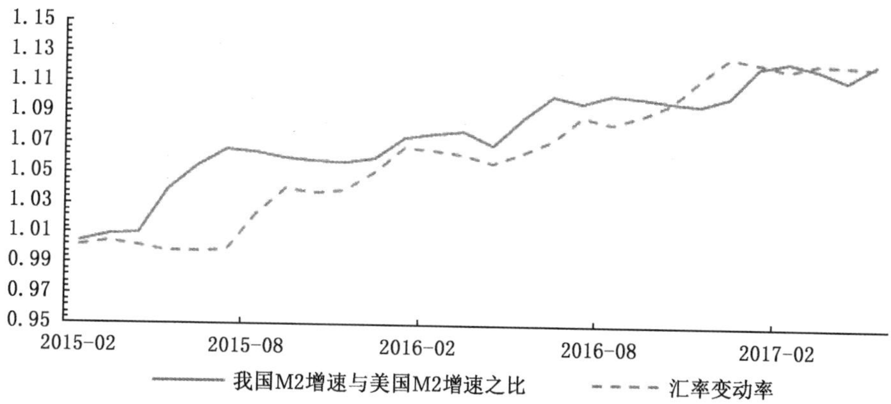

数据来源：Wind 数据库。

图 4－10　M2 增速与汇率变动率

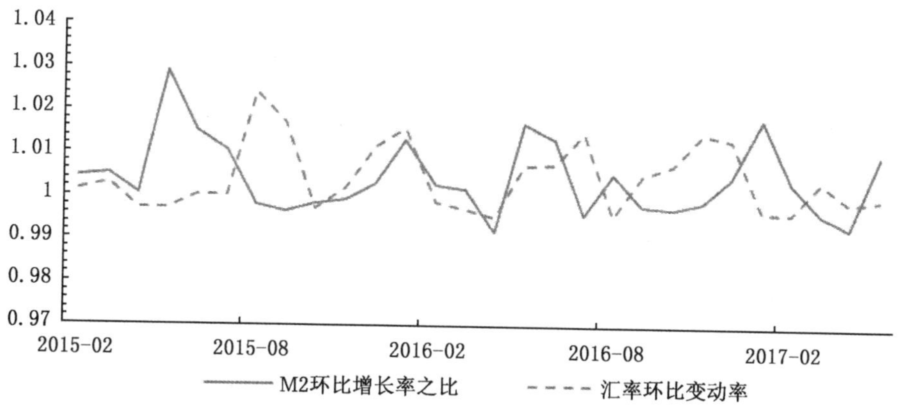

数据来源：Wind 数据库。

图 4－11　M2 环比增长率与汇率环比变动率

从中国的国际收支情况来看，经常项目是持续顺差的，但资本项目在 2015 年和 2016 年出现了巨额逆差，以致国际收支总差额也为逆差。同时，误差与遗漏也出现了巨额逆差。由此看来，国际收支论（尤其是资本外流）对解释当时的人民币兑美元汇率下跌有较好的说服力。

表 4－8　**中国的国际收支差额**　单位：亿美元

项　目	2012 年	2013 年	2014 年	2015 年	2016 年	2017 年
经常项目差额	2 154	1 482	2 360	3 042	2 022	1 649
资本项目差额	－360	3 430	－514	－4 345	－4 161	1 486
误差与遗漏	－871	－629	－669	－2 130	－2 227	－2 219

数据来源：国家外汇管理局；国家统计局。

汇率是两种货币的比价关系，因此，如果美元汇率出现持续上升，则即使影响人民币汇率的其他因素都保持不变，人民币兑美元汇率也应该相应下跌。

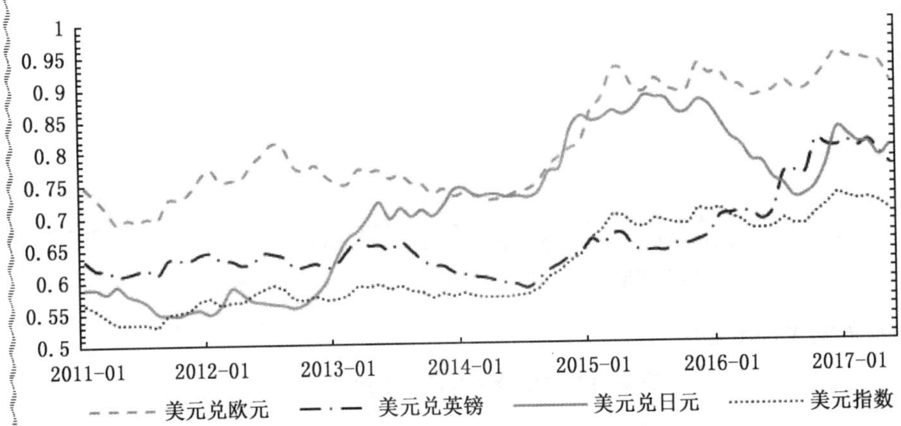

数据来源：Wind 数据库。

图 4－12　主要货币汇率与美元指数

2014 年 4 月至 2015 年 8 月期间人民币兑美元汇率始终维持在 6.20 元水平上，实际上是钉住了美元。同期，由于市场存在美联储持续加息的预期，美元汇率一路走高，美元指数从 80 上升至 96，升幅达 20%。这就意味着人民币兑非美货币的汇率随着美元上升了 20%，导致人民币有效汇率大幅度上升，以致人民币汇率出现明显高估，严重偏离均衡水平，其表现是国际收支的失衡。在这种情况下，离岸市场(即境外市场)对人民币汇率逐步形成了下跌预期，进而出现了大量抛售人民币的行为，人民币兑美元的离岸汇率随之急剧下跌，并与在岸(即境内)人民币兑美元中间价出现较大偏差。离岸市场上人民币汇率的下跌及不断加剧的下跌预期逐步传导到了境内，境内企业和个人持有美元的意愿日趋增大，结汇意愿下降，购汇意愿上升，形成所谓"资产美元化、负债人民币化"的现象，同时，通过合法渠道甚至非法渠道的资本外流规模也日渐扩大，资本项目出现巨额逆差。结果，在岸市场上的人民币也面临了比较严重的抛压。根据汇兑心理论，人民币汇率的下跌显然是顺理成章的。

为了适应市场要求，2015 年 8 月 11 日，中国人民银行终于采取了汇率改革措施，人民币兑美元汇率开始进入长达 1 年多的持续下跌通道。

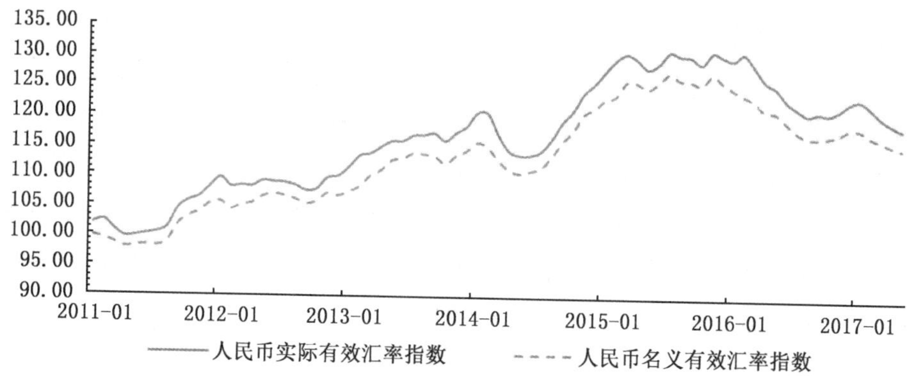

数据来源:Wind 数据库。

图 4-13 人民币名义及实际有效汇率指数

综上所述,此次人民币兑美元汇率的下跌,主要因素是原先的美元汇率制度导致人民币汇率随美元汇率大幅度上升而出现高估,其次是美国的利率上升和进一步上升的预期及中国的利率下跌使中美利差缩小,由此形成美元汇率的上升预期和人民币汇率的下跌预期,进而触发资本外流,国际收支逆差。在中国人民银行放弃钉住汇率之后,上述因素得到释放,促成了人民币汇率的下跌。

第六节 汇率的资产组合论

一、资产组合论概述

资产组合论(portfolio balance approach,又译资产组合分析法)和货币论一样,也是将汇率看成外汇资产的价格,因此也是用资产市场分析方法来解释汇率的决定与变动情况。但资产组合论与货币论存在两点不同:第一,资产组合论认为,不同国家的货币资产之间并非完全替代关系,因此无抵补利率平价不成立。如果投资者认为外币资产风险较大,那么为了使投资者愿意持有外币资产,其转换为本币收益就必须高于本币资产的收益;反之,若本币资产风险较大,本币资产的收益就必须高于外币资产的本币收益。第二,在资产组合分析框架下,经常项目的均衡或失衡在事关汇率决定的资产市场动态调整过程中起到重要作用。而货币论只关注货币市场的均衡,对于经常项目失衡不予考虑。

图 4-14 说明了资产市场、经常项目以及汇率和利率之间的动态调整过程。由于

国内外资产不能完全替代，投资者必须将其金融财富在国内外货币资产之间进行分散和组合，从而在整体上改变一个国家的对外资产或债务存量，并进而影响利率与名义汇率等资产价格。由于商品价格没有受到扰动，名义汇率的变化引起实际汇率的变化，从而改变一个国家的经常项目状况。与此同时，利率的变化带来金融资产收益的变化，从而通过财富效应影响经常项目状况。经常项目顺差导致一个国家对外资产存量增加，逆差则导致资产存量减少，而投资者的金融财富的变动又引发新一轮的资产组合调整。由此可以看出，资产组合论是比货币论更为一般化的汇率决定分析框架，而货币论可以看成是资产组合论的一个特例。

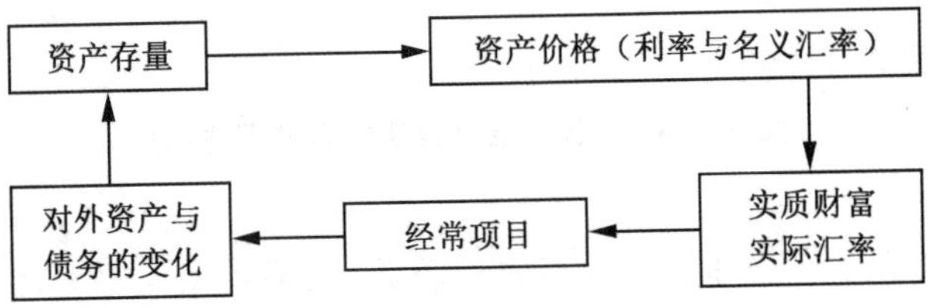

图 4-14　资产存量、汇率与经常项目的动态关系

二、资产组合论的基本模型

资产组合论的基本模型由下列方程构成：

$$W \equiv M + B + SF \tag{4-33}$$

$$M = m(i, i^* + \hat{S}^e)W \tag{4-34}$$

$$B = b(i, i^* + \hat{S}^e)W \tag{4-35}$$

$$SF = f(i, i^* + \hat{S}^e)W \tag{4-36}$$

$$\dot{F} = T(S/P) + i^* F \tag{4-37}$$

等式(4-33)表明本国投资者拥有的金融财富(W)由本国货币(M)、本币债券(B)和外国发行的外币债券(F)组成。S 代表一单位外币兑换本币的汇率。等式(4-34)～(4-36)代表投资者对三种资产的需求函数，式中，m、b、f 分别表示本国居民对本国货币、本币债券和外币债券的需求占全部财富的比例。根据等式(4-33)表示的财富分配约束，$m+b+f\equiv 1$，这表明，当其中两个市场达到均衡时，第三个市场必定也处于均衡。由于财富是一个规模变量，因此，随着财富的增加，对各种资产的需求都相应上升。$\hat{S}^e$ 代表当期到下一期本国货币的预期贬值率，因此 $i^*+\hat{S}^e$ 代表外币债券以本币表示的收益率。由于存在风险溢价，无抵补利率平价不成立，所以 $i^*+\hat{S}^e$ 不等于本币债券收益率(i)。在等式(4-37)中,$\dot{F}$ 代表外币债券的瞬间变化率,反映对外债权的积累过程,而外币债权的积累完全来自经常项目顺差,亦即来自贸易收支顺差($T(\cdot)$)和既有对外债权的利息收入($i^{*}F$)。我们假设外国价格水平固定为1,所以 S/P 就是本国的实际汇率,这是决定贸易收支的唯一因素。

我们在这里只考察 $\hat{S}^{e}=0$ 的情况,亦即投资者预期汇率的变动率为零,这属于简单的静态预期(static expectation)情况。[①]

将等式(4-34)和(4-35)代入(4-33),经恒等变换可得:

$$SF=W(1-m-b)$$

$$S=W/F\cdot(1-m-b)$$

将影响上述等式右边的变量归纳在一起可得:

$$S=S(i,i^{*},B,M,F,\hat{S}^{e}) \tag{4-38}$$

由等式(4-38)可知,汇率(S)是本国和外国的利率(i,i^{*})、本币债券和外币债券的持有量(B,F)、本国的货币存量(M)和本币的预期贬值率($\hat{S}^{e}$)的函数。

根据上述分析,资产组合论的基本结论如下:汇率是两国货币计值的金融资产的相对价格,而影响资产收益率的主要因素是利率。本国利率上升会引起本币债券需求的增加,导致资产组合中本币债券的数量增加、外币债券的数量减少,致使本币汇率上升、外币汇率下跌,反之则相反。

三、对资产组合论的检验与评价

对资产组合论的一种初步检验方法是考察汇率变动与经常项目收支之间的关系(科普兰,2002,第8章)。根据资产组合模型对汇率动态调整轨迹的分析,我们得出一个结论:经常项目有顺差的国家其货币应出现升值,而有逆差的国家货币应该贬值。实际情况是否如此?在1980~2006年间,日本的经常项目一直是顺差,而美国的经常项目除1991年略有顺差外一直是逆差。按照资产组合论的预测,日元应该不断升值,美元应该不断贬值。然而,日元与美元却一直有涨有跌,并没有出现资产组合论所预测的一边倒的现象。在加拿大、德国和英国,本国货币的升值或贬值与经常项目的表现之间也缺乏明确的联系。由此可见,实际数据的表现并不完全支持资产组合论对汇率变动的预测。

另一种检验资产组合论的方法是对国内外资产的替代性以及风险溢价进行考察。按照资产组合论,本国资产与外国资产并非完美替代品,因此两者以同一货币计价的

---

① 关于资产组合论中更为复杂的理性预期的情况,可以参考 Sarno & Taylor(2002)第4章的讨论。

收益不会趋同,其间的差价即为风险溢价。如果某一种资产的供应增加,为了使投资者愿意持有这些新增资产,其收益就必须提高;而且由于过多持有某一种资产往往意味着更大的风险,该资产收益的提高幅度要比资产供应的增长幅度大,亦即投资者会要求更高的风险补偿。这表明,风险溢价很有可能是资产相对供应水平的函数。然而,有关研究的结果同样不太理想,计量估计的结果常常不显著,因此资产组合模型的解释能力不能令人满意(Frankel,1982a,1982b;Rogoff,1984)。

总的来说,对资产组合论的经验研究相对较少,结果也不尽如人意。相比货币论,资产组合论的理论模型更为复杂,但也更为接近现实。然而,要找到与理论变量相匹配的现实数据很困难,尤其是关于本国资产与外国资产的统计数据通常都很匮乏,即使能找到一些数据,往往质量不能保证,而且常常因为统计口径不一而缺乏可比性,从而使有关经验分析面临很大的困难。也许正是因为这个原因,相比汇率决定的货币论,资产组合论没有得到太多的关注。

第七节　新开放宏观经济学的汇率理论

自 20 世纪 90 年代以来,对开放经济宏观经济学的研究出现了新变化,涌现出一批以 Obstfeld & Rogoff (1995,1996)为代表的重要研究成果。这些文献在研究范式(paradigm)与研究结论方面都与传统的开放宏观经济学有所不同,因而被国际学术界称为"新开放宏观经济学"。

新开放宏观经济学(new open economy macroeconomics,NOEM)对国际金融领域的许多理论与政策问题进行了全新的分析,提出了新的见解。由于新开放宏观经济学所使用的模型在理论深度与数学分析的复杂程度方面都大大超过传统的宏观经济学分析模型,所以本节只对新开放宏观经济学做非常简要的评述,而且只涉及关于汇率决定的理论分析。

一、新开放宏观经济学的创新点

新开放宏观经济学与传统开放宏观经济学相比,主要的创新点有两项。

第一,新开放宏观经济学避免了传统宏观经济学分析方法缺乏微观基础的通病。传统分析方法往往针对特定的议题设计带有特殊性(*ad hoc*)的宏观模型,这些模型与微观个体的最优行为之间缺乏联系,不同模型之间也缺少逻辑上的连贯性与协调性。新开放宏观经济学将微观经济学分析工具引入宏观经济分析框架,在符合预算约束和成本约束的前提下,根据消费者效用最大化以及厂商利润最大化等准则推导出关于消费、生产、投资、储蓄、进出口等宏观经济变量的最优决策。由此而来的宏观政策建议符合微观经济个体的最优行为,从而具有坚实的微观理论基础。

第二,新开放宏观经济学的分析框架比传统的宏观经济学分析框架更贴近现实,也更具有灵活性。在传统的分析框架中,有的以灵活价格和充分竞争为前提,不能解释价格刚性和市场垄断等现象;有的只关注单个或局部市场上的部分均衡,不能分析全部市场相互联结、相互制约的一般均衡现象;有的以静态分析或比较静态分析为主要手段,不能分析跨期均衡等动态现象。新开放宏观经济学将名义刚性(nominal rigidity)和不完全竞争(imperfect competition)纳入动态一般均衡(dynamic general equilibrium)分析框架,形成一个构思精妙而又贴近现实的理论模型,从而能对许多国际金融现象作出系统的分析和解释。

二、新开放宏观经济学的汇率理论创新

新开放宏观经济学关于汇率决定理论的研究可以分为两类:一类以 Obstfeld & Rogoff (1995,1996)为代表,假设一价定律(LOOP)对所有贸易品都成立,因而购买力平价也成立;另一类以 Betts & Devereux (2000)为代表,假设厂商会为同一商品在不同国家制定不同价格,即存在按市定价(pricing-to-market,PTM)现象,因而一价定律与购买力平价都不成立。

尽管在购买力平价成立与否方面针锋相对,这两类模型在分析汇率因受到货币供应冲击而发生的长期均衡变化时却得出了相同的结论:

$$\hat{S}=\hat{M}-\hat{M}^{*}-\frac{1}{\varepsilon}(\hat{C}-\hat{C}^{*}) \tag{4-39}$$

式中,S 为直接标价法表示的汇率,M 代表货币供应量,C 代表消费水平,星号($*$)表示相应的外国变量,ε 代表货币需求的消费弹性,而变量带顶标(^)表明该变量新的长期均衡值相比原长期均衡值的变化率。等式(4-39)表明,当本国货币供应量相对于外国货币供应量出现突然的永久性增长($\hat{M}-\hat{M}^{*}>0$)时,本国货币将出现贬值($\hat{S}>0$),但由于本国消费相对于外国消费也会出现增长($\hat{C}-\hat{C}^{*}>0$),本币的贬值幅度不会像货币学派的模型所预测的那样等于相对货币供应的增长幅度,而是要小一些。

为什么会出现这种现象?根据新开放宏观经济学模型的不完全竞争假设,厂商的定价会高于边际成本,均衡产出水平因而低于完全竞争状态下出现的社会最优产出水平。当本国突然增加货币供应时,市场上出现未预期到的新增需求,垄断厂商可以在不调高价格的情况下增加产出而照样获得边际利润,于是本国产出及收入将

增加，消费也随之上升。当然本国居民会将部分新增收入用于储蓄，通过经常项目的顺差积累对外债权，从而维持较高的新的长期均衡消费水平。相比之下，外国居民的消费在短期内有增长，但为了偿付经常项目逆差造成的债务，新的长期均衡消费水平必定低于本国的相应水平，因此有 $\hat{C}-\hat{C}^{*}>0$，从而导致本国货币相对较小的贬值幅度。

但是，基于购买力平价(PPP)的模型和基于按市定价(PTM)的模型对于汇率在受到货币供应冲击时的短期反应却有不同的预测。在 Obstfeld & Rogoff 的模型中，汇率短期反应与长期反应完全相同，因而不存在汇率过调或汇率弱调(under-shooting)的现象。① 由于汇率的长期调整幅度小于货币供应的增长幅度，汇率在长期与短期内的波动程度都小于货币供应变化导致的经济基本面因素的波动程度。

与此相反的是，在 Betts 和 Devereux 的 PTM 模型中，汇率短期反应的幅度一般超过货币供应的增长幅度，从而也超过汇率的长期均衡变动幅度，因此展现出汇率过调的特征。这是因为按市定价的做法使价格具有更大程度的粘性，限制了汇率变动向价格的传递，从而削弱了汇率变化的支出转移作用。这反过来表明汇率短期变动的幅度应更大才能适应经济体动态调整的需要，从而导致了过调现象的出现。

三、新开放宏观经济学面临的主要问题

新开放宏观经济学的重要创新，在于为国际金融分析提供了微观理论基础。然而分析结果与所选择的微观模型有很大的关系，对微观基础的设定方式比较敏感，因而影响了有关理论预测的稳定性。目前国际学术界对新开放宏观经济学应该采用什么样的微观基础框架莫衷一是，尚未形成普遍共识。另外，新开放宏观经济学模型一般都比较复杂，所涉及的方面比较多，对数据采集、计量模型设计以及运算方法等方面都有较高要求，这在很大程度上妨碍了相关经验研究的进行，因此目前国际学术界对新开放宏观经济学有关理论进行检验的经验研究尚不多见。

第八节　汇率的微观分析

在国际金融研究领域，经济学家惯常偏重对宏观经济现象的研究，而有关微观经济的学术性文献则在数量上明显不足。甚至到了 20 世纪 80 年代，虽然在证券投资等其他金融研究领域已出现大量有关微观现象的研究成果，但国际金融研究方面的文献

---

① 汇率弱调是指汇率受到基本面因素影响后虽然出现调整，但仍然低于目标水平，即调整不足的现象。

仍然很少涉及微观问题，以致许多研究国际金融的学者把“国际金融学”等同于“国际宏观经济学”(international macroeconomics)。

自20世纪80年代后期开始，一些学者别开生面，把证券投资研究领域已经取得重大成功的市场微观结构分析方法引入国际金融领域的研究[①]，并取得了较好的成效。Lyons(2001)在众多学者的研究基础上进行归纳和提炼，出版了《汇率微观结构分析法》(*The microstructure approach to exchange rate*)一书。该书的出版标志着汇率的微观结构理论的基本框架已经初步形成，“微观汇率经济学”(Micro Exchange Rate Economics)一词也开始在学术文献上频现。

一、宏观汇率理论的缺憾

以往的所有汇率理论，如购买力平价论、利率平价论和资产市场论(包括“新开放宏观经济汇率模型”)等都是从宏观的角度对汇率进行考察，因而属于宏观汇率理论。但是近40年来，随着学术研究的日趋深入，人们不断发现传统的宏观汇率理论对于许多现象无法做出令人满意的解释。由此就形成了宏观汇率理论无法解释的“汇率决定谜团”(exchange rate determination puzzle)。

宏观模型一般以“完全信息”(perfect information)作为假设前提，亦即所有的信息都是公开的。外汇市场的参与者能同时获得相关信息，并能对信息做出正确的理解，使得这些信息都成为共识信息(common knowledge information)，进而及时调整预期。但是这些理论对信息是如何融入汇率的过程却无法说明和描述，成为无法解释的“黑箱”(black box)。根据这种解释，汇率的变动并不需要得到交易量的相应支持，因为宏观基本面一旦发生变化，相应的信息就会立即传导到外汇市场，汇率立即发生变化。显然，根据这种理论很难解释外汇市场上的巨额交易量的成因。由此就形成了“交易量谜团”(trading volume puzzle)。

按照传统宏观汇率理论，汇率是由相关国家的宏观经济基本面因素决定的，汇率的波动是这种基本面状况发生变化的结果。然而，人们通过对不同汇率制度的历史考察发现，浮动汇率的波动幅度远远大于固定汇率，存在过度波动现象，表现为聚类特征(cluster)，又称市场记忆(market memory)，即持续的上升或下跌，但基本面状况却未必有很大差异或变化。这就是所谓的“汇率制度谜团”(exchange rate regime puzzle)，又称“过度波动谜团”(excess volatility puzzle)。

标准的宏观汇率模型，包括“新开放宏观”汇率模型还假设无抵补利率平价成立，

---

① 有些中文文献偏好使用微观市场结构的说法，这与英文的表述(market microstructure)不相一致，而且用“微观”修饰“市场结构”，似乎意味着还存在“宏观”的“市场结构”，容易产生理解上的困惑。

认为汇率的远期差价等于相应货币的利差，即所谓的远期汇率无偏性(unbiasness)。然而，大量的实证检验发现，远期差价与利差并不相等，这意味着远期差价不是升水(premium)就是贴水(discount)，而传统的宏观模型对此却无法做出解释，因此这种现象就被称为远期差价谜团(forward margin puzzle)、远期汇率无偏性谜团(forward rate unbiasness puzzle)、远期升水谜团(forward premium puzzle)或远期贴水谜团(forward discount puzzle)。[①] 由于Fama(1984)是较早发现这种现象的学者之一，因而它又被称为"Fama谜团"。Flood & Rose (1996)发现，固定汇率的远期升水或贴水要小于浮动汇率，这进一步说明了浮动汇率与基本面的脱节现象。

上述谜团可归结为一点：宏观经济基本面与汇率之间没有显示出密切的关联，尤其在短期里这种现象更为突出，因此，上述谜团就可用基本面因素与汇率没有关联的"无关联谜团"(disconnection puzzle)来概括。

二、微观分析的基本思路

(一)外汇市场的层次

外汇市场可以分为两个层次，第一层次的外汇市场主要是由为客户提供外汇买卖服务的银行组成的外汇商(dealer)和其客户之间进行交易的市场，即所谓的零售市场。在这个层次市场上，外汇商作为做市商(market maker)报出买入价和卖出价，并被动地接受客户提交的买卖指令。

第一层次的市场是一个透明度较低的市场，因为客户与做市商之间的外汇交易只有交易双方知道，因此客户指令成了做市商的私人信息(private information)。这里的私人信息是指不为其他人所知晓的信息，而透明度是指市场所有参与者观察到有关交易过程所有信息(如交易价格、所有交易、成交量、市场参与者身份等)的容易程度。

第二层次的外汇市场是银行间市场，又称做市商市场(inter-dealer market)，即所谓的批发市场，其主要参与者是做市商和经纪商(broker)。该市场主要采取做市商"报价驱动"的交易方式，因而是"点对点"的场外市场。常用交易平台是电子经纪系统(Electronic Broking System, EBS)和路透社电脑交易系统。交易平台显示的信息有成交数量、买方始发还是卖方始发，但交易者的身份是隐匿的。外汇市场是一个低透明度市场，因为有关信息一般只有交易双方知道。

(二)指令流

指令流(order flow)是金融市场微观结构研究领域的一个常用术语，是根据交易

---

① 这里的远期差价是指以对数表示的远期汇率与即期汇率之差$(f_t - s_t)$，其实际含义是远期升水率或贴水率。

的始发者来判断符号的交易量,例如,如果做市商接收到的指令为“买入 10 单位的某种货币”,则记该笔交易为“+10”;相反,如果做市商接收到的指令为“卖出 10 单位的某种货币”,则记该笔交易为“-10”,因此,指令流度量的是在某一时段内买方或卖方始发的交易量之和。

指令流的关键之处是其包含了信息。正(负)的指令流对做市商而言意味着客户认为其卖出价(买入价)偏低(偏高)。做市商根据每笔交易中客户的身份、指令的方向和数量,以及指令流总量的状况,就可以推测其中包含的信息。例如,从事进出口业务的客户大量卖出外汇,可能表明该国的贸易收支会出现顺差;指令流净额若发生大的变动,也许表明客户对汇率的预期发生了改变。做市商就可根据这些信息对是否调整报价做出决策,从而影响汇率水平。

乍看起来,外汇市场上的交易活动似乎十分复杂,因而很难借助有效的方法对汇率的形成过程进行考察,然而通过仔细观察,就可以发现两个关键点:第一,汇率的形成过程并非“黑箱”,而是一系列因素影响做市商的报价的结果。对这个过程进行具体深入的研究是汇率微观结构分析的基本特征,因而具有重要含义。

其次,任何有关当期和将来经济状况的信息只有通过改变做市商的报价才能对汇率产生影响。做市商会通过调整报价,以便对有关宏观经济的新的公开信息做出反应。他们也会根据客户和其他做市商提交的外汇买卖指令来调整报价。外汇市场上有关汇率的分散的信息通过客户的指令流影响做市商的报价,从而影响汇率。对指令流的这种将信息传递给做市商,并改变做市商报价的作用进行具体深入的探讨,是汇率微观结构分析的另一个基本特征。

宏观汇率理论认为,基本面信息,如有关价格、利率、货币供应量和国际收支状况的信息是共识信息,然而对市场参与者而言,其实际含义是不同的,至少对其影响汇率的力度会有不同理解。共识信息其实是一种罕见现象。此外,除了市场参与者能同时获得的信息外,还存在许多分散信息(dispersed information)。指令流是向做市商传递有关基本面的分散信息的间接途径。分散信息通常是与经济基本面有关的微观层面的信息,如进出口商的结售汇情况、行业调查和分析报告等。

这种分散信息最初通过指令到达做市商时不会立即对外汇市场的汇率产生影响,因为这种分散信息在这个时候还是这些做市商的私人信息。但这种信息会在做市商市场逐步传递,最后成为共识信息,使得众多做市商都调整报价,进而导致汇率的变动。在这个过程中,做市商市场的指令流十分关键,因为它起到了传递和扩散单个做市商的私人信息,并使之成为整个外汇市场的共识信息。

这个过程就称为信息聚合(information aggregation 或 information integration),信息聚合一旦完成,原来的分散信息就会融入做市商的报价。对信息聚合过程的研究是微观结构分析的重要组成部分，相关的研究结果得到大量实证检验的支持，尤其是能在很大程度上解释短期的汇率波动，如当日的汇率波动。

Evans & Lyons(2002)构建了一个宏观和微观的混合(hybrid)汇率模型：

$$S_t = f(i,m,z) + g(X,I,Z) + \varepsilon_t$$

式中，s_t 表示即期汇率，函数 $f(i,m,z)$度量了宏观经济因素，而 $g(X,I,Z)$代表微观因素。Evans 和 Lyons 分别用两国利率差 $\Delta(i-i^*)_t$ 度量宏观经济因素，用指令流 X_t 度量市场微观因素，结果发现汇率波动与指令流显著相关。以 USD/DEM 和 USD/JPY 为例，指令流对汇率波动的解释能力分别为 64%和 46%，而宏观经济变量 $\Delta(i-i^*)_t$ 的解释能力接近于 0。

(三)三回合交易模型

Evans & Lyons(2002)构建了一个三回合交易模型，把每天的交易分成 3 个回合，用以考察汇率的形成。在第 1 回合开始之前，做市商根据当天的公开信息和其他信息，对客户报出买卖价格，然后每个做市商在其报价上接受客户提交的委托指令。由于做市商与客户之间交易的情况并不对外公布，因此这些指令并不是市场公开信息。因为做市商的报价已经包含了公开信息，所以客户提交的指令可视为其调整资产组合的需要。

第 2 回合是做市商市场的交易，因为经过第 1 回合的交易后，做市商可能会出现头寸失衡，此时他们会向其他做市商询价，或者应其他做市商要求而报价。经过第 2 回合做市商之间的交易后，做市商还会有未平衡的头寸，于是，做市商就需要通过第 3 回合重新将失衡头寸分散到客户。与第 1 回合不同的是，第 3 回合客户的指令不再是随机的，因为做市商会通过提高或降低报价来吸引客户的交易，使得头寸得到平衡(见图 4－15)。

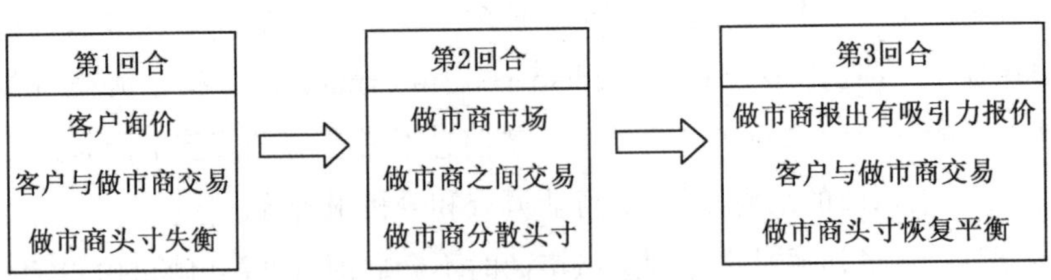

图 4－15　三回合交易模型

(四)信息融入即期汇率的机制

由于市场参与者的异质性(即差异性)和私人信息(private information)的存在，影响汇率的信息会以客户指令为载体融入即期汇率中。所谓私人信息，是指只有部分市场参与者知道的非公开的信息。

存货成本和信息成本对做市商报价和交易策略具有很大影响。当做市商的头寸失衡时，做市商实现头寸再平衡的策略主要是价格策略和交易策略。对于流动性好的品种而言，做市商可以通过交易策略迅速地实现头寸的再平衡，失衡的头寸，即所谓“烫山芋”(hot potato)在银行间市场的传递导致了做市商市场的巨大交易量①，但对于流动性较差的品种，较高的交易成本限制了交易策略的使用，因此流动性差的品种往往具有更大的波动性。

运用美国大做市商的周头寸数据进行的实证检验表明，由于外汇市场透明度低，与客户交易构成了做市商的私人信息，做市商会据此构建投机头寸，做市商的投机行为对汇率的波动在一定程度上起到了推波助澜的作用。

Evans 和 Lyons 的研究结论改变了汇率研究的范式，因为在宏观汇率理论中，信息并不是核心变量，信息融入汇率的具体过程则是“黑箱”。

黑箱理论认为，价格是由供求函数决定，供求相等时的价格即为均衡价格，交易制度(市场微观结构)在价格形成过程中不起作用，价格只受供求关系的影响。在宏观金融研究范式下，由于以“公开信息、投资者同质以及交易机制没有影响”作为假设，当市场出现新信息时，市场参与者将新信息直接融入价格。按照这种观点，交易量不应该发生很大变化。

然而从现实情况看，外汇市场却存在巨大的交易量。根据国际清算银行(BIS，2011)统计，在 2010 年 4 月外汇市场日平均交易量已达到 3.7 万亿美元(见表 3 - 1)。而且，外汇市场作为一个 24 小时运行的市场，即使有的时段并未出现新信息，但同样存在交易，并且在每个价位上都有大量交易的发生。

宏观汇率理论解释现实问题时表现出的苍白无力，其根源在于错误的前提假设。微观结构理论则反其道而行之，认为出现上述现象的根本原因在于“市场参与者异质、信息不对称和交易机制具有影响”，这也是汇率微观结构分析的起点。下面我们对这三个起点进行详细的阐述：

第一，外汇市场存在私人信息和非共识信息。在传统的宏观金融理论中，信息是公开可获得的，因为信息是无成本的。此外，市场参与者都有很好的信息理解能力，因而信息对汇率的影响程度不会出现理解偏差，所以这些信息都是共识信息。但根据微观市场结构理论，信息是有成本的，如存在搜寻成本、加工处理成本等。这就使得有些信息成为私人信息。此外，即使是公开的信息，市场参与者对信息的理解可能出现分歧，对其影响汇率的力度会有不同的判断。这就使得这些信息成为非共识信息。

私人信息有两个鲜明的特征：(1)它不能被市场所有的参与者所知晓；(2)它比公

① 做市商若持有敞口头寸会面临风险，如同烫手的山芋，因而需要尽快脱手。

开信息能更好地预测未来的价格趋势。例如，在外汇市场上，由于透明度较差，做市商比他人更了解自己的存货头寸以及客户的动向。私人信息和非共识信息的存在，导致信息不能完全和迅速地融入即期汇率。

第二，市场参与者存在异质性(heterogeneity)。在宏观汇率理论中，市场参与者是同质的，表现在：(1)市场参与者对影响汇率的因素和信息具有共识；(2)当出现有关影响汇率的新信息时，市场参与者的反应是一致的。宏观汇率理论的这两点假设在外汇市场上都是难以成立的。首先，市场参与者存在差异。我们可以从不同的角度对市场参与者进行分类，如按照交易动机，可以将市场参与者分为投机交易者和套期交易者，前者交易的目的在于从汇率的波动中谋取利润，后者参与市场交易是为了回避风险。

又如按照对汇率变化趋势的预测方法不同可将市场参与者分为基本面交易者(fundamentalist)、技术(或图表)交易者(technical or chartist analyst)和综合性交易者(comprehensive trader)。基本面交易者认为汇率波动由经济基本面因素决定，如两国利率(或货币供应)、产出、价格水平和国际收支差额等因素，这些因素的变化将导致汇率的波动；技术交易者则仅仅关注汇率自身变化趋势，认为汇率过去的历史能预示将来的走势，因此，他们主要根据汇率走势做出决策；综合派则结合基本面分析和技术分析两种方法。需要说明的是，这三者的身份不是固定不变的，而是会发生转换的。

根据是否拥有私人信息，又可将交易者分为知情交易者(informed trader)和非知情交易者(non-informed trader)，区别在于前者拥有更能准确预测未来汇率变化趋势的私人信息(见表 4-9)。

表 4-9　　市场参与者异质性的表现

分类标准	类　别	特　征
交易动机	投机交易	交易的目的是为了从汇率波动中获取交易利润
	套期交易	交易的目的是为了获得无风险收益
对汇率趋势的分析方法	技术分析	根据以往的汇率走势和交易量预测未来的汇率变化趋势
	基本面分析	根据宏观经济基本面因素预测未来的汇率变化趋势
	综合分析	同时结合技术图形和宏观经济基本面因素预测未来汇率
信息不对称	知情交易者	拥有更能准确预测未来汇率变化趋势的私人信息
	非知情交易者	出于流动性需求或通过追随知情交易者而获利的交易者

其次，即使是对于同一新信息，市场参与者的反应也是不一致的，这只要从每日的“汇市预测”和各大媒体的评论中就可以看出，每天的评论总是有不同比例的市场分析人士“看多”、“看空”和“看平”。专业分析人士尚且存在不同的看法，众多的市场参与

者更是难以达到共识的程度。

第三，交易机制对汇率有影响作用。既然金融资产的价格是在交易市场上形成的，那么市场本身的运作状况就会影响价格形成的效率。市场的运作状况可以从 4 个方面进行衡量，即流动性、效率、稳定性和透明度。市场的流动性取决于：(1)市场的价格发现功能是否完善，是否随时能找到一个出清价格；(2)价格对交易量是否敏感；(3)市场能否保证随时满足中小参与者进行风险对冲的流动性需要；(4)市场的容量是否足够大。

市场效率是指均衡价格(出清价格)反映一切可得信息的程度以及反映信息的速度。市场的稳定性是指价格的非波动性。我们这里主要就市场透明度这一指标对外汇市场的特征进行描述。

外汇市场上的许多信息是无法观察到的，如委托买卖的数量、方向、时间、形式、做市商和经纪人的身份、已提交及准备提交的指令等。客户只知道他本人提交的指令，以及观测到做市商间接交易的部分内容，如指令的数量、方向和交易价格，他无法知晓其他做市商的报价以及做市商相互之间直接交易市场的信息。同样对于做市商来说，他只拥有自己客户所有的指令信息，但其他做市商客户的交易内容对他而言仍不是“公开信息”。外汇市场这种较低的透明度是影响做市商报价的重要的制度因素。

指令流与汇率变动之所以相关，原因在于信息是分散的，信息融入价格需要指令为载体。信息融入汇率有 3 种可能的机制：(1)公开信息的瓦尔拉斯价格形成机制；(2)因为投资者异质，公开信息还会以指令为载体融入即期汇率；(3)市场存在私人信息，私人信息通过指令融入汇率(见图 4－16)。

下面我们分析这三种传导机制。

首先看公开信息的传导机制。公开信息的传导机制有两种：一种是通过瓦尔拉斯的传导机制，即信息直接融入价格，其融入过程不需要指令流作为载体。[①] 另一种机制是以指令流为载体融入价格中，此时，公开信息的出现会引起交易量的变化。如果第二种传导机制存在，那么出现公开信息后，如中央银行提高利率，由于市场参与者预期不一致，买者和卖者都会大量出现，此时市场指令增多、汇率波动增大。

Melvin & Yin(2000)的实证研究支持第二种传导机制的存在，他们观察了 1993 年 12 月～1995 年 4 月日元和德国马克兑美元的逐笔交易情况，并将路透社货币市场新闻摘要(Reuters Money Market Headline News)看作是公开信息，因为该信息是在路透社交易系统上发布的，所有的市场参与者几乎可在同一时间观察到该信息。Melvin 和 Yin 分析了以小时为单位的信息发布数量和指令数，发现两者存在显著的

---

① 有关瓦尔拉斯传导机制的详尽讨论可参见奚君羊、曾振宇(2005)。

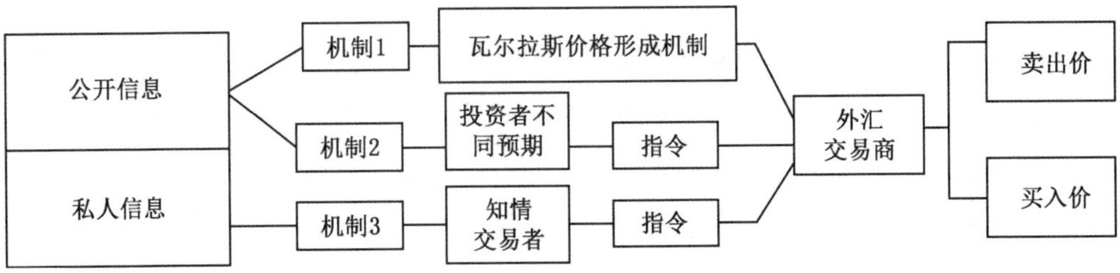

图 4-16　外汇市场信息融入即期汇率的机制

正相关关系，在信息发布集中的时段，市场交易也较活跃，因此公开信息的出现改变了市场指令密度和汇率的变化。

证实了信息的传导机制后，前文提出的外汇市场成交量谜团就很容易解释了。由于对信息存在不同的理解，市场就会形成多空分歧，进而导致市场买入指令和卖出指令同时出现，交易量自然就会增大。

再看私人信息的传导机制。客户在获得私人信息后，通过做市商进行交易，于是，这些信息就会经由指令流传递到做市商，由此形成信息聚合过程，最终影响做市商的报价。

宏观模型对汇率的短期变动预测能力极差，这是因为其假设前提是完全信息，因此，任何影响汇率的基本面信息都会立即融入汇率，汇率能充分反映基本面因素的变化。然而从实际情况看，外汇市场上的信息是不完全的，由于存在私人信息和非共识信息，致使基本面因素不能立即充分融入汇率，导致仅仅以基本面变量为基础的宏观模型无法反映汇率的变化。

相反，微观模型则不仅考虑到影响汇率的基本面因素，而且还涵盖了不完全信息对汇率的影响，并从汇率形成的微观机制出发研究汇率的变动，因而对汇率变动的解释能力和预测能力优于宏观模型。

三、微观分析方法评析

微观结构分析强调的是与外汇市场、外汇交易和汇率有关的具体细节的探微，例如在市场参与者的结构(亦即组成或构成)方面把市场参与者分为技术交易者与基本面交易者，高频率交易者和低频率交易者，金融机构和非金融机构等，进而考察其对汇率的不同影响；在交易结构方面则根据流动性交易、投机性交易、噪声交易等的差异来考察其对汇率的影响；在市场结构方面则分别考察客户市场、做市商市场和经纪商市场对汇率形成的影响。

这些表面上看来属于市场的细枝末节的结构因素实际上却与汇率及相关问题有着千丝万缕的紧密内在联系。微观结构分析的要旨就是将这些细枝末节作为关注的重点。

综上所述，宏观因素须通过市场微观结构才能对外汇市场和汇率产生影响。微观结构分析并不排斥宏观分析和基本面因素，而是提供了宏观因素通过市场微观结构产生影响的路径，并在宏观分析和基本面因素基础上再引入微观因素，如交易制度及交易方式、外汇市场的组织结构、市场参与者结构(构成)、不同市场参与者的行为等。单纯的宏观分析只能说明汇率的长期趋势，而微观分析则还能解释短期波动。由于微观结构分析方法更全面、更完整，因而更有说服力，对汇率及相关现象的解释能力显然要超过单纯的宏观分析。

微观结构分析法为汇率研究提供了一个新的视野。这种方法提炼出了与短期汇率波动相关的因素——指令流，指出指令流反映了短期内市场对不同货币的需求。微观结构分析法对短期汇率波动做出的解释在于信息融入汇率的机制。由于"市场参与者异质"和非共识信息的存在，指令成了信息融入价格的载体。微观结构分析方法所取得的成功使其成为我们分析汇率短期波动的理论基石。

需要说明的是，虽然从理论上看，微观模型由于既包含基本面因素，又纳入微观因素，因而比宏观模型的覆盖面更广，从而比宏观模型更加完整，但其历时尚短，尚未完全定型，对短期汇率的预测能力还未经过长期和反复的验证，故而有待进一步确认。

专栏 4-6　均衡汇率理论

自 20 世纪 60 年代以来，特别是进入 70 年代末，经济学家们对汇率的研究逐渐走向深入。在研究的过程中，经济学家们逐渐认识到基本经济因素的变动会影响到实际汇率的均衡值，长期以来广为熟知的用购买力平价理论来确定均衡汇率是不科学的：购买力平价方法得出的"均衡汇率"有可能是不均衡的，而它认为是"不均衡"的汇率却有可能是均衡的。

对均衡汇率已有相当多的理论和实证研究。这些研究大体可分为两类。①第一类所用的经济模型实质上是用来代表发达国家的，第二类所用的模型和实证估计主要是针对发展中国家的特点进行分析的，例如，这些发展中国家存在不同的结构性问题，而且可利用的数据相当有限。但这两类模型的共同点就是，它们对均衡汇率的定义是一致的，即将均衡汇率定义为与内部均衡(主要指商品市场和劳动力市场)和外部均衡(可持续的经常项目差额)保持一致的实际汇率水平。

① 要详细了解这一问题，可参考 Williamson(1994)。

Nurkse(1945)最早完整定义了均衡汇率,他认为均衡汇率是能够使国际收支实现均衡的汇率,但其前提是:(1)贸易不应受到过分限制;(2)对资本的流入、流出无任何特别的鼓励措施;(3)无过度失业。在这一框架内,国际收支是决定均衡汇率的主要的基本经济因素,但这要在国际收支状况已经对暂时性影响、特殊因素等进行调整之后。实际观测结果与内在均衡水平之间的区别、内在均衡水平与基本经济要素之间的关系构成了均衡汇率理论的核心。

在Nurkse研究的基础上,当时在IMF任职的斯旺(Swan,1963)提出了汇率的宏观经济均衡分析法,系统地描述了均衡汇率和宏观经济均衡之间的关系。此后,IMF的有关专家对其不断完善,使该方法成为研究均衡汇率的重要理论依据。汇率的宏观经济均衡方法把均衡汇率定义为在中期内与宏观经济内部、外部均衡相一致的汇率。内部均衡通常指实现了经济的潜在生产能力,或者说经济的产出水平同充分就业(特别是失业水平与非加速通货膨胀相适应)、可持续的低通货膨胀率是一致的;外部均衡通常指经常项目和资本项目实现均衡,或者说是实现了内部均衡的国家间可持续的、所需要的资源净流动。这些是早期的均衡汇率基础理论。

20世纪80年代以来,经济学家对汇率的研究进一步深入。美国国际经济研究所的威廉姆森(John Williamson,1985)最先提出了可用于实证分析的基本要素均衡汇率理论(Fundamental Equilibrium Exchange Rate,FEER),并以此测算了美、日、德、法、英、意、加等西方主要发达国家与宏观经济的内外部均衡相适应的汇率。FEER方法的突出特点是它强调外部均衡不是指国际收支的数量平衡或没有逆差,而是指经常项目具有可持续性,这样就排除掉了通过提高利率吸引大量外资流入来弥补大规模经常项目逆差的情形。威廉姆森认为,经常项目的巨大逆差在短期内或许可凭借外资对本国的信心得以维持,但是信心迟早会受到侵蚀,这种经济策略最终也会被瓦解,还认为,经常项目顺差过大要么隐含着本国的消费被不合理地推迟,要么意味着将招致别国的贸易报复,因此也是不可取的。

Stein等(1995)系统提出了自然均衡理论(Natural Real Exchange Rate, NATREX)。自然均衡汇率是指在不考虑周期性因素、投机资本流动和国际储备变动的情况下,由实际基本经济要素决定的,使国际收支实现均衡的中期和周期间的实际汇率。

近年来,在均衡汇率理论领域较为活跃的MacDonald(1998)提出了实证色彩浓厚的行为均衡汇率理论(Behavioral Equilibrium Exchange Rate, BEER)。

MacDonald运用简化形式(Reduced-form)方程代替FEER方法来估计均衡汇率,并将总的汇率失调分解为短期临时因素、随机干扰因素和基本经济要素偏离其可持续水平的程度。Clark & MacDonald(1998)利用BEER方法对美元、德国马克和日元的实际有效汇率进行了实证分析。

Edwards(1989)首次建立一个针对发展中国家的均衡汇率模型(Equilibrium Real Exchange Rate)。在他的模型中,均衡实际汇率(ERER)被定义为贸易品相对于非贸易品的价格,且在此汇率水平下同时实现内部和外部均衡。Edwards据此对巴西、哥伦比亚、印度、菲律宾、马来西亚、泰国等发展中国家的货币汇率进行了实证检验。

本章小结

在金本位制度下,汇率由两种货币的含金量之比,即铸币平价决定,并在输金点确定的范围内波动。国际借贷论认为,流动借贷决定了外汇的供求,进而决定了汇率。国际收支论则用国际收支差额取代流动借贷,认为外汇的供求以及由此引起的汇率变动是由国际收支决定的。汇兑心理论则认为汇率取决于人们主观上对不同货币的边际效用大小的评判。

购买力平价论是在学术界有很大影响的汇率理论。按照这种理论,汇率取决于两种货币的购买力之比,实际上也就是两国的价格水平之比。在此基础上形成的相对购买力平价论认为两国价格水平的变动之比,即价格指数之比决定了汇率的变动幅度。在商品套购的作用下,一价定律能够成立,因此购买力平价也能成立。如果购买力平价能够成立,则名义汇率会及时随价格水平而调整,因此,实际汇率就等于1。在实际生活中,由于商品套购存在障碍,而且汇率还会受到资本流动的影响,因此购买力平价不一定能够成立。巴拉萨—萨缪尔森理论对购买力平价论进行了拓展,认为劳动生产率和工资水平的变化会影响价格,进而通过购买力平价影响汇率。

利率平价论指出,即期汇率与未来汇率之差取决于不同货币的利率之差。在抵补套利的作用下,即期汇率与远期汇率之差必然与两种货币的利差相等,由此形成抵补利率平价。无抵补利率平价是指,即使没有抵补套利行为,汇率的预期变动率也会与两种货币的利差相等,否则就会出现无抵补的套利现象,直至达成平价。修正的无抵补利率平价断言,无抵补利率平价之所以不成立是因为存在风险溢价,纳入风险溢价因素以后,修正的无抵补利率平价就能成立。

汇率的货币论认为汇率主要受货币因素影响,因而可以用货币模型予以解释。灵活价格货币论认为实际货币余额的变化会引起价格水平的相应变化,进而在购买力平价的作用下导致汇率的变化。粘性价格货币论则认为价格水平只有在长期里才会对货币变动做出明显反应,因此,灵活价格货币论只能解释汇率的长期变动。价格水平在短期里具有粘性,不易变动,因此购买力平价不成立。在短期里,资产的价格会随货币因素及时变动。所以,实际货币余额增加以后,由于价格水平不能及时调整，因此迫使汇率只能做出过度（超额）调整，也就是所谓的过（超）调。此后随着价格水平的逐步上升，汇率才会向新的均衡点回复。

资产组合论认为不同国家的货币资产不能完全替代，因此需要根据不同货币资产的风险、收益的差异持有不同的货币资产，并根据各种影响因素的变动调整其组合，即在本币资产和外币资产之间进行转换。这种资产组合的调整会导致外汇市场上供求的变化，进而引发汇率的变动。

灵活价格货币论、粘性价格货币论和资产组合论都是以资产市场，如货币市场和外汇市场作为考察汇率的出发点，把外汇看作金融资产，因此统称为资产市场论。

新开放宏观汇率理论与传统宏观汇率理论的区别在于前者还引入了部分微观分析的框架。尽管如此，这种理论在本质上依然归属于宏观汇率理论。

微观汇率理论是一种“新生代”理论，该理论的分析焦点是所谓的外汇市场微观结构，主要从外汇市场的制度、组织、参与者和交易方式等方面考察其对汇率的影响。微观汇率理论由于揭示了宏观汇率理论所忽视的影响汇率的微观因素，因而成功地弥补了宏观汇率理论的某些缺陷。宏观汇率理论与微观汇率理论的结合，可能有助于人们更完整地把握汇率的形成和变动过程。

均衡汇率理论是讨论均衡汇率如何决定的理论。所谓均衡汇率，是指经济处于长期均衡状态时与之相对应的汇率。目前，学术界对均衡汇率尚未形成一致的观点。

重要术语

铸币平价	输金点	法定平价	国际借贷论
流动借贷	固定借贷	国际收支论	汇兑心理论
购买力平价论	一价定律	绝对购买力平价	相对购买力平价
商品套购	非贸易品	贸易品	巴拉萨—萨缪尔森理论
利率平价论	抵补利率平价	抵补套利	无抵补利率平价
费雪效应	实际利率平价	风险中性	风险厌恶
风险溢价	修正的无抵补利率平价	资产市场论	灵活价格货币论
实际货币余额	粘性价格货币论	汇率过（超）调	资产组合论
新开放宏观经济学	市场微观结构	完全信息	共识信息
私人信息	指令流	分散信息	信息聚合
三回合交易模型			

思考题

1. 在金本位条件下货币当局是否具有调节国际收支的能力？

2. 许多学者认为，根据购买力平价论，人民币汇率存在较大的低估现象，你是否认为根据购买力平价计算人民币均衡汇率具有充分依据？

3. 我国的利率水平变动是否会对人民币汇率产生影响？

4. 汇率的货币论与购买力平价论有什么关联？
5. 巴拉萨—萨缪尔森理论与购买力平价论有什么关联？
6. 汇率的微观分析方法与宏观汇率理论的根本区别是什么？

参考文献

1. 保罗·克鲁格曼、茅瑞斯·奥伯斯法尔德:《国际经济学》,中国人民大学出版社 2016 年版。

2. 查尔斯·希尔和托马斯·霍特(2019):《国际商务》,中国人民大学出版社。

3. 姜波克:《国际金融新编》(第六版),复旦大学出版社 2018 年版。

4. 奚君羊、曾振宇:汇率形成的微观分析,《广东社会科学》,2005 年第 1 期。

5. 奚君羊、曾振宇:《汇率及其制度安排的微观分析》,中国金融出版社 2006 年版。

6. Balassa, Bela, 1964, The purchasing power parity doctrine: a reappraisal, *Journal of Political Economy* 72, December.

7. Dornbusch, R., 1976, Expectations and exchange rate dynamics, *Journal of Political Economy*, 84, pp. 1161—1176.

8. Edwards, Sebstian, 1989, *Real exchange rate, devaluation, and adjustment—Exchange rate policy in developing countries*, The MIT Press.

9. Engel, C., and J. H. Rogers, 1996. How wide is the border? *American Economic Review*, 86, pp. 1112—1125.

10. Evans, M. and R. Lyons, 2002, Order flow and exchange rate dynamics, *Journal of Political Economy*, 110, pp. 170—180.

11. Fama, E., 1984, Forward and spot exchange rates, *Journal of Monetary Economics* 14, pp. 319—338.

12. Fisher, Irving, 1930, *The theory of interest*, Macmillan.

13. Flood, R. and A. Rose, 1996, Fixes: of the forward discount puzzle, *Review of Economics and Statistics*, 78, pp. 748—752.

14. Frenkel, J. A., and R. M. Levich, 1977, Transaction costs and interest arbitrage: Tranquil versus turbulent periods, *Journal of Political Economy*, 85, pp. 1209—1224.

15. Hallwood, C. P., and Ronald MacDonald, 2004, *International money and finance*, Third edition, Blackwell Publishing.

16. Isard, P., 1977. How far can we push the "Law of One Price"? *American Economic Review*, 67, pp. 942—948.

17. Lyons, R., 2001, *The microstructure approach to exchange rate*, MIT Press.

18. MacDonald, Ronald, 1998, Exchange rate and economic fundamentals: a methodological comparison of BEERs and FEERs, IMF Working Paper WP/98/67.

19. Melvin, M. and X. Yin, 2000, Public information arrival, exchange rate volatility, and quote frequency, *The Economic Journal*, 110, pp. 644—661.

20. Mussa, M. , 1986, Nominal exchange rate regimes and the behavior of real exchange rates: evidence and implications. Carnegie-Rochester Conference Series on Public Policy, 26.

21. Nurkse, Ragnar, 1945, Conditions of international monetary equilibrium, reprinted in the international monetary system: Highlights from fifty years of Princeton's Essays in *International Finance*, ed. by Peter B. Kenen (Boulder, Colorado: Westview Press, 1993), pp. 1—24.

22. Samuelson, Paul, 1964, Theoretical notes on trade problems, *Review of Economics and Statistics*, 46, May.

23. Stein, Jerome L. , Polly Reynolds Allen, and Associates, 1995, *Fundamental determinants of exchange rates*, Oxford University Press.

24. Stockman, A. C. , 1983. Real exchange rates under alternative nominal exchange-rate systems, *Journal of International Money and Finance*, 2, pp. 147—166.

25. Taylor, M. P. , 1989. Covered interest arbitrage and market turbulence, *Economic Journal*, 99, pp. 376—391.

26. Williamson, John, 1985, *The exchange rate system* (rev. ed). Washington: Institute for International Economics.

第五章　国际收支理论与学说

教学目的与要求

● 了解主要的国际收支理论与学说，掌握分析国际收支的基本方法，并能把握不同国际收支理论的主要特征。

● 掌握各种因素影响国际收支的作用机理。

● 明确各种国际收支调节手段的特点和功效，把握各种调节手段之间的关系。

● 知晓中国国际收支问题的特殊性与复杂性，理解国内学术界对中国国际收支的研究动态。

一国的国际收支反映了该国全部对外经济往来的最终结果，因而对其整个国民经济具有重大影响。因此，学术界历来十分重视对国际收支的研究，但由于不同的学者研究的视角、所处的背景、采用的方法等不相一致，其观点与结论自然也不尽相同，由此形成了不同的理论、学说和流派，其中，占主流地位的理论包括弹性论、乘数论、吸收论、货币论、结构论和政策配合论等。

第一节　弹性论

一、弹性论和马歇尔—勒纳条件

弹性论(Elasticity Approach，又译弹性分析法)是根据进出口供应和需求的价格弹性来分析汇率变动对国际收支影响的途径、程度和机制的理论。马歇尔(Alfred Marshall，1842—1924)是最早提出弹性理论的经济学家。后来，他又把弹性分析推广到了国际贸易方面的研究，提出了“进出口需求弹性”的概念。勒纳(Abba Lerner，

1903—1982)在马歇尔相关理论基础上进一步指出[①],如果进出口需求的弹性之和小于1,则货币贬值会使贸易收支恶化。英国剑桥大学的琼·罗宾逊(Joan Violet Robinson,1903—1983)对马歇尔和勒讷的观点做了系统归纳、补充和完善[②],并于1937年在《外汇》一文中创立了弹性论的完整框架。琼·罗宾逊在分析过程中引入了进出口供应弹性,进行了具体的分析,并首次提出了著名的马歇尔—勒讷条件(Marshall-Lerner Condition)。

在20世纪30年代,不同国家之间的经济关系主要表现为贸易往来,与贸易无关的资金跨国流动并不重要,所以国际收支基本等同于贸易收支。因此,国际收支的弹性论实质上就是贸易收支的弹性论。按照这种理论,与其他因素相比,汇率是影响一国贸易收支的最重要因素,因而弹性论着重探讨汇率变动对贸易收支的影响。

从本质上看,汇率体现的是两国之间的相对价格水平。换言之,一国的商品价格只有通过汇率折算,才能与另一国的价格进行比较,进而有助于判断两国的商品价格孰高孰低。在此基础上,进出口商通过以较低的价格从一国买进商品,并以较高的价格在另一国卖出商品,从中获利。可见,汇率的变动会导致两国的相对价格水平发生变化,从而影响进出口数量,而这种价格变动和数量变动的结果,必然导致贸易收支发生变化。弹性论正是以汇率变动所导致的进出口数量变动的大小作为出发点来分析贸易收支的差额变化。

根据弹性论,如果一国的出口商品的供应具有充分的弹性,即供应弹性无穷大,于是,只要一国的进出口需求的价格弹性很大,亦即进出口需求对价格变动相当敏感,那么货币当局如果调低本国货币汇率,使得本国商品的价格相对下降、外国商品的价格相对上升,出口需求就会大幅度增加,而进口需求却会大幅度减少,由此可以增加出口、减少进口,最终改善贸易收支。弹性论之所以假定出口供应弹性无穷大,这是因为在这种情况下,出口需求的增加不会因为出口供应不足而无法实现。上述原理更准确的表述是:一国通过调低本国货币汇率以改善贸易收支的前提条件是必须满足进口需求的价格弹性的绝对值与出口需求的价格弹性的绝对值相加之和大于1[③],这就是“马歇尔—勒讷条件”,其数学表达式为:

$$|E_m|+|E_x|>1$$

式中,$|E_m|$表示进口需求的价格弹性,$|E_x|$表示出口需求的价格弹性。

设价格弹性的计算方法为:

---

① 许多中文文献把Lerner翻译成勒纳,我们认为从译音的角度看,勒讷的中文发音更接近于英文发音。

② 许多中文文献把Joan Robinson误写为“Jane” Robinson。

③ 由于需求的价格弹性有可能为负值,为了避免价格弹性相加后数值减小,因此必须取绝对值。

$$\frac{\Delta Q}{(Q_1+Q_2)/2}\Big/\frac{\Delta P}{(P_1+P_2)/2}$$

式中，Q 为数量，P 表示价格，因此：

弹性值＝数量变动的百分比/价格变动的百分比

假定初始的贸易收支差额为0，并通过比较出口收入和进口支出的变动率考察贸易收支的变化，本币的贬值幅度为10%，进出口价格均以本币计值。[①] 于是我们就可以通过以下三种不同的情况来解释马歇尔—勒纳条件。

我们首先来看第一种情况：假定进出口需求的价格弹性的绝对值之和为1。如果进出口需求的价格弹性分别为0.5，则由于本币贬值10%，意味着进口价格上升10%，导致进口支出上升10%。然而，又因为在0.5的进口需求弹性条件下进口数量减少5%，导致进口支出相应减少5%，故实际的进口支出仅增加5%（＝10%－5%）。本币贬值后虽然出口的本币价格不变，因此出口收入没有直接受到价格变化的影响，但经汇率折算后本国商品的价格相对于外国商品下降了10%，在0.5的出口需求弹性条件下出口数量增加5%，致使出口收入增加5%，恰好抵消进口支出的增加，故而贸易收支差额不变（出口收入－进口支出＝5%－5%＝0）。

进一步的考察可以发现，只要进出口需求的价格弹性的绝对值之和保持为1，如进口弹性为0.4，出口弹性为0.6，则进口需求弹性的增加或减少必然伴随着出口需求弹性的相应减少或增加，因而进口支出与出口收入必然呈同增同减的状况，贸易收支的差额最终始终为0（见表5-1）。

表5-1　　进出口需求弹性为1时的贸易收支差额*

	相对价格变动	数量变动	差额变动
出口	0	6%	收入6%
进口	+10%	−4%	支出6%
合计			0

* 设 $|E_m|+|E_x|=0.4+0.6=1$。

我们再来看第二种情况：进出口需求的价格弹性的绝对值之和大于1，假定为1.1。如果进出口需求的价格弹性分别为0.6和0.5，则由于本币贬值10%，意味着进口价格上升10%，导致进口支出上升10%。然而，又因为在0.6的进口需求弹性条件下进口数量减少6%，故实际的进口支出仅增加4%（＝10%－6%）。本币贬值后虽然出口的本币价格不变，但经汇率折算后本国商品的价格相对于外国商品下降了10%，

① 在本例中，即使以外币计值，结果与本币计值并无二致。

在 0.5 的出口需求弹性条件下出口数量增加 5%，致使出口收入增加 5%，比进口支出的增加(4%)高 1 个百分点，故而贸易收支差额改善 1%(出口收入－进口支出＝5%－4%＝1%)。

同理，进一步的考察可以发现，只要进出口需求的价格弹性的绝对值之和保持 1.1，则进口需求弹性的增加或减少必然伴随着出口需求弹性的相应减少或增加，因而进口支出与出口收入必然呈同增同减的状况，贸易收支的差额始终能改善 1%(见表 5－2)。

表 5－2　　进出口需求弹性为 1.1 时的贸易收支差额*

	相对价格变动	数量变动	差额变动
出口	0	5%	收入 5%
进口	+10%	−6%	支出 4%
合计			1%

＊设 $|E_m|+|E_x|=0.6+0.5=1.1$。

我们再来看第三种情况：进出口需求的价格弹性的绝对值之和小于 1，假定为 0.9。如果进出口需求的价格弹性分别为 0.4 和 0.5，则由于本币贬值 10%，意味着进口价格上升 10%，导致进口支出上升 10%。然而，又因为在 0.4 的进口需求弹性条件下进口数量减少 4%，故实际的进口支出增加 6%(＝10%－4%)。本币贬值后虽然出口的本币价格不变，但经汇率折算后本国商品的价格相对于外国商品下降了 10%，在 0.5 的出口需求弹性条件下出口数量增加 5%，致使出口收入增加 5%，比进口支出的增加(6%)小 1 个百分点，故而贸易收支差额恶化 1%(出口收入－进口支出＝5%－6%＝－1%)。

同理，进一步的考察可以发现，只要进出口需求的价格弹性的绝对值保持 0.9，则进口需求弹性的增加或减少必然伴随着出口需求弹性的相应减少或增加，因而进口支出与出口收入必然呈同增同减的状况，贸易收支的差额始终恶化 1%(见表 5－3)。

表 5－3　　进出口需求弹性为 0.9 时的贸易收支差额*

	相对价格变动	数量变动	差额变动
出口	0	5%	收入 5%
进口	+10%	−4%	支出 6%
合计			−1%

＊设 $|E_m|+|E_x|=0.4+0.5=0.9$。

上述分析表明，在符合马歇尔—勒纳条件的情况下，本币贬值能导致进口数量的急剧减少和(或)出口数量的急剧增加，从而改善国际收支。而当不存在马歇尔—勒纳条件时，本币贬值并不能引发进口数量的大幅度减少和(或)出口数量的大幅度增加，与此同时，进口价格的上升却会引起进口支出的增加，贸易收支反而恶化。

我们认为，由马歇尔—勒纳条件又可反证出一个推论：如果一国的进出口需求的价格弹性的绝对值之和小于1，则通过本币升值引发的进口价格的相对下降和出口价格的相对上升同样有助于改善贸易收支，并将这一推论称为“反向马歇尔—勒纳条件”(奚君羊，2000，第63页)。

以表5-4为例，尽管该国不存在马歇尔—勒纳条件，但如果该国货币升值10%，虽然以本币计值出口价格没有发生变化，但外国进口商发现经汇率折算后的价格上升了10%，于是需求下降，在出口的价格弹性为0.5的情况下，出口数量下降了5%，导致出口收入减少5%。与此同时，进口价格经汇率折算下降10%，使得进口支出减少10%，同时，进口数量增加了4%，导致进口支出增加4%，综合进口价格变动和数量变动对进口支出的影响，进口支出下降了6%(=−10%+4%)。结果，贸易收支改善了1%(=−5%−(−6%))。

表5-4　　进出口需求弹性为0.9时的贸易收支差额*

	相对价格变动	数量变动	差额变动
出口	0	−5%	收入−5%
进口	−10%	4%	支出−6%
合计			1%

* 设$|E_m|+|E_x|=0.4+0.5=0.9$。

以上对弹性论和马歇尔—勒纳条件的考察仅分析了名义汇率变动对进出口的影响。事实上，进出口的价格本身也可能同时在发生变化，因而也会对进出口数量产生影响，进而可能加剧或削弱名义汇率的影响作用。可见，简单地根据名义汇率变动分析其对贸易收支的影响并不十分准确，更严谨的分析应该把名义汇率的变动和不同国家的价格水平的变动结合在一起，亦即应该用实际汇率作为出发点才能得出更可靠的结论。不过鉴于在短期里价格存在粘性，且政府往往通过调整名义汇率来影响贸易收支，故在假定价格不变的情况下，名义汇率的变动与实际汇率的变动是完全一致的，因而以名义汇率解释弹性论和马歇尔—勒纳条件仍然具有一定的适用性。

专栏 5-1　简单马歇尔—勒纳条件的数学推导

设贸易收支差额(B)可由下式表示：

$$B=eX-M$$

式中，e 为按间接标价法表示的本国货币的汇率，即以外国货币表示的本国货币的价格，e 上升表示本币升值，e 下降表示本币贬值；X 为用本国货币表示的本国出口；M 为以外币表示的本国进口。

对上式求偏导数，得到：

$$\begin{aligned}\frac{\partial B}{\partial e}&=X+\frac{e\partial X}{\partial e}-\frac{\partial M}{\partial e}\\&=X\left(1+\frac{e\partial X}{X\partial e}-\frac{\partial M}{\partial e}\frac{e}{M}\frac{M}{eX}\right)\end{aligned}\tag{5-1}$$

用 E_x 表示出口需求的价格弹性，E_m 表示进口需求的价格弹性，则有：

$$E_x=-\frac{e}{X}\frac{\partial X}{\partial e}$$

$$E_m=\frac{\partial M}{\partial e}\frac{e}{M}$$

由于这里的 e 表示本币汇率，e 若下降，意味着出口价格下跌，出口需求上升，因此，e 与出口需求负数相关，出口需求的价格弹性(E_x)为负；同理，e 若下降，意味着进口价格上升，进口需求下降，因此，e 与进口需求正数相关，进口需求的价格弹性(E_m)为正。假定最初的贸易收支是平衡的，即 $M=eX$，则等式(5-1)可写成：

$$\frac{\partial B}{\partial e}=X(1-E_x-E_m)$$

显然，要使本币贬值能改善国际收支，换言之，在 e 下降时，B 能够上升，即必须有$\frac{\partial B}{\partial e}<0$，即$\partial B$ 与∂e 负数相关。而满足$\frac{\partial B}{\partial e}<0$ 的条件是 $1-E_x-E_m<0$，即$(E_x+E_m)>1$，即进口和出口的需求弹性之和大于 1。这就是简单的马歇尔—勒纳条件。①

① 简单马歇尔—勒纳条件假定的前提条件之一是不充分就业和充分的供应弹性，后来，许多学者在进行弹性分析时还纳入了贸易条件、充分就业和供应弹性不足等因素，如毕克迪克—罗宾逊—梅茨勒条件(Bickerdike-Robinson-Metzler Condition)。这些比较复杂的理论学说将在研究生教材中讨论。

二、J 曲线效应

马歇尔—勒纳条件告诉我们，只要进口和出口中至少有一个因素对汇率变动的反应较大，以致进出口变动幅度超过汇率变动幅度，本币贬值就有可能改善一国的贸易收支。而需求弹性较大意味着进口和出口的数量对汇率的变化能做出比较充分的反应。在现实中，随着时间的推移，这种比较充分的反应是有可能实现的，但在短期内，这种反应由于存在时滞（time lag），因而可能很不充分，从而马歇尔—勒纳条件不能得到满足。

贸易差额对汇率变动的反应之所以存在时滞，主要有以下原因：

首先，贸易合同从签订到履行通常需要一段时间，这意味着某一时点的进出口数量和与此相关的货币收付是由以前签订的合同决定的。在贬值发生的最初时刻，一国的进出口数量并不会因为汇率的变化而受到影响。相反，如果一国的出口合同是以本币计价的，则随着本币的贬值，外国进口商就可以用较少的外币换取同样数量的本币用于支付，以外币计价的出口收入就会下降，从而恶化贸易收支。

例如，假定在 1993 年时人民币兑 1 美元的汇率原先为 7.00 元，美国 ABC 公司按此汇率从中国进口一批服装，价值人民币 700 万元，按协议 3 个月后货到付款。按当时的汇率，ABC 须支付的款项折合美元为 700 万/7.00＝100 万美元。3 个月后，1 美元汇率上升为 7.70 元人民币。此时，ABC 公司仅须支付 700/7.7≈91 万美元，显然，由于美元汇率的上升，我国的这笔出口外汇收入反而减少 9 万美元（＝100－91）。运用这种进出口合同与汇率变动的时间差异来解释时滞的观点就称为货币合同期理论。

其次，在比较短的时间内，进出口对汇率的变化需要一段时间才能做出反应。从出口来看：第一，国内厂商需要时间组织生产；第二，国内厂商需要时间设法扩大在海外的营销网络；第三，货物发运也需要时间。从进口来看：第一，国内消费者可能对进口品产生一定的依赖，调整生活习惯与消费模式既是痛苦的，也是耗时的，在消费者尚未适应国内替代品的情况下，还是会一如既往地购买进口商品；第二，国内生产者可能对进口的投入品产生一定的依赖，调整生产线或改变产品结构以少用进口品需要经历一段时间。

综上所述，在贬值发生的初始时刻，贸易收支不会立即改善，反而可能急剧恶化，随即将是一段时期的缓慢恶化，经过一段时间之后，进出口开始做出反应，贸易收支将逐渐改善。在图形上，贸易收支在货币贬值后先是恶化，继而随着时间的推移而逐步改善所呈现出的走势酷似英文字母“J”，因而人们形象地将本币贬值后贸易收支改善的这种时滞现象称为“J 曲线效应”（J-curve effect）。

由图 5－1 我们可以发现，当一国的贸易收支（B）开始恶化后，货币当局为了改善

贸易收支在 t_0 时刻实行本币贬值,但由于存在时滞,贸易收支反而继续恶化,直到 t_1 时才再次达到期初水平。B_0 为期初的,即贬值前的贸易差额。$t_0 \sim t_1$ 这段时间就是 J 曲线效应存在的时间。

J 曲线效应不仅在理论上有一定说服力,也获得了许多实证检验的有力支持。研究发现,对于多数工业化国家,J 曲线效应存在的时间在半年至 1 年之间不等。这表明,大约在一年之后,本币贬值对贸易收支的改善作用才得以发挥。

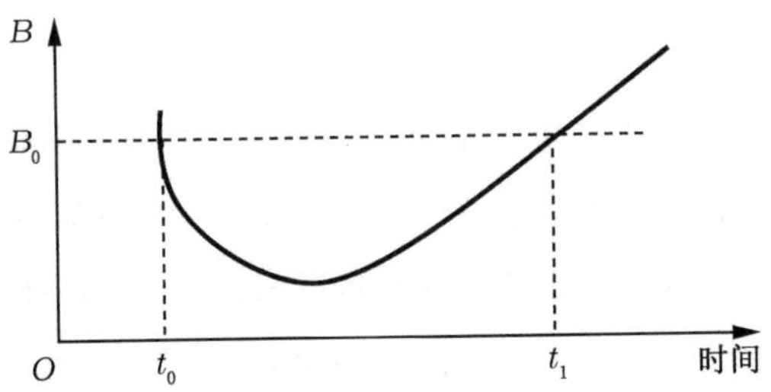

图 5-1 J 曲线效应

专栏 5-2 货币合同期理论

J 曲线效应的形成存在多种原因,而货币合同期理论则是解释 J 曲线效应的主要理论。按照该理论,一国在贬值前签订的贸易合同即使在贬值后仍然须按原来的数量和价格执行,从贬值到合同执行的时期称为货币合同期。由于本国货币的贬值将会对本国货币和外国货币的实际价值产生影响,因此在已经签订的合同中所使用的交割货币会对贸易收支产生影响。

假定 P_X^H、P_X^F 分别为用本国货币和外国货币表示的本国出口价格;P_M^H、P_M^F 分别为用本国货币和外国货币表示的本国进口价格;Q_x、Q_m 分别为本国出口和进口商品的数量。通过使用不同合同货币定价的四种情况,就可以分别讨论在货币合同期本国货币贬值对以本币和外币表示的贸易收支的影响:

1. 第Ⅰ种情况

若出口商品以外币定价,进口商品以本币定价,而贸易收支以本币表示,即:

$$B=P_X^F Q_x/e-P_M^H Q_m$$

根据上式,本币汇率的下降使以外币交割的出口值按汇率折算成本币的出口总值($P_X^F Q_x/e$)上升,而进口总值($P_M^H Q_m$)仍然以本币计值,保持不变,因此贬值使以本币表示的贸易收支改善。

若贸易收支以外币表示，即：

$$B = P_X^F Q_x - eP_M^H Q_m$$

由于出口总值（$P_X^F Q_x$）不变，进口总值（$eP_M^H Q_m$）则须按较低的本币汇率折算而下降，贸易收支由此改善。

2. 第Ⅱ种情况

若进出口商品均以外币定价，贸易收支则以本币表示，即：

$$B = P_X^F Q_x / e - P_M^F Q_m / e$$

或

$$B = (P_X^F Q_x - P_M^F Q_m) / e$$

本币的贬值，使出口收入（$P_X^F Q_x$）和进口支出（$P_M^F Q_m$）在折算为本币时以同样的幅度上升，因此，贸易收支状况就取决于原先的差额，如果原先为顺差，即 $P_X^F Q_x - P_M^F Q_m > 0$，这一正的差额在折算为本币时就会因本币汇率下降而上升。这就意味着顺差额的扩大，贸易收支改善。如果原先为逆差，即 $P_X^F Q_x - P_M^F Q_m < 0$，这一负的差额在折算为本币时同样会因本币汇率的下降而上升，结果就是逆差额的扩大，贸易收支恶化。

若贸易收支以外币表示，即：

$$B = P_X^F Q_x - P_M^F Q_m$$

由于出口收入（$P_X^F Q_x$）和进口支出（$P_M^F Q_m$）不必转换为本币，故而与汇率无关，贸易收支不受本币贬值的影响。

3. 第Ⅲ种情况

若进出口商品均以本币定价，而贸易收支也以本币表示，即：

$$B = P_X^H Q_x - P_M^H Q_m$$

由于进口总值（$P_X^H Q_x$）和出口总值（$P_M^H Q_m$）都是以本币表示的，不涉及汇率的折算，因此，本币贬值对贸易收支差额不发生影响。

若贸易收支以外币表示，即：

$$B = eP_X^H Q_x - eP_M^H Q_m$$

或

$$B = e(P_X^H Q_x - P_M^H Q_m)$$

在这种情况下，原先的贸易收支差额在折算成外币时就会随本币的贬值而下降。若原先的贸易收支为顺差，则顺差额的下降意味着贸易收支的恶化。若原先的贸易收支为逆差，则逆差额的下降意味着贸易收支的改善。

4. 第Ⅳ种情况

若出口商品以本币定价，进口商品以外币定价，贸易收支以本币表示，即：

$$B=P_X^H Q_x-P_M^F Q_m/e$$

本币贬值后，出口总值（$P_X^H Q_x$）不变，进口总值（$P_M^F Q_m/e$）因本币汇率下降而增加，贸易收支状况恶化。

若贸易收支以外币表示，即：

$$B=eP_X^H Q_x-P_M^F Q_m$$

于是，出口收入（$eP_X^H Q_x$）就会随本币汇率的下降而减少，但进口支出（$P_M^F Q_m$）仍然按外币计算，不涉及汇率变化，故保持不变。在这种情况下，贸易收支出现恶化。

上述结果可以用表5-5予以归纳。由该表可知，在Ⅱ.①、Ⅲ.②和Ⅳ这几种情况下，货币贬值有可能使本国贸易收支状况恶化，出现J曲线效应。而在国际贸易中，出口合同采用本币，进口合同采用外币定价，即第Ⅳ种情况是常用的定价方式，这表明在货币合同期内本国货币的贬值在一般情况下会使本国贸易收支恶化。

表5-5　本国货币贬值后货币合同期的贸易收支效应

本国出口合同中使用的计价货币	本国进口合同中使用的计价货币	
	本　币	外　币
外　币	Ⅰ. 贸易收支无论用本币还是外币表示均出现改善。	Ⅱ. ①贸易收支以本币表示：原先若为顺差，贸易收支改善；原先若为逆差，贸易收支恶化。②若贸易收支以外币表示，贸易收支不变。
本　币	Ⅲ. ①若贸易收支以本币表示，贸易收支不变。②贸易收支以外币表示，原先若为顺差，贸易收支恶化；原先若为逆差，贸易收支改善。	Ⅳ. 贸易收支无论用本币还是外币表示均出现恶化。

第二节　贸易乘数论

贸易乘数论（Trade Multiplier Approach，又译乘数分析法）由凯恩斯学派的罗伊·福布斯·哈罗德(Roy Forbes Harrod)、劳埃德·梅茨勒(Lloyd Metzler)和弗里茨·马克卢普(Fritz Machlup)等人于20世纪30～40年代提出。[①] 与弹性论一样，贸易乘数论关注的也是贸易收支，并借鉴凯恩斯的“投资乘数”概念来分析一些因素的变化对国民收入的影响以及国民收入的变化对贸易收支的影响。

根据凯恩斯的理论，若经济存在闲置资源，则一国的产出(或收入)取决于其支出水平(从这个意义上讲，凯恩斯的理论又被称为需求决定论)。根据是否与收入有关，可把支出分解为两部分：一部分与收入无关，可称其为自主性支出(即不管收入为多少，这部分支出总要发生)；另一部分与收入有关，我们称其为诱致性支出(即这部分支出是由收入引起的)。这样，自主性支出的任何变动就会对收入有乘数作用，即自主性支出增加一个单位，会导致收入增加不止一个单位。而收入的变化会影响到一国的进口，从而影响其贸易差额。这就是乘数论的基本原理。

一、乘数论的数学推导

在开放经济条件下，一国的支出由四部分构成：私人消费(C)、私人投资(I)、政府支出(G)和净出口($X-M$)。我们以Y表示国民收入，则得到：

$$Y=C+I+G+X-M \tag{5-2}$$

该等式是产品市场均衡条件，只有该等式成立，产品市场才处于均衡状态，等式右边的各个变量是事前的变量，反映的是各经济主体意愿的支出水平，并不是实际发生的结果。

在C、I、G、X和M这五个变量中，I、G和X与Y无关，从而归入自主性支出部分；[②]C和M与Y有关，并且呈正相关关系，据此可假定：

$$C=C_0+cY \qquad (0<c<1) \tag{5-3}$$

$$M=M_0+mY \qquad (0<m<1) \tag{5-4}$$

式中，C_0和M_0分别为C和M中与Y无关的部分，根据前面的说明，可将其分别称为自主性消费和自主性进口；c和m为正的参数，其经济含义体现在其分别代表边际消费倾向和边际进口倾向。

将等式(5-3)和(5-4)代入(5-2)，求解Y，得：

$$Y=(C_0+I+G+X-M_0)\left(\frac{1}{1-c+m}\right) \tag{5-5}$$

---

① 贸易乘数论又译外贸乘数论，但我国的大部分学者都译贸易乘数论而不是外贸乘数论，可能是因为“外贸”在字面上局限于从一国的视角出发，而“贸易”则具有全球视角。

② 投资一般取决于影响成本和收益的因素，如名义利率；政府支出一般是外生变量，取决于财政政策的取向。

由于出口的增加(ΔX)会导致收入的增加(ΔY),以增量表示即:

$$Y+\Delta Y=(C_0+I+G+X+\Delta X-M_0)\left(\frac{1}{1-c+m}\right)$$

即:

$$Y+\Delta Y=\left(\frac{1}{1-c+m}\right)\Delta X+\left(\frac{1}{1-c+m}\right)(C_0+I+G+X-M_0)$$

等式两边减等式(5-5),得:

$$\Delta Y=\left(\frac{1}{1-c+m}\right)\Delta X$$

移项,得:

$$\frac{\Delta Y}{\Delta X}=\frac{1}{1-c+m} \tag{5-6}$$

等式(5-6)就是贸易乘数。显然,该乘数的大小与边际消费倾向(c)和边际进口倾向(m)有关,反映了Y在贸易乘数的作用下随C_0、I、G、X和M_0这些与Y无关的自主性支出的变化而变化的程度。

由于一国的收入中用于进口的部分通常小于消费部分,即$m<c$,移项得$-c+m<0$,所以有:$1-c+m<1$。又因为消费和进口都是收入(Y)的组成部分,因此,$0<c+m<1$,结果:$0<1-c+m<1$,即:

$$\frac{1}{1-c+m}>1$$

亦即:

$$\frac{\Delta Y}{\Delta X}>1$$

二、自主性支出的变动对贸易差额的影响

贸易乘数可用以考察自主性支出的变动对贸易差额的影响。由于乘数反映了自主性支出与国民收入的关系,而贸易差额又与国民收入有关,据此就可得出贸易差额与自主性支出的关系。

根据前面的假定,一国的贸易差额为:

$$B=X-M=X-M_0-mY \tag{5-7}$$

将等式(5-5)代入上式,得:

$$\begin{aligned}B&=X-M_0-(C_0+I+G+X-M_0)\cdot m/(1-c+m) \\ &=(X-M_0)\cdot(1-c)/(1-c+m)-(C_0+I+G)\cdot m/(1-c+m)\end{aligned} \tag{5-8}$$

根据等式(5-8)可以得到B与X、M_0、C_0、I和G的关系:如果X上升,则B也

上升，用增量表示得到：

$$\Delta B = \Delta X\ (1-c)/(1-c+m)$$

同理，如果 C_0 上升，则 B 下降，即：

$$\Delta B = -\Delta C_0 \cdot m/(1-c+m)$$

如果 M_0 上升，则 B 下降，即：

$$\Delta B = -\Delta M_0 (1-c)/(1-c+m)$$

其余变量（I 和 G）可以依此类推。

可见，X 和 C_0、M_0、I、G 的变化对 B 的影响是完全不同的：不仅方向不一样，（当 $1-c \neq m$ 时）影响程度也可能不一样。换言之，出口的增加有助于改善贸易收支，而自主性消费、自主性进口、私人投资和政府支出的增加则会恶化贸易收支。因此，支出减少政策，即紧缩性的财政货币政策具有改善贸易收支的功效。比照等式（5－5）我们可以发现，X 和 C_0 的变化对 Y 的影响是相同的，因为乘数是同样的。

根据贸易乘数论的上述分析，我们可以发现，由于贸易乘数大于 1，因此，一国出口的增加类似投资，可通过贸易乘数使国民收入的增长额大于出口增长额。所以，增加出口（X）、降低 M_0 均有助于贸易收支的改善和收入的增加，因此，乘数论者主张“奖出限入”，即鼓励出口、抑制进口。根据这一主张，乘数论者又被人们称为新重商主义者，其理论与政策主张一度被一些西方国家奉为圭臬。

在上述简单的贸易乘数分析基础上还可以引入边际储蓄倾向、收入与出口的互动关系等进行更深入的考察，从而形成比较复杂的贸易乘数分析。①

第三节　吸收论

一、吸收论的基本原理

吸收论（Absorption Approach，又译吸收分析法）由德国的西德尼·斯图亚特·亚历山大（Sidney Stuart Alexander，1952）和英国的詹姆斯·爱德华·米德（James Edward Meade）等人于 20 世纪 50 年代创立。② 吸收论关注的也是贸易收支。在 20 世纪 50 年代初，英、法等西欧国家曾先后实行本币贬值政策，但贸易收支并未得到显著改善。一些学者根据弹性论认为这种现象是由进出口的弹性不足造成的。另有一些学者则提出不同看法，认为弹性论的视角过于微观，仅强调相对价格变动的效果而

---

① 这方面的内容将在研究生教材中进行讨论。

② 亚历山大当时（1952 年）正在 IMF 任职。

抛弃了宏观视角，忽视了国民收入等宏观变量变动的效果。随着弹性论在实践中缺陷的暴露，以及凯恩斯学派宏观经济理论的流行，吸收论作为国际收支的一派理论应运而生。

吸收论利用凯恩斯学派的国民收入恒等式，定义“吸收”概念，从国民收入和吸收的角度来考察贸易收支差额产生的原因，并在此基础上提出调节贸易收支的政策主张。

根据凯恩斯学派的宏观经济理论，在开放经济条件下，一国的国民收入恒等式为：

$$Y=C+I+G+X-M \tag{5-9}$$

式中，Y 表示国民收入(或 GDP)，C 表示私人消费，I 表示私人投资，G 表示政府支出，X 表示出口，M 表示进口。等式(5－9)与(5－2)尽管形式一样，但实际含义有所不同。等式(5－9)是国民收入恒等式，等式右边的各个变量是已经发生的事后的变量，反映的是已经发生的各项支出活动。

由于 $C+I+G$ 为国内发生的不包含进出口的各类消耗之和，反映国内所吸收的产品总量，所以亚历山大将其定义为吸收(A)[①]，用贸易差额(B)表示 $X-M$，于是得到吸收论的表达式：

$$Y=A+B \text{ 或 } B=Y-A \tag{5-10}$$

根据等式(5－10)可知：当一国的总产出超过其吸收水平($Y>A$)，即内需不足时，该国的产出被用于消费、投资和政府支出之后仍多余，就会转为出口，于是该国面临贸易顺差(即 B 为正，亦即净出口为正)；当一国的总产出无法满足其吸收水平时，其国内吸收只能通过进口得到满足，结果该国面临贸易逆差(B 为负)；当一国的总产出恰好等于其吸收水平时，该国实现贸易均衡。这就是吸收论的基本原理。

吸收论将一国的贸易收支与该国的国民收入(或产出)、吸收等变量紧密联系起来，比较直观：如果产出超过吸收，多余的产出就会通过贸易输出到外国，供外国居民使用，而其对应的就是贸易顺差。如果产出不能满足吸收，外国的产出就会通过贸易输入到本国，以填补本国产出的空缺，而这对应的就是贸易逆差。

根据吸收论，改善贸易收支的政策无非是两个方面：或是通过支出转移政策增加产出(Y)，或是通过支出增减政策，如紧缩政策以减少吸收(A)。任何影响贸易收支的政策必然会通过影响产出或吸收而发挥作用，要判断一项政策对贸易收支的效果，关键要看其对产出和吸收的影响。这就是吸收论的政策主张。针对中国曾经出现的持续、巨额的贸易顺差，许多学者主张通过扩大内需，即增加吸收的政策以实现贸易收支平衡。这正是运用了吸收论的基本原理。

---

① A 是英文 absorption(吸收)的首字母。从吸收的组成部分看，我们可以近似地将其理解为“内需”。

在分析贬值对贸易收支的影响方面，吸收论的出发点与弹性论有很大差异。弹性论认为贬值会引起本国和外国商品相对价格的变动，引起进出口的变化，进而导致贸易收支的变化。吸收论则把关注的焦点放在贬值策略带来一国收入、支出的变化上。

有些学者对上述的吸收论进行了扩展，纳入了边际分析、贬值的直接效应和间接效应、实际收入和价格变动因素等，形成了更加复杂的吸收论模型，由此证明，贬值对贸易收支的影响取决于多种因素，难以得出简单结论。

此外，在现实中，一国的贸易收支顺差一定意味着另一国的贸易收支逆差，而各国经济之间又是相互依存的；一国收入的变化也会通过贸易渠道引起另一国的收入的相应的变动，这就是所谓的“外溢效应”(spillover effect)。同样，外国的这种收入变化又会反作用于本国的国民收入，由此形成“反馈效应”(repercussion effect)。如果综合考虑“溢出效应”和“反馈效应”，贬值对贸易收支的影响将会更加复杂(参见姜波克，1999，第 81 页)。[①]

二、双缺口模型

与吸收论类似的一种分析贸易收支的思路是 H. 钱纳里和 A. 斯特劳斯(1969)建立的“双缺口模型”(two-gap model)。

按照双缺口模型，在开放经济条件下，一国的国民收入(Y)既可以表现为各方面的支出，也可以由各方面的收入组成。也就是说，国民收入的衡量既可以采用支出法，也可以采用收入法。于是，国民收入的恒等式可以有两种表述方式：

$$Y=C+I+G+B \tag{5-11}$$

或

$$Y=C+S_p+T \tag{5-12}$$

式中，C 表示私人消费，I 表示私人投资，G 表示政府支出，B 表示贸易差额(等于出口与进口之差)，S_p 表示私人储蓄，T 表示政府收入。

设国民收入(Y)等同于一国的总产出，则等式(5－11)的含义是，一国的产出无非是由私人部门购买(被家庭购买用作消费品，被厂商购买用作投资品)、政府和外国居民购买。

同样，等式(5－12)的直观含义也很明确，即一国的国民收入包括私人部门的收入(其中一部分在当期用于消费，剩余部分则形成储蓄)和政府部门的收入。将等式(5－11)和(5－12)相减，可以得到：

$$B=S_p+(T-G)-I \tag{5-13}$$

① 这些比较复杂的吸收论模型将在研究生教材中进行讨论。

如果将 $T-G$ 定义为政府的储蓄 S_g，则上式可改写为：

$$B=S_p+S_g-I \quad (5-14)$$

再将私人储蓄 S_p 和政府储蓄 S_g 合称为总储蓄 S，则上式又可改写为：

$$B=S-I$$

即：

$$X-M=S-I \quad (5-15)$$

等式(5-15)表明，在开放经济条件下，一国的贸易差额与其储蓄、投资水平密切相关。储蓄与投资之间的差额(储蓄缺口)决定着贸易差额(外汇缺口)。如果一国在一定时期内储蓄大于投资($S>I$)，即储蓄缺口为正，则该国将出现贸易顺差($X>M$)，即外汇缺口为正；相反，如果一国在一定时期内储蓄小于投资($S<I$)，即储蓄缺口为负，则该国将出现贸易逆差($X<M$)，即外汇缺口为负。可见，如果一国的储蓄过多，那么其超额储蓄造成的超额供应(即所谓的内需或吸收不足)可以通过等量的出口净额(外需)得到消化；反之，一国的储蓄不足形成的超额需求则可凭借进口净额予以维持。

许多发展中国家由于收入水平偏低，无以形成足够的储蓄，造成储蓄缺口长期为负，国内投资受到抑制，经济增长速度缓慢；外汇缺口也表现为负，贸易收支持续逆差，出现了严重的外汇短缺现象。为此，这些国家通常会采取引进外资的政策，弥补本国的储蓄不足，通过资本项目的顺差抵消贸易收支逆差，维持国际收支的平衡。

三、对中美贸易差额的解释

根据等式(5-15)，如果一国居民的储蓄意愿较强，且政府遵守相对严格的财政纪律，将财政赤字控制在合理的范围内甚或实现财政盈余，同时，投资支出不足以消化储蓄，那么该国很可能出现正的储蓄缺口，即内需或吸收偏低，贸易收支就会相应表现为顺差；反之，如果一国居民普遍崇尚提前消费和高消费，且政府的财政纪律比较松弛，同时私人部门的投资过旺，那么该国的吸收就会偏高，很可能出现负的储蓄缺口和贸易逆差。

我们以中、美两国为例，来进一步阐述上述观点。为了使问题简化，我们采用局部均衡的分析方法，仅关注储蓄与贸易差额的关系。根据前面的分析，如果一国的储蓄率(定义为总储蓄 S 除以国内生产总值 GDP)比较高，则该国有可能出现贸易顺差，储蓄率越高，通常顺差额也越大；反之，如果一国的储蓄率很低，则该国有可能出现贸易逆差，储蓄率越低，通常逆差也越大。

中国在 2005～2011 年间是典型的贸易顺差国，美国则是典型的贸易逆差国，且贸易逆差有扩大之势(见图 5-2)。对于这种现象，可以从两国的储蓄率差异及变化趋势中找到原因。

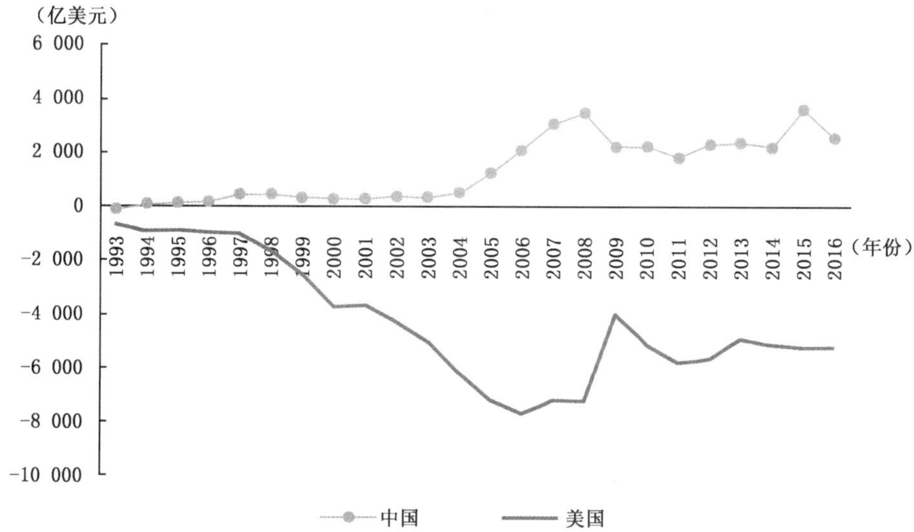

数据来源:The World Bank——WDI Online 世界发展指标数据库。

图 5-2 中、美 1993~2016 年贸易差额

中国是个高储蓄的国家,储蓄率大体在 40%上下波动。这意味着长期以来,中国是以巨额贸易顺差消化正的储蓄缺口。由于内需不足,由此形成的巨量的超额供应只能转向出口,否则,宏观经济无法实现平衡。相反,美国是个低储蓄的国家,储蓄率仅处在 10%~20%之间,且近年呈现出下降态势(见图 5-3)。

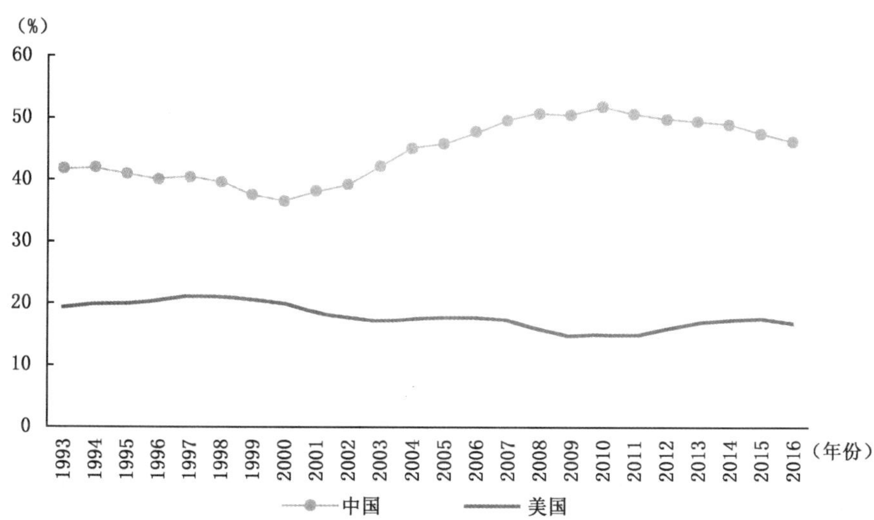

数据来源:The World Bank——WDI Online 世界发展指标数据库,储蓄率计算公式为:(GDP—最终消费)/GDP×100%。

图 5-3 中、美 1993~2016 年储蓄率

可见,中美两国的贸易差额走势与各自的储蓄率走势相当吻合,说明储蓄的高低确实构成一国贸易差额的主要决定因素。因此,美国贸易逆差的长期存在,根源可能在于其国内,其表现就是所谓的双赤字(twin deficits),即造成其储蓄不足的财政赤字和贸易逆差的同时并存。由于美国是一个崇尚消费的国度,储蓄偏低,政府收入严重不足,只能通过财政赤字满足支出。美国若欲摆脱贸易逆差逐年扩大的不利局面,唯有采取有力措施提高居民的储蓄意愿,抑制过度消费和减少政府支出。

同样,我们也可以根据吸收论,用中国的总产出超过其消费、投资和政府支出(即国内吸收或内需)后仍有剩余来解释贸易顺差;用美国的总产出无法满足其消费、投资和政府支出(即国内吸收)来解释其贸易逆差。

第四节 货币论

一、货币论的基本原理

货币学派不仅用货币模型来分析汇率,而且还用其来分析国际收支,因而还形成了国际收支的货币论(Monetary Approach,又译货币分析法)。该理论由哈里·约翰逊(Harry Johnson,1923—1977)、罗伯特·蒙代尔(Robert Mundell)和雅各布·弗兰克尔(Jacob Frenkel)等人于20世纪60～70年代提出。[①] 在当时的环境下,各主要西方国家不同程度地出现了“滞胀”(stagflation)的局面,国际收支出现巨额逆差,国际资本流动的规模日益增加,正统的凯恩斯经济理论对此难以提出令人信服的解释,这开始引起人们对其正统地位产生怀疑,货币学派因而迅速崛起。上述学者把货币学派的理论与方法推广到国际收支方面的研究,认为国际收支差额的出现可由货币因素来解释,而且国际收支的调节应主要依赖货币政策和汇率调整政策,形成了国际收支的货币论。

货币论作为国际收支的一种理论,有别于弹性论、乘数论和吸收论之处在于:(1)弹性论、吸收论和乘数论关注的仅是贸易收支,而货币论关注的是整个国际收支;(2)弹性论、吸收论和乘数论的研究视野局限于商品市场,而货币论则将货币市场纳入自己的研究视野。

货币论为了达到解释国际收支差额变动的目的,不仅将研究对象限定在实行固定

① 许多中文文献将 Harry 误写成 Herry;有些中文文献将 Mundell 翻译为孟德尔或芒德尔,这与英文读音偏差较大。

汇率制的小国开放经济(small open economy),形成所谓小国模型①,还做出了很多假设,这些假设归纳如下:

第一,商品在该小国与外国之间自由流动,故而一价定律成立,即 $P=EP^*$,其中 P 为小国的价格水平,P^* 为外国的价格水平,E 为外汇汇率。由于 E 固定,P^* 不受小国影响,所以 P 对于小国而言是外生的。

第二,资金在该小国与外国之间自由流动。由于汇率固定,所以根据无抵补利率平价,$i=i^*$,其中 i 为小国的利率,i^* 为外国的利率。即 i 对于小国而言是外生的。

第三,该小国的产出(Y)只受实际因素的影响(该小国所拥有的经济资源决定其产出大小),不受货币因素的影响。即小国货币量的变化不会影响其产出水平,货币是中性的。

第四,实际货币需求作为实际收入 Y 和名义利率 i 的函数,其函数形式 $f(Y, i)$ 是相对稳定的,即不随时间而变化。

基于这些假设,货币论得出结论:一国的国际收支差额本质上看是货币现象,是货币当局的货币政策造成的,有关主体,如企业和个人为了应对货币当局的货币政策,采取相应的行动,而行动的后果体现在国际收支上就是差额的出现。这就是货币论的基本原理。

二、货币论的理论基础

货币论的特点是站在货币市场的角度来研究问题。在货币市场均衡时,名义货币供应量 M_s 等于名义货币需求量 M_d,即:

$$M_s=M_d \tag{5-16}$$

由于名义货币需求量等于价格水平与实际货币需求量的乘积,因而有:

$$M_d=P \cdot L(Y, i) \tag{5-17}$$

式中,$L(Y, i)$为实际货币需求量,即 M_d/P。

因名义货币供应量等于基础货币与货币乘数的乘积,而根据货币当局的资产负债表,基础货币等于货币当局的国内资产(主要是国内信贷 D)与国外资产(主要是外汇储备 R)之和,即:

$$M_s=\mu \cdot (D+R) \tag{5-18}$$

式中,μ 表示货币乘数,反映以下事实,即货币当局投放的基础货币会经由银行体系的反复存贷而成倍放大,且假定 μ 是稳定的。

---

① 小国模型的特点是:由于该国的经济规模较小,因此其行为不会影响其他国家,但其他国家的行为却会对该国产生影响。

将等式(5-17)和(5-18)代入(5-16),有:

$$\mu \cdot (D+R)=P \cdot L(Y, i) \tag{5-19}$$

根据等式(5-19),如果货币当局通过改变 D 来行使货币政策,由于这样的政策不会对 μ、P、Y、i 和函数形式 L 造成影响,R 就会发生相应变化以确保等式(5-19)成立,即:

$$\Delta R=-\Delta D$$

又由于在固定汇率制下,国际收支差额(B)与外汇储备的变化(ΔR)有着简单的对应关系,即 $B=\Delta R$,所以:

$$B=-\Delta D \tag{5-20}$$

等式(5-20)是货币论的基本公式,其许多观点都是以这一公式为基础的。

在货币论者看来,造成国际收支差额的原因其实很简单:货币当局采取扩张性货币政策(使 D 增加),会造成国际收支逆差;货币当局采取紧缩性货币政策(使 D 减少),会造成国际收支顺差。总之,国际收支差额与国内信贷的变化紧密相连。

对于以上现象,可做如下解释:

如果货币当局突然使 D 增加,由于货币需求不变,货币供应的突然增加就造成了货币的过剩,这些过剩的货币就要寻找出路:对个人和企业而言,为了处理掉手头上多余的货币,可以购买外国的产品或资产;对整个国家而言,随着人们纷纷购买外国产品及外国金融资产,结果就是货币外流与国际收支逆差。

如果货币当局突然使 D 减少,由于货币需求不变,货币供应的突然减少就造成了货币的短缺,为了解决货币不足:对个人和企业而言,可以用本国的产品或资产去与外国货币相交换;对整个国家而言,随着人们纷纷出售本国产品及本国金融资产,结果就是货币内流与国际收支顺差。

三、货币论对汇率调整政策效应的分析

在固定汇率制下,如果一国将汇率从 E 提高到 E',即本币贬值,其对国际收支的影响可运用货币论做出如下分析:

根据一价定律假设,等式(5-17)可改写为:

$$M_d=E \cdot P^* \cdot L(Y,i)$$

当 E 上升为 E' 时,M_d 随之上升,造成货币供不应求,根据前面的说明,这进一步导致外汇储备的上升和国际收支顺差的出现。因此,根据货币论,一国可以通过调整汇率以改善国际收支。

第五节　结构论

结构论又称结构分析法（structural approach），早期零星观点散见于 20 世纪五六十年代的西方经济学文献中。到了 70 年代，逐步演变成一个较完整的体系，构成一个独立派别。赞成结构论的经济学家，大多来自发展中国家或属于发达国家中研究经济发展问题的学者。因此，结构论的理论渊源同发展经济学密切相关。结构论在英国风靡一时，英国萨塞克斯大学发展研究院院长保尔·史蒂芬爵士（Paul Stephen）、英国海外发展署（Overseas Development Association，ODA）的托尼·克列克（Tony Klick）、英国肯特大学的瑟沃尔（A. Thirwall），以及英国曼彻斯特大学的一批经济学家，都是结构论的积极倡导者和支持者。

一、结构论的主要思想

结构论的主要观点是，一国国际收支失衡，特别是较严重的长期逆差问题，根源在于国内经济结构出现问题，需要在结构调整、产业升级方面做出改进，在供给侧、生产端方面予以完善，方能治标又治本。这种观点是作为货币论的对立面出现的。在 20 世纪 70 年代中期，国际收支调节的货币分析法相当流行。当时，国际货币基金组织的理论权威、研究部主任波拉克（J. J. Polak）将货币论运用于国际货币基金组织的国际收支调节规制要求中，使货币论成为基金组织制定国际收支调节政策的理论基础。当某个成员国出现国际收支困难，须向基金组织借用款项时，成员国必须按基金组织国际收支调节规制的要求，制定相应的调节政策。基金组织协助其制定政策并监督政策的实施。由于货币论的核心主张是紧缩需求，以牺牲国内经济增长来换取国际收支平衡，因此，在国际收支发生普遍困难的 70 年代，众多成员国在接受了基金组织的国际收支调节规制后，经济活动普遍受到抑制，有的甚至因过度削减预算和收紧货币供应而导致国内经济、社会甚至政治动荡。

在这种情形下，结构论针锋相对地指出，国际收支失衡未必完全由国内货币市场失衡引起。按照结构论的观点，以往的国际收支理论，如货币论乃至以前的吸收论，都是从需求角度提出国际收支调节政策，而忽视了经济增长供给方面对国际收支的影响。比如，货币论主张通过收紧国内名义货币供应量来减少实际需求；吸收论主张通过紧缩性财政货币政策来减少国内投资和消费需求。结构论则认为，国际收支逆差，尤其是长期逆差，既可以由长期性过度需求引起，也可以由长期性供给不足所致。而长期性供给不足则主要由经济结构问题造成。这种结构问题及由此导致的国际收支逆差现象在发展中国家普遍存在，在发达国家也屡有发生。

二、结构问题的三种类型

结构论认为，引起国际收支长期逆差（或根本性逆差）的结构问题主要有以下三种情况：

（一）经济结构老化

随着全球技术进步以及生产条件、世界市场环境等的变化，一国原先具有一定国际竞争力的商品可能逐渐失去竞争力。同时，因国内资源有限、流动性不足、技术基础薄弱等原因，经济结构调整变得十分困难，导致该国不能适应外部环境的变化，最终造成出口供应长期不足、进口替代余地不大，国际收支进而持续逆差。

（2）经济结构单一

经济结构单一包括出口商品的单一和产业的单一。这两方面都可能导致国际收支逆差的出现。其一，单一的出口商品，其价格受国际市场的影响不断变化，进而造成国际收支不稳定。如果其价格出现下降，便直接作用于国际收支，使之恶化。而在出口商品种类较多的情况下，一种出口商品的价格下降，会被另一种出口商品的价格上升所抵消，国际收支可保持相对稳定。其二，如果国内产业较单一，许多商品国内不能生产，造成本国严重依赖进口，进口替代的选择余地几乎为零。比如，一个锡矿丰富且只生产锡的国家，其经济发展所需要的大量商品，如采矿机械、电力设备、交通工具等，只能依靠进口。该国的经济发展愿望越强烈，国际收支逆差就会越严重。而如果产业多样化、层次化，这个国家的回旋余地就比较大，如可通过大力发展进口替代品来减少进口、控制逆差。

（3）经济结构落后

经济结构落后表现为别国对一国出口商品的需求存在收入弹性低而价格弹性高的特点；而一国对进口商品的需求却有收入弹性高而价格弹性低的特点。由于出口商品的收入弹性低而进口商品的收入弹性高，别国经济和收入的增长导致本国出口增加不多，而本国经济和收入的增长却会导致进口增加较多。在这种情况下，只会发生国际收支的收入性逆差，不会发生收入性顺差，即国际收支的收入性不平衡具有不对称性。

同样，由于出口商品的价格弹性高而进口商品的价格弹性低，本国出口商品的价格上升会导致出口额的相应减少（因为出口数量下降幅度超过价格上升幅度）；而进口商品的价格上升却会导致进口额的相应增加（因为进口数量下降幅度低于价格上升幅度）。因此，由货币和价格因素引起的国际收支不平衡也具有不对称性。

综上，由于价格上升和收入增长是一个长期趋势，经济结构相对落后的国家必然随着时间推移，逆差会越来越严重。

三、结构论的政策主张

由结构问题引起的国际收支不平衡称为国际收支的结构性不平衡或失衡。结构性不平衡，既是长期以来经济增长缓慢和经济结构落后引起的，也成为制约经济发展和经济结构调整的瓶颈，如此形成一种恶性循环。发展经济、调整经济结构等需要一定数量的投资和资本货物的进口，而国际收支的结构性困难和外汇短缺却制约着这种进口，造成经济发展和经济结构调整难以进行。由于国际收支长期失衡的根源在于经济结构的老化、单一和落后，在于经济发展缓慢甚至停滞，因此，支出增减政策和支出转移政策不能从根本上解决问题。结构论认为，调节政策的重点应放在优化经济结构和加速经济发展上，以此来增加出口商品和进口替代品的数量和种类。优化经济结构、促进经济发展的主要手段包括增加生产的供应，提升资源的质量，降低企业的成本，优化资源配置，使劳动力、资本和技术等生产要素顺利地从传统产业流向新兴产业。经济结构落后的国家缺少资金，一方面要动员国内储蓄，另一方面要吸引经济结构先进的国家和国际经济组织前来投资。

结构论从供给侧揭示国际收支持续失衡的原因并开出治理的药方，给人耳目一新的感觉。从长期看，结构论抓住了问题的实质，对落后的发展中国家尤其如此。自结构论问世以来，其观点日益受到国际学术界和国际组织的重视。如国际货币基金组织和世界银行在提供贷款援助时都把结构调整作为附带条件(吕江林，2015，第 71 页)。

结构论的主要缺陷是过于强调长期，而忽视了短期。其开出的药方往往“远水不救近火”，难以解决短期逆差问题。在某种意义上，结构论关注更多的是经济发展问题，而不是国际收支问题。因而解决国际收支问题，需要讲究政策配合和不同理论派别的调和与综合。

第六节 国际收支的政策配合论

一、政策配合论的基本原理

我们已经知道，政府的目标取向是实现内外均衡，其中内部均衡指充分就业和价格稳定，外部均衡指国际收支平衡。在理论上，在短期里，根据开放经济条件下的宏观经济模型(如吸收论和双缺口模型)，一国经济在总量上总是平衡的，换言之，一国的内部失衡必然会通过外部的反向失衡相互抵消，从而使整个宏观经济依然能维持均衡格局。例如,当一国的产出总量(Y)超过国内的需求($C+I+G$),即吸收(A)而出现内部失衡时,为了避免由此形成的经济衰退和失业,该国可以通过正的贸易差额(B)向国外出口,即通过外部失衡,使内部的超额供应得以维持;反之,在一国的国内需求大于产出之际,为了避免内部经济失衡而出现通货膨胀,该国就可以通过负的贸易差额从国外进口货物和服务,从而使整个宏观经济仍然能够维持均衡。

但是,这种纯粹数量上的平衡不是一种理想的、合理的均衡。按照国际金融学的主流观点,一国的贸易收支不可能维持永久性失衡。理论上贸易收支的长期失衡固然可以通过资本项目的反向失衡得以维持,但事实上资本的流向具有很大的不稳定性,流入和流出往往交替出现,因此,贸易收支的失衡最终是不可能依赖国际融资予以弥补的。整个国际收支在长期里也必须是均衡的,因为国际收支逆差会导致外汇储备的持续流失,因而不可能长久维持;国际收支顺差会引起外汇储备的过多积累,形成资源闲置,经济效率下降,并产生通货膨胀压力,所以同样不能长久维持。这就意味着从长期看,国际收支平衡,亦即外部均衡是一国无法舍弃的宏观经济目标,货币当局的职责只能是分别同时实现内部均衡和外部均衡。

政策配合论作为一种国际收支理论,与前述理论有显著的不同:首先,前述理论均探讨了国际收支差额产生的原因,尽管不同的理论给出的答案不尽相同;而政策配合论将国际收支差额的存在看作分析的起点,而不去追究其产生的原因,该理论的重点在于研究一国政府应如何解决既定的差额。其次,前述理论将国际收支差额看作孤立的事件,仅关注国际收支而不管其他因素,是一种局部均衡的分析框架;而政策配合论将国际收支与一国经济的其他方面联系起来,加以综合考虑。

政策配合论的前提是一种政策针对不同的目标可能造成目标之间的相互冲突,即所谓的米德冲突。有时,政府试图实现的目标存在多重性,而可能采取的政策手段是有限的或单一的。如果政府在采取相应的政策手段来实现某一目标时,不得不以牺牲其他目标为代价,这种情形就是政策目标的冲突;相反,如果政府在采取相应的政策手段来实现某一目标时,并没有损害其他目标,甚至有利于其他目标的实现,这种情形就是政策目标的协调。

米德冲突(Meade's conflict)指的是一类特殊的政策目标冲突,它是由英国经济学家詹姆斯·米德(James Meade)提出的,因而得名。米德在1951年出版的著作《国际收支》中指出,在固定汇率制度下一国可能出现内外均衡冲突问题。在他看来,由于汇率被固定,政府不能通过汇率变动来调节经济。在此情况下,政府更多只能通过调节社会总需求的办法(如采取财政政策或货币政策)来实现宏观经济管理。具体而言,政府可以根据面临的经济形势,选择采取扩张性政策(即增加社会总需求),或选择采取紧缩性政策(即减少社会总需求)。内部均衡作为一个总体经济目标,可以细化为经济增长、充分就业和价格稳定;外部均衡作为一个总体经济目标,也可以进一步细化,此处假定与经常项目的目标差额相对应。因此,依据内外失衡的具体情况,可以将一国面临的经济问题笼统地分为4个组合,每个组合对应一种情形(见表5-6)。

表5-6　内部失衡与外部失衡的各种组合

情形	内部失衡	外部失衡
1	经济衰退或失业增加	经常项目逆差
2	经济衰退或失业增加	经常项目顺差
3	通货膨胀	经常项目逆差
4	通货膨胀	经常项目顺差

米德认为,对于表5-6中的情形2和情形3,不存在政策目标的冲突。以情形2为例,为了解决衰退问题,需要政府采取扩张性政策(无论是扩张性财政政策,还是扩张性货币政策),以增加社会总需求,而政府在这样做的过程中,会使进口因收入提高而增加,从而使外部失衡现象趋于改善。这意味着,内外均衡两类目标是协调的。若是情形3,政府通过紧缩政策则不仅可以抑制通货膨胀,而且有助于改善经常项目。

对于表5-6中的情形1和情形4,则存在政策目标的冲突。以情形1为例,为了解决衰退,需要政府采取扩张性政策,而政府在这样做的过程中,会加剧经常项目逆差,使外部失衡现象趋于恶化。这意味着,内外均衡两类目标是冲突的。若是情形4,虽然政府可以利用紧缩政策抑制通货膨胀,但经常项目顺差会进一步扩大。

可见,米德冲突对应的是固定汇率制下的两类情形:衰退与经常项目逆差的并存以及通胀与经常项目顺差的并存。

可见,一国有时面临的经济问题不止一个(国际收支失衡仅是诸多问题之一),这些问题的关系错综复杂,在这种情况下,单凭一种政策工具是无法解决所有这些问题的。换言之,一种政策工具只能用于实现一个经济目标,对于n种经济目标,政府需要动用n种政策工具。由于这一观点最初由荷兰经济学家简·丁伯根(Jan Tinbergen,1903—1994)提出,因而被称为丁伯根法则(Tinbergen's Rule)。[①] 此外,不同的政策工具掌握在不同的部门,而且不同工具对于不同问题的功效往往不一样,所以为了取得预想的效果,还需要进行正确的政策指派(policy assignment,又译政策分配),即对于某一问题,先要明确哪个政策工具对于其解决最行之有效,然后将其指派给掌握此工具的部门去具体解决。

---

① 丁伯根是诺贝尔经济学奖的首届(1969年)得主之一。他最早提出了将政策目标和工具联系在一起的正式模型,指出要实现n种独立的政策目标,至少需要相互独立的n种有效的政策工具。丁伯根法则指的是:政策工具或控制变量的数量至少要等于目标变量的数量,而且这些政策工具必须是相互独立(线性无关)的。

学术界对政策配合问题进行了广泛的讨论，其中较为经典的是澳大利亚经济学家特里维・斯旺(Trever Swan)于1955年提出的支出增减政策与支出转移政策的配合以及罗伯特・蒙代尔(Robert Mundell)于1962年提出的财政政策与货币政策的配合。

专栏5-3 宏观经济管理与政策配合的关键步骤

现代经济的运行面临较大的不确定性与不稳定性。经济全球化使一国不得不面临其他国家经济运行不稳所带来的冲击，经济虚拟化使实体经济难以将金融市场的动荡与脆弱有效阻隔，货币国际化使一国经济更大程度上受到全球外汇市场影响。

经济的运行时不时会偏离预定的轨道和预设的目标，需要政府采取政策进行纠偏，这就是宏观经济管理。对世界各国的政府来说，有效实施宏观经济管理并不容易，因为不仅市场会失灵(market failure)，政府也会失灵。宏观经济管理的难度可以从其相对复杂的步骤看出，每一步出现差池，都会影响宏观经济管理的最终效果。

第一步，分析当前经济形势，预测未来经济走势，明确当前最紧迫的任务。找出经济问题的最有效方式是对标内外均衡。因为内外均衡含有许多指标，通过逐一对照，发现实际指标值与理想值(或目标值)差距相对大的，即为当前所要解决的重大经济问题。

第二步，一个经济体面临的问题是多元的，这些问题自身有轻重缓急之分，并且它们的关系十分复杂。有时是相互协调的，即一个问题的解决有助于另一个问题的解决；而更多的时候是相互冲突的，即一个问题的解决不得不以另一个问题的恶化为代价。区分轻重缓急固然重要，但更重要的是厘清不同问题之间的错综复杂关系。

第三步，问题冲突的存在决定政府企图采取单一政策来解决所有问题是不切实际的。政府部门的设置使不同部门拥有不同的政策权力，如财政部门拥有财政政策的权力，而中央银行拥有货币政策的权力。这一步的关键是科学分析不同政策手段在不同制度框架下的效果及其差异性，亦即某政策对于某问题的解决可能效果明显，而对其他问题则效果不佳。

第四步，进行正确的政策指派，即将问题指派给掌握对此问题的解决最有效的政策部门，由其专门负责，并根据此问题的解决情况来考核其政绩。

第五步，强调部门间的协调。不同部门既要有明确分工，也要有高效协调。因为一个部门的行动不仅会影响其所负责的问题，也会影响其他部门所负责的问题。部际协调的有效性很大程度上决定着内外均衡同时实现程度。

政策配合论强调以上五个步骤缺一不可，而要同时做好五个步骤的工作谈何容易。由此可理解，现实中许多国家常常被各种经济问题所困扰，还有不少国家掉入“中等收入陷阱”而无法成为高收入国家。政策配合的整个过程可以用图 5－4 来简略表述。

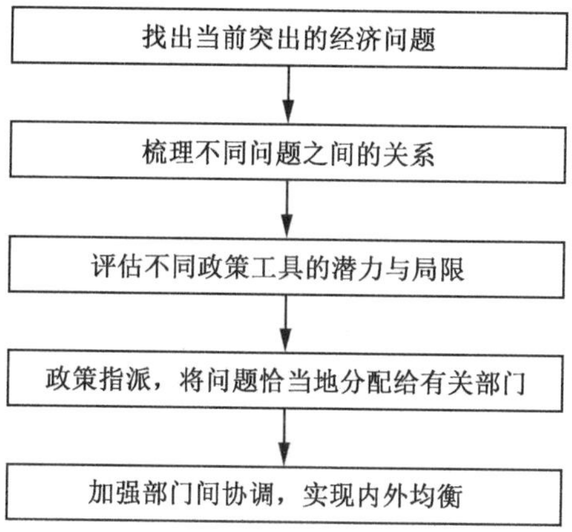

图 5－4　政策配合过程

二、斯旺模型

根据斯旺模型构建的平面坐标图可以很直观地说明在同时实现外部均衡和内部均衡方面的支出增减政策与支出转移政策配合的必要性。图 5－5 中的横坐标反映支出增减政策（主要表现为财政政策和货币政策），用“支出”来衡量，向右表示支出扩张，向左表示支出收缩；纵坐标表示支出转移政策，用外汇汇率来衡量，向上表示外汇汇率上升、本币汇率下跌，向下表示外汇汇率下跌、本币汇率上升。

为了描述“支出”和汇率的变化对内外均衡目标的影响，需要在图形上引入两条曲线：一条曲线为内部均衡线（称为 II 线），它代表的是导致内部均衡的“支出”和汇率组合的轨迹；另一条曲线为外部均衡线（称为 XX 线），它代表的是导致外部均衡的“支出”和汇率组合的轨迹。

根据 II 线和 XX 线的定义，就可以进一步研究它们的形态。从 II 线来看，当外汇汇率上升时，出口增加，进口减少，贸易差额（B）相应上升（假定马歇尔—勒纳条件得到满足并且不存在J曲线效应）。[①] 按照吸收论，为了抑制由此引发的经济扩张和价格上升，维持内部均衡，“支出”，也就是吸收（A）必须下降。因此，II线是一条向右下方倾斜的斜率为负的曲线，即较高的外汇汇率必须与较低的支出水平相对应，较低的外汇汇率则需要和较高的支出水平相对应。从XX线来看，由于斯旺模型中的外部均衡被简化为贸易收支均衡（即$B=0$），所以XX线代表的是使$B=0$的各种“支出”和汇率的组合，当外汇汇率上升时，贸易差额（B）随之上升，于是为了使B恢复到0，维持外部均衡，“支出”必须上升，以刺激进口。因此，XX线是一条向右上方倾斜的斜率为正的曲线。

II线和XX线的交点（E）意味着内外均衡同时实现，因为该点同时落在内部均衡曲线和外部均衡曲线上，这是宏观经济管理的目标。II线和XX线将图5－5划分为四个区域，依次标识为Ⅰ、Ⅱ、Ⅲ和Ⅳ。下面讨论这四个区域所对应的经济状态。

根据II线的定义，II线上的每一点意味着内部均衡，而线外的每一点意味着内部失衡。在II线的右上方区域（即Ⅰ区和Ⅳ区），与不同的汇率对应的“支出”均高于维持充分就业所需的水平，这表明经济存在通货膨胀现象；在II线的左下方区域（即Ⅱ区和Ⅲ区），与不同的汇率对应的“支出”均低于维持充分就业所需的水平，从而表明经济存在失业（衰退）现象。

同样，XX线上的每一点意味着$B=0$，即经济处于外部均衡，而线外的每一点意味着$B\neq0$，即外部失衡。在XX线的右下方区域（即Ⅰ区和Ⅱ区），与不同的“支出”相对应的外汇汇率均低于使$B=0$的水平，从而表明$B<0$，即贸易收支存在逆差；在XX线的左上方区域（即Ⅲ区和Ⅳ区），与不同的“支出”相对应的外汇汇率均高于使$B=0$的水平，从而表明$B>0$，即存在贸易顺差。

图5－5标明了四个区域所对应的经济状态。借助该图，就可以很好地说明政策配合的必要性。图中的E点由于同时落在II线和XX线上，因此内外均衡同时实现。与均衡点（E）平行或垂直的点则可以通过单一的政策工具，支出增减政策或支出转移政策（汇率）将其引导到E点之外，而所有其他的点均需依赖支出增减政策与支出转移政策的配合，方能使经济向E点逐渐靠拢。换言之，一旦货币当局能够大致确定内外均衡的经济点位，由此就能确定相应的均衡汇率水平和均衡支出水平，就可以通过对汇率水平和支出水平进行调整，使之达到均衡水平。这就是斯旺模型的精髓所在。

例如，如果经济的实际点位处于图5－6中Ⅰ区的A点，显然，该点位对应的本币

① 从长期来看，该假定一般是能够成立的。

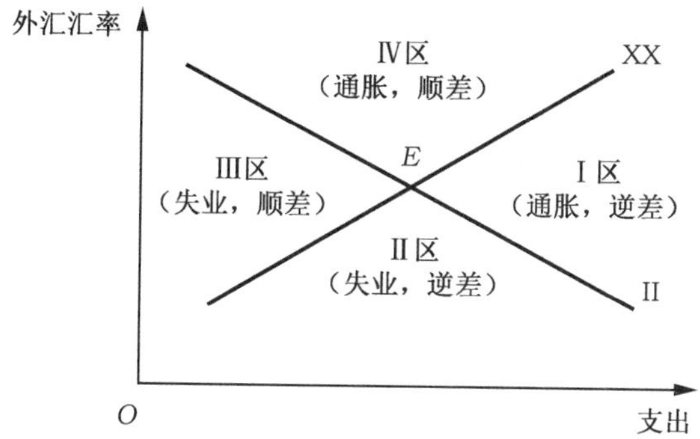

图 5－5　支出增减政策与支出转移政策的配合(1)

汇率低于均衡汇率(S_0)，支出水平也高于均衡水平(Q_0)，因此，货币当局应该采取本币升值和紧缩性的财政货币政策的组合，使经济向 E 点靠拢。为什么在贸易收支逆差的情况下货币当局仍然需要使本币升值？这是因为 A 所处的位置接近于外部均衡，与内部均衡的偏差却较大，因此，为了实现内部均衡就必须实施高强度的紧缩政策，致使贸易收支转为顺差，即 A 向左移动至Ⅳ区，本币汇率必须上升，达到均衡水平(S_0)。

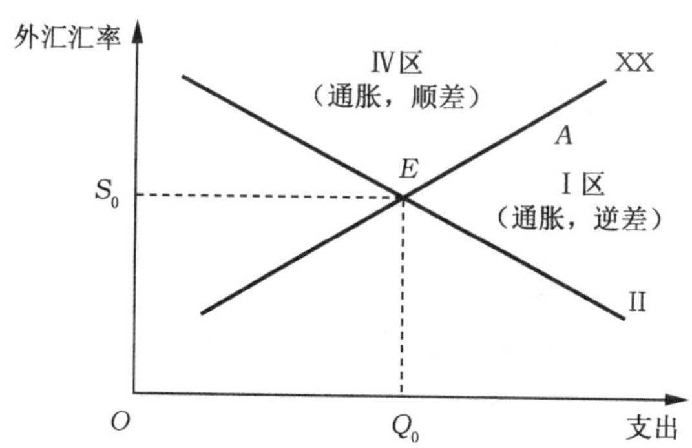

图 5－6　支出增减政策与支出转移政策的配合(2)

在现实中，经济的运行状况有时会十分复杂，内部均衡曲线和外部均衡曲线所处的位置通常很难通过图形确认，以致内外均衡的经济点位和均衡汇率水平、均衡支出水平也无法认定。在这种情况下，作为一种不太精确的经验法则，有些学者认为用支出转移政策(汇率)实现外部均衡的效果相对较好，而支出增减政策在实现内部均衡方面效果相对较好，并主张分别运用这两种政策各自针对不同目标，由此可以得出实现内外均衡的各种支出政策配合(见表 5－7)。

表 5-7　　支出增减政策和支出转移政策的配合

区域	经济状况	支出增减政策	支出转移政策
Ⅰ	通货膨胀、贸易收支逆差	紧缩	本币贬值
Ⅱ	经济衰退、贸易收支逆差	扩张	本币贬值
Ⅲ	经济衰退、贸易收支顺差	扩张	本币升值
Ⅳ	通货膨胀、贸易收支顺差	紧缩	本币升值

需要注意的是，支出增减政策和支出转移政策有可能存在替代效应，如紧缩政策有助于改善贸易收支，从而可部分替代本币贬值措施；扩张政策能够抑制贸易收支顺差，故而可部分替代本币升值措施。同样，本币贬值对经济具有扩张作用，所以可部分替代扩张政策；本币升值则会产生收缩作用，可部分替代紧缩政策。可见，在按照表5-7实施具体的政策配合方面，货币当局还必须在内外失衡时确定失衡程度较大的目标为主要目标，然后采取相应的政策措施，兼顾该措施对另一个目标的影响，以把握不同政策的实施方向和力度。例如，当经济处于区域Ⅰ时，如果通胀极其严重，贸易收支仅稍有逆差，则货币当局应该以抑制通胀为主要目标，需要采取高强度的紧缩措施，并需判断其对贸易收支的影响。如果该国的贸易逆差比较轻微，在紧缩措施的影响下迅速改善，则不必实施贬值政策。

三、蒙代尔模型

从某种意义上讲，蒙代尔模型是对斯旺模型的改进。根据斯旺模型，一国要同时实现内外均衡目标，通常必须借助两种政策，即支出增减政策与支出转移政策。支出转移政策意味着调整汇率，但在固定汇率制度下有时一国因种种原因不能或不愿意调整汇率水平，在这种情况下，斯旺模型预示该国将陷入一筹莫展的境地。而蒙代尔模型却认为，即使不采用支出转移政策，一国也能通过不同政策的配合来达到实现内外均衡的目的。蒙代尔模型关注的是同属支出增减政策的财政政策和货币政策。此外，蒙代尔模型对外部均衡的考察不仅包括贸易收支，而且还纳入了资本流动，因而是广义的国际收支概念。

我们运用平面坐标图来说明蒙代尔模型。在图5-7中，横坐标代表财政政策，用政府支出 G（或税收）来衡量其松紧度：向右表示财政扩张，政府支出增加（或减少税收），向左表示财政紧缩；纵坐标代表货币政策，用货币供应量 M_s 来衡量其松紧度：向上表示货币扩张、货币供应量增加，向下表示货币紧缩。II线和XX线分别代表实现内部均衡和实现外部均衡的各种 G 和 M_s 的组合。表示内部均衡的II线的斜率为负，这是因为如果财政支出(G)增加，经济就会扩张，可能出现通胀，为了使内部经济实现均衡，货币供应量(M_s)必须下降，以抵消财政扩张的作用。可见，在内部均衡的情况下，财政政策和货币政策既不能同时扩张，也不能同时收缩，其方向必须相反。XX 线的斜率可正可负，这是因为财政扩张对国际收支的影响是不确定的，从而不能确定货币政策应该如何变化以应对财政扩张。根据宏观经济学中的 IS-LM 模型，一方面使收入上升，从而使进口上升、贸易收支恶化；另一方面财政扩张使利率上升，引起资金净流入，从而使资本项目改善。对国际收支的最终影响则要看哪方面的影响居主导。图 5－7 中我们假定 XX 线的斜率为负，亦即假定该国的资本流动不够充分，于是财政扩张最终导致国际收支，尤其是贸易收支出现逆差，为了维持国际收支均衡，货币当局必须减少货币供应量，促使利率上升使国际收支得到改善。在图中，我们假定经济面临的情况使得 I I 线比 XX 线更陡峭。[①] 有了 I I 线和 XX 线，就可以将坐标图分割为四个区域，依次标识为Ⅰ、Ⅱ、Ⅲ和Ⅳ。

在 I I 线的右上方区域(即Ⅰ区和Ⅳ区)，与不同货币供应量对应的政府支出量均超过维持充分就业所需的水平，从而表示经济处于通胀状态；而在 I I 线的左下方区域(即Ⅱ区和Ⅲ区)，与不同货币供应量对应的政府支出量均低于维持充分就业所需的水平，从而意味着经济存在失业(衰退)现象。

在 XX 线的右上方区域(即Ⅲ区和Ⅳ区)，与不同的政府支出量对应的货币供应量均高于使国际收支差额为 0 的水平，即利率均低于使 $B=0$ 的水平，从而国际收支出现逆差；在 XX 线的左下方区域(即Ⅰ区和Ⅱ区)，与不同的政府支出量对应的货币供应量均低于使 $B=0$ 的水平，即利率均高于使 $B=0$ 的水平，因而国际收支出现顺差。

综上所述，Ⅰ区代表的状态是通胀与顺差；Ⅱ区代表的状态是失业(衰退)与顺差；Ⅲ区代表的状态是失业(衰退)与逆差；Ⅳ区代表的状态是通胀与逆差。

借助图 5－7 就可说明蒙代尔的政策配合原理。假如一国的经济最初处在 A 点，由于 A 点位于Ⅲ区，所以该国同时面临失业(衰退)与逆差。为了解决这两个问题，政府有两种政策配合方式可供选择：

一种方式是以财政政策解决失业(衰退)，以货币政策解决逆差。首先，通过扩张性的财政政策来解决失业(衰退)，使经济从 A 点移动到内部均衡点 B，但 B 点不在 XX 线上，逆差仍然存在；然后，通过紧缩性的货币政策来解决逆差，将经济从 B 点移动到外部均衡点 C，但 C 点又不在 I I 线上，失业(衰退)仍存在，但与以前相比，此时的失业(衰退)已有所缓和。如此不断反复交替使用财政扩张和货币紧缩政策，经济将越来越接近内外均衡点 E。

---

① 即使我们作相反的假定，得出的结论在本质上并无差异。

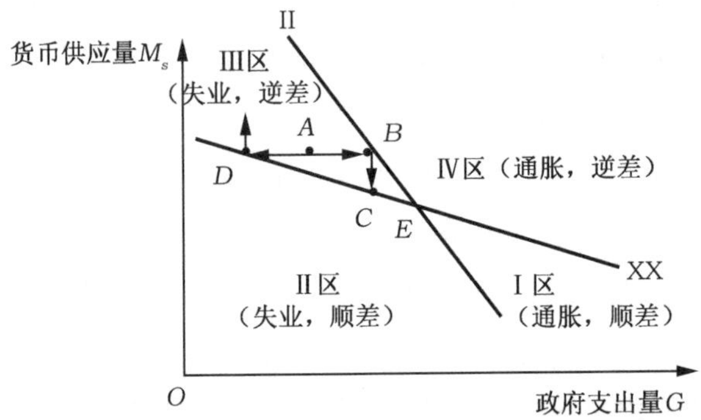

图 5－7　财政政策与货币政策的配合

另一种方式是以财政政策解决逆差，以货币政策解决失业（衰退），结果将完全不同：首先，通过紧缩性财政政策来解决逆差，将经济从 A 点移动到外部均衡点 D，但 D 点不在 II 线上，失业（衰退）趋于严重；然后，通过扩张性货币政策来解决失业（衰退），逆差趋于严重。如此循环往复，经济将越来越远离内外均衡点 E。

由此可见，正确的政策分配至关重要！

鉴于在现实中 II 线和 XX 线的位置及其斜率无法确定，因此，有些学者根据经验法则认为货币政策实现外部均衡的效果相对较好，而财政政策则更适宜针对内部均衡。由此可以得出实现内外均衡的财政政策和货币政策配合的选择（见表 5－8）。

如前所述，财政政策和货币政策同样存在一定的替代特性，因此，货币当局在具体的政策选择过程中还需要确定主要目标和主要政策，并观察其对次要目标的影响，以协调主要政策和次要政策的力度及方向，有效实施宏观经济管理。

表 5－8　财政政策和货币政策的配合

区间	经济状况	财政政策	货币政策
Ⅰ	通货膨胀、国际收支顺差	紧缩	扩张
Ⅱ	经济衰退、国际收支顺差	扩张	扩张
Ⅲ	经济衰退、国际收支逆差	扩张	紧缩
Ⅳ	通货膨胀、国际收支逆差	紧缩	紧缩

专栏5－4　关于国际收支平衡的界定

国际收支平衡，也称对外经济平衡，是宏观经济四大目标之一。在开放经济条件下，国内均衡和对外均衡之间存在着密切的相互决定、相互影响的关系。经济增长、就业和价格的失衡必然会通过国际收支得到反映；如果国际收支严重失衡，就业和经济社会协调发展的目标也会受到不利影响。

在实践中，国际收支平衡的主要评判标准是经常项目差额是否可持续，这是因为经常项目交易是实体经济的反映。

在资本流动比较充分且汇率比较自由的经济体，资本项目通常可以对冲经常项目。经常项目逆差时，资本会出现流入，使国际收支维持稳定；经常项目顺差时，资金则会流出。

相关国家国际收支危机的教训是，经常项目逆差是否超过GDP的4%～5%是一个非常关键的早期预警指标。如果高于这一指标，就容易因为资金流入（如对外借债）枯竭甚至逆转，发生货币危机、债务危机，进而引发全面的经济危机，例如1994年的墨西哥、1997年的泰国和2001年的阿根廷。

过去，学术界对于经常项目顺差多少为宜没有统一标准。进入21世纪以来，随着国际社会对全球经济失衡愈演愈烈的状况日益担忧，才开始关注经常项目顺差问题。2007年，IMF通过《对成员国汇率政策监督的决定》，要求成员国避免引发外部不稳定，包括过大的经常项目顺差。2010年底的二十国集团（G20）首尔峰会上，美国等国家曾经动议，在"均衡、强劲、可持续增长"政策框架下，各国承诺将经常项目差额控制在GDP的±4%以内。后由于各方分歧较大，会上没有达成一致，而被一揽子参考性指南所取代，且未设统一的量化标准。欧盟2011年12月出台了旨在提高经济财政一体化程度的"六项规则"，其中一项预警指标是经常项目逆差与GDP之比不应超过4%，顺差占比不应超过6%。

经常项目交易是中国对外经济交往的主要形式，也是国际收支顺差、外汇储备增长的主要来源。中国自2005年起出现经常项目巨额顺差，在此之前顺差和逆差曾交替出现，且规模及占比均不大。2008年以来，受经济周期和结构性因素的共同影响，中国的经常项目顺差规模及其占GDP之比逐年下降，现已回落到国际认可的合理水平。

表 5-9 2013～2018 年中国的国际收支差额主要构成

项　目	2013 年	2014 年	2015 年	2016 年	2017 年	2018 年
经常账户差额	1 482	2 360	3 042	2 022	1 951	491
与 GDP 之比	1.5%	2.3%	2.7%	1.8%	1.6%	0.4%
非储备性质的金融账户差额	3 430	−514	−4 345	−4 161	1 095	1 306
与 GDP 之比	3.6%	−0.5%	−3.9%	−3.7%	0.9%	1.0%

数据来源：国家外汇管理局、国家统计局。

资料来源：根据国家外汇管理局各期《中国国际收支报告》编写。

本章小结

国际金融学界在对国际收支进行研究的过程中逐步形成了不同的国际收支理论。这些理论由于关注的焦点、分析的视角、采取的方法、依据的前提条件以及提出的政策主张等方面的不同，形成各自的特色。

弹性论从汇率的角度来研究国际收支，主要考察汇率对贸易收支的影响，认为一国货币贬值改善贸易收支的前提是满足马歇尔—勒纳条件，即该国进出口需求的价格弹性的绝对值之和必须大于 1，否则，贸易收支可能不变，甚至恶化。根据马歇尔—勒纳条件可以得出一个推论：如果一国进出口需求的价格弹性小于 1，则该国可通过货币升值改善其贸易收支。这可以称为反向马歇尔—勒纳条件。

一国货币的贬值起先可能导致贸易收支的恶化，经过一段时滞以后贸易收支才会改善。这种现象就是 J 曲线效应。

乘数论认为一国出口的增加会引起国民收入的成倍增加，这种现象称为贸易乘数，因而主张政府实行“奖出限入”，即鼓励出口、抑制进口的政策。

吸收论认为一国的贸易收支取决于其总产出与国内吸收（内需）之差，若前者大于后者，则该国总产出的剩余部分就会转化为出口，贸易收支相应顺差；若前者小于后者，则其总产出不能满足国内需求，需要通过进口弥补，贸易收支因而逆差；若两者相等，则贸易收支平衡。因此，一国改善贸易收支的政策只能是增加产出、抑制吸收。

货币论认为国际收支差额是国内外货币存量相对变动的结果。一国货币当局若采取扩张性货币政策，造成货币过多，购买力就会转向国外，形成国际收支逆差；反之，若货币当局采取紧缩性货币政策，就会导致国际收支顺差。

结构论认为一国国际收支失衡，特别是较严重的、持续时间较长的逆差问题，其根源在于国内经济结构出现问题，因此应该从生产端、供给侧方面采取措施，以实现国际收支平衡。

米德冲突是指一种经济政策在有助于实现内部（外部）均衡的同时，有可能加剧外部（内部）经济的失衡，因此内部均衡与外部均衡之间可能存在冲突。丁伯根也提出了类似的观点，认为一种政策工具只能用于实现一个经济目标，对于 n 种经济目标，政府需要动用 n 种政策工具。这就是丁伯根法则。政府为了实现某个经济目标，需要在各种政策工具中选择最行之有效的工具，这就是所谓的政策指派。对不同的经济目标，用不同的政策相互配合使用，就是所谓的政策配合。

斯旺模型讨论了同时实现内外均衡时支出增减政策和支出转移政策（汇率）的配合问题。有些学者主张以支出增减政策实现外部均衡，即在通货膨胀时采取紧缩政策，在经济衰退时采取扩张政策，以支出转移政策实现外部均衡，即在贸易收支逆差时实行本币贬值，在贸易收支顺差时实行本币升值。

蒙代尔模型讨论了固定汇率条件下同时实现内外均衡时财政政策和货币政策的配合问题。有些学者认为，用财政政策实现内部均衡，用货币政策实现外部均衡的方法效果较好，反之，用货币政策实现内部均衡，用财政政策实现外部均衡，效果可能适得其反。

重要术语

弹性论	马歇尔—勒纳条件	反向马歇尔—勒纳条件	时滞
货币合同期理论	J 曲线效应	贸易乘数论	吸收论
双缺口模型	货币论	结构论	政策配合论
丁伯根法则	政策指派	斯旺模型	蒙代尔模型
米德冲突			

思考题

1. 国际收支的基本理论有哪些？它们各有什么特点？

2. 简述弹性论、吸收论、乘数论、货币论和结构论的异同之处。

3. 运用弹性论的原理，分析 2005 年以来人民币兑美元汇率的变动对中美贸易差额的影响。

4. 有专家认为，2005 年以来随着人民币的升值，中国的贸易收支仍然出现持续巨额逆差，因此，汇率对贸易收支没有影响。你是否赞同这种观点？

5. 近年来，美国国内储蓄不足导致的经济失衡主要通过贸易收支的逆差，即进口得到维持，从而实现了整个经济的平衡。试问：如果中国的国内储蓄不足，是否也能依赖进口维持？为什么？

6. 有中国学者认为，吸收论仅分析了贸易收支，忽略了资本项目，因此可以对其进行扩展，用国际收支取代贸易收支，从而纳入资本流动和服务贸易（陈炳才，2006）。你认为吸收论是否存在这样的缺陷？将贸易收支推广至国际收支是否能弥补这种缺陷？

7. 在开放经济条件下，政策配合的主要内容是什么？如何看待近年来我国政策配合的效果？

8. 米德冲突对于我国的政策实践有何启发意义？

9. 请比较斯旺模型和蒙代尔模型。

参考文献

1. 保罗·克鲁格曼、茅瑞斯·奥伯斯法尔德:《国际经济学》,中国人民大学出版社 2016 年版。

2. 基思·皮尔比姆:《国际金融》(第四版),机械出版社 2015 年版,第 3 章:国际收支的弹性分析法和吸收分析法;第 5 章:国际收支的货币分析法。

3. 陈炳才:国内净储蓄等于贸易差额吗?《中国金融》,2006 年第 21 期。

4. 陈洪波:缩小储蓄投资缺口,纾缓三大发展压力,《中国金融》,2006 年第 21 期。

5. 陈雨露:《国际金融》(第五版),中国人民大学出版社 2015 年版,第十一章:国际收支与宏观经济均衡。

6. 窦祥胜:《国际金融》,中国人民大学出版社 2016 年版,第六章:国际收支调节理论。

7. 吉昱华等:我国外汇储备的高增长及其应对之道,《中国金融》,2007 年第 3 期。

8. 姜波克:《国际金融新编》,复旦大学出版社 2018 年版,第 4 章:内部均衡和外部平衡的短期调节;第 5 章:内部均衡和外部平衡的中长期调节。

9. 吕江林:《国际金融》(第三版),科学出版社 2015 年版,第三章:现代国际收支理论。

10. 奚君羊:《国际储备研究》,中国金融出版社 2000 年版。

11. 朱民:影响全球经济金融的五大风险,《国际金融研究》,2007 年第 2 期。

12. Alexander, Sidney Stuart, 1952, The effects of devaluation on a trade balance, IMF Staff Papers, pp. 263－278.

第六章　汇率制度

教学目的与要求

- 把握固定汇率和浮动汇率的概念、类型及其优劣。
- 明确中间汇率制度存在的经济和社会基础，区分中间汇率制度的各种类型及其特性。
- 掌握最优货币区理论、蒙代尔—弗莱明模型等有关汇率制度的理论和学说。
- 理解发展中国家汇率制度选择的困境，尤其是二元冲突和三元难题。
- 了解我国汇率制度变迁和未来的改革方向。

汇率制度（exchange rate system 或 exchange rate regime），又称汇率安排（exchange arrangement），是一国政府确定、维持、调整和管理本国货币汇率的原则、方法所进行的系统安排或规定。这种规定既可以通过正式的法律规范（de jure）得到表现，也可以通过政府的实际行为和做法（de facto）予以认定。汇率制度的具体内容包括：(1)确定汇率的原则和依据；(2)维持汇率的方法和手段；(3)调整汇率的制度和政策；(4)管理汇率的机构和组织。弗兰克尔（Frankel，1999）认为，没有一种汇率制度能够在任何时期适应所有国家。因此，汇率制度选择是一国（尤其是发展中国家）面临的重要问题。

第一节　汇率制度的类型

一、固定汇率制度

（一）固定汇率制度概述

固定汇率制度（fixed exchange rate system）是以某些相对稳定的标准或尺度，如货币的含金量作为依据，以确定汇率水平的一种制度。由于据此确定的汇率水平一般不轻易变动，故称为固定汇率制度。从历史上看，国际性的固定汇率制度，即被各国普遍实施的固定汇率制度主要有两种类型：一是金本位制度下的固定汇率制度；二是战后建立的纸币流通制度下的固定汇率制度，即以美元为中心的固定汇率制度，史称布雷顿森林体系。

在金本位制度下，各国货币都有含金量，不同货币之间的含金量之比形成铸币平价，汇率会以铸币平价为中心，在输金点的范围内波动。由于波动范围很小，因此是一种固定汇率制度。

1944 年建立的布雷顿森林体系规定了美元与黄金挂钩，各国货币与美元挂钩，各国货币兑美元的汇率一般只能在上下各 1%的幅度内波动，虽然波动幅度已超过金本位制度，但波动幅度仍然较小，所以仍属固定汇率制度，或称可调整钉住汇率制度(adjustable peg rate system)。①

在当前国际性的浮动汇率制度条件下，某些国家的汇率制度依然具有浓厚的固定汇率特征，其中，货币局制度和美元化就是一种典型的代表。

(二)货币局制度

货币局制度(currency board system)肇始于 1849 年的毛里求斯，后来有 70 多个国家采取过类似的制度，其中多数是受英国殖民统治的国家和地区。货币局(currency board)并没有自主发行货币等的职能，因而是一种功能比较原始和简单的管理金融事务的政府机构。随着 20 世纪中后期殖民地国家的相继独立，带有殖民经济色彩的货币局制度被中央银行制度所代替，货币局制度逐渐式微(奚君羊，1985)。从 20 世纪 90 年代开始，货币局制度又在部分发展中国家复兴。

货币局制度是一种关于货币发行和兑换的制度安排，这种制度通过法律的形式规定货币当局发行的货币必须以等额的外汇储备作为支持。由于这种制度使本币的发行与外汇建立了固定联系，保证了本币和外币之间在需要时可按照事先确定的汇率进行无限制的兑换，因而形成了具有突出的固定汇率特征的制度安排。货币局制度的运行机制如下：货币发行机构按照法定汇率以 100%的外汇储备作为本币发行的保证，当市场汇率高于法定汇率时，货币发行机构卖出外汇从而回笼本币，当市场汇率低于法定汇率时，货币发行机构买进外汇从而发行本币，以保持市场汇率的稳定。因此，政府不能随意发行货币，本币的发行取决于该国国际收支差额的变化。

---

① 这里的英文单词 peg 表示钉住，即将本币与外币互相钉在一起的意思。许多中文文献将其翻译为“盯住”，中文的盯住表示的是一种神态，这与实际的汇率状况和英文含义均不相符。

专栏 6-1 香港的联系汇率制

1. 香港汇率制度的历史演变

香港自1935年起实施钉住英镑的汇率制度。但是第二次世界大战后美元逐步取代英镑成为主要国际货币，英镑地位日渐疲弱。1967年，英镑贬值14.3%。由于当时香港对中国大陆、美国和日本的贸易额已超过了对英国的贸易额，商界和金融界普遍认为港元如果跟随英镑贬值，将对香港经济和金融市场造成损害。

20世纪70年代初，布雷顿森林体系开始解体。1972年6月23日，英镑放弃钉住美元的汇率制度，实行浮动。同年7月6日，当时的港英当局宣布港元脱离英镑，改与美元挂钩，挂钩汇率为1美元兑5.65港元，波动幅度为±2.25%。1974年国际外汇市场剧烈波动，美元跌势凶猛。为减少美元贬值对港元的冲击，当时的港英当局于同年11月26日宣布港元与美元脱钩，实行单独浮动，港元同外币汇兑价格根据外汇市场供求变化自由浮动。

自1977年起，香港的贸易逆差急剧增加，物价涨幅高达两位数。从1979年5月开始，港英当局颁布了修正的《外汇基金条例》，规定发钞行必须为外汇基金的存款保有100%的流动资产，以控制货币发行。

然而，因为香港中央银行缺位，港英当局没有能力对金融市场进行调节，更无法及时、有效地推行金融政策。发行货币的是汇丰银行和渣打银行[①]，而对货币供应量及利率的控制客观上由银行公会和市场供求自发调节。承担最终贷款者职能的是汇丰银行，但作为私人性质的商业银行，汇丰银行亦不太可能为了公共利益而牺牲自己的商业利益。在缺乏有效金融监管和外资大量流入的情况下，贷款需求极度膨胀，香港泡沫经济随之产生。

1982年，恒隆银行因受到挤提而被当时的港英当局收购；1983年初，7家接受存款的公司倒闭；同年9月24日，受中英政府关于香港问题谈判挫折的影响，香港出现了大量抛售港元、收购美元的现象。在这种情况下，为挽救港元，1983年10月17日，当时的港英当局宣布港元再次与美元挂钩，实行1美元兑7.8港元的官定汇价，并做出如下规定：

(1)从1983年10月17日起，发钞行增发的港元，一律以1美元合7.8元港元的比价，事先用美元现钞向外汇基金换取等值的港元负债证明书；

① 1994年5月2日，中国银行香港分行也获准开始发行港元。

(2)港元现钞从流通中回流后,发钞行可以用相同的比价向外汇基金换回美元及赎回负债证明书;

(3)发钞行以同样的方式为其他银行提供和收回港元现钞(1994 年 1 月达成的换钞协议改为用港元结算);

(4)1 美元兑换 7.8 港元的固定汇率只适用于发钞行和外汇基金之间、发钞行和其他银行之间以及银行同业、银行与客户之间的港元现钞交易全部按市场汇率进行。

自此,香港的联系汇率制度(简称"联汇制")正式实施。从性质上看,联汇制可以看作是货币局制度的一种特例。

2. 联汇制的运行机制

实行联汇制之后,港元的汇率一直保持在 1 美元兑 7.80 港元的水平上,在 1987 年全球股市暴跌和 1994 年墨西哥金融危机期间亦不例外。1997 年下半年,受国际投机基金的冲击,东南亚国家和地区的货币汇率大幅动荡,泰国、菲律宾被迫放弃与美元挂钩的汇率政策,实行有管理的浮动。各国和地区货币纷纷贬值,并进而波及新加坡元和港元。香港的联汇制经受了如此巨大的考验,依然安然运行至今。有些学者的研究发现,香港在 20 世纪 80 年代和 90 年代经济的增长和较低的通货膨胀率,有 60%的原因是由于采用了联汇制。香港作为成功实行联汇制的唯一的地区,总是受到国际上的诸多关注。香港实行的联汇制是货币局制度的变种。在这种制度下,港元由 3 家商业银行发行,而不是由中央银行发行;港元的发行需要 100%的外汇发行准备。联汇制有自我调节、自我稳定的机制。当港元兑美元的市场汇率上升到 7.9 时,所有发钞行都会向外汇基金交回负债证明书而以 7.8 的汇率赎回美元,再以 7.9 的汇率在市场上抛出。反之,当市场汇率下降到 7.7 时,发钞行都愿意以 7.7 的汇价购买美元,再以 7.8 的价格将美元出售给外汇基金,市场汇率和官方汇率因发钞行的套汇行为而逐渐一致。除了联汇制本身的稳定机制之外,管理当局坚持财政收支平衡、外汇储备不断增加和中国大陆强有力的支持都对稳定汇率起了很大的作用。

3. 2008 年金融危机以来香港联汇制的表现

香港联系汇率制度本身也存在一定的缺陷和弊端,根据"三元难题"[①],香港不可能放弃其自由港的地位,同时又要维持汇率稳定,最终只能被迫放弃其货币政策的独立性,与美联储的货币政策保持相对一致。2008 年金融危机后,香港成

① 本章第四节将对三元难题做详尽讨论。

了全球资金的避险地，大量资金流入助推了香港的房价和物价，受制于联系汇率制度，香港不仅无法通过升息来抑制通胀，反而只能跟随美联储减息，使得通胀难以得到遏制，不利于香港经济的稳定。2011年之后，随着美国经济的逐渐恢复，香港市场上开始出现资金流出的迹象，港元相对美元开始疲软，加剧了香港稳定汇率的压力。经济危机后，这种美国与香港经济周期的不一致给香港联汇制度带来了很大的挑战。

（三）美元化

美元化(dollarization)是指一国居民在其资产中持有相当大一部分外币资产（主要是美元），美元大量进入流通领域，具备货币的全部或部分职能，并具有逐步取代本国货币，成为该国经济活动的主要媒介的趋势，因而美元化实质上是一种狭义或程度较深的货币替代现象。这里的“美元”泛指一切被选择作为替代货币的强势货币，其中主要是美元，因为大多数实行美元化的国家所选择的替代货币是美元，但也可以是指其他的替代货币，比如欧元。因此，美元化的实际含义是“外币化”。美元化包括“非官方美元化”和“官方美元化”，前者是指私人机构用美元来完成货币的职能，但还没有形成为一种货币制度，也称为“事实美元化”、“过程美元化”、“部分美元化”或“非正式的美元化”；后者是指货币当局明确宣布用美元取代本币，美元化已作为一项货币制度被确定下来，也称为“政策美元化”、“完全美元化”或“正式的美元化”。由于美元化的结果是使一国的对外经济与美元的价值形成了固定联系，因而是一种变相的固定汇率制度。

二、浮动汇率制度

浮动汇率制度(floating rate system)是一种汇率的变动主要由外汇市场上的外汇供求决定，因而不受任何指标、标准和准则限制的汇率制度。以美元为中心的固定汇率制度崩溃后，西方各国普遍实行了浮动汇率，由此形成了国际性的浮动汇率制度。在完全的浮动汇率制度下，政府不再规定本国货币与外国货币的黄金平价，不规定汇率波动的上下幅度，中央银行也不承担通过外汇干预维持汇率稳定的义务，汇率完全根据外汇市场供求情况自由波动。

浮动汇率制度实际上已有较长的历史。早在金本位制度以前，美国、俄罗斯等国家就曾使本币处于浮动状态，在实行国际金本位制度时，也有一些未采用金本位制的国家实行浮动汇率。如印度曾实行银本位制度，印度卢比对金本位制国家货币的汇率随金银比价的变动而波动。第一次世界大战以后，一些国家也曾先后实行过浮动汇率制。即使在布雷顿森林体系时期，仍有少数国家如加拿大在1950年9月至1962年5月期间实行浮动汇率制度。

汇率浮动的方式有以下几种：

1. 自由浮动和管理浮动

这是根据货币当局是否对汇率变动进行干预所做的划分。自由浮动(free float)，又称不干预浮动(clean float)，是指货币当局对汇率上下浮动不采取任何干预措施，完全听任外汇市场供求变化，自由涨落。管理浮动(managed float)，又称干预浮动(dirty float)[①]，是指货币当局采取各种方式干预外汇市场，使汇率水平与货币当局的目标保持一致。目前各国普遍实行的浮动汇率制度都属于管理浮动，货币当局或多或少都会对汇率的变动施加影响，使之符合本国利益。自由浮动仅仅是一个理论上的概念。

2. 单独浮动、钉住浮动和联合浮动

这是根据一国货币是否与他国货币建立稳定关系进行的划分。单独浮动(single float; independent float)是指一国货币的汇率不与任何其他国家货币发生固定联系，其汇率根据外汇市场的供求变化而自动调整。另一种是钉住浮动(pegged float)，这包括两种情况：

(1)钉住某单一货币(pegged to a single currency)。由于历史、地理等方面原因，有些国家，尤其是发展中国家的对外贸易、金融往来主要集中于某一工业发达国家，或主要使用某一外国货币。为使这种贸易及金融关系得到稳定发展，免受相互之间货币汇率频繁变动的不利影响，这些国家通常使本国货币钉住该工业发达国家的货币，将其作为“货币锚”(currency anchor)[②]，相互之间保持稳定的汇率，对其他国家货币的汇率则随该“货币锚”浮动。如一些美洲国家货币钉住美元，一些英联邦国家的货币钉住英镑，一些前法国殖民地国家的货币则曾经钉住法国法郎。

(2)钉住一篮子货币(pegged to a basket of currencies)。有的发展中国家为了稳定与一些国家而不是某单一国家的经济往来，就选择若干种同本国经济贸易关系密切的国家的货币和对外支付使用最多的货币，以加权平均的方法组成一个货币篮(currency basket)，或者直接以SDR或欧洲货币单位(European Currency Unit, ECU，欧元的前身)作为货币篮，并将本国货币钉住该货币篮，使本国货币与这些外币的汇率保持相对的稳定，而对其他国家的货币则随该货币篮浮动。

某些国家出于相互间发展经济关系的需要，组成某种形式的经济联合体，建立稳

---

① 有些中文文献将clean float和dirty float翻译为“清洁浮动”和“肮脏浮动”，这种直译方法虽然简单省力，但却不合中文的规范表述，字面上很难理解。

② 作为货币锚(currency anchor)的货币称作锚货币(anchor currency)。

定的货币区，对区内各国货币之间的汇率规定一个比值和上下波动幅度，而对区外国家货币的汇率则采取联合浮动(joint float)。欧盟的前身——欧洲经济共同体曾实行联合浮动，形成所谓的欧洲货币体系。

钉住浮动汇率制度和联合浮动汇率制度虽然在字面上被冠以“浮动”二字，而且实行这种汇率制度的国家的货币的汇率也确实对“货币锚”以外或区外货币上下浮动，但从实质上看，由于这些国家的货币与经济关系最密切的其他国家的货币的汇率保持着稳定的汇率关系，货币当局又频繁地在外汇市场上进行干预，因此，从对国内经济的影响方面看，这种汇率制度在性质上更接近于固定汇率制度而不是浮动汇率制度。

专栏 6－2　货币锚

一些国家为了实现稳定价格的最终目标，往往要确定货币政策的中间目标，这种目标就是所谓的“锚”。货币锚有实际锚和名义锚两种。实际锚就是某种主要的国际储备货币，货币当局通过在外汇市场买卖该种外币以维持本币与货币锚比价，使本国的价格水平不会因为汇率的变化而大幅度波动。最常见的货币锚是美元、欧元以及各国自己设定的货币篮。名义锚主要是货币指标(如 M_1、M_2)和通货膨胀率，货币当局在执行货币政策过程中需确保所选的名义变量在一个狭小的区间内波动。

表 6－1 给出了 2009～2016 年 IMF 成员国汇率政策的货币锚。从表中可以看出，在 2011 年以前，外币一直是许多国家最主要的货币锚，占了 50%以上，而其中钉住美元的国家又占了 50%以上；在剩余的采用名义锚的国家中，货币指标、通货膨胀率和其他指标各占 15%左右。从 2012 年起，选择名义锚的 IMF 成员国数量逐渐超过以外币作为货币锚的成员国数量。其中，钉住美元的成员国数量减少较多，并且越来越多的国家采用货币指标、通货膨胀率指标以外的其他指标来作为名义锚。

表 6－1　2009～2016 年 IMF 成员国选择的货币锚　单位：国家数

年份	外币				货币总量	通货膨胀率	其他
	美元	欧元	货币篮	其他货币			
2009	54	27	14	8	25	29	31
2010	50	28	15	7	25	31	33
2011	47	27	14	8	29	30	33
2012	43	27	13	8	29	32	38

续表

年份	外币				货币总量	通货膨胀率	其他
	美元	欧元	货币篮	其他货币			
2013	44	27	13	8	26	34	39
2014	43	26	12	8	25	34	43
2015	42	25	12	8	25	36	43
2016	35	29	9	9	24	38	48

数据来源：IMF:《汇率安排与汇兑限制年报》，2016 年。

三、中间汇率制度

中间汇率制度(intermediate exchange rate regime)是介于完全的固定汇率与完全的浮动汇率之间的汇率制度，如上述的管理浮动以及汇率目标区、爬行顶住、BBC安排等。

(一)汇率目标区

汇率目标区(exchange target zone)指政府设定本国货币对其他货币的中心汇率(central rate)并规定汇率的上下浮动幅度的汇率制度，同时，政府对中心汇率按照固定的、预先宣布的比率或对选取的定量指标的变化作定期调整。

汇率目标区并非自由浮动汇率制度，因为中央银行要对外汇市场进行干预使汇率在期望的范围内波动；它又不同于管理浮动汇率制度，因为中央银行建立了汇率波动的一个目标范围，通过货币政策干预外汇市场使汇率波动落在目标区内；它也不同于严格的固定汇率制，实行汇率目标区的国家没有通过市场干预以维持汇率稳定的义务，也不需要做出任何形式的市场干预的承诺，并且目标区本身也可以随着经济形势变化而随时做出调整。

克鲁格曼(Krugman，1991)建立了一个比较完整的汇率目标区理论模型。他把外汇汇率(S)当作一种资产价格，其变动取决于经济基本面因素和人们对汇率未来值的预期。他将经济基本面因素区分为两个：一个是货币供应量(M_s)，另一个则为除货币供应量之外的所有其他影响汇率的经济变量(V)，汇率变动将取决于经济基本面以及预期汇率。这里，假定其他经济变量(V)是一个随机变量，其变化分布与正态随机变量的分布相同，且期望值等于 0。

假定汇率与经济基本面因素(M_s+V)之间存在线性关系，在浮动汇率制度下这种关系可以通过图 6-1 中的 AB 线表示。AB 线向右上方倾斜，表示基本经济变量

(M_s+V)的上升将引起汇率上升，即本币贬值。而在汇率目标区制度下，汇率波动轨迹将在汇率目标区内的 CD 线表示，呈 S 形状，因为当货币供应量(M_s)不变而其他变量(V)变动带来的冲击将导致汇率突破目标区边界时，中央银行要将汇率波动控制在目标区之内，它将使货币供应量(M_s)做反向变动，从而使得经济基本面因素，即 M_s+V 不变，阻止汇率发生波动。当汇率达到目标区上限时，中央银行减少货币供应量以阻止本币进一步贬值；相反，当汇率达到下限时，中央银行增加货币供应量以阻止本币进一步升值。因此，当汇率接近波动上限（下限）时，市场就会预测央行的政策干预行为，并形成远期外汇贴水（升水）预期。在这一市场预期的指导下，即期外汇市场上对本币需求就会增加（减少），以追求未来本币升值（贬值）带来的收益，因此即期汇率会下降（上升），从而使得汇率目标区制度下，表示汇率波动轨迹的 CD 曲线的上半部分总是在 AB 曲线之下，而 CD 曲线的下半部分总是在 AB 曲线之上（见图 6－1）。

如果政府是一个强政府（strong government），即市场参与者对政府维持确定的、公开的波动区间以及边界有充分信心，由此就会形成所谓的“蜜月效应”（honeymoon effect），即在本币汇率下跌且明显偏离中心汇率时，中央银行干预的可能性相应增大，市场就会形成本币汇率将在官方干预下上升的预期，于是本币汇率在预期和官方干预的共同作用下向中心汇率回归；反之则相反。这一情形宛如热恋中的情侣在短暂分离一段时间后便会尽可能地抗拒进一步分离，所以称之为“蜜月效应”。“蜜月效应”存在一个前提条件，即明确、公开的游戏规则使市场参与者形成稳定的预期，从而使市场参与者的行为方式与中央银行的目标趋于一致，共同将汇率锁定在目标区内。

汇率目标区制度下的汇率波动还存在“离婚效应”（divorce effect）。当本国经济基本面向某一方向的变动程度很大且表现为长期的趋势，市场参与者普遍预期汇率目标区的中心汇率将做重大调整时，原来的汇率目标区将不再具有普遍的可信性。这时的政府就成为弱政府（week government），其维持汇率稳定的能力受到市场怀疑。在该种情形下，将发生投机冲击，市场汇率波动不再自发向中心汇率回归。相反，两种力量的较量会导致市场汇率波动剧烈，波动幅度可能大于浮动汇率制度下汇率的正常波动幅度。这一情形犹如长期共同生活的情侣发现爱情已经不复存在，离异已是势在必行，故称之为“离婚效应”。由“离婚效应”引发的汇率剧烈波动是汇率目标区制度的重大缺陷。

（二）爬行钉住

爬行钉住（crawling peg）指本币钉住外币，同时政府按预先宣布的固定范围对汇率作较小的定期调整或对选取的定量指标的变化作定期的调整，使汇率逐步趋向于目标水平的汇率制度安排。爬行钉住可分为购买力爬行钉住和任意爬行钉住。所谓购买力爬行钉住是以通货膨胀差异为依据对汇率进行调整，有较强的预见性，也有利于

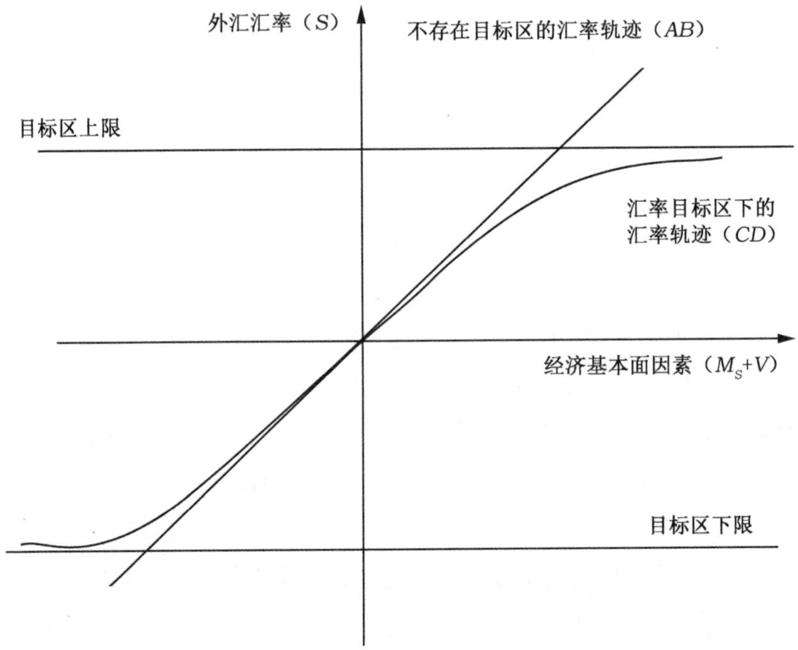

图 6－1　汇率目标区内的汇率波动

维护本国的国际竞争力，但不利于约束政府实行严格的货币纪律（monetary discipline）以抑制通胀。[①] 具体做法通常是根据选定的数量指标（如对主要贸易伙伴国的以往的通胀率差异，对主要贸易伙伴国的通胀率目标与预期通胀率之间的差异）进行小幅度调整。爬行的幅度可根据以往通胀变动对汇率变动的要求来设置，也可根据预期未来可能发生的通胀情况来设置。维持爬行钉住与固定钉住制度对货币政策施加的限制是基本相同的。任意爬行钉住（crawling peg at discretion）一般不设参照物，爬行的基础富有弹性，货币当局可以根据需要对汇率进行微调，能够保持较大的汇率政策的独立性，但其预见性较差，易受投机冲击。人民币兑美元汇率在 2005～2008 年和 2010～2014 年这两个时期出现了持续上升，后来都重新与美元保持稳定。这种状况表明，在这两个时期，人民币汇率制度具有明显的任意爬行钉住美元的特征。

（三）爬行带内浮动

爬行带内浮动是一种规定了汇率波动幅度的爬行钉住制度。这种制度要比钉住平行汇率带或爬行钉住具有更大的汇率灵活性。其优势在于汇率有一定的允许波动的幅度，有助于经济吸收对经济基本面造成冲击的各种干扰因素，其缺陷在于当汇率

① 货币纪律是指严格控制货币供应量，以免货币超发引发通货膨胀。

达到爬行带界限时可能引起投机性货币攻击。结果，为防止投机性货币攻击，要求爬行汇率带进一步扩展，演变为管理浮动；而为维持钉住汇率的可信性，则要求爬行汇率带不能进一步扩展，因而爬行带内浮动的汇率安排面临着难以克服的内在矛盾。

（四）BBC 规则

BBC 规则(BBC rules)是 Basket(篮子)、Band(波幅)和 Crawling(爬行)3 个英文单词的首字母缩写。这种汇率安排是威廉姆森(John Williamson)提出来的。他认为中国单一钉住美元是不合理的，因为中国不是一个小国，其主要的贸易伙伴也不是美国，并且中国也没有明确表示将放弃货币政策的独立性，而这正是固定汇率制的本质特征。威廉姆森认为中国的汇改方案应遵循“BBC 规则”，即“钉住一篮子货币”(a basket parity)、“宽幅波动”(a wide band)和“汇率爬行”(a crawl of the exchange rate)。其具体内容如下：

1. 钉住一篮子货币，即根据篮子货币来确定本国货币中心汇率，有助于稳定实际汇率，避免受主要国家货币之间的汇率波动对本国贸易、产出和通货膨胀的负面影响。

2. 波动幅度，即规定较大的汇率波动范围，以使之既适应经济基本面的变化又不致引起影响市场稳定性的汇率变动预期，也为货币政策的独立性提供了空间。

3. 爬行制度，即中心汇率的调整应该是小幅度、经常性的，这有利于抑制投机行为。

专栏 6-3　新加坡的 BBC 汇率安排

新加坡在 2014 年之前采用的是篮子、波动区间、爬行式的有管理的浮动汇率制度，也就是 BBC 汇率安排。这种灵活的中间汇率政策，配合以汇率水平为中介目标的货币政策，使得新加坡经济顺利度过了 20 世纪 80 年代的石油危机、经济衰退、通货紧缩以及 90 年代的经济过热时期和亚洲金融危机，保持了经济的稳定和发展。新加坡金融管理局(Monetary Authority of Singapore，MAS)2004 年 12 月出版的第 37 期工作报告 *Managed Floating and Intermediate Exchange Rate System：The Singapore Experience* 对新加坡篮子、波动、爬行式的有管理的浮动汇率制度的主要特点和操作执行经验做出了以下几点总结：选择篮子货币作为新元中心汇率的参照；汇率波动实行区间管理；汇率区间具有爬行变动的特色。MAS 认为新加坡汇率管理的成功不单单是选择了 BBC 制度，汇率的管理在实际操作中应该是一个多重的系统，有赖于连续的宏观和微观经济政策的支持。就新加坡的经验来讲，主要有以下 5 点：

(1)良好的和值得信赖的宏观经济政策保证了宏观经济具有较强的自我修正能力,减少资本流动和投机活动造成的经济脆弱性,从而减少汇率水平的长期偏差。谨慎的财政政策、较低的通胀水平、合理的外债规模和稳定持续的经济增长是成功的经验。(2)灵活的产品市场在货币市场和贸易条件发生突变时能够及时做出调整。(3)健全的金融系统有助于应对外部的冲击。新加坡在1997年的金融危机之后,采取了针对国内金融机构的一系列的措施,包括发展债券市场、资产管理公司和保险业,更大程度的开放国内银行业等等。(4)金融监管当局努力跟上金融创新的步伐,以便应对不断扩大的监管职责范围。面对不断涌现的新产品和服务,金融监管当局必须保证这些机构拥有适当的风险和信用管理系统。(5)很重要的一点是:加大信息披露和政策的透明度,培养市场纪律性,减少市场因为信息不对称而造成的“反应过度”。

近些年,MAS通过各种渠道向市场提供越来越多的数据和信息,在每半年一次的汇率政策回顾的基础上还出版了货币政策声明,以及名义有效汇率的历史数据等。市场参与者的理解,加强了货币政策的作用。公众对货币政策的信任最终来自中长期的价格稳定。新加坡政府在制定汇率政策时一个重要的指导原则是:汇率目标不能与经济基本面长期偏离。当新加坡的经济基本面较好时,新加坡元就会面对升值的压力,一个强势的新加坡元,可以降低经济过热的压力;相反,当新加坡经济基本面较差时,新加坡元就会面对贬值的压力,一个弱势的新加坡元,可以减低通货紧缩的风险,刺激出口和经济复苏,这也符合货币政策的需要。

新加坡元的缓慢稳定升值帮助新加坡实现了出口结构调整,新加坡能够在1997年的亚洲金融危机中保持相对稳定,很大程度上正是得益于其货币升值所产生的竞争力。MAS以贸易加权的名义有效汇率对本币汇率进行评估,但并不对外宣布这“一篮子”货币的构成,还会根据进出口贸易的变化在必要时对其构成进行调整。在汇率调整上保持一定的“神秘感”有利于抑制投机。对于管理区间一般是每3个月进行一次评估。评估工作并不完全依靠模型计算,而是更为注重中期目标,汇率区间具有爬行变动特色。

四、汇率制度的具体分类

以上讨论的是对汇率制度按粗线条的口径进行的分类。学术界在进行具体的研究时还会按汇率可变动程度对汇率制度进行更具体细致的分类。

Obstfeld和Rogoff把汇率制度划分为3类:(1)统一货币和美元化,即严格的固定汇率；[①](2)固定或钉住汇率，包括汇率目标区、爬行钉住、传统的可调整固定钉住和货币局制度；(3)浮动汇率，包括管理浮动和自由浮动。因而在 Obstfeld 和 Rogoff 看来，中间汇率制度是指第二种类型的制度。Summers 把两极汇率制度界定为固定汇率和浮动汇率，中间汇率制度界定为可调整固定钉住制。Frankel 把汇率制度划分为 9 种：货币联盟，即实行统一货币、货币局制度、真正固定汇率、可调整固定钉住、爬行钉住、货币篮子钉住、汇率目标区、管理浮动和自由浮动(或独立浮动)。其中，中间汇率制度包括可调整固定钉住、爬行钉住、货币篮子钉住、汇率目标区和管理浮动。Masson 把汇率制度划分为 3 类：(1)严格固定汇率，包括货币联盟、货币局制度和美元化；(2)中间汇率制度，包括可调整钉住、爬行钉住、爬行带内浮动、管理浮动；(3)浮动汇率，仅包括独立浮动。

IMF 对汇率制度的分类大致分为两个阶段：1999 年之前的分类称为名义(*de jure*)分类，1999 年之后称为实际(*de facto*)分类。所谓名义分类，即 IMF 根据成员国自己的申报进行的分类，每年发布在其"汇率安排与汇兑限制年报"(Annual Report on Exchange Arrangements and Exchange Restrictions，AREAER)中。当时，IMF 将汇率制度分成三大类：钉住汇率制度 (pegged regimes)、有限弹性汇率制度(limited flexibility regimes)、弹性汇率制度(flexible arrangements)。名义分类最主要的缺点是许多国家的申报与实际的汇率制度有很大的出入，一些申报为固定汇率的国家为了提高国际竞争力而频繁实行货币贬值政策，而一些申报为浮动汇率的国家，特别是新兴市场国家，往往由于国内金融市场不完善而害怕浮动(fear of floating)，或者一些国家为其反通胀目标树立信誉而采取事实上的钉住汇率。[②] 因此，自 1999 年 1 月 1 日起，IMF 按照自己的划分标准发布新的汇率制度分类，在原来名义分类的基础上细分为三大类 8 小类[③]，即所谓的实际分类。

IMF《2011 年汇率安排与汇兑限制年报》的实际分类主要有以下 10 类：

1. 无独立法定货币(no separate legal tender)。

即以另一国家的货币作为唯一的法定货币在本国流通(如美元化)。采用这种货币制度意味着货币当局完全放弃货币政策的独立性。

2. 货币局制度(currency board)。

即以法律形式明确承诺本币和某一特定的外币之间以固定的汇率进行兑换，同时

---

① 实际上，实行统一货币(如欧元)和美元化以后，已不存在相关货币之间的兑换问题，因而也就不存在汇率问题了，但这种货币安排对经济的影响与固定汇率制度大致相同。

② 中国当时申报的是单独浮动汇率制度，但事实上在 1994～2005 年期间的汇率始终稳定在大约 1 美元兑 8.3 元人民币。

③ 即硬钉住(包括无单独法定货币、货币局)；软钉住(包括传统钉住、宽幅钉住、爬行钉住、宽幅爬行钉住)；浮动汇率安排(包括管理浮动、独立浮动)。

要求本币发行机构确保履行自己的法律义务。本国货币的发行需要等额的外汇资产作支撑。

3. 传统钉住(conventional peg)。

即本国货币钉住另一国货币;或者钉住一篮子货币,其中该货币篮子由该国的主要贸易伙伴和金融伙伴的货币组成,其权重反映了该国贸易、服务和资本流动的地理分布。货币篮子也可以标准化,例如钉住 SDR。在这种汇率制度下,钉住并不意味着一国承诺永久维持某一固定平价。名义汇率可以在中心汇率上下小于 1%的幅度内波动,或者说汇率的总的波动幅度要小于 2%,而且要维持至少 6 个月。货币当局通过直接干预 (通过买卖外汇)或者间接干预(例如运用利率政策、外汇管理、影响外汇交易的道义规劝或其他公共机构干预)来维持固定的平价。货币政策虽然灵活度有限,但比无法定货币和货币局制度的情况要灵活,货币当局至少可以调整汇率水平,虽然频率较低。

4. 稳定化安排(stabilized arrangement)。

即市场汇率波动幅度至少连续 6 个月不超过 2%。汇率波动幅度的参考标准可以是一种货币,也可以是一篮子货币。[①] 在这种汇率制度下,稳定的汇率水平是货币当局政策实施的结果。

5. 爬行钉住(crawling peg)。

即汇率以固定速率或应所选数量指标的变化而定期小幅调整,所选指标可以是本国和主要贸易伙伴国之间的历史通货膨胀率之差、主要贸易伙伴国的通货膨胀目标值与预期值之差。爬行的速率可以根据通货膨胀或其他指标,也可以根据事先宣告的固定速率予以确定。维持爬行钉住对货币政策的约束类似于钉住汇率制度。

6. 准爬行钉住(crawl-like peg)。

即在货币当局维持下,汇率波动幅度至少连续 6 个月不超过 2%,并且年平均波动率在 1%以上。相对于稳定化安排,准爬行钉住的波动幅度要大。

7. 宽幅钉住(pegged exchange rate within horizontal bands)。

即汇率的波动范围维持在中心汇率上下至少 1%以上(或者说总的波幅超过 2%),并且中心汇率或波幅以固定的速率或应所选数量指标的变化而定期调整。汇率灵活程度与波幅有关。将名义汇率保持在波幅以内的承诺约束了货币政策,货币政策的独立性也与波幅宽度有关。例如欧洲汇率机制(ERM-Ⅱ),规定每个成员国的汇率波动幅度在中心汇率的上下 15%以内。

8. 其他管理浮动(other management arrangement)。

---

① 人民币汇率在 2009 年和 2010 年被归入稳定化安排,2011 年被归入准爬行钉住。

即汇率安排不符合其他所有的分类。当一国汇率制度频繁变动时可能被归入此类。

9. 浮动(floating)。

即汇率基本由市场决定,没有确定的路径和目标。汇率管理指标是概括性的宏观指标(例如国际收支状况、国际储备、平行市场发展程度),没有确定的汇率水平。对汇率的干预既可以是直接的,如外汇市场干预,也可以是间接的,如运用利率政策。

10. 自由浮动(free floating)。

即汇率由市场决定,货币当局仅在市场严重失调的情况下才进行干预,且在过去6个月内对汇率的干预不超过3次、每次干预不超过3个交易日。

表6-2　　2012～2016年IMF成员国的汇率制度　　单位:成员国百分比*

汇率制度类别		2012年	2013年	2014年	2015年	2016年
硬钉住		13.2	13.1	13.1	12.6	13.0
其中	无独立法定货币	6.8	6.8	6.8	6.8	7.3
	货币局	6.3	6.3	6.3	5.8	5.7
软钉住		39.5	42.9	43.5	47.1	39.6
其中	传统钉住	22.6	23.6	23.0	23	22.9
	稳定化	8.4	9.9	11.0	11.5	9.4
	爬行钉住	1.6	1.0	1.0	1.6	1.6
	准爬行钉住	6.3	7.9	7.9	10.5	5.2
	宽幅钉住	0.5	0.5	0.5	0.5	0.5
浮动		34.7	34.0	34.0	35.1	37.0
其中	浮动	18.4	18.3	18.8	19.4	20.8
	自由浮动	16.3	15.7	15.2	15.7	16.1
其余	其他管理浮动	12.6	9.9	9.4	5.2	10.4

* 包括187个国家和3个地区。

数据来源:IMF:《汇率安排与汇兑限制年报》,2016年。

专栏 6-4 广场协议和卢浮宫协议

一、广场协议

20 世纪 80 年代初期，美国为了抑制通货膨胀，实行了高利率政策，利率比发达国家平均高 4 个百分点左右，吸引了大量外资流入美国，促使美元汇率出现了较大幅度上升。80 年代上半期，美元汇率平均上升 72%。与此同时，美国又出现了高额的财政赤字和经常项目逆差。财政赤字与 GDP 的比率由 1980 年的 2.9%上升至 1985 年的 5.2%；同期，经常项目逆差额达 1 245 亿美元，与 GDP 的比率为 3%。这一时期，其他西方发达国家的经济状况相对较好，如日本的财政赤字与 GDP 的比率由 1980 年的 4.9%下降到 1985 年的 1.4%，联邦德国的财政赤字与 GDP 的比率由 1980 年的 2.8%下降到 1985 年的 1.1%。

美元汇率上升导致的贸易逆差使美国国内就业压力增大，国民不满情绪滋长，贸易保护主义倾向上升。当时美国国内主流观点认为，日元和马克汇率过低是造成美国经济问题的主要原因，要求美国政府促使国际社会加强汇率协调，使日元等其他国家货币适度升值。另一方面，日本和联邦德国经过第二次世界大战以后 40 多年的发展，已经积聚了相当强的经济实力，两国政府都不愿意因为贸易摩擦而恶化同美国的关系，同时认为，日元和马克相对美元升值也有利于日元和马克的国际化，提升自身的国际地位。日元相对美元升值符合国际社会协调生存的基本利益。1985 年 9 月 22 日，5 国集团(Group of Five，G-5)财长和中央银行行长在纽约广场大厦(Plaza Hotel)签署协议①，一致同意通过国际“协作干预”，稳步有序推动其他国家货币对美元升值。这次会议签署的协议，史称“广场协议”(Plaza Accord，又译广场宣言)。按照广场协议约定，5 国集团要通过外汇市场的联合干预，促使美元对主要货币的汇率下跌 10%～20%；干预时间为 6 周，投入资金量为 180 亿美元；一天的最大干预规模为 3 亿～4 亿美元；干预资金由各国分摊。次日，美元汇率即告下跌，美元指数从最高时的 160 下跌至 80 附近(见图 6-2)。到 1987 年底，日元和马克兑美元的汇率分别由 1 美元兑 238.5 日元和 2.9 马克上升至 144.6 日元和 1.8 马克。美元汇率的跌幅远远超过广场协议的约定。

---

① 5 国集团由美国、日本、联邦德国、英国和法国组成。

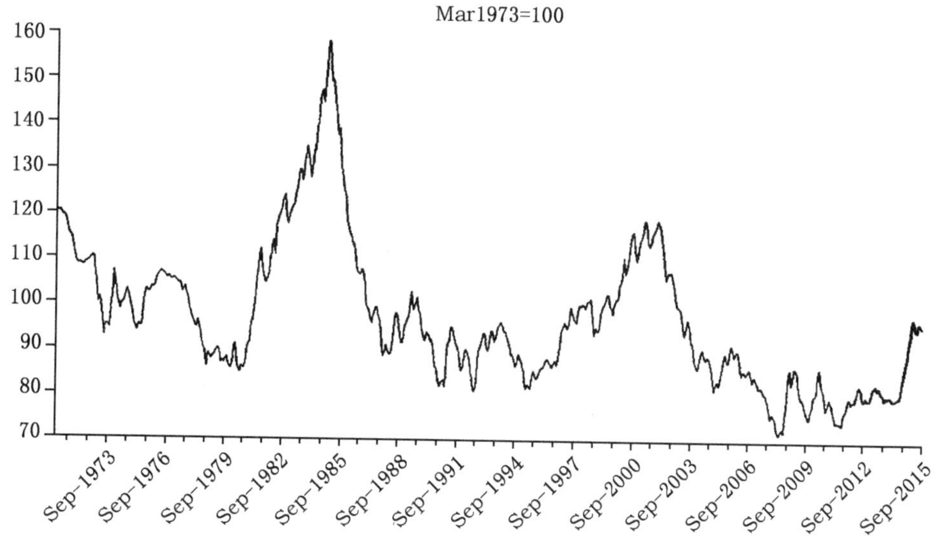

数据来源：彭博新闻社。

图 6-2　1973～2015 年的美元指数

二、卢浮宫协议

广场协议签署之后，尽管日元等货币对美元大幅度升值，但由于美国政府未能采取有效措施改善自身财政状况，同时由于货币贬值存在“J 曲线效应”，在广场协议之后两年多的时间里，美国的贸易逆差不仅没有改善，反而继续恶化。1987 年，美国贸易逆差达 1 680 亿美元，占 GDP 的 3.6%，其中，3/4 的逆差来自日本和联邦德国的经常项目顺差。这种状况影响了外资向美国的流动，市场对美元信心下降，美国与日本和联邦德国的贸易摩擦再次加剧。同时，受日元和马克升值的影响，日本和联邦德国的出口下滑，经济增长率出现下降。日本经济增长率从 1985 年的 4.2%下降到 1986 年的 3.1%，联邦德国经济增长率在 1985～1987 年间始终在 2%左右徘徊。日本和联邦德国对美国未能按广场协议有效削减财政赤字表示不满。此外，美元大幅度过快贬值也引起了国际外汇市场和世界经济的较大震荡，主要发达国家迫切要求尽快阻止美元下滑，保持美元汇率基本稳定。当时，美国不愿意通过提高国内利率的办法吸引国际资本流入，减缓美元过速贬值，因为这可能引起国内经济萧条，故而希望日本和联邦德国降低利率。

在美国主导下，1987 年 2 月，7 国集团的财长和中央银行行长在巴黎的卢浮宫达成协议[1]，一致同意要在国内宏观政策和外汇市场干预两方面加强"紧密协调合作"，保持美元汇率在当时水平上的基本稳定。此次会议签署的协议史称"卢浮宫协议"(Louvre Accord)。

卢浮宫协议强调了 7 国集团加强"紧密合作"对维护美元汇率稳定和世界经济协同发展的重要性。协议的主要约定包括：日本和联邦德国等实施刺激内需计划，美国进一步削减财政赤字；7 国集团加强外汇市场的"协调干预"，秘密保持美元对日元和马克汇率的非正式浮动区，如果汇率波动超出预期目标 5%，各国要加强合作干预等。卢浮宫协议对汇率变动的安排体现了汇率目标区的构想。此后，国际主要货币汇率在近两年的时间里保持基本稳定，没有发生太大动荡。

第二节　不同汇率制度评析

目前各国实行的汇率制度千差万别，这里仅对几种主要的汇率制度进行分析。

一、货币局制度评析

(一)货币局制度的主要特征

1. 100%的货币发行保证

典型的货币局制度要求本币的发行必须有 100%的外汇储备作为发行准备。其他汇率制度通常没有此规定。这一特征使得货币局制度形成了与其他许多汇率制度不同的利益和风险：

第一，货币局制度具有硬性的货币纪律约束，有利于抑制通货膨胀。100%的货币发行保证客观上使一国政府完全无法利用发行本币的方式来弥补财政赤字。在这种强有力的货币约束下，通货膨胀从根源上得到了很好的抑制。

第二，在货币局制度下，银行体系的稳健性受到削弱。100%的货币发行保证使得一国货币当局充当最后贷款人的资金来源受到限制，从而使得该项职能无法得到充分的发挥。当商业银行出现暂时支付困难，如面临挤兑风潮，货币当局无法利用增发货币的形式对商业银行提供紧急援助，而只能通过持有的外汇储备或向国外争取紧急贷

---

[1] 加拿大和意大利加入了 5 国集团后就形成了 7 国集团(G-7)。

款的方式对商业银行进行救助，其效率和强度都不高，从而难以对商业银行提供有效救助以保持银行体系的稳定。因此，实行货币局制度必须具备两个前提条件，即能保证严格的财政约束以及拥有稳健的银行体系。

第三，货币局制度有助于保证货币发行机构的相对独立性。100%的货币发行准备的制度规定可保护货币发行机构不受政府和其他利益集团的政治压力，保持相对独立性。

第四，货币局制度有助于保证国际收支自动调节机制的有效运行。在货币局制度下，当发生国际收支顺差时，该国货币倾向于升值，货币当局为维持固定汇率必然进入外汇市场干预，其结果是外汇储备增加，货币发行随之增加，基础货币扩张，价格水平上升，以致出口减少进口增加，国际收支顺差减少直至其恢复平衡。虽然在钉住汇率制下同样存在国际收支的自动调节机制，但这一机制的有效运行取决于政府的意愿。当外汇储备增加使货币供应量增加时，由于在该制度下没有关于100%的货币发行准备的规定，货币当局可通过其他方式，如公开市场操作回笼货币从而抵消货币供应量的增加①，使价格保持稳定，国际收支顺差也不会减少，从而限制了国际收支自动调节作用的有效发挥。

2. 货币具有完全可兑性

在货币局制度下，不论是经常项目还是资本项目下的交易，本币与锚货币的兑换完全不受限制，且以100%的锚货币作为本币发行保证的规定也确保了货币完全可兑换的实现。而在一般的钉住汇率制度下，政府通常并不承诺本币与锚货币的完全可兑性，因为钉住汇率制只是一种汇率安排而与货币发行制度无关，其货币发行没有以100%的锚货币作为发行准备，因而，即使政府承诺货币的完全可兑性，也没有充分的物质保证，除非政府持有的外汇储备极为充裕。100%的货币发行保证以及完全可兑性的承诺有助于维持人们对本币的信心，从而保持汇率的稳定，减少不稳定的投机活动。当市场汇率偏离货币局制度规定的固定比率时，由于人们相信货币当局有充分的外汇储备来维持汇率的稳定，因而投机活动只会使市场汇率向固定汇率靠拢，而不是进一步偏离。若投机活动向相反方向进行，则投机者面临损失的可能性极大。从这一点来看，货币局制度下的外汇投机主要表现为稳定性投机。

（二）货币局制度的优劣

货币局制度下汇率稳定的特征使其具有一切固定汇率制所具有的主要的特性。货币局制度最主要的优点在于其有利于国际贸易和投资的发展。在货币局制度下，本币与锚货币之间汇率基本保持稳定，这样就从根本上消除了外汇风险，也免除了因防

---

① 这种做法就是所谓的“冲抵干预”，本章第六节将对此作详尽讨论。

范外汇风险而付出的成本，因而有利于促进与他国的贸易和投资。其弊端主要体现在以下几个方面：

第一，货币局制度不易隔离外来冲击的影响。在纯粹的货币局制度下，货币当局不能向政府提供融资，也不能作为银行系统的最后贷款人，或从事公开市场操作且汇率固定，这些特征使一国在遭受外部冲击、需要调整国际收支时，不能采用汇率调节手段或其他调节措施（如财政、货币政策）来隔离外来冲击的影响。如锚货币发行国发生通货膨胀，通过货币局制度的固定汇率传导到国内，形成所谓输入性通胀时，政府不能通过本币升值方式抵消国外通胀的不利影响而保持国内价格的稳定。

第二，实行货币局制度的国家完全丧失了其货币政策的独立性。实行货币局制度国家必须采取与锚货币发行国一致的货币政策，因而无法决定其货币发行量以及利率，当两国经济出现相反发展趋势时，则会产生“三元难题”。如果锚货币发行国采取扩张性货币政策，降低利率，而实行货币局制度国家从国内经济状况出发仍维持原定利率不变，则资金流入增加，本币倾向于升值，固定汇率无法维持，因而该国将被迫采取相应的降低国内利率的措施以维持汇率的稳定。因而在这种情况下，实行货币局制度的国家虽维持了汇率的稳定，但却进一步加重了国内经济的不均衡。

第三，货币局制度下的固定汇率易导致投机攻击。如果实行货币局制度的国家，其经济与锚货币的发行国的经济出现严重偏离，则本币高估或低估的情况将不断恶化，由此就可能引发国际投机资本的攻击。实行货币局制度的国家根据100%的比例发行的仅仅是基础货币，而实际的货币供应量却因货币乘数的作用会出现成倍放大。因此，如果该国遭遇突发的数额极为庞大的抛售本币的投机攻击，货币局的外汇储备仍然可能出现耗竭，以致不得不实行本币贬值。且货币局制度下的投机是一种无风险的投机活动，若投机成功，则获得高收益；若投机失败，由于汇率固定也不会有很大损失。

二、对美元化的评析

（一）美元化概述

美元化实际上可认为是一种货币替代现象。所谓“货币替代”（currency sub-stitution），是指在开放经济条件下，一国居民将本币兑换成外币，使得外币在计价单位、交易媒介和价值贮藏方面全部或部分取代本币的现象。货币替代现象在任何国家和任何时代（只要有对外经济交往）都曾经发生，区别仅在于程度差异而已。即使在一些发达国家，居民所持有的外币也达到了一定比重，只不过这些外币主要是用于对外支付，而不是国内交易。应该说在一国经济发展过程中形成一定的外币需求，并适当持有一定数量的外币和外币资产不仅是正常现象，而且是一国经济走向国际化的重要标志。

只有当一国经济金融形势发生较大负面变动，如出现较为严重的通货膨胀或较强的本币贬值预期，公众对本币稳定缺乏信心，并出于相对收益的考虑，减少持有价值相对较低的本国货币、增加持有价值相对较高的外国货币时，或经济政治出现制度性变动，如一国由对外汇的严格管制突然转为完全放开或相反，影响到本币和外币表示的资产的相对流动性，而形成的对外币的强烈需求时，货币替代现象才成为一种需要研究和解决的问题。

另外，货币替代与货币可兑性存在密切的关系。在货币完全自由兑换的国家，货币替代更有条件，因而有可能形成更高程度的货币替代。但也正因为货币具有完全可兑性，使得人们消除了未来对货币兑换实行管制的预期，因而有可能降低货币替代的程度；而在货币兑换受到限制的国家，一方面使得货币替代现象受到抑制，但另一方面也有可能使人们产生对未来兑换外币满足交易、保值、投资的需要的担心，而刺激对外币的需求，进而导致更高程度的货币替代现象。因此，货币替代与货币自由兑换的关系没有定论。自 20 世纪 70 年代以来，许多国家都经历过货币替代时期，其中以拉美国家的“美元化”现象最具代表性。

（二）美元化的形成、发展和现状

美元化问题最初引起人们注意是在 20 世纪 70 年代和 20 世纪 80 年代。一方面，当时的拉美国家由于长期采取一些不恰当的经济政策措施使得这些国家的国内经济，尤其是金融领域产生了许多不稳定因素。比如长期以来货币纪律执行不严导致通货膨胀率持续上升；多年的金融抑制造成名义利率水平过低；产业结构不合理导致国际收支长期逆差以及债务危机的困扰等。这些因素的存在使得人们对本国货币失去了信心。与此同时，许多拉美国家采取了开放国内市场和金融自由化措施，取消了原先严格的外汇管制，放松了本币与外币自由兑换的限制，允许本国居民持有外国资产和外国资本进入国内金融市场进行投资。这些措施的实施为大规模的货币替代提供了便利条件。在这种情况下，国内居民为了防范风险、减少损失和日常交易的方便，开始大规模、持续地增加持有和使用美元，从而形成了“事实美元化”或“民间美元化”现象。为了控制通货膨胀，一些拉美国家采取了相对固定的汇率制度，如货币局制度和传统的钉住汇率制度等。进入 90 年代，这些国家的恶性通货膨胀得到控制，但钉住汇率制度却频频遭到国际游资的冲击，结果爆发了 1994 年末的墨西哥金融危机和 1999 年初的巴西金融动荡，使拉美各国深受其害。金融危机的频繁爆发使人们对汇率制度的选择倍加关注，实行钉住汇率制度的国家也开始考虑如何防范危机，特别是通过传染而爆发的危机的风险问题。

传统的危机防范理论强调良好的宏观经济基础、充足的外汇储备和紧急援助的作用，但后来有经济学家认为，伴随国际游资的迅速膨胀，货币危机具有自我实现的机制，即使一国的宏观经济状况良好、外汇储备充足，也很难防范蓄意的投机冲击。在这种情况下，一些经济学家提出了一种解决方案：无汇率制度，即实行彻底的美元化，以消除汇率不稳定的根源。这一建议在当时(1999 年金融危机后)的背景下大受欢迎。

美元化通常以一国境内流通的美元现金和美元存款来衡量，即以国内银行体系的外币存款与广义货币的比率来衡量美元化程度。根据 IMF 的研究报告，1998 年外币存款(主要是美元)占货币供应量 50%以上的国家有 7 个，占 30%～50%的国家有 12 个，占 15%～20%的国家有数十个。在东欧和独联体国家等过渡经济国家[①]，这一比率高达 30%～60%，甚至超过了许多拉美国家。此比率最高的国家为玻利维亚，达 82%，土耳其为 46%，阿根廷为 44%，俄罗斯、波兰、希腊和菲律宾则均为 20%左右，墨西哥为 7%。但是，如果把美元化理解为一种货币制度或汇率制度，那么根据 IMF 的统计，到 2004 年 6 月 30 日为止，世界上只有 9 个国家或经济体实现了完全的美元化，除了最早于 1904 年实行美元化的巴拿马以及一些西太平洋的岛国和圣马力诺、帝汶岛以外，厄瓜多尔和萨尔瓦多分别于 2000 年 9 月和 2001 年 1 月开始实行美元化。尽管美元化作为一种汇率制度在 1999 年金融危机后的阿根廷拥有很大市场，但 2001 年底阿根廷再次发生经济及社会危机后最终放弃，转而于 2002 年初实行浮动汇率制度。

2008 年美国次贷危机引发了全球性金融与经济危机，使人们意识到国际货币应该多元化，以免单独使用美元而被动受到不利影响，美元化不再成为大家一再追捧的现象。2015 年 12 月 1 日凌晨 1 点，人民币加入 SDR。随着人民币国际地位的提高，以及特朗普上台开启美国“孤立”政策时代，“去美元化”一词出现的频率越来越高。

(三)美元化的优劣

对于任何国家而言，每一种汇率制度都有利有弊。美元化作为一种汇率制度，也有其必然的优势和缺陷。

1. 美元化的优势

美元化的优势主要体现在以下几个方面：

第一，完全美元化有助于消除外汇风险，降低交易成本，促进贸易和投资的发展，促进本国经济与国际市场的融合。实行美元化的国家不存在货币兑换问题，因而可节约因此而发生的大量交易费用。

第二，完全美元化有助于避免国际投机攻击。实行美元化后，不存在汇率问题，因而可减少外来资本对该国货币的投机攻击。

---

① 苏联解体后，原先属于苏联的一些地区成为独立主权国家，这些国家为了进一步发展友好关系，组建了独联体(Commonwealth of Independent States)，其成员国包括亚美尼亚、阿塞拜疆、白俄罗斯、摩尔多瓦、哈萨克斯坦、吉尔吉斯斯坦、塔吉克斯坦、乌兹别克斯坦和俄罗斯等。

第三，完全美元化有助于约束政府行为，避免恶性通货膨胀的发生。实行美元化后，该国政府不可能通过发行本币的方式来弥补财政赤字，从而迫使政府接受更硬性的预算约束，有效地避免恶性通货膨胀的发生。

第四，完全美元化有助于提高货币的可信度，为长期融资提供保障。由于本币脆弱，缺乏可信度，大多数新兴市场经济国家不存在本币计值的中长期信贷市场，资金需求方只能选择本币短期借款，然后逐期续借，导致期限不匹配，极易受利率波动的影响和引发流动性危机；或者选择外币长期借款，但因其只有本币收益，因而造成资产负债的货币不匹配，极易受汇率波动的影响，且造成外债高企。银行体系流动性的突然恶化或本币突然贬值会对债务人造成极其严重的后果，从而引发危机。美元化则为长期融资提供了保障，避免上述因素引发的货币危机。

2. 美元化的缺陷

美元化的缺陷主要包括以下几个方面：

第一，实行美元化的国家会损失大量货币发行收益。货币的发行会产生一种收益，这就是货币发行收益(seigniorage)，亦称发行利润或"造币收入"。在金属货币流通的条件下，铸币是按其面值流通的，而铸币的铸造成本又总是低于面值。货币的发行收益便是来自铸币的面值与包含了实际金属价值的铸造成本之差。由于铸币的发行权被政府所垄断，因而这种发行收益就称作铸币税。[①] 在纸币流通的条件下，由于单位纸币的发行成本接近于0，所以，纸币的发行可以形成相当于其面值的十足的发行收益。此外，纸币取代了金属货币以后，就可以大大节约货币金属的勘探、开采、冶炼、贮藏、保管、运输等费用，由此便形成一种社会节约(social savings)。这就是说，纸币的发行收益是金属货币的发行收益与社会节约之和(奚君羊，2000，第111页)。由于在现代社会货币的发行权仅归属中央银行，因此货币的发行收益已成为政府收入的重要来源。国际货币发行收益是一国货币国际化后，该国货币当局凭借其货币发行特权，从外国居民那里获得的可量化的发行收益与发行成本之差。对于实行美元化的国家，由于其放弃了货币发行权，因而也就放弃了获得货币发行收益的权利，并将这种权利无偿让渡给货币发行国。这种货币发行收益损失可细化为存量损失(stock cost)和流量损失(flow cost)两种。前者是最初用外币(美元)取代本币所带来的损失，后者指美元化后年复一年的损失。

第二，实行美元化的国家会丧失货币政策的自主性，使本国的宏观经济受制于美国的货币政策。保持货币政策的自主性至少有两个方面的好处：(1)可以使国内利率

---

① 许多中文文献至今仍将英文 seigniorage 翻译为"铸币税"，考虑到目前各国均实行不兑现纸币流通制度，铸币早已退出流通，因此我们翻译为货币发行收益。

免受外部利率变化的冲击;(2)货币当局可以用货币政策作为反周期需求管理的政策工具,以消除由于经济周期或贸易冲击造成的周期性经济波动。

第三,实行美元化的国家,其中央银行的最后贷款人功能也会受到削弱。中央银行一个重要的功能是作为银行体系的最后贷款人为出现流动性问题的银行提供流动性,以防止出现银行恐慌。但在美元化的情况下,央行由于不能发行货币而使其作为最后贷款人的能力受到限制。当然,这并不意味着央行完全失去其作为最后贷款人的能力,央行可选择其他一些方法继续对本国银行提供流动性支持,如与美国签订双边美元化条款,并在合约条款中要求允许国内银行进入美联储的贴现窗口;对于拥有大量外汇储备的国家可采取创建稳定基金的方式对银行提供紧急援助,或与国际商业银行安排信用额度,以便在银行危机的情况下应急。

其他国家实施美元化对美国也会产生一定的影响。对美国而言,最明显的负面影响就是实施美元化的国家会对美国货币政策产生依赖,进而会试图影响美联储的决策。另外,一旦美元区内其他国家的经济出现失衡,美国可能被迫介入进行调整。同时,如果美元化国家的数量和规模均达到一定的水平,则它们的经济周期或状况亦会对美国的经济产生影响。此外,美元化虽然可以消除汇率风险,但是这并不能保证其商业银行不出现支付困难。这样,美国还必须就是否成为这些国家的商业银行的最后贷款人做出选择。

尽管存在上述疑问,但美元化确实能够为美国带来稳定、持久和广泛的货币发行收益。[①] 换言之,实施美元化,特别是单边美元化的国家所损失的货币发行收益恰好成为美国的货币发行收益来源。其次,美元化将会为美元区的经济稳定发展创造良好的条件。最后,从技术上讲,与欧元区相比,美元区有一个明显优势,即它拥有一个强大的中央国家在政治上予以支持。

三、浮动汇率制度的利弊

与固定汇率制度相比,浮动汇率制度的有利方面主要表现为:

第一,有助于发挥汇率对国际收支的自动调节作用。当一国发生国际收支逆差时,外汇市场上就会出现外汇供不应求,在浮动汇率条件下,汇率就会迅速做出反应,通过外汇汇率的上浮,可刺激外汇供应、抑制外汇需求,国际收支趋于平衡。此外,对外经济管理也变得简便易行、灵活主动。可见,浮动汇率制度可避免货币当局不恰当的行政干预或拖延实行调节措施,以及由此形成的汇率高估(overvaluation)或低估

① 考虑到外国居民,尤其是外国货币当局所持有的美元有些是美国国债等生息资产,美国需要向这些资产的持有人支付利息,因此美国实际从其他国家获得的货币发行收益需要减除这部分利息支出。

(undervaluation),以致国际收支迟迟得不到改善。

第二,防止国际游资的冲击,减少国际储备需求。在固定汇率制度下,国际游资,尤其是投机资金往往通过抛售软货币(即可能发生贬值的货币),抢购硬货币(即可能出现升值的货币),以便从中谋利。而且,投机者常常表现出一致的行为,即共同抛售某一种货币,抢购另一种货币,形成所谓"单向投机"(one-way speculation),杀伤力极大。由此会导致软币国家出现货币危机,国际储备大量流失,而硬币国家的货币当局则被迫进行外汇干预,收进外币、投放本币,最终酿成输入型通货膨胀(imported inflation)。国际金融市场也会因此而动荡不宁。在浮动汇率条件下,由于软货币的汇率会及时下跌,硬货币的汇率及时上升,从而可化解国际游资的冲击。而且,货币当局没有必须进行外汇干预的义务,因而不必保留过多的国际储备。

第三,内外均衡易于协调。在一国经济出现衰退,国际收支存在逆差时,在固定汇率条件下只能通过紧缩性的财政货币政策来改善国际收支,但这却会加剧经济衰退。在浮动汇率制度下,国际收支可由汇率来调节,从而实现对外均衡,国内均衡则可依赖财政货币政策,内外均衡就不致发生冲突。此外,在固定汇率制度下,紧缩政策或扩张政策的效能常常会因外资的流入或流出而受到削弱。在汇率浮动时,外汇汇率的急剧下跌使外汇持有人处于不利的汇兑地位,因而可抑制外汇的流入。而在外汇大量流出之际,外汇汇率会相应上升,抑制资金流出。显然,浮动汇率可避免资本流动对政策效能的不利影响。

浮动汇率制度的弊端主要有以下 4 个方面:

第一,不利于国际贸易和投资的发展。浮动汇率制度下汇率的经常波动及其水平难以预测,使国际贸易和投资的成本、收益不易准确核算,原先有利可图的交易会因为汇率的变动反而蒙受亏损,因而人们不愿缔结长期贸易和投资契约。进出口商不仅要考虑进出口货价,而且要注意避免汇率风险。由于要考虑到汇率的变动趋势,往往报价也不稳定,还容易引起借故延期付款或要求减价、取消合同订货等现象。这种状况显然阻碍了国际贸易和投资的发展。

有一种观点认为在浮动汇率条件下,经济主体可以通过套期保值等方法回避汇率风险,因此,国际贸易和投资不会受到汇率波动的不利影响。事实上,套期保值等防范汇率风险的做法会导致交易成本的提高,侵蚀厂商的利润。况且,外汇市场能够提供的套期保值手段未必十分充分,在有些情况下无法覆盖所有外汇风险。许多发展中国家缺乏发达的外汇市场,尤其是缺乏外汇衍生品市场,难以获取套期保值工具。因此,浮动汇率对国际贸易和投资的不利影响仍然存在。

第二,助长国际金融市场上的投机活动。在浮动汇率制度下,汇率的波动频率和幅度都有明显加大,并存在表现为"汇率过调"(overshooting)的过度波动现象。因此,在浮动汇率制度下虽然“单向投机”不复存在，但汇率波动的频率和幅度的加大却为日常的外汇投机活动提供了机会。随着世界经济的发展和财富的迅速增长，国际投机资金的数额也日趋庞大。这种巨额资金在国际外汇市场上的东奔西突无疑加剧了国际金融局势的动荡。

第三，可能引发竞相贬值。在浮动汇率条件下，一国往往可通过调低本币汇率的方法来改善国际收支，但这会使其他国家的国际收支处于不利地位。因此，其他国家也会竞相调低本币汇率，引发周而复始的竞相贬值(competitive devaluation)现象。结果，由于存在所谓的合成谬误(composite fault)现象①，各国的国际收支状况依然故我，国际经济关系却会趋于紧张，国际金融局势也会因这种竞相贬值而剧烈动荡。

第四，诱发通货膨胀。在固定汇率制度下，政府为了维持汇率水平，就不能以可能引发通货膨胀的速度增加货币供应量，以免本币受到贬值压力，这就是所谓的货币纪律。但在浮动汇率制度下，由于国际收支可完全依赖汇率的自由浮动而得到调节，在缺乏货币纪律约束的情况下，货币当局就会偏好采取扩张性政策来刺激国内的经济增长，而不必顾忌其对国际收支的不利影响。本币汇率的下浮固然有助于改善国际收支，但经汇率折算的进口商品的价格却会上扬，由此又带动国内价格水平的涨升，而在价格刚性(棘轮效应)②的作用下，货币汇率上浮的国家的价格水平并不下跌。这种种因素都会推动整个世界的通货膨胀。

专栏6-5　浮动汇率制度何去何从

2008年美国次贷危机引发的全球金融危机使浮动汇率制度受到极大冲击。在全球经济缓慢复苏的过程中，为防止国外资本大量涌入冲击国内企业，许多国家纷纷加强干预减少汇率浮动程度，抑制本币升值。

一方面，一些国家纷纷调整汇率制度。如图6-3所示，与2008年相比，IMF成员国在2011年采用软钉住的比例明显提高，其中采用准爬行钉住的国家增加了5%；与此相应的，采用浮动汇率制度的比例明显下降，其中采用自由浮动汇率制度的国家减少了4%。IMF《2011年汇率安排与汇兑限制年报》显示，2011年，毛里求斯和土耳其从完全浮动转向了浮动；阿根廷、刚果、巴基斯坦、苏丹4个国家放弃了浮动汇率制度，分别采用稳定化安排、准爬行钉住和其他管理浮动；图瓦卢采用澳元作为流通货币，确认为无独立法定货币制度，这是自2001年以来第一个采用无独立法定货币制度的国家。

① 合成谬误是指对某一个体有效的行为如果被其他大量个体仿效，结果就会无效。
② 棘轮是一种只能往一个方向转动而不能倒转的机械轮子。

另一方面，一些国家纷纷加大外汇市场干预力度，而且由按规则干预转为力度更大的干预方式。例如，土耳其政府多次提高每日最大外汇购买额，外汇储备急剧增加。乌干达则把外汇干预政策从每日卖出外汇转变成每日买入。

然而，如图 6-3 所示，虽然 2016 年实行浮动汇率制度的国家又有所增加，但仍未超越 2008 年的水平；一个更为明显的特征是，其他管理浮动比例呈现递增态势，而增加部分主要来源于浮动汇率制度的减少。

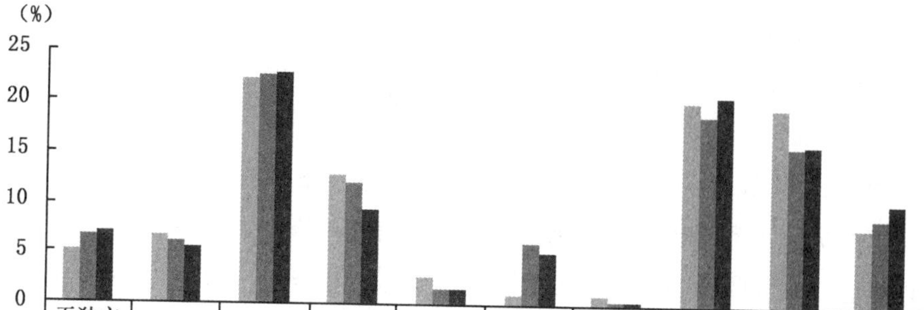

	无独立法定货币	货币局	传统钉住	稳定化	爬行钉住	准爬行钉住	宽幅钉住	浮动	自由浮动	其他管理浮动
2008年	5.3	6.9	22.3	12.8	2.7	1.1	1.1	20.2	19.7	8
2011年	6.8	6.3	22.6	12.1	1.6	6.3	0.5	18.9	15.8	8.9
2016年	7.3	5.7	22.9	9.4	1.6	5.2	0.5	20.8	16.1	10.4

数据来源：IMF:《2016 年汇率安排与汇兑限制年报》。

图 6-3　金融危机前后的汇率制度变化

第三节　最优货币区理论

一、货币区与最优货币区

根据各国货币合作的程度差异，可以将货币一体化含义划分为三个层次：一是指区域货币合作，相关国家在货币问题上相互协商、协调乃至共同行动，但不受法律约束；二是指区域货币同盟，相关国家通过法律文件就货币金融问题展开合作；三是指货币区，即成员国之间的货币建立紧密联系的地理区域。货币区的初级阶段是固定汇率制度，包括货币局制度和美元化的货币安排。例如有些国家的货币是钉住美元的，这些国家就和美国共同构成了一个货币区。货币区的最高阶段是成员国使用统一货币，例如欧元区。[①] 因此，货币区是相互间采取紧密的货币合作的地理区域。从广义的角度讲，使用同一种货币的单个国家同样也是一个货币区。

《新帕尔格雷夫经济学大辞典》将“最优货币区”(optimum currency area，OCA)定义为：“在此区域内，一般的支付手段或是一种单一的共同货币，或是几种货币，这几种货币之间具有无限可兑换性，其汇率在进行经常交易和资本交易时相互钉住，保持不变，但是区域内国家与区域外国家之间的汇率保持浮动。”[②]

所谓“最优”，是指形成这样一个货币区后，能在总体上提高宏观经济政策的效能，更好地实现宏观经济目标。实行货币区的好处主要是有利于资源在区内的有效配置；消除汇率的不确定性和投机；增强应对外来金融冲击的能力。不利之处是区内各国要放弃一部分政策运用的自主权。

因此，最优货币区是最符合经济、金融上的某些条件的国家或地区，相互间通过建立紧密的货币联系，如固定汇率制度，甚至使用统一货币的区域。最优货币区是经济地理概念，不是国家的概念。该区域可以由不同国家组成，也可以是一个国家的部分区域，或不同国家的不同区域组成。可见，最优货币区是理论概念，而货币区则是现实概念，是已经存在的经济区域。

二、最优货币区理论

最优货币区理论是关于货币一体化的理论学说，是对汇率制度的探讨，其研究的核心是适用于固定汇率制度或采取统一货币的条件。

罗伯特·蒙代尔于1961年首先提出了最优货币区理论。他主张用生产要素的流动性作为确定最优货币区的标准。他认为，假定有A、B两个区域，如果对B产品的需求转移到了对A产品的需求，那么B区域的失业就会增加；若A区域是A国，B区域是B国，则B国货币汇率的下跌将有助于减轻B国的失业，A国货币汇率的上升将有助于降低A国的通货膨胀压力；但若A、B是同一国家内的两个区域，它们使用同一种货币，则汇率变动无助于解决A区域的通货膨胀和B区域的失业，除非这两个区域使用自己的区域货币。若要在几个国家之间保持固定汇率并保持价格稳定和充分就业，必须要有一个调节需求转移和国际收支的机制，这个机制只能是生产要素的高度流动。当生产要素在某一区域内能够自由流动，而对其他区域不能流动时，具有要素流动性的区域就适合建立一个货币区。

---

① 在理论上，一个货币区内无论是实行不可调整的固定汇率制度还是采用统一货币，其结果并无差异，唯一不同的是前者涉及货币兑换，后者则不涉及货币兑换。

② 许多中文文献把 optimum currency area 翻译为最适度货币区。我们认为，中文的“适度”是介于两个极端之间的理想状态，而这里的 optimum 恰恰是指一种最好的极端状态，因此不宜翻译为“最适度”。

蒙代尔认为,在充分就业条件下,各区域之间生产要素的流动性,尤其是劳动力这种要素的流动性很高时,汇率的变动就不再必要。因为当需求转移引起国际收支失衡时,实际上是引起一些国家或地区的繁荣和另一些国家或地区的萧条。如果生产要素的流动性很高,就会从萧条地区流向繁荣地区,这既能缓解繁荣地区的通货膨胀压力,又解决了萧条地区的失业问题,从而避免了汇率的变动。如果要素的流动性很差,为了维持固定汇率,繁荣地区就会面临通货膨胀压力,萧条地区就会遭受失业之苦。因此,蒙代尔主张,要素流动性高的地区可以组成货币区,推行货币一体化,维持区内货币之间汇率的固定。

"要素流动性标准"是有关最优货币区条件的首次讨论。然而不同要素的流动性并不一致,劳动力的流动性不同于资本的流动性;资本又有价值形态与物质形态,其流动性也各不相同。究竟以哪一种要素的(哪一种)流动性作为标准?若以蒙代尔所强调的劳动力流动性作为标准,则由于各国往往对移民实行严格限制,区域性的货币一体化现象就难以得到合理的解释。因此,一些经济学家就又从其他角度寻求替代汇率变动的机制,其中尤以罗纳德·麦金农(Ronald McKinnon,1963,1973)、彼特·凯南(Peter Kenen,1969)、詹姆斯·英格拉姆(James Ingram,1962)等为代表。

麦金农认为,一个成功的货币区必须具有高度的内部开放性。他提出用经济开放度作为衡量最优货币区的标准。他用一国贸易品和非贸易品的比率来衡量一国经济的开放程度,贸易品所占的比例越大,经济开放程度越高。在他看来,经济开放度越高,利用汇率调节国际收支的效果越小。原因在于,当一国出口需求下降,为维持国际收支平衡而采取贬值措施时,首先会引起贸易品进口价格上涨,使国内资源从非贸易品生产部门转到贸易品生产部门,非贸易品供应减少,价格自然上涨;经济开放程度越高(非贸易品生产规模越小),这种转移越易引发非贸易品的价格上涨。而总体价格水平上升又会抵消贬值所带来的相对优势。同时,经济开放程度越高,贬值的"货币幻觉"效应越小,越不能引起实际工资、价格的下降。所以,在价格稳定目标既定时,开放程度高的经济之间较之相对封闭的经济更适合维持固定汇率,进而实行货币一体化。麦金农在假定需求波动引起国际收支不平衡和区外国家价格稳定的条件下,得出相互之间经济开放程度高的国家组成货币区较之调整汇率更有利于价格稳定的结论。但如果区外国家价格并不稳定,固定汇率反而会成为国际价格波动的传递机制,而此时采用浮动汇率能更有效地防止国际价格波动的冲击。

与麦金农等人侧重贸易项目不同,英格拉姆主张以金融一体化作为实现货币一体化的条件。他注意到金融高度一体化的地区,可以为地区间不平衡融通资金,使国际收支失衡的调节过程更容易且更平稳。故而他认为成功的货币区必须与密切的国际融资联系起来。通过国际融资可以免除对短期和暂时性国际收支失衡进行调整。尽管国际融资不能支持长期逆差，但能使长期国际收支的调节分散在一个较长时期里完成。并且，国际融资还可以使积累净债权的顺差地区增加支出，使净债权减少的逆差地区减少支出，利用财富效应平衡各地区的国际收支。因此，在金融一体化程度较高的地区最可能实行固定汇率。但英格拉姆没有考虑到人们很可能在一定时间内拒绝继续增加对逆差地区的债权，从而致使该地区资本流入枯竭，外汇投机对逆差地区的冲击将不可避免地迫使其货币最后不得不贬值，最终累及货币区内的汇率稳定。

哈伯勒(G. Harberler，1970)和弗莱明(J. Marcus Fleming，1971)认为，经常项目失衡的主要原因在于各国通货膨胀率不一致，强调只有通货膨胀率相近的国家才能维持固定汇率，才能组成货币区，这实际上是购买力平价论的推广和应用。

凯南提出，当外国对进口商品需求发生时，产品多样化程度越高的国家将越能抵御外部冲击带来的影响，因而也更适合于实行固定汇率制度，组成货币区。

以上种种有关最优货币区的讨论，从不同侧面修正、补充和完善了蒙代尔提出的最优货币区的概念。但上述各种有关最优货币区的标准，在用以说明现行或可能的货币一体化方面，并没有一种观点具有最强的解释力。并且，这些标准之间也缺乏内在一致性，对同一现象的解释相去甚远。

威尔姆斯曾采用蒙代尔、麦金农、凯南等人的标准对原欧共体 12 国进行研究，以检验这些国家是否为理论上的最优货币区，是否适合货币一体化，但结果是模棱两可的。欧共体内由于语言、文化背景等原因，劳动力的流动性不高，根据蒙代尔的标准并不适合实行货币一体化。另一方面，欧共体 12 国的经济高度开放，产品多样化程度也不低，按照麦金农和凯南的标准，是适合推进货币一体化而组成货币联盟的。但麦金农只强调了贸易项目，忽略了资本流动的影响；凯南也仅着重考察了外部冲击对货币区的影响，因此都不够完善。2009 年欧债危机的爆发表明，财政政策的一致性同样是最优货币区的重要条件，这一点以前没有受到学术界的足够重视。显然，随着国际货币一体化进程的日益发展，最优货币区理论也需要不断完善。

三、GG-LL 模型

对成员国而言，建立货币区可以带来很大收益，但是也要付出一定代价。从经济利益看，货币区内实行固定汇率可以避免汇率波动对贸易和价格带来的不利影响，有助于区域内的货币稳定；减缓甚至消除汇率不确定性风险，提高货币区内的资源配置效率；货币区实行以主导货币为中心的货币自由兑换，有利于多边贸易和多边支付体系的建立，有利于区域内贸易和投资的发展，提高各成员国的经济开放度，推动成员国的经济一体化；通过货币区的政策协调和管理机构，有助于促进成员国之间的货币合作和价格稳定；减轻因国际收支失衡而不得不采取的紧缩政策对经济增长造成的负面影响;节约外汇储备,提高外汇储备的使用效率。

但是加入货币区也存在成本和代价,即丧失货币政策自主权,对非稳定性资本流动的调控能力下降。因此,一国是否加入货币区,必须将成本与利益进行比较。最优货币区理论研究的就是在什么条件下一国加入货币区的收益大于成本,以及在什么条件下加入货币区的收益小于成本。若建立货币区以后,各成员国能够实现的收益超过成本,则这样的货币区就是最优货币区。

20 世纪 90 年代,保罗·克鲁格曼以欧盟和芬兰为例,分析了芬兰加入欧盟的成本—收益曲线,得出了著名的 GG-LL 模型。

(一)加入货币区的收益——GG 曲线

加入货币区的收益主要集中于微观经济方面。区域内国家使用统一货币,可以获得货币效率收益,其来源在于两个方面:一是交易费用降低的直接利益,因为实行统一货币以后,货币区内部没有货币兑换的必要;二是在货币区内实现持久、可信的固定汇率制,可以降低各国商品之间的价格差异,增强价格的透明度,促进区内竞争,从而提高经济效率。此外,彻底消除成员国汇率波动的不确定性,可以减少其对国际贸易和投资的不利影响。

在实践中很难对加入货币区的货币效率收益计算一个确切的数据,但是可以肯定的是不同国家之间的贸易规模越大、生产要素流动的自由度越大,则这些国家建立货币区的收益也将越大。因此,加入货币区的收益与相关国家之间的经济一体化程度呈正相关关系。这一关系可以通过一条向右上方倾斜的 GG 曲线表示(见图 6-4)。

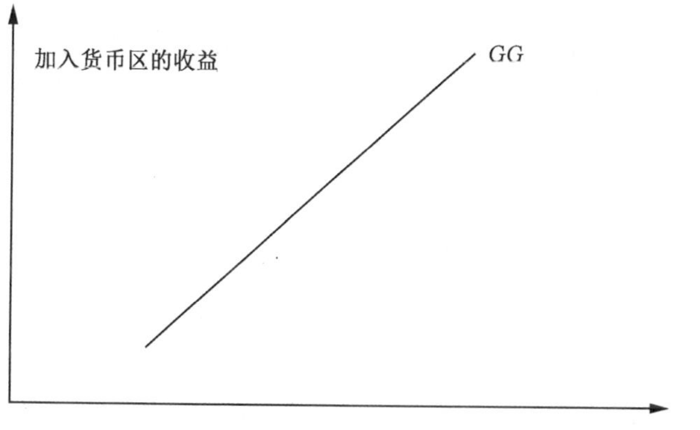

图 6-4 GG 曲线

(二)加入货币区的成本——LL 曲线

加入货币区的成本主要表现在宏观经济方面,尤其是需要放弃本国独立的货币政策。这意味着货币区的成员国将不能通过调控本国货币供应量来调节宏观经济，以实现内部均衡，也无法运用汇率政策实现外部均衡。但是，随着货币区各国的经济一体化程度的提高和相互间的经济融合，经济失衡的可能性就会下降，因此，这种成本也随之下降。因此，我们可以用一条向右下方倾斜的 LL 曲线来表示经济一体化程度与加入货币区的成本的负相关关系(见图 6－5)。

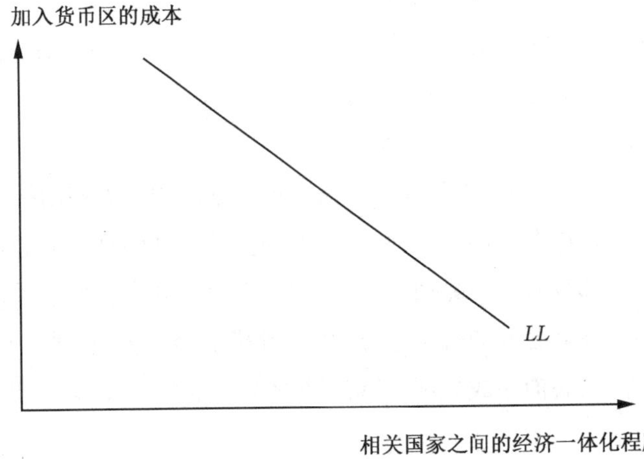

图 6－5　LL 曲线

(三)是否加入货币区的决策——GG-LL 模型

将 GG 曲线和 LL 曲线结合在一起，由此构成 GG-LL 模型，就可以将收益和成本结合在一起以分析一国是否应该加入货币区。

由图 6－6 可知，GG 曲线和 LL 曲线的交点 E 决定了一国是否加入货币区所依据的经济一体化的临界程度 θ_1。若该国与其他国家的经济一体化程度大于 θ_1，GG 曲线就落在 LL 曲线上方，表明加入货币区的收益超过成本，该国应该加入货币区；反之，则该国不宜加入货币区。

图 6－7 解释了一国经济环境变动如何影响其决策。假设该国的出口需求变动的幅度和频率加大，放弃汇率政策和货币政策的成本就会上升，导致 LL 曲线由 L_1L_1 右移到 L_2L_2，于是，在同等的经济一体化水平上，L_2L_2 线上产出与就业的损失较之 L_1L_1 出现上升，以致决定该国是否加入货币区的经济一体化临界程度由 θ_1 提高到 θ_2。可见，一国对外经济状况的变化会对其是否加入货币区的决策产生很大影响。

需要指出的是，虽然 GG-LL 模型在理论上提供了对最优货币区进行定性分析的原理，但在用于定量分析方面显然还力不从心。

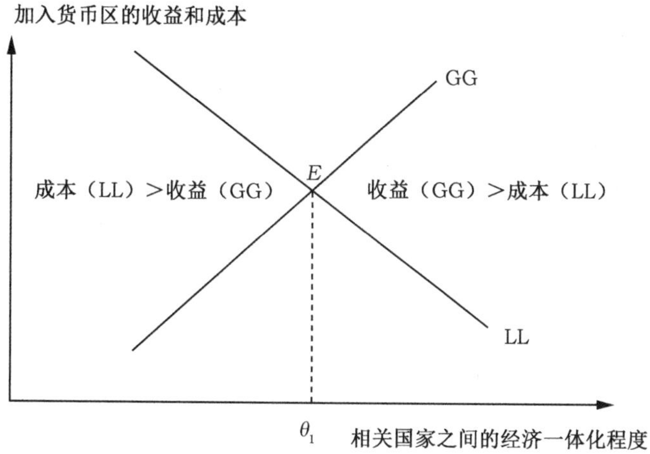

图 6-6　是否加入货币区的决策——GG-LL 模型

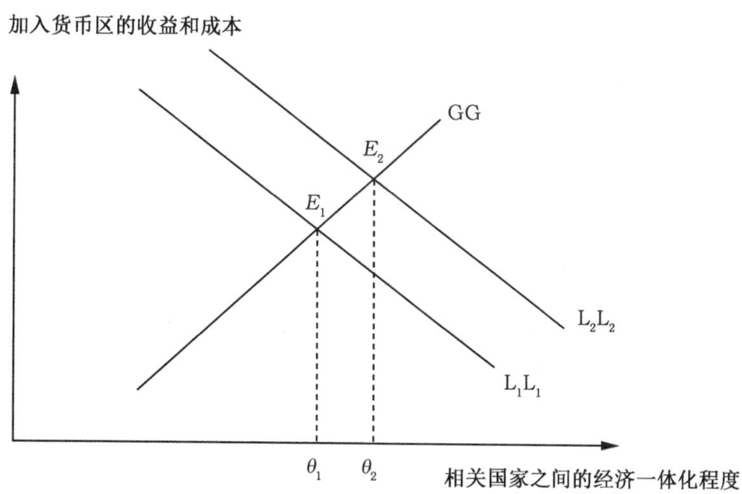

图 6-7　外部环境变动对 LL 曲线的影响

第四节　汇率制度的选择

一、浮动恐惧症

从汇率制度选择的实践来看，发达国家一般偏重浮动汇率制度，而许多发展中国家则偏重固定汇率制度。Calvo & Reinhart(2000)将频繁干预外汇市场以便稳定汇率的现象称为浮动恐惧症(fear of floating),反映了这些国家对较大幅度的汇率波动存在着一种长期的恐惧心理。

浮动恐惧症既包括对本币升值的恐惧,也包括对本币贬值的恐惧。Calvo & Reinhart(2002)发现,尽管在汇率制度的选择上存在差异,但各国政府都表现出一定程度的浮动恐惧症。即使那些声称允许货币自由浮动的国家其货币实际上并未真正浮动,这些国家会通过外汇市场干预和利率政策来稳定汇率。例如,近年来,一些新兴市场经济国家的国际竞争力有了迅速的提升,由此造成了大量的资本流入和贸易条件的改善,结果,国际收支出现了持续的巨额顺差,本币面临升值压力。这些国家担心由此导致的"荷兰病"可能损害其国际竞争力和破坏出口多样化的目标①,进而抑制经济增长和就业。

在新兴市场经济国家中,本币贬值通过国内价格传递到国内通货膨胀的程度,即传递效应,比发达国家更为明显。同时,在这些国家,贬值可能会导致经济紧缩和政局动荡。这同这些国家的经济政策长期缺乏公信力有关,也是新兴经济国家不愿意本币贬值的重要原因。因而,他们会更加强烈地抵制本币贬值。

浮动恐惧论的主要结论有两个:第一,许多新兴市场国家声称已放弃了可调整的钉住汇率制,但这未必属实。由于浮动恐惧症,许多号称实行灵活汇率制度的国家,其实采用的是"软"的钉住汇率制。第二,由于新兴经济国家有结构性的不适于浮动汇率的理由,故这些国家应当实行完全的美元化。

其实,即使是发达国家,也存在对大幅度汇率波动的担忧,甚至连最崇尚"自由浮动"的美国,也不会听任美元汇率自由波动。路透社的交易系统显示,在1987～1995年间,有273个交易日美联储曾入市干预(Dominguez,2003)。欧元的问世就是其成员国对币值稳定渴求的最好佐证。20世纪80年代西方主要国家先后签署的广场协议和卢浮宫协议也说明了这一点。

浮动恐惧论在当前国际学术界极受重视,并且已有的经验分析确认了"浮动恐惧"现象的确存在。

---

① 20世纪60年代荷兰北海一带发现大量天然气,随着天然气的大量开采和出口,荷兰盾汇率大幅度上升,使荷兰的非石油产品的出口竞争力急剧下降。人们后来把这种综合病症称作"荷兰病",即当条件发生有利的变化时,某一部门的繁荣会损害其他部门的发展这样一种现象。

专栏 6-6　西方各国在外汇市场的联合干预

近 20 年来，较大规模的西方央行联合干预行动至少就出现过 7 次。

1985 年 9 月广场协议签署后，5 国集团进行了布雷顿森林体系崩溃后第一次较大规模的央行联合干预行动，事后统计的美元净抛售额达到了 190 亿美元。

接着，在卢浮宫协议签署后的 1987 年 2 月和 1989 年 9 月，7 国集团央行又先后两次联合对外汇市场实施了较大规模的干预，这两次联合干预行动的方向恰恰相反，前一次为买美元、抛售马克和日元以抬高美元汇率，后一次则是卖出美元、买进马克和日元以抑制美元汇率上升。

在 1995 年 4 月和 1998 年 8 月发生第四次和第五次联合干预行动，主要是为了纠正美元与日元之间汇率的过度波动。其中，第四次是由于 1995 年 4 月美元兑日元汇率曾一度跌破 1∶80 关口；第五次则是由于 1998 年 8 月美元兑日元汇率一路飙升至 1∶147 的高位。

第六次联合干预行动发生在 2000 年 10 月，其目的在于阻止欧元兑美元汇率的单边下跌走势。在此之前，欧元作为一种新生的区域性货币，自 1999 年 1 月 1 日面世以后，兑美元汇率从最高水平的 1 欧元兑换 1.18 美元直线下跌至 2000 年 10 月 26 日 1 欧元兑换 0.822 5 美元的最低点，这种状况引起了西方诸国政府与民众的普遍不安。

最近一次央行联合干预行动则缘于发生在美国的“9·11”恐怖袭击事件之后。为了尽可能地减少此次突发性事件对国际外汇市场以及各主要货币汇率所造成的负面冲击，美日欧等经济体的中央银行在袭击事件发生后果断采取行动，联手对国际外汇市场实施了富有成效的干预。

（另据新华社东京 2011 年 3 月 18 日电，当日日本、美国、英国、加拿大和欧盟在国际外汇市场联手采取卖出日元、买入美元的操作，以遏制日本大地震后日元对美元急剧升值势头。）

资料来源：2002 年 1 月 4 日《国际金融报》。

二、中间制度消亡论

近年来，一些学者对不同汇率制度进行了跟踪比较后提出了“中间汇率制度消亡论”(the hypothesis of the vanishing intermediate regime)。该理论的要点是，唯一可持久的汇率制度是自由浮动制度或是具有非常强硬的承诺机制的固定汇率制度(如货币联盟或货币局制度)，而介于两者之间的中间性的汇率制度，包括“软”钉住汇率制，如可调整钉住、爬行钉住、幅度(目标)钉住汇率制以及管理浮动制,都正在消亡或应当消亡。中间制度消亡论认为,日益增长的资本流动性使政府对汇率的承诺变得十分脆弱。换言之,由于国际资本的自由流动,"软"钉住的汇率制度变得不可行。中间汇率制度既缺乏固定汇率制度具有的充分稳定性,又没有浮动汇率的充分灵活性,因而实际上反而成为一种既很不稳定,又很难管理的制度。中间制度消亡论断言,将来各国的汇率制度只能逐步转向汇率制度的两极:不是完全自由浮动的汇率制度,就是"硬"钉住汇率制度。由于中间汇率制度的消亡,就会形成所谓"中空现象"(the hollow middle),因而这一理论又被称为"两极论"(the bipolars)、"两极解"(two corners' solution)或"角点解"(corner solution)。

20 世纪 80 年代后,随着金融衍生工具的发展,汇率的不确定性已经可以较容易地通过对冲加以规避,同时外汇市场上投机的力量也急剧膨胀。在大规模的外汇投机引发了多次地区性货币危机后,人们发现,发生货币危机的国家多为实行"中间汇率制度"的国家,而与之形成鲜明对比的是,实行两极汇率制度的国家或地区大都有效地防止了危机的发生。这一现象使人们提出了"两极解",即一国发生危机后,政府可以维持的是两极汇率制度而不是中间汇率制度。例如,Obstfeld 和 Rogoff(1996)就认为在汇率安排上应当"舍中间、取两极"。

中间制度消亡论在学术界引起了很大的争议,直到现在还没有成为主流理论。表 6-1 和表 6-2 的情况表明,实行中间汇率制度的国家并非少数,这似乎也否定了汇率制度的"中空"假说。

三、蒙代尔—弗莱明模型

在封闭经济条件下分析宏观经济的一个重要工具是 IS-LM 模型,在此基础上引进国际收支因素(BP),并以此表示不同的资本流动状况,就构成了 IS-LM-BP 模型,从而可用于分析开放经济和不同汇率制度条件下的宏观经济均衡问题。IS-LM-BP 模型分别用 IS 曲线表示商品市场,LM 曲线表示货币市场,BP 曲线表示国际收支,反映了外汇市场,借以说明这三个市场同时达到均衡时的收入和利率水平的决定。因此,该模型是一个一般均衡分析框架。

弗莱明(Fleming,1962)和蒙代尔(Mundell,1963)运用 IS-LM-BP 模型分别对固定汇率和浮动汇率制度条件下的财政政策和货币政策对收入、利率和国际收支的影响进行了分析。其中,尤以蒙代尔的研究更为完整,由此形成了著名的蒙代尔—弗莱明模型(Mundell-Fleming model)。

从图 6-8 可以看出,当资本完全不流动时,BP 曲线就等于经常项目的平衡。BP 曲线与利率无关,因而为一与收入水平垂直的直线,因为经常项目差额仅与收入相关,只有在某个特定的收入水平上，经常项目才能实现平衡。BP 曲线左面的区域意味着在同样的利率水平上收入相对较低，这会抑制进口，故经常项目顺差；反之，BP 曲线右面的区域则表示经常项目逆差。

当资本完全流动时，在风险中性和静态的汇率预期的假设下，本国利率与世界利率的细微差别都会引起资本的大规模流动，因此国际收支差额主要取决于资本项目而不是经常项目。在这种情况下，BP 曲线与收入无关，为一水平线，仅受利率水平影响。在 BP 曲线上方的区域，由于利率较高，资本会大量流入，造成国际收支顺差，而在该曲线下方的区域则意味着国际收支的逆差。

当资本不完全流动时，资本项目和经常项目对国际收支同时产生影响。这时的 BP 曲线为一斜率为正的曲线。因为对于既定的汇率水平，收入的增加会引起经常项目逆差，为了平衡国际收支，就需要提高利率来吸引资本的流入，所以该曲线的斜率是正的。资本的流动性越大，则曲线越平缓，因为利率稍有变动就有大量资本流入或流出，足以抵消经常项目的不平衡。BP 曲线的左面区域，因收入偏低、利率偏高，故国际收支顺差，曲线的右面则是国际收支逆差的利率与收入的组合。在马歇尔—勒纳条件成立的前提下，本币的贬值会使贸易收支改善，因此 BP 曲线右移(见图 6-8)。

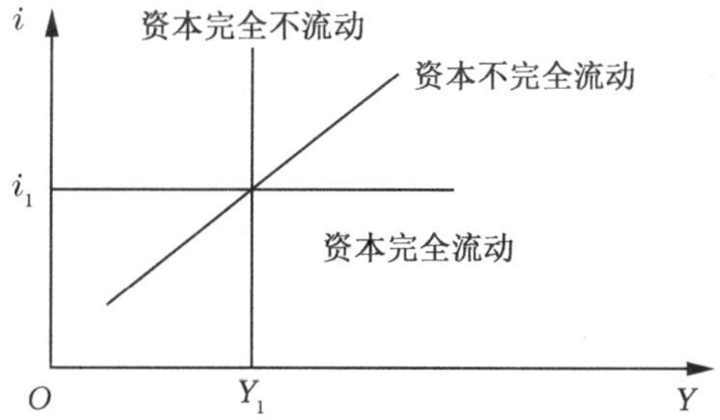

图 6-8　国际收支均衡的 BP 曲线

(一)资本完全流动时固定汇率制度下的政策效果

1. 货币政策的效果

若资本可以充分流动，国内外资产可以充分替代，那么在固定汇率制度下，这意味着国内外利率相等，否则，任何利率差都会使资本发生流动，直至利差为 0。设本国利率为 i，收入为 Y，IS 曲线为商品市场均衡时 i 和 Y 的组合，LM 曲线为货币市场均衡时 i 和 Y 的组合，BP 曲线为国际收支均衡时 i 与 Y 的组合。由于资产可以充分替代，国内外利率相等，BP 曲线是条水平线。现在假定中央银行增加货币供应量，以便放松银根、刺激经济。由于货币供应量的变动首先影响货币市场，于是，在短期里，LM 曲线右移至 LM′，经济的均衡点由 e 移动到 e'。虽然此时商品市场和货币市场同时达到均衡，但由于国内利率低于国外利率（即 $i_1 < i^*$），资本大量外流，本币面临贬值的压力。因此，为了维持固定汇率，中央银行只能大量抛售外汇、购入本币。结果在长期里，本国货币供应量减少，LM 曲线由 LM′又回到原来位置，利率、收入、货币供应量均不变（见图 6－9）。这说明在固定汇率和资本可充分流动的条件下，一国货币政策的独立性完全丧失，即货币政策无效。学术界把汇率稳定、资本自由流动和货币政策独立性这三者不能同时实现的现象称为“三元难题”（trilemma，又称 impossible trinity 或 incompatible trinity）。

2. 财政政策的效果

设政府采取扩张性的财政政策，导致支出增加。由于财政政策是直接影响实体经济的行为，因此首先影响商品市场。于是 IS 曲线右移至 IS′，均衡点从 e 点移到 e' 点。在短期里，这意味着利率（i_1）上升，收入由 Y_0 增加至 Y_1。虽然收入的增加导致进口增加，但由于利率弹性无穷大，利率的上升使资本大量内流，致使本国国际收支出现顺差，本币面临升值的压力。为维持固定汇率，中央银行将抛售本币、购入外汇。结果，在长期里使本国货币供应量增加，LM 曲线右移至 LM′，均衡点也移到 e''，收入进一步增加至 Y_2（见图 6－10）。可见，在固定汇率和资本充分流动的条件下，财政政策是有效的，且收入的增加大于封闭经济时的水平（$Y_2 > Y_1$）。

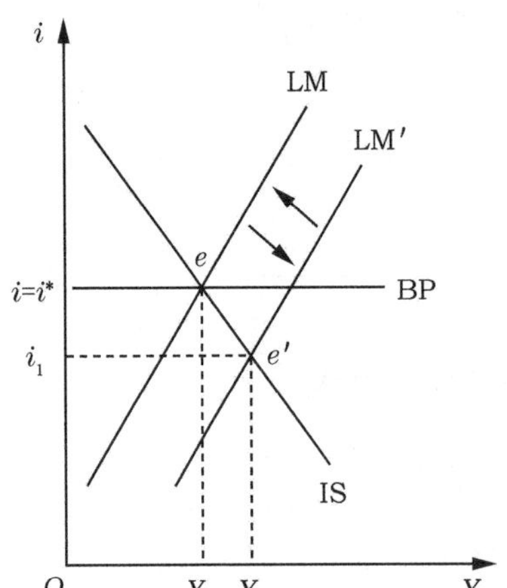

图 6－9　资本完全流动和固定汇率下的货币政策

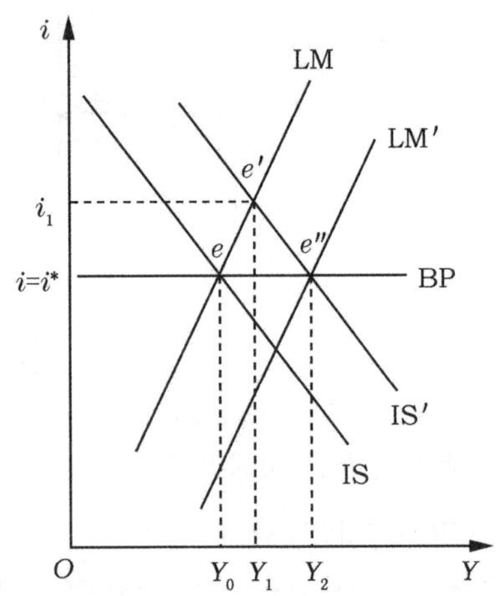

图 6－10　资本完全流动和固定汇率下的财政政策

（二）资本完全流动时浮动汇率制度下的政策效果

1. 货币政策的效果

在浮动汇率制度下，中央银行没有义务干预外汇市场以维持汇率水平。假定货币供应量增加，LM 曲线右移至 LM′。短期里，在新的均衡点 e'，收入增加，进口相应增加，进而致使经常项目恶化，而国内利率(i_1)低于国外利率(i^*)，资本外流，导致资本项目逆差，国际收支进一步恶化，结果，本币汇率相应下跌。于是，在长期里，本国出口增加，拉动经济增长，IS 曲线右移至 IS′，直到新的均衡点 e''。结果是收入(Y)进一步增加，因而大于封闭经济时的水平($Y_2>Y_1$，见图 6－11)。可见，在浮动汇率制度下，货币政策是有效的。

2. 财政政策的效果

设政府支出增加，IS 曲线右移至 IS′，新的均衡点为 e'。由于这时国内利率(i_1)高于国外利率(i^*)，资本大量内流，致使本币升值，导致本国出口减少，进口增加，贸易收支恶化，不利于经济增长，IS 曲线由 IS′左移至原来位置(见图 6－12)。所以，在浮动汇率制下，财政政策无效。可见，扩张性财政政策会通过利率上升引起货币升值，致使出口减少、收入下降，从而抵消了财政扩张对收入的影响，形成完全的挤出效应(crowding out effect)。

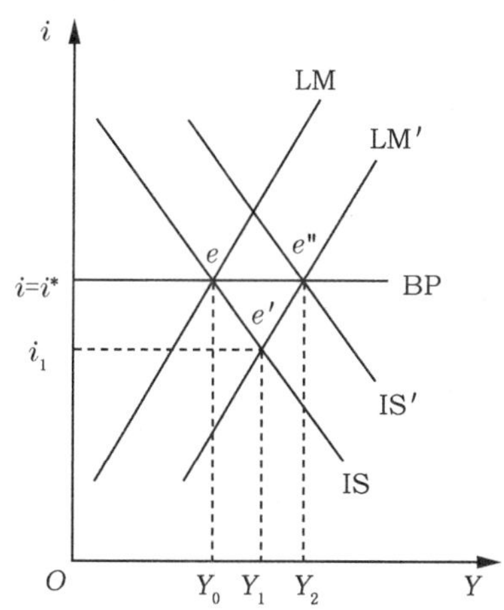

图 6－11　资本完全流动和浮动汇率下的货币政策

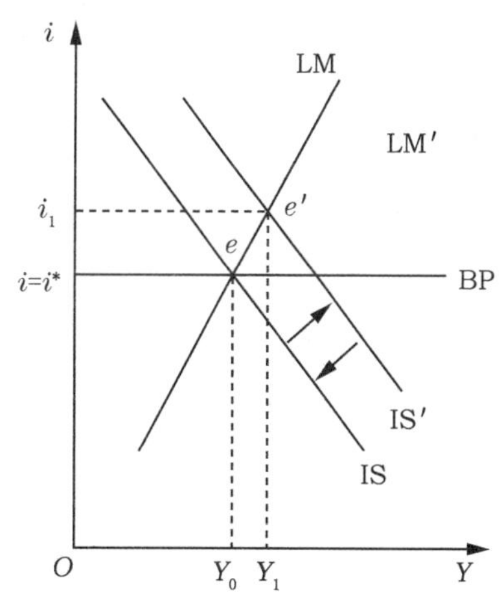

图 6－12　资本完全流动和浮动汇率下的财政政策

(三)资本完全不流动时固定汇率制度下的政策效果

1. 货币政策的效果

假定中央银行增加货币供应量，以便放松银根、刺激经济，在短期里，LM 曲线右移至 LM′，均衡点由 e 移到 e'，结果，利率(i_1)下降，收入(Y_1)增加。虽然短期里商品市场和货币市场同时达到均衡，但均衡点偏离 BP 曲线，国际收支失衡，这是因为收入增加引起进口增加，从而导致经常项目逆差。在长期里，为了维持固定汇率，中央银行被迫大量抛售外汇购入本币，使国际储备减少，本币供应相应减少，使 LM′曲线左移，直到恢复原状为止，结果，本国的货币供应、利率、收入、国际收支等均恢复原状，但是本国基础货币结构发生了变化，本国的国际储备出现下降（见图 6－13）。此外，即使货币当局进行冲抵干预，但随着国际储备的日趋枯竭，最终仍然不得不放弃货币扩张，实行紧缩政策。

上述情况表明，无论资本是完全流动还是完全不流动，在固定汇率条件下，从长期看，货币政策都是无效的。换言之，汇率稳定与货币政策的独立性存在内在冲突，这就是所谓的“二元冲突”。

2. 财政政策的效果

如果政府采取扩张性的财政政策，导致支出增加，于是 IS 曲线右移至 IS′，均衡点从 e 点移到 e' 点。这意味着短期里本国利率（i_1）上升和收入（Y_1）增加。但均衡点偏离 BP 曲线，收入增加造成了经常项目逆差，外汇储备因此减少，长期里，货币因外汇干预而回归中央银行，从而引起本国国内基础货币供应减少，LM 曲线左移至 LM′，直至三条曲线重新交于一点（e''）。这时，经济处于新的均衡状态，结果，利率（i_2）进一步上升，收入不变，国际储备减少（见图 6－14）。因此，财政政策也是无效的。

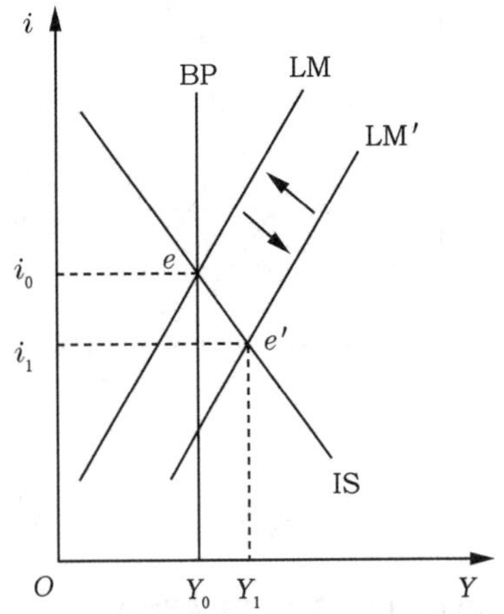

图 6－13　资本完全不流动和固定汇率下的货币政策

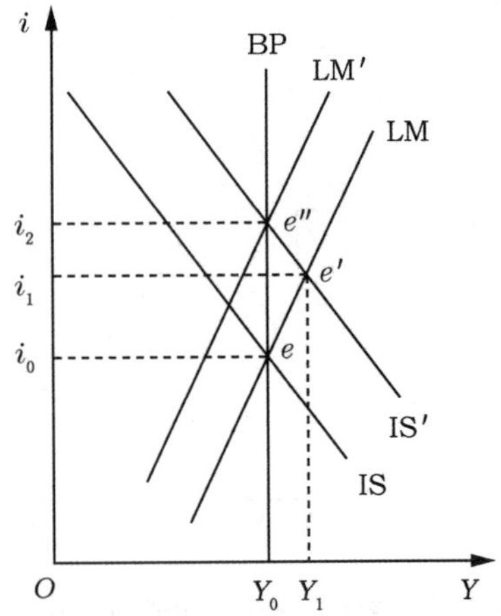

图 6－14　资本完全不流动和固定汇率下的财政政策

（四）资本完全不流动时浮动汇率制度下的政策效果

1. 货币政策的效果

在浮动汇率条件下，国际收支的均衡完全通过汇率的自发调节来实现，因此可以视汇率为内生变量，而汇率反映的是本国国际收支差额（BP），汇率与国际收支同步变动。因此在模型中，可以用本币汇率（s）代替 BP 曲线。

实行扩张的货币政策后，LM 曲线会发生右移，形成新的均衡点（e'），导致利率下降（i_1），收入增加（Y'），进而使该国贸易收支恶化，结果导致本币贬值，本币汇率由 s_0

下跌至 s_1，表示本币汇率的 BP 曲线右移，因为偏低的本币汇率可以抵消收入增加对贸易收支的不利影响。同时本币贬值引起的出口增加使 IS 曲线右移，直至三条曲线交于一点（e''），在新的经济均衡点上，收入上升（Y_1），而且大于封闭经济条件下的收入（$Y_1>Y'$），本币出现贬值，国际收支保持平衡。但利率上升还是下降，则取决于三条曲线的相对弹性，即斜率（见图 6 - 15）。可见，在浮动汇率条件下，货币政策是有效的。

2. 财政政策的效果

扩张的财政政策使 IS 曲线右移至 IS′，造成利率（i_1）上升，收入（Y'）增加，由于收入增加引起经常项目逆差，继而又引起本币贬值，本币汇率由 s_0 下跌至 s_1，BP 曲线右移，出口增加促使 IS′再次右移，直至三条线相交于一点。在新的经济平衡点上，收入（Y_1）和利率（i_2）都高于期初水平，而且高于封闭经济条件下的水平（见图 6 - 16）。这表明财政政策是有效的。[①]

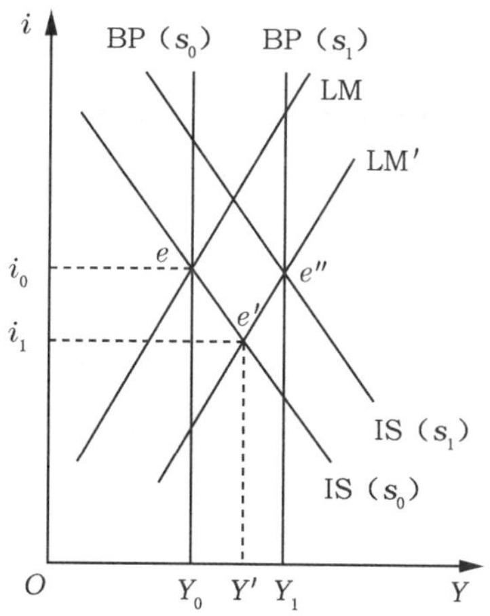

图 6 - 15 资本完全不流动和浮动汇率下的货币政策

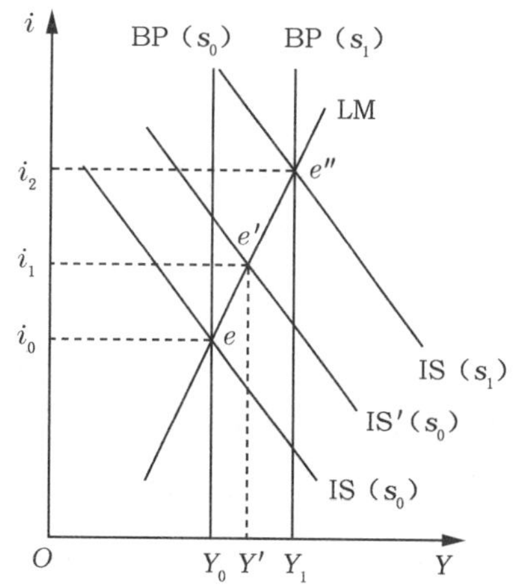

图 6 - 16 资本完全不流动和浮动汇率下的财政政策

表 6 - 3 是对上述蒙代尔—弗莱明模型的分析过程的概括和总结。由该表可知，根据蒙代尔—弗莱明模型，从长期看，在固定汇率条件下，无论资本是否流动，货币政策都是无效的。这就是所谓的“二元冲突”，即一国若实行固定汇率制度，则该国将被迫放弃货币政策的独立性。此外，从长期看，国际收支最终总是平衡的，但一种平衡的表现是回复到与原有的收入相一致的状况，即“不变”，另外一种平衡则是与增加后的

① 除了资本的完全流动和完全不流动这两种极端情况外，蒙代尔—弗莱明模型还讨论了资本的不完全流动的情况。由于这种情况又可划分成各种不同的程度，其分析过程比较复杂，我们将在研究生教材中予以讨论。

收入相对应的状况。

表 6 - 3　　蒙代尔—弗莱明模型的政策效应

		短期政策效应				长期政策效应			
		固定汇率		浮动汇率		固定汇率		浮动汇率	
资本流动性		完全不流动	完全流动	完全不流动	完全流动	完全不流动	完全流动	完全不流动	完全流动
扩张性的货币政策	i	下降	下降	下降	下降	不变	不变	未知	不变
	Y	增加	增加	增加	增加	不变	不变	增加	增加
	BP(E)	逆差	逆差	贬值	贬值	不变	不变	贬值	贬值
扩张性的财政政策	i	上升	上升	上升	上升	上升	不变	上升	不变
	Y	增加	增加	增加	增加	不变	增加	增加	不变
	BP(E)	逆差	顺差	贬值	升值	不变	不变	贬值	不变

四、三元难题

在 20 世纪 50 年代，詹姆斯·米德在研究经济的内部平衡和外部平衡的冲突现象时就已经发现国际资本流动和固定汇率制度之间也存在相互冲突的现象，即实行固定汇率制度的前提条件之一是资本管制。如果允许资本自由流动，那么就会导致固定汇率制度的不稳定性。

蒙代尔—弗莱明模型引入货币政策之后，“二元冲突”演化为“三元难题”：当一国参与国际经济活动时，便面临着如何安排汇率制度、管理资本市场和实现国内宏观经济目标的选择，即政府只能在利用国际资本市场吸引外资、实现固定汇率的稳定效益和利用独立的货币政策实现内部经济的稳定之间选择其二。

三元难题的具体含义可以用一个三角形来表示。在图 6 - 17 中，三角形的三边表示 3 个宏观经济目标，3 个顶点是实现与其相邻两边表示的两个经济目标相应的制度安排。例如，若要同时实现资本自由流动和货币政策独立性，则需要采取汇率自由浮动的形式，但需放弃稳定汇率的政策目标（如美国等）；若要同时实现资本自由流动和汇率稳定，则需采取货币联盟或货币局制度安排，就可能丧失货币政策独立性的目标（如欧元区各国之间）；同样，若要同时实现汇率稳定和货币政策独立性，则要对资本流动进行严格管制（如我国）。

雅各布·弗兰克尔指出，虽然根据三元难题，政府不可能同时实现货币政策独立性、汇率稳定和资本充分流动这三个目标，但是，并没有令人信服的理由证明，为什么不可以在其中的两个目标中各放弃一半，从而有一半的汇率稳定性，同时有一半的货币政策独立性。换言之，这三个目标之间存在部分的替换关系，如适度的资本管制和

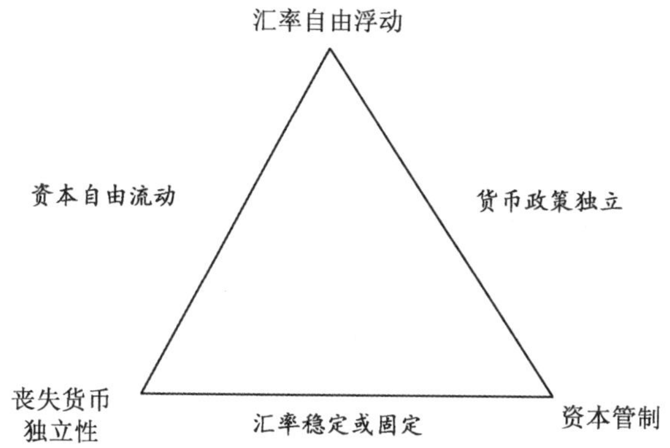

图 6-17　三元难题

适度的汇率稳定可以与独立的货币政策相容。

蒙代尔认为，在当今的开放经济条件下，即使实行完全的资本管制，资本仍然可能通过经常项目变相流动，因此，实际上只有二元冲突，即固定汇率和货币政策有效性之间的选择(金中夏，2007)。

专栏 6-7　三元难题对我国汇率制度改革的启示

如果我们用 1 表示中央银行充分实现某一目标，用 0 表示中央银行完全放弃某一目标，于是，三元难题在理论上的关系就可以用代数来表示：$Y=1$ 代表资本完全的自由流动，$M=1$ 代表货币政策完全独立，$X=1$ 代表汇率的充分稳定。由于三元难题意味着中央银行必须放弃其中的一项目标，因此，$X+Y+M\leqslant 2$。从实际情况看，目前世界上有 3 种政策选择：发达国家如美国、日本等主要追求汇率的完全自由浮动($X=0$)，资本完全自由流动($Y=1$)和独立的货币政策($M=1$)；我国香港的货币当局则选择资本完全流动($Y=1$)和汇率稳定($X=1$)，但是放弃货币政策的独立性($M=0$)；中国也占了两边，即可以独立制定货币政策($M=1$)和保持汇率稳定($X=1$)，但是中国实行严格资本管制，资本不能自由流动($Y=0$)。

中国是一个人口众多、地区发展很不平衡的发展中大国，在一个相当长的时间里维持货币政策的独立性是极为重要的，因此 M 的取值会接近于 1 或等于 1。在 1994～2005 年间，人民币兑美元的汇率非常稳定，X 的取值也接近于 1，这两者之和就接近于 2，所以只能实行严格的资本管制，Y 值接近于 0。但是随着银行、证券、保险业务的对外开放，货币市场、债券市场、资本市场逐渐开放，资本管制也有所放松，同时"811"汇改一定程度上增加了汇率的波动性，使得 Y 值由 0 向 1 趋近，X 取值由 1 趋向于 0。而 2017 年 5 月汇改"逆周期因子"的引入则使人民币兑美元汇率中间价机制进一步市场化，汇率由绝对稳定转为相对稳定，随着资本管制的进一步放宽，X 的取值也将进一步由 1 趋向于 0，即人民币汇率不断趋于自由浮动。

资料来源：部分根据 2004 年 11 月 16 日《上海证券报》未署名文章"汇率制度变革的理论基础"改编。

五、经济结构与汇率制度

英国经济学家格雷厄姆·伯德(Graham Bird)将经济结构特征与经济冲击结合起来提出了 10 个方面的因素作为发展中国家是否采用浮动汇率制度的参考标准：如果一国经济波动主要来自国外、经济开放程度低、商品多样化程度高、贸易伙伴分散、资金市场一体化程度高、相对通货膨胀率差异大、进出口价格弹性高、国际储备不足、偏重收入增长、存在完善的远期外汇市场，具备这 10 个因素中的多数，则适宜选择浮动汇率制度；反之，则相反。也有一些学者则以其他方面的因素作为汇率制度选择的依据(见表 6-4)。[①]

表 6-4　　经济结构与汇率制度

	固定或钉住汇率制度	浮动汇率制度
长期	经济规模小，金融市场发育不全	经济规模大，金融市场发展完善
	经济开放程度高，政策相似性高	经济开放程度低，政策相似性低
	人均 GDP 低，进出口价格弹性低	人均 GDP 高，进出口价格弹性高
中期	贸易集中度高，生产要素流动性高	贸易伙伴分散，生产要素流动性低
	贸易产品多样化程度低，通货膨胀率相近	贸易产品多样化程度高，通货膨胀率差异大
	金融市场一体化程度低，实行资本管制	金融市场一体化程度高，资本流动较为频繁
	外债货币错配程度高，国际融资能力低	外债货币错配程度低，国际融资能力强
	政治稳定	政治不稳定
短期	低通货膨胀，国际储备充足	高通货膨胀，国际储备少

① 有些学者认为，除了经济因素以外，政治因素对一国汇率制度的选择也有很大影响(邝梅、王杭，2007)。鉴于对政治因素的分析超出了经济学的范畴，因此本书不予讨论。

续表

	固定或钉住汇率制度	浮动汇率制度
随机因素	经济波动主要来自国内，贸易条件稳定	经济波动主要来自国外，贸易条件急剧变动
	高产出变动，货币冲击占主导地位	低产出变动，实际冲击占主导地位

资料来源：沈国兵(2003)。

第五节 人民币汇率制度的演变

一、汇率水平人为确定，汇率保持基本稳定（1949～1980年）

中华人民共和国成立初期，人民币汇率主要根据当时国内外的相对价格水平来制定并调整。1953年以后参照西方各国的汇率进行调整，逐渐同价格水平脱离。至1972年底，人民币汇率基本保持在1美元兑2.46元人民币。1973年西方主要国家普遍实行浮动汇率后，我国原则上采用钉住货币篮子的汇率制度，根据货币篮子平均汇率的变动情况来确定汇率。

这一时期，我国的外汇体制是以外汇的统收统支为主要特征，政府通过外汇收支计划和指令性指标以单纯的行政手段管理外汇的收支，所有的外汇收入必须交售给国家，需用外汇由政府按计划分配或批给。由于对企业实行公有制，进出口盈亏只是不同企业之间的转移支付，政府对企业只考核计划指标，不考核成本和利润指标，因此，人民币汇率并无调节作用，完全由政府确定和调整，外汇市场也不存在。从理论上讲，当时的人民币汇率确定在任何水平对我国经济都不会产生影响，因而人民币兑美元汇率几乎呈一条水平直线（见图6－18）。当时我国的外汇管理工作由国家计划委员会和财政部等多家政府机构分别承担。

随着我国实行改革开放政策，为了鼓励出口，国务院于1979年8月决定实行贸易和非贸易外汇留成制度，对于创汇的地区、部门和企业在按政府规定的汇率卖出外汇后，政府按规定比例给予外汇留成额度，各地区、部门和企业需用汇时，可以人民币配以额度，按国家公布的外汇牌价购买现汇，对外支付。这项措施对传统的计划管理模式产生了一定程度的冲击，对弥补企业出口亏损、鼓励创汇起到了十分重要的积极作用。

二、实施复汇率制度，汇率水平持续下浮（1980年10月～1993年12月）

外汇留成制度实行以后，有些单位外汇额度过剩，另一些急需外汇的单位却得不

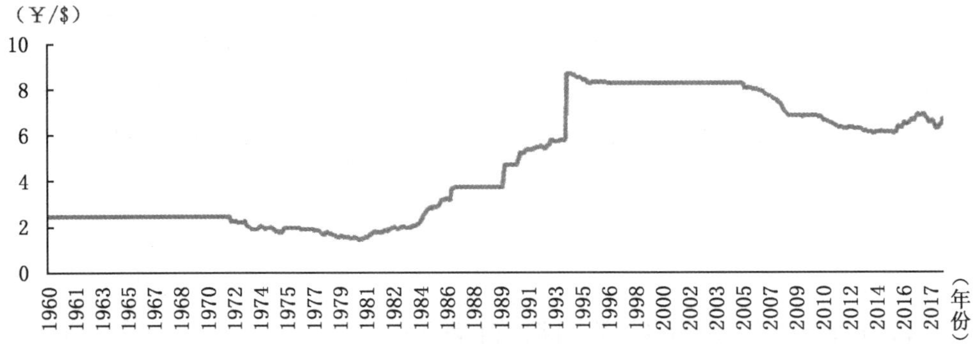

数据来源:国家外汇管理局。

图 6-18　1960～2018 年人民币兑美元中间汇率

到外汇,这种不平衡现象愈显突出。为了满足企业之间外汇余缺调剂的需要,1980 年 10 月,我国发布了《调剂外汇暂行办法》,开始试办外汇调剂业务,准许有留成外汇的国内企业按照国家规定的外汇调剂(价格)汇率互相调剂,由此逐步形成了外汇调剂市场,并在官方汇率之外产生了调剂汇率。这是我国首次出现复汇率现象。

由于当时我国对外汇的官方汇率定值过低,以致造成出口越多而亏损越严重的局面。为此,我国于 1981 年起试行贸易外汇内部结算价,按照平均出口换汇成本再加上 10%的出口利润确定的结算价为 1 美元兑 2.8 元人民币。① 远远高于官方汇率(1 美元约兑 1.5 元人民币)的外汇内部结算价对当时我国的出口起到了极大的刺激作用。但这也使我国出现了 3 种汇率。

我国实行外汇调剂办法的初期,行政管理措施依然相当严格,外汇的调剂汇率仍然极度偏低,外汇额度持有者不愿卖出,造成调剂业务很不活跃。1981 年,我国发布了《关于额度外汇调剂工作暂行办法》,允许调剂外汇价格可在贸易外汇内部结算价基础上浮动 10%,1986 年和 1987 年又两次提高外汇调剂价格,使之更适应外汇供求的需要。

1986 年 10 月,根据国务院《关于鼓励外商投资的规定》,我国开始允许外商投资企业之间通过外汇管理部门相互调剂外汇,双方自行定价。后来,为了鼓励个人缴售外汇,我国还开办了个人外汇调剂业务。

1988 年 3 月,为了配合对外贸易承包经营责任制的推行,我国制定了《关于外汇调剂的规定》,于是在国家外管局的统一领导和管理下,各省、自治区和直辖市都获准建立了外汇调剂中心,当年就建立了约 90 个外汇调剂中心。与原来的调剂业务相比,

① 换汇成本是按人民币计算的出口商品的成本与这些商品的外汇收入之比,其含义是获得 1 美元出口收入需支付的按人民币计算的成本。

调剂中心实行竞价买卖，允许价格自由浮动，市场化程度更加突出。其具体表现是：(1)摆脱了前者供求双方单笔成交的局限性，而是通过双方集合竞价成交；(2)前者是手工作坊式业务，后者采用有形的市场组织，有一系列市场化章程规定；(3)前者没有固定交易者，调剂者按需要办理业务，类似“跑马灯”，后者有固定或相对稳定的交易员，既可自营，也可代理；(4)在价格形成方面，前者是协议机制，通过个别谈判形成，不能充分反映市场供求，后者是当场竞价机制，属于集中交易，能较充分反映市场供求。外汇调剂中心的设立迎合了我国改革开放的主流，因而其业务得到了迅速的发展，到1993年底，全国有80%的外汇资源通过外汇调剂中心配置。

我国经济体制改革的基本特点是采取了渐进式的迂回路径，所以，外汇体制的改革并不以直接触动官方汇率为开端，而是通过“双轨制”的方式，借助于另辟市场、壮大市场的方法，稳步实现市场化的目标。但由此造成的一个副作用是多种汇率的盛行，除了官方汇率外，还有贸易外汇内部结算价、企业外汇调剂汇率、外商外汇调剂汇率和个人外汇调剂汇率。这不仅招致了国际社会的责难，也使自身的外汇管理复杂化，反而降低了管理效率。随着外汇体制改革的不断深入，多种汇率的弊端日益显现，汇率的统一自然被提上了议事日程。

自1984年起，国际外汇市场上美元汇率开始持续上扬，我国开始借机逐步调低人民币兑美元的官方外汇牌价。到1984年底，外汇牌价(1美元约兑2.8元人民币)同贸易外汇内部结算价基本一致。1985年1月1日我国宣布取消贸易外汇内部结算价，与此有关的外汇交易统一按照官方牌价结算。

内部结算价取消后，各种调剂汇率依然存在，因此，这一时期我国的汇率制度仍然具有复汇率特征，且人民币兑1美元汇率由1.50元持续不断下跌至1994年初的8.40元。这种走势与任意爬行钉住美元的汇率制度十分类似(见图6-18)。

三、回归单一汇率，汇率水平再次保持稳定(1994年1月～2005年7月)

1994年1月，我国对外汇管理体制进行了重大改革，主要内容是：(1)官方汇率和外汇调剂市场汇率实行并轨，建立了以市场供求为基础的、单一的、有管理的浮动汇率制度。(2)对境内机构外汇买卖实行银行结汇、售汇制度(合称结售汇制度)，取消外汇留成和上缴。(3)建立全国统一的银行间外汇市场，即中国外汇交易中心；各外汇指定银行之间相互进行外汇买卖和结算；汇率通过自主报价形成。(4)取消外汇收支的指令性计划，政府主要运用经济、法律等间接手段实现对外汇和国际收支的宏观调控。从现实情况看，中国人民银行通过在中国外汇交易中心买卖外汇成为重要的汇率干预方式。统一外汇市场的建立，打破了地区封锁，实现了外汇资源的市场配置。该年我国还宣布实现人民币经常项目交易的有条件自由兑换。

1996 年 7 月，我国又将外商投资企业的外汇买卖纳入银行结售汇体系。在上述过程中，我国对外汇交易的限制也不断放宽。1996 年 12 月，我国正式接受 IMF 协定第 8 条款，基本实现了人民币经常项目交易的自由兑换。至此，具有较充分市场化特征的新外汇体制的基本框架得以确立。

这一时期，我国在外汇交易方面的市场化取得了较大的进展，但人民币钉住美元的汇率制度特征却极为突出：1995 年 7 月 1 日至 2005 年 7 月 1 日人民币兑美元的日汇率走势几乎呈一条水平线（见图 6－18）。

四、人民币升值阶段（2005 年 7 月～2010 年 6 月）

2005 年人民币汇率制度发生了根本性的变革，中国人民银行做出如下决定：（1）自 2005 年 7 月 21 日起，我国开始实行以市场供求为基础、参考一篮子货币进行调节、有管理的浮动汇率制度，人民币汇率不再钉住单一美元。（2）中国人民银行于每个工作日闭市后公布当日银行间外汇市场美元等交易货币兑人民币汇率的收盘价，作为下一个工作日该货币对人民币交易的中间价格。（3）2005 年 7 月 21 日 19 时，美元兑人民币交易价格调整为 1 美元兑 8.11 元人民币，作为次日银行间外汇市场上外汇指定银行之间交易的中间价，外汇指定银行可自此时起调整对客户的挂牌汇价。[①]（4）银行间外汇市场美元兑人民币的每日交易价仍在中国人民银行公布的美元交易中间价上下 3‰的幅度内浮动，非美元货币对人民币的交易价在中国人民银行公布的该货币交易中间价上下一定幅度内浮动。[②]

具体而言，这一阶段人民币汇率形成机制的内容是，人民币汇率不再钉住单一美元，而是按照我国对外经济发展的实际情况，选择若干种主要货币，赋予相应的权重，组成一个货币篮子。[③] 同时，根据国内外经济金融形势，以市场供求为基础，参考一篮子货币计算人民币多边汇率指数的变化，对人民币汇率进行管理和调节，维护人民币汇率在合理均衡水平上的基本稳定。参考一篮子货币表明外币之间的汇率变化会影响人民币汇率，但参考一篮子货币不等于钉住一篮子货币，它还需要将市场供求关系作为另一重要依据，据此形成有管理的浮动汇率。

此次人民币汇率形成机制改革实施后，中国人民银行于每个工作日闭市后公布当日银行间外汇市场美元等交易货币对人民币汇率的收盘价，作为下一个工作日该货币

---

① 与上一日 1 美元兑 8.27 元人民币的汇率相比，这意味着人民币升值 2%。

② 自 2007 年 5 月 21 日起，人民币兑美元交易价浮动幅度从 3‰扩大至 5‰。

③ 我国没有披露确定人民币汇率的篮子货币的权重，因而外界无法对人民币汇率的确定进行测算。事实上，人民币兑美元的汇率此后一直呈小幅度上升的态势，至 2007 年 10 月 12 日已上升至 1 美元兑 7.511 4 元水平，但在这两年多的时间里，人民币兑欧元、英镑和加元等货币的汇率并未明显上升，甚至有所下跌。由此是否可以推断人民币对美元的升值仅仅是美元汇率下跌的结果，而不是人民币本身升值所致？

对人民币交易的中间价格。中国人民银行通过公布每日中间价对市场价格进行指导，从而达到调节和管理的作用。

专栏 6-8　影响人民币汇率的篮子货币

2005 年 8 月 10 日，中国人民银行行长周小川在人行上海总部揭牌仪式上首次披露了人民币汇率参考的一篮子货币选取及其权重的确定所主要遵循的四个原则：以着重考虑货物和服务贸易的权重作为篮子货币选取及权重确定的基础；适当考虑外债来源的币种结构；适当考虑外商直接投资的因素；适当考虑经常项目中一些无偿转移类项目的收支。周小川说，从我国现阶段国情看，货物和服务贸易是经常项目平衡的主体，因此篮子货币的确定也是以对外贸易权重为主的。美国、欧元区、日本、韩国等目前是我国最主要的贸易伙伴，相应地，美元、欧元、日元、韩元等也自然会成为主要的篮子货币。此外，新加坡、英国、马来西亚、俄罗斯、澳大利亚、泰国、加拿大等国家与我国的贸易比重也较大，这些货币对我国的人民币汇率也是很重要的。他认为，一般而言，与我国的双边年贸易额超过 100 亿美元应该说在权重中是不可忽略的，50 亿美元以上的也不算小。据此，人们认为可能进入篮子的货币多达 11 种。

资料来源：2005 年 8 月 11 日《上海证券报》。

2007 年美国次贷危机初期，为稳定通货膨胀预期，人民币升值速度加快，人民币对美元整体呈现出单边升值态势，人民币对一篮子货币走势稳中有升。2008 年 7 月到 2010 年 6 月，美国次贷危机日益恶化，为应对全球金融危机、稳定中国经济，人民币兑美元双边汇率基本稳定，波动区间收窄。①

五、人民币继续升值，且波动幅度加大（2010 年 6 月 19 日～2015 年 8 月）

2010 年 6 月 19 日，中国人民银行宣布进一步推进人民币汇率形成机制改革，事实上结束了两年来人民币钉住美元的制度，重新采取参考一篮子货币进行调节、有管理的浮动汇率制度，继续按照已公布的外汇市场汇率浮动区间，对人民币汇率浮动进行动态管理和调节，保持人民币汇率在合理、均衡水平上的基本稳定。人民币兑美元汇率的波动幅度开始扩大。2011 年，IMF 将人民币汇率制度从稳定化安排归为准爬行汇率制度，标志着人民币汇率波动特性增强。2012 年 4 月 16 日起，人民币兑美元交易价浮动幅度扩大为 1%，外汇指定银行为客户提供当日美元最高现汇卖出价与最

① 实质上人民币汇率重新钉住美元，固定在 1 美元兑 6.81～6.85 元人民币。

低现汇买入价之差不得超过当日汇率中间价的幅度由±1%扩大至±2%。从银行间外汇市场的实际交易情况看，在2012年人民币兑美元即期汇率的下跌和上升幅度曾多次达到偏离中间价±1%的限幅。2014年3月17日，中国人民银行进一步将人民币兑美元每日交易价浮动幅度从±1%扩大至±2%。人民币汇率浮动区间扩大，汇率弹性也逐步增强。

六、人民币对美元汇率双向波动常态化（2015年8月至今）

2015年8月11日，中国人民银行启动新一轮汇率改革，要求"做市商在每日银行间外汇市场开盘前，参考上日银行间外汇市场收盘汇率①，综合考虑外汇供求情况以及国际主要货币汇率变化向中国外汇交易中心提供中间价报价"。此举被认为是人民币汇率市场化进程中的重要一步，使得人民币中间价形成机制更具透明化和市场化。2015年12月11日，中国外汇交易中心发布"CFETS人民币汇率指数"，人民币汇率形成机制更加注重参考一篮子货币、保持对一篮子汇率基本稳定。人民币对美元汇率逐渐改变长久以来的单边变动趋势，双向波动呈现常态化。同年11月30日，IMF正式批准人民币加入SDR货币篮子，并于2016年10月1日生效。人民币成为继美元、英镑、欧元、日元后的第五个篮子货币，这是人民币国际化进程中的重大突破，也对人民币中间价形成机制的规范与成熟提出了更高的要求。

自2015年起，人民币兑美元汇率出现了持续下跌走势，人民币贬值预期日趋强烈，为了稳定汇率，2017年5月，中国人民银行在原有的人民币中间价报价模型中引入"逆周期因子"，主要目的在于对冲市场情绪的顺周期波动，弱化市场的"羊群效应"。在新的定价公式下，中间价＝收盘价＋一篮子货币汇率变化＋逆周期调节因子。由于中国人民银行没有公布逆周期调节因子的具体计算方法，这意味着其可以根据自己的判断对人民币汇率中间价形成机制进行调控和引导，人民币汇率重回"相对固定"态势。2018年1月，由于人民币兑美元汇率出现持续上升，人民币贬值预期不复存在，人民银行一度取消了逆周期调节因子。但自2018年4月起，人民币兑美元汇率再次出现持续下跌，因此，中国外汇交易中心于8月24日发布消息称，人民币对美元中间价报价重启"逆周期因子"。

① 此前是参考上日银行间外汇市场中间价。由于收盘价比中间价更能体现市场要求，因此，该项改革使人民币汇率的定价机制进一步趋于市场化。

第六节　外汇冲抵干预

一、外汇干预

IMF 协定的第 4 条款规定中央银行有义务促进外汇体系的稳定，由此来“制止混乱的外汇市场情况”。然而，该组织对“混乱的外汇市场情况”却没有明确的定义，其解释仍然是悬而未决。Dominguez 列出了美联储干预汇市的四大理由：(1)影响汇率的趋势；(2)平息市场混乱；(3)恢复外汇平衡；(4)支持伙伴国中央银行的外汇操作。

自从浮动汇率制度推行以来，发达国家的中央银行从来没有对外汇市场采取彻底的放任自流的态度，相反，这些中央银行始终保留相当一部分的外汇储备，其主要目的就是对外汇市场进行直接干预。一般来说，中央银行在外汇市场的价格出现异常大的或是朝同一方向连续几天剧烈波动时，往往会直接介入市场，进行外汇买卖，以试图缓解外汇行市的剧烈波动。对于中央银行干预外汇市场的原因，理论上可以有很多解释，为大多数学者所能接受的原因大致有 3 个：

第一，汇率的异常波动常常与国际资本流动有着必然联系，它会导致工业生产和宏观经济发展出现不必要的波动，因此，稳定汇率有助于稳定国民经济和价格。在浮动汇率条件下，国际资本大规模流动的最直接的结果就是外汇市场的汇率波动。

第二，中央银行直接干预外汇市场是为了国内外贸易政策的需要。一个国家的货币汇率较低，必然有利于其出口。而出口问题在许多发达国家已是一个政治问题，它涉及许多出口行业的就业水平、贸易保护主义情绪、选民对政府态度等许多方面。任何一个中央银行都不希望看到本国的出口因为本币汇率高估而受到阻碍，也不希望看到本国的贸易顺差是由于本币汇率低估而受到他国的指责。

第三，中央银行干预外汇市场是出于抑制国内通货膨胀的考虑。在浮动汇率制度下，如果一个国家的货币汇率长期地低于均衡汇率，在一定时期内会刺激出口，导致贸易顺差，最终却会造成本国价格上涨、工资上涨，形成通货膨胀的压力。在通货膨胀高企的时候，这种工资—价格可能出现相互推动的恶性循环，又会造成人们形成较高的通货膨胀预期，削弱货币当局的反通货膨胀政策的效果。此外，在一些发达国家，选民往往认为本币贬值形成的通货膨胀压力是政府当局宏观经济管理不当的表现。所以，在实行浮动汇率制度以后，许多发达国家为了控制通货膨胀，都会对本币汇率进行严密的监视。

二、冲抵干预概述

外汇干预就其内容来看，无非是买卖某种外币或以外币定值的金融资产。这种买卖活动虽然有助于稳定一国货币的汇率，但同时也会改变该国的货币存量。这是因为当该国中央银行抛售外汇时，它同时也回笼了（按当时的汇率折算）等量的本国货币，国内的货币存量就因之下降。反之，当中央银行买进一定量的外汇时，它也就释放了等量的本国货币，从而增加国内的货币存量。故此，货币存量的增减变化便是外汇干预不可避免的一种副产品。

不过，外汇干预所涉及的货币量的变动数不一定恰好等于有关货币存量的变动数，因为虽然流通中的现金的增减会直接导致货币存量的增减，但其间却存在货币乘数的放大作用。所以，只有在一种极端的情形中，即货币乘数等于1时，外汇干预的数量才会等于有关货币的存量的变动数。在现实生活中，这种情形可以说是不存在的。换言之，外汇干预引起的基础货币的增减会通过货币乘数的作用使货币存量最终发生成倍的增减。

如果货币存量的这种增减变化恰好符合货币当局的宏观经济管理的需要，那无疑是一石二鸟之举，即既能收稳定汇率之效，又能达到稳定国内宏观经济的目标。例如，当一国货币汇率受到下浮压力之际，国内经济又面临通货膨胀，这时，外汇干预所导致的货币存量的减少恰恰有助于平抑一般价格水平。反之，在本币汇率受到上浮压力的同时，若国内经济出现需求不足，那么，外汇干预所造成的货币存量的增加自然会对需求产生刺激作用。

遗憾的是，实际情况常常正好相反。要是在本币汇率受到下浮压力时，国内经济出现衰退，或在本币汇率受到上浮压力时，国内经济又呈需求过旺之状，那么，因外汇干预所引致的货币存量变动就可能为货币当局所不容，于是，货币当局在实行外汇干预时就会采取相应的财政货币政策，以冲抵外汇干预的这种副作用。这种与外汇干预相结合的冲抵行为就是所谓的“冲抵干预”（sterilized intervention），与此相对应的单纯的外汇干预便是“无冲抵干预”（non-sterilized intervention）。[①]

显然，货币当局采取的冲抵政策的强度与外汇干预所导致的货币存量的变动量有极紧密的联系。当外汇干预对货币存量的影响相当大时，若要完全冲抵这种影响，即实施全额冲抵干预，就需要采取高强度的财政货币政策，整个宏观经济由此可能不得不经受一次较大的震荡。为了避免这种情况，货币当局可以采取部分冲抵干预的方

① 英文 sterilize 是指消除不利影响的行为。许多中文文献将其翻译为冲销。其实，按中文的含义，冲销是指通过一种完全相反的做法抵消原先的做法，比如在买进外汇以后又卖出外汇。这显然与英文含义相左。

法。这种方法虽然不能完全消除货币存量的变动，但至少可以减少这种变动，使得本国的货币存量只受到部分的影响，从而为宏观经济提供缓冲。

中央银行一般通过公开市场操作以实施冲抵干预，即在买进外汇的同时在公开市场卖出证券，以回笼本币；或在卖出外汇的同时在公开市场买进证券，以投放本币。因此，对外汇干预进行冲抵和不进行冲抵的影响有以下 4 种：当中央银行购入外币资产，但不进行冲抵时，中央银行的外币资产和国内货币供应同时增加，中央银行的本币资产不变；当中央银行购入外币资产，并进行冲抵时，中央银行的外币资产增加，本币资产减少，国内货币供应不变。当中央银行出售外汇，但不进行冲抵时，中央银行的外币资产和国内货币供应同时减少，中央银行本币资产不变；当中央银行出售外汇，并进行冲抵时，中央银行的外币资产则减少，国内货币供应不变(见表 6 - 5)。

表 6 - 5　　中央银行的行为对本国货币供应和资产的影响

本国央行的行为	本币供应	央行的本币资产	央行的外币资产
无冲抵的外汇购买	+	0	+
完全冲抵的外汇购买	0	—	+
无冲抵的外汇抛售	—	0	—
完全冲抵的外汇抛售	0	+	—

中央银行的外汇干预情况可以通过其资产负债表进行观察。中央银行获得的任何资产都会导致资产负债表上资产的增加(+)。同样，任何债务的增加都会造成资产负债表上负债的增加(+)。中央银行任何购买资产的行为会自动导致本国货币供应的增加；中央银行任何销售资产的行为会自动导致本国货币供应的减少。因此，如果中央银行在外汇市场买进外汇，则其持有的资产(外汇储备)就会增加，而由此相应地又引起负债(投放的本币)的增加[见表 6 - 6 中(a)]。要是中央银行通过公开市场操作卖出国债，回笼本币，以实施冲抵干预，则其资产(持有的国债)就会减少，负债(流通中的本币)也相应减少[见表 6 - 6 中(b_1)]。我国央行因持有的国债数量有限，因此只能在公开市场发行央行票据(负债增加)，而不是卖出国债，但流通中的本币数量减少，这部分负债也同时减少，负债的一增一减恰好抵消[见表 6 - 6 中(b_2)]。可见，在中央银行的冲抵干预过程中，无论是在公开市场卖出国债($a+b_1$)，还是发行央行票据($a+b_2$)，资产和负债两方最终总是平衡的。

表 6-6 外汇干预对中央银行资产负债表的影响

	资产		负债	
	外汇储备	国债	基础货币(本币)	央行票据
无冲抵干预 (a)	+	0	+	0
冲抵(公开市场操作)(b_1)	0	−	−	0
冲抵(公开市场操作)(b_2)	0	0	−	+
冲抵干预 ($a+b_1$)	0		0	
冲抵干预 ($a+b_2$)	+		+	

三、我国央行的外汇冲抵干预

为了借助外汇干预稳定人民币汇率，中国人民银行专门通过公开市场操作办公室在银行间外汇市场作为特殊会员按照时间优先和价格优先原则入市买卖外汇。

最近十多年来，我国的国际收支始终处于顺差状态，因此，外汇干预主要表现为中国人民银行买入外汇，投放本币。为了避免货币供应过多，央行采取了发行票据的方式来冲抵外汇占款，①目的是为了同时实现稳定人民币汇率和避免通货膨胀的双重目标。

截至 2016 年末，我国的外汇储备为 3.01 万亿美元，相对应的外汇占款约为 22 万亿元人民币。假定我国的货币乘数为 4(见表 6-7)，这意味着增加了约 88 万亿元(=22×4)人民币的货币供应量，远高于当年的国内生产总值(74 万亿元)。而在几年之前，通过外汇占款投放的货币量甚至相当于我国数年的 GDP 之和，这是导致我国流动性过剩的重要因素之一。

表 6-7 2009～2017 年我国的货币乘数

2009 年	2010 年	2011 年	2012 年	2013 年	2014 年	2015 年	2016 年	2017 年
4.11	3.92	3.79	3.86	4.08	4.18	5.04	5.02	5.21

数据来源：中国人民银行各期《中国货币政策执行报告》。

为了抑制外汇储备增加导致的流动性过剩现象，中国人民银行曾采取了多种回笼人民币的措施，包括国债正回购、发行中央银行票据(central bank bill，简称央行票据或央票)和提高存款准备金比率等方法以对冲过多的人民币投放量。国债正回购是先“卖出”国债，收回人民币，然后按照事先确定的时间在以后用人民币“买回”国债的做法；逆回购是“买入”国债，到期后再用国债换回货币的做法。可见，国债回购实际上是

① 央行外汇占款即央行买进外汇时所投放的人民币。本书第七章第四节对此有详尽讨论。

以国债进行质押的融资行为。由于人行持有的国债数量不足,因此自2002年9月24日起,人行采取了发行央行票据的方法在公开市场回笼货币(李扬等,2007)。对银行而言,在购买央票的情况下,一旦资金头寸紧缺时可以随时将手中的央票卖掉变现,这可能推动利率上升,而如果是回购操作,银行无法在需要资金时卖出手中的质押券。因此,不同的公开市场操作方法对利率的影响是相异的。近年来,中国人民银行为了改善公开市场操作的政策效果,也在积极创新货币政策工具,如创设了SLO(Short-term Liquidity Operations,短期流动性调节工具)、SLF(Standing Lending Facility,常设借贷便利)、MLF(Medium-term Lending Facility,中期借贷便利)、PSL(Pledged Supplementary Lending,抵押补充贷款)等。

发达国家实施的通常是全额冲抵干预,而我国则采取部分冲抵干预方式。首先,这是因为此前我国的国际收支顺差额较大,若采取全额冲抵方式会导致公开市场上资金供求出现剧烈起伏波动,不利于金融市场的稳定。其次,随着我国经济的高速增长,整个社会的货币需求也在不断上升,货币当局的外汇干预所投放的货币恰好成为我国货币供应量增加的渠道。另外,我国央行持有的国债数量不足,而通过发行央行票据回笼的只是短期的流动性,一旦票据到期,央行仍然需要赎回票据,等于把回收的流动性重新投放出去。国债回购的原理也同样如此。因此,无论是央行票据还是国债回购,都只能是货币供应量的微调手段,用于调节货币市场短期的供求状况,不能成为投放和回笼货币的长期工具。至于提高存款准备金比率则是因为其作为调节货币供应量的“猛药”会对银行系统产生较大震荡,因而不宜经常使用。这就决定了我国货币当局只能采取部分冲抵干预方式。但是,部分冲抵干预毕竟导致了货币供应量的过快增长。因此,如何通过恰到好处的外汇冲抵干预以稳定我国经济是值得我们正视的课题。

本章小结

固定汇率制度是以某些相对稳定的标准或尺度,如货币的含金量作为依据,以确定汇率水平的一种制度。由于据此确定的汇率水平一般不轻易变动,故称为固定汇率制度。浮动汇率制度是一种汇率的变动主要由外汇市场上的外汇供求决定,因而不受任何指标限制的汇率制度。布雷顿森林体系崩溃后,西方各国普遍实行了浮动汇率,由此形成了国际性的浮动汇率制度。中间汇率制度是介于固定汇率与浮动汇率制度之间的汇率制度。它包括各种宽泛的变形种类。实质上各种汇率制度的核心在于中央银行的干预义务,这种干预义务涉及对汇率波动上限与下限、持续的期限以及可容忍的内部和外部均衡制约条件。

固定汇率制度的优点是汇率水平比较稳定,有助于促进国际经济的发展,并可通过货币纪律抑制政府过度的经济扩张行为,但缺点是汇率水平可能与经济均衡的要求脱节,从而引发投机冲击,造成货币的大幅度升值或贬值,经济出现振荡。浮动汇率制度则恰好相反,虽然避免了固定汇率制度的缺陷,但同时也丧失了固定汇率制度所具有的优势。中间汇率制度尽管兼有固定汇率和浮动汇率的优点,但同时也吸纳了这两者的缺陷。因此,有的学者认为中间汇率制度是不能持续维持的,最终会转向固定汇率或浮动汇率。但从实际情况看,目前仍然有许多国家实行中间汇率制度。

根据最优货币区理论,如果各国之间的经济一体化程度较高,则相互间就成为理论上的最优货币区,就比较适合建立表现为固定汇率或统一货币的货币区。

蒙代尔—弗莱明模型表明,货币当局不可能同时实现固定汇率、资本自由流动和独立的货币政策这三个目标,这就是所谓的"三元难题"。而从长期看,无论资本是否自由浮动,固定汇率制度和独立的货币政策之间存在冲突。这是所谓的"二元冲突"。由此可知,若要同时实现资本自由流动和货币政策独立性,则需要放弃固定汇率;若要同时实现资本自由流动和汇率稳定,则需放弃货币政策独立性的目标;若要同时实现汇率稳定和货币政策独立性,则要对资本流动进行严格管制。

政府的外汇干预虽然可能有助于实现汇率目标,但会导致本币供应量的增减。因此,政府在外汇干预的同时,常常会通过相应的货币政策来冲抵货币供应量的变动,保持宏观经济的稳定。

重要术语

固定汇率制度	金本位制度	布雷顿森林体系	可调整钉住
货币局制度	联汇制	美元化	浮动汇率制度
自由浮动	管理浮动	单独浮动	钉住浮动
货币锚	货币篮	联合浮动	中间汇率制度
汇率目标区	蜜月效应	离婚效应	爬行钉住
购买力爬行钉住	任意爬行钉住	BBC 规则	篮子货币
广场协议	卢浮宫协议	货币替代	货币发行收益
单向投机	输入型通货膨胀	竞相贬值	货币纪律
货币区	最优货币区	GG-LL 模型	浮动恐惧症
两极论	两极解	角点解	蒙代尔—弗莱明模型
二元冲突	三元难题	外汇留成制度	外汇调剂业务
外汇内部结算价	出口换汇成本	结售汇制度	外汇干预
冲抵干预	无冲抵干预	全额冲抵干预	部分冲抵干预
央行票据	国债回购	正回购	逆回购

思考题

1. 固定汇率制度与浮动汇率制度之间的最本质的区别是什么?
2. 浮动汇率制度为何主要在发达工业国家盛行?
3. 为什么发展中国家会出现"浮动恐惧症"?

4. 你认为中间汇率制度会消失吗？

5. 解决"三元难题"的新方法有哪些？

6. 中央银行的冲抵干预和无冲抵干预对国内经济的影响有何不同？

7. 中国大陆现在是一个货币区，但是否理论上的最优货币区？中国内地和香港是否货币区？是否最优货币区？20 年后是否会成为最优货币区？

8. 我国目前实行的是哪种汇率制度？你认为这种汇率制度是否需要调整？请说明你的依据。

9. 有人认为，由于中国香港实行的联汇制使货币当局持有的外汇储备与港元发行量保持了 1∶1 的数量关系，因此，任何针对港元的外汇投机都不可能成功。你是否赞同这种观点？

参考文献

1. 保罗·克鲁格曼、茅瑞斯·奥伯斯法尔德：《国际经济学》，中国人民大学出版社 2016 年版。

2. 丁剑平：《人民币汇率与制度问题的实证研究》，上海财经大学出版社 2003 年版。

3. 丁剑平、曾芳琴：《外汇市场微观结构理论与实证》，中国金融出版社 2006 年版。

4. 冯彩、刘玄：内外均衡冲突下的人民币汇率政策选择，《上海金融》，2008 年第 2 期。

5. 金中夏：对三元困境与中国现实的思考，《中国金融》，2007 年第 11 期。

6. 邝梅、王杭：影响汇率制度选择的政治因素，《国际金融研究》，2007 年第 10 期。

7. 李扬、余维彬、曾刚：经济全球化背景下的中国外汇储备管理体制改革，《国际金融研究》，2007 年第 4 期。

8. 沈国兵：《汇率制度的选择——兼论对人民币汇率制度的启示》，经济科学出版社 2003 年版。

9. 奚君羊：发展中国家的汇率制度浅析，《国际金融》，1985 年第 5 期。

10. 奚君羊：《国际储备研究》，中国金融出版社 2000 年版。

11. 张红地：对冲政策的工具选择与特别国债发行，《广东金融学院学报》，2007 年第 6 期。

12. Calvo, Guillemo A. and Carmen M. Reinhart, 2002, Fear of floating, *Quarterly Journal of Economics*, CXVII (2), pp. 379－408.

13. Dominguez, K., 2003, "When do central bank interventions influence intra-daily and longer-term exchange rate movements?", NBER Working Paper No. w9875.

14. Fleming, J. Marcus, 1962, "Domestic financial policies under fixed and floating exchange rates", IMF Staff Papers, November.

15. Frankel, Jeffrey, A., 1999, No single currency regime is right for all countries or at all times, *Essays in International Finance*, No. 215, Princeton University.

16. Krugman, Paul, 1991, Target zones and exchange rate dynamics, *Quarterly Journal of Economics*, vol. 106, pp. 669－682.

17. Mundell, Robert, 1963, Capital mobility and stabilization under fixed and flexible exchange rates, *Canadian Journal of Economics and Political Science*, November.

第七章　国际储备

教学目的与要求

- 理解国际储备的内涵，比较国际储备和国际清偿力的联系与区别。
- 掌握国际储备资产的组成、来源及各自的特点。
- 明确国际储备规模管理和结构管理的原则与主要内容。
- 把握多种货币储备体系的成因和特点。
- 了解我国国际储备资产及其管理的现状与特点。

第一节　国际储备的含义及特征

一、国际储备的含义

根据 IMF 的解释，一国的国际储备（international reserve）是由货币当局控制，并随时可供货币当局用来满足国际收支融资需要，用以干预外汇市场影响货币汇率，或用于其他相关目的（例如，维护人们对货币和经济的信心，作为外国借款的依据）的对外资产。货币当局"随时可利用"和"控制"这些储备，也是国际储备概念必不可少的组成部分。也就是说，只有符合这些标准的资产才被视为储备资产（IMF，2013）。简言之，国际储备是指一国货币当局为弥补国际收支差额和稳定汇率而持有的国际间普遍接受的流动性资产。能够作为国际储备的资产（简称储备资产，reserve asset）一般具备以下典型特征：

（一）官方持有

国际储备资产必须是一国货币当局（一般是中央银行或财政部）持有的资产，非官方金融机构、企业和私人持有的黄金、外汇资产不能算作国际储备。因此，国际储备又称官方储备(official reserve)。这也是国际储备与国际清偿力的区别之一。

(二)普遍收受性

作为国际储备的资产必须能够在外汇市场和政府间清算国际收支差额,支付时得到普遍认同和接受,如果一种金融资产仅在小范围或区域内被接受和使用,尽管也具备可兑换性和充分流动性,仍不能称为国际储备资产。储备资产的这一被广泛接受的特性就是普遍收受性(acceptability)。

(三)充分流动性

国际储备应有充分的变现能力,在一国出现国际收支逆差或干预外汇市场时可以随时动用。因此,储备资产的表现形式主要是存放在银行里的活期外汇存款和容易变现的有价证券(尤其是外国政府债券)等。

(四)可兑性

国际储备资产必须能自由地与其他可对外支付的资产兑换,如果缺乏可兑性,其支付能力就会受到限制,从而无以发挥其弥补国际收支逆差和干预外汇市场的功能。

(五)实际持有

国际储备必须是货币当局已经持有的资产或债权,将来可以获得,但目前尚未在握的资产由于不能满足随时支付的要求,因此不属于国际储备。

(六)并非本币

外汇储备不能是本币资产,因为有些国家,如美国有时可用本币,即美元对外支付,因此,若把本币包括在内,就无法对国际储备作数量上的测度。

有一种特例是,根据 IMF 的解释,在国际收支逆差时可以使用的债权,除了以外币表示的以外,还包括中央银行及政府间协议而发生的不在市场上流通的债权,而不论是本币还是外币。因为这时的本币体现的是本国与外国的官方之间的债权债务关系,相当于已经具备了对外支付功能,因而也可以看作国际储备。

根据国际储备的上述特性,我们可以把国际储备定义为:一国货币当局所实际持有的、不以本币标价的、流动性较好的、可直接或通过有保证的同其他资产的兑换而在对外支付时为各国所普遍接受的金融资产。

作为国际储备的资产,有些可直接用于对外支付,如美元、欧元等主要的国际货币。有些资产虽然不能直接对外支付,但其兑换成其他可对外支付的资产这种特性是有保证的。例如,在金本位制度崩溃以后,黄金已不能直接对外支付,却可有保证地兑换成美元等主要国际货币,于是就可用于对外支付。因此,黄金仍然可归为储备资产。

此外,IMF 分配给各成员国的特别提款权(SDR)也是国际储备的表现形式,因为成员国发生国际收支逆差时,可以用分配到的 SDR 与其他成员国换取可兑换货币,也可以直接偿还 IMF 的贷款。

国际储备既可以表现为流量，也可以表现为存量。国际收支平衡表中体现的是国际储备的流量概念，是不断发生的国际经济交易的累计结果，即增减变化。

一国的国际储备的流量增减与其汇率制度密切相关。在完全的自由浮动汇率条件下，一国的国际收支会随汇率的变动而自动获得平衡，因而国际储备不会发生增减变化。① 但是如果一国的货币当局通过外汇市场以买卖外汇的方式，即所谓的外汇干预(foreign exchange intervention)来影响汇率，国际收支就无法自动取得平衡，在这种情况下，国际收支的差额就会转化为储备资产的增减，这就是所谓因"交易形成的外汇储备变动"。货币当局持有的国际储备总额是这种增减额累计加总的结果，是存量。因此，国际储备的流量增减会导致存量的相应增减。此外，储备资产的价格如金价和汇率的变动也会导致存量(和一定程度上的流量)价值因折算而形成的增减(见图 7－1)。

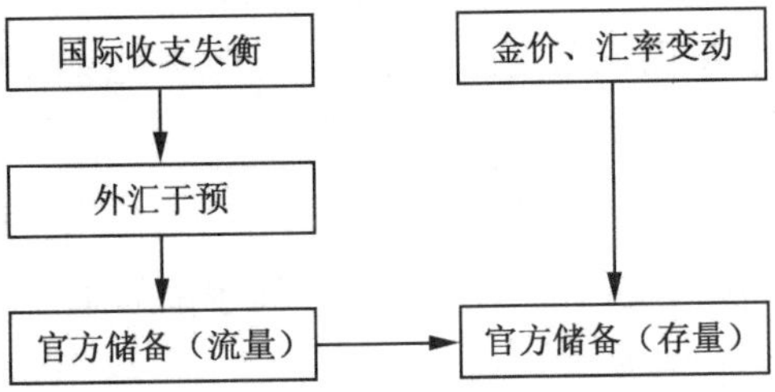

图 7－1 国际储备的存量与流量

二、自有储备与借入储备

一国实际持有的国际储备从其最终所有权来看可划分为自有储备(owned reserve)和借入储备(borrowed reserve)。

自有储备的最终所有权属于本国货币当局，因而可以自由支配，其主要来源是经常项目顺差。由于自有储备通常经由对他国居民提供货物和服务才能赚取，因而又是一种"赚入储备"(earned reserve)。但自有储备的外延要比赚入储备更广，因为通过单边转移和特别提款权分配获得的国际储备其最终所有权显然归属于本国货币当局，然而该国并未因之输出货物和服务，所以并非赚入储备。换言之，自有储备不一定非要以提供货物和服务的方式赚取。与自有储备相反，借入储备的最终所有权则属于非本国居民，主要来源于资本流入。

根据外管局发布的国际投资头寸表，截至 2018 年末，我国对外金融资产 73 242

---

① 由于利息收付、境内黄金交易和储备头寸及特别提款权等因素造成的国际储备变动在数量上相对较小，因此忽略不计。

亿美元，对外金融负债 51 941 亿美元，对外金融净资产 21 301 亿美元，储备资产 31 680 亿美元，净资产<储备资产，这表明我国的国际储备中约有 10 379 亿美元属借入储备。借入储备由于是以负债的方式获得，因而具有最终返还的特点，尤其是表现为国际信贷的资本流入在期满时必须按期重新融资，并且还须以支付利息为代价。在贷款期限较短，利率、汇率剧烈波动，下期的筹资又缺乏可靠途径的情况下，重新融资不仅是一种沉重的负担，而且也充满风险和不确定性。这与国际储备作为缓冲库存(buffer stock)而应该具有稳定的价值的内在特性也是相冲突的。

借入储备的另一个特点是它与一国的资信有密切的联系，而一国的资信又转而受既定的国际储备量的影响。当一国的国际储备大量流失时，它的资信也会随之迅速下降，与此相应的是借入储备的来源也开始枯竭。因此，借入储备的来源往往是在一国最迫切需要的时候告罄。

这种情况说明，与自有储备相比，借入储备是很不可靠的。国际储备能否真正发挥其稳定对外经济关系的作用以及这种作用的程度如何，归根到底取决于自有储备与借入储备的比例。

三、国际储备与国际清偿力

国际清偿力(international liquidity)是一个与国际储备密切相关的概念，是指一国在不至于使国民经济的结构受到严重破坏的前提下获得国际支付手段，以满足对外支付需要和平衡国际收支的综合能力。① 之所以要规定这样的前提，是因为如果一国强行采取有损整个经济结构的措施，例如毫无节制地借取外债的话，虽然其名义国际清偿力有所提高，但由于经济结构受到破坏，因而不仅不利于经济的均衡发展，而且其实际国际清偿力也未必得到改善。

可见，国际清偿力与国际储备的差异在于前者不受“实际持有”、“可直接或通过有保证的同其他资产的兑换”等语的限制，因而具有更广的外延。国际清偿力具体包括以下内容：

1. 一国货币当局所实际持有的、可以计量的国际储备；
2. 一国主权财富管理基金(Sovereign Wealth Fund)所持有的外汇资产；②

---

① 官方国际清偿力和私人国际清偿力有所不同：前者只与货币当局相关，而后者是指私人机构的对外支付能力。本书讨论的是官方国际清偿力。

② 按照 IMF(2008)的定义，主权财富基金一般是主权政府所有的、具有特殊目的的投资基金或机构，用来持有或管理资产，包括投资外国金融资产以实现金融上的目标。

3. 一国通过其他国家政府、国际金融机构和国际金融市场筹措外债的能力；[①]

4. 一国货币当局在必要时能够动员的本国商业银行或其他私营部门所持有的外汇和黄金以及对外长期债权；

5. 在本国货币可以自由兑换的条件下，外国居民愿意持有该种货币的意愿；

6. 一国通过提高利率水平或改变利率的期限结构等方法以吸引资本流入的程度；

7. 刺激侨汇收入增加的各种可行的措施；

8. 潜在的出口能力等。

国际储备与国际清偿力的区别主要表现为：(1)外延不同，国际清偿力的外延更广，它不仅包括货币当局持有的国际储备，而且包括所有货币当局能够动员和筹集的对外支付手段；(2)特性不同，国际储备强调的是现实持有性和无条件性，而国际清偿力重在可能性和条件性，即在一定的条件下有可能获得的特性。

国际清偿力有两个组成部分：(1)狭义国际清偿力或无条件国际清偿力，即国际储备，可以不受任何约束用于对外支付；(2)广义国际清偿力或有条件国际清偿力，即筹措对外支付手段的潜在能力(见图 7－2)。可见，国际清偿力是一个比国际储备的内涵和外延更广的概念，能更完整地反映一国的对外支付能力。[②] 国际清偿力除了具有上述的质的含义以外，也有其量的含义，即一国现有的、能够获得的潜在的国际支付手段的数量。[③]

与国际储备相比，国际清偿力是一个更全面、更完整，因而是更重要的考察一国对外支付能力的概念，因为仅仅考察国际储备，就会忽略许多影响一国对外支付能力的重要因素。例如，美国的国际储备数量相对很少，但这并不意味着其对外支付能力很弱。由于美元是主要的国际货币，这就使得美国在国际收支逆差时可大量使用美元对外支付而不必事先积累充裕的国际储备。而且，美国在国际金融市场上可以轻易地筹措大量资金。美国的这种充裕的有条件国际清偿力有效地弥补了其无条件国际清偿力——国际储备——的不足。

国际清偿力的另外一个含义是指国际支付手段，又称国际流通手段或国际清偿手段。这时，其强调的是支付工具。

---

① 例如备用信贷、互惠信贷或其他类似的安排。其中，备用信贷是指成员国在国际收支发生困难或预计要发生困难时和 IMF 签订的一种备用借款协议，备用信贷协议中规定的借款额度，有时并不被完全使用。互惠信贷则是两个国家之间签订的使用对方货币的协议，该双边协议只能用来解决协议国之间的收支差额，不能用作清偿同第三国的收支差额。

② 许多中文文献把自有储备等同于国际储备，把借入储备归入有条件国际清偿力。这不仅否认了以负债方式获得国际储备的可能性，而且有悖于“储备”必须为货币当局实际持有的定义。

③ 对整个世界来说，还存在世界清偿力(world liquidity)问题，其数量则是各国的国际清偿力的总和。

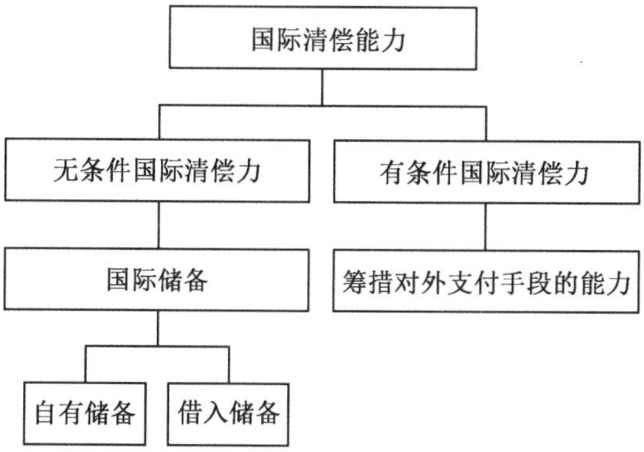

图 7－2 国际储备与国际清偿力的关系

四、国际储备的功能

国际储备的功能主要体现为充当支付手段和干预资产。

第一，国际储备作为缓冲库存，可以减缓一国经济受到外来冲击的影响。

一国在面临因偶发性因素或季节性因素导致的暂时性国际收支逆差时，动用外汇储备弥补差额，可以避免采取影响整个宏观经济的财政货币政策，防止由此产生经济衰退、失业加剧等不利影响。如果国际收支逆差是长期性的、巨额的，虽然动用储备不能从根本上解决问题，即使在这种必须采取调节措施的情况下，如配合使用国际储备就可以为政府赢得时间，使调节过程按比较从容的步子进行，使调节速度减慢、调节烈度下降，从而避免产生经济震荡。亚洲金融危机的情况表明，一国持有的国际储备数量越多，其抵御危机的能力也越强。

第二，国际储备作为稳定器(stabilizer)，可用于外汇市场干预，稳定本国货币汇率。

一国国际储备的数量，在一定程度上反映出该国政府干预外汇市场能力的强弱。当本币汇率发生波动时，特别是投机因素造成的不稳定时，政府通常会利用国际储备(主要是外汇储备)对外汇市场进行干预，使本国货币汇率稳定在与国内经济政策相适应的水平。通过出售储备购入本币，可使本国货币汇率避免下跌；反之，通过购入储备抛出本币，可增加市场上本币的供应，从而使本国货币汇率避免上升。持有大量国际储备意味着外汇投机势力就不敢贸然对该国发起投机攻击，这就有利于一国金融的稳定。保持充足的国际储备特别是外汇储备，对维护一国货币或区域性货币的汇率、稳定外汇和货币市场，具有重要的作用。但由于国际储备的数量毕竟有限，所以干预活动对汇率的影响只是短期的。

第三，充当一国经济实力的象征，可对外提供信用保证。

国际储备是衡量一国经济实力和偿付能力的标志之一，也是国际评级机构评估国家风险的重要指标之一。充足的国际储备有助于提高一国的资信和货币稳定性的信心。一般来说，一国的国际储备充足，表明该国弥补国际收支逆差、维持汇率稳定的能力强，国际社会对该国货币的币值稳定与购买力就越充满信心。国际储备越充裕，政府筹措外部资金的能力就越强，从而吸引外资流入，促进本国经济的发展。

专栏 7-1 国际储备的功能

哥伦比亚和墨西哥在1975～1984年间不同的经历生动地说明了国际储备的功能。在这10年中，这两个国家都出现了一段非常有利的外部环境。1977～1979年，世界市场上咖啡价格上涨，使哥伦比亚的外汇收入增加，此外，哥伦比亚还是一个毒品走私最猖獗的国家，毒品价格上涨，使哥伦比亚受益匪浅。而1977～1981年石油价格第二次大幅度提价，使墨西哥由于出口石油赚取了大量的外汇。

面对当时国际收支的有利形势，哥伦比亚和墨西哥两国政府采取了截然相反的政策。哥伦比亚政府决定保持经济稳定增长，把增加的外汇收入储存起来。在1980年，该国的外汇储备为48.31亿美元，那年的进口额为47.39亿美元，外汇储备已经超过了12个月的进口额，而1975年，该国的外汇储备仅为4.75亿美元。在5年内，哥伦比亚的外汇储备增加了近10倍。墨西哥在1980年的平均外汇储备为29.60亿美元，进口额为183.39亿美元，外汇储备仅为全年进口额的1/6左右，1975年该国的外汇储备为13.83亿美元。墨西哥几乎花光了所有增加的外汇收入，外汇储备从来没有超过2个月的进口额。墨西哥政府借助出口增长，有恃无恐地大量举债增加消费，其速度之快，超过了其收入的增长。

两种相反的政策产生了两种不同的结果。哥伦比亚政府由于积累了外汇储备，在20世纪80年代前5年，在美元升值、国际利率提高、外债负担加重的情况下，能从容地应付外债冲击，没有发生外债危机，维持了经济的稳定增长。而墨西哥面对大好的经济形势，耗费了全部的外汇收入，没有保留足够的国际储备，在美元升值、利率提高、石油价格下跌时，无法应付外部冲击，在1982年不得不宣布无力对外按期偿还利息和本金，要求对外债重新安排，在国内实行紧缩政策，使墨西哥经济陷入了衰退。

资料来源：http://www.doc88.com/p-286362608788.html。

第二节 国际储备的构成及现状

一、国际储备的构成

在布雷顿森林体系时期，国际储备主要由黄金和美元组成，布雷顿森林体系崩溃以后，储备货币开始多样化，英镑、联邦德国马克和日元等都逐步取得了储备货币地位，由多种货币组成的外汇储备成为国际储备的重要组成部分。

（一）黄金储备

黄金储备（gold reserve）是一国货币当局持有的货币化黄金（monetary gold），不包括为了满足工业用金和民间藏金需求作为商品储备的黄金。黄金是历史最为悠久的储备资产，在国际金本位制度和布雷顿森林体系时期，黄金一直占据着重要的地位。

黄金储备的增加有两种途径：一是货币当局在国内收购黄金，即所谓黄金的货币化；二是在国际黄金市场上购买黄金。但是对非储备货币发行国而言，在国际市场上购买黄金，需要动用本国的外汇，所以，不会改变本国国际储备的总量，只是黄金储备和外汇储备之间的结构转换。

黄金作为储备资产既有优势，也有缺陷。

1. 黄金储备的优势

目前，黄金作为储备资产仍然具有以下优势：(1)从长期看，黄金是比较可靠的保值手段（a store of value），价值比较稳定，在通货膨胀时期，黄金作为实物资产，其价格会随其他实物资产一起上升，因而是抵御通货膨胀的良好物品（inflation hedger）。保留一定数量的黄金储备，可以减缓国际储备因外汇储备随通货膨胀贬值所受到的损害。(2)持有黄金储备，是维护本国主权的一个重要手段，人们称之为“弹药库”动机（“war-chest” motive）。20 世纪 60 年代戴高乐执政期间，法国曾用美元向美国大量兑换黄金，正是出于这种动机。而外币的收付有时会受到货币发行国的限制和约束。历史上曾经发生过美国冻结伊朗居民在美国的金融资产的事件，使得伊朗持有的美元无法用于对外支付。(3)在政治经济动乱时期，人们对纸币的信心会受到极大的削弱，货币的支付能力也会受到挑战。这时，黄金在对外支付时就更容易被人们接受。黄金的上述优势集中地体现了其具有突出的安全性，即资产持有人对资产的支配和控制力。

2. 黄金储备的缺陷

黄金储备的缺陷主要表现在：(1)世界黄金产量增长有限，黄金供应的增长受到很大的限制，从而制约了黄金储备数量的增长，不能满足世界经济对货币黄金的增长需求。(2)黄金储备的流动性欠缺，1976 年的《牙买加协定》规定了黄金的非货币化条款，如取消黄金的官方价格(official price，简称官价)①，取消黄金作为货币兑换的计价标准等。央行要动用黄金时，需先换成外币资产，才能干预外汇市场和进行国际支付。(3)黄金市场价格波动频繁，使得货币当局既不敢轻易增加黄金储备，也不敢减少黄金储备，导致黄金储备的支付功能日渐丧失。(4)黄金自身不会增值，不像货币可以通过固定收益资产获利，而且持有黄金需支付储藏和保险等费用，机会成本很高。

由于上述原因，尽管黄金因其较好的安全性而仍然被各国用作储备资产，但其流动性和收益性较差，尤其是其货币功能不断衰减，故作为储备资产的吸引力也在持续下降，20 世纪 70 年代以来，全球的黄金储备在国际储备中的比重也在不断下降。从 IMF 成员国黄金储备的规模及其分布变化来看，各国黄金储备的实物量并无很大的增减。②

目前全球绝大部分的黄金储备集中在发达经济体，2019 年 1 月发达经济体拥有的黄金储备数量比重高达 65.13%(见表 7－1)。截至 2019 年 1 月，黄金储备在 1 000 吨以上的国家主要是美国、德国、意大利、法国、俄罗斯、中国和瑞士。其中，美国的黄金储备与其外汇储备的比率高达 75%。虽然中国的黄金数量并不少，但与外汇储备的比率仅为 2.5%(见表 7－2)。

表 7－1　　2005～2019 年 1 月 IMF 成员国持有的黄金储备　　单位：百万盎司

年份	所有成员国	发达经济体	新兴及发展中经济体	中国
2005	991.30	744.64	137.24	19.29
2006	979.57	733.57	137.03	19.29
2007	963.35	716.96	138.52	19.29
2008	963.92	708.25	148.23	19.29
2009	980.79	704.72	174.47	33.89
2010	991.54	704.50	180.46	33.89
2011	1 003.30	705.61	191.61	33.89
2012	1 018.58	706.44	204.94	33.89
2013	1 024.13	706.92	215.57	33.89

① 黄金的官方价格是政府或各国政府参与的国际机构规定的价格，而市场价格(market price，简称市价)则是由黄金市场确定的价格。

② 若按黄金市场价格计算，则黄金储备变化较大。尽管黄金价格的上升使黄金储备具有收益性方面的优势，但是储备资产的首要特性是流动性，只要黄金储备从不用于对外支付，那就如同一笔冻结的存款一样，价值增长仅仅只是账面上的。

续表

年份	所有成员国	发达经济体	新兴及发展中经济体	中国
2014	1 029.82	706.81	223.96	33.89
2015	1 051.47	706.65	250.96	56.66
2016	1 069.28	706.34	253.83	59.24
2017	1 081.92	706.20	267.60	59.24
2018	1 083.59	705.92	275.01	59.56
2019 年 1 月	1 083.81	705.92	276.24	59.94

数据来源：IMF：International Financial Statistics (IFS)。

表 7－2　　2019 年 1 月世界前 20 大持有黄金储备的国家、地区和机构

序号	国家和机构	数量(吨)	黄金与外汇储备的比率(%)
1	美国	8 133.5	75
2	德国	3 369.7	70.6
3	IMF	2 814.0	/
4	意大利	2 451.8	66.9
5	法国	2 436.0	60.8
6	俄罗斯	2 119.2	18.9
7	中国	1 864.3	2.5
8	瑞士	1 040.0	5.6
9	日本	765.2	2.5
10	荷兰	612.5	65.7
11	印度	607.0	6.2
12	欧洲央行	504.8	28.3
13	中国台湾	423.6	3.7
14	葡萄牙	382.5	61.1
15	哈萨克斯坦	353.3	49.1
16	乌兹别克斯坦	342.1	53.5
16	沙特阿拉伯	323.1	2.6
17	英国	310.3	7.5
18	黎巴嫩	286.8	23.1
19	西班牙	281.6	16.7
20	奥地利	280	46.9

数据来源：IMF：International Financial Statistics (IFS)；黄金储备价值根据英国金银市场协会(LBMA)公布的黄金定盘价计算。2019 年 1 月底金价为 1 325.25 美元/盎司。

专栏 7-2 哪些央行还在买黄金?

据世界黄金协会统计,自2010年以来,全球各大央行成为黄金净买家,它们对黄金的需求增速已从不足2%飙升至2014年的14%,2015年第四季度各国央行的黄金购入量较2014年第四季度增加33吨。

当前,美国和德国是全球前两大黄金储备国,2015年,德国将200多吨存放在海外的黄金提回了法兰克福,这使得该全球第二大的黄金储备国已经把一半的黄金放在了国内。

为了平衡外汇储备和保护国家财富,一些新兴国家近年也增加了黄金储备。IMF的数据显示,俄罗斯、中国、哈萨克斯坦、乌克兰和白俄罗斯是最近8年来全球最大的黄金净买家,前三国在2015年共购买了590吨,占到全球的14%。

据贵金属网站Coinweek报道,2016年以来没有一个央行像俄罗斯央行这么疯狂地开启黄金爆买模式。年初至今,俄罗斯央行总共增持125吨黄金,累计增幅高达7%。数据显示,2006~2015年,俄罗斯的黄金储备量增长了2倍,尤其是2014年以来,俄罗斯累计增持超过400吨。

当一些国家央行在疯狂囤积黄金时,加拿大央行却在近期将其黄金储备全部出售。加拿大是全球最大的黄金生产国之一。1955年,加拿大央行持有1 088吨黄金。其黄金储备在1965年达到顶峰,包括金条和金币在内,该国当时共持有价值11.55亿美元的黄金。自20世纪80年起,加拿大政府开始"逐渐地、有控制地"出售黄金储备,并将所得收益投资于有利息的外币资产。加拿大在1985年将其黄金储备出售了一半,至2000年其持有的黄金储备已经下降为46吨。根据加拿大财政部最新数据,"截至2016年2月29日,加拿大黄金储备为77盎司",在全球央行中排行最末。加拿大央行对此解释称,实物黄金的流动性不如债券,而长期而言,黄金的回报也不如美国国债等资产。

资料来源:根据2016年3月14日、3月28日《国际金融报》相关报道编写。

(二)外汇储备

外汇储备(foreign exchange reserve)简称外储,指各国货币当局所持有的以储备货币表示的流动资产,其表现形式为现钞、银行存款、有价证券(尤其是政府债券)、货币市场工具、外汇衍生品合约等。所谓储备货币(reserve currency),是指被各国广泛用作外汇储备的货币,如美元、欧元、英镑和日元等。可见,作为外汇的货币中只有少数几种在国际上被广泛使用的货币才能成为储备货币,因为只有这些货币在对外支付时才容易被接受。2000年以来,IMF所有成员国的外汇储备量都有了大幅增长,其中新兴及发展中经济体的增长趋势更为迅猛，占所有成员国外汇储备额的比重从 2000 年的 37.1%增加到 2005 年的 51.60%，2019 年 1 月进一步上升到 59.8%（见表 7－3）。

表 7－3 **IMF 成员国持有的外汇储备** 单位：百万美元

年份	所有成员国	发达国家	新兴及发展中经济体	中国
2005	4 320 098.73	2 091 131.48	2 228 967.25	818 872.00
2006	5 252 135.76	2 271 671.09	2 980 464.67	1 066 344.00
2007	6 704 940.95	2 458 547.39	4 246 393.56	1 528 249.11
2008	7 346 707.73	2 518 432.38	4 828 275.34	1 946 030.00
2009	8 165 191.03	2 809 626.76	5 355 564.27	2 399 152.29
2010	9 265 013.55	3 129 125.89	6 135 887.66	2 847 338.11
2011	10 205 275.03	3 446 222.02	6 759 053.02	3 181 148.00
2012	10 952 679.47	3 723 273.46	7 229 406.01	3 311 589.23
2013	11 683 511.43	3 841 846.41	7 841 665.03	3 821 315.00
2014	11 594 618.22	3 876 138.13	7 718 480.08	3 843 017.94
2015	10 915 508.99	3 975 325.51	6 940 183.48	3 330 362.00
2016	10 709 503.89	4 136 355.81	6 573 148.08	3 010 517.00
2017	11 438 105.87	4 563 141.05	6 874 964.82	3 139 949.00
2018	11 413 644.48	4 573 109.46	6 840 535.02	3 072 712.00
2019 年 1 月	11 477 471.09	4 614 256.92	6 863 214.17	3 087 924.00

数据来源：IMF：International Financial Statistics (IFS)。

与黄金储备相比，外汇储备的优势在于：(1)外汇储备供应的增长不受生产条件的限制，容易满足国际经济发展的需要；(2)外汇储备具有较强流动性，便于对外支付；(3)外汇储备的机会成本较低。其缺陷主要是：(1)外汇储备的使用可能受到货币发行国的主权限制；(2)外汇储备的价值不稳定，在浮动汇率条件下这一特点尤其突出；(3)外汇储备的供应缺乏约束和保障，容易产生过多或不足的问题。

20 世纪 70 年代布雷顿森林体系崩溃以前，外汇储备主要依赖于美元的供应，随着历次美元危机的爆发，为了规避风险，各国开始将一些非美货币用作储备货币，从而出现了储备货币的多元化趋势。1999 年 1 月 1 日正式启动的欧元对美元的储备货币地位形成了进一步的挑战,[①]美元在外汇储备中的重要性已相对下降。但迄今为止,美元依然在储备货币中占据主导的地位。

对于外汇储备的起源,人们常常有一种误解,以为外汇作为各国官方的储备资产,其大量的使用是20世纪20年代的产物,是第一次世界大战爆发后国际金本位制度中止的结果。这一观点时至今日仍广为流传。其实,早在19世纪80年代初的国际金本位制度发端时期,一些国家官方的外汇储备已有相当数量。当时作为国际储备货币的英镑(银行券)就具有十分重要的地位,成为许多国家的储备资产。在比利时、瑞典和芬兰等北欧国家实行金本位制度的差不多整个时期里,外汇储备始终比黄金储备起着更重要的作用。有些国家,例如印度甚至以英镑而不是黄金作为发行本国货币——卢比的准备金,形成所谓的金汇兑本位制度。从整个世界来看,虽然在金本位时期,对大部分西方国家而言,黄金是主要的储备资产,但外汇储备也发挥着重要的作用。例如在1913年的金本位时期,外汇储备占黄金、外汇储备总额的比重甚至要大于金本位崩溃时的1925年(Dam,1982,第31～32页)。

在金本位条件下,各国的国际储备之所以并未完全采取黄金的形式,而是有一定量的外汇,这是因为实物形态的黄金在日常的国际支付中很不方便,而且由于运输、保管等方面的原因而导致较高的交易成本。至于外汇的收付则可借助于支票、汇票和期票等结算工具完成,十分方便和快捷。因此,以外汇作为国际储备中用以满足日常支付的部分,显然是必不可少的。此外,在金本位条件下由于价格水平比较稳定,货币对黄金又存在可靠的兑换性,而持有外汇储备不仅可避免黄金的储藏和保管费用,还可生息获利,具有增值潜力。最后,外汇还可用于市场干预,维持汇率。有些欧洲国家的货币当局在外汇市场干预方面相当活跃。例如芬兰就曾利用外汇交易以维持汇率,防止黄金的流失。至于奥匈帝国在19世纪90年代实行金本位制度以后不仅利用外汇市场干预来维持汇率,中央银行甚至还积极参与远期外汇市场干预,以影响黄金的流动(Dam,1982,第33页)。

(三)储备头寸

国际储备的第三种表现形式是成员国在IMF的储备头寸(reserve tranche position in IMF),简称储备头寸(reserve position),又称普通提款权(general drawing right),是基金组织成员国在IMF的普通账户中可以随时自由提取和使用的资产,包括:(1)以黄金、外汇或特别提款权认缴的25%的份额(见专栏7-3);(2)IMF为满足会员国借款需要而使用的本国货币;(3)IMF向该国借款的净额。

---

① 目前,欧元已经成为欧元区19个成员国,即奥地利、比利时、芬兰、法国、德国、爱尔兰、意大利、卢森堡、荷兰、葡萄牙、西班牙、希腊、斯洛文尼亚、塞浦路斯、马耳他、斯洛伐克、爱沙尼亚、拉脱维亚和立陶宛的统一货币。

专栏 7－3　IMF 份额的确定

IMF 资金主要来源于成员国按份额(quota)确定的交款。在考虑成员的份额时，IMF 一般参考三方面的标准：第一，经济规模、经济结构大致相同的成员国的份额应具有可比性；第二，成员国在世界经济中的相对地位；第三，成员国持续向 IMF 提供资金的潜在能力。除此之外，还专门设计了一套计算份额的公式，由一系列宏观经济变量通过特定的组合构成。最初的布雷顿森林公式由 IMF 在 1944 年设计，按照当时美国的财政部官员雷蒙德·迈克塞尔(Raymond Mikesell)的提议，份额的计算公式为：

$$Q=(0.02Y+0.05R+0.01M+0.1V)\times(1+X/Y)$$

其中：Q 表示计算份额；

$0.02Y$ 表示 1940 年国民收入的 2％；

$0.05R$ 表示 1943 年 7 月 1 日黄金与美元储备的 5％；

$0.1M$ 表示 1934～1938 年间平均进口额的 10％；

$0.1V$ 表示 1934～1938 年出口最大变动额的 10％；

X 表示 1934～1938 年间平均出口额。

份额的 90％由上述公式决定，10％则用来作为反映某个具体国家的有关因素的机动数。

其后，份额公式经过了 1963 年、1983 年和 2008 年三次修改。现行的份额公式是包括以下变量的加权平均值：GDP，即 Y（权重 50％）、经济开放度 O（权重 30％）、经济波动性 V(权重 15％)和官方储备 R（权重 5％)，具体如下：

$$Q=(0.5Y+0.3O+0.15V+0.05R)K$$

其中：Y 表示三年平均 GDP，是以市场汇率计算的 GDP(权重为 60％)和以购买力平价(PPP)计算的 GDP(权重为 40％)的混合变量；

O 表示五年平均的经常项目收支总和；

V 表示经常收入和净资本流入的波动(过去 13 年内的实际值与中心三年趋势的标准差)；

R 表示 12 个月的平均官方储备，包括外汇、SDR、基金组织储备头寸及货币黄金；

K 表示压缩系数 0.95，用来缩小成员国计算份额的离散程度。

资料来源：IMF(2008)，"Reform of IMF Quotas and Voice: Responding to Changes in the Global Economy"，Issues Brief，April。

一国持有的储备头寸与其份额相关，而新兴及发展中国家由于份额较少，因而所持有的这类资产远远低于发达国家，仅占国际储备资产的很小比重（见表 7－4）。

表 7－4　　成员国在 IMF 的储备头寸　　单位：百万美元

年份	所有成员国	发达经济体	新兴及发展中经济体	中国
2005	40 821.60	31 032.47	9 789.13	1 390.71
2006	26 337.83	18 818.88	7 518.95	1 080.91
2007	21 701.49	14 737.56	6 963.93	840.39
2008	38 662.23	27 887.48	10 774.76	2 030.71
2009	60 632.10	43 022.03	17 610.07	4 381.78
2010	75 165.79	53 177.05	21 988.74	6 396.65
2011	150 858.65	113 477.71	37 380.94	9 784.95
2012	158 678.32	119 334.40	39 343.93	8 174.86
2013	150 162.82	11 273.48	37 431.34	7 059.53
2014	118 419.86	87 849.24	30 570.61	5 695.53
2015	87 929.39	63 911.78	24 017.61	4 547.46
2016	106 270.74	70 657.55	35 613.19	9 596.93
2017	96 700.94	63 547.19	33 153.75	7 947.01
2018	113 317.99	76 857.03	36 460.96	8 479.22
2019 年 1 月	113 233.52	76 797.78	36 435.74	8 484.89

数据来源：IMF：International Financial Statistics (IFS)。

普通提款权是成员国可从 IMF 获得一定贷款份额的权利。作为 IMF 对成员国的一种基本贷款，普通贷款用于解决成员国一般国际收支逆差的短期资金需要，其期限最长不超过 5 年，备用安排期为 1 年，成员国自得到贷款批准后可在 1 年内提款。《IMF 协定》规定，成员国借取普通贷款的累计数额最高不得超过其配额的 125%，并且对于成员国提款额超过其份额的部分还将按累进利率加收利息。

根据《IMF 协定》和 IMF 的有关决议，IMF 对成员国的普通贷款采取分档次管理政策，分为储备部分贷款和信用部分贷款两种。其中，前者占成员国份额的 25%，成员国可无条件提取这部分贷款，也不需支付利息。后者占成员国缴纳份额的 100%，共分四个档次，每档相当于所认缴份额的 25%。一般情况下，成员国申请第一档贷款比较容易，通常只需制定出借款计划便可得到批准；而二至四档信用贷款的提用条件逐档严格，成员国必须提供全面、详细的财政稳定计划，而且在使用时还必须接受 IMF 的监督（见表 7－5）。

表 7-5 普通贷款的构成

缴纳份额	提款总额(份额的125%)	条件
25%可自由兑换货币	第一档储备部分提款权(占份额25%)	申请提款
75%本国货币	第二档信用提款权(占份额25%)	审批提款
	第三档信用提款权(占份额25%)	审批提款
	第四档信用提款权(占份额25%)	审批提款
	第五档信用提款权(占份额25%)	审批提款

(四)特别提款权

特别提款权(SDR)是IMF为补充成员国储备资产而分配给成员国的一种使用资金的权利。

与其他储备资产相比,特别提款权的特征在于:

1. 人为创设

特别提款权是人为创设的储备资产。20世纪60年代,美元危机频频爆发,如果美国继续向境外大量输出美元,则会进一步加剧美元危机,但若不输出美元,则各国的国际储备来源不足,由此会导致各国加强外汇管制、货币竞相贬值,引发国际金融体系的混乱。最初,美国对创设特别提款权的提议持强烈的反对态度,认为此举会威胁美元在国际货币体系中的主导地位。但是随着美元危机频发,出于挽救美元的考虑,美国被迫同意创设特别提款权。于是,1969年IMF第24届年会通过了相关协定,决定创设特别提款权。该协定第十五条第一节明确写道:"当发生需要时,IMF有权将特别提款权分配给参与特别提款权账户的成员国,以补充现有储备资产的不足。"之后,为了使SDR更富有竞争力,IMF又规定:(1)为特别提款权的持有提供利息,利息水平由构成货币篮子的货币的短期利率决定;(2)将SDR作为国际货币体系的货币兑换率的计价标准,即任何一个国家向IMF宣布其汇率平价时,宣布的都是相对SDR的汇率,而不是相对黄金或美元的平价;(3)在1976年IMF的牙买加会议决定实行黄金非货币化后,成员国可以SDR的形式(或以SDR和IMF指定的货币一起)缴纳份额的25%(而在此之前必须以黄金形式缴纳)。

2. 无偿分配

SDR由IMF严格按照各国份额比例进行分配,并存入成员国账户。

从理论上讲,特别提款权的分配应当解决好两个问题:一是从总量上消除国际储备供应来源的不足;二是在成员国之间进行合理的分配。但是从目前SDR在全球的分布情况来看,其在国际储备资产中所占的比重最小,特别提款权分配的不对称性十分明显,发达国家持有的SDR数量过剩,而新兴及发展中经济体的SDR严重不足,两者对比悬殊。因此，SDR在国际货币体系中发挥的作用相当有限(见表7—6)。

专栏7-4 特别提款权的分配

IMF在1969年9月创立特别提款权，一共做出三次特别提款权普遍分配(general allocation)的决定。1970年、1971年和1972年进行了第一次总额为93亿SDR的分配，1979年、1980年和1981年进行了第二次分配，总额为121亿SDR。2009年8月进行了第三次普遍分配，数额为1 612亿特别提款权，这是IMF迄今为止发行规模最大的一次，使成员国的累计特别提款权分配额大幅增加，约相当于成员国份额的74.13%。

此外，为给予不断加入的新成员国平等地位，IMF于1997年提出了特别提款权的一次性特别分配方案，并于2009年9月9日进行了特别分配。根据修订案中规定的统一基准比率，此次分配使成员国的累计分配额增加了215亿特别提款权。经历IMF的三次分配后，特别提款权的数额从214亿增加到2 040亿，约合3 160亿美元。

(1)前两次分配情况如下(单位：亿SDR)：

第一次(1970～1972年)		93.148
第二次(1979～1981年)		121.182
合　计		214.33
其中：	发达国家	145.95
	美国	48.99
	英国	19.13
	德国	12.11
	法国	10.80
	日本	8.92
	发展中国家	68.38
	中国	2.37

资料来源：IMF：International Financial Statistics (IFS)。

(2)第三次分配情况

按照2009年4月举行的20国集团伦敦峰会的协议，8月28日，作为向全球经济注入流动性的计划的一部分，IMF向全体成员国按照其现有份额比例分配总计1 161.84亿的SDR，使SDR总量增加了74.13%。中国以3.72%的份额获得了59.97亿SDR，合92.96亿美元，居“金砖四国”之首，全球第六。美国获得

427 亿美元，日本获得 153 亿美元，德国获得 149 亿美元，英国和法国各自获得 123 亿美元。

此外，IMF 还在 9 月 9 日通过“特殊分配”一次性发放约合 330 亿美元的 SDR。这一分配不按份额比例发放，主要着眼于增加 1981 年后加入 IMF 的 42 个国家所持有的 SDR，但其他成员国也分别获得额外的 SDR。其中，中国获得约合 11.71 亿美元的“特殊分配”SDR，占该次新增总额的 3.52%，小于中国在 IMF 份额比例。中国从两次增发中获得 67.53 亿 SDR，折合 104.67 亿美元。

在 IMF 中所占份额最多的国家获得的特别提款权数量也最多。目前在 IMF 中占 16.8%份额的美国通过上述两次分配获得 3 040 万特别提款权，总额约 500 亿美元。排在其后的日本与德国分别获得超过 160 亿美元的特别提款权。新兴市场国家与发展中国家获得总额约 1 000 亿美元的特别提款权；其中，受此次全球经济下滑打击最大的低收入国家获得 180 亿美元 SDR。部分发达国家正在考虑利用其不需要的特别提款权来支持 IMF 向低收入国家贷款。

表 7-6　部分国家获得的 IMF 特别提款权分配情况　单位：百万 SDR

国家	原有的累积分配额	新分配额（8 月 28 日生效）	特殊分配额（9 月 9 日生效）	累计分配额
中国	237	5 997	756	6 990
印度	681	3 083	215	3 978
巴西	359	2 251	278	2 887
俄罗斯	0	4 407	1 264	5672
美国	4 900	27 539	2 877	35 316

数据来源：第四次对 IMF 成员国所拥有 SDR 权利修改的详细记录（2009 年 10 月 8 日后生效）。

表 7-7　IMF 成员国持有的 SDR　单位：百万美元

年份	所有成员国	发达经济体	新兴及发展中经济体	中国
2005	30 687.12	18 189.52	10 745.27	1 251.15
2006	32 319.72	20 739.15	6 716.09	1 068.12
2007	33 936.90	22 191.93	6 869.99	1 192.12
2008	33 035.26	21 875.70	7 175.91	1 199.24
2009	319 926.14	203 560.16	111 202.56	12 509.61
2010	314 606.88	199 790.27	107 667.39	12 344.50

续表

年份	所有成员国	发达经济体	新兴及发展中经济体	中国
2011	313 305.58	194 344.09	103 262.99	11 855.58
2012	313 804.30	193 228.61	101 071.79	11 355.93
2013	314 433.17	193 719.73	100 470.08	11 173.24
2014	295 814.23	181 865.13	93 222.10	10 454.55
2015	282 814.58	175 533.68	86 305.35	10 284.29
2016	274 455.65	161 362.81	74 108.15	9 661.35
2017	290 748.32	173 939.84	78 672.67	10 980.94
2018	283 941.15	173 666.83	76 661.55	10 690.03
2019 年 1 月	285 963.53	175 658.78	76592.63	10 786.25

数据来源：IMF：International Financial Statistics（IFS）。

3. 使用受到局限

特别提款权有以下用途：(1)经货币发行国同意后，可以划账的形式兑换成该国货币(特别提款权账户的划拨与运作详见表 7－8)；(2)清偿与 IMF 之间的债务；(3)缴纳份额；(4)向 IMF 捐款或贷款；(5)作为本国货币汇率的基础；(6)用于成员国之间的互惠信贷协议；(7)IMF 的记账单位；(8)充当储备资产。

当成员国国际收支发生逆差时，可以通过出售 SDR 来偿付逆差或偿还 IMF 贷款。成员国在 IMF 均设有特别提款权账户，以 A、B 两国为例，假定两国原先持有 10 亿 SDR，当 A 国发生国际收支困难而需要动用 5 亿特别提款权时，IMF 按照有关章程通过协调指定 B 国接受特别提款权，于是在 A 国的特别提款权账户借方记录 5 亿，在 B 国的账户贷方加上 5 亿(见表 7－8)，同时，B 国的中央银行将等值的可兑换货币转入 A 国的央行，A 国可用来平衡国际收支。

表 7－8　特别提款权账户的划拨

A 国特别提款权账户		B 国特别提款权账户	
借方	贷方	借方	贷方
	10		10
5			5
余额	5	余额	15

由于特别提款权仅限于政府间结算，私人不得持有和使用，不能用于私人债务清偿，不可以用于支付货物与服务的款项，只是一种记账单位，并非实体货币，既无纸币，亦无硬币，因此，SDR 缺乏作为货币的交易媒介(a medium of exchange)的职能。目前，除

IMF成员国持有SDR外，还有IMF本身、国际清算银行、世界银行等机构可以持有和使用特别提款权。因此，SDR的使用仅限于政府及政府间的机构，使用范围较窄。

4. 根据一篮子货币定值

目前，特别提款权通过篮子货币币种和权重予以定值，并根据篮子货币的汇率变动确定当日汇率。权重由篮子货币的贸易结算量和国际储备量决定。

特别提款权自创立以来，其定价经历了四个阶段。SDR创立之初，其价值与黄金挂钩，含金量为0.888 671克黄金，与美元相等，但是不能按此兑换成黄金，所以又被称为“纸黄金”(gold paper)。第二阶段自1974年7月至1980年底，在美元持续贬值、主要货币纷纷实行浮动汇率制度的背景下，特别提款权改用16种货币组成的“一篮子”货币计价，篮子货币的选择以货物和服务贸易总额五年内平均达到全球1%以上为准则，包括美元、英镑、日元、法国法郎、联邦德国马克、意大利里拉、加拿大元、荷兰盾、比利时法郎、瑞典克朗、挪威克朗、丹麦克朗、西班牙比塞塔、奥地利先令、南非兰特和澳大利亚元。第三个阶段是1981年至2016年10月，特别提款权仅以美元、德国马克、法国法郎、英镑和日元五种货币为篮子货币；1999年随着欧元的诞生，篮子货币又变成4种：美元、欧元、日元和英镑。第四阶段是2016年10月至今，人民币加入特别提款权篮子。2015年11月30日，IMF宣布自2016年10月1日起，人民币将被认定为可自由使用的货币，并作为美元、欧元、日元和英镑之外的第五种货币加入SDR货币篮子，各种货币的权重见图7-3。

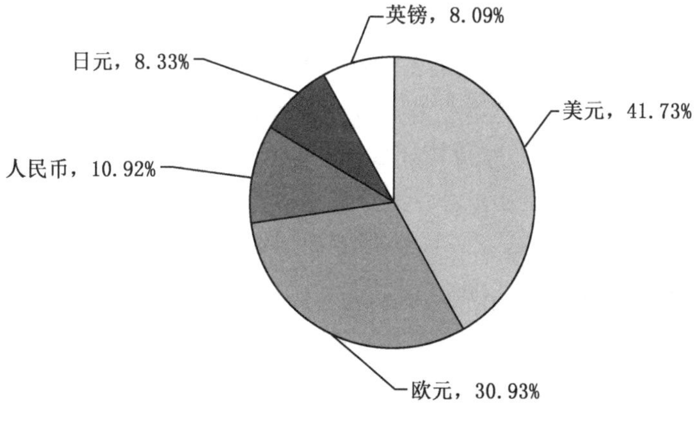

数据来源：IMF。

图7-3　2015年11月30日确定的SDR的篮子货币和权数

自2016年10月1日起，特别提款权的价值是以下数量的每种货币的价值之和：0.582 52美元、0.386 71欧元、1.017 4元人民币、11.900日元和0.085 946英镑。这些货币量的计算方法是，新篮子以美元表示的特别提款权价值与当天特别提款权价值是相同的，并且按截至当天的3个月期（2016年7月1日至9月30日）的平均汇率计算，每种货币在特别提款权价值中所占比例与基金组织执董会2015年11月30日批准的权重相同。

由此可见，特别提款权的价值是相对稳定的。某一种篮子货币升值，可能另一种篮子货币贬值，两相抵消，可以使特别提款权的价值保持不变。即使无法抵消彼此的币值变动，通过权数的作用，也会使特别提款权的价值波动远远小于单个篮子货币的波动幅度。特别提款权的利率也是用上述货币的市场利率经加权平均后求得。其构成包括：由欧洲央行公布的3个月期限欧元区AA及以上信用等级中央政府债券即期收益率；3个月期限日本国债贴现票据利率；3个月期限英国国债利率；3个月期限美国国债利率和3个月期限中国国债利率。2016年10月7日确定的、适用于10月10日那一周的特别提款权利率，是第一次体现新的特别提款权定值篮子，并纳入人民币代表性利率。特别提款权利率相对于上一周的变化将反映特别提款权定值篮子的货币构成和比例的变化以及各组成部分的金融工具利率的变化。

布雷顿森林体系崩溃后，美国对外输出美元在数量上已不受严格限制，因此，SDR对美国而言可有可无，已不构成相关利益。在IMF中，美国拥有在重要提案上的一票否决权，这对于加强特别提款权的地位十分不利。由于得不到美国的支持，SDR在国际货币体系中的地位以及作为储备资产的地位始终得不到有效提升。

专栏7-5　人民币“入篮”SDR

一、SDR审查原则

IMF通常每5年对SDR进行一次例行审查，主要内容是SDR货币篮子的货币构成及权重。SDR审查原则包括：(1)SDR的价值与世界主要货币之间保持稳定；(2)纳入SDR篮子的货币应该在国际交易中被广泛使用；(3)纳入SDR篮子的货币所占的权重应该同其在国际贸易和金融体系中的地位相当；(4)如果无重大变化，两个审查期间SDR篮子货币的构成应当保持稳定；(5)SDR审查方法应当保持连续性，仅当货币在世界经济中角色发生重大变化时才进行调整。

二、成为SDR篮子货币的标准

当前SDR审查包括两个标准：一是出口规模，即某个国家或地区在考察期前5年中的货物和服务出口量居世界前列；二是该货币“可自由使用”。按照IMF条款定义，“可自由使用”是指一国货币在国际交易中被广泛使用作为支付货币，即直接用于国际进出口或债务支付，同时也在国际外汇市场上可以广泛兑换并直接使用。实践中主要通过货币在全球外汇储备、国际银行业负债、国际债务证券、跨境支付、贸易融资中的比重及在主要外汇市场交易量等指标来衡量。

2010年SDR审查时中国已满足出口标准。IMF最新评估报告认为，过去5年，人民币已经在国际交易中越来越被广泛使用。人民币在国际交易中的使用已经显著上升，人民币在外汇市场上也形成了频繁交易，其深度已经可以满足IMF操作的要求。基于各项评估指标，基金组织执董会认为有充分的基础可以认定人民币为可自由使用货币，决定将人民币纳入SDR货币篮子。

三、货币权重的计算

在IMF官方网站公布的《关于2015年特别提款权审查的问题与解答》中，IMF表示目前的标准是执董会在2000年批准的。IMF已经根据新的权重公式对SDR货币篮子中各货币的权重做了调整，新公式是基于发行国的出口价值、基金组织其他成员国持有的以各篮子货币计值的储备数额、外汇市场交易总额以及以各篮子货币计值的国际银行负债和国际债务证券。

在纳入人民币之后，SDR货币篮子中的各种货币权重均出现了变化。美元从41.9%降至41.7%，欧元从37.4%降至30.9%，日元从9.4%降至8.3%，英镑从11.3%降至8.1%。人民币纳入SDR货币篮子主要是挤占了贸易份额高和贸易量下降明显的欧元和英镑的份额。时任中国人民银行副行长、国家外汇管理局局长易纲在此前的新闻发布会上表示，对权重的计算结果表示尊重和认可。“我们也积极地参与了公式制定的讨论。实际上，公式的制定中，权重一半是出口，也就是贸易，货物贸易和服务贸易；另外一半是金融变量，其中主要考虑三个变量：外汇储备、外汇交易和国际金融业务，包括国际银行业负债，还有国际债务、证券等。”

四、人民币纳入SDR的意义

人民币是后布雷顿森林体系时代第一个真正新增的SDR货币，也是第一个来自发展中国家的SDR货币，这将是国际货币体系发展史上一个重要的里程碑，对国际、国内金融市场都有正面影响。

1. 入篮是IMF对人民币国际地位的认可

人民币在国际化进程中，作为跨境贸易和直接投资的结算支付货币的使用量大幅度上升，在外汇市场的交易量也明显增加，已经开始用于国际债券发行的计值货币，但是作为国际储备货币在国际市场的接受度仍不是很高。人民币纳入SDR货币篮子，对人民币作为储备货币地位的促进极大，人民币国际地位得到提高。

2. 进一步推动中国金融改革开放及人民币的国际化进程

中国会以人民币加入 SDR 为契机和催化剂，为实现人民币进一步国际化的目标，着力推进落实国内金融改革和资本项目开放。易纲指出，人民币加入 SDR 不是一劳永逸的。SDR 每 5 年做一次评审，一种货币在符合条件的时候可以加入 SDR，当不符合条件的时候也可以退出 SDR。所以只有继续坚持改革开放，人民币作为 SDR 篮子货币的地位才能得到不断巩固。

同时，易纲还表示，短期内，人民币加入 SDR 更多的是具有象征性意义，它真正的意义要经过较长时间才能显现出来，是长期利好。加入 SDR 以后，人民币成为国际货币基金组织官方储备货币之一，这意味着国际市场对人民币有更高的期许和更严格的要求，国内和国际多方面市场环境的监督、制约、观察、研究，都加强了对人民币的要求。整体来看，人民币的形象和市场对人民币的预期提升，人民币将成为更加稳定和更被广泛接受的货币，人们也将更有信心持有人民币资产。不仅对中国百姓，对东南亚地区周边国家、"一带一路"沿线国家及世界各国来说，人民币纳入 SDR 都会带来实惠和好处。

资料来源：根据 2015 年 12 月 7 日《国际金融报》相关报道编写。

二、国际储备的现状与特点

随着国际经济的发展，当今的国际储备资产无论是在数量上还是结构上都发生了很大的变化，主要体现为：

（一）储备资产的规模高速增长

1973 年布雷顿森林体系结束时，全球储备持有量并不多。此后，全球储备总规模有所增加，但在亚洲金融危机前仍处于较低水平，截至 1996 年为 1.7 万亿美元。亚洲金融危机期间，外储不足的一些新兴国家面对大规模货币攻击未能成功捍卫其汇率。危机后，许多国家吸取了严峻的教训，开始重视积累外汇储备，全球储备出现爆发式增长，从 1998 年的 1.81 万亿美元升至 2013 年的峰值 12.18 万亿美元，占全球 GDP 的比率从 5.8%扩大至 16.0%（见图 7－4）。

（二）储备资产的分布不平衡

从世界范围来看，国际储备的数量及其分布始终是不均衡的。发达经济体拥有了全球绝大部分的黄金储备和大部分的非黄金储备，经济实力雄厚，国际清偿力充足。黄金储备大国主要集中于发达国家，同时它们因经济金融发达，可以凭借在国际货币基金组织的较高份额分得较多的特别提款权和储备头寸。外汇储备在各国分布同样严重不均。

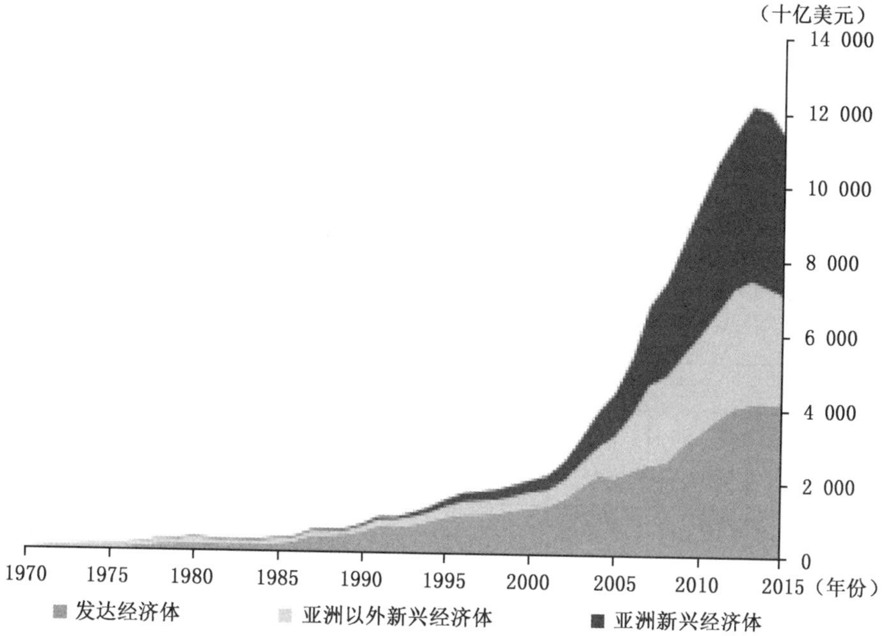

数据来源:IMF,Haver Analytics,中金公司研究部。

图 7-4 亚洲金融危机后全球储备的爆发式增长

(三)储备货币的币种结构呈现多元化态势

美元在外汇储备中的比重一直处于绝对优势地位,呈现出先下降然后逐步上升的趋势,从 1973 年的 78.4%下降为 2013 年的 61.24%,下降了 17.16 个百分点,后又回升到 2015 年的 65.74%,目前维持在 62%左右;欧元的占比先升后降,从 1999 年的 17.9%一路上升到 2009 年的 27.65%,之后呈逐步下降趋势,2018 年为 20.48%;日元占比近年来则略有上升。除此以外,加元、澳元的比重升势明显,人民币[①]的占比也显著提升,截至 2018 年第三季度,人民币占全球外汇储备的比例升至 1.80%,在储备货币中排第七位(见表 7-9 和表 7-10)。[②]

表 7-9　　IMF 成员国 1999 年前储备货币构成　　单位:%

年份	1973	1980	1983	1993	1996	1998
美元	78.4	68.3	71.2	55.6	59.6	60.3

① 在 2015 年第一季度的考察中,人民币被归入占比为 3.11%的“其他货币”中。自 2016 年 10 月 1 日开始,IMF 在其“官方外汇储备货币构成”(COFER)的季度调查中单独列出人民币。这一变化在 2017 年 3 月底公布的 2016 年第四季度 COFER 调查中得到体现。

② 随着 1999 年欧元的启动,德国马克和法国法郎已不复存在,因此,本书将统计时期划分为 1999 年前后两个时期。

续表

年份	1973	1980	1983	1993	1996	1998
德国马克	5.5	13.9	11.6	14.0	13.1	12.1
日元	—	3.8	4.9	7.7	5.7	5.1
英镑	6.5	2.9	2.6	2.9	3.4	3.9
法国法郎	0.9	1.3	1.0	2.2	1.8	1.3

数据来源：IMF：International Financial Statistics (IFS)。

表 7-10　　1999～2018 年第三季度主要储备货币占比　　单位：%

年份	美元	欧元	英镑	日元	加元	澳元	人民币	瑞郎	其他
1999	71.01	17.90	2.89	6.37	—	—		0.23	1.60
2000	71.13	18.29	2.75	6.06	—	—		0.27	1.49
2001	71.51	19.18	2.70	5.04	—	—		0.25	1.31
2002	66.50	23.65	2.92	4.94	—	—		0.41	1.58
2003	65.45	25.03	2.86	4.42	—	—		0.23	2.01
2004	65.51	24.68	3.49	4.28	—	—		0.17	1.87
2005	66.52	23.89	3.75	3.96	—	—		0.15	1.74
2006	65.04	24.99	4.52	3.46	—	—		0.17	1.81
2007	63.87	26.14	4.82	3.18	—	—		0.16	1.83
2008	63.77	26.21	4.22	3.47	—	—		0.14	2.20
2009	62.05	27.65	4.25	2.90	—	—		0.12	3.04
2010	62.14	25.71	3.93	3.66	—	—		0.13	4.43
2011	62.59	24.40	3.83	3.61	—	—		0.08	5.49
2012	61.47	24.05	4.04	4.09	1.42	1.46		0.21	3.26
2013	61.24	24.19	3.98	3.82	1.83	1.82		0.27	2.85
2014	63.34	21.90	3.79	3.90	1.89	1.78		0.27	3.14
2015	65.74	19.15	4.72	3.75	1.78	1.77		0.27	2.83
2016	65.36	19.14	4.34	3.96	1.94	1.69	1.07	0.17	2.34
2017	62.72	20.16	4.53	4.90	2.03	1.80	1.23	0.18	2.44
2018*	61.94	20.48	4.49	4.98	1.95	1.69	1.80	0.15	2.52

* 数据截至 2018 年第三季度。

数据来源：IMF：International Financial Statistics (IFS)。

专栏7-6　多国正式把人民币列入外汇储备

BBC 2016年10月25日报道，菲律宾中央银行(BSP)10月24日发表声明，将把中国人民币列入自己的外汇储备范围，以确保在必要时可供银行业系统使用，起始时间回溯至10月13日。

截至9月末，菲律宾央行的外汇储备约859亿美元，主要由美元、特别提款权和黄金组成。菲律宾央行表示，随着中国全球经济和金融影响力的增强，人民币的使用率将随之增加，菲中两国间的贸易额也同时上升，央行因此做出了上述决定。

2016年6月22日，新加坡金融管理局也宣布将人民币纳入其官方外汇储备。金管局认为，这一举措是因为中国金融市场持续稳定的标准化改革，以及国际市场对人民币认可度的不断提升。在过去一年中，中国采取了有效措施放宽人民币汇率的自由度，并为外国投资者提供了更多参与到中国金融和债券市场的机会。新加坡金管局一名官员表示，在这个时候将人民币纳入新加坡外汇储备十分恰当。

此前，人民币也被首次纳入英国的外汇储备。2014年9月12日，中英两国在伦敦举行第六次中英财金对话，对话后的英方公告称："英国政府确认其计划在未来数周或数月内发行人民币债券，具体情况依市场条件而定。债券发行数量将在发行时确定，但是预计将会达到市场的基准规模。"这是迄今为止第一家明确表示发行人民币债券的外国政府。公告称，英国政府发行人民币国债将为英国的储备金提供财政支持。英国财政大臣乔治·奥斯本在媒体见面会上表示，此举是英国对人民币将成为全球主要储备货币的一种"信心声明"。英国将会尝试在外汇储备中加入人民币，人民币国债的数量通过特定渠道得出。目前英国持有的外汇储备分别是美元、欧元、日元和加元。

欧洲央行在2017年就已开始增加购买人民币资产储备，而到了2018年初，德国央行和法国央行也相继宣布将人民币纳入外汇储备。德国央行董事会成员安德烈亚斯·东布雷表示，将人民币资产纳入德国央行外汇储备是德国央行的"现实决定"。意大利是继欧洲央行和德国央行后，第三个将人民币纳入储备货币的国家。也就是说，欧洲央行和欧盟最大的三个成员国都已将人民币纳入了外汇储备。

中国人民银行的数据显示，截至2016年末，已经有56个境外央行或货币当局在中国境内持有人民币金融资产并纳入其外汇储备。

目前有149个国家和地区自愿向IMF报告官方外汇储备货币构成。IMF将成员持有的美元、欧元、英镑、日元、瑞士法郎、澳元、加元和人民币8种货币的外汇储备总量单独列出。IMF自2016年10月开始在官方外汇储备货币构成季度调查中单独列出人民币资产，以反映全球人民币外汇储备的持有情况。

据 IMF 于 2019 年 3 月 29 日公布的数据，截至 2018 年第四季度，全球官方外汇储备资产约为 10.73 万亿美元。其中，美元资产占比降至 61.69%，连续第三个季度下降；欧元资产占比升至 20.69%，为 2014 年第四季度以来最高水平。各国货币当局持有的人民币外汇储备资产达 2 027.9 亿美元，占全球官方外汇储备资产的 1.89%，占比高于澳元的 1.62%和加元的 1.84%。

资料来源：根据 2014 年 9 月 24 日《光明日报》，2016 年 11 月 1 日、9 月 24 日《国际金融报》，2016 年 10 月 25 日搜狐财经，2018 年 10 月 3 日新华网和 2019 年 3 月 31 日《人民日报》相关报道编写。

（四）新兴及发展中经济体持有的国际储备比重不断攀升

过去几十年中，发达国家普遍转向浮动汇率制度，加上其有用本国货币进行国际借贷的能力，持有外汇储备的需求大大降低。而新兴市场经济体的国际储备特别是外汇储备自 20 世纪 90 年代以来快速增长，储备份额从 1998 年的 35.7%扩大到 2013 年的 65.8%，其中大部分增幅由亚洲国家贡献（见图 7 - 5 和表 7 - 11），1998～2013 年间，中国新增外汇储备占到全球增量的 36.6%。日本和俄罗斯等石油出口国同期也增持了较多外汇储备。

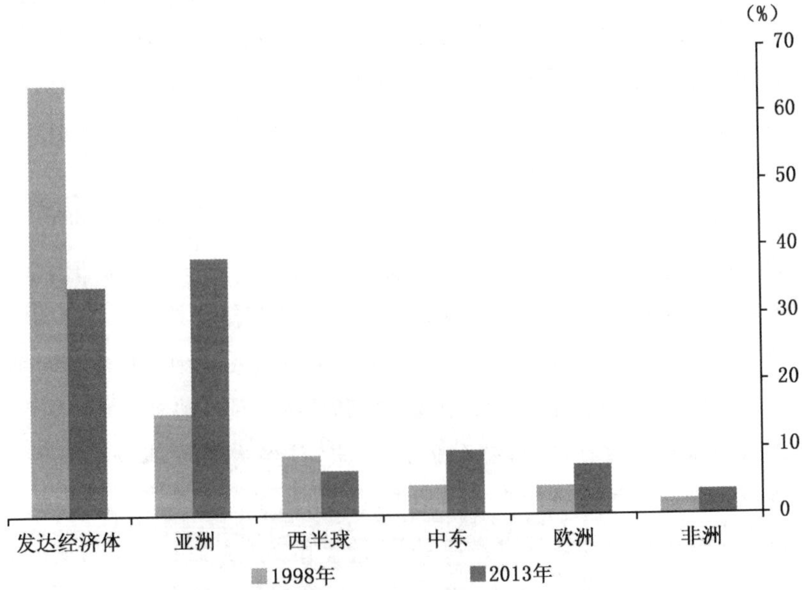

数据来源：IMF，Haver Analytics，中金公司研究部。

图 7 - 5　新兴市场经济体成为全球储备增加的主动力

表 7-11 对全球储备增长贡献最大的经济体

	1982～1997 年		1998～2013 年	
	新增外储（十亿美元）	占全球增量的比例（%）	新增外储（十亿美元）	占全球增量的比例（%）
中国	135	10.2	3 681	36.6
日本	183	13.8	995	9.9
沙特	−15	−1.1	697	6.9
瑞士	23	1.8	452	4.5
俄罗斯	n. a.	n. a.	444	4.4
中国台湾	76	5.7	333	3.3
韩国	17	1.3	316	3.1
巴西	45	3.4	298	3.0
印度	21	1.5	243	2.4
中国香港	n. a.	n. a.	218	2.2
全球	1 328*	100	10 067	100

* 因缺乏数据，故用全球国际储备增量作为全球外储增量的近似。

数据来源：IMF，Haver Analytics，中金公司研究部。

第三节 国际储备管理

国际储备管理是指一国货币当局对国际储备的规模、结构和储备资产的运用等进行调整和控制，以达到储备资产规模、结构的最优化，进而实现宏观经济均衡和降低持有成本、增加收益的目标。由于国际储备管理对国内货币供应量和本币汇率有直接的影响并进而间接影响进出口、国内价格水平、利率、国内投资水平与就业水平等，因此国际储备的管理十分重要。

一、国际储备规模管理

（一）持有国际储备的成本

持有一定量的国际储备虽然能为平衡一国的国际收支提供便利，但同时亦须付出相应的成本或代价。其中一个比较突出的因素就是持有国际储备所形成的机会成本。国际储备虽然是一个货币变量，但它毕竟代表了一定量的实际资源。因此，若撇开通货膨胀因素，国际储备量的变动同时也代表了相应的实物量的变动。这意味着一国在保留国际储备的同时也就放弃了利用实际资源的权利，所保留的国际储备量越大，闲置的实际资源也越多。在国际金本位制崩溃后，全球的国际储备形成了复合结构，不仅包括黄金，还包括国际储备货币。与此相应的是，国际储备也越来越多地采取能生息的金融资产形式，如政府债券。对于这种生息资产形式的国际储备，在计算其机会成本时就需扣除其利息收益。所以，一国持有的国际储备的机会成本应该等于该国的边际投资收益率与国际储备资产的利率之差(Bird，1982，第 315 页)。

以持有国际储备造成的资源闲置作为机会成本已得到国际学术界的普遍认同。但也有学者认为，这还只是静态分析的结果，所以可称其为静态机会成本。从动态角度看，资源的投入还会形成产出，而且，在投资乘数作用下，这种投入可使最终产出量成倍地增长，使之远远超过初始的投入量。对于资金表现为国际储备量而损失的那部分最终产出量，可称之为动态机会成本。因此，持有国际储备的全部机会成本应是静态机会成本与动态机会成本之和(奚君羊，2000)。

可见，一国之所以需要持有一定数量的国际储备，这是因为其能为该国带来利益，这种利益就体现在国际储备的功能上。一国持有的国际储备数量越多，由此带来的利益总量也越大。但是这并不意味着一国持有的国际储备多多益善，因为一国在持有国际储备的同时还须付出一定的代价或成本，如大量的资源闲置造成牺牲经济增长的机会成本。此外，货币当局外汇储备的增加，意味着其用大量本币在外汇市场买入外汇，由此造成的货币投放经过货币乘数的放大作用会导致货币供应量激增，进而产生通货膨胀压力。一国持有的国际储备越多，由此形成的成本总量也越大。所以，国际储备规模管理的主要任务是确定和维持一国最优国际储备量。

Baker & Walentin (2001)曾对部分地区在 1960～1990 年间持有的国际储备的机会成本进行了定量分析，他们认为，有些地区持有国际储备的机会成本与 GDP 的比率年均有可能高达 3%(见表 7－12)。Rodrik (2006)则认为所有发展中国家持有外汇储备的机会成本约占 GDP 的 1%。

表 7－12　　1960～1990 年持有国际储备的机会成本占 GDP 的比率　　单位：%

	年均成本		10 年累计成本	
	最低成本	最高成本	最低成本	最高成本
东亚和太平洋	1.5	3.1	15.5	31.1
南亚	0.5	1.0	5.1	31.1
拉美和加勒比	0.4	0.8	4.7	9.4
中东和北美	0.9	1.8	10.6	21.3

数据来源：Baker & Walentin (2001)。

（二）最优国际储备量的决定

一国一定时期的最优国际储备量，即国际储备的最优水平（optimal level）应该满足已有储备存量及其各种因素决定的供应恰巧与由各种因素决定的需求相适应，即最优国际储备量是持有国际储备的边际成本等于边际收益时，一国政府和货币当局所持有的国际储备量。

具体来看，确定国际储备最优规模的方法主要有：

1. 比率分析法

美国耶鲁大学教授罗伯特·特里芬（Robert Triffin）开创了研究国际储备规模管理的先河。特里芬在1947年就撰文提出了国际储备需求会随世界贸易增长的观点，并在此基础上建议以国际储备与进口的比率（R/M ratio）作为衡量国际储备充裕程度的指标。由此形成了比率分析法（ratio approach）。

后来，他在《黄金和美元危机》（*Gold and the Dollar Crisis*）这一经典著作中更完整地提出了这一观点。在该书中，他根据对1950～1957年12个主要国家国际储备和进口状况的长期观察，形成了所谓的“经验法则”（rule of thumb，又译“拇指法则”）：当一国的国际储备与进口的比率在40%以上时，由于该国的国际储备比较充裕，因而就具有充分的能力维持其货币的可兑性，而当这一比率低于30%时，一国政府就往往因为国际储备不足而不得不采取外汇管制措施（Triffin，1960）。后来，有些学者又在此基础上稍作推广，将国际储备的最优水平引申为能否满足3～4个月的进口支付，即以25%～30%的储备与进口比率作为储备的最优水平的标准，若过度偏离这一标准，就可认为国际储备短缺或过剩。

其实，以储备与进口的比率来衡量国际储备是否充裕，并不具有充分的理论依据。

第一，储备的功能重在弥补国际收支逆差而不是为进口交易提供融资。如果一国的国际收支能维持持续的平衡，则其进口额的增加并不需要国际储备量的相应增加。换言之，除非逆差额的增长与进口额成比例，否则，储备与进口的比率的下降就未必表示储备短缺状况的恶化。显然，特里芬的方法没有分析出口额，是以资金的单向流动来衡量储备量，忽视了国际收支中资金对流的实质。

第二，国际储备在功能上是为不确定的将来提供安全保障，以防不测之需，而进口额作为已经发生的指标很难据以推断一国未来的对外经济状况。更何况储备与进口的比率通常按年度计算，具有相对稳定性，所以，即使出口额能够反映一国的国际储备需要量，这也只有长期的意义，属于趋势性变化，以此来确定国际储备最优水平自然无法体现一国对国际储备的实际需要的即时性变化。

第三，历史数据表明，整个世界的国际储备量与进口额之间并不存在稳定的联系，储备与进口的比率表现出了剧烈的起伏波动。造成这种现象的主要原因是影响国际储备量的其他变量太多。此外，不同时期的国际收支调节弹性也大相径庭。例如与1919～1924年的浮动汇率时期相比，1927～1929年金本位时期的储备与进口的比率就会有很大的差异，因为在浮动汇率条件下，国际收支能够自动保持平衡，因而不需要保留大量国际储备；相反，在金本位条件下，国际收支的自动调节是一个漫长过程，货币当局就会试图持有较多国际储备以便随时平衡国际收支。

第四，即使从经常项目来看，一国的对外支出也不限于进口，服务和收益也是必须支付的项目，有些外债较多的国家的利息支出占支出总额的比重高达20%。因此，任何反映一国国际储备的相对充裕性的比率都应该使用“对外支出总额”(gross external expenditures)作为计算标准。这包括所有的对外支付项目，如进口商品、外国居民提供的服务、对外借款的利息、外来投资的利润、官方的对外支出、官方和民间的单边转移等，即经常项目的所有借方合计数。

第五，储备与进口的比率在反映一国的国际储备最优水平方面的另一个主要的缺陷是忽视了国际资本流动的影响。在现代世界经济一体化条件下，国际间的资本流动正以惊人的速度急剧增长，其数量已成倍超过整个世界的国际贸易量。在这种情况下，各国为防止资本流动对本国的冲击，必须持有一定数量的国际储备，以满足外汇市场干预的需要。同时，不同的国家由于开放程度的差异、金融体系的差异、地理位置的差异和经济规模的差异，受到的资本流动影响的程度也迥然不同。由此可见，按照一种划一的且与资本流动无关的指标来确定国际储备的最优水平肯定是不合时宜的。

第六，储备量的变动与调整还取决于国民收入、货币供应量、政府意愿等多种因素，如20世纪70年代实行浮动汇率制度以来，西方国家国际储备的变动直接反映了外汇市场干预的结果，与国际收支差额的关系并不明显。事实上，储备量的变动与调整是由多种经济变量共同决定的多元函数。除了进口以外，它还要受到国际收支差额、货币供应量、外部筹资能力、产业结构调整、经济政策的效能等多种变量的影响。

储备与进口比率虽然存在种种致命的缺陷，不能作为衡量国际储备最优水平的可靠指标，但其揭示了出口与国际储备在一定程度上的相互关系，因而具有部分的参考作用。此外，该项比率简便易行，操作性强，在目前尚无其他实用方法可以替代的情况下，在有限的范围内利用该指标作为国际储备最优水平的一种粗糙的估算工具还有一定的价值。

为了弥补储备与进口比率的缺陷，继特里芬之后，一些学者又建立了若干包括国际储备的趋势变动和存量调整的指标作为补充，如储备与货币供应量的比率、储备与对外短期负债的比率、储备与国际收支差额的比率、储备与GDP的比率、储备与外债总额的比率等。这些比率虽然在一定程度上补充了储备与进口比率，但仍然没有在根本上解决上述问题。

2. 回归分析法

20 世纪 60 年代以后，雅各布·弗兰克尔(Jacob A. Frenkel)等经济学家运用回归技术，建立了许多经济计量模型，用来分析国际储备的最优水平，如弗兰克尔建立了如下的双对数回归模型：

$$\ln R = \alpha_0 + \alpha_1 \ln m + \alpha_2 \ln \delta + \alpha_3 \ln M + \mu$$

式中，R 表示外汇储备量，m 表示平均进口倾向；δ 表示国际收支的变动率；M 表示进口水平；α_1、α_2 和 α_3 分别是外汇储备量对 m、δ 和 M 的弹性；μ 是随机扰动因素。

回归分析法(regression approach)引入了国民收入、货币供应量、国际收支变量、进口水平、边际进口倾向、持有储备的机会成本如长期利率等诸多经济变量，使得最优储备量的衡量更加数量化和精确化。但是回归模型的建立主要依赖于过去的经验数据，过去的变动趋势是否适用于将来难以确切证明。在分析储备需求函数的变量时，也存在不足，因此预测未来储备量还要和其他理论结合起来进行综合分析。

3. 成本—收益分析法

一些经济学家从 20 世纪 60 年代开始将成本收益分析法(cost-benefit approach)运用到储备需求适度性的研究，这一阶段的主要代表人物有罗勃特·海勒(H. Robert Heller)、弗莱明(J. M. Fleming)以及阿格沃尔(J. P. Agarwal)，其中，海勒是从收益最大化的角度来定义储备适度规模问题，弗莱明则以成本最小化作为确定依据，而阿格沃尔从收益最大化和成本最小化的交点来衡量储备适度性，为发展中国家构建了一个储备决定模型。

阿格沃尔模型假定：(1)由于进出口弹性较小，该国容易出现外汇短缺；(2)该国国内存在大量闲置资源；(3)该国会运用直接管制的方法缓解国际收支逆差；(4)该国在国际市场的融资能力有限。按照阿格沃尔的标准，发展中国家的储备需求数量，必须能使其在既定的固定汇率上缓解其在计划期内发生的预料之外的国际收支逆差，同时又能使该国持有储备的成本与收益相等。用一国发生短暂、意外的国际收支逆差时因持有储备而避免不必要的调节所节省的国内总支出来表示持有储备的收益，用外汇储备若用于进口必需的投入后能够生产出来的国内产品作为持有储备的机会成本，基于以上假定，最优储备规模决定模型为：

$$R_{\text{opt}} = \frac{D}{\lg \pi}(\lg m + \lg q_2 - \lg q_1)$$

式中，D 表示国际收支逆差额；π 表示逆差出现的概率；m 表示该国单位资本的产出效率，即资本产出比率的倒数；q_1 表示该国追加资本中的进口比重；q_2 表示进口资本品占该国总产出的比重。

成本收益分析法为外汇储备规模的计量研究奠定了基础，但是上述模型还是忽视了国际储备调节中储备融资与政策调节的可替代性以及对储备资产收益性的探讨，因而还有待进一步完善。

4. 定性分析法

20 世纪 70 年代西方经济学家卡鲍尔（R. J. Carbaugh）和范（C. D. Fan）在《国际货币体系》一书中提出："要确定国际储备的需要量应进行定性分析，包括国际收支调节机制的效力及政府采取调节措施的谨慎态度等。"之后，钱德勒和哥尔特菲尔特提出："在确定储备量时，要考虑所依赖的国际清偿力的来源以及稳定程度、所持资产的形式及比例等。"按照他们的观点，影响一国储备需求量的因素有：一国储备资产的质量；各国经济政策的合作态度；一国国际收支调节机制的效力；一国政府采取调节措施的谨慎态度；国际清偿力的来源及稳定程度；一国国际收支动向以及经济状况等。定性分析法（qualitative approach）大大丰富了储备适度规模理论的研究，主张从宏观经济政策和经济变量的状况来判断储备规模是否适度，但是很多因素难以量化，具体实践时难以提供指导。

5."衣柜效应"论

马克卢普（Machlup，1965）在研究国际储备需求决定时曾提出了所谓的"衣柜效应"（wardrobe effect）理论，认为一国货币当局对国际储备的需求如同其夫人对其衣柜中时装的需求一样，是多多益善。他指出："任何货币当局都本能地希望其持有的国际储备年复一年地增长，因此某一时期的国际储备需求不过是前一时期国际储备需求的函数，前者等于后者加上一个增量"，即：

$$R_t = R_{t-1} + \Delta R$$

按照马克卢普的说法，一国的储备需求似乎是个递增的独立变量，没有客观的依据，主要取决于当事者的主观欲望，并且不存在各国通用的标准。这一理论，实质上描述了一些国家在储备需求管理上的态度，它们的目标是在现有的条件下力所能及地尽量持有更多的储备。实际上，国际储备不可能无偿获得，需要付出相应的成本或代价，可见，衣柜效应理论过度夸大了主观因素的作用。

最后，值得一提的是，尽管国际储备管理的主要内容是确定最优国际储备量，事实上，一国国际储备的规模管理还包括规模调整的时机、缓急、方式及其经济影响等诸多方面。

综合上述有关的分析，我们可以把影响一国最优国际储备量的主要因素概括为：

第一，国民经济的发展规模。

国际储备大小与一国国民经济的发展规模成正比，规模越大，其对外经济往来的规模也相应较大，若该国又非储备货币发行国，则所需的国际储备越多；反之，规模越小，则对国际储备的需求也就越少。

第二，国际收支差额。

一国国际储备需求与其国际收支逆差呈正方向变化，逆差出现的频率越高，规模越大，对国际储备的需求量就越大。大多数发展中国家由于经济结构的不平衡、宏观经济政策的失当以及不合理的国际经济秩序的制约，国际收支经常遭遇逆差，迫使其增加国际储备。

第三，直接管制与汇率制度安排。

如果一国经济开放度低，对外实行严格的直接管制，其对国际储备的需求一般较小，因为国际收支的差额比较容易通过直接管制得到控制；反之，其国际储备的需求会偏大。

储备需求与汇率制度也有密切关联。国际储备的作用之一是干预汇率，实行固定汇率制的国家其货币当局有干预外汇市场的义务，就需要持有较多的外汇储备，以应付国际收支可能产生的突发性巨额逆差或外汇市场上大规模的投机冲击，维持汇率波动的界限。而实行浮动汇率制的国家，其干预外汇市场的压力较小，外汇储备的持有量可适当降低。

第四，对外资信与融资能力。

一国的储备需求与其对外资信及融资能力呈负相关关系。一般来说，一国的资信度高，对外融资能力强，则该国对储备的需求会小些，因为其较易通过外部融资获得国际清偿力；反之，一些资信较差、融资能力较弱的发展中国家由于从国际金融市场上获得融资的难度较大，只能事先持有较多的国际储备。

第五，国际收支调节的效能。

当国际收支自动调节机制和货币当局的国际收支调节政策效能比较低下时，该国会偏向于运用国际储备来平衡国际收支，形成较高的储备需求；反之，如果国际收支的调节效能较高，所需的国际储备量就较小。

第六，持有储备的收益和机会成本。

国际储备代表了对经济资源的购买力，所以持有储备需要付出代价，即机会成本。一国持有储备的机会成本越高，其对储备的需求越小。另外，持有储备获得的收益越高，对储备资产的需求就越大。

第七，金融市场的发育程度。

发达的金融市场能提供较多的国际清偿力，并且，对政府调节政策的反应较为灵敏，因此，金融市场越发达，一国货币当局对储备的需求会减少；反之，对储备的需求会增加。

第八，国际协调程度。

如果本国与其他国家政府或国际金融组织有良好的合作关系，在经济、金融、货币等方面互相协调支持，签订有较多的互惠信贷协议或备用信贷协议等，则较易通过国际协调解决国际收支平衡问题或获得融资，于是可减少储备需求；反之，则会增加储备需求。

第九，国际资本流动状况。

当今世界经济的一个重要特征是国际资本流动非常频繁，规模不断加大。国际储备对国际收支的平衡作用更主要地体现在抵消国际资本流动的冲击上，对于经济金融体系比较薄弱的发展中国家而言，对储备的这方面需求尤为重要。

总之，影响最优国际储备量的因素很多，涉及政治、经济及社会等许多方面，各自产生不同的影响，有些因素还难以量化。所以，一国在确定最优国际储备量时必须综合考虑各种因素。

专栏 7－7 IMF 的外汇储备充足性评估模型

IMF 在 2011 年发布了《外汇储备充足性评估》(Assessing Reserve Adequacy)，其评估方法是：

1. 30％的短期外债(Short-Term Debt，STD)；

2. 10％或 15％的其他负债组合(Other Portfolio Liabilities，OPL)，10％适用于浮动汇率制的国家，15％适用于钉住汇率制的国家；

3. 5％或者 10％的广义货币(Broad Money，typically M_2)，5％适用于浮动汇率制的国家，10％适用于钉住汇率制的国家；

4. 5％或者 10％的出口(X)，5％适用于浮动汇率制的国家，10％适用于钉住汇率制的国家。

上述四项的总和是 IMF 用来衡量不同国家外汇储备充足性的指标。它取决于：(1)汇率制度(固定或浮动)；(2)资本管制程度。如果一个经济体汇率固定但毫无资本管制，那将适用最严格的要求。用公式表示为：

固定汇率(Fixed)：$30\%\ STD+15\%OPL+10\%\ M_2+10\%X$

浮动汇率(Floating)：$30\%\ STD+10\%OPL+5\%M_2+5\%X$

实际操作中，IMF 建议一国的储备至少应达到这些数字的总和，而达到外储充足性要求意味着一国外储达到上述指标的 100％～150％。这一指标目前被运用于 IMF 对成员国外部账户稳定性的分析框架中。

资料来源：IMF，2011，"Assessing Reserve Adequacy"。

二、国际储备结构管理

货币当局在国际储备的管理方面固然要解决量的问题——使国际储备的持有量保持在一个与整个国民经济以及对外经济的均衡发展相适应的水平上，但同时也必须重视质的方面——确定一个较优的国际储备构成或结构，尤其是外汇储备的结构，因为就一定的外汇储备结构而言，其价值会随汇率而沉浮，至于收益则因利率而升降。如果一国的外汇储备结构选择不当，就会带来不必要的损失，由此也会使国际储备持有量发生不利的变化。因此，国际储备的结构管理已成为各国货币当局的主要职责。

国际储备的结构管理主要在于确定黄金、外汇、储备头寸和特别提款权四种资产之间的最佳构成比例以及外汇储备的结构管理，包括确定外汇储备的币种结构和资产结构。其具体内容包括：(1)各类储备资产的结构如何安排；(2)外汇储备中不同的币种结构如何确定；(3)如何持有和运用这些储备资产；(4)如何进行恰当的资产组合和资金调度。在实际管理中，国际储备的结构管理主要指外汇储备的结构管理。

国际储备的结构管理具有十分重要的意义：(1)在浮动汇率制度下，各储备货币之间的汇率变动频繁，稍有疏忽，就会使手中的储备资产损失惨重；(2)储备货币国家的利率政策和利率水平不尽相同，导致不同货币的储备资产收益不同，且利率经常发生变化；(3)随着国际金融市场的发展，新的金融工具层出不穷，不同形式的资产具有很大的差异。对此，只有统筹管理，才能获得最大成效。

(一)国际储备结构管理的目标

国际储备的结构管理需要实现以下基本目标：

1. 安全性

安全性主要是指一国货币当局对特定储备资产的控制和支配程度的充分性。如果一种储备资产在用于对外支付时有可能受到约束和限制，则其货币功能就会受到削弱，这种资产的安全性也就相应下降。就此而言，黄金储备的安全性显然优于外汇储备，因为黄金是实物资产，本身具有内在价值，持有人对其具有充分的控制力和支配力。相反，作为外汇储备的货币具有虚拟性，本身并无价值，其货币功能取决于发行国政府的行政力和信誉。因此，作为外汇储备的货币在对外支付时，有可能受到发行国的约束和限制，其安全性也就相应下降。例如，美国曾经因为与伊朗发生外交冲突，因而冻结了伊朗在美国的金融资产，致使伊朗持有的存放在美国境内的金融资产无法变现和转账支付，大量以美元计价的外汇储备不能动用。同样，如果一国的黄金储备存放在国外，则其安全性也可能受到不利影响。所以，货币当局在对储备资产进行选择时必须考虑其安全性。

目前各国的国际储备中之所以还保留了一定量的黄金储备，除了历史惯性以外，一个重要的原因就是其具有突出的安全性，一旦出现国际性的政治动荡、经济危机和军事冲突，黄金储备在安全性方面的优势就极其明显。

2. 流动性

流动性是指储备资产能随时变现，并用于对外支付的特性。鉴于对外支付是国际储备的主要功能，因此，货币当局在对储备资产进行结构管理时必须持有足够数量的具有较好流动性的储备资产，这些资产能随时兑换成现汇或其他可兑换货币，以满足随时可能出现的对外支付需要。作为储备资产的流动性取决于其是否被各国普遍接受，所以，为了保持储备资产的流动性，各国货币当局必须大量持有在国际上广泛使用的货币用作外汇储备。① 与黄金储备相比，外汇储备具有较好的流动性，因此，全球国际储备的增长主要表现为外汇储备的增长。

3. 收益性

收益性是指储备资产的自身价值比较稳定，不易出现大幅度的价格下跌或贬值，具有良好的保值甚至增值的特性。理论上，黄金由于具有内在价值，因此在严重的通货膨胀时期，其价格会有较大幅度上升，体现良好的保值功能。但持有黄金需承担储存和保管费用，导致其收益性有所下降。此外，黄金本身不能增值，其收益只能来自市场价格变动，鉴于黄金价格很不稳定，如果货币当局在高位增持黄金，就会发生严重亏损。可见，黄金的收益性是很难确定的。

作为外汇储备的货币通常采取了债券等生息资产的形式，可以获得利息收益。而且，按照费雪定理，在利率市场化条件下即使在通货膨胀时期，名义利率通常也会相应上升，使实际利率保持不变。因此，与黄金储备相比，外汇储备的收益比较确定。

从国际储备的职能出发，中央银行对储备资产管理的侧重点不同于一般的商业银行，国际储备资产的安排必须要求储备资产首先具有较强的流动性，只有在安全性和流动性得到充分保证的前提下，才考虑其收益性。

(二)外汇储备的结构管理

鉴于外汇储备在国际储备中的比重极高，因此，外汇储备的结构管理是国际储备结构管理的核心所在。外汇储备结构管理的主要内容包括：(1)币种结构的选择；(2)资产形式的选择。

1. 外汇储备的币种管理

自20世纪70年代以来，储备货币从单一的美元转变为多种储备货币并存的局

---

① 中央银行一般通过两种方式保持储备资产的流动性：一是将足够的资金分批以每日到期的形式存放银行，保证每天都有一定量的资金可周转使用；二是购买具有良好二级市场的有价证券，需要资金时随时变现。前一种方式的不足之处是每日周转大量资金，工作量大而且需要承担商业风险，因此，央行保持资产的流动性多以后一种方式为主。

面。在确定不同货币的比例时，一般应该考虑的因素主要包括：(1)本国的国际贸易和国际支付的币种结构；(2)在外汇市场为支持本国货币汇率所需要的不同储备货币的数量和结构；(3)各种储备货币的币值稳定性，这需要考虑货币的汇率、利率、通货膨胀率实际和预期走势；(4)各种储备货币的收益性。

一种储备货币的收益大小取决于汇率变化率和利率，即：

储备货币的收益率＝汇率变动率＋名义利率

在名义利率一定的情况下，储备货币收益率的大小取决于汇率上升(正值)还是下降(负值)，以及数值大小。这个公式是各国货币当局调整储备货币结构的经济依据。

选择外汇储备币种时，应该遵循以下原则：(1)应尽可能与弥补逆差和干预市场所需的货币保持一致，确保外汇储备的使用效率。(2)应尽可能与一国国际贸易结构和国际债务结构相匹配，从而一定程度上避免汇率风险，节约交易成本。(3)尽可能选择硬货币，减少软货币，保证储备货币的币值稳定性。(4)应尽可能增加汇率波动幅度较小的货币储备量，减少汇率波动幅度较大的货币储备量。为此，货币当局要做好对储备货币汇率变动趋势的预测工作。(5)保持储备货币的多元化，做到分散风险，不要把鸡蛋放在一个篮子里。

2. 外汇储备的资产形式管理

根据流动性的高低，储备资产可以分成三类：

(1)一级储备，即现金或准现金，如活期存款、短期国库券或商业票据等，流动性最高，但收益性差。这些储备适用于应付经常性的对外支付需求。

(2)二级储备，如各种定期存单、大额存单和政府中期债券。主要用于应对意料之外的短期对外支付需求。

(3)三级储备，主要包括长期债券、AAA 级欧洲债券等各种长期投资工具，这类资产流动性最差，收益性最高。这是满足一、二级储备后的剩余。

一、二、三级储备的比例划分，主要取决于一国的国际收支状况、进出口收付的时间差异。一级储备作为一国货币当局随时、直接用于弥补国际收支逆差和干预外汇市场的储备资产，即作为交易性储备，二级储备作为补充性的流动资产，三级储备主要偏重收益性。

一国货币当局应遵循上述储备管理的原则，合理确定并随时调整各级储备资产形式，一般在一级储备和二级储备的规模确定后才考虑将其余部分进行长期性投资。许多国家都尽量限制将储备资产投资于有国家风险的政府证券，而多选择那些信誉良好、政局稳定的国家的政府债券和欧洲债券。

第四节 国际货币与储备货币体系

一、国际货币和储备货币

对于国际货币的含义，我国学术界存在很大的争议，最广义的理解可包括所有可自由兑换货币，其依据是这些货币在境外的使用已经不受任何限制；稍狭义的观点则将其等同于储备货币，理由是可自由兑换货币仅仅具有交易属性，即可自由用于交易，这只是成为国际货币的条件，但并不能保证其被其他国家广泛使用，只有储备货币是在国际间广泛使用的货币。也有学者认为，国际货币是指主要储备货币，即享有主导地位的储备货币，如第二次世界大战以前的英镑及战后的美元（奚君羊，2000）。鉴于学术界对国际货币和储备货币的界限并无一致的认同，且储备货币与国际货币又有很大的相通性，两者只存在国际化程度的理论上的差异，我们在以下讨论国际货币和储备货币时不做严格划分。

（一）国际货币的职能

一国货币充当国际货币必须具备三大国际职能，即国际交易媒介、国际计价单位和国际价值贮藏。这三种职能是货币的国内职能在国际上的推广和延伸。

1. 国际交易媒介职能

交易媒介（a medium of exchange）的职能是货币最本源的职能，是计价单位职能和价值贮藏职能的基础。一种货币作为国际货币，它必须能在国际间的货物和服务的交易中用于支付，从而使货物和服务的国际交换成为可能。这一职能在国际金融领域的体现就是成为资金融通的对象，甚至成为干预货币和载体货币。

所谓载体货币（vehicle currency）是指，在外汇市场上当两种货币的兑换因供求数量过少以致交易发生困难，或因买卖差价过大导致交易成本过高时，人们就会先将其中的一种货币转换成在国际外汇市场上大量使用，因而具有极为充分的流动性和较低的交易成本的货币，例如美元，再以美元换成另一种货币。在这个过程中，美元实际上被用作了“载体”。[①]

2. 国际计价单位职能

所谓国际计价单位（a unit of account）职能，是指一国货币能够在国际上被用于计量货物和服务的价值，成为计价货币或定值标准（numeration）。一国货币被用作国

---

① 许多中文文献把 vehicle currency 译成“媒介货币”，这与货币本身作为交易媒介的功能容易相互混淆。此外，vehicle 一词有交通工具的含义，因此译为“载体货币”似乎比较恰当。

际债券的面值(face value),这就是国际计价单位职能在国际金融领域的表现。

3. 国际价值贮藏职能

国际价值贮藏(a store of value)职能体现在一国货币能被其他国家的居民作为资产而较长时期的持有,甚至被用作储备货币。显然,该项职能必须以货币的价值稳定作为首要条件(见表 7-13)。

表 7-13 **国际货币的职能及其表现**

货币职能	形成原因	私人交易	官方交易
国际交易媒介	交易成本	结算货币	干预货币
国际计价单位	信息成本	计价货币	关键货币
国际价值贮藏	价值稳定	资产货币	储备货币

资料来源:迈克尔·梅尔文(2003,第 54 页)。

美元作为国际货币便承担了上述三大职能:作为储备货币,美元占到全球官方外汇储备的 2/3,超过 4/5 的外汇交易和超过 1/2 的全球出口是以美元来计值的。此外,所有的 IMF 贷款也是以美元来计值的。除了美元以外,其他有些国家的货币也具有国际货币的职能(见表 7-14)。

表 7-14 **部分主要货币的占比** 单位:%

币种	银行外币跨国账户(资产类)	银行外币跨国账户(负债类)	国际货币市场工具	国际债券和票据
美元	61.5	63.2	32.4	44.9
欧元	20.5	16.7	43.7	39.2
日元	5.2	5.2	4.2	4.8
英镑	4.3	5.2	12.3	6.8
其他货币	8.5	9.7	7.4	4.3

数据来源:Daniels & Van Hoose(2005,第 115 页)。

国际金融学讨论的国际货币与马克思主义政治经济学中的世界货币具有不同的含义。国际货币的本源是一种国家货币(national currency),因而带有国别标记,是货币发行国的本币,而且在性质上是信用货币,即本身毫无价值的不兑现纸币(fiat money)。国家货币之所以能够在国际上流通,具有国际性的货币功能,能被其他国家接受,这是基于人们对发行国政府维持这种货币的价值具有信心,一旦信心发生动摇,就会引发相应的货币危机。历史上曾经发生的美元危机和英镑危机就充分证明了这一点。世界货币则并非国家货币,甚至并非一种货币,而是金属货币,尤其是金银被用作货币时的一种"职能"。金银作为货币,由于具有十足的内在价值,因而天然具有世界货币的职能。因此,以金银为基础的货币可以天然地在国际经济交易中实现交易媒介、计价单位和价值贮藏职能。可见，国际货币是金属货币退出历史舞台后的产物，世界货币作为金属货币的属性，在纸币流通时代已不复存在。①

（二）国际货币的形成与条件

从国际货币发展史来看，国际货币的形成主要是一个自然的过程而并非纯粹的人为设计的产物。1850 年以后，英国成为 19 世纪主要的贸易大国，英镑也随之被用于国际间的商品交易。英国还拥有当时世界上最发达的银行体系。尽管如此，直到 19 世纪末，英镑才最终成为独一无二的国际货币。后来，第二次世界大战以后的美国也因其 1945～1955 年间的主导性的经济地位及其货币的稀缺性使几乎所有其他国家大量积累美元用于国际贸易和国际储备。这一过程事先也并未为人们所广泛预知。多种货币储备体系（Multiple Currency Reserve System）的形成也是一个自然的过程。在这个过程中，美元的地位逐步由德国马克、日元所部分取代。欧元的启动甚至对美元的国际货币地位发起了挑战。由此可见，国际货币的形成是与这种货币的发行国的实力地位相辅相成的。但是国际货币的使用有一定的惯性。在英国的经济规模的优势丧失了很久之后的 20 世纪 40 年代，英镑在全球外汇储备中的数量仍然是美元的 2 倍。直到 20 世纪 50 年代初，英镑在整个世界的外汇储备中的比重仍然高居首位（Dam，1982，第 185 页）。

美元在目前能继续维持主导地位，这与人们在战后的较长时期里形成的习惯不无关系。这是市场在选择储备货币方面的惯常的组织结构和习俗所具有的力量的一个例证。当交易的其他方都习惯于接受美元时，人们就只能事先持有美元，以满足支付需要。

此外，外币与本币之间的相互兑换会发生交易成本，而货币的交易又存在规模经济，一种货币的交易量越大，单位交易成本也就越低。显然，货币发行国在国际经济交易中的地位越高，亦即其对外贸易和金融的交易量越大，其货币的国际使用量也越大，买卖这种货币的交易成本就越低，人们就越愿意使用这种货币。这种现象存在着马泰效应。有时，一国货币即使作为国际货币的某个基本条件不复存在，但依然能够保持强大的国际货币地位。这也是美元虽然经历了多次大幅摇摆，却一直能保持其强大的国际货币地位的缘由。

货币的国际化是指其能够跨越国界，在境外流通和使用，成为国际上普遍认可的计价、结算及储备货币的过程。目前已完成国际化的货币有美元、欧元、日元等。通常货币国际化可以分为三个层次：第一层次是本币在一般国际经济交易中被广泛

---

① 许多中文文献在目前的纸币流通条件下仍然在使用世界货币这一术语，这显然是混淆了世界货币与主要国际货币的概念。

地用来计价结算;第二层次是本币在外汇市场上被广泛用作交易货币;第三层次是成为各国外汇储备中的主要货币之一。具体而言,一国货币成为国际货币须满足下列条件:

首先,这种货币必须是贸易大国的货币,其进出口额占整个世界的比重较高。在目前的世界经济中,贸易往来仍然是各国经济往来的主要方式,因此,只有那些贸易额较大的国家的货币才有更多的机会被其他国家所广泛使用,成为交易货币,其供应数量才能满足其他国家的需要。同时,需要积累外汇储备的国家也能比较容易地通过常规的贸易"赚入"(to be earned),形成所谓"赚入储备"(earned reserves)。历史事实表明,储备货币发行国的贸易份额的上升在任何情况下都与该国货币作为储备资产的持有量的增加有关。

有关研究表明,按照PPP计算,一个大国在世界总产值中的比重上升1%,其货币在各国中央银行储备中的比重将增加1.33%。当然,一国的经济实力和其货币的国际地位并不完全是上述简单的比例关系。例如,欧盟的经济规模与美国差距不大,但欧元的国际地位却大大落后于美元。

其次,这种货币的币值必须比较稳定,至少在整个世界的货币币值下降的过程中,其下降的速度不超过其他货币,从而使其购买力得到一定程度的保证。币值稳定的另一方面的表现是汇率的稳定。这一条件的必然结果是国际货币发行国应该保持经常项目适度顺差,至少不能出现持续的、巨额的逆差。对美国和英国的历史研究表明,只要这些国家的贸易项目顺差,美元和英镑的国际货币作用就能得到高效的发挥,其货币的地位也不会受到挑战。20世纪70年代以来日本和德国的情况似乎也是如此。因此,一种货币成为储备货币的前提是发行国具有维持这种货币实际价值的意愿和能力。严重的通货膨胀对一国货币作为国际货币的前景会有不利影响。

如前所述,国际货币的价值贮藏职能要求这种货币具有收益性。国际货币的收益性主要取决于其汇率和利率的变动。在1975～1979年间,美元利率虽然独居高位,但仍不能抵偿汇率下跌的损失,所以,其实际收益就成了负数(见表7-15)。这就为日元和一些欧洲国家货币的国际地位的提升提供了契机,多种货币储备体系应运而生。

表7-15　　1975～1979年主要储备资产的平均收益　　单位:%

	年平均汇率变动	年平均利率变动	年平均净收益率
特别提款权	−8.26	5.54	−2.72
美元	−9.48	7.36	−2.12
德国马克	−2.69	4.74	2.05

续表

	年平均汇率变动	年平均利率变动	年平均净收益率
瑞郎	1.68	1.93	3.61
日元	−3.88	7.29	3.41
黄金	15.18	—	15.18

数据来源:《欧洲货币》,1980年9月号,第135页。

第三,这种货币必须是金融大国的货币,并得到发行国发达的金融体系的支持。这种支持首先体现在包括所有的货币市场工具和辅助性机构在内的可靠的、精巧的、覆盖全球的银行体系的支持。没有这种银行体系的支持,这种货币就难以在世界范围内实现快捷和便利的流通、支付和兑换。这种支持还表现为发行国的金融市场运行良好。国际货币作为外汇在形式上是一种以外币定值的金融资产,其在国际间的巨额数量的买卖和兑现只有通过发达的金融市场才有可能。发达的金融市场作为融通贸易资金和为进出口商投放闲散资金提供货币市场工具的高效能的网络也是必不可少的。

如前所述,为了保证国际货币的币值稳定,国际货币发行国就应该维持经常项目顺差。如果这样,外国居民对这种货币的日益增长的需求就只能通过国际货币发行国的资本项目逆差,即通过自主的或其他因素引发的包括官方的和非官方的资本输出得到满足。这种资本输出显然也依赖于一个发达的金融市场。此外,金融品种齐全的金融市场可为资产选择提供充分的余地,以这种货币定值的金融资产的特性相对于其他货币定值的资产的特性就更有吸引力,这种货币的境外使用范围就会扩大。

国际债券发行的定值货币的选择体现了货币在世界范围内的价值贮藏和计价单位的功能。尽管美元目前仍然是使用量最大的国际债券发行货币,但与20世纪70年代相比其比重已有大幅度的下降而同期日元的比重却出现了成倍的上升。欧洲货币市场的迅速发展为各国提供了货币头寸净额管理的有效途径。借款人通常可选择各种主要货币或多种货币篮子作为债务的定值单位。金融态势的这种演变,是美元地位的相对下降和其他货币地位上升的必然结果。

英国的银行在19世纪初逐步成为世界性的金融中介,这与英国当时成功地在金本位基础上建立起了强大的金融地位有关,英镑也随之成为国际货币。在20世纪上半叶,美国的银行依赖其强大的对外支付地位,取代了英国的银行成为世界性中介机构,并在战后达到了巅峰。在这段时间里,美元逐步取代了英镑成为主导性的国际货币。20世纪80年代以来,日本迅速成为世界上最大的净额债权国,日本的银行也相应成为重要的国际金融中介机构。日本的银行地位的崛起与19～20世纪初英国的银行和战后1945～1980年间美国的银行的独占地位虽然还不能相提并论,却有某些类似之处。

最后，这种货币的发行国必须是政局稳定的国家。一国的政治稳定对该国货币的国际使用有很大影响。这意味着用该国货币结算国际交易时，由货币引起的各种风险相对较小。一国如果可能出现政变、内乱，其货币的安全性就会受到损害。一个政策多变、通货膨胀率较高、经济不稳定的国家，其货币的质量就会下降，人们对这种货币的信心也会下降。

二、储备货币发行国的收益与成本

（一）收益

一国货币被其他国家普遍使用显然会对该国带来无穷的利益。

首先，储备货币发行国可以获得货币发行收益。这种收益的表现是储备货币的发行国享有以本币弥补国际收支逆差的权利，即只要其他国家的居民存在接受这种货币的意愿，该国就可以直接以本币对外支付，从国外购买货物和服务，而不必用本国的货物和服务进行交换。只要其他国家始终保留这些国际货币，这意味着无偿占有国外的实际资源。此外，在不兑现纸币流通条件下，这些货币并不具有内在的价值，其他国家持有的这些货币只是对国际货币发行国的一纸债权，这就使储备货币发行国获得了数额可观的货币发行收益。从性质上来看，这是一种几乎没有任何成本的收益来源。

根据IMF（1999）的研究报告，美国发行的美元有2/3在美国境外流通，大约3/4新增发的美元由外国居民持有，而这正是美国能维持巨额逆差而不予弥补的条件。相关数据的测算表明，美国在1967～2002年这36年间平均每年可以获得货币发行收益52.27亿美元，总额是1 724.73亿美元，在此期间，美国每年所征收的国内货币发行收益占GDP的比重为0.91%，储备货币发行收益占GDP的比重为0.087%。据美联储估计，美国每年获取的国际货币发行收益高达110亿～150亿美元，其中大部分来自发展中国家。

斯蒂格利茨在《亚洲经济一体化的现状与展望》中指出，发展中国家从美国获取贷款的利率为18%，而以美国国库券形式保持的外汇储备收益仅为1.75%，美国获取了约16%的高额利差。由于金融资产的收益率平均低于实际投资的收益率，通过向海外出售金融资产，美国企业可以赚取这两种收益率之间的差价。此外，由于享有了用本币直接对外支付的特权，储备货币发行国就免却了事先积累外汇储备的负担，也不必因调节国际收支逆差而牺牲经济增长和就业，本国居民面临的汇率风险也大大降低。

其次，这些国家能在国际金融事务方面享有主导地位，极大地提高本国的国际声誉，形成强大的与其他国家抗衡的能力，并能通过本国的经济政策影响整个世界经济。

第三，本国货币在国际间的大量使用，可迫使其他国家的居民不得不通过本国的银行体系和金融设施办理国际金融业务，进而推动本国银行体系的发展，并在为其他国家提供金融服务的过程中获得无形收入，赚取国外的财富。此外，储备货币发行国还可以获得在外贸和对外投资活动方面的各种便利。

（二）成本

"世上没有免费的午餐"。储备货币发行国也会因其货币的高度国际化而处于不利境况。本币在境外的大量积累及其大规模的国际流动无疑会对这些货币的汇率稳定产生严重的威胁，并使汇率的变动与本国的国际收支脱离关系。本币汇率的过度波动对本国经济的稳定显然是一大威胁。储备货币发行国比其他国家更容易受到游资的冲击。

此外，储备货币发行国还承担了"$n-1$ 货币"的作用，即该国在汇率变动方面只能处于被动地位，因为其汇率由"$n-1$"个其他国家的外汇市场决定。本币在其境内外的频繁的往返转移更会冲击本国的国际收支，影响国内经济，削弱经济政策，尤其是货币政策的效能。境外积累的本币数量越多，本国的国际储备数量越少，中央银行抗衡这种外来冲击的能力就越弱，储备货币发行国受到的不利影响就越大。美国由于经济规模较大，吸收外来冲击的能力较强，对其而言，作为储备货币发行国显然是利大于弊。相反，德国、日本和瑞士在成为储备货币发行国方面却并未表现出积极的姿态。

前联邦德国的中央银行——德意志联邦银行行长奥塔·艾明格（Emminger，1978）坦言："马克是一种消极的储备货币。一方面，我们的金融市场的容量太小，因而不能为外国货币当局提供充分的、可靠的投资机会，否则就会影响我们市场的活力，或迫使中央银行以一种与国内经济目标不相容的方式在货币市场和资本市场进行干预。另一方面，德国的经济、金融力量过于薄弱，不能承受国际储备流动可能带来的压力。最后，在各国积累马克储备时期，马克的汇率会出现高估的倾向。这会导致德国国际竞争力的衰减。"因此，德国和日本政府在 20 世纪 70 年代和 80 年代初都曾采取措施对本国货币的国际化加以限制而不是鼓励。

为了满足不断增长的国际经济交易对储备货币的需求，储备货币发行国必须保持甚至扩大其国际收支逆差，这会形成巨额的对外短期负债，并可能引发本币汇率的持续下跌。这就是所谓的"特里芬难题"。英镑和美元的历史足以证明这一点。

可见，一国在面临本币的国际化进程时必须权衡其带来的收益和成本。

专栏 7－8　人民币国际化的统计指标

随着人民币国际化水平的不断提高，我国的一些机构开始编制和发布反映人民币国际化状况的统计指标。

中国人民大学货币研究所于 2011 年开始发布人民币国际化指数（RMB Internationalization Index，RII），该指数由 3 级指标体系构成：第一级指标衡量人民币的国际计价支出功能和国际储备功能，第二级指标包括贸易、金融、官方外汇储备等数据，第三级指标则反映货币的国际化程度。它以理论上货币的价值尺度、支付手段和价值贮藏功能为依据，综合考虑人民币在贸易计价、国际金融计价与官方外汇储备的全球占比而计算得出。

RII 取值范围为 0～100，如果人民币是全球唯一的国际货币，则 RII 指标体系中各项指标的数值就应该等于 100％，此时 RII 为 100；反之则为 0。如果 RII 数值不断变大，表明人民币发挥了更多国际货币职能，其国际化水平越来越高。

人大研究团队的报告显示，截至 2015 年底，RII 已达 3.60，同比增长 42.9％，5 年间增长逾 10 倍。

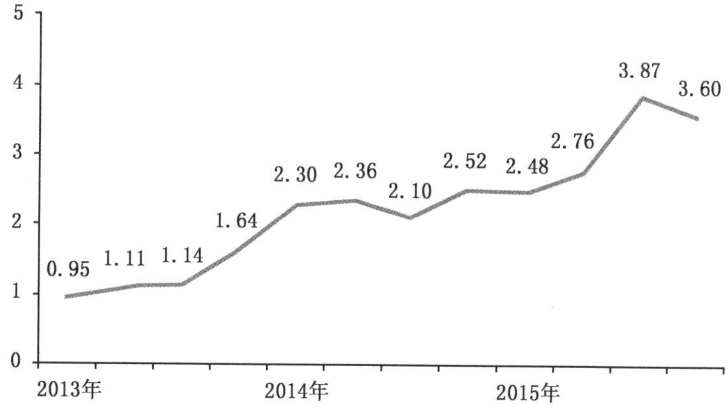

图 7－6　人民币国际化指数

根据 RII 计算方法，贸易计价结算、金融计价交易和国际外汇储备中人民币的使用占比变化，均会影响 RII 结果。在人民币国际化起步阶段，主要表现为人民币贸易计价结算推动 RII 上涨，伴随着人民币国际化进程，RII 的驱动模式已转变为贸易计价结算和金融交易计价结算并行驱动。2015 年，人民币直接投资和境外贷款的大幅度增长，成为推动 RII 继续保持高速增长最重要的因素。同时外国官方持有人民币资产的比例不断提升。根据 IMF 的数据，人民币在全球官方外汇储备中的比例达到1.1%。2015年11月30日，IMF宣布将人民币纳入SDR货币篮子，权重10.92%。这是中国经济融入全球金融体系的一个重要里程碑。

与RII波动上升相比，虽然2015年美元、欧元、英镑和日元等主要国际货币的国际化指数总和同比上升5%，但是各国货币国际化指数走势分化明显。美国经济保持强劲复苏势头，美联储启动加息进程，美元大幅走强，推动美元国际化指数由上年的54.17上升到54.97，美元国际货币地位再度回升。欧元区温和复苏，但是各成员国经济表现参差不齐，希腊问题、难民危机等为欧洲前景带来严峻挑战，欧元持续贬值，挫伤了欧元的国际信心，欧元国际化指数由上年的24.69降低至23.71，欧元国际使用程度进一步下降。全球经济低迷、需求不足，致使日本经济略显疲软，但日元避险货币特征进一步强化，日元国际化指数总体稳定至4.29。英国经济表现好于预期，贸易与投资增长较快，但是伴随"退欧公投"的临近，英国政治与经济形势越发不明朗，英镑汇率持续走低，英镑国际化指数由年初的4.79降至4.53。

表7-16　主要货币的国际化指数

	2014Q1	2014Q2	2014Q3	2014Q4	2015Q1	2015Q2	2015Q3	2015Q4
美元	53.58	53.47	54.78	54.17	55.66	55.91	54.56	54.97
欧元	26.57	25.00	24.30	24.69	24.09	22.39	24.68	23.71
日元	4.44	4.40	4.11	4.33	4.12	4.08	4.10	4.29
英镑	5.58	4.56	4.54	4.25	4.79	4.74	4.83	4.53
总计	90.17	87.44	87.74	87.44	88.66	87.12	88.17	87.49

人民币国际化指数走强的原因涉及五大主要方面：一是中国经济运行总体平稳、金融改革有序推进；二是资本项目跨境人民币业务政策进一步深化；三是人民币基础设施逐步完善，相关配套体系与国际接轨；四是"一带一路"倡议有序推进，中欧经济金融合作掀起热潮；五是在金融环境动荡、美元大幅走强的背景下，大宗商品领域人民币计价使用程度增强。据环球银行金融电信协会(Society for Worldwide International Financial Telecommunications，SWIFT)统计，2017年8月人民币在全球交易的使用量占比1.94%，全球排名第五。

2013年9月20日，中国银行开始发布跨境人民币指数(BOC RMB Cross-border Index，CRI)，以反映人民币在跨境及境外交易使用的活跃程度并体现人民币国际化发展状况。CRI 指数由三个部分组成，分别跟踪人民币在跨境流出、境外流转及跨境回流三个关键环节的使用活跃程度，涵盖所有经常项目、有代表性的资本项目和境外流转项目，涵盖面较广。

2014 年 3 月 11 日中国银行又编制发布了“离岸人民币指数”(BOC Offshore RMB Index，ORI)。ORI 指数主要跟踪人民币在离岸金融市场上的资金存量规模、资金运用状况、金融工具使用等方面的发展水平，共设置五类指标：离岸人民币存款在所有货币离岸存款中的比重、离岸人民币贷款在所有货币离岸贷款中的比重、以人民币计价的国际债券和股权投资余额在所有币种中的占比、全球外汇储备中人民币的占比、人民币外汇交易量在所有币种外汇交易量中的占比，分别对应人民币行使价值贮藏货币、融资货币、投资货币、储备货币及交易货币等五项国际货币职能，加权计算后反映人民币在国际上的综合发展水平。

资料来源：根据中国人民大学(2016)，《人民币国际化报告 2016：货币国际化与宏观金融风险管理》和互联网相关资料编写。

三、国际储备体系的变迁

国际储备体系是国际货币体系的重要组成部分，其核心问题是以什么货币(或资产)作为储备货币(或储备资产)。国际储备体系的演变，实际上就是中心货币或资产在国际经济交易中的延伸与扩大。随着主要发达国家货币的国际化进程的发展，国际储备体系经历了 4 个阶段的演变。

(一)黄金—英镑储备体系

在国际金本位制度下，黄金是货币体系的基础，发挥着世界货币的职能，后来，英国在资本主义世界占据了统治地位，英镑随之成为比肩黄金的储备货币。这一时期的国际储备体系被称为黄金—英镑储备体系，因为虽然其基础是黄金，但由于黄金的流动性较差，实际的国际支付大量使用英镑。这一体系从 19 世纪中叶开始一直维持到第一次世界大战前夕，随着第一次世界大战的爆发，该体系因金本位制度的崩溃而瓦解。

(二)英镑、美元和法郎储备体系

两次世界大战期间，英国和法国恢复了金本位制度，实施金块本位制，美国实行金币本位制，其他国家实行金汇兑本位制，英镑、美元和法郎成为主要的储备货币，其中，美国经济力量的增强使美元的国际化地位不断上升，英镑和美元呈现出此消彼长的趋势。

（三）美元—黄金储备体系

第二次世界大战之后建立的布雷顿森林体系，赋予了美元等同于黄金(as good as gold)的地位，美元成为国际货币体系的中心，从而形成了美元—黄金储备体系，它与黄金—英镑储备体系的本质区别在于前者的中心货币是信用货币，后者的中心货币是金属货币。美元—黄金体系的基础是美国的经济实力和美国承诺美元对黄金的有条件可兑性。① 20世纪70年代初，随着美元危机的不断爆发，各国政府纷纷用美元从美国换取黄金，导致美国的黄金储备急剧流失，美国政府被迫宣布停止美元对黄金的可兑性，美元—黄金储备体系也宣告结束。

（四）多种货币储备体系

布雷顿森林体系解体后，为了避免美元汇率下跌造成外汇储备资产损失，很多国家开始调整外汇储备中的货币构成，增加德国马克、日元、瑞士法郎等货币，出现了所谓的“脱离美元”现象，美元一统天下的局面被打破，并由此形成多种货币储备体系。学术界普遍认为，储备货币多元化是各国中央银行根据资产选择理论，把证券组合原理应用到外汇储备管理的结果。

四、多种货币储备体系的成因

目前的多元化储备货币格局源于多种原因：

第一，美元—黄金体系存在不可克服的内在缺陷。在该体系中，一方面，美元的数量必须不断增长，以满足国际流通的需要，但是，随着美元的不断增长，美元和黄金之间的可兑换性难以维持，由此产生“特里芬难题”。这种制度给了美国“过度的特权”，使之尽享“免费午餐”，所以信用危机的产生难以避免，人们不得不在美元之外寻找新的国际储备来源。建立多种货币储备体系有助于缓解对单个国家的依赖。

第二，各国经济发展存在阶段性的不平衡。在美元爆发危机的同时，西欧和日本经济开始崛起，使得日元和德国马克等货币成为硬通货，许多国家纷纷将美元储备兑换成日元、德国马克和瑞士法郎，使储备货币分散化。同时，日本和德国也采取了很多促进本国货币国际化的举措，如开放金融市场、实行金融自由化政策等，为储备货币多元化提供了条件。据统计，至1979年底，美元在诸多储备货币中所占的比重从1973年的84.6%降为1979年的65.1%，而其他货币所占比重则由1973年的15.4%上升为34.9%，储备货币的币种已涵盖美元、英镑、法国法郎、瑞士法郎、荷兰盾、日元和欧洲货币单位等多种货币。

第三，浮动汇率制度下规避汇率风险的客观需要。自从1973年西方国家普遍实

---

① 这里的条件是指只有各国政府持有的美元才能从美国财政部换取黄金，私人持有的美元不能兑换黄金。

行浮动汇率制度以后，外汇市场上汇率的波动愈益频繁，外汇风险明显加大，尤其是作为主要储备货币的美元汇率持续下跌。出于规避风险的考虑，各国有意识地将储备货币分散化，以此分散风险，减少损失，这种主观保值行为推动了储备货币的多元化。

第四，国际经济组织创立的"篮子货币"SDR 和欧洲货币单位等也为储备货币的多元化提供了示范，促进了储备资产多元化。

此外，欧洲货币市场的迅速发展和全球国际储备资产缺乏有效的国际管理也是导致储备货币多元化的重要原因。随着欧元在国际支付结算、国际信贷投资领域的逐步推广和使用，欧元在储备体系中的重要性大大增加，在全球外汇储备中的比重也逐年上升。不过自 2011 年以来，欧元区的一些国家相继爆发了债务危机，使欧元地位受到严重不利影响。欧元区各国能否在根本上消除危机隐患，决定了欧元未来地位能否持续提升。

但是多种货币储备体系也存在着潜在的不稳定性，如国际储备资产分散化，一定程度上加剧了储备货币数量控制的困难，可能推动世界性的通货膨胀，加大储备货币之间汇率波动的幅度和外汇市场的动荡，增加了各国货币当局管理国际储备的难度。

可见，多种货币储备体系的形成，是历史发展的必然，虽然其具有不可替代的优势，但同时也带来了不少管理上的困难。因此，如何趋利避害，制定符合实际的储备政策与管理体制，是各国亟须解决的难题。

第五节　中国的国际储备

一、中国的国际储备概况

我国于 1980 年恢复在 IMF 的合法席位后，开始正式公布国际储备各组成部分的情况。表 7－17 反映了 2000 年以来我国国际储备的总体构成及其变化。

表 7－17　　2000～2019 年中国的国际储备构成　　单位：百万美元

年份	外汇储备	储备头寸	SDR	黄金储备（百万盎司）	其他储备资产*
2000	165 574	1 905	798	12.7	0
2001	212 165	2 590	851	16.1	0
2002	286 407	3 723	998	19.3	0
2003	403 251	3 798	1 102	19.3	0
2004	609 932	3 320	1 247	19.3	0

续表

年份	外汇储备	储备头寸	SDR	黄金储备（百万盎司）	其他储备资产*
2005	818 872	1 391	1 251	19.3	0
2006	1 066 344	1 081	1 068	19.3	0
2007	1 528 249	840	1 192	19.3	0
2008	1 946 030	2 031	1 199	19.3	0
2009	2 399 152	4 382	12 510	33.89	0
2010	2 847 338	6 397	12 344	33.89	0
2011	3 181 100	9 800	11 900	33.89	0
2012	3 311 589	8 200	11 400	33.89	0
2013	3 821 315	7 100	11 200	33.89	0
2014	3 843 018	5 700	10 500	33.89	0
2015	3 330 362	4 547	10 284	56.66	727
2016	3 010 517	9 597	9 661	59.24	191
2017	3 139 949	7 947	10 981	59.24	545
2018	3 072 712	8 479	10 690	59.56	−220
2019 年 2 月	3 090 180	8 485	10 786	59.94	−163

* 其他储备资产指金融衍生品、对非银行非居民单位的贷款等。

数据来源：国家外汇管理局。

近年来我国国际储备增长迅速，但起伏波动较大。其中，黄金储备在保持多年稳定的情况下，2009 年后开始有大幅增长，从 2008 年的 1 930 万盎司提高到 2019 年 2 月的 5 994 万盎司(见图 7－7)。截至 2019 年 2 月，我国黄金储备与外汇储备的比率为 2.56%，仍远低于欧美国家 40%以上的比率。

外汇储备是我国储备资产的主体。1981 年之前，我国外汇储备一直低于 10 亿美元，1994 年外汇管理体制改革之后，外汇储备增长迅猛，1996 年我国外汇储备首次超过 1 000 亿美元，跃居世界第二位，2006 年 2 月首次超过日本，全球排名第一，年底则达到 10 663 亿美元。2009 年和 2011 年分别突破 2 万亿美元和 3 万亿美元。2014 年中国外汇储备规模增长速度放缓，同比增长仅 0.57%，但总规模达到 3.84 万亿美元，2015 年末中国外汇储备规模降为 3.33 万亿美元，同比减少 5 126 亿美元，这也是自 1994 年以来外汇储备规模首次出现负增长，截至 2019 年 2 月底，外储规模维持在 3 万亿美元左右(见图 7－8)。

我国在 IMF 的储备头寸和特别提款权数额则相对较少。

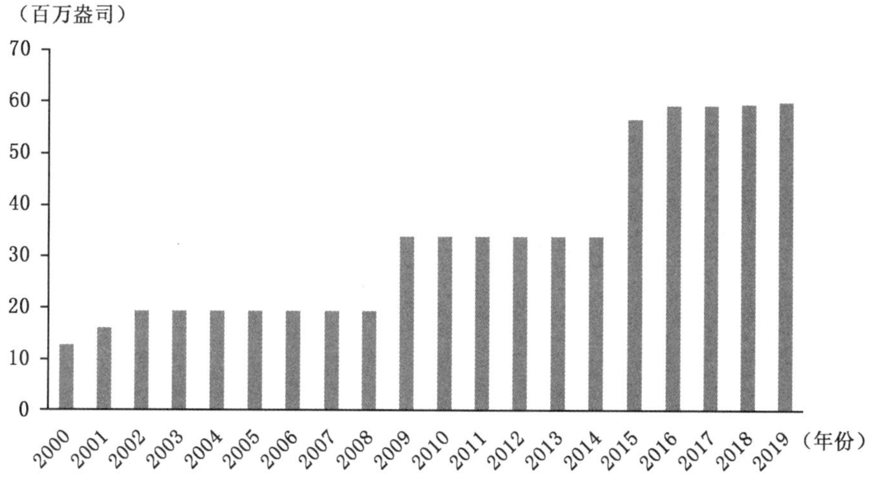

数据来源:国家外汇管理局。

图 7-7　2000～2019 年 2 月中国黄金储备规模

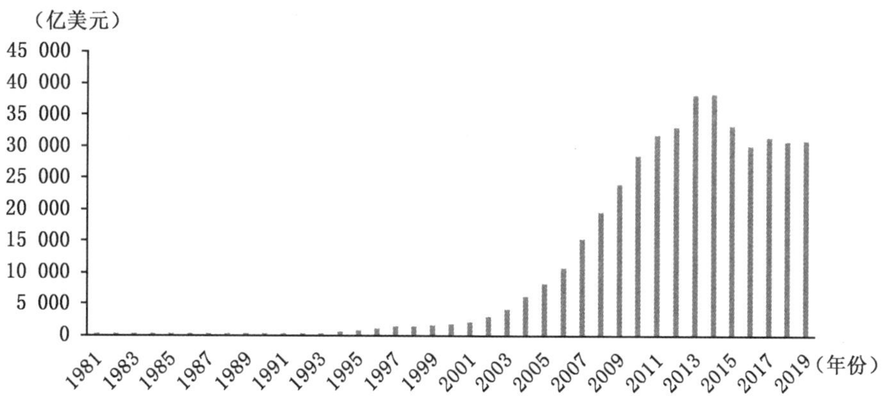

数据来源:国家外汇管理局。

图 7-8　1981～2019 年 2 月中国外汇储备规模

2010 年 10 月 23 日二十国集团财长和央行行长会议就 IMF 份额改革达成《董事会改革修正案》,向新兴市场和发展中国家转移约 6%的份额。2016 年 1 月 26 日修正案开始生效,中国正式成为 IMF 第三大“股东”,份额占比从 3.996%升至 6.390%,仅次于美国和日本,金砖四国(BRIC)全部位列 IMF 份额的前 10 位。

表 7-18 IMF改革前后份额排名前20的国家

排名	改革后		改革前	
	国家	份额(%)	国家	份额(%)
1	美国	17.398	美国	17.661
2	日本	6.461	日本	6.553
3	中国	6.390	德国	6.107
4	德国	5.583	法国	4.502
5	法国	4.225	英国	4.502
6	英国	4.225	中国	3.994
7	意大利	3.159	意大利	3.305
8	印度	2.749	沙特阿拉伯	2.929
9	俄罗斯	2.705	加拿大	2.670
10	巴西	2.315	俄罗斯	2.493
11	加拿大	2.311	印度	2.441
12	沙特阿拉伯	2.095	荷兰	2.164
13	西班牙	1.999	比利时	1.931
14	墨西哥	1.868	巴西	1.782
15	荷兰	1.831	西班牙	1.687
16	韩国	1.799	墨西哥	1.520
17	澳洲	1.378	瑞士	1.450
18	比利时	1.344	韩国	1.411
19	瑞士	1.210	澳洲	1.357
20	土耳其	0.977	委内瑞拉	1.115

数据来源:IMF。

二、中国的国际储备管理体系

我国在改革开放以前对国际储备实行中国人民银行的集中管理和统一经营。1983年中国人民银行专门行使中央银行职能后,储备管理开始实行集中管理下的分工负责制:中国人民银行负责制定国家的国际储备宏观管理政策和经营原则,并直接管理储备头寸、黄金和特别提款权。其中中国人民银行外事局基金组织处负责管理特别提款权和储备头寸;黄金管理司负责管理黄金;中国银行作为国家外汇专业银行,主要负责外汇储备的技术性运营,并具体监督企业及个人的外汇收支活动,以保障储备资金的流动性和完整性；国家外汇管理总局受中国人民银行的委托[①]，具体制定有关外汇储备管理的制度、法规和规章，并负责对外汇储备收支活动进行全面监督。

1977～1992 年间，我国外汇储备一直由国家外汇库存和中国银行外汇结存两部分构成。前者是国家对外贸易和非贸易以及资本结汇、售汇的历年差额总和。正差额表示收大于支，形成国家外汇储备。后者是中国银行的外汇自有资金加上中国银行在国内外吸收的外币存款，减去在国内外的外汇贷款和投资后所得的差额，再加上反映在中国银行海外账户上的我国对外筹资的未用余额。中国银行的外汇结存只有使用权没有所有权，严格说来不能算作外汇储备，而我国由于中国银行的国有性质，一直将之列入外汇储备的范畴。1993 年起，为了规范国际储备管理，我国重新确立了外汇储备统计口径，中国银行对反映贸易和非贸易外汇收入余额的账户实行余差分账，库存划归中国人民银行，此后统计的外汇储备不再包括中国银行外汇结存。

目前，我国的外汇储备基本上是中国人民银行依据中央银行法负责储备管理运营的战略，而由下属机构外管局实施具体的管理工作。根据 2003 年 12 月 27 日第十届全国人民代表大会常务委员会第六次会议修正后的《中华人民共和国中国人民银行法》规定，"实施外汇管理；持有、管理和经营国家外汇储备和黄金储备"是中国人民银行的重要职责之一。中国人民银行货币金银局和国际司则分别管理国家黄金储备和在 IMF 的储备头寸。

三、中国的国际储备管理面临的挑战

由于我国外汇储备在国际储备中的占比近 90%，因此国际储备资产管理的最主要内容是外汇储备的管理。从国际环境看，20 世纪 90 年代中期以来，国际经济金融局势变化不定，各类金融危机频发，市场动荡不安；从国内环境看，中国经济进入新常态、"一带一路"倡议的提出以及人民币国际化进程不断提速，国内外复杂的背景，给外汇储备管理带来了更多的挑战，也提出了更高的要求。

目前我国的外汇储备管理面临如下挑战：

（一）外汇储备存量波动

2015 年以来，受到国内外经济发展步伐放慢、中国国际收支由长期的"双顺差"转为 2014～2016 年的"一顺一逆"（经常项目顺差，资本项目逆差）、美联储的加息和继续加息预期、人民币汇率形成机制改革、人民币国际化加快、藏汇于民政策的实施等多重因素的影响，中国的外汇储备增速下降，外汇储备存量波动的阶段性特征明显。目前，

---

① 国家外汇管理总局当时是直接归属于国务院的总局级机构，后来改为归属于中国人民银行，名称也相应改为国家外汇管理局。

随着我国国际收支运行逐步趋稳，外汇储备已稳步回升并保持基本稳定（见图 7－9）。

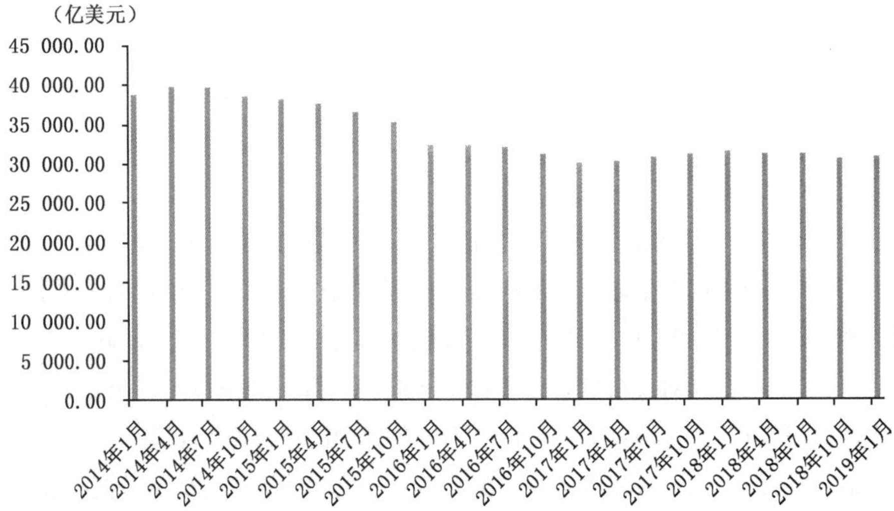

数据来源：国家外汇管理局。

图 7－9　2014～2019 年 1 月中国的外汇储备变动

（二）外汇储备币种结构不尽合理

根据 IMF 的数据，各国外汇储备的币种安排均以美元为主，其次是欧元、英镑、日元等。例如，2015 年发展中国家外汇储备币种的占比分别为美元 63.7%、欧元 19.5%、英镑 5.0%、日元 3.4%。中国作为全球最大的发展中国家，与其他新兴和发展中国家没有太大的差异，粗略估计，近三年来中国外汇储备中，美元占 60%～65%，欧元占 20%～25%。随着中国经济的进一步崛起、人民币国际化的深入、人民币纳入 SDR，储备币种结构未来还需进一步优化。

专栏 7－9　为何要以 SDR 计值外汇储备？

2016 年 4 月 7 日，中国人民银行宣布，自 2016 年 4 月开始，同时发布以美元和 SDR 作为计价货币的外汇储备数据。央行当日发布的数据显示，3 月末我国外汇储备余额为 32 125.8 亿美元，在连续 4 个月负增长后，3 月环比增加 102.8 亿美元，而以 SDR 计价的外储规模为 2.28 万亿 SDR，央行援引 IMF 的数据显示，2016 年 3 月 USD/SDR＝0.709 814。

SDR 作为一篮子货币，其汇率比单一货币更为稳定。以 SDR 作为外汇储备的计价货币，有助于降低主要国家汇率经常大幅波动引发的估值变动，更为客观地反映外汇储备的综合价值，也有助于增强 SDR 计价单位功能。

数据显示，如果以美元计值，2月份的中国外汇储备相比上月减少285亿美元；如果以SDR计值为－222亿SDR，二者同步减少，变化方向一致。3月外汇储备，如果以美元计值，相比上月增加103亿美元，如果以SDR计值，为－378亿SDR，两者一增一减，变化方向相反。以SDR计值外储，可以脱离对单一货币的依赖，弱化美元汇率对外汇储备数量变化的影响。因此，以SDR计值可以更客观地反映外汇储备的变化。

我国外汇储备资产管理多年来提倡多元化配置，投资标的和投资区域多样化，也就意味着所投资产的货币计值不同，既有美元资产，也有欧元、日元等其他币种的资产。但为了统计时的计价单位统一，其他币种资产都要经过汇率折算转变为以美元计价的资产。以单一货币计价外汇储备，就容易造成汇兑损益问题。这是一种资产规模的账面变动，有时并非实际的资产价值损益。为此，人民银行每月公布外汇储备数据时，人们都要先计算因汇率变化引起的汇兑损益，剔除这一因素后再分析外储变动的真实原因。

时任中国人民银行行长周小川在第33届国际货币与金融委员会（IMFC）会议上表示，SDR有潜力解决当前货币体系的缺陷和矛盾，应从现在起，循序渐进地扩大SDR的使用，包括以SDR作为计价货币、发展SDR计价的资产市场等。

以SDR计价外汇储备只是中国扩大SDR实际作用的第一步。目前SDR还不是公众熟知的计价单位，随着其在外汇储备统计中的应用，市场会越来越关注并了解它。增加SDR的使用，提升外界对它的了解程度，可为未来发行以SDR计价的债券创造条件。

对于大多数国家，SDR计价的外储可以更好地反映综合对外支付能力，因为SDR货币组成反映了其国际贸易和国际金融地位。随着人民币加入SDR，其国际代表性和稳定性均会得到加强，未来也会在国际储备和金融体系发挥更重要的作用，促进其朝着国际货币发展。央行推动SDR，既提升了SDR的重要性，同时也有利于推动人民币国际化。

资料来源：根据李思霖（2016）的文章改编。

四、外汇储备与外汇占款

外汇占款（position for forex purchase）是指金融机构收购外汇资产而相应投放的本国货币。若外汇占款为负，则意味着金融机构卖出外汇的数额大于买入的数额，因此形成本币的回收。

中国人民银行每月都会通过“金融机构人民币信贷收支表”发布外汇占款的总额，即存量。这里的金融机构包括中国人民银行、银行业存款类金融机构（银行、信用社和财务公司）、信托投资公司、金融租赁公司和汽车金融公司。因此，金融机构的外汇占款（又称全口径外汇占款）主要由两部分组成，即央行的外汇占款和其他金融机构的外汇占款。由于央行买卖外汇的行为会导致其资产和负债发生变化，因此，央行的外汇占款会通过其每月发布的“货币当局资产负债表”中以人民币表示的国外资产中的外汇得到体现（见表 7－19）。另外，除银行以外，信用社、财务公司、信托投资公司、金融租赁公司和汽车金融公司的外汇交易数量极为有限，所以，其他金融机构的外汇占款可近似地看作银行外汇占款。

表 7－19　　2018 年 12 月的央行资产负债表　　单位：亿元

资　产		负　债	
国外资产	217 648.06	储备货币	330 956.52
外汇	212 556.68	货币发行	79 145.50
货币黄金	2 569.79	其他存款性公司存款	235 511.22
其他国外资产	2 521.59	非金融机构存款	16 299.8
对政府债权	15 250.24	不计入储备货币的金融性公司存款	4 016.33
其中：中央政府	15 250.24	发行债券	200.00
对其他存款性公司债权	111 517.46	国外负债	11 64.51
对其他金融性公司债权	4 642.60	政府存款	28 224.74
对非金融性部门债权	27.84	自有资金	219.75
其他资产	23 405.85	其他负债	7 710.20
总资产	372 492.06	总负债	372 492.06

注：(1)自 2017 年起，对国际金融组织相关本币账户以净头寸反映。

(2)“非金融机构存款”为支付机构交存人民银行的客户备付金存款。

数据来源：中国人民银行。

2015 年 1 月，央行对金融机构信贷收支统计的相关科目进行了调整，在“金融机构人民币信贷收支表”中将“外汇占款”调整为“外汇买卖”，英文仍然是 Position for Forex Purchase，与金融机构外汇信贷收支表资金来源方“外汇买卖”中英文表述一致。2016 年 1 月起该项目又改称“中央银行外汇占款”，不再包含其他金融机构从事外汇买卖而占用的人民币资金，称为“央行口径外汇占款”。此举是对信贷收支报表科目的优化，目的是保证统计报表体系的科学、清晰和简洁，使指标反映的信息纯净、指向明确，避免市场误读，人们不必通过各个指标的计算，而是可以直接观察央行外汇占款的变化(见表 7－20)。

表 7－20　　**2019 年 2 月金融机构人民币信贷收支表**

来源方项目		运用方项目	
一、各项存款	1 820 994.57	一、各项贷款	1 404 113.93
(一)境内存款	1 809 530.91	(一)境内贷款	1 399 052.93
1. 住户存款	767 901.62	1. 住户贷款	488 080.51
(1)活期存款	278 185.63	(1)短期贷款	134 682.34
(2)定期及其他存款	489 716	消费贷款	84 065.02
2. 非金融企业存款	546 489.01	经营贷款	50 617.32
(1)活期存款	215 395.24	(2)中长期贷款	353 398.17
(2)定期及其他存款	331 093.77	消费贷款	301 428.75
3. 机关团体存款	284 451.94	经营贷款	51 969.42
4. 财政性存款	49 117.44	2. 非金融企业及机关团体贷款	902 377.6
5. 非银行业金融机构存款	161 570.89	3. 非银行业金融机构贷款	8 594.83
(二)境外存款	11 463.67	(二)境外贷款	5 061
二、金融债券	67 020.62	二、债券投资	342 659.36
三、流通中货币	79 484.72	三、股权及其他投资	204 578.73
四、对国际金融机构负债	7.31	四、黄金占款	2 632.43
五、其他	200 402.9	五、中央银行外汇占款	212 541.24
		六、在国际金融机构资产	1 384.44
资金来源总计	2 167 910.12	资金运用总计	2 167 910.12

注:(1)本表机构包括中国人民银行、银行业存款类金融机构、银行业非存款类金融机构。

(2)银行业存款类金融机构包括银行、信用社和财务公司。银行业非存款类金融机构包括信托投资公司、金融租赁公司、汽车金融公司和贷款公司等银行业非存款类金融机构。

(3)自 2015 年起,"各项存款"含非银行业金融机构存放款项,"各项贷款"含拆放给非银行业金融机构款项。

(4)自 2017 年起,对国际金融组织相关本币账户以净头寸反映。

数据来源:中国人民银行。

外汇占款的来源与国际收支密切相关:国际收支若出现顺差,跨境资金收入就大于支付,企业和个人向银行结汇的数额也就大于银行的售汇数额,银行代客结售汇出现顺差,金融机构的外汇占款相应增加,因此,以人民币表示的银行代客结售汇差额是金融机构外汇占款的最主要组成部分,但两者并不完全相等,因为除了结售汇以外,金融机构还会通过其他途径买入外汇，主要包括：境外金融机构直接进入我国银行间外汇市场卖出外汇；央行在外汇储备的经营管理中产生和积累的外币形态收益会不定期在银行间外汇市场卖出兑换为人民币。

银行的结售汇如果出现顺差，为平衡外汇头寸，就会通过银行间外汇市场卖出外汇。这时，若中国人民银行为避免汇率出现变动而在银行间市场买入外汇，于是就形成银行向央行的结汇行为，进而导致银行的外汇占款减少而央行的外汇储备和外汇占款同步增加。

需要说明的是，无论是个人、企业还是银行，都有可能增加或减少持有的外汇，并不一定维持外汇头寸的平衡。所以，国际收支差额与跨境收付和银行的代客结售汇差额不一定完全一致，银行的结售汇差额与银行向央行的结售汇差额也未必完全相等。例如，如果本国居民存在本币贬值预期，那么即使国际收支出现顺差，但企业和个人可能增加外汇持有量，并不通过银行结汇；同时，银行也可能增加外汇头寸，导致银行向央行的结汇减少；此外，央行的外汇储备还会因为汇率变动等与外汇收支无关的因素发生变化。上述因素都会造成国际收支顺差额与外汇储备增加额不等的现象，在这种情况下，国际收支就只能通过误差与遗漏项目得到平衡。同时，外汇储备增减额中有部分因素(例如外汇储备的投资收益和中外央行的货币互换)并不涉及银行向央行的结售汇，因而两者之间也可能不等(见图 7－10)。但是，鉴于在通常情况下与银行向央行的结售汇相比，其他因素对外汇储备增减的影响相对较小，因此我们一般可以粗略地将外汇储备的增减等同于银行向央行的结售汇差额。

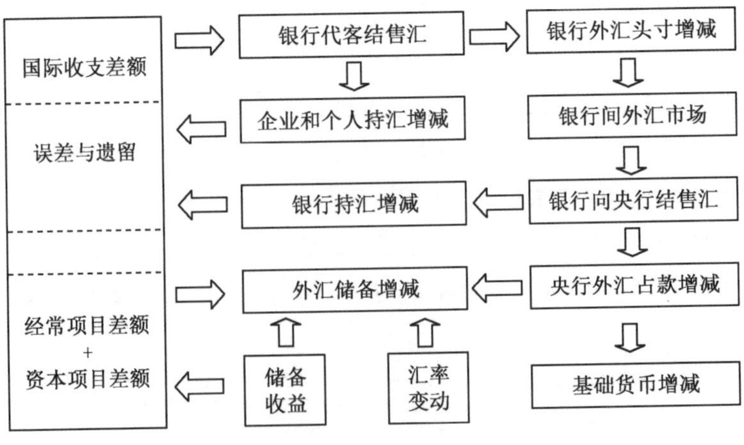

图 7－10　外汇储备、外汇占款及其影响因素

我国长期以来一直实行强制性的结售汇制度，企业不得自行保留外汇，获得的外汇必须通过银行结汇，而银行超出央行核定的结售汇综合头寸上限的外汇必须向央行结汇，企业需要购汇时必须通过合法途径经由银行售汇获得，因此，在国际收支出现顺差并形成跨境资金收付顺差的情况下，这部分差额几乎会全部转化为外汇储备，进而导致外汇占款的增加。可见，在强制结售汇制度下，国际收支差额大致上完全转化为央行的外汇储备和外汇占款。近年来，随着我国外汇储备的不断积累，政府逐步放宽并取消了强制结汇的要求，形成了所谓的意愿结汇制度，即企业和个人可以按照自己的意愿决定是持有外汇还是结汇，于是，国际收支差额与外汇储备的增减在数量上的偏差有所增大。尽管如此，由于我国近年来国际收支持续巨额顺差，企业和个人存在强烈的人民币升值预期，以致持汇意愿偏弱、结汇意愿较强，银行的代客结售汇仍然出现巨额顺差，并通过央行结汇，造成外汇储备和外汇占款继续不断增长。但自 2011 年起，我国的贸易顺差和资本项目顺差开始出现大幅度回落，来华直接投资甚至连续多月负增长，因此，外汇储备和外汇占款的增速也明显放缓，2015 年以来还出现了负增长（见表 7 - 21）。

综上所述，我们可以把外汇占款及其各种影响因素的关系表述如下：

经常项目和资本项目差额→跨境收付差额→银行代客结售汇差额→银行向央行结售汇差额→外汇储备增减→央行外汇占款增减。

表 7 - 21　　央行外汇占款与外汇储备①　　单位：亿元

年份	外汇占款总量	外汇储备总量（亿美元）	外汇占款增量	外汇储备增量（亿美元）
1994	4 263.9	516.2		
1995	6 511.4	735.97	2 247.5	219.77
1996	9 330.0	1 050.29	2 818.6	314.32
1997	12 649.3	1 398.9	3 319.3	348.61
1998	13 087.9	1 449.59	438.6	50.69
1999	14 061.4	1 546.75	973.5	97.16
2000	14 814.5	1 655.74	753.1	108.99
2001	18 850.2	2 121.65	4 035.7	465.91
2002	22 107.4	2 864.07	3 257.2	742.42
2003	29 841.8	4 032.51	7 734.4	1 168.44
2004	45 940.0	6 099.32	16 098.2	2 066.81
2005	62 140.1	8 188.72	16 200.1	2 089.4
2006	84 360.8	10 663.4	22 220.7	2 474.68

① 国际收支平衡表中的外汇储备增量和央行公布的月度外汇储备总量不是简单的加减关系。前者是流量，仅仅是交易变动的结果，后者是存量，还要受到汇率等变化的影响。

续表

年份	外汇占款总量	外汇储备总量（亿美元）	外汇占款增量	外汇储备增量（亿美元）
2007	115 168.7	15 282.49	30 807.9	4 619.09
2008	149 624.3	19 460.3	34 455.6	4 177.81
2009	175 154.6	23 991.52	25 530.3	4 531.22
2010	206 766.7	28 473.38	31 612.1	4 481.86
2011	232 388.73	31 811	25 622.03	3 337.62
2012	236 669.93	33 115.89	4 281.2	1 304.89
2013	264 270.04	38 213.15	27 600.11	5 097.26
2014	270 681.33	38 430.18	6 411.29	217.03
2015	248 537.59	33 303.62	−22 143.74	−5 126.56
2016	219 425.26	30 105.17	−29 112.33	−3 198.45
2017	214 788.33	31 399.49	−4 636.93	1 294.32
2018	212 556.68	30 727.12	−2 231.65	−672.37

数据来源：中国人民银行；国家外汇管理局。

在1994～2014年间，除了个别年份，我国的国际收支持续顺差，外汇储备也急剧增加，央行外汇占款的数量由此相应快速上升（见表7－21），并成为基础货币投放的主要途径，进而对我国经济形成了严重的通胀压力。统计数据表明，自1994年起，央行外汇占款与基础货币的比率日渐上升，并在2006年突破100%。这意味着外汇占款日益成为我国基础货币投放的重要因素，甚至是主要因素。[①] 央行为了避免外汇占款造成基础货币的过度投放，进而引发严重的通胀，不得不采取提高存款准备金比率和公开市场操作等收缩银根的做法，降低货币乘数和回笼一定数量的基础货币，以致外汇占款与基础货币的比率达到100%以上。这种情况表明，在2006～2011年间我国基础货币的投放完全是由外汇占款造成的（见表7－22），外汇占款大于基础货币的差额意味着央行回笼了一定数量的基础货币。2012年我国央行口径的外汇占款增量大幅度回落，仅为4 281.2亿元，央行外汇占款与基础货币的比率开始低于100%，2015年外汇占款首次出现全年负增长，2016年继续回落，使得央行通过此渠道投放的基础货币大幅减少，2015年基础货币较上年末下降17 715.53亿元，降幅6%，这是近十多年来首次出现基础货币余额年度下降。外汇占款对基础货币投放的贡献下滑，央行货币政策的实施方式相应动态变化，不断通过降准、公开市场操作，包括SLF、PSL、

① 这里的基础货币数据来自中国人民银行资产负债表中的储备货币，即货币发行和其他存款性公司存款之和。

MLF 等货币政策工具向市场投放流动性，稳定货币供应量。

中国人民银行于 2013 年初创设了常备借贷便利（Standing Lending Facility，SLF），主要功能是满足金融机构期限较长的大额流动性需求，对象主要为政策性银行和全国性商业银行。除了总行外，央行的分支机构常备借贷便利主要解决符合宏观审慎要求的中小金融机构的短期流动性需求，对象包括城市商业银行、农村商业银行、农村合作银行和农村信用社四类地方法人金融机构，采取抵押方式发放。抵押补充贷款（Pledged Supplementary Lending，PSL）是央行于 2014 年创设的向商业银行提供的期限较长的抵押贷款。央行还在同年 9 月创设了中期借贷便利（Medium-term Lending Facility，MLF），以此作为提供中期基础货币的政策工具。符合宏观审慎管理要求的商业银行、政策性银行可通过招投标方式以国债、央行票据、政策性金融债、高等级信用债等优质债券作为合格质押品从央行获得融资。

表 7-22 **央行外汇占款与基础货币** 单位：亿元

年份	央行外汇占款	储备货币余额	外汇占款/储备货币（%）	外汇占款增量	储备货币增量
1994	4 263.9	17 217	24.77		
1995	6 511.4	20 760	31.37	2 247.5	3 543
1996	9 330	26 888	34.70	2 818.6	6 128
1997	12 649.3	30 623	41.31	3319.3	3 735
1998	13 087.9	31 335	41.77	438.6	712
1999	14 061.4	33 620	41.82	973.5	2 285
2000	14 814.5	36 491	40.60	753.1	2 871
2001	18 850.2	39 851	47.30	4 035.7	3 360
2002	22 107.4	45 138	48.98	3 257.2	5 287
2003	29 841.8	52 841	56.47	7 734.4	7 703
2004	45 940	58 856	78.05	16 098.2	6 015
2005	62 140.1	64 343	96.58	16 200.1	5 487
2006	84 360.8	777 57	108.49	22 220.7	13 414
2007	115 168.7	101 545	113.42	30 807.9	23 788
2008	149 624.3	129 222.3	115.79	34 455.6	27 677.3
2009	175 154.6	143 985	121.65	25 530.3	14 762.7
2010	206 766.7	185 311.1	111.58	31 612.1	41 326.1
2011	232 388.73	224 641.76	103.45	25 622.03	39 330.66
2012	236 669.93	252 345.17	93.79	4 281.2	27 703.41

续表

年份	央行 外汇占款	储备货币 余额	外汇占款/ 储备货币(%)	外汇占款 增量	储备货币 增量
2013	264 270.04	271 023.09	97.51	27 600.11	18 677.92
2014	270 681.33	294 093.02	92.04	6 411.29	23 069.93
2015	248 537.59	276 377.49	89.93	−22 143.74	−17 715.53
2016	219 425.26	291 922.96	76.25	−25 934.31	15 545.47
2017	214 788.33	321 870.76	66.73	−4 636.93	29 947.8
2018	212 556.68	330 956.52	64.22	−2 231.65	9 085.76

数据来源:中国人民银行。

本章小结

国际储备是一国货币当局所实际持有的、不以本币标价的、流动性较好的、可直接或通过有保证的同其他资产的兑换而在对外支付时为各国所普遍接受的金融资产。国际储备的主要功能是稳定一国货币的汇率和弥补国际收支差额。

自有储备是最终所有权属于本国货币当局的储备资产,因而可以自由支配,其主要来源是经常项目顺差。一国的自有储备数量主要可以通过其国际投资头寸表上的净资产得到表现。

借入储备是以负债的方式获得的储备资产,其最终所有权属于外国居民,主要来源于资本项目顺差,以后需要偿还或被抽走。与自有储备相比,借入储备是很不可靠的。

国际储备既可以表现为流量,也可以表现为存量。国际收支平衡表体现的是国际储备的流量,货币当局持有的国际储备总量则是存量。

一国的国际储备的流量增减与其汇率制度密切相关。在完全的浮动汇率条件下,国际收支可自动实现平衡,国际储备不会发生流量增减。如果一国货币当局在外汇市场进行外汇干预,买卖外汇,则其国际储备就会发生变化,国际收支也会出现差额。

国际储备的流量增减会导致存量的相应增减。此外,储备货币的汇率变动也会导致存量价值的变化。

国际储备由黄金储备、外汇储备、储备头寸和特别提款权四种资产组成,其中,外汇储备是国际储备的主体。

黄金储备具有良好的安全性,但流动性和收益性较差。随着黄金货币功能的日益衰退,黄金储备在国际储备中的比重正在持续下降,而外汇储备则因其突出的流动性而日益成为重要的储备资产,其比重正在快速上升。

国际清偿力是一国货币当局筹措和动员国际支付手段的能力。它由无条件国际清偿力和有条件国际清偿力组成。前者主要是一国的国际储备,后者主要是借取外债等其他筹措资金的能力。国际清偿力是衡量一国对外支付地位的重要概念。

持有国际储备需要付出一定的代价,如造成资源闲置和引发通货膨胀。因此货币当局的国际储备数量管理的一项重要内容就是确定和保持国际储备的最优水平。迄今为止,学术界提出的种种确定国际储备最优水平的方法，都有各自的缺陷，但储备与进口的比率是被广泛运用的方法。国际储备的结构管理主要指外汇储备的结构管理，包括币种和资产形式的选择，通过合理地调整储备货币的币种和资产形式，在动态变化中实现国际储备安全性、流动性和收益性的统一。

自20世纪70年代起，除了美元以外，德国马克、法国法郎（及后来的欧元）和日元等货币也开始被许多国家用作储备货币，由此形成了多种货币储备体系。这是美国的经济实力相对下降的产物。2016年10月1日，人民币正式纳入SDR货币篮子，有助于进一步推动人民币的国际化进程，人民币在我国的跨境贸易和投资中作为结算货币的使用量不断增长，并已经成为部分国家的储备货币。近十多年，我国的国际收支经历了巨额的持续顺差和随后的顺差额急剧下降，外汇储备和外汇占款的急剧波动，并成为影响基础货币投放的主要因素。因此，外汇储备的管理已成为货币当局面临的重要课题。

重要术语

官方储备　国际储备　自有储备　借入储备
黄金储备　外汇储备　储备货币　储备头寸
特别提款权　份额　缓冲库存　国际清偿力
R/M比率　衣柜效应　国际货币　载体货币
世界货币　$n-1$　多种货币储备体系　央行外汇占款

思考题

1. 国际储备和国际清偿力的区别是什么？借入储备是不是国际储备？为什么？
2. 除了国际储备以外，我国的国际清偿力还有哪些来源？
3. 我国学术界经常有学者主张增加我国的黄金储备。你对此是否认同？为什么？
4. 国际储备有什么作用？当前不同国际储备资产的相对重要性发生了什么变化？为什么会出现这种变化？
5. 外汇储备是否多多益善？为什么？请谈谈你的理解。
6. 什么是最优国际储备量？测算储备适度规模时需要考虑哪些因素？
7. 近年来我国外汇储备增长迅速，规模全球第一。这对于我国有何意义？巨额外汇储备又是如何形成的？
8. 什么是特别提款权？如何使用特别提款权？
9. 简述多元化储备体系的成因和影响。
10. 国际储备结构管理涉及哪些内容？
11. 试说明一国国际收支差额变化导致其国际储备变动的具体过程。在汇率完全自由浮动的情况下，一国的国际储备存量和流量是否会发生增减变化？
12. 2011年以来，中国持有的美债数量出现了持续的波动：1～3月，中国接连3个月减持；此后在 7 月，中国又突然增持；进入 8 月后，中国在美债上更是呈现出仓位增减一月一变的态势，8 月减持美债 365 亿美元，9 月增持 113 亿美元。试问：(1)中国减持美债的主要原因是什么？(2)有学者认为中国现在应该减持美债来降低中国的金融资产损失，你是否赞同这样的观点？为什么？(3)如何实现中国外汇储备投资的多元化？

13. 央行数据显示，中国的外汇储备 2016 年 11 月份下降 691 亿美元，这是中国外汇储备连续第 5 个月下降，也是该年 1 月份以来外储的最大跌幅。截至 2016 年 11 月 30 日，中国外汇储备规模为 30 516 亿美元，而 2014 年 6 月的最高点为 3.99 万亿美元。谈谈你对我国这次外汇储备变动的看法，包括外储变动的原因、后果及未来发展趋势等。

14. 外汇储备的增加为什么会对基础货币产生影响？

15. 试述人民币纳入 SDR 篮子对中国的影响。

参考文献

1. 丁剑平、楚国乐：货币国际化的影响因子分析，《国际金融研究》，2014 年第 12 期。

2. 李思霖：为何要以 SDR 计值外汇储备？《中国金融家》，2016 年第 5 期。

3. 罗伯特・特里芬：《我们的国际货币体系：昨天、今天和明天》，纽约，兰登书屋，1968 年版。

4. 年四伍：黄金投资能够对抗通货膨胀吗？《上海金融》，2011 年 3 月号。

5. 潘英丽：《国际货币体系未来变革与人民币国际化》(下卷)，格致出版社 2014 年版。

6. 奚君羊：《国际储备研究》，中国金融出版社 2000 年版。

7. 张莲英、王未卿：《国际金融学》，中国社会科学出版社 2009 年版，第 3 章：国际储备。

8. Agarwal, J. P., 1971, *Optimal monetary reserves for developing countries*, Weltwirt-schaftliches Archiv, CVII.

9. Akiko Terada-Hagiwara, 2005, Foreign exchange reserves, exchange rate regimes, and monetary policy issues in Asia, ERD International Financial Statistics, Data Stream, Working Paper No. 6112.

10. Baker, Dean and Karlk Walentin, 2001, Money for nothing: The increasing cost of foreign reserve holdings to developed nations, Center for Economic and Policy Research.

11. Bird, Graham, 1982, The international monetary system and the less developed countries.

12. Dam, Kenneth W., 1982, "The rules of the game", pp. 31—32.

13. Emminger, Ottar, 1978, Thirty years of the Deutsche Mark, Deutsche Bundesbank Monthly Report, June.

14. IMF, 2008, "Reform of IMF Quotas and Voice: Responding to Changes in the Global Economy", Issues Brief, April.

15. IMF, 2011, "Assessing Reserve Adequacy", February 14, Prepared by Monetary and Capital Markets, Research, and Strategy, Policy, and Review Departments In consultation with other departments Approved by Reza Moghadam, Jonathan D. Ostry and Robert Sheehy Assessing Reserve Adequacy Prepared by Monetary and Capital Markets, Research, and Strategy, Policy, and Review

Departments In consultation with other departments Approved by Reza Moghadam, Jonathan D. Ostry and Robert Sheehy February 14,2011.

16. IMF,2013:《国际储备和外币流动性》(中文版)。

17. Machlup, Fritz, 1965, The cloakroom rule of international reserves: Reserve creation and resource transfer, *Quarterly Journal of Economics*, vol. 79 (August).

18. Rodrik, D. , 2006, The social cost of foreign exchange reserves, Working Paper 11952, National Bureau of Economic Research.

第八章 国际货币体系

教学目的与要求

- 了解国际金本位制度和储备货币本位制度的运作机制。
- 明确布雷顿森林体系崩溃及牙买加体系形成的原因。
- 把握国际货币体系的改革前景。
- 理解欧元区的实践和洞悉亚洲货币合作的现状及主要障碍。

国际货币体系(International Monetary System,又译国际货币制度)是国际间货币往来,包括国际清偿力(即国际清偿手段、国际支付手段或国际流通手段)的确定、创设、兑换、储存及在此基础上的资金转移,如支付和结算有关的组织结构、统一安排、办事程序、规则设定和相应的机构设置的总和。任何形式的国际货币体系必须具备以下3个要素:(1)国际收支安排及其调节,包括采取何种汇率制度;(2)国际清偿力的确定,包括国际货币或储备资产的数量及其调节;(3)维持国际货币体系稳定运行的信心。前两个要素关系到一种国际货币体系能否顺畅运行,而第3个条件则决定了国际货币体系的生死存亡,因为一旦人们对其丧失信心,该体系的生存基础便不复存在。

从广义的角度看,国际金融体系是国际间所有金融货币关系的总和,因而也涵盖了国际货币体系。但从狭义的角度看,国际金融(international finance)和国际货币(international money)两者之间虽然存在某种自然的交叉关系,但同时也存在极为明显的区别。国际经济关系中的金融问题主要是指国家之间的储蓄转化为投资的过程,即国际融资,其主要表现是借贷关系。货币问题则涉及国际清偿力的确定、创设、兑换、储存及在此基础上的资金转移和收付。据此,国际金融体系可定义为在国际间转移储蓄,并使这种储蓄能最终用于投资或消费的组织结构、统一安排和办事程序的总和。因此,国际金融体系主要由国际金融市场,尤其是国际资本市场和从事各种国际交易的金融机构,包括多边性的国际金融机构组成。

根据不同时期本位货币和汇率安排的不同,可以将历史上的国际货币体系分为国际金本位制度(gold standard)、储备货币本位制度(布雷顿森林体系)和牙买加体系。①

第一节　国际金本位制度

一、国际金本位制度概述

金本位制度是以黄金为基础的货币制度。1819 年英国颁布了《恢复法令》,(Resumption Act),要求英格兰银行恢复银行券与黄金按固定比率兑换的业务,这标志着金本位制度的诞生(克鲁格曼、奥伯斯法尔德,2011)。随后,其他西方国家也纷纷效尤,到 19 世纪末期,主要西方国家基本上都实行了金本位制度,国际金本位制度由此确立。

表 8-1　部分国家开始实行金本位制度的年份

英国	1819 年	比利时	1874 年	美国	1879 年
德国	1871 年	瑞士	1874 年	日本	1897 年
瑞典	1873 年	意大利	1874 年	俄国	1898 年
挪威	1873 年	荷兰	1875 年	巴拿马	1904 年
丹麦	1873 年	乌拉圭	1876 年	墨西哥	1905 年

资料来源:刘思跃、肖卫国(2008)。

需要说明的是,黄金作为货币而被广泛使用的历史可以追溯到更早的时期,而金本位制度则是以黄金为基础对货币的含金量、货币的单位、货币的发行和货币的支付等一系列事务所做出的法律规范,从而形成法定的货币制度。虽然黄金在数千年前早已开始执行货币的功能,但金本位制度的建立使货币流通有了法律规范,并极大地促进了经济的稳定发展。正是由于英国的金本位制度的成功运行,使得这种制度在世界范围内得到了推广。因此,所谓的国际金本位制度并非各国统一协调的产物,而是各国单独实施的金本位制度的集合。鉴于各国的金本位制度完全一致,具有统一特征,因而具有国际性。

根据货币与黄金的联系程度,金本位制度可细分为金币本位制度(gold specie standard)、金块本位制度(gold bullion standard)和金汇兑本位制度(gold exchange standard)三种类型,第一种是标准的金本位制度,其余两种是不完整的、残缺的金本位制度,因而又称“跛行”的(cripple)金本位制度。

① 在货币制度方面,英文 standard 通常译为本位,具有标准、准则和规范的含义,因此,gold standard 具有以黄金作为货币规范的含义。

在国际金本位制度下，黄金充当世界货币，因而是国际金本位制度的基础。但是，银行券可按含金量自由兑换黄金，而且黄金不易运输，黄金储备无法生息，又由于英国在国际经济往来中独一无二的主导地位，使得英镑(银行券)在国际支付中事实上发挥了与黄金同等的作用，成为使用最广泛的贸易结算工具，进而成为各国中央银行国际货币储备的重要组成部分。

在国际金本位制度下，各国货币均规定有含金量，各国货币的含金量之比形成的铸币平价决定各国货币之间的汇率，外汇市场上各国货币之间的汇率波动以铸币平价为基础，按照市场供求状况上下波动，但是波动幅度受黄金输入点和输出点的限制。由于黄金可以自由输出入，汇率不可能突破输金点，这保证了各国货币之间比价的相对稳定，形成了各国货币之间的固定汇率。在金币流通的国家，金币还可以自由铸造，金币的面值与其所含黄金的价值就可保持一致，金币数量就能自发地满足流通的需要，从而起到调节货币供求的作用，保证了各国价格水平的相对稳定。在国际金本位制度下，各国国际收支的自动调节主要通过"价格—金币流动机制"实现。

二、国际金本位制度的优劣

在金本位制度下，各国均规定本国货币的法定含金量，各国央行为了维持金本位制度的稳定运行，必须维持黄金的官方价格，使货币的供应量与实际货币需求保持一致，若过度发行货币会引起价格水平(包括黄金价格)的上涨，从而导致黄金官价无法维持，甚至导致货币的法定贬值，降低货币的含金量，引发货币危机。因此，金本位制度具备限制中央银行使用扩张性货币政策的天然属性，使各国的通货膨胀能够得到有效控制。这就是所谓的"货币纪律"。

虽然金本位制度有着自身的优势，但是也存在着以下缺陷：

(一)货币供应量无法满足实际需要

由于货币数量的增长主要依赖黄金产量的增加，而与世界经济的迅速发展相比，黄金产量相对不足，以致货币供应量无法满足世界经济增长的需求。在金本位条件下，银根紧缺是一种常态，其结果往往是经济衰退和失业，使经济具有内在的紧缩偏向(deflationary bias)。

(二)黄金的均衡分配无法保证

由于各国经济发展不平衡，经济实力悬殊差异显著，不发达国家因贸易持续逆差，黄金大量流失，经济进一步趋于紧缩，而发达国家能通过贸易顺差持续积累黄金，结果到 1913 年，英国、美国、法国、德国和俄国 5 国的黄金存量占世界黄金存量的 2/3。黄金集中到极少数国家手中，使其他国家的金本位制度因缺乏足够的黄金而难以维持。可见，黄金产量和货币需求之间的矛盾是金本位制度最根本的缺陷。

（三）国际收支的调节负担不对称

在金本位条件下，各国为了增加黄金储备，往往以国际收支顺差作为目标，因而并不会因为国际收支顺差而采取调节措施，而国际收支逆差国为了避免黄金的大量流失，被迫对国际收支进行调节，于是国际收支调节负担全部由逆差国承担。而且，由于汇率不能成为调节国际收支的工具，政府只能依赖紧缩政策，以减少进口、增加出口，从而加剧了经济的紧缩偏向。逆差国的经济紧缩又可能传递到顺差国，形成世界性的紧缩偏向。因此，金本位制度会使一国丧失国内决策的自主权，使国内经济状况根本上受制于对外经济的变动。金本位制度在平衡国际收支方面的这种刚性为国际学术界中反对恢复金本位的观点提供了有力的依据。

第一次世界大战前夕，很多国家为了准备战争，保证战略物资的进口支付，加紧黄金的积累，增加银行券的发行，使金币自由铸造、价值符号与金币自由兑换、黄金的自由输出入受到严格限制。战争爆发以后，各国相继正式禁止黄金输出，终止银行券与黄金的自由兑换，从根本上破坏了金币本位制赖以存在的基础，导致了金币本位制的彻底崩溃。

（四）黄金大量用于储备，造成资源的闲置和浪费

黄金除了充当货币使用之外，还是矿产资源，属于商品范畴，有一般商品的使用价值，具备各项用途。首先，黄金可以制成黄金饰品，满足人们对珠宝首饰的需求；其次，黄金具备独一无二的物理和化学性质，如极高的抗腐蚀的稳定性，良好的导电性、导热性和延展性，被广泛用于电子、航天、航空、化工、医药等领域，而且随着科学的发展和新技术不断出现，其在工业领域的应用范围不断扩大。大量黄金充当储备资产，使得本就数量稀少的黄金无法充当重要材料投入工业应用，造成资源的浪费。此外，黄金自身不会增值，不像货币可以通过固定收益资产获利，持有黄金还需支付储藏和保险等费用，机会成本很高。

三、金块本位制度和金汇兑本位制度

1922 年，第一次世界大战已经结束，世界各国在意大利热那亚召开世界货币金融会议，讨论重建国际货币体系问题，决定恢复金本位制度。各国吸取了战前金币本位制度缺乏灵活性的经验教训，同时也由于许多国家因战争而导致的黄金大量流失，没有足够的黄金储备，无力实行金币本位制度，因而除了美国以外，英国和法国只能实行金块本位制度，德国在 1924 年首先采用金汇兑本位制度，随后奥地利、意大利、丹麦、挪威等 30 多个国家也采用了该制度。

金块本位制度的特点是流通中的货币只有银行券而没有金币，银行券在一定条件下才能兑换金块。如法国在 1928 年规定至少需要 215 000 法郎才能兑换黄金。这样

就能节约黄金的使用。

金汇兑本位制度是一种虚金本位制度，因为在这种制度下货币与黄金已没有直接的联系，而是以实行金币或金块本位制的国家的货币，如英镑作为外汇储备和货币发行的准备金；本国发行的货币虽然不能兑换成黄金，但可以按固定的比价兑换英镑，然后再用英镑到英国去兑换黄金；政府通过无限制买卖外汇，以维持本国货币与英镑的比价，进而维持本国货币的稳定。从本质上说，这种货币制度的基础仍然是黄金。

金汇兑本位制度是一种既以黄金为基础，又节约黄金的货币制度。国际收支发生不平衡时，首先动用外汇储备，若仍然不能平衡，黄金才充当最后的支付手段。实行这种货币制度的国家，在对外贸易和财政金融方面，很容易受到与其所依附的金币（块）本位制度国家，即储备中心的控制和影响。若后者的货币动荡不定，前者的货币必然深受其害。如果采用金汇兑制度的国家大量提取外汇，兑换黄金，也会威胁到实行金币（块）本位制度国家的货币稳定，因此，这是一种极不稳定的金本位制度。

在金块和金汇兑本位制度下，不同货币的含金量之比称为法定平价。法定平价也是金平价的一种表现形式。市场汇率因供求关系而围绕法定平价上下波动。但此时，汇率波动的幅度已不再受制于黄金输送点。黄金输送点存在的必要前提是黄金的自由输出入。在金块和金汇兑本位制度下，由于黄金的输出入受到限制，因此，黄金输送点实际上已不复存在。在这两种残缺的金本位制度下，虽说汇率的基础依然是金平价，但汇率波动的幅度则由政府规定和维护。政府通过设立外汇平准基金来维护汇率的稳定，即在外汇汇率上升时抛售外汇，在外汇汇率下降时买入外汇，以此使汇率的波动局限在允许的幅度之内。很显然，与金币本位制度时的情况相比，金块本位和金汇兑本位下的汇率的稳定程度已大大降低。

1929～1933 年的经济"大萧条"使各国经济受到严重打击。1931 年德国两家大银行宣告破产，随后又引起大批银行的倒闭。德国政府遂宣布停止支付外债，禁止黄金输出，实行严厉的外汇管制，放弃了金汇兑本位制度。英国在 1931 年 7 月至 8 月之间有 2.3 亿英镑的黄金流失，在当年 9 月宣布停止黄金的支付和兑换，放弃了金块本位制度。美国在 1933 年的一个多月内，黄金储备流失了 20%，不得不在 1933 年 3 月放弃了金币本位制度。之后，荷兰、瑞士、意大利也相继于 1936 年放弃了金汇兑本位制度。可见，国际金本位制度的运行有赖于各国遵守一定的准则，如货币与黄金的可兑性、黄金的自由输出入等。这些准则就是所谓的"比赛规则"（rules of the game，又译游戏规则）。

金汇兑本位制度崩溃以后，全球货币金融处于混乱状态。面对全球经济的大萧条，许多国家开始实行外汇管制，本国货币竞相贬值，这就是所谓的"以邻为壑"的货币大战。大危机以后，英国、美国和法国为了恢复国际货币体系的稳定，于 1936 年 9 月达成一项“三国货币协议”(tripartite agreement)，力图减少汇率波动、维持货币关系的稳定。但是这个协议随着第二次世界大战的爆发很快瓦解。国际金融领域历经了长达 10 年之久的无政府状态，汇率自由浮动。货币的无序、频繁的波动极大破坏了国际贸易的正常进行，全球经济为之付出了惨重代价。当然，这也为其后新的货币体系的建立提供了经验和教训。

第二节　储备货币本位制度

一、储备货币本位制度的运行

(一)储备货币本位制度的运行机制

储备货币本位制度是以储备货币为本位币的货币制度。[①] 在该体系下，某一种或者几种货币被选作储备货币，作为国际支付和清偿手段，中央银行通过持有储备货币来保持其国际储备，确定本币与储备货币之间的固定汇率，并且央行有义务在外汇市场上干预维持该固定比价。

从第二次世界大战末期到 1973 年，美元成为主要的储备货币，几乎所有国家的货币都与美元建立固定比价。因此储备货币本位制度的运作可以通过这一段时期的美元本位制度加以说明。在美元本位制度下，各国中央银行大部分储备资产必须是美元[②]，因为这些国家随时需要使用这些美元进行外汇市场干预，从而稳定本国货币与美元的固定比价，即汇率。当一国货币相对美元升值时，该国央行必须入市购进美元，当一国货币相对美元贬值时，该国央行必须出售美元。当每一种货币的美元价格得以固定时，除美元之外的任何两种货币之间的汇率也会通过外汇市场的套汇行为自动固定下来。

(二)储备货币发行国的特殊地位

在储备货币本位制度下，储备货币发行国(又称储备中心，reserve center)有特殊地位，不需要干预外汇市场，没有维持国际收支平衡的负担。美国作为储备货币发行国在美元本位制度下拥有特权，即在固定汇率制度下也可以用货币政策稳定宏观经济。当美国货币当局购买国内资产，增加货币供应，降低国内利率时，外汇市场上将出现对非美元货币的过度需求。国际货币体系中所有其他国家为阻止本国货币升值，将

---

① 这里的“本位币”是就对外支付而言的，国内支付所使用的本位币依然是本币。

② 这部分美元通常并非现钞，而是表现为美国财政部债券和美元短期存款的形式，以便获取利息和随时用于对外转账支付。

被迫以本币购买储备资产(即美元),从而扩大本国货币供应,促使本国利率向储备中心确立的水平靠拢。结果,储备货币发行国购买本国资产之后,整个世界的货币供应量增加、利率下降,从而促进总产出和各国国内产出的增加。

储备货币发行国通过货币供应的变动不但能够影响本国经济,还能够影响外国经济,但是非储备货币国的货币政策是无效的,既不能影响本国经济,也无法影响美国经济,这就出现所谓"第 n 种货币问题":美元是"第 n 种货币",其他 $n-1$ 种货币的汇率都以美元作为基准,中央银行必须干预外汇市场来维持汇率稳定,美国则没有干预外汇市场的义务;美国的责任在于维持美元对黄金的比价,其他国家可能以美元向美国兑换黄金的行为将对美国宏观经济政策构成潜在的外部约束。根据蒙代尔—弗莱明模型,当非储备货币国家扩大货币供应刺激本国经济增长时,由于货币扩张导致外汇市场本币相对美元贬值,该国央行又有义务维持本币与美元的汇率,因此它必须入市干预出售美元购进本币,而这一行为将导致货币供应回复到扩张前的水平,从而导致货币政策的失效。

二、布雷顿森林体系的建立

两次世界大战和 1929～1933 年的世界经济"大萧条",使国际货币金融关系处于极度混乱和动荡的环境中。在此期间,货币竞相贬值、贸易倾销、外汇管制等政策导致各国之间的贸易、货币金融以及国际经济合作陷入困境。战后各国为了恢复和发展经济,迫切需要一种统一、稳定、有效运行的国际货币秩序,为国际贸易和经济发展提供基本条件。

为此,1944 年 7 月 44 个国家的 300 多位代表在美国布雷顿森林(Bretton Woods)召开的联合国货币金融会议决意建立一个稳定的国际货币体系,尤其是稳定的汇率制度。鉴于美国当时所具有的无与伦比的政治、经济和军事实力,与会各国只能接受美国提出的方案,同意建立以美元为中心的固定汇率制度,这一制度或体系后来就称作布雷顿森林体系,其基本内容如下:

(一)布雷顿森林体系的运行机制

第一,布雷顿森林体系规定美元维持其在 1933 年 1 月实行金本位制度时的含金量,即 1 美元等于 0.888 671 克纯金,折算成 1 盎司黄金则为 35 美元。美国则承诺美元对黄金的可兑性,即参与这一固定汇率制度的国家的中央银行可按照这一官价用美元向美国兑换黄金。各国可为本国货币也规定一个含金量,这一含金量与美元的含金量之比称作黄金平价(gold parity),用作与美元的汇率的基准。黄金平价与铸币平价不同,因为除了美元以外,其他国家的货币并不能兑换黄金,即使是美元也只有各国官方持有人才能要求兑换黄金。各国也可不规定本国货币的含金量,而直接规定与美元的比价，称作中心汇率(central rate)。这样，各国货币便通过黄金平价或中心汇率与美元建立了固定关系。因此，该体系在某种程度上是以美元为中心的金汇兑本位制度。

第二，在布雷顿森林体系下，各国货币对美元的汇率，一般只能在黄金平价或中心汇率上下各1%的幅度内波动，各国的中央银行有义务在外汇市场上进行干预，以便保持外汇行市的稳定，使其不致偏离规定的波动幅度。若一国的国际收支出现基本性不平衡(fundamental disequilibrium)，则可在10%的限度内调整其含金量或中心汇率。至于10%以上的调整幅度，则须报经IMF批准。这一汇率制度的波动幅度虽已超过金本位制度下的黄金输送点，但由于规定不能超过平价的1%，波动幅度不算大，所以仍属固定汇率制度，或称可调整钉住汇率制度。可见，布雷顿森林体系的一个重要特征是所谓的“双挂钩”，即美元与黄金挂钩，其他货币与美元挂钩。

(二)布雷顿森林体系的历史作用

布雷顿森林体系的建立是符合当时世界经济需要的，对世界经济起着积极的作用，具体表现在：

第一，布雷顿森林体系通过建立可调整固定汇率制度，使各国中央银行承担干预和稳定外汇市场的义务，这确实使得各国汇率在相当长一段时期内呈现出较大的稳定性，从而避免了20世纪30年代以邻为壑的竞相贬值所引起的混乱局面，使汇率风险降低到最低限度，这无疑对当时贸易、投资以及信贷等国际活动起着巨大的促进作用。目前世界经济的高度一体化在很大程度上得益于当时布雷顿森林体系提供的稳定的金融环境。

第二，布雷顿森林体系形成后，IMF对世界经济的恢复和发展发挥着有益的作用。IMF为国际收支逆差国提供了短期和中期资金，这大大减轻或者避免了为纠正国际收支失衡而必须采取本币贬值政策或者紧缩性宏观经济政策给该国经济带来的负面影响。

第三，布雷顿森林体系促进国际多边贸易、多边支付体系的建立。第二次世界大战结束以后，各国急需建立和恢复一个多边支付体系和多边贸易体系，以促进各国贸易的发展以及世界经济的复苏。布雷顿森林体系确立美元等同于黄金的储备货币地位，通过不断输出美元，一定程度上弥补了当时普遍存在的清偿力和支付手段的不足，因此有利于推进外汇管制的放松和贸易的自由化，对国际资本流动和国际金融一体化起到积极的推动作用。

三、布雷顿森林体系的根本缺陷及其崩溃

尽管布雷顿森林体系曾经对世界经济起着重要的促进作用，但是这个体系本身仍

然存在根本性缺陷，在外部环境发生剧烈变化之后，这些缺陷最终导致了这一体系的崩溃。

美国耶鲁大学教授罗伯特·特里芬(Robert Triffin)早在20世纪50年代就撰文指出了该体系的问题，后来，他在1960年出版的《黄金和美元危机》一书中更加完整地提出了这一观点。特里芬指出，由于美元成为各国货币的钉住对象，结果就衍生为具有干预货币、储备货币和结算货币功能的国际货币。因此，为了满足世界经济对国际货币需求量的不断增长，美国就必须通过国际收支逆差源源不断地对外输出美元。

但是，美国国际收支的持续逆差会导致美元汇率的不稳，这就会引发整个世界经济的动荡。此外，随着美元的不断外流，就会形成大量境外过剩美元(dollar overhang，又译美元悬突额)[①]，美国的黄金储备量就不足以满足美元的兑付需要。一旦各国发现持有的大量美元不能全部转换成黄金，人们就不愿意接受美元，美元的末日也就来临了。

由此可见，在布雷顿森林体系中，美国若大量对外输出美元，则会导致美元自身的危机，若限制输出美元，国际货币体系就会面临国际货币的数量短缺。布雷顿森林体系的这种内在缺陷后来就被人们称作“特里芬难题”(Triffin dilemma)。

此外，布雷顿森林体系还存在双重的不对称性：首先，其他货币汇率可根据国际收支情况作出一定的调整，但美元作为各国的锚货币，其汇率很难调整；其次，国际收支逆差的国家会受到国际储备流失的压力，只能被迫对国际收支进行调节，但国际收支顺差的国家却可以延缓调整。换言之，在布雷顿森林体系下，国际货币体系的两个要素：国际清偿力供应和国际收支平衡均没有得到有效解决。

局势的发展果然被特里芬不幸而言中。1959年美国的对外官方负债，即境外各国政府持有的美元数量已与其黄金储备数量相等。自60年代起，随着美国国际收支的极度恶化和美元的过度外流，境外美元数量开始成倍超过黄金储备数量，人们对美元的信心开始丧失，纷纷以美元从美国兑付黄金，导致美国的黄金储备迅速下降，到1971年，境外美元的数量已是黄金储备的6倍(见图8-1)，美国政府被迫于该年8月15日宣布停止美元对黄金的兑付，布雷顿森林体系随之全面走向崩溃。

1973年1月，国际金融市场上再次出现大量抛售美元，抢购德国马克、日元和黄金的风潮。于是，各国完全丧失了对美元的信心，不再愿意维持本币对美元的固定汇率，纷纷宣布脱离与美元的挂钩，实行浮动汇率。至此，国际货币体系的第三个要素——信心也出现了问题，布雷顿森林体系就此彻底崩溃。

---

① 境外过剩美元是指美国境外的美元数量与美国货币当局持有的黄金储备量之差。

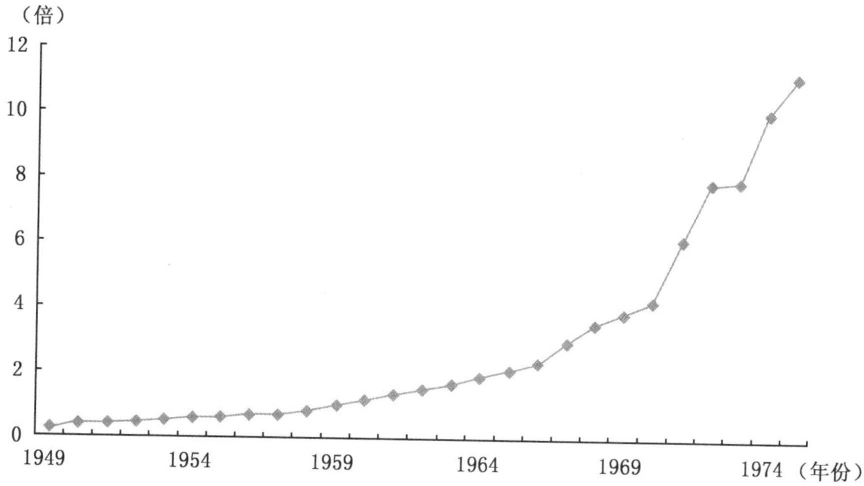

数据来源：IMF：International Financial Statistics (IFS)。

图 8-1　美国的对外官方负债和其黄金储备的比值

第三节　牙买加体系及其改革

一、牙买加体系

随着 20 世纪 70 年代初期以美元为中心的布雷顿森林体系的解体，西方主要国家货币开始自由浮动。但是当时西方国家仅仅将浮动汇率看作是暂时性的应急手段，并对恢复固定汇率制度抱有幻想。1974 年 IMF 成立了改革国际货币体系的“临时委员会”，旨在设计一个能够摆脱布雷顿森林体系的不对称性的新的固定汇率制度。但是这一计划却由于世界石油市场的动荡受到干扰，回归固定汇率制度的努力化为泡影。

1973 年，石油价格猛涨引发了第一次石油危机，各国经济面临着严峻的内部平衡问题——以高通货膨胀率和低经济增长率并存为特征的经济滞胀。许多国家同时还面临着由于进口支出的大幅度增加造成的贸易收支的严重逆差。在这种背景下，各国政府需要同时采用财政和货币政策对付内外失衡问题，因此回归固定汇率制度和放弃货币政策的做法已经显得不切实际。1975 年末，基于浮动汇率制度在经济衰退和混乱中的良好表现，西方国家先后宣布准备长期实行浮动汇率制度。1976 年 1 月，IMF 理事在临时委员会的第 5 次会议上，就有关国际货币体系问题达成一致意见。由于此次会议是在牙买加的首都金斯敦召开的，故该次会议达成的协议被称作牙买加协议(Jamaica Agreement)，此后人们就把布雷顿森林体系崩溃后一直延续至今的以浮动汇率为特征的国际货币体系称为“牙买加体系”。

(一)牙买加协议的主要内容

1. 浮动汇率制度合法化

牙买加协议规定,成员国有权利选择汇率制度,既可以实行固定汇率制度,也可以实行浮动汇率制度,从而正式确认了浮动汇率制度的合法性。IMF 允许固定汇率制度与浮动汇率制度暂时并存,但是会对各成员国的汇率政策实行监督,并对各成员国的经济政策进行协调。在条件许可的情况下,实行浮动汇率制度的国家应当逐步恢复固定汇率制度。在经济条件具备的情况下,经总投票权 85%多数票通过,IMF 就可以恢复可调整的固定汇率制度。后来的实际情况表明,西方各国并无恢复固定汇率制度的强烈意愿,浮动汇率终于成为一种长期现象。

表 8-2　20 世纪国际汇率制度演变

类别	金本位制度	两次世界大战之间			布雷顿森林体系	牙买加体系
时间	1914 年之前	1919~1925 年	1926~1931 年	1932~1939 年	1944~1973 年	1976 年起
制度	固定汇率	浮动汇率	虚金本位制	管理浮动	可调整钉住	以浮动汇率为主的混合汇率制度

资料来源:唐建华(2003)。

2. 黄金非货币化

由于美国已关闭了黄金窗户(gold window),即取消了美元对黄金的可兑性,并转而采取黄金非货币化(demonetization of gold)的政策,各国货币与黄金也已没有任何联系,因此,牙买加协议规定黄金将逐步退出国际货币体系。为此,IMF 采取了一系列的改革:(1)废除黄金官价,各成员国中央银行不再按照官价买卖黄金,允许黄金按照市场供求关系浮动;(2)各成员国与 IMF 之间、各成员国相互之间取消以黄金清算债权债务;各成员国原来需用黄金交纳的基金份额部分(占份额 25%)改以外汇缴纳。

(二)多种货币储备体系

布雷顿森林体系崩溃以后,美元的地位继续不断衰落,美元汇率也持续下跌。为此,各国开始逐步采用德国马克、瑞士法郎、日元、英镑、法国法郎以及后来的欧元作为储备货币。于是,多种货币储备体系就成为牙买加体系的主要特征。虽然美国经济实力持续相对下降,美元在国际储备货币中的地位也呈下降趋势,但是美国在国际经济和贸易中仍然占据举足轻重的地位,因此,美元仍然是最主要的国际储备货币,在国际储备货币总额中仍占半数以上。美元仍然是外汇市场最主要的交易币种和载体货币。

总而言之,牙买加协议签署以后,国际货币体系进入了一个新时代。与布雷顿森林体系相比,牙买加体系运作机制具备储备货币多元化、汇率制度多元化的特征。

（三）牙买加体系的缺陷

自1973年布雷顿森林体系彻底崩溃至今30多年的发展历史表明，牙买加体系存在诸多缺陷：

第一，多种货币储备体系存在结构缺陷。

在多种货币储备体系条件下，货币当局的外汇储备的币种选择要受到贸易和投资的方式、汇率制度的选择、货币当局的自身偏好、收益和风险等众多因素的影响。这些因素的不断变化，迫使货币当局在不断地抛售某种储备货币的同时又补进另一种储备货币，以便使其外汇的币种组合始终处于最优状态。货币当局的这种在不同储备货币之间不断转换的行为又转而加剧了这些货币的汇率的急剧波动，从而对整个世界经济的稳定带来威胁。

汇率的频繁波动本身就是浮动汇率制度的基本特征，而多种货币储备体系则使这一特征显得更为突出，因为当人们普遍预期某种储备货币的汇率走势趋跌之时，国际外汇市场上就会出现集中抛售该种货币的浪潮，从而使这种货币进一步走软；反之，在人们一致看好某种储备货币之际，外汇市场上就会出现针对这种货币的抢购风潮，使其汇率受到哄抬。

显然，中央银行实施外汇储备的多元化战略，使得汇率不稳定的可能性增加了。货币当局的储备货币结构在短期里的突然变化会导致有关货币汇率的急剧波动，而中央银行的资产选择行为的持续变化会导致有关货币的汇率持续上升或下跌。可见，汇率的波动会加剧货币当局在储备货币之间的转换，这转而又会导致汇率的进一步波动，使之持续大幅度偏离均衡汇率。多种货币储备体系的这种破坏稳定的作用显然不利于资源的有效分配。储备货币的汇率走势的强弱变化会造成争购强势货币的“窖藏”行为，国际金融学术界把这种现象称为多种货币储备体系条件下的“劣币驱逐良币”的格雷欣法则（Gresham’s Law）。

货币是因其自身的功能而发挥作用的，而货币功能的完整发挥又是以货币的统一性和排他性为前提的。历史经验昭示，多种储备资产体系由于格雷欣法则而具有“内在的不稳定性”（inherent instability）。

自20世纪70年代初开始，各主要国际储备货币地位的消长不仅具有趋势特征，而且呈剧烈振荡的态势。例如美元在1976年占世界外汇储备的比重曾高达85.4%，其后即一路下跌至1990年的50%以下，旋而再度攀升至1999年的70%，此后又缓慢下跌。德国马克的比重由1973年的5.5%猛增至1989年的17.8%，但随后却一蹶不振，几乎是直线走低至1997年的近13%。日元的状况也与马克相类似，其占世界外汇储备的比重先是从1977年的1.2%陡升至1991年的8.4%，继而又在1997年跌破5%。

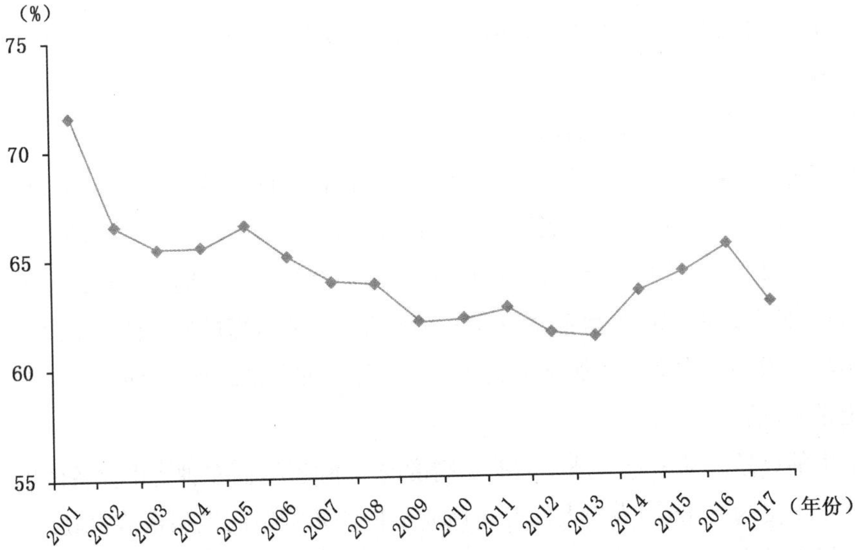

数据来源:IMF:International Financial Statistics (IFS)。

图8-2　1999～2017年美元在全球外汇储备货币中的比重

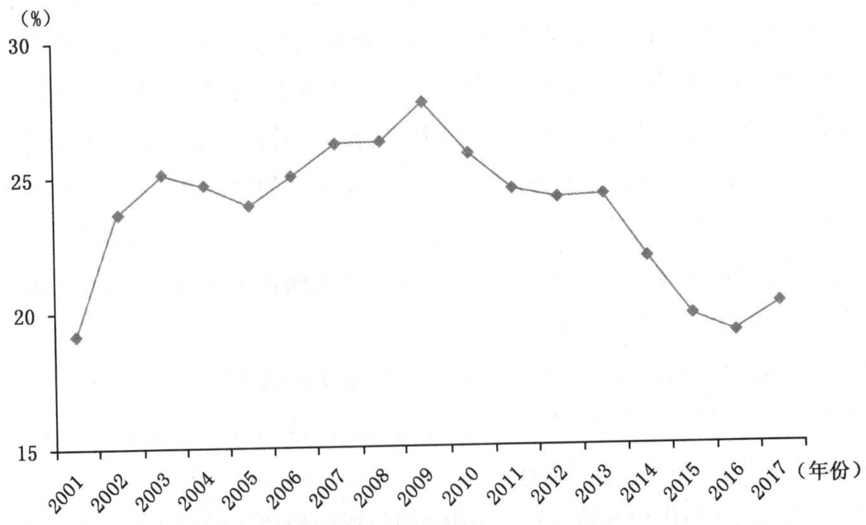

数据来源:IMF:International Financial Statistics (IFS)。

图8-3　1999～2017年欧元在全球外汇储备货币中的比重

上述情况表明,多种货币储备体系与浮动汇率制度的结合是当今国际金融乃至世界经济持续动荡的根源,因为由汇率波动造成的外汇的风险和收益的急剧变化,必然经由外汇市场的起伏波动而促使私人部门转换其币种头寸以及各国货币当局不断调整其外汇储备的构成。在一个各种因素变幻莫测的世界上，储备货币构成的经常调整显然不可避免，这转而又加剧了汇率和世界经济、金融的无序状况，最终形成储备货币构成不断转换和汇率走势不断振荡的相互推动的恶性循环现象。

第二，多种货币储备体系存在储备货币供应的数量缺陷。

在单一货币储备体系中①，储备货币的供应只有一种渠道，即储备货币发行国(例如布雷顿森林体系时期的美国)的货币当局通过本国国际收支逆差实现本币的对外释放。在这种情况下，国际储备供应量的控制相对比较简单，只要该储备货币发行国愿意对国际社会承担责任，按适当的节奏向整个世界输送储备货币就可以了。即使该国采取不负责任的做法，肆意地对外供应储备货币，国际社会也可以通过针对性极为明确的监督手段对其进行约束。在多种货币储备体系条件下，由于储备货币的供应存在多重渠道，因而，即便其他储备货币发行国都按“比赛规则”行事，但只要有一个国家“犯规”，就会引起储备货币供应的数量失控。此外，对储备货币发行国的国际监督和约束的效能也因为对象的过于分散而受到极度的削弱，致使国际储备的供应难以适应客观需要。这就是多种货币储备体系的数量缺陷。

国际储备供应量的过度增长会导致国际交易的货币值的上升，因为国际储备，尤其是外汇储备供应量的增长一旦超过国际交易的实际需要，那么随着整个世界价格水平的提高，以货币值表示的国际交易的名义数量就会上升。此外，资金融通的相对便利也会促进国际交易的实际数量的上升。如果各国发现持有的国际储备过多，它们就会将这些“闲置”的资金用于投资或消费，并听任其国际收支逐步恶化。这对整个世界的价格水平无疑会产生向上的推动作用。另一方面，整个世界的价格水平对国际储备需求也有很大的影响。即使整个世界的实际交易量不变，但若因通货膨胀而出现价格上扬，那么，为了与名义交易量相适应，国际储备需求也会相应上升。

根据费雪效应，随着价格水平的上升，名义利率也会及时向上做出同样幅度的调整，使实际利率保持不变，从而保证货币当局持有的外汇储备的实际收益不受影响。可见，由于价格水平和国际储备量的互为因果关系，一旦国际储备供应量出现控制失衡，就会出现价格水平和国际储备量互相推动的恶性循环。

如果主要储备货币发行国把国际收支平衡作为主要目标，则全球的国际储备供应量就会出现短缺。这会促使国际收支逆差国家采取过度的调节措施和贸易限制政策，由此还会导致以邻为壑的竞相贬值现象，结果就会在世界范围内形成通缩或贸易外汇管制倾向，国际交易相应萎缩，进而抑制世界经济的增长。由于各国不可能同时实现国际收支顺差的目标，因此，虽然单个国家有可能因此获得成功，但对整个世界却并不

① 这里的货币主要指信用货币而不是金属货币。

适用。这就是所谓的 $n-1$ 问题。

从整个世界来看，作为国际货币体系第二个要素的清偿力问题就是保证各中央银行在整体上在每个时点上都持有充足的国际储备，从而使之在不采取限制措施和货币贬值的情况下得以实现对外均衡。

自 1973 年以来，整个世界的外汇储备的数量增长确实呈现出剧烈的起伏波动，其年增长率有时是负数(如 2014 年和 2015 年分别为－0.76 ％和－5.75％)，有时却又高达 25％以上(如 2007 年高达 27.66％)(见图 8－4)。显然，储备货币国家的本币对外释放和国际金融市场的信贷活动是国际储备供应失控的基本因素。因此，多种货币储备体系所造成的国际储备供应的反复无常和不可预测，是世界经济不稳定的一个重要来源。外汇储备的供应不仅具有短期振荡的特征，而且还表现为长期的不平衡。20 世纪 70 年代末开始出现的全球性通货膨胀在很大程度上是外汇储备供应过剩的产物。

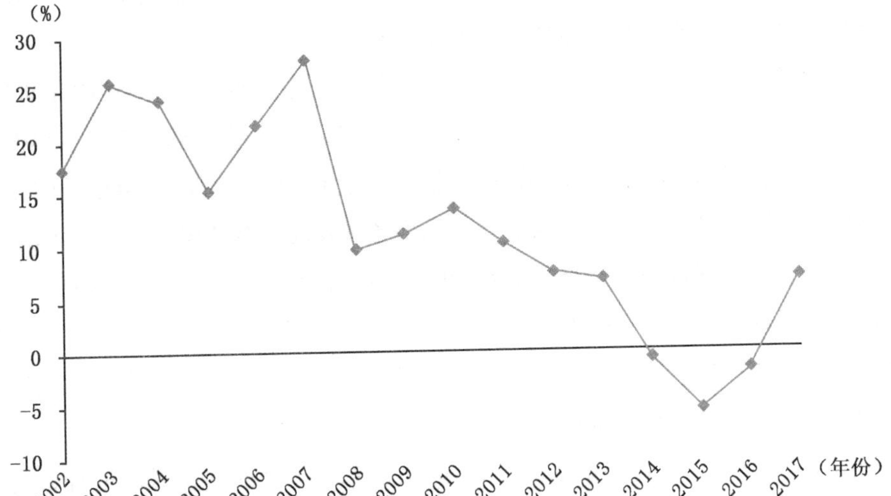

数据来源：IMF：International Financial Statistics (IFS)。

图 8－4　2000～2017 年全球外汇储备增长率

目前国际间使用的储备货币是一种国家货币(主权货币)，因而带有国别标记。[①] 以主权货币作为储备货币存在着难以克服的致命缺陷。首先，储备货币发行国的中央银行肯定会把国内经济目标作为首要问题，而把对外经济目标放在次要地位。由于国

① 20 世纪 90 年代初诞生的欧元虽然具有某种程度的超国家货币(super-national currency，又称超主权货币)的特征，但仍然只是区域货币，其数量供应仅仅是由单个国家转为多个国家控制，并非真正意义上的、由代表整个世界利益的决策机构控制的超主权货币。

内经济目标和对外经济目标经常发生冲突，这就必然导致储备货币发行国以牺牲他国利益为代价而满足自身的宏观管理需要。因此，以主权货币作为储备资产的国际货币体系存在内在的长期不稳定特性。其次，这种主权货币是一种不兑现纸币，其价值与黄金或任何其他商品并无固定的联系，以这种信用货币定值的资产和负债，其价值取决于这种货币的发行国的政府和中央银行的政治控制力。这些货币在国际上的使用取决于交易各方对发行国维持这些货币的实际价值的能力的预期。一旦人们对这种能力产生怀疑，就会产生信心问题，国际金融局势的动荡也就在所难免。第三，以主权货币为储备货币使整个世界经济在很大程度上受制于少数储备货币发行国。这些国家，尤其是占储备货币比重50%以上的美国可以通过调节国际储备供应量而获得决定整个世界的通货膨胀率的特权。而且，国际间的交易由于货币兑换会形成巨额的交易成本。[①]

此外，储备货币构成的改变会导致整个世界的国际储备量的增长，从而成为国际储备供应失控的又一要因。例如，当一国中央银行把一定量美元储备转换成相应数量的英镑时，虽然该国的国际储备并未增加，美国的对外负债数量也不发生变化，但英国为了稳定英镑和美元的汇率，就不得不抛出等量的英镑，购进等量的美元。结果，英国的国际储备就会增加，其数量等于转换的美元的数量。

随着世界经济的发展，整个世界的国际储备需求量也会不断增长。为了满足不断增长的国际储备需求，以防止整个世界出现紧缩偏向，储备货币发行国就必须源源不断地输出本国货币。如果说在布雷顿森林体系时期，作为储备货币的美元的供应还受到美国持有的黄金数量的"硬性"约束的话[②]，那么，在牙买加体系下，储备货币供应的约束几乎已不复存在。结果，其他国家的居民持有的储备货币的数量最终就会大大超过储备货币发行国所拥有的实际资产的数量。这就意味着，如果各国同时以这些货币从储备货币发行国购买货物和服务的话，那么其中就有相当一部分货币的购买力不能实现，这时，这些货币就形同废纸。在这种情况实际发生之前，国际金融界对这些货币的信心将先行产生动摇，进而引发一场以大规模抛售这些货币为特征的全球性的金融危机。由于这些货币都是主要的国际货币而不是诸如泰铢那样的东南亚小国货币，因而以这些货币作为抛售对象的金融危机对整个世界经济无疑具有毁灭性的打击力度。

此外，在多种货币储备体系下，非储备货币发行国必须输出实际资源，即本国的货物和服务，才能通过国际收支顺差获取国际储备，而储备货币国家却可通过对外支付本币这样一种负债的方式，无偿获得这些实际经济资源。这体现了发达国家与发展中

---

① 有人做过计算：在欧元启动之前，如果有一旅行者从某一欧元区国家出发，每到另一个欧元区国家就把携带的货币兑换成当地货币，那么在他走遍整个欧元区以后，其所持货币的余值几乎为零。

② 美元后来停兑黄金的事实表明，这种约束的力度实在是极其有限的。

国家在国际储备分配方面的不对等地位。

综上所述，从国际货币体系的组成要素看，牙买加体系不是一种完善的国际货币体系。[①] 随着20世纪90年代以后全球货币金融环境的动荡变化，国际社会产生了进一步改革牙买加体系，建立更加合理、稳定的国际货币新秩序的强烈需求。

二、国际货币体系改革

国际货币体系的改革是一项艰难的事业，由于各国的利益不一致，在此问题上各国分歧很大。发达国家主要倾向在现有的国际货币体系基础上根据新的经济实力和发展中国家的需要，修漏补缺，而发展中国家则要求对现行体制进行根本性的改革。另外，发达国家内部也由于各自利益不同，改革的要求也不尽一致。

欧美发达国家掌握着世界经济的主动脉，在金融问题上立场比较一致，不过，随着整个欧洲的经济发展，特别是欧元的启动，他们之间的矛盾逐渐凸现出来，欧盟与美国正在为国际货币体系话语权而展开争夺。

从布雷顿森林体系到牙买加体系，一个共同的特点就是国际货币体系由发达国家控制和操纵，发展中国家处于附属或无权地位，货币关系具有明显的不对称性、不平等性和非均衡性。随着发展中国家要求建立公平、合理的国际货币体系的呼声不断增强，发达国家和发展中国家在国际货币体系中的汇率制度、储备货币、资本流动等问题上的冲突越来越剧烈。

有关国际货币体系改革的研究一直非常活跃。IMF、发达国家、发展中国家、各国国际经济政治组织和著名学者都提出国际货币体系的改革主张。国际货币体系改革主要集中在国际储备资产确定、汇率制度选择以及有效防范金融危机三个方面，而其中国际储备资产的改革是最基本的内容。

(一)关于国际储备资产的改革方案

法国经济学家吕埃夫(Ruef)认为现行国际货币体系缺乏国际收支的自动调节机制，因此应当分步骤地逐步恢复金本位制度。有些学者主张实行美元本位制度，建立新的不以黄金为基础的布雷顿森林体系。丁伯根建议建立商品—储备货币本位制，即以一种或一组商品为基础的国际货币体系。罗伯特·特里芬则主张将IMF改造成世界性的中央银行，发行世界性的、统一的超主权货币来取代主权货币，使之成为国际货币。这些改革主张或是缺乏客观条件，或是不符合某些大国的利益，因而无法付诸实施。

---

① 鉴于牙买加体系对各国缺乏有效的约束及其所表现出来的种种弊端，国际学术界对其多有抨击，如约翰·威廉姆森(John Williamson)更是将其定义为“国际货币无体系”(international monetary non-system)，又称无制度的体系(a system of non-system)。有关牙买加体系缺陷的更完整的分析可参见奚君羊(1999)。

罗伯特·蒙代尔建议目前主导世界经济的三大货币区域:美元、欧元和日元经济区建立联盟。该联盟最终的目标就是在美元、欧元和日元之间建立固定汇率的基础上,逐步形成一种统一的世界货币。也有学者提出另一方案,主张将世界划分为五个货币区域,五大区域可以按照欧元、美元、日元、人民币和卢布来划分。各个区域基本由经济发展水平相当、有一定相关性和可比性的国家组成。在区域内实行单一的货币或固定汇率制度,同时区域内要建立严格的自身监控体系。这些建议符合近年来的区域货币一体化的趋势,具有渐进改革的特性,因而有望成为国际货币改革的长远目标。

(二)关于汇率制度的改革方案

麦金农最早于1974年提出恢复固定汇率制度的方案,后在80年代又对其进行了多次修改。麦金农认为,首先各国应依据购买力平价来确定彼此之间的汇率水平,实行固定汇率制度,而且应通过协调货币供应的方法维持固定汇率制。麦金农方案在实现汇率稳定性的同时,牺牲了汇率的灵活性。而且它以协调各国货币供应来维持固定汇率制的设想缺乏现实可行性(韩丽娜、李炜光,2003)。

在汇率改革方面最令人关注的是汇率目标区方案。最早提出该方案的是荷兰财政大臣杜森贝里(Duilsenbery)。他在1976年曾提出建立欧共体6国货币汇率变动的目标区计划。美国著名学者约翰·威廉姆森在1983年提出了汇率目标区改革的建议方案,1985年威廉姆森和弗莱德·伯格斯坦(C. Fred Bergsten)正式提出了汇率目标区方案,作为对当时国际宏观经济政策协调的建议。1987年2月,7国集团中的6国财长在巴黎会议上将汇率目标区思想写入了会后发表的卢浮宫协议。

保罗·克鲁格曼(Krugman,1991)提出了汇率目标区理论模型,揭示了汇率目标区制度下汇率同基本经济变量的动态关系,真正创立了汇率目标区的第一个规范的理论模型——克鲁格曼的基本目标区理论及模型。在克鲁格曼模型的基础上,目标区理论研究得到了不断的检验、修正和扩展。

(三)托宾税方案

20世纪90年代以后爆发的一系列区域性金融危机,使人们普遍认识到国际资本流动的破坏力,金融危机的爆发有可能不是经常项目恶化的结果,而是国际资本流动异常变动的结果。托宾税作为缓解国际资本的流动性,维持汇率波动相对稳定的工具,重新开始为各国所重视,成为国际货币体系改革的内容之一。

托宾税是1978年美国经济学家詹姆斯·托宾(James Tobin)在其发表于《远东经济杂志》的一篇《关于国际货币改革建议》的论文中提出来的,他设计了对不同货币之间的兑换行为征收交易税的构想。托宾认为通过限制短期国际资本的流动可以稳定国际货币体系。由于近年来金融资产证券化、机构化和衍生化进程加速,全球资本市场日益融合为一个统一平台,国际资本的流动性和易变性大为加强。这使得不同国际资本市场之间微小的利差就可能导致资本的大规模流动。托宾认为资本的泛滥似乎使国际金融体系成为一个过度润滑的高速列车，在轨道陈旧的发展中国家飞驰而过时更易酿成重大事故，因此对资本交易征税，无疑就是“向国际金融的车轮撒入沙子”，以降低资本流动性来换取全球金融的相对稳定。

按照托宾的设计，这种交易税是按一定比例在全球统一征收的，由各主权国家在其辖区内分别实施，只要是两种不同货币之间的兑换交易，就要征收统一税，无论其中是否涉及本国货币。由于对货币兑换交易征税是托宾提出来的，所以人们也将其称为“托宾税”。

1. 托宾税的实践

世界上已经有许多国家采用了一些类似托宾税的方法。例如 1991 年 7 月，智利政府规定，对因金融投资而进入智利的短期外国贷款，其中 10%必须作为无息准备金存放在智利银行，期限为 1 年。为了鼓励长期投资，智利政府还规定凡是外资直接投资额度在 1 万美元以上、时间在 1 年以上者免交无息准备金。根据智利政府的统计，无息准备金改变了国际资本流入的结构，在实行无息准备金期间，短期国际资本的流入明显减少，如 1991 年，短期外资流入量占外资总量的比重高达 72.7%，而在实施无息准备金后的第一年，这一比重就下降到 28.9%，至 1997 年只有 2.8%。与此同时，长期资本流入量占外资总量的比重则从 1991 年的 27.3%提高到 1997 年的 97.2%（丁刚，2002）。1995 年，智利成为第一个被标准普尔公司列为资信等级达到 A－级的拉美国家。1996 年新加坡政府紧缩对房地产贷款，并且规定在购买房屋之后三年之内，如果卖出必须要缴纳 100%的资本收益税。智利和新加坡在金融风暴中遭受的损失最小，从这一点看，实施托宾税防范风险是值得肯定的。

虽然托宾税在发达国家和发展中国家均有实践，但是从 1978 年至今，尽管全球发生了多次国际金融危机，但托宾的建议并没有得到广泛采纳。究其原因，主要是这些危机大多发生在发展中国家，发达国家对危机没有感同身受，同时，一些西方大国又倡导放松对资本的管制，所以发达国家对托宾的建议并不热心。虽然托宾的建议未能在全球范围内实施，但 20 世纪 90 年代以来，许多发展中国家因深受危机之苦，都对短期国际资本的进出采取了相应的限制措施。从严格意义上说，这些措施虽不是原本意义上的“托宾税”，但它们都或多或少地体现了托宾的基本思想。例如，巴西曾对一切外国资本的收益（红利、奖金、利息）征收 15%的利息均衡税，泰国对外国人征收 10%的利息税，智利政府对所有外国借款征收 1.2%的印花税。同时，智利、泰国、马来西亚等国家还通过要求外来资本按一定比例或外资银行经营当地货币贷款业务时缴存一定准备金等方式，向外国资本征收间接税，以限制短期国际资本的流入。

2. 托宾税的缺陷

托宾税有3个缺陷:其一,在日常交易中很难区分正常的流动性交易和投机性交易,如果笼统地实行高税率,则可能引起市场流动性的下降,如果一概实行低税率,则在预期汇率调整超过托宾税的边际值时,无法达到减轻投机冲击压力的目的;其二,金融市场产品具有替代性,只向即期交易征税会产生税收漏洞,降低托宾税作为反投机工具的有效性,而如果同时向金融衍生品交易尤其是远期交易征税,会产生很大的概念性问题,即在现金和衍生品交易之间无法建立固定的联系;其三,实施托宾税是否真的可以稳定汇率还缺乏实证支持。反对托宾税的人认为托宾税增加了交易成本,减少了市场的交易量,导致市场的流动性降低,这会加大市场的波动。

虽然对托宾税的利弊目前仍然存在很大争议,但其对于提高一国资本流入的质量确实有效,可大大减少资本外逃,有助于防范金融危机。

第四节　国际货币一体化

近年来,全球经济一个令人关注的趋势就是区域经济一体化的加速发展。区域经济一体化是指一个地理区域内的各国一致同意减少并最终消除关税和非关税壁垒,以便相互之间的商品、服务和生产要素逐步实现自由流动。目前,区域经济一体化已渗透到世界的各个地区,例如在北美,加拿大、墨西哥和美国正在形成北美自由贸易区。在南美,阿根廷、巴西、巴拉圭和乌拉圭也在1991年签署了南美共同市场协定(MERCOSUR)。在中美洲、南美洲的安第斯山区域、东南亚(如东盟,ASEAN)和非洲的部分地区(如东非共同体)也在积极地探索区域经济的一体化。在亚太经济合作组织(APEC)论坛的主持下,一个泛太平洋自由贸易区也在酝酿之中。

经济一体化的层次由低到高,可分为自由贸易区、关税同盟、共同市场、经济联盟和货币一体化,最后是完全的政治联盟。可见,区域经济一体化发展的结果必然是区域货币的一体化。在拉丁美洲,由于美元发挥着重要的作用,许多国家实行钉住美元的汇率制度,甚至还有一些国家实行了美元化。因此,该区域有可能形成以美元为中心的货币区。在欧洲,欧元的诞生,更是为区域货币一体化提供了一个成功的范例。在东亚,货币一体化也正在逐步取得进展。毫无疑问,区域货币一体化的最终目标将是整个世界的货币一体化及实行单一货币。

一、欧洲的货币一体化

20世纪60年代以后,国际货币一体化迅速发展,并成为国际金融领域的一个焦点。其中最有代表性的就是欧洲经济与货币联盟(Economic and Monetary Union,

EMU,简称"欧盟",European Union,EU)的建立。1999 年 1 月 1 日,欧盟 11 个成员国开始采用统一货币,2000 年希腊加入欧元区,2002 年欧元取代 12 国的货币正式流通。

(一)欧洲货币体系

欧洲货币一体化发轫于 1950 年的欧洲支付同盟的建立。1952 年法国、联邦德国、意大利、荷兰、比利时和卢森堡 6 国组建了欧洲煤钢共同体,1957 年又在意大利签订了《罗马条约》,并成立欧洲经济共同体和欧洲原子能共同体。1965 年上述三个共同体机构融为一体,统称欧洲共同体。经过 10 年努力,欧共体建立了关税同盟,实现了共同农业政策,并开始着手推动劳动力和资本流动的自由化。为了摆脱对美元的过度依赖,稳定欧共体各国之间的货币关系,提升各国货币在国际金融市场的地位,欧共体开始推进货币领域的合作。

1979 年 3 月 13 日,法国和联邦德国联合倡议建立欧洲货币体系(European Monetary System,EMS)。该体系包括三方面内容,即欧洲货币单位、稳定的汇率机制以及欧洲货币合作基金。

1. 欧洲货币单位

欧洲货币单位(European Currency Unit,ECU)是将欧共体各国货币经过加权平均计算得出价值的记账单位,并非实体货币,主要用于各国干预外汇市场、稳定本国货币汇率的钉住对象以及内部支付和清算的工具。它根据所有参加国国内生产总值(GDP)和在共同体内部贸易额的比重进行加权平均确定。各国货币在 ECU 中的比重在 EMS 实施后的 6 个月内调整一次,此后每隔 5 年重新审核并调整一次,必要时也可随时调整。在 ECU 的构成货币中,德国马克的权重最大,占 30%左右,因此,德国马克是欧洲汇率机制的中心货币,欧洲货币体系在某种程度上可以说是一个马克区,马克价值的变动或者说德国货币政策不仅能左右德国的宏观经济,而且对欧共体其他成员的宏观经济也会产生很大的影响。

2. 欧洲汇率机制

欧洲汇率机制(European Exchange Rate Mechanism,ERM)是欧洲货币体系的中心内容。各国货币对 ECU 设定一个中心汇率,波动幅度为上下 2.25%,允许英国、意大利以及西班牙的货币汇率波动幅度为上下 6%。各国货币通过与 ECU 汇率进行套算可以得出相互之间的双边汇率。中央银行有义务干预市场,通过买卖外汇将汇率保持在波动区间内。各国可以根据自身的宏观经济状况的变动对中心汇率做出相应调整。

3. 欧洲货币基金

欧洲货币基金(European Monetary Fund,EMF)是欧洲货币体系成员国的共同储备，集中了各成员国20%的黄金和外汇储备，以便向成员国提供信贷、干预市场、稳定汇率和平衡国际收支。

（二）欧洲货币体系危机

20世纪80年代以后，欧洲的政治经济环境发生巨大的变化。金融自由化导致欧洲各国纷纷放宽金融管制，银行信贷规模骤然膨胀，同时欧洲政治局势也发生巨变，如苏联的解体以及德国的统一。这一系列因素对欧洲各国的宏观经济产生了不同的影响，但是在1987～1992年间，欧洲汇率机制没有根据情况的变化适时调整汇率，使得各国货币汇率与经济基本面出现极大偏离。

1992年7月德国为了抑制通货膨胀，把贴现率提高为8.75%。但是此时欧洲其他各国的经济状况不佳，有些国家已经陷入经济衰退。于是，德国的高利率引发外汇市场出现抛售英镑、里拉而抢购马克的风潮，致使里拉和英镑汇率大跌，意大利和英国因无力按欧洲汇率机制规定的幅度维持汇率，最终宣布里拉和英镑退出联合浮动汇率机制。挪威于1993年1月10日放弃钉住ECU。紧接着丹麦和比利时法郎在1993年遭受冲击，西班牙比塞塔和葡萄牙爱斯库多相继大幅度贬值。

1993年7月，欧洲中央银行行长和财长召开会议扩大ERM的波幅至15%。这时外汇市场的抛售风波才开始平息。此后ERM进入了平稳时期。1995年1月奥地利先令加入ERM，1996年意大利里拉重新加入ERM，1996年芬兰马克、1998年希腊德拉克马分别加入ERM。

（三）欧洲货币联盟

EMS在20世纪80年代的成功运行，导致各国通货膨胀趋同，成功地推动了欧洲经济一体化的进程。1986年欧共体成员国签署的《单一欧洲法案》(Single European Act，SEA)，为完善内部市场制定了一个明确的最后期限，成功地为欧洲一体化积蓄了能量。1992年成员国承诺完善内部市场，决定在1993年1月1日清除欧共体内部对货物、资本以及人员流动的控制。对实现统一市场的憧憬推动了欧洲各国对消除汇率风险和交易成本的兴趣，于是在法国和德国外交部长的催促之下，在1988年6月召开的汉诺威首脑会议上，欧洲理事会决定建立一个专门委员会，就欧洲共同体如何走向经济货币联盟提出报告。该委员会由当时的欧共体委员会主席雅克·德洛尔(Jacques Delors)主持。这就是所谓的德洛尔委员会(Delors Commission)。1989年该委员会提交一份报告，虽然报告没有提供详细的时间表，但是建议通过以下3个阶段，以渐进的方式最终达到完全的固定汇率：

第一阶段，要求各成员国做出货币政策协调的实质性努力；

第二阶段，除非有特殊情况发生，以参加货币联盟为目标的国家其货币汇率不能调整；

第三阶段,建立单一货币,完成经济和货币联盟。它强调了经济政策协调的必要性,要求建立各国国内预算赤字的规则和融资规模规则,以及对欧洲联盟货币政策负责的独立机构。

根据这份报告,欧洲理事会马德里会议决定在1990年6月由8个成员国启动EMU的第一阶段:放松资本管制,实现资本流动自由化。1989年12月欧洲理事会召开会议,引入并修订全面经济和货币联盟的条约即《欧洲联盟条约》,并在欧洲理事会1991年马斯特里赫特(Maastricht)会议上被各国政府首脑正式采纳,于1992年2月7日正式签署,故称为《马斯特里赫特条约》(简称《马约》),欧洲共同体相应更名为欧洲经济和货币联盟(简称"欧盟")。该条约声明欧盟将通过三个连续阶段在20世纪末建立,并为此设置了精确的时间表:

第一阶段开始于1990年7月,最主要的目标是加强欧洲各国货币合作,要求各成员国加入EMS;清除市场行政障碍,完成单一市场建设;取消外汇管制,实现资本项目交易的完全开放。

第二阶段从1994年1月1日开始,成员国必须在经济政策趋同方面取得进展,建立公共融资的规则,限制政府过度财政赤字,规定各国中央银行不允许直接向其政府提供信贷,对国有企业的特殊保护以及对公共债务的强迫投资均被禁止,并赋予中央银行以独立性;建立欧洲货币局(European Monetary Institute,EMI),即欧洲中央银行前身。EMI监管各国货币波动幅度,实现各国货币的可自由兑换和向永久固定汇率过渡,加强各国中央银行间的合作,为进入单一货币最后阶段做必要准备。

第三阶段从1999年1月1日开始建立单一货币,完成欧洲货币联盟的建设。参加国货币之间的汇率被最终锁定,统一货币命名为欧元,取代各成员国本国货币,并以与ECU相等的价值正式启动,与此同时单一货币政策开始确立并将此权力赋予欧洲中央银行(European Central Bank,ECB)体系。ECB由各国中央银行行长以及欧洲中央银行共同构成,各成员国将其全部黄金和外汇储备纳入欧洲中央银行账户,并受《马约》规定的趋同指标的约束。若大多数成员国能在1996年达到趋同标准,在1997年启动第三阶段,若没有足够的国家达标,经货联盟将与1999年1月启动。

可信的稳定政策以及宏观经济的高度趋同是单一货币稳定的必要条件。虽然所有欧盟成员国都可以加入第二阶段,但是在进入第三阶段之前,《马约》第109条款规定的成员国必须满足所有趋同标准。

第一个标准是价格水平高度稳定,一国平均通货膨胀率不能高于3个表现最好的成员国通货膨胀率的1.5%。

第二个标准是持续稳定的政府财政地位,一国财政预算赤字不能超过国内生产总值的3%,除非这个比例已经极大地且持续地降低,并且接近3%水平;或者超过3%

的指导值是例外或者暂时情况，而且赤字保持在3%附近的水平上；同时政府债务总额不能超过国内生产总值的60%，除非这个比例已经极大地降低，且以令人满意的速度接近这一指导值。

第三个标准是汇率稳定，该国货币至少已经有两年在EMS规定的波幅内波动，且对成员国货币没有发生贬值。

第四个标准是趋同的可持续性，按照长期利率水平衡量，要求该国平均长期利率最高不能超过在价格稳定方面表现最好的3个成员国利率的2%。

虽然《马约》向经货联盟渐进的过程受到来自各方的批评，欧洲于1992～1993年的货币危机也使得经货联盟的前景显得黯淡，但是随着欧洲各国政府坚定不移地在1994年1月启动经货联盟第二阶段，经货联盟的希望却越来越清晰。

1998年5月欧盟特别首脑会议批准欧盟委员会提出的11个已经达到经货联盟趋同标准的名单，包括奥地利、比利时、芬兰、法国、德国、爱尔兰、意大利、卢森堡、荷兰、葡萄牙和西班牙。

1998年5月经货联盟各国政府任命了欧洲中央银行执行董事会成员，这标志着欧洲中央银行和欧洲中央银行体系(European System of Central Banks，ESCB)的建立。1999年1月1日经货联盟第三阶段开始实施，欧元作为记账货币正式启动，各国货币对欧元的汇率不得再作任何调整。2002年1月1日，欧元纸币和硬币正式流通，同年7月1日欧洲各国货币退出历史舞台，欧元成为欧元区唯一的货币。

(四)欧洲中央银行体系

欧洲中央银行的前身为欧洲货币局，再远就可以追溯到欧共体时期的中央银行行长委员会。中央银行行长委员会是欧共体各成员国中央银行行长之间相互协商信贷、货币市场和汇率等问题的机构。欧洲货币局成立于1994年1月，作为1999年设想中的欧洲中央银行的过渡。

1998年6月1日欧盟理事会正式任命欧洲中央银行行长、副行长及执行董事会的4位成员，这一天被视为欧洲中央银行的正式成立日期。欧洲中央银行也就成为欧元区国家统一发行欧元后的中央银行。欧洲中央银行和欧元区各成员国的中央银行共同组成欧洲中央银行体系。ECB负责制定和实施经货联盟的货币和金融政策，以维持欧元区的价格稳定、促进欧元区的经济增长。ECB的成立是欧洲中央银行法的产物，具有坚实的法律基础。ECB有自己的预算，独立于欧洲联盟预算之外。欧盟的其他机构不能干涉ECB的行政事务，有助于将ECB的预算与欧盟各国的财政利益分离。ECB行长正常任期为8年。

(五)欧元区的扩展

欧元区成立之初共有11个成员国，随后不断有新的成员加入。希腊于2000年达到趋同标准并于2001年1月1日加入欧元区；斯洛文尼亚于2006年达到标准并于2007年1月1日加入欧元区；2008年1月1日塞浦路斯和马耳他加入欧元区；2009年1月1日斯洛伐克加入欧元区；2011年1月1日爱沙尼亚加入欧元区；2014年1月1日拉脱维亚加入欧元区；2015年1月1日立陶宛加入欧元区，至此，欧元区成员国发展到19个。

专栏8-1　欧元区和欧盟受到的冲击

一、欧元区会因为欧洲主权债务危机解体吗？

（一）欧洲主权债务危机的爆发和演进

2009年10月，希腊政府宣布2009年政府财政赤字和公共债务与GDP的比率预计将分别达到12.7%和113.4%，远远高于欧盟《稳定与增长公约》所规定的3%和60%的界限。12月国际著名评级机构惠誉宣布，将希腊主权信用评级由"A—"降为"BBB+"，同时将希腊公共财政状况前景展望确定为"负面"，这是希腊主权信用级别在过去10年中首次跌落到A级以下。希腊主权信用评级遭下调引发市场对政府财政赤字管理和风险控制的担忧，希腊债务危机爆发。然而这仅仅只是一场危机的开始，接着，葡萄牙、意大利、爱尔兰及西班牙等国（与希腊一起，被戏称为欧猪五国"PIIGS"）的公共债务问题浮出水面。爱尔兰政府2009年财政赤字与GDP的比率高达14.3%，公共债务与GDP的比率为82.9%，财政赤字比重在欧元区国家中排名第一。西班牙财政赤字与GDP的比率超过了10%，排名第三。意大利国家统计局也公布，2009年意大利GDP缩水5%。政府债务规模占GDP的115.8%，财政赤字则翻两番，占GDP的5.3%。葡萄牙财政赤字与GDP的比率达到了9.4%。

2010年2月，葡萄牙宣布减少国债发行量，西班牙宣称未来3年赤字将超预期上升，这进一步增加了投资者对欧洲国家主权债务危机的担忧。2010年4月，希腊的主权债务评级相继被全球三大评级公司惠誉、穆迪和标准普尔调低，其中标准普尔于4月27日将希腊的长期国债信用评级从BBB+降至BB+（垃圾级）。同时，标准普尔将葡萄牙长期信用评级下调至A—。4月28日，标准普尔将西班牙长期主权信用评级由AA+调至AA，欧洲主权债务危机进一步扩大，直接引发了全球金融市场动荡。金融市场对欧元区经济的信心进一步受到重挫，欧元汇率下挫，欧美股市大幅下跌。

2010 年 9 月爱尔兰政府称，由于救助国内五大银行可能耗资 500 亿欧元，预计 2010 年财政赤字会骤升至国内生产总值的 32%，公共债务将占到 GDP 的 100%。消息一公布，爱尔兰国债利率随即飙升。11 月爱尔兰十年期国债利率已直抵 9%，创下欧元诞生以来的最高水平，这意味着爱尔兰政府从金融市场筹资的借贷成本已经高得难以承受。标准普尔决定将爱尔兰的长期主权信用评级从“AA—”下调至“A”，同时将其短期主权信用评级从“A—1+”下调至“A—1”。11 月 21 日，爱尔兰政府正式请求欧盟和 IMF 提供救助，成为欧债危机中第二个申请援助的欧元区成员国。

2011 年 11 月 9 日，意大利 10 年期国债收益率升至 7.48%，为 1997 年以来最高纪录。11 月 17 日，法国 10 年期国债收益率攀升至 3.81%，与德国同期国债收益率之差扩大至 204 个基点，创下欧元面世以来最高纪录。欧债危机有向欧元区核心国家蔓延的趋势。

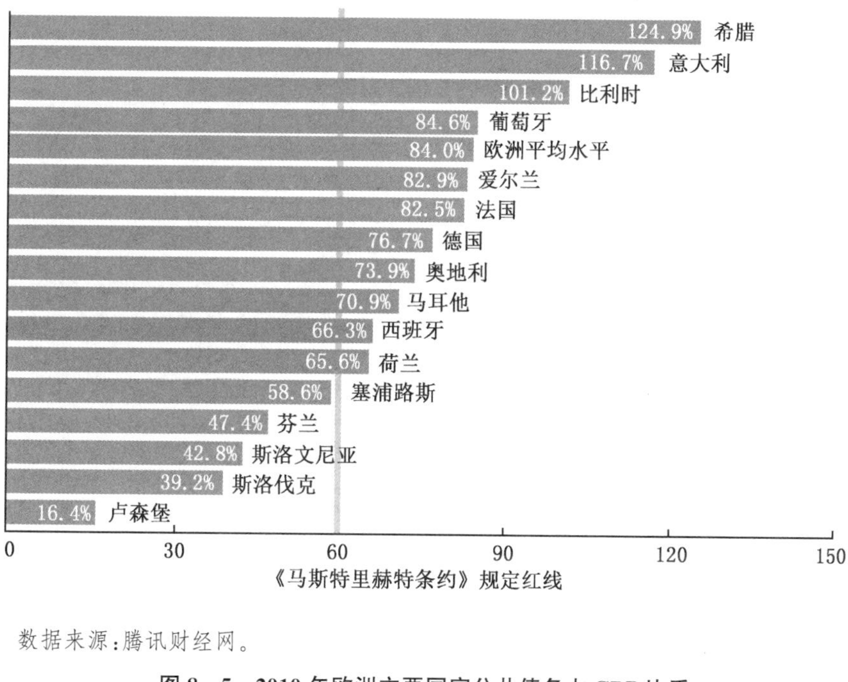

数据来源：腾讯财经网。

图 8－5　2010 年欧洲主要国家公共债务占 GDP 比重

(二)欧洲主权债务危机与欧元区的制度缺陷

欧洲债务危机爆发有各国自身的问题，但是最根本的问题是欧元区制度存在严重缺陷。

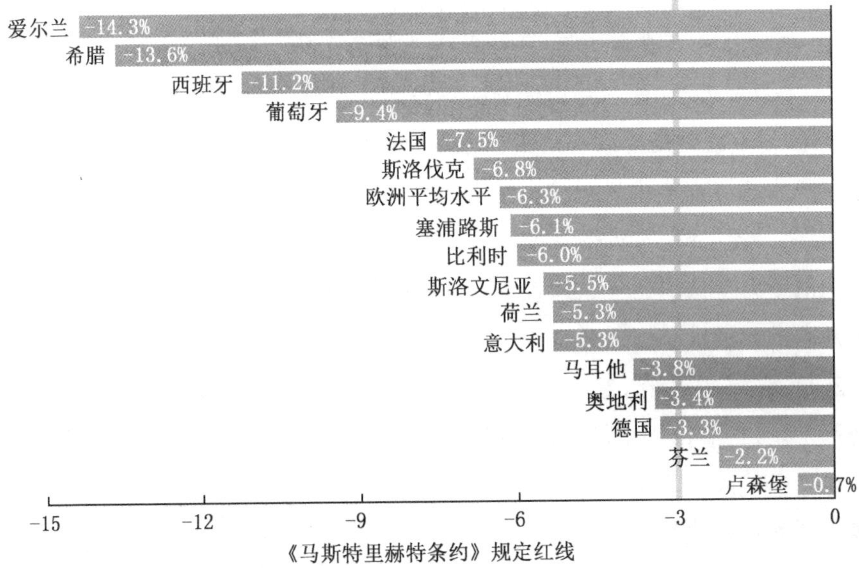

数据来源：腾讯财经网。

图 8—6　2009 年欧洲主要国家财政赤字与 GDP 比率

欧元区自成立之初就颇受瞩目，成为经济一体化发展的典范。欧元区的运行基于一系列的制度设计，各项政策也是在成员国间不断协调的基础上实施的。虽然经济货币联盟在促进欧元区成员国间的经济一体化方面发挥了积极的作用，但是，将经济发展水平不同的国家置于一个统一的货币区内仍存在着诸多难以协调的矛盾，欧元区的发展也面临着诸多制度瓶颈。

1. 统一的货币政策和分散的财政政策难以步调一致

欧元区的运行不同于主权国家，虽然各国让渡了货币政策的自主权，但是财政政策仍由各国政府独立执行，这就造成了由超国家的欧洲央行执行货币政策、由各国政府执行财政政策的宏观经济政策体系，这一体系也成为欧元区运行机制中最大的缺陷，即货币政策和财政政策执行主体不一致导致宏观经济政策的冲突和错配，难以形成统一的政策目标。欧洲央行的目标是维持低通胀，保持欧元对内币值稳定，而各成员国的财政政策则着力于促进本国经济增长、解决失业问题等。成员国只能采用单一的财政政策应对各项冲击，这就很容易在财政赤字、政府债务等指标上超出《马约》规定的标准。欧洲央行和各国政府之间政策目标的不一致导致政策效果大打折扣，各国政府在运用财政政策时也面临着遵守《马约》规定和促进本国经济增长的两难选择。

2. 单一货币机制难以应对不对称冲击

欧元区虽然采取单一货币，但是作为多种增长模式和多种发展速度共存的经济联合体，欧元区成员国经济发展不平衡，特别是近些年来随着欧元区的东扩，转轨中的中东欧国家逐渐加入欧元区，这更加剧了区域内经济发展的不平衡。2008年金融危机以来，欧元区各国经济复苏不同步，出现了典型的不对称冲击问题。德国、法国等经济已开始回归正常，而希腊、爱尔兰、西班牙等国由于房地产泡沫的破裂，经济复苏之路曲折。欧洲央行显然难以同时兼顾所有成员国的利益，不对称冲击问题在单一货币体制下难以得到有效解决。

3. 欧元区的集体决策机制无法迅速、有效应对冲击

欧盟的运行建立在一系列的超国家机构基础上，比如欧洲理事会、欧盟委员会、欧洲议会、欧洲法院等，这些超国家机构的机构设置、席位分配、表决机制等都是在各成员国的不断争论中确定并不断调整的。欧洲中央银行作为一个超国家机构，其职能是保持欧元的稳定，独立制定货币政策。欧元区与欧盟密不可分，在关系到经济联盟内外的重大决策都由这些超国家的机构协调制定。在重大、突发的外来冲击下，欧盟缺乏迅速、有效的应对机制。由于集体决策机制，各国将基于本国利益提出各项应对措施，烦冗的决策程序、不可避免的讨价还价带来了巨大的决策成本，并且无法在最短的时间内达成有效的应对策略。希腊债务危机爆发之初，欧盟内部就是否救助希腊和采取什么方式救助争论不休，未能在危机爆发初期稳定市场信心，最终在希腊政府无力收拾残局之时才不得不伸出援手。

(三)欧元区解体的风险

2012年1月从美国华尔街传出消息，“部分银行开始制定欧元区解体应急计划”。消息称，至少有两家跨国银行已采取行动安装后备技术系统，为希腊德拉克马、葡萄牙埃斯库多、意大利里拉等欧洲货币重新登场交易做准备。2012年1月3日，希腊政府表示，除非马上和国际债权人就第二笔1 300亿美元援助金达成协议，否则希腊将面临退出欧元区的风险。欧债危机所引发的欧元区解体的风险进一步加剧，但是就此得出欧元将崩盘或欧元区将解体的结论，还为时过早。

客观地说，欧债危机的全面爆发并不是欧洲债务本身的问题，而在于没有任何国家为欧元负责。日本的债务总额占国内生产总值的200%以上，美国是100%，欧元区的债务占国内生产总值的比重为90%。为什么债务更高的日本和美国没有发生债务危机呢？因为日本和美国都是单一政府单一货币，政府必须为本国的货币、本国债务负责。欧元虽是17个欧盟成员国的共同货币，但并不属于

一个共同的政府，而是属于17个主权独立的国家。各国各有私利，只想从欧元中获利，不想承担责任，政府缺钱或预算不够就通过市场融资。长此以往，欧元必然承受极大的贬值压力或引发市场动荡。改革欧元区的制度缺陷、统一欧元区各国财政是欧元区的唯一出路，欧元区是否会解体则取决于未来欧元区财政一体化的进程。

欧盟应当在发行欧元区统一债券、设立欧元区财政部等问题上取得实质进展以维持欧元区的稳定。欧元债券的发行和财政统一契约的签署与实施，最终取决于德国和法国。只要德国和法国能进一步提供资金支持欧洲金融稳定基金；为欧洲央行履行最后担保人职能，为发行欧元债券提供担保；各债务国都将得到有效的救助，欧债危机就可得到及时的管控。当然这很大程度上取决于德、法两国的政治意愿和捍卫欧元的决心。

二、英国"脱欧"及其对欧盟的影响

2017年3月29日，英国首相特雷莎根据《里斯本条约》第50条，正式通知欧洲联盟(简称"欧盟")关于英国脱离欧盟的意愿，从而开始为期两年的"脱欧"谈判。英国"脱欧"的过程正在进行中。

(一)英国"脱欧"事件的始末

随着欧洲主权债务危机的发酵，英国与欧盟的关系变得越来越僵。在新财政契约、金融税收和欧盟预算等问题上，英国与其他欧盟成员国分歧不断。英国国内也有退出欧盟的主张和声音。2013年1月23日，英国首相卡梅伦对英国与欧盟关系前景发表讲话，声称如果欧盟不采取措施解决核心问题，英国就可能退出该组织。卡梅伦承诺，他领导的保守党若在2015年的选举中胜出，将于2017年举行全民公投，以决定英国是否退出欧盟。2016年6月23日英国提前举行全民公投，公投结果是英国退出欧盟获得多数支持。

(二)英国"脱欧"的原因

英国《每日邮报》分析了英国"脱欧"的动机：一方面因为欧盟自2008年全球金融危机后经济表现不佳，欧盟的财政开支混乱，且欧盟农业补贴预算分配不公，英国仅获欧盟分配7%的农业预算开支，比德国、法国、意大利甚至波兰少；另一方面英国希望通过"脱欧"，帮助英国有机会重新自主制定法律，恢复自主决策地位；可单独跟其他国家磋商贸易协议，达成全球贸易协议，恢复贸易主导权；不再向欧盟缴纳巨额会费，省去平均每天2 300万英镑的支出，重新管制边境，控制欧盟东扩后移民进入英国的人数，拒绝不受欢迎人物入境，对抗恐怖主义。

英国“脱欧”本身，看似是欧盟经济利益的公平分配问题，也与英国政府在移民、难民、法律、财政税费等问题遭遇困境相关，但本质上，欧盟问题的根源，深植于欧洲各国相互之间文化的差异与欧盟制度本身的缺陷。各个国家对国家主权的维护决定了欧盟不可能形成统一的财政联盟，而没有财政联盟，核心欧元区国家所采用的统一货币，只会加剧成员国之间经济周期的分化以及收入水平的差异。欧盟各成员国之间没有统一的官方语言，没有统一的主流文化，有的是几百年的厮杀与两次世界大战留下的民族间的猜疑。欧盟要推行统一的法律制度，并实现财政互助，存在很大困难，脱欧也就成为某些成员国的主动选择。

（三）英国“脱欧”对欧盟的影响

欧盟作为英国“脱欧”事件的另一当事方所受到的冲击是直接而巨大的。

首先，欧盟的国际影响力下降。欧盟的国际地位和影响力主要基于其享有自由流动的统一大市场、世界第二大统一货币、GDP居世界首位、5亿人口的消费市场。英国作为欧盟第二大经济体、世界第五大经济体，其退出意味着欧盟的GDP将失去1/6。其世界最大经济体的地位也将随之丧失。同时，英国虽然对于欧盟并未全心全意投入，但其联合国安理会常任理事国的身份、核大国地位，以及历史上形成的广泛的国际联系，使得其在欧盟外交与安全政策的制定和实施中发挥着不可替代的作用。此外，欧盟在国际机构和组织中拥有极其重要的话语权，而英国在其中的作用功不可没。随着英国“脱欧”，欧盟的地位和影响力下降将不可避免。

其次，欧盟的发展前景堪忧。近年来，欧盟遭遇了一系列空前严重的危机。2009年爆发的欧洲债务危机一度令欧元陷入生存危机。2014年乌克兰危机爆发后欧盟与美国一道对俄实施全面制裁，欧俄关系降到冷战结束以来最低点，双方合作至今仍陷入停滞。2015年随着叙利亚、伊拉克内战的加剧，以及极端组织“伊斯兰国”的兴起，欧洲迎来了战后以来最大规模的难民潮。为防止难民冲击国内社会秩序，不少欧盟国家重新恢复了边境检查，一体化最大成果之一的申根体系摇摇欲坠。在难民危机持续发酵的同时，巴黎、布鲁塞尔接连发生恐怖袭击，其中2015年11月13日巴黎系列恐袭导致132人死亡。上述危机带来的最严重后果在于加剧了欧盟成员国之间的矛盾，而英国“脱欧”进一步刺激了欧洲各国的分离力量。目前，欧盟领导人最担心的是英国“脱欧”在其他国家可能产生的多米诺骨牌效应。

资料来源：根据姜艳霞（2010）、冯仲平（2016）的文章和互联网资料改编。

二、亚洲的货币一体化

（一）亚洲货币合作的进展

1991年，东亚及太平洋中央银行行长会议组织（EMEAP）成立。该组织属于地区性央行间合作组织，成员包括中国、日本、澳大利亚、新西兰、韩国、中国香港、泰国、马来西亚、菲律宾、新加坡、印度尼西亚的11个国家和地区的中央银行和货币当局。2003年6月，该组织发起了第一期亚洲债券基金，由成员国央行出资共10亿美元，投资于其8个成员（日本、澳大利亚和新西兰除外）的主权与准主权美元债券。2004年，EMEAP开始筹建第二期债券基金，并且资金规模扩大到20亿美元，投资于8个成员的主权与准主权本币债券。该基金分为8只单一市场基金，分别投资于相应的成员国市场，其中投资于中国债市的基金称作“亚洲债券基金中国债券指数基金”（简称“亚债中国基金”），由交通银行托管、华夏基金管理公司管理（巴曙松、矫静，2006）。

亚洲债券基金的形成标志着亚洲货币合作迈出重要的一步。通过亚洲债券基金市场，可以充分利用本区域各成员国充裕的外汇储备，拓宽融资渠道，增强区域内流动性，从而有助于防范区域性金融危机的爆发。

东亚国家于1997年12月召开了一次重要的地区国际会议——东盟10国与中、日、韩三国首脑非正式会晤，这就是后来形成制度的10+3会议。这次会议就加强东亚地区的合作、深化地区的经济联系达成了许多一致意见，标志着东亚地区经济和货币一体化的合作机制正式确立。

2000年5月，东盟与中、日、韩三国的财政部长在泰国清迈举行会议，就东亚地区的货币金融合作进行了广泛交流并达成共识，在此基础上签署了《清迈协议》，该协议的目标是在未来建立更大的亚洲国际储备基金，以便当亚洲国家货币遭受攻击时可以互相支持，保证各国货币免遭投机性攻击。为此建立了双边互换协议（Bilateral Swap Agreement，BSA）和回购协议。

BSA就是协议一方以本币购买另一方所拥有的可兑换货币，并在约定的未来某一时刻按照购买时使用的汇率、用先前购得的可兑换货币购回本币的金融交易。《清迈协议》下的BSA是以美元和13个参加国货币互换形式提供短期流动性支持的制度安排。

回购协议同样也是用于解决参加国短期流动性资金的不足。回购协议通过签订双边合同以出售和回购证券的方式达成。回购协议的一方在紧急状态下，将合格的证券出售给另一方从而获得所需的外汇资金维持金融市场的稳定。回购协议中的证券是有条件的，必须是期限不超过5年的中短期美国国债以及回购协议中另一方的政府证券。回购协议的期限是一个星期，但是可以根据合同双方的协议展期。每一个回购交易的最低金额为回购协议总金额的5%。每一次回购交易，买方将支付美国国债或者票据的102%以及政府证券的105%。

2007年5月在日本京都举行的第10届东盟和中日韩(简称“10+3”)财长会议上13国已原则上同意建立一个共同的外汇储备库，以避免可能出现的金融危机。

2008年5月4日，中、日、韩以及东盟10国财长会议同意，为筹建中的共同外汇储备基金出资至少800亿美元，以帮助参与国抵御可能发生的金融危机。中日韩三国分担80%的出资额，东盟国家负担20%。

2009年2月22日，10+3特别财长会议在泰国普吉联合公布了《亚洲经济金融稳定行动计划》，将区域外汇储备库规模从800亿美元扩大至1 200亿美元。12月各国财长就区域外汇储备库的出资份额达成共识，中国、日本和韩国分别出资384亿美元、384亿美元和192亿美元，占储备库总额的32%、32%和16%。

2010年5月，清迈倡议多边机制(CMIM)正式启动，可动用的对成员国的救助资金达到了1 200亿美元的规模。

(二)亚洲货币单位构想

亚洲区域的汇率合作一直没有太大的进展。虽然许多专家提出了一系列的区域汇率合作的提案，诸如共同钉住一篮子货币、亚洲货币机制、美元区、日元区等，其中，东亚共同钉住美元、日元、欧元组成一篮子货币方案得到了最多的关注，但是没有一个合作方案得到区域内大国的一致支持，因为目前无论采取哪一个方案，都会使该国国内宏观经济政策和金融市场稳定遭遇风险。2005年日本学者提出创设亚洲货币单位(Asian Currency Unit，ACU)的构想，同年10月亚洲开发银行(Asian Development Bank，ADB)表示可能在未来推出亚洲货币单位。亚洲货币单位可用于衡量作为整体的东亚货币相对于美欧等主要贸易伙伴货币的汇率变化，把这些变化与东亚整体的国际收支情况联系以后，便于判断东亚各种货币是否需要对美元、欧元汇率采取共同行动；它也可以反映区域内各种货币相对于亚洲货币单位的价值变化，反映区域内各种货币之间的相对稳定性，并为区域内货币之间的相对价值调整提供政策依据。从欧元的发展历程看，亚洲货币单位的创设有助于为亚洲单一货币——亚元的诞生奠定基础。

虽然亚洲国家和地区经济合作发展迅速，存在推进货币一体化的经济基础，但在目前要取得实质性进展，还存在相当大的难度，如区域货币合作缺乏发挥核心作用的大国、亚洲各地区经济发展水平过于悬殊、区域内生产要素的流动性较差、货币合作的政治基础比较薄弱。因此，东亚货币的一体化将是漫长的历史过程。

专栏8-2 人民币国际化与人民币跨境结算

2008年美国次贷危机升级为全球金融危机以来,对于此次金融危机爆发的原因,学术界进行了全面而广泛的探讨,如美国金融监管的缺失、对金融创新和高杠杆衍生品的过度需求、脱离经济基础无限透支的信用以及全球经济结构失衡等因素。但是在众多因素中,国际货币体系的缺陷是最重要的因素之一,这是因为在目前的国际货币体系中,美元是主要的国际储备货币,各国在对外经济活动中不得不大量持有和使用美元。在这种情况下,美元一旦出现问题,整个世界经济就会受到牵连。因此,改革国际货币体系、加强区域货币合作的呼声也随之日益高涨。中国政府自2008年底开始在人民币国际化、区域货币金融合作与国际货币体系三个层面致力于重构中国的国际金融战略,降低中国经济对美元的依赖程度。

人民币国际化的过程就是人民币由国内货币逐步发展为区域性乃至全球性货币,成为国际上普遍认可的计价货币、结算货币和储备货币。人民币在东亚区域内作为贸易结算货币有助于增强人民币在东亚区域金融合作中的地位,人民币成为国际储备货币,可以促进全球多元储备体系的建立,降低中国、东亚区域与全球范围内对美元的依赖程度。

人民币跨境贸易结算是指在我国的货物、服务以及其他经常项目下的贸易使用人民币结算,用人民币完成资金收付,这是人民币国际化的重要组成部分。从货币国际化进程看,一国货币欲成为国际货币,首先必须成为贸易领域广为接受的国际支付结算货币,然后成为国际投资领域中的支付结算货币,最后成为国际储备货币。人民币跨境贸易结算是人民币国际化关键的第一步。

2003年,中共十六届三中全会通过《中共中央关于完善社会主义市场经济体制若干问题的决定》,提出“在有效防范风险的前提下,有选择、分步骤放宽对跨境资本交易活动的限制,逐步实现资本项目可兑换,加快推进与港澳地区货物贸易的人民币结算试点”。

2008年12月8日国务院发布《关于当前金融促进经济发展的若干意见》,明确了政府将允许香港非金融性企业发行以人民币计价的债券,支持香港人民币业务发展,扩大人民币在周边贸易中的计价结算规模。

2008年12月中韩两国央行达成1 800亿元人民币(38万亿韩元)货币互换协议,此后(截至2017年7月),中国人民银行又分别与36个国家和地区货币当局签署(包括续签)了双边本币互换协议,为境外银行从事人民币结算业务有充足的人民币资金提供保证。

2009年4月8日，国务院常务会议正式决定，在上海市和广东省广州、深圳、珠海、东莞五个城市率先进行跨境贸易人民币结算试点工作。

2009年7月2日，中国人民银行会同财政部、商务部、海关总署、国务院税务总局、银监会共同制定并对外颁布《跨境贸易人民币结算试点管理办法》。

2009年7月3日，中国人民银行印发了《跨境贸易人民币结算试点管理办法实施细则》，进一步细化了跨境贸易人民币结算具体操作规则。

2009年7月6日，跨境贸易人民币结算业务开通，首批业务成功开展。中国银行上海分行首先收到中银香港汇来的我国第一笔跨境贸易人民币结算业务款项。其后，香港汇丰银行也与交通银行合作为上海一家进出口公司办理了人民币跨境结算业务。

2010年6月17日，中国人民银行、财政部、商务部等发布了《关于扩大跨境贸易人民币结算试点有关问题的通知》，将跨境人民币贸易结算的境外地域由港澳、东盟地区扩展到所有国家和地区；增加北京、天津、内蒙古、辽宁、吉林、黑龙江、江苏、浙江、福建、山东、湖北、广西、海南、重庆、四川、云南、西藏、新疆等18个省(自治区、直辖市)为试点地区，并允许企业从事货物贸易之外的其他经常项目的跨境人民币结算业务。

2010年8月，中国人民银行进一步推出了跨境贸易人民币结算试点的两项配套政策：一是发布《关于境外人民币清算行等三类机构运用人民币投资银行间债券市场试点有关事宜的通知》，允许境外中央银行或货币当局、港澳人民币业务清算行和境外参加银行使用依法获得的人民币资金投资银行间债券市场；二是发布《境外机构人民币银行结算账户管理办法》，明确境外机构可申请在境内银行开立人民币银行结算账户，用于依法开展的各项跨境人民币业务。

2011年1月和10月，中国人民银行制定了《境外直接投资人民币结算试点管理办法》和《外商直接投资人民币结算业务管理办法》，允许境内机构以人民币进行对外直接投资和境外投资者以人民币到境内开展直接投资。

2011年8月，人行、财政部、商务部、海关总署、税务总局和银监会联合发布《关于扩大跨境贸易人民币结算地区的通知》，将跨境贸易人民币结算范围扩大至全国。

2013年7月，人民银行明确境内非金融机构可开展人民币境外放款结算业务和人民币对外担保业务，进一步放宽了境内银行向境外参加行提供人民币账户融资的期限和限额。2013年9月，人民银行明确境外投资者可使用人民币投资境内金融机构。

2014 年 11 月，跨国企业集团开展跨境人民币资金集中运营业务，允许人民币合格境内机构投资者(RQDII)以人民币开展境外证券投资，明确了“沪港通”有关跨境人民币结算事宜，将资本项目下的人民币跨境结算扩展到直接投资以外的范围。

至此，跨境人民币结算已经形成了以跨境贸易为主、直接投资迅速发展、其他投资为补充的模式。

2018 年，跨境人民币收付金额合计 15.85 万亿元，同比增长 46%。经常项目下跨境人民币收付金额合计 5.11 万亿元，同比增长 18%，其中，货物贸易收付金额 3.66 万亿元，服务贸易及其他经常项下收付金额 1.45 万亿元；资本项目下人民币收付金额合计 10.74 万亿元，同比增长 65%。根据环球同业银行金融电信协会(SWIFT)统计，2019 年 1 月人民币在国际支付货币中的份额为 2.15%，为全球第五大支付货币。

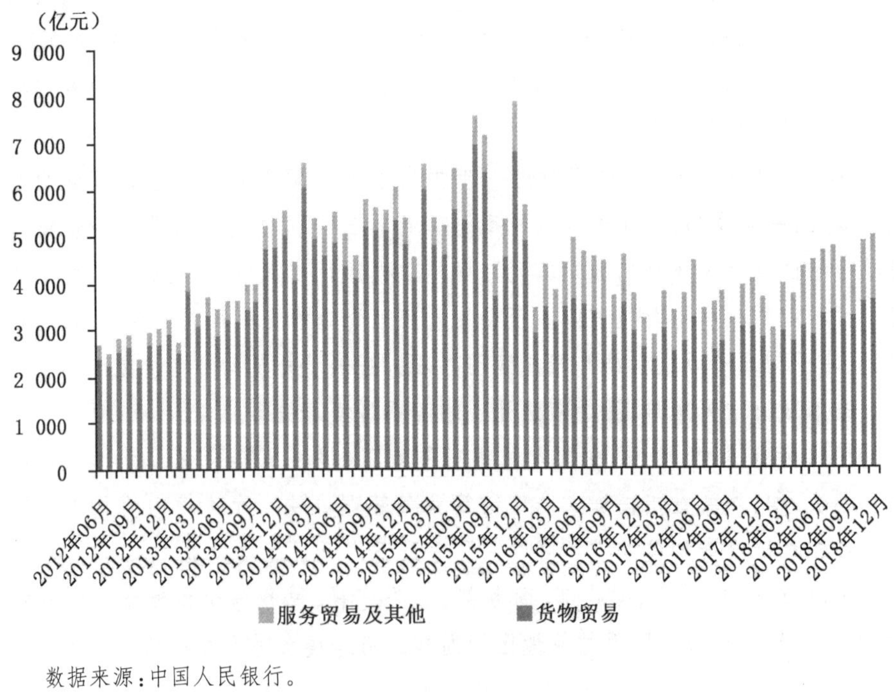

数据来源：中国人民银行。

图 8－7　经常项目人民币收付月度情况

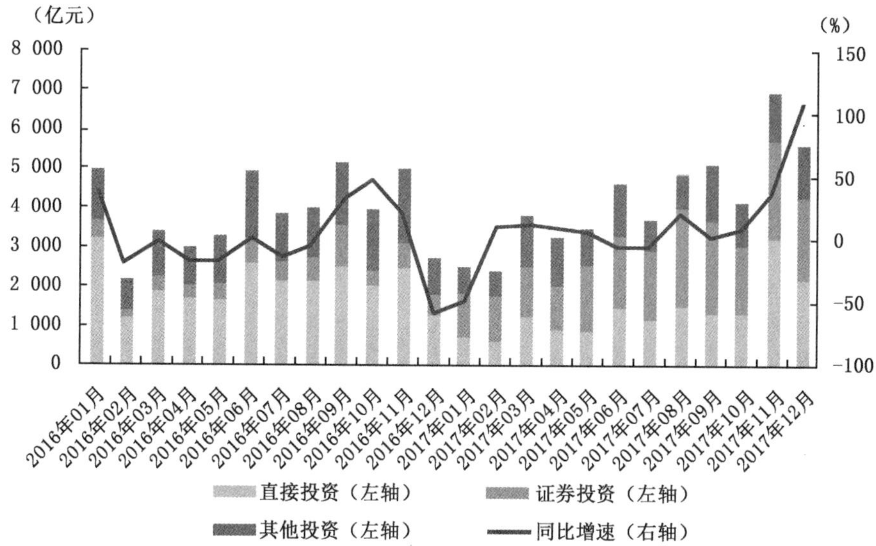

数据来源：中国人民银行。

图 8－8 资本项目人民币跨境收付月度情况

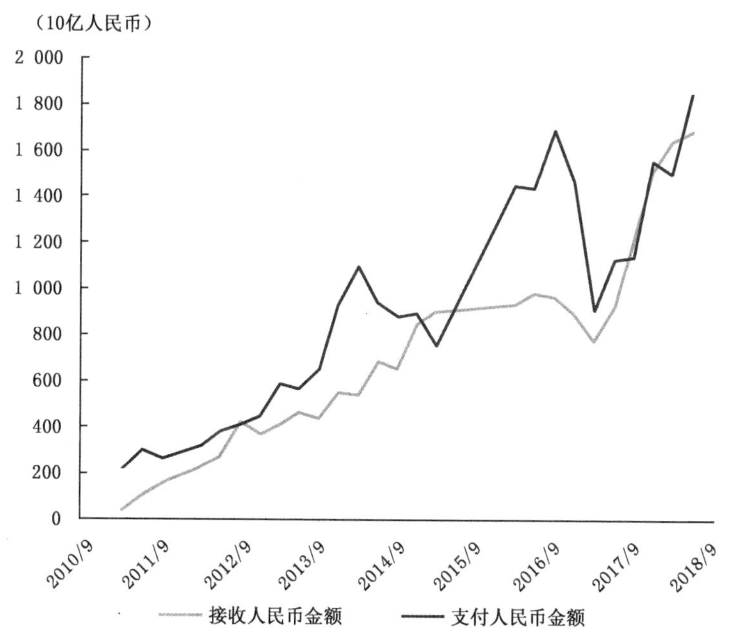

数据来源：中国人民银行。

图 8－9 跨境人民币结算

本章小结

国际货币体系是国际间所有货币往来的有关因素的总和。历史上国际货币体系经历了国际金本位制度、储备货币本位制度(布雷顿森林体系)和牙买加体系。

在国际金本位制度下,黄金是唯一的储备货币,各国货币根据铸币平价建立固定比价关系;价格—金币流动机制是国际收支不平衡的调节手段;各国货币调整具有对称性,各国货币的发行因受到黄金储备的限制避免了过度扩张,但是金本位制度下,黄金储藏量的相对有限导致国际清偿力的不足,对世界经济发展产生紧缩效应。

布雷顿森林体系是一种储备货币本位制度,美元与黄金挂钩,各国货币与美元挂钩,在此基础上建立了可调整的固定汇率制度。美元是实际上的国际储备货币,国际收支短期失衡可以通过从IMF获取融资,长期失衡通过调整汇率加以解决。布雷顿森林体系下稳定的汇率对世界经济曾经起着非常积极的作用,但是其内在根本缺陷,即特里芬难题导致了其最终走向崩溃。

牙买加体系是布雷顿森林体系崩溃后的自然结果,其主要特点是黄金的非货币化、汇率制度安排的多样化、国际储备多元化以及国际收支调整方式的多样化。牙买加体系仍存在一些突出矛盾和问题,如汇率的过度波动和储备货币缺乏国际管理等,这些问题有待进一步的改革。

欧洲货币一体化为国际货币体系的未来发展提供了成功的范例。欧债危机的爆发表明货币一体化的成功还取决于货币区的财政的一体化。当前亚洲地区的货币合作也有了一定的进展。区域货币的一体化有可能是整个世界走向货币一体化的良好开端。近年来我国启动了人民币国际化的进程,人民币有望在国际货币体系中发挥重要作用。

重要术语

国际货币体系	金本位制度	金块本位制度	金汇兑本位制度
储备货币本位制度	储备中心	$n-1$	布雷顿森林体系
黄金平价	中心汇率	特里芬难题	牙买加体系
格雷欣法则	托宾税	超国家(主权)货币	欧洲货币体系
欧洲货币单位	欧洲汇率机制	马斯特里赫特条约	欧盟
欧洲中央银行	10+3	清迈协议	货币互换协议

思考题

1. 国际货币体系与国际金融体系有何异同?
2. 通过回顾国际货币体系变迁的轨迹,分析未来国际货币体系改革的方向。
3. 简述国际金本位制度的运行机制。

4. 国际金本位制度有何优劣?

5. 布雷顿森林体系有哪些主要的特征? 其优劣主要表现在哪些方面?

6. 牙买加体系的主要缺陷表现在哪些方面?

7. 欧元的启动对国际货币体系有何影响?

8. 亚洲货币一体化的难点是什么? 应该如何克服?

9. 未来世界是否可能使用单一货币?

参考文献

1. 巴曙松、矫静:亚洲债券基金的兴起及其发展,《金融与经济》,2006 年第 1 期。

2. 查尔斯・希尔和托马斯・霍特:《国际商务》,中国人民大学出版社 2019 年版,第 9 章:区域经济一体化;第 11 章:国际货币体系。

3. 丁刚:试论托宾税与国际资本流动,《重庆商学院学报》,2002 年第 2 期。

4. 冯仲平:英国"脱欧"及其对中国的影响,《现代国际关系》,2016 年第 7 期。

5. 韩丽娜、李炜光:国际经济政策协调理论、方案与当前制度安排,《中国财经信息资料》,2003 年第 29 期。

6. 姜艳霞:从欧洲债务危机看欧元区的制度困境,《深圳金融》,2010 年第 10 期。

7. 保罗・克鲁格曼、茅瑞斯・奥伯斯法尔德:《国际经济学》,中国人民大学出版社 2016 年版。

8. 刘思跃、肖卫国:《国际金融》,武汉大学出版社 2008 年版。

9. 马荣华、饶晓辉:人民币的境外需求估计,《国际金融研究》,2007 年第 2 期。

10. 潘英丽:《国际货币体系未来变革与人民币国际化》,格致出版社 2014 年版。

11. 唐建华:汇率制度选择:理论争论、发展趋势及其经济绩效比较,《金融研究》,2003 年第 3 期。

12. 王砚峰:诺贝尔经济学奖获得者詹姆斯・托宾逝世,《经济学动态》,2002 年第 4 期。

13. 奚君羊:多种货币储备体系的缺陷及其矫正,《财经研究》,1999 年第 5 期。人大复印资料《金融与保险》1999 年第 7 期全文转载。

14. 张斌、何帆:亚洲货币单位对东亚货币合作和人民币汇率改革的影响,《管理世界》,2006 年第 4 期。

15. Krugman, Paul, 1991, Target zones and exchange rate dynamics, *Quarterly Journal of Economics*, vol. 106, pp. 669—682.

16. Tobin, J. A., 1978, A proposal for international monetary reform, *Eastern Economic Journal*, vol. 4, July.

17. Spahn, P., 1996, The Tobin Tax and exchange rate stability, IMF: Finance & Development, pp. 24—27.

第九章　国际金融市场

教学目的与要求

- 熟悉国际金融市场的概念、分类。
- 了解国际金融市场的历史演变。
- 把握国际资本市场的含义和优势。
- 明确国际货币市场以及欧洲货币市场的特点、经营活动、优劣和影响。
- 知晓国际黄金市场的基本特点。

第一节　国际金融市场概述

一、国际金融市场的概念与分类

国际金融市场是不同国家居民之间相互融通资金和进行金融交易的组织结构、交易设施和制度规则的总和。随着世界经济一体化的日益加深，许多国家的国内金融市场也逐步向非居民开放，这就为国际融资提供了途径。此外，有些国家和地区还允许非居民相互之间融通外币资金和从事某些以外币计价的金融交易，由此而在这些国家和地区形成了“离岸金融市场”，如所谓的“欧洲货币市场”。

与国际金融市场密切相关的一个概念是国际金融中心。国际金融市场强调的是交易，而国际金融中心则偏重从事国际金融交易的地理区位。

按照下列不同的属性，可以对国际金融市场进行不同的分类。

(一)资金融通期限

按资金融通的期限不同，国际金融市场可分为国际货币市场和国际资本市场。国际货币市场是指融资期限在 1 年或 1 年以下的资金交易市场；国际资本市场是指融资期限在1年以上或无期限限制的资金交易市场。

短期资金市场融通或交易的都是货币或准货币(near money),如商业票据、银行存单、国库券等。这种资金融通的目的是平衡货币头寸的需要,因而办理此类业务的市场就称为货币市场。长期资金市场融通或交易的都是用于长期投资的资金,这种资金主要用于本金的长期增值和获取收益,因而具有资本的性质,故融通这种资金的市场称为资本市场。

(二)交易对象

按交易的对象和客体的不同,国际金融市场可分为国际资金借贷市场、国际外汇市场、国际黄金市场及国际证券市场。[①] 黄金虽然是实物资产,但黄金在历史上曾经长期发挥货币职能,黄金目前仍然具有一定的金融属性,各个国家还持有一定量的黄金作为官方储备,人们从事黄金交易的出发点在很大程度上是为了资产的保值和增值,这是黄金的价值贮藏功能的体现,因此黄金市场仍然是金融市场的组成部分。由于国际融资证券化是当今国际金融市场的一大趋势,所以,证券市场是国际金融市场的重要组成部分。

(三)管制程度

按受管制的程度不同,国际金融市场可分为传统国际金融市场和离岸国际金融市场。离岸市场(offshore market)是非居民之间相互融通资金的市场,资金的供应方和需求方均为该地区的非居民,当地居民不能参与,即所谓的“两头在外”。由于该市场的金融活动不受政府管制,因而称为离岸市场。这里的“离岸”有国界之外的含义。

传统国际金融市场的本源是一国的国内市场,当非居民也开始进入该市场后,就转化为了国际金融市场。该市场的交易既可以在本地居民之间进行,也可以在本地居民和非居民之间进行。传统国际金融市场往往受到所在地政府的管制,因此称为在岸市场(onshore market)。

(四)参与者的范围

国际金融市场按参与者的广度可分为全球性的金融市场和区域性的金融市场。前者是世界各国居民广泛参与的市场,后者则主要是所在地的周边地区居民参与的市场。

二、国际金融市场的历史演变

(一)伦敦:第二次世界大战之前的国际金融中心

第一次世界大战以前,英国已成为头号世界强国。同时,英国的政局较稳定,英格

① 本书第三章已对外汇市场专门进行了讨论,本章不再赘述。

兰银行的地位不断巩固加强。遍布世界各国主要地区的银行代理关系逐渐建立，银行结算和信贷制度比较完善。再加上当时的英国从海外殖民地掠夺、榨取和积累了巨额利润，形成巨大的资金实力，成为提供信贷资金的重要来源。英镑成为当时世界上主要的国际结算货币和储备货币，从而使伦敦发展成为世界上最大的国际金融中心。

1914 年第一次世界大战爆发后，英国被迫放弃了金本位制度，经济实力受到很大削弱，后来虽然于 1925 年实行了金块本位制度，但在 1929 年世界经济大萧条的冲击下不得不于 1931 年 9 月宣布放弃，随之实行外汇管制。于是，英镑作为主要的国际结算货币和储备货币的地位开始江河日下，伦敦的国际金融中心地位更是大不如前。

（二）纽约、苏黎世与伦敦并列三大国际金融中心

第二次世界大战后，英国的经济遭到严重破坏，美国的经济实力后来居上，纽约金融市场乘机崛起，美元成为各国的储备货币和重要的国际结算工具。当时，美国是西方世界最大的资金供应者，主导着整个西方世界的经济。国际借贷与资本筹措都集中在纽约，纽约成为西方最大的长短期资金市场。西欧各国经济遭受战争破坏的情况与英国相似，只有瑞士能始终保持其货币自由兑换，并发展了自由外汇市场和黄金市场。在这一阶段，纽约、伦敦和苏黎世成为西方世界三大金融市场。

（三）欧洲货币市场的建立与扩展

自 20 世纪 60 年代起，美国的国际收支持续出现巨额逆差，大量美元流向境外，黄金储备急剧流失，美国政府被迫采取一系列限制资本外流的措施。有些西欧国家为了防止因美元泛滥而引起外汇市场动荡，也采取了一些限制资金流入的措施。这些国家的银行为了逃避上述限制，纷纷把资金转移到国外，从而形成了许多逃避管制的离岸金融市场，通称欧洲货币市场。伦敦原先就是重要的国际金融市场，而大量的欧洲美元交易又在伦敦进行，伦敦也因此恢复了主要国际金融中心的地位。

欧洲货币市场的出现，破除了国际金融中心必须设在货币发行地的旧传统，这就为国际金融中心的分散化创造了有利而重要的前提条件。从此，国际金融中心不再局限于少数的传统中心，而是迅速并广泛地分散到巴黎、法兰克福、布鲁塞尔、阿姆斯特丹、米兰、斯德哥尔摩、东京、蒙特利尔等地，成为欧洲货币市场的重要组成部分。甚至一些原来并不重要的地区，如巴哈马、开曼群岛、卢森堡和新加坡等，也成为具有一定重要性的境外美元或其他货币市场。

境外货币市场形成的主要条件是：管制较松，交易自由；征税较低，甚至免税，即所谓的避税港（tax haven）；适宜进行某一种金融活动。因此，即使一个小岛或是一个游览的风景区，本身并没有巨额资金积累，但只要具备上述条件，大量的游资就会流往那

里，而资金需求者也前往融资。这就是一般所谓的离岸金融市场，即法令条例管辖不到的地方。例如，巴哈马原来只有两家外国银行分支行，20 世纪 70 年代以后形成加勒比海离岸市场，已有几百家外国银行设立分支机构或附属机构。开曼群岛与巴哈马一样，在这个只有几万人的小岛上，竟开设了几百家银行和金融机构，成为重要的境外美元中心。

专栏 9－1　英国脱欧对伦敦作为国际金融中心的影响

2016 年 6 月，英国全民投票决定脱欧。根据英国政府的“硬脱欧”主张，英国将退出关税同盟和欧洲统一市场。英政府在脱欧谈判中的立场底线是：终止与欧盟其他成员国之间的经济方面的自由流动；脱离欧盟法院司法管辖；不对欧盟预算承担义务；独立制定贸易政策。

脱欧对伦敦金融城的影响引人关注。长期以来，伦敦作为全球最大国际金融中心，金融服务行业非常繁荣，2015 年金融服务在英国吸收外资总量中占比 45%，贡献了 8%的 GDP 增长和 12%的税收。伦敦得益于欧盟金融市场通行证，吸引了世界各大银行设立分支机构，开展业务。脱欧之后，位于英国的金融机构将无法像以前一样便利无阻地为欧洲各国客户提供服务。安永咨询于 2017 年 5 月进行的市场调查显示，伦敦超过 1/4 的金融企业表示受脱欧影响将考虑向其他国家转移工作人员和办事机构，8 家最大的投行表示已为脱欧谈判结果做好应对预案，其中高盛、摩根大通和摩根士丹利表示将会将业务转移至欧陆地区。

英国脱欧正在引发连锁反应，英国金融市场似乎已经受到了不小的震动。若英国硬脱欧，则英国金融业最终可能会与欧洲的金融脱节，伦敦将不再是记账中心，不少的业务可能会被迁至法兰克福、巴黎、纽约、中国香港与新加坡等地。

除了汇丰、花旗等国际知名投行撤出伦敦之外，德意志银行也打算从英国将几千亿美元的资产迁走。德意志银行希望能够将在伦敦的交易与投资银行资产迁至法兰克福，起始时间为 2018 年 9 月至 2019 年 3 月，其资产负债表将发生 3 000 亿欧元的变化。若德意志银行的确将自己的资产迁往法兰克福，则这将是英国宣布脱欧至今出现的最大的资产转移事件。德意志银行资产转移其实也与德意志银行资产重组相吻合，德国本土业务将成为后续的重点。

英国脱欧也意味着欧洲美元在欧陆的流动性可能受到影响。伦敦金融城是欧洲美元最大的交易中心之一，因此脱欧在某种程度上表明美元与欧陆开始疏离，英国作为大西洋两岸金融枢纽的地位将会削弱。

此外，英国脱欧也将对英国吸引外国直接投资产生影响。截至2015年底，英国是仅次于美国和中国的世界第三大投资接受国，其超过1万亿美元的投资存量中超过半数来自欧盟27国。许多第三国企业正是将英国视为进入欧洲市场的门户，认为在英投资将得益于各生产要素在整个欧盟的自由流动。对拥有复杂产业链的跨国企业而言，脱欧之后，公司在英国和欧盟国家的不同分支将受到不同的法律约束，人员流动也将受限，中间成本将会急剧增加。由于商业活动对风险尤为敏感，因此脱欧谈判僵持越久，外资就越可能基于规避风险考虑撤离。

总之，英国脱欧将会对英镑汇率、伦敦外汇市场、英国的经济与贸易等众多方面产生影响，至于影响究竟会有多大，值得我们密切关注事态的发展。

第二节　国际货币市场和资本市场

一、国际货币市场的组成

国际货币市场一般包括银行短期信贷市场、短期证券市场和贴现市场，其参与者包括商业银行、票据承兑公司、贴现公司、证券交易商和证券经纪商等。

(一)短期信贷市场

这是国际银行同业间的拆借市场(又称拆放市场)，以及银行对工商企业提供短期信贷资金的场所，其功能主要是解决临时性短期流动资金的融通。短期信贷市场能将大量社会上暂时闲散的短期资金集聚起来，这些资金主要来源于工商企业或机构在资本循环和周转中游离出来而暂时闲置的流动资金。银行以存款方式吸收进来，再贷放给资金需求者，为后者提供融资。

银行同业拆借的最短期限为日拆，一般还有1周、1个月、3个月及6个月等，最长期限不超过1年。为了反映伦敦银行同业拆借利率的水平及变动情况，英国银行家协会每天计算并公布其选定的几家有代表性的国际大银行上午11时的同业拆借利率的算术平均数。该平均数就称为“伦敦银行同业拆借利率”(London Interbank Offered Rate，Libor或London Inter Bank Offered Rate，LIBOR)。由于伦敦的国际金融中心地位，使得该利率已成为国际上广泛使用的基准利率。

专栏 9-2 Libor 将会寿终正寝?

著名财经媒体彭博社于 2017 年 7 月 27 日报道,伦敦银行间同业拆放利率(Libor)将在 2021 年底之前逐步退出;英国的监管机构和银行希望采用一个更可靠的体系,替代这个丑闻缠身的指标。

英国金融行为管理局(Financial Conduct Authority,FCA)局长 Andrew Bailey 表示,由于没有交易产生数据,这个利率是不可持续的。此前,几家国际大银行的交易员曾经通过虚假交易操纵 Libor,使之成为腐败的笑柄,并受到大约 90 亿美元的罚款和数位银行从业人员被判刑。

"如果市场继续依赖于当前形式的 Libor,我们认为就难以完成向基于交易基准指标的过渡,"Bailey 在彭博伦敦总部的演讲中说,"报价银行支持目前的 Libor 持续到 2021 年底,这样我们才能提前规划并平稳实施。"

最近几个月,已经有数家机构考虑 Libor 的替代指标。英国央行在 4 月份表示,互换行业的一个工作组建议用英镑隔夜指数均值(Sonia)在合约中替代 Libor。6 月份美国的一个政府机构——替代参考利率委员会,建议用一个新的、全面的美国国债回购利率替代 Libor。

资料来源:http://finance.sina.com.cn/money/bond/market/2017-07-27/doc-ifyinvyk1416688.shtml。

2007 年 1 月 4 日,我国开始发布上海银行间同业拆放利率(Shanghai Interbank Offered Rate,Shibor)。从发展趋势看,该利率有望成为我国的基准利率。

位于上海的全国银行间同业拆借中心受权 Shibor 的报价计算和信息发布。每个交易日上午 11:20 前根据收到的各报价行的自主报价,剔除最高、最低各 2 家报价,对其余报价进行算术平均计算后,得出每一期限品种的 Shibor,并于 11:30 对外发布。Shibor 的品种包括隔夜、1 周、2 周、1 个月、3 个月、6 个月、9 个月及 1 年。

目前 Shibor 的报价银行团由 18 家商业银行组成。报价银行都是由信用等级较高的公开市场一级交易商或外汇市场做市商组成。

专栏9-3 上海银行间同业拆放利率(Shibor)实施准则

第一章 总 则

第一条 为规范中国货币市场基准利率的形成机制、信息发布机制和监督管理机制,中国人民银行特制定本准则。

第二条 上海银行间同业拆放利率(Shanghai Interbank Offered Rate,简称Shibor)是由信用等级较高的银行自主报出的人民币同业拆出利率计算确定的算术平均利率,是单利、无担保、批发性利率。

第三条 中国人民银行成立 Shibor 工作小组(以下简称"工作小组"),依据本准则确定和调整报价银行团成员、监督和管理 Shibor 运行、规范报价行与指定发布人行为。

第二章 报价银行团构成

第四条 报价银行团由符合条件的商业银行组成。

第五条 报价行原则上应具备以下条件:

(一)具有公开市场一级交易商资格或外汇市场做市商资格。

(二)货币市场交易活跃,即交易量较大、交易连续性较好、价差较小。交易量指报价行在中国货币市场所有交易的总量,包括公开市场交易、同业拆借交易、债券回购交易、现券交易、货币市场衍生品交易等。

(三)信用等级较高。

(四)已建立内部收益率曲线和内部转移定价机制,具有较强的利率定价能力。

(五)通过上海银行间同业拆放利率网(www.shibor.org)等工作小组指定的媒体每年披露经注册会计师审计的上年年度报告。

(六)有利于开展报价工作的其他条件。

第六条 符合上述条件并愿意成为报价行的商业银行应于每年12月1日前向工作小组提交申请及相关材料,工作小组根据本准则确定次年报价银行团成员名单。

第三章 报价行职责

第七条 提供拆入、拆出的双边报价。该报价是基于市场情况的报价,是单利、无担保、批发性利率。报价行当日货币市场交易利率都以其报价利率为基准。报价行应独立报价,当日不得相互参照报价。

第八条 每个交易日(以下简称"每日")上午11:20前通过上海银行间同业拆放利率网提供的报价界面完成报价。报价行每日应按时报价,保证质量。

第九条 每日对隔夜、1周、2周、1个月、3个月、6个月、9个月及1年八个必报品种和3周、2个月、4个月、5个月、7个月、8个月、10个月、11个月八个选报品种进行报价。利率品种代码按期限长短排列为O/N、1W、2W、3W、1M、2M、3M、4M、5M、6M、7M、8M、9M、10M、11M 、1Y(O/N代表隔夜，W代表周，M代表月，Y代表年)。

第十条 以年利率(%，Act/360，T+0)对各期限品种报价，保留4位小数。

第十一条 建立应急机制，确保每日按时报出各期限品种的利率。

第四章 指定发布人及其职责

第十二条 全国银行间同业拆借中心受权为Shibor的指定发布人。

第十三条 负责提供报价界面，对接收到的每一期限品种的拆出利率数据，剔除最高、最低各2家报价，对其余报价进行算术平均计算后，得出每一期限品种的Shibor，于每日上午11:30对外公布，同时公布各报价行的拆入、拆出报价。

第十四条 在上午11:20前鉴别报价行报价的可能差错，及时进行提示。如有报价行未报价，指定发布人根据已报的数据确定Shibor，同时将此情况以书面形式报告工作小组。

第十五条 负责维护上海银行间同业拆放利率系统。

第十六条 建立Shibor的备份、应急机制，确保每日Shibor的正常运行和历史资料储存。

第五章 工作小组的运行机制

第十七条 根据商业银行的申请，按照本准则确定和调整报价银行团成员。

第十八条 组织报价行按本准则要求开展报价，对指定发布人发布Shibor信息等行为进行日常管理。

第十九条 按月、季、年评估报价行有关报价行为，通报Shibor运行情况，对报价行报价质量进行考评。

第六章 监督管理

第二十条 指定发布人对报价行报价质量根据工作小组授权进行现场监督和考核。如果报价行出现违反本准则行为，应及时发出警告，要求其改正，并报告工作小组。指定发布人应及时记录、披露报价行违反本准则的行为和改正情况，按月向工作小组报告Shibor的运行情况。

第二十一条 对报价行实行淘汰制。工作小组每年对所有报价银行团成员的报价记录进行考评，确定淘汰更新方案，最迟于次年的第十个工作日公布。报价行被淘汰后，下一年度不得申请加入报价银行团。

第二十二条　工作小组建立报价考评指标体系，每年对其进行评估修改，于次年第十个工作日前公布。

第二十三条　工作小组负责监督管理指定发布人，每年对指定发布人履行职责的各项情况进行考核。

(二)短期证券市场

这是国际间短期证券的发行和交易的场所，证券期限不超过1年。在这个市场上发行和买卖的短期证券主要包括：

1. 国库券(Treasury Bill，TB)，即各国财政部发行的短期债券，其信用高于银行和商业信用，而且流动性很强，已成为短期投资的最好目标。国库券期限主要有3个月和6个月两种，它按票面金额以折扣方式发行，在市场上以竞价方式进行交易，到期按票面金额偿还。

2. 可转让的银行定期存单(Certificate of Deposit，CD)，这是银行发行的大额定期存单，标准定额为100万元以上；期限最短为1个月，最长达1年以上；定期存单可随时转让；到期按票面金额和约定利率还本付息。

3. 商业票据(Commercial Paper，CP)，即信用良好的工商企业为筹集短期资金而开出的票据，可通过银行发行，票面金额不限；期限一般为4～6个月；采用按票面金额贴现的方式进行交易。

4. 银行承兑票据(Bank's Acceptance Bill)，即经过银行承兑过的商业票据，由于有了银行信用，就更易于流通转让。在美国，短期证券市场上发行量最大的是国库券，其次，大额定期存单也占相当大的市场份额。在英国短期证券市场上，可转让定期存单也很流行。

(三)贴现市场

贴现市场(discount market)是对未到期票据按贴现方式进行融资的交易场所。贴现一词是指将未到期的短期票据，按贴现利率扣除从贴现日至到期日之间的利息，向贴现行(discount house)或其他办理贴现业务的机构换取资金的一种方式。贴现业务是短期资金市场融通资金的一种重要方式。贴现业务的主要经营者是贴现行。贴现的票据主要有国库券、短期债券、银行承兑票据和商业票据等。贴现利率一般高于银行贷款利率。持票人向贴现行办理贴现业务后，贴现行或从事贴现业务的银行还可向中央银行进行再贴现(rediscount)。中央银行利用这种票据再贴现业务来调节信用或控制资金市场。目前，世界上最大的贴现市场在英国，贴现业务的历史相当悠久，可以追溯到第一次世界大战以前。在英国的金融业中，贴现行占十分重要的地位。

二、国际资本市场的组成

国际资本市场融通资金的方式主要是银行中长期贷款和证券交易，所以，国际资本市场具体可分为银行中长期信贷市场和证券市场。

（一）银行中长期信贷市场

这是银行吸收和提供中长期国际信贷资金的市场。来自不同国家的中长期资金的供求双方通过这一市场融通资金。这个市场的需求者主要是各国政府及工商企业；资金期限在1～5年间一般称为中期，5年以上一般称为长期；大额借款多采用银团贷款方式。由于这个市场资金周转期长，风险就比较大，所以，银行在考虑贷款时除了审核申请贷款的用途外，还要着重分析其偿还债务的能力。

金融市场是商业性的资金融通场所，而有些资金的融通还可以通过官方途径实现，虽然这些途径并非金融市场的组成部分，但对于资金需求方而言，其最大的优势是融资成本极低。这种信贷主要有：

1. 政府援助贷款

这是一国政府出于发展对外关系的需要而利用财政资金向另一国政府提供的优惠贷款。许多国家都设有专门的机构办理这种贷款。各发达国家政府还对发展中国家提供一定数额的所谓“官方开发援助”贷款。这种贷款的特点是：数量较少，属援助性质的贷款；期限长，一般为10～30年，其中宽限期（grace period），即不需还本金，但要付息的期限为5～10年；利率较低，一般年利率为1%～3%，有时甚至无息；附带一定条件，例如只能用以采购贷款国的货物，或援助的项目只准在贷款国招标。

2. 国际机构贷款

全球性的金融机构，如IMF、世界银行以及区域性的金融机构，如亚洲开发银行、非洲开发银行等的职能之一就是对符合条件的成员国提供有限数量的低利率贷款。由于这些机构都由成员国组成，因此又称多边性（multilateral）国际金融机构。IMF主要对成员国提供短期贷款，以便其弥补“临时性”的国际收支逆差。世界银行主要对成员国提供有关交通、运输、能源、教育、农业等基础设施的项目贷款。世界银行还通过其下属的国际金融公司和国际开发协会分别为私人企业和低收入国家提供贷款。

3. 出口信贷

各国政府为支持和扩大本国出口，增强出口商品的竞争能力，往往鼓励本国商业银行对本国出口商或外国进口商（或银行）提供贷款。出口信贷（export credit）的主要特点是：（1）贷款指定用途，即只可用于购买出口国的出口商品；（2）贷款利率低于市场利率，利差由出口国政府补贴；（3）贷款期限一般较长。这种由出口方银行提供给出口商，即卖方的信贷，称为卖方信贷（seller's credit）；提供给进口商（买方）或进口方银行

(买方银行)的信贷则称为买方信贷(buyer's credit)。

(二)证券市场

证券市场是从事有价证券发行和交易的市场,是资本市场的重要组成部分,是长期资本的供求双方之间的中介。这里的证券主要指股票和期限在1年以上的中长期债券(包括政府债券和公司债券)。近年来,随着股票市场的迅速发展,其在资本市场中的地位也愈益提高,因此,狭义的资本市场实际上就是指股票市场。

1. 国际股票市场

严格来讲,在某种意义上国际股票市场并不存在。即使是目前主要的西方国家的股票市场,如伦敦、纽约、东京等股票交易所也都是这些国家国内的市场。但是,随着越来越多的国家允许股票市场对非居民开放,允许外国居民发行和购买股票,股票市场的国际化特征也愈益明显。在各大股票交易所中,伦敦股票交易所的外国上市公司数量最多,是世界上第一大国际性的股票市场。

股票市场国际化导致了股份公司所有权的国际化。今天我们仍然有可能谈论美国公司、英国公司和日本公司,主要因为这些公司的大多数股东(所有者)或主要股东各自拥有这些国家的国籍。然而,这一点正在变化。例如美国居民正在越来越多地购买在国外注册的公司的股票,而外国投资者也越来越多地购买在美国注册的公司的股票。因此,罗伯特·瑞克(Reich,1991)指出,不远的将来会出现"没有国籍的公司",因为这些公司的股东广泛分布于不同国家。

股票市场第二个国际化的发展,是历史上植根于一国的公司正在通过在其他国家的股票市场上市,以拓宽股票所有者的范围。这主要是由于融资方面的原因。在外国股票市场上市,通常是在这个市场上增发股票获得再融资的前奏,目的是利用外国市场的流动性,从而拓宽资金来源、降低企业的融资成本。企业还常常通过在国外股票市场上市以便将来收购外国公司。在国外股票市场上市的其他原因在于,公司的股票和股票期权可以用作当地的管理者和雇员报酬的补偿,满足了当地人对所有权的要求,同时增加了公司在当地员工、客户、供应商和银行中露面的机会。虽然发达国家的公司首先开始在外国的交易所上市,但越来越多的发展中国家的公司发现,其发展受到了缺乏流动性的国内资本市场的限制,因而开始重视国外股票市场的融资机会。

2. 国际债券市场

国际债券市场也是国际融资的重要场所。国际债券(international bond)按定值货币与发行地是否一致可分为外国债券和欧洲债券。外国债券(foreign bond)是一国居民在另一国发行的以发行地货币定值的债券。这种债券的发行人和投资者是分属两个不同国家的居民。例如,外国居民在美国发行的美元债券,即"扬基债券"(Yankee bond),在日本发行的日元债券,即"武士债券"(Samurai bond),以及在英国发行的英镑债券,即“猛犬债券”(bulldog bond,又译牛头狗债券),在中国内地发行的“熊猫债券”都属于外国债券。发行和买卖这些债券的市场就称作外国债券市场。

公司发行国际债券的动因之一是降低融资成本。近年来许多公司在日本发行了武士债券以利用其很低的利率。在2001年初,10年期的日本政府债券的收益率是1.24%,而同期的美国政府债券的收益率是5%。在这种背景下,各公司发现在日本获得债权融资所支付的费用比在美国低得多。

专栏9-4 熊猫债券:外国债券市场在中国萌发

2005年10月,国际金融公司(IFC)和亚洲开发银行(ADB)分别获准在我国银行间债券市场发行人民币债券11.3亿元和10亿元,发行利率分别为3.4%和3.34%,期限都是10年。这是中国债券市场首次引入外资机构发行主体,也是中国债券市场对外开放的重要举措和有益尝试。按照国际惯例,外国债券通常都有一个特别的称谓,故当时的中国财政部部长金人庆将国际多边金融机构首次在华发行的人民币债券命名为“熊猫债券”(panda bond)。

一般来讲,大多数国家对外国债券的发行都实施更加严格的监管,如对票面利率、期限设计及发行者信誉等条款都有严格的制度规定,目的是保护本国投资者。所以,在国际金融公司和亚洲开发银行发行熊猫债券之前,中国人民银行、财政部、发改委和证监会于2005年2月18日联合发布了《国际开发机构人民币债券发行管理暂行办法》。国际金融公司和亚洲开发银行本次发行熊猫债券,比照中国人民银行在银行间债券市场发行金融债券审批项目办理,必须在我国银行间债券市场发行,发行利率也由发行者参照同期限金融债券的收益率水平来确定。

中国允许国际机构在国内市场上发行人民币债券具有重要意义。首先,这有利于推动我国债券市场的对外开放。在我国债券市场上首次引入国际发行机构,这是继当年我国银行间债券市场引入第一家境外机构投资者——泛亚债券指数基金后又一创新之举,标志着我国债券市场对外开放又跨出了坚实的一步。吸引国际发行机构发行人民币债券,不仅可以带来国际上债券发行的先进经验和管理技术,而且还将进一步促进中国债券市场的快速发展与国际化进程。

其次,有助于改善我国目前对民营企业的直接融资比重过低的现状,并将有利于降低国内贷款企业的汇率风险。按照目前获得的信息,本次20亿元熊猫债券的筹资用途将偏向于对国内民营企业的贷款。以往,国际开发机构主要通过在国外发行外币债券,将筹集的资金通过财政部门或银行以外债转贷款方式贷给国内企业。因而,企业因汇率波动而面临汇率风险。现在,国际开发机构直接在中国发行人民币债券，并贷款给国内企业，从而可以降低企业原来购汇还贷时所承担的汇率风险。

再次，尽管本次熊猫债券的发行规模还比较小，但有业内分析专家认为，允许境外机构发行人民币债券，标志着我国在放宽资本管制进程中迈出了一个尝试性的步伐。

2016年8月，世界银行(国际复兴开发银行)在我国银行间债券市场成功发行了全球首只以SDR计价、人民币结算的债券，合计额度20亿SDR。该类债券被命名为“木兰债”。同年10月，渣打银行(香港)有限公司也在我国银行间债券市场成功发行1亿木兰债。木兰债虽然以人民币结算，但却以SDR计价，因此是变形的外国债券。

欧洲债券(Euro-bond)是一国居民在另一国发行的以第三国货币作为面值(face value)的债券。[①] 因此，这种债券要涉及3个不同国家。由于发行和买卖欧洲债券的各方一般均非该市场所在国居民，所使用的货币亦非所在国货币，因此，欧洲债券的交易对所在国的经济影响不大，所在国政府对欧洲债券的发行和交易的限制较少。这种状况使得欧洲债券市场得到了迅速的发展。这里的“欧洲”实际上是境外的意思，即在一国境外发行的以该国货币定值的债券。

国际债券按利率的确定方式则可分为固定利率债券、浮动利率债券和零息债券(又称无息票债券，zero-coupon bond)。浮动利率债券的利率一般是在某一基准利率，如Libor上加一定的差幅，即加息率(spread或margin)，并每隔一段时间(通常为3个月)就须随基准利率做一次调整。加息率的高低取决于借款人的信用等级(credit rating)，信用等级越高，加息率越低。信用等级最高的借款人往往可直接按基准利率筹措资金。如果是在亚洲地区，则可能以新加坡银行同业拆借利率(Sibor)或香港银行同业拆借利率(Hibor)等作为基准利率。有时也会以货币发行国的贷款优惠利率(prime rate)作为基准利率。由于基准利率是浮动的，因此，这种债券的利率也会随之浮动。

零息债券没有票面利息，因而也就没有用作领取利息的凭证的息票，而是以低于面值的价格发行，并以面值兑付，发行价和兑付价之间的差价即为债券的利息。所以，零息债券并不是没有利息的债券，而是没有息票的债券。

有些国家原先只有本国居民参与的债券市场后来也允许非居民参与二级市场交

---

① 在英文中有时也用denomination(即计价、定价或定值)来表示所使用的币种。

易，因此，除了国际债券以外，非居民参与这种国内的债券，包括公司债券和政府债券，如美国国库券的交易也成为国际融资的重要手段。

专栏 9－5　人民币国际债券

一、点心债券

自 2007 年 6 月起，中国境内的金融机构经中国人民银行和国家发改委批准后，允许在香港发行人民币债券。由于香港的人民币债券市场规模与内地相比明显偏小，从而限制了其发行数量，所以只能称作“点心”，而不是“正餐”。因此，凡在香港发行的以人民币计价的债券就被称为点心债券(dim sum bond)。

2007 年 7 月，中国国家开发银行成为第一个点心债券的发行人。2008 年 12 月，中国开始允许在中国内地有较多业务以及在岸金融机构在香港发行人民币债券，这意味着在华外资银行法人银行也可以进入香港离岸人民币债券市场。2010 年 2 月，香港金融管理局宣布，只要符合现有的规定，且不涉及资金汇回中国内地，所有金融机构均可以在香港自由发行人民币债券。这一举动加快了点心债券的发行步伐。从 2010 年 7 月以来，该市场已经取得长足进展，截至 2011 年 3 月 1 日，已经发行未偿清的债券金额达到 740 亿元人民币。

与中国境内的债务类金融工具不同，点心债券的发行在所受管制方面比较宽松，无论是发行主体还是债券定价都没有严格限制。但如果要将发行所得的人民币资金进入内地境内使用，则需要得到中国境内相关的监管机构的允许。

麦当劳于 2010 年 8 月成为第一个发行点心债券的外国公司。这就使得点心债券具有了某种欧洲债券的特性。在人民币存在强烈升值预期的情况下，持有人民币负债显然面临很大的汇率风险。然而对麦当劳而言，发行人民币债券却有以下好处：

第一，点心债券的利率很低，三年期债券的年利率仅 1%略多一点，而当时中国境内三年期的存款利率都高达 4.75%。点心债券的利率之所以如此之低，这是因为香港的人民币存款利率更低，还不到 1%。多年以来，香港积累了大量人民币，但是投资获利的渠道很少，人民币资金供大于求，形成了低利率的人民币市场。

第二，麦当劳将发债本金用于中国境内的运营，能够达到资产负债货币相互匹配，降低汇率风险。麦当劳在中国境内的资产、收益等都是以人民币记账的，但是麦当劳美国总部对其的投资却以美元记账。人民币对美元升值使麦当劳在中国的运营直接享受到汇兑收益的好处。但是一旦人民币贬值，也会使其在中国的收益受到不利影响。出于稳健考虑，麦当劳宁愿放弃人民币升值时候的收益，换取贬值时候的低风险。发行人民币债券后，如果人民币升值，麦当劳的资产、债务同增，反之同降，不会因汇率波动而盈亏。

第三，麦当劳的发债本金，得到中国监管机构的允许，可以调配回境内使用。这样，本金不必在境外闲置。允许人民币资金回流中国境内，有可能导致中国境内的流动性增加，加大通胀压力。显然，中国政府为了推进人民币的国际化和香港的人民币离岸中心建设，宁愿付出一定的代价。

虽然中国政府对发行点心债券筹措的人民币资金回流境内还有限制，但仍然有一些迂回的途径可以规避这种限制。例如，点心债券的发行人可以将人民币本金兑换成美元，然后通过现行FDI途径对境内外商投资企业进行注资，或者也可以股东贷款的形式回流境内。随着这种做法开始流行，在香港用人民币换美元的需求急剧上升，香港的可交割人民币(CHN)兑美元的汇率突然大幅度下跌，甚至低于境内的可交割人民币兑美元汇率。需要人民币的一方主要是拥有境外人民币结算业务试点的境内出口企业，因为这些企业可以用人民币收取出口货款，而且仍然能够获得出口退税。

资料来源：百度百科。

二、亚行首批人民币债券在香港交易所上市

由亚洲开发银行发行的首批12亿元人民币国际债券于2010年10月22日在香港交易所上市，成为第一只在港上市交易、并用人民币报价的人民币产品。亚行此次在香港发行的10年期债券面向全球投资者发行，票面年利率为2.85%，将于2020年10月21日到期。由于投资者对该批债券需求强劲，两度超额认购，亚行已将发行量从10亿元人民币提高至12亿元人民币。据了解，亚行发债所得的款项将主要用于亚行在中国内地的项目，尤其是为清洁能源，包括风力发电、污水处理及基础设施建设项目提供资金。

资料来源：2010年10月23日《上海证券报》。

三、中国内地与香港的“债券通”和“北向通”

截至2017年5月，在中国金融监管框架下，主要有三条途径供境外投资者进入中国内地债券市场，分别为合格境外机构投资者(QFII)、人民币合格境外机构投资者(RQFII)以及三类符合资格的机构直接进入内地银行间债券市场(CIBM)

计划。[①] 这些开放渠道主要适应于对中国债市较为了解、能够承担较高的运作成本参与中国债市的外国央行和大型机构,而为数众多的中小机构投资者往往因为不熟悉中国交易和结算习惯等原因而找不到适合自己的投资渠道。正是在这样的背景下,"债券通"应运而生。

2017 年 5 月 31 日,中国人民银行发布《内地与香港债券市场互联互通合作管理暂行办法》,建立了所谓的"债券通",即香港及其他国家与地区的境外投资者经由香港与内地基础设施机构之间在交易、托管、结算等方面互联互通的机制安排。"债券通"包括"北向通"及"南向通"。"北向通"是指境外投资者参与内地银行间债券市场;"南向通"指境内投资者参与香港债券市场。"南向通"的有关办法目前还在制定之中。

"北向通"投资银行间债券市场的标的债券为可在银行间债券市场交易流通的所有券种,没有投资额度限制。境外投资者可使用自有人民币或外汇进行投资。使用外汇投资的,在其投资的债券到期或卖出后,原则上应兑换回外汇。

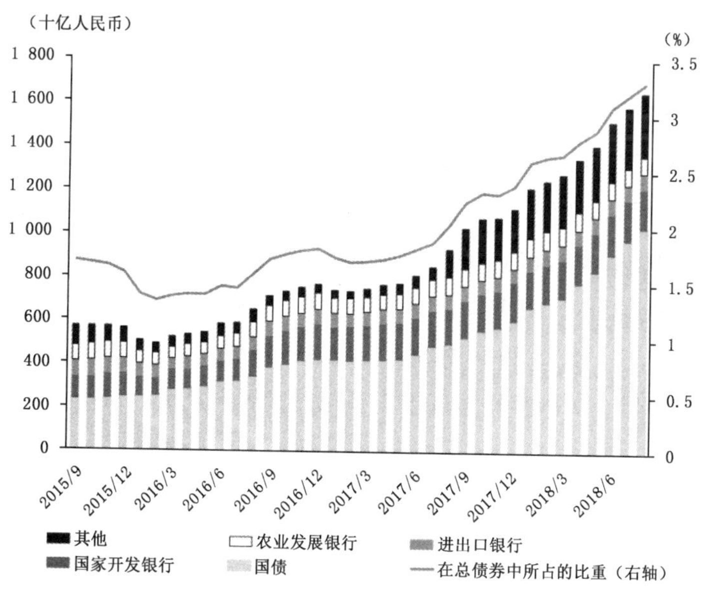

数据来源:中国债券信息网、上海清算所。

图 9-1　境外投资者持有的中国债券

① 三类机构是指境外中央银行或货币当局,香港、澳门地区人民币业务清算行和跨境贸易人民币结算境外参加银行。

> 从 2019 年 4 月 1 日起，人民币计价的 364 只中国国债和政策性银行债券，将正式纳入彭博巴克莱全球综合指数，并将以每月递增 5%的比例在 20 个月内分步完成。这是中国债券首次纳入国际主流债券指数，也是中国债券市场有序开放的一座里程碑。这意味着，未来 20 个月内，将有超过 1 000 亿美元的指数追踪资金购买中国债券。随着中国债券市场的国际地位的不断提升，更多的资金将会主动进入这个市场。据德意志银行预计，未来 5 年，投资国内债券市场的海外资金流入规模将达 7 500 亿美元至 8 500 亿美元(李丹丹、金嘉捷，2019)。

3. 存托凭证市场

近年来，在国际资本市场上通过存托凭证融资也成为证券融资的重要方式。

存托凭证(Depository Receipt，DR)是以被金融机构(主要是银行)托管的某种股票或债券为基础而发行的有价证券。因此，存托凭证实际上是一种托管凭证，而且也可以上市交易。存托凭证可以同时在几个国家上市流通，因而是多方位的融资工具。利用存托凭证融资具有很多优势：(1)由于存托凭证的发行和上市的条件限制比较宽松，因而可避免发行股票和债券所遇到的障碍；(2)克服有些国家限制本国养老基金等机构投资者直接购买外国股票的障碍；(3)手续简便易行。

存托凭证起始于 1927 年的美国证券市场，当时的出发点是为了便于美国投资者购买外国股票。后来，欧洲、中国香港和新加坡等地也开始允许存托凭证的发行和交易。存托凭证根据其发行和上市的地点可分为：美国存托凭证(ADR)、欧洲存托凭证(EDR)、香港存托凭证(HKDR)、新加坡存托凭证(SDR)和全球存托凭证(GDR)。其中的英文字母 A、E、HK、S 和 G 分别是 American、European、Hong Kong、Singapore 和 Global 的首字母。美国存托凭证市场是目前世界上最大的市场。[①]

① 2018 年 9 月 25 日，华泰证券公司发布公告称，经与会董事认真审议，同意公司发行全球存托凭证，并申请在伦敦证券交易所挂牌上市。该存托凭证以新增发的 A 股股票作为基础证券，每份存托凭证的面值将根据所发行的存托凭证与基础证券 A 股股票的转换率确定。

专栏 9－6　阿里巴巴创纪录的股票首次公开发行

2013 年中国最大的电子商务企业阿里巴巴的高管们决定将公司改变为公众公司，对个人和机构投资者发售股票。阿里巴巴是由原先的英语教师马云在 1999 年创办的，当初的资本只有 6 万美元。常常被看作亚马逊和 eBay 的混合物的阿里巴巴到 2013 年已经是世界上最大的线上电子商务公司。2012 年，在其网站上完成的交易总量为 2 480 亿美元，超过了亚马逊和 eBay 之和。在中国的网上购物市场迅速增长的推动下，据估计该公司到 2017 年的网上销售额可以达到 7 130 亿美元。

马云及其同事们首次公开发行股票的动机如下：首先，他们希望筹措资金用于随公司规模急剧增长所必需的基础性的投资。其次，股票的公开交易可以使其获得购买其他企业的资金（即用自己公司的股票来交换被并购的公司的股票）。第三，阿里巴巴股票在公开市场的交易为阿里巴巴公司的许多持有本公司股票的员工提供了重要的流动性。这使得他们更容易卖出股票以便获得现金用于其他支付。

阿里巴巴最初考虑在香港公开发行股票。这项选择有一定道理。香港的股票市场规模大、流动性好，吸引了全球各地的投资者。然而，虽然香港是中国的一部分，但却保留了自己的法律制度。香港的股票交易所有“一份股票就有一份投票权”的规定。马云及其同事们不愿意接受。尽管在发行股票之后他们只持有少数股份，但他们仍然想要保留公司董事会的半数以上代表权，以确保其维持对企业管理的控制权。

阿里巴巴与香港的股票交易所进行了协商，以便了解这项规则是否能够改变，但没有得到同意。随着香港交易所并不愿意很快改变规则的态度日益明朗，阿里巴巴开始询问纽约股票交易所和美国证券交易委员会的态度。纽约股票交易所和美国证券交易委员会表示，阿里巴巴的合伙人在董事会保留超过半数控制权的做法没有问题。

阿里巴巴意识到，在纽约股票交易所发行股票，除了可以保持对董事会的控制权外还有其他好处。纽约股票交易所是世界上规模最大、流动性最好的交易所。最近脸书和推特的股票成功发行表明，美国的投资者对互联网企业的股票具有偏好。人们预期，阿里巴巴股票的需求很大，这就提升了阿里巴巴的股票发行规模创造历史纪录的可能性。此外，如果公司的股票在纽约证券交易所上市，阿里巴巴就更容易最终用这些股票并购美国和其他外国企业，使阿里巴巴具有更加广阔的全球足迹。

在美国上市的最大障碍是中国政府对外资拥有中国科技企业的限制。阿里巴巴可以通过建立一个复杂的公司架构来规避这种限制:投资者实际上持有一家开曼群岛的企业,即阿里巴巴控股集团,集团根据契约对阿里巴巴中国的所有盈利拥有权力,但不对中国公司具有所有权,中国公司的所有权仍然属于马云及其合伙人。

2014年9月18日阿里巴巴的股票在纽约证券交易所正式发行。初始的发行价是每股68美元,但是由于需求过于旺盛,以致阿里巴巴的股票以92.70美元开盘。这次股票的发行额达到250亿美元,比最初的估计高出60亿美元,公司的市值达到2 310亿美元,成为历史上金额最大的股票首次发行。

资料来源:S. D. Solomon,"Alibaba Investors will Buy a Risky Corporate Structure," *The New York Times*,May 6,2014; T. Demos and J. Osawa,"Alibaba Debut Makes a Splash," *The Wall Street Journal*,September 19,2014; D. Thomas and E. Barreto,"Alibaba's Choice of US IPO Spurred by Rivals,Hong Kong Impass," *Reuters*,March 19,2014。

三、国际资本市场的优势

从资金需求方的角度看,通过国际资本市场融资有助于降低融资成本。

在一个纯粹的国内资本市场中,投资者群体限于本国居民。这就为资金需求方可获得的资金供应量设定了一个上限。换言之,市场的流动性受到了限制。而一个全球性的资本市场,则拥有大得多的资金供应方群体,这就为资金需求方提供了更多的资金供应量。

市场流动性不足会导致较高的融资成本。融资成本的表现之一是资金的价格,即资金需求方必须向资金供应方提供的收益率。这就是债权融资中的利率和股权融资中的股息收入和预期股票差价。在纯粹的国内市场中,有限的资金供应方群体意味着资金需求方必须支付更高的代价,以吸引其提供资金。而在国际市场中,更广泛的资金供应方群体意味着资金需求方支付的代价较低。

这一论点可以中国移动为例,并用图9-2来解释。图中的纵坐标代表融资成本(借款的价格),横坐标代表在各种不同的利率水平上可获得的资金数量。D表示中国移动的资金需求曲线。融资成本越低,中国移动的资金需求量就越大。SS_{HK}代表香港股票市场的资金供应曲线,SS_I代表了国际股票市场的资金供应曲线。显然,中国移动通过国际股票市场能够以更低的成本融入更多的资金。如图9-2所示,全球股票市场中更多的资金供应量(更好的流动性)不仅降低了融资成本,而且增加了中国移动能够融入的资金数量。

同理，资金需求方通过国际上不同利率水平的比较，也可以按较低的融资成本获得债权融资。

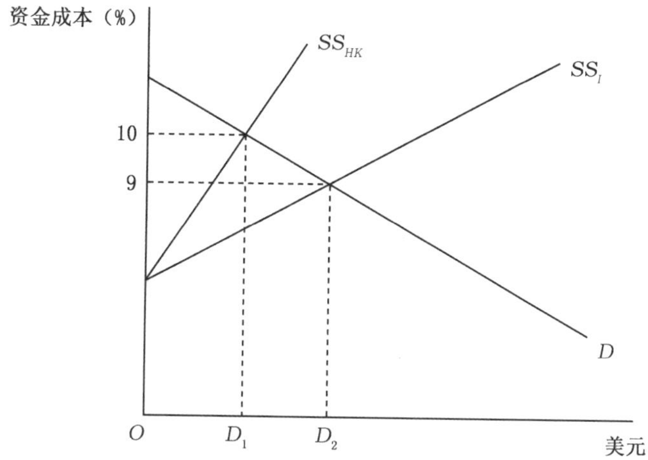

图 9-2　市场流动性和融资成本

此外，公司通过股票在国外的首次公开发行（Initial Public Offering，IPO）和上市，可为以后增发股票再融资创造条件。另外，作为上市公司，其名称在国外大众媒体上的频繁出现也有利于扩大国际影响。对整个国家来说，本国的股份公司通过在国外发行股票的方式从国外获得资金的优点在于不构成外债，从而避免了以外汇偿还本金的压力。

不过，股票融资也有缺陷，主要是可能导致股权的外流，甚至公司被外方收购。此外，公司上市后还会发生各种上市费用以及财务报表编制和发布、信息披露、审计、满足各种合规要求等费用，导致公司成本增加。

对于投资者而言，利用国际资本市场就可以在更广的范围内寻求有利的投资机会，更容易发现价值低估的股票。此外，利用国际资本市场可以在全球范围内分散投资组合，从而与纯粹的国内资本市场相比，其投资风险可得到降低。

假如一个投资者将购买一家尚未生产任何新产品的生物技术企业的股票。购买这种股票有很大风险。如果这家企业生产出一种市场销路很好的产品，投资者将会获得丰厚回报，但是如果企业最终生产不出任何可售的产品，投资者也可能血本无归。投资者可以通过购买其他企业的股票防范持有这种股票带来的风险，尤其是那些与生物科技股票弱相关或负相关的股票。持有这样一个包括多种股票的分散化的投资组合，当其中一些股票未能实现其预期的业绩时，所带来的损失可以被其他股票超出预期的业绩所带来的盈利所抵消。因此，分散投资可以降低风险。图 9-3 表明，一个完全分散化的美国投资组合的风险程度仅仅是一个典型个股风险程度的 27%。

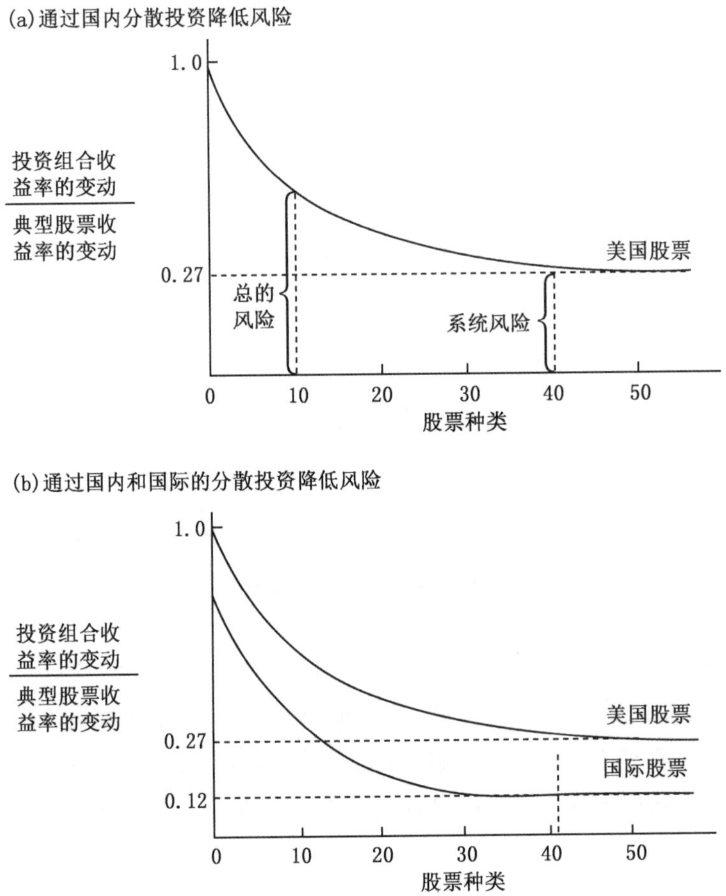

数据来源：Solnik(1974)。

图 9－3　通过投资组合分散化降低风险

但是在国内股票市场投资不能降低系统风险。所谓系统风险，是指由于影响一国所有公司股价的宏观经济因素，而不是影响某个企业的特定因素，从而导致整个股票市场的价值发生的变动。

系统风险是一个经济体中无法分散的风险水平。

通过国际性的分散投资组合，投资者就能进一步降低风险水平，因为各国之间股票市场价格的变动不是完全相关的。例如，一项研究观察了 3 个股票市场指数之间的相关性。标准普尔 500(S&P500)指数概括了美国主要股票的价格变动，摩根士丹利的欧洲、澳大利亚和远东国际资本市场指数(EAFE)概括了其他发达国家的股票市场变动。第 3 个指数——国际金融公司全球新兴市场指数(IFC)则概括了“新兴”的发展中国家股票市场的变动。从 1981 年到 1994 年，S&P500 和 EAFE 指数之间的相关系数是 0.45，表明在此期间内只有大约 20%的时间二者是同方向变动的(0.45×0.45=0.202 5)。S&P500 和 IFC 指数之间的相关系数更低，为 0.32，表明在此期间二者只有略超过 10%的时间是同方向变动的(Luck & Choudhury，1996)。另一项研究表明，在 1970～1996 年间，美国股票市场与英国市场的相关系数是 0.51，美国与法国市场的相关系数是 0.44，美国与日本市场的相关系数是 0.26(Lewis，1999)。

这就表明，在任何时刻，在某些市场的资本投资可能过多，而在其他市场则过少。这就在各股票市场之间产生了收益率的差异。由此可得到的启示是，一个投资者通过包括外国股票在内的分散化的投资组合，就能够使风险水平低于仅仅持有国内股票时的风险水平。

图 9-3b 描述了布鲁诺·索尔尼克(Solnik，1974)的一项经典的研究所发现的国际性的分散化投资和风险之间的关系。根据这个图表，一个包含许多国家的股票的充分分散的投资组合，与一个仅是含有美国股票的充分分散的投资组合相比，其风险程度可降低一半多(12%/27%)。这一论点对于持有债券也是适用的。

投资界人士越来越形成一种共识，在过去的 10 年里全球经济日趋一体化以及全球股票市场的形成使不同股票市场的相关性不断增加，致使国际化分散股票的好处也减少了。有人认为，如果今天美国经济出现了衰退，美国股票市场急剧下跌，其他市场也会下跌。索尔尼克最近的研究表明，这种说法也许有一定的道理，但是一体化的速度并不那么快。索尔尼克和他的合作者检验了在 1971～1998 年间 15 个主要发达国家的股票市场相关性。他们发现，股票市场收益的月平均相关系数从 1971 年的 66%上升到了 1998 年的 75%，说明这些市场随时间出现了一定程度的收敛现象，但是“回归的结果较弱”，这表明这种“平均”相关性并不强，各国之间仍然存在很大差异(Solnik & Roulet，2000)。由此得出的结论是，国际性的分散化组合仍然能减少风险。至于发达国家和新兴市场国家股票市场的相关性，看来要小得多。

如果不是由于现有的浮动汇率制度下汇率的猛烈波动，国际投资组合分散化的降低风险的作用将会更显著。浮动汇率制度使得投资于外国资产又多了一个额外的风险因素。正如我们所反复强调的，不利的汇率变动能够将其本来有利可图的投资转化成为无利的投资。急剧的汇率波动产生的不确定性也许正成为国际资本市场一体化的障碍。

从现实情况看，投资者并没有十分积极地按照国际投资组合分散理论那样在其投资组合中持有那么多外国金融资产。投资者倾向于大量持有在本国交易的证券。例如，一项研究表明，美国投资者持有 94%本国股票、日本投资者持有 98%本国股票、英国投资者持有 82%本国股票(Serrat，2001)。这种现象称为本国偏好谜团(home bias puzzle)。

对本国偏好谜团存在几种解释。一种解释是，本国企业的信息比外国企业更容易获得，因此，本国偏好是信息不对称的结果。另一种解释是，与购买外国股票有关的交易成本（例如必须支付给股票经纪商的佣金），导致在国际范围内分散股票的成本高于收益（Lewis，1999）。然而，到目前为止，关于这一谜团仍然没有得出使大部分经济学家满意的解答。投资者的这种偏好本国股票的倾向可能是使本国资本市场与外国市场分割的另一种因素。

四、国际金融市场迅猛发展的成因

20 世纪 70 年代以来，国际金融市场正在快速发展。国际银行贷款存量、未偿付的国际债券总额、国际股票发行额均出现了成倍的增长。信息技术的发展和政府管制的放松是导致国际金融市场蓬勃发展的两个重要因素。

（一）信息技术

金融服务业是信息密集型产业，它吸收了关于市场、风险、汇率、利率、资信等大量的信息。金融服务业利用这些信息决定在什么地方投资，向借款者收取多少费用，向存款者支付多少利息，以及决定一系列金融资产，包括公司债券、股票、政府债券和外汇的价值和风险。

正是由于这种信息密集度，20 世纪 70 年代以来信息技术的发展使金融服务业受到的革命性的影响程度要超过其他任何行业。国际通信技术的发展促进了世界上任何两个地方之间的即时联系。同时，数据处理能力的迅速发展也使得金融机构能吸收和处理来自世界各地的大量信息。一项研究表明，由于这些技术的发展，在 1964～1990 年间，记录、传送和处理信息的成本下降了 95%（Huertas，1990）。随着 1990 年以来我们所看到的互联网的迅速发展和运算能力的迅速增强，记录、传送和处理信息的成本自 1990 年来可能有同样数量的下降，现在已可忽略不计。

这种发展促进了一体化的国际金融市场的形成。现在对于金融服务公司来说，从事一天 24 小时交易在技术上已经是可行的，无论是股票、债券、外汇，还是任何其他金融资产。由于通信和数据处理技术的发展，国际金融市场已 24 小时全天候运行。

（二）放松管制

世界各国的金融服务业都曾经是所有行业中受到最严格管制的行业。世界各国政府的传统做法是将其他国家的金融服务企业排除在本国资本市场之外。在某些情况下，政府通常也限制本国金融服务企业在海外扩张。在许多国家，法律也将本国的金融服务产业分割开来。例如，20 年以前，美国还限制商业银行从事投资银行的职能，投资银行则不能从事商业银行业务。从历史上来看，许多国家限制了外国投资者大量购买本国企业股权的能力。政府还对本国居民的对外投资实行数量限制。例如，在20世纪70年代，资本管制就使得英国投资者很难购买美国的股票和债券。

20世纪80年代初以来，许多限制已经被取消了。部分原因是欧洲货币市场的发展，该市场从一开始就处于国家管制之外。另外一部分原因是来自金融服务公司的压力，这些公司长期以来一直希望在一个管制较松的环境下经营。社会日益接受自由市场理念，这也对全球金融市场放松管制的趋势做出了重要贡献。无论是什么原因，一些主要国家放松管制毫无疑问促进了国际资本市场的发展。

美国的这一趋势起始于20世纪70年代末和80年代初，这一系列的变化是允许外资银行进入美国的资本市场，以及允许本国的银行扩展海外业务。在英国，1986年10月所谓的大爆炸(big bang)消除了银行和股票经纪人之间的壁垒，并允许外国金融服务公司进入英国的股票市场。日本对于外国证券机构的进入限制也放宽了，现在日本的银行也获准办理离岸银行业务。在法国，1987年的“小爆炸”(little bang)使得法国的股票市场逐步向圈外的机构和国外、国内的银行开放。在德国现在允许外资银行放贷和管理国外的欧元发行。所有这些促使金融服务企业将其自身由原来主要作为国内公司，转换成为一个经营全球业务并在世界各地拥有分支机构的公司——这是一个真正的国际金融市场得以发展的前提条件。1997年末世界贸易组织促成了一项行动，消除了跨国金融服务贸易中的许多限制。这促进了全球金融市场规模的进一步增长。

除了对金融服务业放松管制之外，许多国家在70年代初开始解除资本管制，放宽了外国投资者对国内投资的限制和本国居民及公司对外投资的限制。到80年代，随着拉丁美洲、亚洲和东欧各国开始解除长达数十年之久的对资本流动的限制，这种趋势从发达国家波及到了世界上的新兴市场国家。在1985～1997年间，一个由IMF计算的关于新兴市场资本管制的指数从0.66的峰值下降到0.56左右(完全管制为1.0，没有管制为0.0)。

目前，放松对金融服务业管制和取消资本管制的趋势仍然方兴未艾。鉴于金融全球化能带来利益，全球金融市场的发展在可预见的未来仍然有望持续。

第三节 欧洲货币市场

一、欧洲货币市场的含义

20世纪60年代期间，许多非美国居民出于安全或便利方面的考虑，开始把存在美国的美元存款提取出来，存放到欧洲国家的一些银行。这种在美国境外的美元就被称为“欧洲美元”(Euro-dollar)，接受欧洲美元存款，并在此基础上提供贷款的银行(包括美国的银行在国外的分支行)称为“欧洲银行”(Euro-bank)，办理境外美元交易的市场称为“欧洲美元市场”(Euro-dollar market)。由于这种境外金融市场所具有的独特优势，欧洲美元市场得到了迅速的发展。在此带动之下，人们又开始把其他货币，如英镑、马克、法郎(现为欧元)和日元等货币相应地转存到英国、德国、法国和日本境外的银行，由此形成了“欧洲英镑”、“欧洲马克”、“欧洲法郎”和“欧洲日元”。存在欧元区之外的欧元称为“欧洲欧元”(Euro-euro)。这些货币统称是“欧洲货币”(Euro-currency)，办理这些境外货币业务的市场就是“欧洲货币市场”，其中美元的交易量占60%～70%。而且，这种境外货币业务还从欧洲蔓延到了亚洲、中东和加勒比地区乃至世界的其他地区，如在香港或东京的银行所持有的美元存款被称为亚洲美元，同样，拉美某国银行持有的美元存款可被称为拉丁美洲美元。因此，这里的“欧洲”一词已突破了地域的含义，而是“境外”(external)或“离岸”(offshore，entrepôt)的代名词，广义的欧洲货币包括了亚洲等所有地区的境外货币。可见，欧洲货币并非指欧洲国家的货币，而是指某种货币在其发行国境外的银行被用于存贷业务，因此，欧洲货币又被称为离岸货币(offshore currency)。①

欧洲货币市场最早起源于伦敦，后扩散到世界其他许多地区，包括东京、中国香港和新加坡等城市，形成众多的离岸金融中心。根据IMF统计，目前世界上主要的欧洲货币交易中心，即离岸金融中心约有40个，分布在欧洲、亚洲(包括中东)和美洲等地区，其中，最大的离岸中心是伦敦，其次是纽约、东京、中国香港、法兰克福等。

二、欧洲货币市场的成因

欧洲货币市场的最早萌发可以追溯到中世纪时代。那时每个季节都在欧洲大陆举行博览会。参加博览会的各国商人有时使用汇票来支付货款。这些汇票常常是以非博览会举办国的货币定值的，因此可以算作最早的欧洲货币信用工具。

近代欧洲货币市场的诱发因素是20世纪50年代的朝鲜战争，其时，美国政府下令冻结了中国在美国的所有金融资产。当时的苏联与美国正处于冷战状态，关系十分紧张。有鉴于此，苏联和一些东欧国家决定将其存放在美国的美元存款转存到欧洲地区的银行，以免遭受冻结或没收。据说，那时苏联的美元主要存放在苏联国际银行在巴黎的一个附属机构——北欧商业银行，其电传代码是“欧洲银行”(Eurobank)。于是，各外汇交易商和银行便把这家银行的美元存款称作“欧洲美元”。这就是欧洲美元

---

① 多年前最早有人将Euro翻译为“欧洲”的做法一开始就是重大失误，后来曾有学者翻译为“欧罗”，但由于积习难改，人们还是以讹传讹，直至今日。

这一称谓的由来。[①]

1957 年，英法联合军事介入苏伊士运河危机，战争使英国的国际收支严重恶化，导致英镑发生危机。为了捍卫英镑，英国政府加强了外汇管制，禁止英国商业银行用英镑对非英镑区居民提供贸易融资，因此，英国商业银行纷纷开始吸引美元存款，以便用于贷款。于是，一个在美国境外经营美元存放款业务的资金市场开始在伦敦出现。

20 世纪 60 年代起，美国的国际收支逆差逐渐扩大。1963 年 7 月，美国政府开征利息平衡税（interest equalization tax），规定美国居民购买外国在美发行的证券（包括银行对非居民的贷款）所得利息一律要纳税，以限制资金外流。1965 年美国政府又制定了《自愿限制对外贷款指导方针》（Voluntary Foreign Credit Restraint Guidelines），要求银行与其他金融机构控制对非居民的贷款数额。1968 年 1 月美国又颁布《对外直接投资规则》（Foreign Direct Investment Program），限制美国公司的对外直接投资活动。

上述政策虽然主观上是为了限制资金流出，但从实际效果看却适得其反，大量资金为免受限制，纷纷驻留美国境外，不再流回美国。

20 世纪 60 年代，美联储根据《Q 字条例》（Regulation Q）规定了银行对储蓄和定期存款支付利息的最高限额，这使得美国国内利率低于西欧，于是，存户纷纷将大量美元转移到欧洲。

1958 年底，西欧一些国家恢复了货币的自由兑换，于是，美元在欧洲地区可以自由买卖，资金可以自由流动，这为欧洲美元市场的顺利发展铺平了道路。

1973～1974 年间，石油价格急剧上涨，石油输出国赚取了巨额石油美元，并存入欧洲美元市场，仅在 1973～1976 年间，石油输出国组织成员国在欧洲货币市场上的存款就从 100 亿美元增加到 540 多亿美元。欧洲银行又以此向面临国际收支逆差的石油进口国提供大量贷款，欧洲银行在石油美元的回流过程中发挥了重要的中介作用。

20 世纪 60 年代以后，由于美元危机的爆发和美元汇率不断下跌，抛售美元、抢购黄金和其他硬货币的风潮时有发生。于是，各国中央银行为了避免外汇风险，纷纷使外汇储备多元化，一些硬货币（如当时的德国马克、瑞士法郎和日元等）成为抢购对象。另外，一些西欧国家，如瑞士和联邦德国，为了保护本币和金融市场的稳定，抑制通货膨胀，曾对非居民持有本币采取倒收利息或不付利息等措施加以限制，而对非居民的外币存款则给予鼓励。因此，这些国家的货币作为硬通货资金被转存到境外，形成了欧洲瑞士法郎、欧洲马克、欧洲英镑、欧洲日元和欧洲法国法郎等欧洲货币，使欧洲美元市场扩大而演变为欧洲货币市场。

---

① 参见：《欧洲美元——美国银行的一个重要的资金来源》，载《芝加哥联邦储备银行月报》，1969 年 6 月。

三、欧洲货币市场的资金供求

(一)欧洲货币市场的资金供应

欧洲货币市场上的资金来源主要有以下几个方面:

1. 发达国家的商业银行。以美国为主的国际商业银行在国外分支机构所拥有的金融资产,是欧洲货币市场资金的主要来源。

2. 跨国公司。这些公司将闲置资金投放在欧洲货币市场,获取相对较高的利息。

3. 各国政府与中央银行。目前,各国政府和中央银行持有的外汇储备和外汇资金主要是美元资产,它们往往直接或间接地将所持有的美元投放到欧洲货币市场。

4. 石油输出国。这些国家的巨额石油美元收入中有相当数量流入欧洲货币市场。20 世纪 70 年代欧洲货币市场的迅猛发展,与石油涨价后石油美元的迅速增加有着极为密切的关系。

5. 国际清算银行和欧洲投资银行等国际金融机构。这些机构也将大量外汇资金存入欧洲货币市场。

6. 派生存款。欧洲银行将吸收的存款用于贷款,而这些贷款常常又以存款的方式回流到欧洲银行,经过这样的反复贷存,便产生出大量的派生存款。而且,这些业务并不受存款准备金的约束,在理论上可产生无穷大的派生存款。

(二)欧洲货币市场的资金需求

欧洲货币市场的资金需求方主要是:

1. 跨国公司。这些公司是欧洲货币市场的重要借款人,在欧洲货币市场上筹措中长期资金,以便从事全球性业务和进行大型投资项目。

2. 非石油发展中国家。20 世纪 70 年代的两次石油涨价,使许多非石油发展中国家只能通过欧洲货币市场筹措资金,以用于进口石油。

3. 国际商业银行和政府机构、全球及区域性金融机构。这些机构常利用欧洲货币市场筹措流动资金,以平衡资金头寸。

4. 外汇投机。20 世纪 70 年代初,西方国家普遍开始实行浮动汇率制度,汇率波动愈益频繁,并且幅度较大,于是,在国际金融市场上利用汇率变动而进行外汇投机赚取暴利的交易不断增加,从而扩大了对欧洲货币资金的需求。

四、欧洲货币市场的优劣

(一)欧洲货币市场的优势

欧洲货币市场是一个完全自由的国际金融市场,有很大的吸引力,它与西方国家的国内金融市场以及传统的国际金融市场有明显的不同,主要表现在以下几个方面:

欧洲货币市场的第一个优势是其交易几乎完全不受官方的限制。对“欧洲货币”的发行国来说，这种境外交易对本国并无直接的影响，因而缺乏干预的必要性。其次，由于这种交易远离本土，即使想要干预也是鞭长莫及。至于对欧洲货币市场所在地政府而言，因为欧洲货币的存款人和借款人多为外国居民，其交易具有所谓的“离岸”性质，且又属外币交易，对本国经济的影响更是微不足道，况且这种交易还有利于本国的就业和其他收入，因而不仅不予限制，反而还加以鼓励。这就使得“欧洲银行”不必交纳存款准备金，不受利率上下限约束，经营成本极为低廉，资金划拨相当自由。这不仅符合跨国公司和进出口商的需要，而且也符合许多国家政府的需要。因此，欧洲货币市场是一种超国家或无国籍的金融市场。

欧洲货币市场的第二个优势是其利率具有竞争性。欧洲货币的交易以银行同业为主，即使是参与交易的非银行企业也多为大型的跨国公司。这就使得欧洲货币的交易具有大进大出的“批发”特性，动辄以千万甚至上亿计数。这种批发业务导致交易的单位成本极低，较低的存款准备金比率又使资金得到了充分的利用，因此，“欧洲银行”就能够以较高的利率吸引存款，以较低的利率提供贷款。结果，欧洲美元的存贷款利差就小于美国国内的利差，欧洲英镑的利差则小于英国国内的利差(参见图 9－4)。

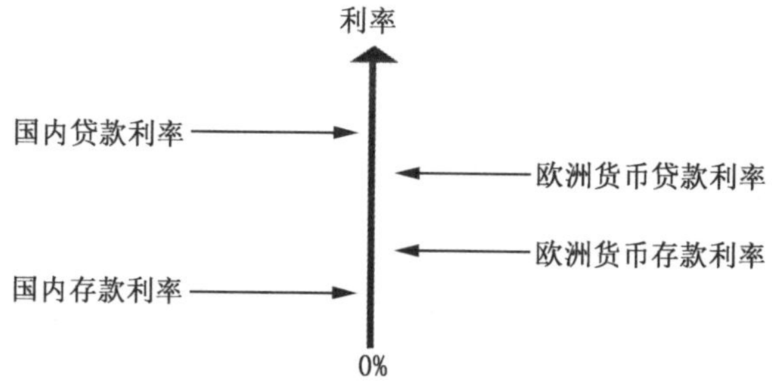

图 9－4　国内市场和欧洲货币市场的利差

此外，欧洲货币市场范围广阔，币种多、规模大，市场范围已超出欧洲而遍布世界各地，各种主要可兑换货币应有尽有。该市场规模之大是其他国际金融市场所无法比拟的。这种完全国际性的金融市场，能满足各种不同特性的国家及其银行、企业对于各种不同期限与不同用途的资金需要。

欧洲货币市场的兴起及其优势地位吸引了大量的美国本土资金，为了提高美国本土银行业的国际竞争力，美国于 1981 年通过了《爱治法》(Edge Act)，该法案允许部分符合条件的本土银行在美国境内办理国际银行离岸业务(International Banking Facility，IBF)。后来，泰国也允许银行在曼谷办理类似业务(Bangkok International Banking Facility，BIBF)。

（二）欧洲货币市场的缺陷

第一，在一个受监管的银行业体系中，银行倒闭从而导致存款损失的可能性相对较小。政府监管维持着银行系统的流动性。而在一个欧洲货币市场那样的无监管的体系中，银行倒闭导致存款人蒙受损失的可能性就较大（尽管从绝对数看仍然是很小的）。因此，存款人宁愿接受本国存款的较低利率，这是其为银行不易倒闭所付出的代价。

第二，获取国际贷款会使一家公司暴露于外汇风险之下。假设一家美国公司利用欧洲货币市场借入欧洲英镑，原因是欧洲英镑贷款的利率比美元贷款更低，假设后来英镑对美元汇率出现上升，这就会提高偿还欧洲英镑贷款的美元成本，提高由此带来的该公司的融资成本，即利息。虽然这种风险可以利用远期外汇市场的套期保值予以回避，但是远期外汇市场并不能提供完全的保证。因此，尽管欧洲货币市场可以提供更加有吸引力的利率，但许多公司宁愿以本币借入资金以避免外汇风险。

专栏 9－7　离岸金融市场的类型

一、一体型

离岸金融业务与在岸金融业务融为一体，在岸金融业务和离岸金融业务没有严格的界限，居民与非居民均可从事有关货币的存款和贷款业务。离岸金融交易的币种是市场所在地国家或地区以外的货币，离岸资金可随时被转换为在岸资金和国内资金，而在岸资金可随时被转换为离岸资金。例如，一英国居民到香港将一笔美元存入某香港银行属于在岸交易，如果此后，该银行将此笔美元贷款给新加坡的某一企业，则该业务属于离岸金融业务。在一体型的离岸金融市场上，反映境内业务的账户和反映境外业务的账户合在一起。除离岸金融业务外，还允许非居民经营在岸业务和国内业务，但必须交纳存款准备金和税收，管理上没有限制，经营离岸业务不必向金融当局申请批准。伦敦和香港都属于这一类型。

二、分离型

在岸金融业务和离岸金融业务分开，居民的存贷业务与非居民的存贷业务分开，反映境内业务的账户和反映境外业务的账户也分开。本国银行和外国银行必须向金融当局申请批准才能经营离岸业务。分离型的市场有助于隔绝国际金融市场资金流动对本国货币存量和宏观经济的影响。美国于 1981 年在纽约设立的国际银行离岸业务，日本于 1986 年设立的海外特别账户，以及新加坡于 1968 年设立的亚洲货币账户，都属于这一类。

三、走账型(或逃税型)

这类市场没有或几乎没有实际的离岸业务交易。而只是为其他金融市场资金交易起着记账和划账的作用,目的是为逃避税收和管制。中美洲和中东的一些离岸金融中心即属此类。

四、渗漏型

离岸金融业务与在岸金融业务分立,把居民的存款与非居民的存款业务分开,但允许离岸账户上的资金贷放给居民,这种类型的离岸市场兼有一体型和分离型离岸市场的特点,但区别是离岸资金可贷放给居民,即国内企业可以直接在离岸金融市场上融入资金,不能融出资金。

五、欧洲货币市场的经营活动

欧洲货币市场的主要经营活动,根据其业务性质差异和期限长短,可具体分为以下3种:

(一)欧洲短期信贷

欧洲短期信贷是指期限在1年或1年以下的欧洲货币存贷业务及可转让定期存单的发行和转让业务。

欧洲货币市场的短期信贷业务主要是银行同业间的资金拆借。资金拆借都是通过现代通讯工具联系,达成交易的基础依靠信用,一般并不签订合同。其次是银行间的存款,包括通知存款,即隔夜至7天存款,客户可随时发出通知提取;定期存款,分7天、1个月、2个月、3个月、6个月、1年,最长可达5年;可转让定期存单,期限为1、3、6、9和12个月等。

欧洲短期信贷的利率一般以伦敦银行同业拆借利率(Libor)为基础,根据资金拆入方的信用等级的高低,短期资金拆借有的直接按Libor计息;有的在Libor的基础上加一定的利差;有的甚至还可获得比Libor更低的利率(Libor minus)。

(二)中长期信贷

欧洲货币市场的中长期信贷的主要特点是:期限较长;贷款数额大;借款人需要同贷款人签订贷款合同,并提供担保;贷款选择性强,贷款形式基本上是双边贷款和多边贷款两种。20世纪70年代以来银团贷款(consortium loan)是多边贷款的主要形式,又称为辛迪加贷款(syndicated loan),已成为欧洲货币市场中长期信贷的主要形式。

国际银团贷款是由一家或几家银行牵头,联合几家甚至几十家国际银行组成一个银团共同向某客户或某工程项目进行贷款的融资方式。由于其有融资金额大、成本低及期限长等特点，所以，自 20 世纪 70 年代后期以来得到迅速发展。

贷款人主要由牵头银行(lead manager)、经理银行(co-manager)、参与银行、代理银行等组成，包括国际商业银行、商人银行(merchant bank)和投资银行等。借款人往往是各国政府(包括地方政府)、国际金融机构、中央银行和跨国公司等。

贷款银行的资金主要来自银行同业拆借，所以，银团贷款大多按浮动利率计息，利率定期调整(如每半年调整一次)，期限较短的贷款采用固定利率。

(三)欧洲债券

欧洲债券是欧洲货币市场上三种主要业务之一，由于其发行无需任何国家金融法规的管辖，因而得到了很大的发展。

欧洲债券市场与货币发行国的国内债券市场相比具有很大的吸引力。主要表现在：

1. 没有法规干预

各国政府经常对以本币标价，并在本国境内发售的本国和外国的债券发行者施加严格的管制。这些管制会提高发行债券的成本。然而，对于以外币标价和向这些外币持有者发售的证券，政府的限制通常较为宽松。这样，这些债券对于发行者来讲，发行的成本通常较低。

2. 信息披露要求宽松

欧洲债券市场对信息披露的要求与一些国家的政府相比要更加宽松。例如，如果一家企业希望在美国国内发行以美元计价的债券，它必须首先满足美国证券交易委员会(Securities and Exchange Commission，SEC)的信息披露要求。这家企业必须披露关于其经营活动、高层经理人员的薪水和其他补贴、高层经理人员的股票交易等情况的详细信息。除此之外，发行企业必须递交符合美国会计准则的财务报表。对于非美国的企业来讲，重新做一份与美国的会计准则相一致的财务报表不仅非常费时而且成本很高。因此，许多企业发现，发行欧洲债券，包括以美元计价的欧洲债券，其成本要比在美国境内发行美元计价的债券更低。

3. 税收优惠

1984 年之前，发行欧洲债券的美国公司在向外国投资者支付利息时，需要代扣最高为 30%的所得税。这就阻碍了外国投资者持有美国公司发行的债券。当时许多国家也实行了同样的税收法规，抑制了欧洲债券的需求。1984 年，美国的法令得到了修改，免除了持有美国公司发行的债券的外国投资者任何代扣的税赋。结果美国公司第一次发现直接向外国人发售欧洲债券也是可行的。美国法令的取消使得其他政府，包括法国、德国和日本的政府也放宽了类似的税收法规，避免资金从本国市场流出。结果引起了希望能够利用这种税收优势的投资者对欧洲债券需求的猛增。

六、欧洲货币市场的经济影响

欧洲货币市场的运行，对国际经济和国际金融产生了极为重要的影响。

（一）积极影响

1. 欧洲货币市场为战后国际经济的恢复和发展注入了资金，促进了战后的西欧经济、日本经济及许多发展中国家的经济和贸易的发展。

2. 欧洲货币市场的大规模融资活动，推动了国际贸易的快速发展，进而促进了投资扩大和经济增长。

3. 欧洲货币市场的形成与发展，在很大程度上改变了原有国际金融市场因国界限制而形成的相互隔绝状态，从而将全球的金融市场联系在一起，促进了国际资金流动及国际金融的一体化，这符合国际经济发展的基本趋势。

4. 欧洲货币市场极大地便利了短期资金的国际流动，特别是促进了石油美元的回流，缓和了全球国际收支不平衡问题。国际储备有余的国家和国际储备短缺的国家，通过这个市场的资金融通，使各自的国际收支得到弥补，有助于实现宏观经济均衡。

（二）消极影响

1. 由于欧洲货币存款绝大多数是 1 年以下的短期资本，而欧洲货币放款多半属中长期性质，因此，这种存短放长的特性形成的期限错配（maturity mismatch）使得金融市场一旦有风吹草动，便会导致资金周转困难。并且，这些资金通过银行的多次转存，形成了借贷关系债务链，一旦客户纷纷提取存款，许多银行资金周转出现困难时，就有可能因流动性不足而导致金融危机。

2. 欧洲货币市场是离岸金融市场，它往往削弱一国的金融政策效果。例如，政府为了反通货膨胀而收紧银根，实行紧缩政策，而国内银行和工商企业却可从欧洲货币市场上借入资金，使紧缩政策不能达到预期效果。又如，当一些国家为刺激经济而放松银根时，大量资金为追求高利率而流向欧洲货币市场。结果，各国货币当局将不得不提高国内利率以防止资金外流，扩张性的金融政策就难以奏效。

3. 由于欧洲货币市场的大量短期资金用于外汇交易，套汇与套利活动相结合，使大规模的资金在几种货币之间频繁移动，从而导致汇率的剧烈波动。甚至一些银行因参与外汇交易而倒闭破产，引起国际金融市场的动荡。

4. 由于欧洲货币市场的借贷活动使一国的闲散资金变成另一国的货币供应量，使市场的信用基础扩大。另外，在欧洲货币市场上，大量游资冲击金价、汇率和商品市场，也不可避免地影响到各国的价格水平，导致输入性通货膨胀。因此，有人认为，欧洲货币市场对 20 世纪 60 年代后期和 70 年代初期世界性通货膨胀起到了推波助澜的作用。

专栏 9-8 日趋繁荣的武士债券市场

由于日本股票市场和房地产市场泡沫于20世纪90年代初破裂，日本不得不与长达10多年的经济低迷抗争。为了驱赶黑暗的经济阴霾，日本银行作为央行一再降低利率试图刺激投资和消费。结果，到2001年初日本的利率达到了世界最低水平。2001年3月，日本政府10年期债券的收益率为1.24%，而美国同种债券的收益率为5%。尽管日本的利率相当低，由于许多日本公司还在尽力解决20世纪80年代到90年代初繁荣时期的历史遗留问题，因此它们继续在大力调整结构和缩减规模，而不是增加投资。所以，日本公司并没有急于利用低利率来发行新债。而日本消费者也未因低利率增加消费。相反，许多日本人甚至将大部分储蓄以极低的利率存放在邮局的存款账户上，日本的个人储蓄率仍强劲地保持着高水平。

然而，对外国企业和政府来说，这幅凄凉的经济图景还是有一丝亮光的。他们利用日本的低利率来发行越来越多的日元债券。由于日元兑美元的汇率相对比较稳定，这似乎是一项精明的经济赌博。在日本发行的外国债券很快就被"收益饥渴"的日本个人投资者抢购一空，他们期望能够得到比邮政储蓄1%～2%利率更高的收益。相当于1万亿美元的日本邮政储蓄于2000年4月至2002年4月到期，因此巨额的个人资金进入外国债券市场寻求更高的收益。日本股票市场已经低迷了10年，并且由于日本经济始终处于衰退的边缘，很少有日本个人投资者愿意将钱投入日本股市，再加上日本企业发行的债券量很少，于是对于投资者来说，投资机会相当稀缺。对于寻找更高收益的投资者来说，外国债券就成了为数不多的具有吸引力的投资机会。

许多外国居民利用了这一机遇。2001年，外国居民在日本债券市场上通过日元债券募集了约240亿美元的资金，而1998年的这一数字仅为90亿美元。诸如克罗地亚、乌拉圭和巴西等国家都通过发行武士债券为自己的国库募集了资金。例如，2002年2月，乌拉圭政府发行了300亿日元的5年期债券，利率仅为2.2%。与之形成对照的是，乌拉圭政府为5年期美元借款而支付的利率为7.6%。同样，发行武士债券的公司数量也越来越多。到2000年后期，花旗集团完成了1 550亿日元(14.3亿美元)武士债券的发行。一些美国投资银行，包括摩根士丹利、美林和雷曼兄弟也在2000年发行了武士债券。2001年初，一项巨额债券发行使得这一趋势继续延续，德意志电信发行了5 000亿日元(450亿美元)

的武士债券。另外，韩国最大的钢铁企业浦项(Posco)也发行了300亿日元的5年期债券。在这两项发行案例中，两家公司选择在日本而不是其他国家的市场发债，尽管为了避免日元汇率波动需要进行套期保值，从而发生费用支出，但仍然能大大降低资金成本。

资料来源："Posco to Return to Samurai Market as Yen Offers Cheap Alternative to Dollar Funding," *Euroweek*, January 19, 2001, p. 13; J. Singer, "Japan's Woes Benefit World's Borrowers," *Wall Street Journal*, March 8, 2001, p. A17; and "Samurai Market to Scale New Heights," *Asiamoney*, October 2000, pp. 42—43。

七、我国的离岸金融业务

(一)离岸金融业务的发展历程

我国的"离岸金融业务"是指经外管局批准经营外汇业务的中资银行及其分支行，吸收非居民的资金，服务于非居民的金融活动。其服务对象"非居民"，是指在境外(含港、澳、台地区)的自然人、法人(含在境外注册的中国境外投资企业)、政府机构、国际组织及其他经济组织，包括中资金融机构的海外分支机构，但不包括境内机构的境外代表机构和办事机构。经国家外汇管理局批准的走向海外的中资企业，也可开设离岸账户。

我国离岸金融业务自1989年外管局首先批准招商银行经营以来到现在，按照业务经营情况和发展特点，大体上可分为四个阶段：

1. 离岸金融业务初创阶段(1989～1994年)

1989年，中国人民银行和国家外汇管理局批准了招商银行在深圳经济特区试办离岸金融业务，拉开了我国离岸金融市场发展的序幕。这一阶段，只有招商银行一家经营离岸金融业务，招商银行本着积极探索、稳健经营的方针，取得了非常好的效果。1989年到1991年，招商银行离岸资产业务处于起步期，其离岸总资产从3 073万美元迅速上升到21 012万美元，离岸存款、离岸贷款、离岸业务利润等指标都上升较快，离岸金融业务的发展获得了良好的开端。1991年，招商银行离岸金融业务处于迅速上升时期，1994年该行的离岸存款达到32 283万美元，比1991年上升312.52%，离岸贷款达到43 766万美元，比1991年上升222.56%，离岸业务利润达到1 346万美元，比1991年上升395.88%。离岸业务占全行业务的比重在10%～15%之间。在这一阶段，离岸业务各种管理规章制度逐步健全，业务操作按国际标准进行，资产、负债业务逐步多样化，贷差逐步缩小，到1995年实现了存差，而且资产质量较好，逾期率在

4%左右。

2. 离岸金融业务迅猛增长阶段(1995～1998年)

中国工商银行深圳市分行于1994年4月、中国农业银行深圳市分行于1994年5月相继获准开办离岸金融业务,1996年5月,深圳发展银行、广东发展银行深圳市分行也获准成为办理离岸金融业务的规范试点银行。至此,共有5家银行经营离岸金融业务。这一时期,离岸金融业务出现突飞猛进的增长,离岸资产规模急剧膨胀,形成了以招商银行为主导,工、农、深发、广发急起直追的格局。1997年我国的离岸总资产、存款、贷款、利润分别为26.85亿美元、23.2亿美元、20.6亿美元、5 747万美元,其中招商银行的离岸存款、贷款、利润分别为13.5亿美元、12.1亿美元、3 999万美元,分别占全国离岸存款、贷款、利润的58.19%、58.74%和69.58%。到1998年,我国的离岸金融业务惯性上冲,离岸存款、贷款、利润分别达到23.21亿美元、21.32亿美元、5 157万美元。我国的离岸金融市场初具规模。

3. 离岸金融业务的清理整顿阶段(1999～2002年6月)

1997年秋亚洲金融危机的爆发,对香港地区的经济影响甚大,许多企业纷纷破产,房地产大幅缩水,经济持续低迷。这对客户主要来源于香港的我国离岸金融业务来说,无疑是沉重打击,加之前一阶段的盲目扩张和管理不善,离岸金融业务的风险立刻暴露出来,离岸资产质量不断恶化。针对这一情况,1999年初中国人民银行暂停新的离岸资产业务,离岸业务进入了清理整顿阶段,离岸业务的发展也步入了停滞和萎缩期。

1997年6月末,5家开办离岸业务的银行离岸逾期贷款余额已达到2.23亿美元,平均逾期率为11.5%,其中,招商银行该项比率达到15.6%,表明我国离岸资产质量问题相当严重。1997年12月底,5家银行平均逾期率虽已经下降到8.7%,但中国工商银行该项比率却由6月份的6.6%上升到年底的13%,显示其资产质量有恶化的趋势。由于亚洲金融危机影响的滞后效应,离岸资产质量日趋下降。1999年1月中国人民银行要求各商业银行暂停新的离岸资产业务,离岸业务进入了步履维艰的时期。经过3年的艰苦努力,离岸不良资产总额已经大幅下降,但不良贷款率仍然居高不下。以招商银行为例,其离岸贷款额从1998年12.36亿美元的最高峰压缩到2001年底的4.93亿美元,下降幅度达到60.11%,但不良贷款比率却高达93.31%。虽然离岸资产业务的清理整顿取得了较大的进展,但是离岸资产质量问题仍然相当严重。

4. 离岸金融业务重新开办阶段(2002年6月起)

为规范银行经营离岸银行业务的行为,在1997年10月23日中国人民银行根据《中华人民共和国外汇管理条例》发布了《离岸银行业务管理办法》(银发〔1997〕438号);为使《离岸银行业务管理办法》更具有操作性,国家外汇管理局于1998年5月13

日制定了《离岸银行业务管理办法实施细则》[(98)汇管发字第09号]，上述文件对于离岸银行业务的申请、离岸银行业务管理等内容进行了明确而又详细的规定。中国人民银行于2002年6月11日批准交通银行和浦东发展银行在上海、招商银行和深圳发展银行(现在合并更名为平安银行)在深圳开办离岸金融业务。“离岸金融”的概念也被重新纳入中国金融业的范围，中国离岸金融再次扬帆起航。

自重新获批可以开办离岸银行业务以来，4家中资银行都重视建立健全离岸业务内部制度规范，提高业务管理水平和风险防范力度，针对所推出的离岸银行业务产品和服务，设计和制定完善的管理制度和操作办法，确保各项业务的健康稳健发展。

2005年8月，深圳发展银行和招商银行获中国银监会批准，成为我国第一批开办离岸担保业务的中资银行。2006年9月，我国推出新的举措，允许天津市滨海区的金融机构开展离岸金融业务。此外，荷兰银行、汇丰银行、渣打银行等外资银行以及厦门国际等合资银行也陆续在中国大陆开展离岸金融业务。

(二)我国离岸金融业务的主要分类及经营特点

在离岸银行业务实行“内外分离、两头在外”的经营管理原则下，目前各试点银行的主要离岸业务类型有：

1. 离岸存款业务。凡非居民均可向开办离岸国际金融业务的银行申请办理离岸存款业务。存款币种目前主要为美元、英镑、日元、港元、欧元、澳大利亚元、加拿大元和瑞士法郎等可自由兑换的货币。存款种类可分为活期存款和定期存款以及银行提供的其他形式存款。

2. 离岸贷款业务。离岸贷款主要是指银行将非居民的存款用于对非居民的贷款。与境内贷款一样，离岸贷款也具有择优选择性、偿还性和物质保证性以及流动性、安全性、营利性等基本特征，但还有一个特点是原则上不采取信用贷款方式，坚持以抵押担保(包括财产抵押和权益抵押)及信用担保方式提供贷款。

在离岸存款中，中资企业和外资企业的存款约各占56.7%和39%，在离岸贷款中，中资企业和外资企业的贷款约各占57%和42%。

我国离岸金融业务的发展呈现了以下特征：

第一，内外分离型经营，即离岸业务与在岸业务实行分账管理、独立核算、行内并表。

第二，各行离岸客户群主要分布在港澳地区，以香港等地的境外中资企业以及国内外商投资企业境外股东为主要服务对象。香港市场的客户和资金量占全部离岸客户和总资金量的90%以上。欧、美、日等经济发达地区客户相对较少。

第三，业务种类以传统的存、贷、结算等初级零售业务为主。按照我国离岸银行业务管理办法规定，银行可开办的离岸业务包括：外汇存款、外汇贷款、同业外汇拆借、国际结算、发行大额可转让凭证、外汇担保和咨询、见证业务等。但是从实际情况来看，目前我国中资银行的离岸业务主要集中在传统的存款、贷款和国际结算上，业务种类比较单一。

第四，各行重视提高离岸资产质量，控制信贷风险。为了规范经营，防范和控制风险，各行按照外管局的要求采取了多种措施，在建立健全离岸信贷内控制度、规范信贷审批和结构程序、降低不良资产比例等方面做了新的规定和要求。此外，1997 年 9 月以来，外管局要求深圳市各行按月报送“离岸不良贷款统计表”和“离岸大额贷款统计表”，初步建立了离岸资产质量跟踪监视系统。

（三）离岸人民币市场的形成和发展

离岸人民币市场是指在中国大陆境外的人民币交易市场。

2008 年国际金融危机爆发后，中国政府积极推进人民币在跨境贸易结算中的运用。但是，跨境贸易人民币结算是在人民币的资本项目交易没有完全实现自由兑换的情况下开展的，通过贸易流到境外的人民币不能够回流到国内的资本市场。在这种情况下，发展人民币贸易结算，就需要解决流出境外的人民币的流通和交易问题，使拥有人民币的境外企业可以融出人民币，需要人民币的境外企业可以融入人民币，持有人民币的企业可以获得相应收益，这就需要发展离岸人民币市场，使流到境外的人民币可以在境外的人民币离岸市场上进行交易；使持有人民币的境外企业可以在这个市场上融通资金、进行交易、获得收益。为此，中国人民银行对香港建立离岸人民币市场采取了支持的态度。新加坡资政吴作栋 2011 年 4 月访华后，新加坡也正式加入了离岸人民币市场的竞争。

2004 年 2 月，香港的银行开始试办个人人民币业务，包括存款、汇款、兑换及信用卡业务。当时规定每人每天不超过等值 2 万元人民币的兑换。截至 2017 年 8 月底，人民币存款总计为 5 000 多亿元人民币。

2007 年，国家开发银行在香港首发“点心债”，即以人民币定价、人民币结算的债券。自 2007 年以来，点心债的发展获得长足的进步。即便是在发生金融危机的 2008 年，总发行额也超过 120 亿元人民币，到 2016 年，全年发行额则为 226 亿元，熊猫债发行量为 1 300 亿元人民币。

2011 年 7 月在中国人民银行和香港金管局主导下签署的《清算协议》，使香港人民币离岸市场的发展取得了一大突破。该协议启动了人民币回流机制，即境外金融机构获准将境外人民币投资于中国内地的银行间债券市场。此外，自 2011 年 12 月起我国还试行了 RQFII 制度，有助于形成多层次人民币回流机制。

总体上看，2010 年是离岸人民币市场的形成阶段。这个阶段的主要特点是：人民币以细水长流方式出境，以个人小额方式流入内地；产品以储蓄定息为主，基本是市场驱动;收益来源由人民币升值预期为主,开始向固定收益转变。与此同时,市场建设全面展开,从境外自由流通起步,开始进入整个市场人民币化的初期准备。

第四节 国际黄金市场

国际黄金市场是各国居民集中进行黄金交易的场所。目前,世界上重要的黄金市场有伦敦、纽约、苏黎世、芝加哥和香港,号称五大国际黄金市场。其他如法兰克福、巴黎、布鲁塞尔、卢森堡、东京、澳门、曼谷和新加坡等几十个城市也都是重要的区域性黄金市场。全球的黄金交易可以 24 小时不停地进行。

一、国际黄金市场的业务

(一)黄金的供应与需求

国际黄金市场的黄金供应主要有以下几个来源:(1)生产黄金。这是国际黄金市场的主要来源。据中国黄金协会的统计数据,我国 2016 年的黄金产量达到 453.486 吨,连续 10 年保持世界第一。南非、澳大利亚和美国也是主要的产金大国。(2)IMF、各国政府和私人抛售的黄金。(3)其他来源,如美国和加拿大出售的金币以及美国发行的黄金证券(gold certificate)等。

国际黄金市场的黄金需求主要有以下几个方面:(1)工业用金。工业用金范围极为广泛,主要有电子、首饰业、牙科等行业,目前工业用金占国际黄金需求量的比重最大。(2)作为官方的储备资产,IMF、国际清算银行、各国的中央银行都拥有大量黄金储备资产。(3)私人藏金。私人为保值或投机而购入黄金。

(二)黄金市场的交易方式

国际黄金市场的交易方式主要有现货交易和期货交易两种方式。

1. 黄金现货交易及其特点

国际黄金市场上黄金现货交易的价格较为特殊。在伦敦国际黄金市场上的黄金现货交易价格,分为定价交易和报价交易两种。

定价交易的特点是提供客户单一交易价,没有买卖差价,按所提供的单一价格,客户均可自由买卖,金商只收取少量的佣金。定价交易只在规定的时间里有效。短则一分钟,长则一个多小时,具体时间视供求情况而定。

报价交易的特点就是有买、卖价之分。一般是在定价交易以外的时间进行报价交易。如伦敦国际黄金市场,每日进行两次定价交易,第一次为上午 10:30,第二次为下午 3:00。定价交易在英国最大金商罗斯柴尔德父子公司(Rothschild & Sons)的交易厅里进行,该公司担任首席代表,其他各金商均选一名代表参加。在定价交易前,市场的交易活动要停止片刻,这时各金商对外均不报价,由首席代表根据市场金价动态定出开盘价,并随时根据其他代表从电话里收到的订购业务调整价格。若定价交易开盘后没有买卖,则定价交易结束;若有买卖,首席代表就不能结束定价交易活动。订购业务完成时的金价即为黄金现货买卖的成交价格。定价交易是世界黄金行市的"晴雨表",世界各黄金市场均以此调整各自的金价。定价交易结束后,即恢复正常的黄金买卖报价活动。

国际黄金市场上的报价交易由买卖双方自行达成,其价格水平在很大程度上受定价交易的影响。但一般说来,报价交易达成的交易数量要多于定价交易达成的现货交易数量。在黄金市场上进行现货交易,除按正常的黄金价格收付外,还要支付给金商一定的手续费。伦敦国际黄金市场的手续费一般为0.25%。近年来,由于市场竞争日益激烈,支付给金商的手续费已有下降的趋势。

2. 黄金期货交易及特点

在国际黄金市场上进行的期货交易,又分避险交易和投机交易两种。

避险交易是指人们为了避免通货膨胀或政治动乱,出于资产价值保值的意图而购买黄金的活动。当然,也有的是以避免由于金价变动而遭受损失为目的而进行黄金买卖。一般而言,对避险者来说,期货市场是最方便的交易场所。

国际黄金市场上的投机交易,则是利用市场金价波动,通过预测金价在未来的涨跌趋势,买空或卖空,从中牟取投机利润。投机交易的目的是赚取黄金买卖价差,因此通常在合约到期前实施平仓,并不办理实际交割。

3. 各类黄金交易的交割方式和特点

在国际黄金市场上的黄金交易,不论是期货还是现货,其大宗交易,特别是在国际金融机构、国家之间的交易,以及大的垄断金融机构之间的黄金买卖,一般是采用账面划拨方式,把存放于某金库的属于某一国家或集团的寄存黄金改变一下标签即可,很少采用直接以黄金实物进行交割的方式。但是私人或企业集团之间对新开采出来的黄金进行交易时,一般多按实物进行交割。在黄金交易活动中,成交额较大的是各种成色和重量的金块。其中,专业金商和中央银行交易的对象一般是重量为400盎司、成色为99.5%的大金锭。进入世界黄金市场的大金锭,必须有国际公认的鉴定机构的印记。世界上的主要产金国,如南非、加拿大、原苏联等,所开采的黄金一般都以这种形式投放市场。各金库储存的大量黄金,也大多是这种规格的金锭。普通私人黄金储存者交易的对象一般是成色和重量不等的小金条,最常见的是1公斤重的金条(合32.150 742盎司)。小金条的成色分为99.5%、99.9%和99.99%几种。小金条的售价要高于大金锭。

在国际黄金市场上交易的黄金，除金锭、金条外，还有各种金币和黄金券。作为贮藏手段，金币不仅便于转移，而且在很多西方国家还可以逃避遗产税。因此，不少人对金币趋之若鹜，争相购买，用于贮藏。金币有旧金币和新金币两种。旧金币的可供量有限，是一种稀有金币，一般为古玩收藏家购买的对象。因此，旧金币的价值可高于其本身所含金量实际价值的30%～50%。新金币的购买者多为以保存贵金属价值为目的的投资者。新金币价格的涨落直接依存于黄金市场黄金价格的变动。一般来说，新金币的价格要比金条的价格高出3%～5%。另外，近年来各国政府、国际组织、宗教团体甚至企业，纷纷发行纪念金币。这种金币不仅有特定的纪念意义，而且限量发行，一般不再翻新，储藏时间越久，其收藏价值越高，价格就上涨。由于纪念币的图案设计优美、工艺精致，所以购买者均把它视为一种稀有的保值手段和工艺珍品或高级礼品。虽然纪念币均标有面值，但出售价格大大高于所标面值。其具体出售价格，一般是以其实际含金量按当时国际黄金市场上黄金价格乘以1.5来计算，并随着国际黄金市场上的黄金行情的变动而变动。纪念币已经是一种艺术品或收藏品，因而交易价格往往要高于其内含的黄金价值。

黄金券是黄金的凭证，持有人可随时向发行银行兑换黄金或与其等价的货币。黄金券有编号和姓名，不得私自转让，遗失可以挂失。对于购买人来说，由于黄金券可以随时兑现，与持有黄金实物无异，既可以用于保值，又可以用于投资，而且比持有黄金实物更为安全，所以很受欢迎。对于发行银行来说，由于黄金交易逐渐增大，而黄金的可供量有限，往往不能满足交易的需要。而通过发行黄金券，不仅可以扩大黄金交易量，还可以增加自身的收益。所以，近年来黄金券的交易量逐年增加。

二、黄金价格及其影响因素

(一)黄金价格的历史变化

第二次世界大战以后，黄金价格的变化大致可分为三个时期：(1)维持官价时期(1945～1968年3月)。从布雷顿森林体系建立到黄金总库解散前，黄金的市场价格在官方的干预下一直与每盎司35美元的官价水平保持一致。(2)双价时期(1968年3月～1971年8月)。1968年3月美元危机再次爆发，西方各国已无力继续稳定黄金的市场价格，美国不得不同意实行黄金双价制，即美国对外国中央银行仍按官价兑换黄金，自由市场金价根据供求情况任其波动。在此期间，伦敦市场金价在每盎司35～40美元之间波动。(3)价格完全自由波动时期(1971年8月起)。由于美元危机频繁爆发，迫使美国停止对各国中央银行按官价兑换黄金。从此，黄金价格进入完全自由波动时期。

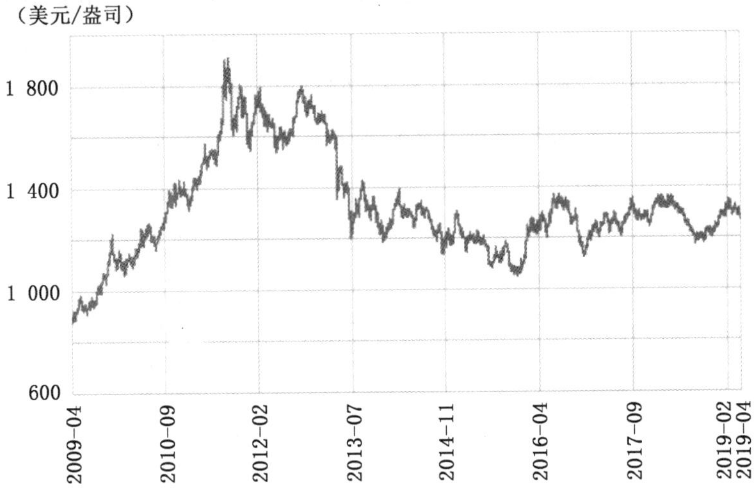

数据来源：http://gold.diyizby.com/snusdhj.html。

图 9-5　2009 年以来的伦敦市场黄金价格

(二)影响黄金价格变动的因素

自 1971 年黄金价格自由波动以来，影响黄金价格变动的主要因素是：(1)黄金的供求关系。国际黄金市场上黄金供不应求时，黄金价格便上涨；反之，则下跌。(2)通货膨胀。如果世界通货膨胀率不断上升，则人们会由于担心货币贬值而抢购黄金，金价便上涨；反之，则下跌。(3)货币利率和汇率。如果西方国家银行利率调高，主要货币汇率稳定，则人们宁愿将货币存入银行，获取利息收益，金价就会下跌；如果西方国家银行利率下调，主要货币汇率趋跌，则人们为了保值就会用货币去购买黄金，金价就会上涨。以美元为例，当美元汇价出现疲软时，往往会引起大量抛售美元抢购黄金的风潮，从而导致金价的大幅度上涨；反之，当美元走势比较坚挺时，金价一般都处于比较平稳或稳中略有下降的趋势。(4)国际政治局势。国际上一旦发生重大的政治事件，发生政治动荡，人们出于资产的安全性考虑，则会纷纷抢购黄金，对黄金价格形成极大的冲击。当 1982 年上半年英国与阿根廷为争夺马尔维纳斯群岛主权而发生战争时，国际黄金市场的金价立即开始回升。

三、主要的国际黄金市场

(一)伦敦黄金市场

伦敦黄金市场历史悠久，自 20 世纪初就成为一个组织比较健全的世界黄金市场。该市场由罗斯柴尔德父子公司、莫卡特公司(Mocatta & Goldsmid)、塞缪尔蒙塔古公司(Samuel Montagu & Co.)、梅斯威斯派克(Mase Westpac)和夏普斯庇克斯利公司

(Sharps Pixley)五大金行组成。

第二次世界大战前,伦敦是世界上最大的黄金市场。第二次世界大战后,英国的政治、经济地位下降,英镑大幅度贬值,黄金的市场价格大大超过 IMF 规定的 35 美元 1 盎司的黄金官价,英国被迫实行外汇管制,伦敦黄金市场也因此关闭。进入 50 年代后,英国和世界各国经济都趋于好转。1954 年,伦敦黄金市场重新开放。1979 年 10 月,英国废除了全部外汇管制,英国居民可以自由买卖黄金。伦敦黄金市场现在虽然不是世界最大的黄金市场,但仍不失为世界主要的黄金现货交易市场,其价格变化,被看作国际黄金市场价格的"晴雨表"。伦敦黄金市场交易的黄金数量巨大,多采用批发交易。该市场现货交易由美元计价,期货交易为英镑计价。

（二）苏黎世黄金市场

苏黎世黄金市场是第二次世界大战后发展起来的国际黄金市场。虽然瑞士本身不出产黄金,但由于其提供了特殊的银行制度和辅助性的黄金交易服务体系,为黄金买卖创造了一个既自由又保密的环境,因此,瑞士在世界黄金实物交易中保持了独特的优势。瑞士三大银行,即瑞士信贷银行(Credit Suisse)、瑞士联合银行(Union Bank of Switzerland)和瑞士银行(Swiss Bank Corporation)组成了苏黎世黄金总库(Zurich Gold Pool)。与伦敦金商不同的是,它们不但充当经纪人,还掌握大量黄金储备进行黄金交易。瑞士是著名的西方各国的资金庇护所,每逢国际政治局势发生动荡或货币金融市场发生波动时,各地大量游资纷纷涌向瑞士,购金保值或从事投机活动。加之,瑞士利率低,持有的黄金可以列为现金项目,市场交易没有任何限制,已成为世界最大的黄金现货交易中心。瑞士不仅是世界上新增黄金的最大中转站,也是世界最大的私人黄金的存贮中心。无论在提炼黄金方面,还是在冶炼黄金方面,苏黎世黄金总库的成员在市场上都占统治地位。当然,许多小银行也冶炼、运输黄金,充当生产者与投资者之间的经纪人。苏黎世市场对金条规格的要求与伦敦市场一样,这样,苏黎世的金条可以用伦敦市场价格标价。

（三）美国黄金市场

纽约和芝加哥黄金市场是 20 世纪 70 年代中期发展起来的,它们虽然历史短暂,但发展很快。当今,纽约商品交易所(New York Commodities Exchange)和芝加哥商业交易所是世界黄金期货交易中心,所以,美国黄金市场以期货交易为主。两大交易所对黄金现货市场的金价影响很大。

纽约黄金市场是目前世界上最大的黄金期货市场。每年有 2/3 的黄金期货契约在纽约成交,投机活动充斥整个市场。纽约黄金市场的发展历史很短,但发展速度相当快。纽约黄金市场的建立和发展,使得世界黄金市场的格局发生了重大变化:一方面,促进了纽约黄金市场的发展;另一方面,纽约黄金期货市场巨大的交易量,使伦敦黄金市场的每日定价制的权威受到影响，有时还不如纽约黄金市场的定价更具影响力。

（四）香港黄金市场

香港黄金市场于1910年正式开业，自1974年1月香港政府撤销黄金进口管制后获得迅速发展。当今，它是远东主要的黄金分销和结算中心。对于中东和远东的交易者而言，当纽约市场已关闭而伦敦和苏黎世市场还未开市时，香港是唯一重要的黄金市场。香港黄金市场由三个市场组成：(1)主体市场，以集资为主的金银贸易市场，以港元计价。该市场以华资金商占优势，有固定买卖场所；(2)无形市场，即本地伦敦金市场，以外资金商为主体，没有固定交易场所，通过电讯成交；(3)黄金商品期货市场，按纽约、芝加哥方式交易，美元计价。这三个市场关系密切，成交额最大的是香港金银贸易市场，而影响最大的是本地伦敦金市场。上述三个市场的交易量都很大，黄金的转口和进口都很活跃。由于香港时间凌晨2:30至3:00这段时间正值世界其他黄金市场休市之际，欲继续进行黄金买卖交易者，就必须到香港黄金市场，加之香港黄金市场无外汇管制等客观有利条件，使香港黄金市场迅速发展，现已成为世界四大黄金市场之一。

专栏9-9　中国的黄金市场

1949年中华人民共和国成立后，政府对黄金市场的交易采取了严格的限制措施，黄金的买卖需要申请，并实行配额管理。1950年4月，中国人民银行发布了《金银管理办法(草案)》，禁止民间从事金银买卖，明确规定国内的金银买卖统一由中国人民银行经营管理。

1983年6月15日，国务院发布了《中华人民共和国金银管理条例》，规定"国家对金银实行统一管理、统购统配的政策"；"中华人民共和国境内的机关、部队、团体、学校，国营企业、事业单位，城乡集体经济组织的一切金银的收入和支出，都纳入国家金银收支计划"；"境内机构所持的金银，除经中国人民银行许可留用的原材料、设备、器皿、纪念品外，必须全部交售给中国人民银行，不得自行处理、占有"；"在中华人民共和国境内，一切单位和个人不得计价使用金银，禁止私相买卖和借贷抵押金银"。

随着改革开放的推进，我国对黄金交易的严格管制开始出现松动。

1999年12月10日，中国首次向社会公开发售1.5吨"千禧金条"。

1999年12月28日，我国取消了白银统购统销政策，放开交易。上海华通有色金属现货中心批发市场成为中国当时唯一的白银现货交易市场。白银交易的放开被视为黄金市场开放的"预演"。

2000 年 8 月，上海老凤祥型材礼品公司获得中国人民银行上海分行批准，开始经营旧金饰品收兑业务，成为国内首家试点黄金自由兑换业务的商业企业。

2000 年 10 月，国务院发展研究中心课题组发表有关黄金市场开放的研究报告。同年，中国政府将建立黄金交易市场列入国民经济和社会发展"十五"(2001～2005 年)纲要。

2001 年 1 月，上海公开发行"新世纪平安吉祥金牌"，中国金币总公司做出承诺，在政策许可的条件下，适当时候予以回购，购买者可在指定的商家或商业银行网点自主买卖或选择变现。

2001 年 4 月，中国人民银行行长戴相龙宣布取消黄金"统购统配"的计划管理体制，在上海组建黄金交易所。

2001 年 6 月 11 日，央行正式启动黄金价格周报价制度，根据国际市场价格变动对国内金价进行调整。

2001 年 11 月 28 日，上海黄金交易所模拟运行。

2002 年 10 月 30 日，上海黄金交易所正式开业，并自 2007 年起成为全球最大的场内黄金现货交易所。

2003 年 4 月，人民银行取消了黄金生产、加工、流通审批制，改为工商注册登记制，标志着黄金商品市场的全面开放。

2003 年 11 月 18 日，中国银行的"黄金宝"交易在上海试点，拉开了商业银行参与黄金市场的序幕。个人客户通过银行柜台或电话银行、网上银行服务方式，进行不可透支的美元对外币金或人民币对本币金的账面交易。所谓"账面交易"，是指交易只在客户存折账户内作收付记录而不进行实物交割。

2004 年 6 月，上海黄金交易所推出面向普通投资者的"小金条"业务。

2005 年 7 月 18 日，工商银行与上海黄金交易所联合推出了个人实物黄金投资业务。

2006 年 12 月，中国银行推出面向个人投资者的黄金期权业务"期金宝"和"两金宝"。

2006 年 12 月 25 日，上海黄金交易所正式推出面向个人投资者的 AU100g 实物黄金投资品种。

2007 年 9 月，经国务院同意，中国证监会批准上海期货交易所上市黄金期货。

2013年上海黄金交易所黄金ETF(Exchange Traded Fund,交易所交易基金)上市交易。[①]

2014年9月18日,上海黄金交易所于上海自贸区正式启动黄金国际板。国际板设立三个以人民币标价的实物黄金交易,包括100克、1公斤以及符合伦敦合格交收标准的重12.5公斤的金条。黄金国际板利用上海自贸区的定位,通过引入境外会员、吸引境外投资者参与交易、设立自贸区交割仓库等方式,促进中国黄金交易市场的国际化。同时,将人民币标价的黄金产品推向国际市场,争取形成以人民币计价的黄金价格指数体系。

2016年4月19日,上海黄金交易所开始实施“上海金”交易和定价机制,由12家定价行和一些准定价行每天上午和下午一个时段分别在交易所平台上,按照以价询量、数量撮合的集中交易方式,在达到市场量价相对平衡后,最终形成每日两次的“上海金”人民币基准价的交易。2016年4月19日,全球首个以人民币计价的黄金基准价格“上海金”为人民币257.97元/克。此举无疑有助于促进我国在国际黄金市场的定价权和人民币国际化进程。

2017年4月9日,黄金交易所以上海金为标的的期货产品在迪拜黄金与商品交易所上市,扩大了上海金的国际影响力,使上海金与纽约金和伦敦金相映成辉。

本章小结

国际金融市场是不同国家居民之间相互融通资金和进行金融交易的组织结构、交易系统和制度规则的总和。

国际债券市场由外国债券市场和欧洲债券市场两个部分组成。外国债券是一国居民在另一国发行的以发行地货币定值的债券。欧洲债券是一国居民在另一国发行的以第三国货币定值的债券。存托凭证是以被金融机构(主要是银行)托管的某种股票或债券为基础而发行的有价证券。

股票市场国际化导致了股份公司所有权的国际化。资金需求方通过在不同的国际资本市场之间进行选择,有助于降低其融资成本。投资者则可以利用国际资本市场寻求更有利的投资机会,并分散风险。

随着信息技术的日臻发达和各国政府对金融管制的逐步放宽,国际金融市场的发展也不断加快。

离岸金融市场是非居民之间相互融通资金的市场,又称境外金融市场,在岸金融市场是当地居

① 交易所交易基金是可以直接在交易所买卖交易的开放式基金,避免了基金的申购和赎回的烦琐程序。

民可以参与的市场。离岸金融市场最早发轫于欧洲，故称欧洲货币市场。后来，离岸金融市场在其他地区，如亚洲也得到了很大的发展，称为亚洲货币市场，但我们还是常常把所有地区的离岸金融市场统称为欧洲货币市场。这里的"欧洲货币"是在发行国境外用于资金融通的货币，由于资金的供求双方都是这种货币的发行国的非居民，所以这是一种离岸货币，而办理这种资金融通业务的银行称为"欧洲银行"。

欧洲货币市场几乎完全不受官方的限制，因而交易十分自由、方便和灵活。此外，该市场的运作成本相对较低，因而存款利率相对较高，而贷款利率反而相对较低、利差较小，很具有竞争性。

重要术语

欧洲货币市场	离岸市场	在岸市场	Libor
Shibor	出口信贷	外国债券	扬基债券
武士债券	猛犬债券	熊猫债券	欧洲债券
点心债券	存托凭证	欧洲银行	欧洲货币
银团贷款	本国偏好谜团		

思考题

1. 国际金融市场是怎样分类的？

2. 离岸金融市场有哪些类型？

3. 我国银行开办离岸金融业务可做哪些改进？

4. 欧洲货币市场的特点和经营活动有哪些？

5. 在最近几十年中，为什么国际金融市场发展如此迅速？你认为在未来的 10 年里这一发展能否持续？为什么？

6. 一家建在墨西哥的企业需要在国际资本市场融资。试列出这家企业面临的各种选择，讨论每种选择的利弊，并提出建议。如果墨西哥比索在以后两年中在外汇市场上急剧贬值，你所推荐的做法会受怎样的影响？

7. 一家泰国公司试图通过债权融资筹集 200 万美元，以用作营运资金。该企业将在 1 年之内还本付息。公司的财务总监考虑以下三个选择：

(1)以 8%的利率从安太银行(Security Pacific Bank)借入美元；

(2)以 14%的利率从米德兰银行(Midland Bank)借入英镑；

(3)以 5%的利率从三和银行(Sanwa Bank)借入日元。

如果公司借入了外币，它将不采取抵补外汇风险的措施，也就是说，它只是按今天的即期汇率将外币兑换成美元，一年之后再以当时实际的即期汇率购入同样的外币。公司预测下一年中英镑对美元的汇率将下跌 5%，而日元对美元的汇率将上升 5%。公司应该从哪家银行借款？

参考文献

1. 保罗·克鲁格曼、茅瑞斯·奥伯斯法尔德:《国际经济学》,中国人民大学出版社2016年版。

2. 查尔斯·希尔、托马斯·霍特:《国际商务》,中国人民大学出版社2019年版。

3. 戴国强:《货币金融学》,上海财经大学出版社2017年版,第21章:国际资本流动与国际金融危机。

4. 李丹丹、金嘉捷:中国债券今起纳入国际主流指数,《上海证券报》,2019年4月1日。

5. 于研:《国际金融》,上海财经大学出版社2017年版,第9章:国际金融市场。

6. Gandolfo, Giancarlo, 2002, *International Finance and Open-Economy Macro-economics*, Springer.

7. Hallwood, C. Paul and Ronald MacDonald, 2000, *International Money & Finance*, 3rd edition, Blackwell Publishers.

8. Huertas, T. F., 1990, *U. S. Multinational Banking: History and Prospects*, *in Banks as Multinationals*, ed. G. Jones (London: Routledge).

9. Lewis, K. K., 1999, Trying to Explain Home Bias in Equities and Consumption, *Journal of Economic Literature*, 37, pp. 571—608.

10. Luck, C. G. and R. Choudhury, 1996, International Equity Diversification for Pension Funds, *Journal of Investing* 5, no. 2, pp. 43—53.

11. Reich, R., 1991, *The Work of Nations*, New York: Alfred A. Knopf.

12. Serrat, A., 2001, A Dynamic Equilibrium Model of International Portfolio Holdings, *Econometrica*, 69, pp. 1467—1489.

13. Solnik, Bruno, 1974, Why not Diversify Internationally Rather Than Domestically? *Financial Analysts Journal*, July, p. 17.

14. Solnik, Bruno and J. Roulet, 2000, Dispersion as Cross Sectional Correlation, *Financial Analysts Journal*, 56, no. 1, pp. 54—61.

第十章 货币危机和主权债务危机

教学目的与要求

- 明确货币危机的基本概念和汇率预期在货币危机中的作用。
- 了解三代货币危机模型产生的背景。
- 掌握并比较三代货币危机模型的基本机理和经济影响。
- 熟悉货币危机传染的概念和货币危机传染的有关解释。
- 掌握主权债务增长模型。
- 了解主权债务违约的代价。

20世纪90年代以来,世界上已爆发了多次重大的货币危机(currency crisis),如1992～1993年的欧洲汇率机制(ERM)危机,1994～1995年的墨西哥货币危机,1997～1998年的东南亚货币危机[①],1998年的俄罗斯货币危机,1998～1999年的巴西货币危机,2000～2001年的土耳其货币危机,以及2001～2002年的阿根廷货币危机。发生货币危机的这些国家的经济状况千差万别,从而也形成了不同的货币危机理论。这些货币危机往往表现出两个共同特征:高昂的经济代价和危机的传染性。一个国家发生主权债务危机时,公众会对该国货币失去信心,从而引发货币危机。第二次世界大战以来的主权债务危机通常发生在发展中国家,而2009年底开始的欧洲主权债务危机则改变了这种现状。

---

① 这次危机又称东亚危机或亚洲危机。

第一节　货币危机及其基本原理

一、货币危机的概念

在讨论货币危机之前，我们必须对货币危机的概念进行界定。通常，货币危机的定义是和对货币的投机攻击联系在一起的。当公众对某个国家或地区的货币产生贬值预期而对其发起投机攻击，使得该货币大幅度贬值，或者导致该国国际储备的大量流失或利率的大幅度提高时，就可以认为这个国家或地区发生了货币危机。① 这只是货币危机的一个广义定义，不同的学者对货币危机的定义并非完全一致。Kaminsky 和 Reinhart(1999)通过货币汇率、外汇储备以及利率的加权变化来定义货币危机，认定他们研究的 20 个国家在 1970～1995 年间发生了 71 次货币危机。国际货币基金组织在 1998 年 5 月份出版的《世界经济展望》(IMF，1998)对货币危机是由月度汇率和外汇储备的加权变化值来界定的，并没有考虑利率的变化。根据这份报告，53 个国家在 1975～1997 年间经历了 158 次货币危机，其中 22 个发达国家发生了 42 次、31 个发展中国家发生了 116 次。但是，Frankel 和 Rose(1996)则只通过货币的名义汇率变化来定义货币危机，他们认为，当某种货币的年贬值率超过 25%，并且该贬值率比前一年的贬值率高 10%时，该国在当年就发生了货币危机。如果没有特殊说明，本章所讨论的货币危机只考虑汇率变化，也就是狭义的货币危机。如果由于贬值预期引起的对货币的投机攻击使得一个采取固定汇率制度的国家或地区放弃固定汇率制度，或者使得采取浮动汇率制度的国家或地区的货币大幅度贬值，我们就认为发生了(狭义的)货币危机。

货币危机与金融危机存在根本区别。货币危机考察一种货币的对外价值，即汇率的变动，而金融危机的范围更广，还包括发生在股票市场和银行体系等国内金融市场的价格波动，以及金融机构的经营困难和破产。金融体系的基本功能是使资本在企业或项目中得到最有效的配置。当金融体系在实现该项功能时出现严重障碍时，就可以认为发生了金融危机。银行危机是一种常见的金融危机。当现实的或潜在的挤兑或银行经营失败使得银行停止对储户的兑现义务，或者迫使政府进行干预以防止此类情况的发生时，就可以认为发生了银行危机。此外，当一个国家无法履行其对外债的偿还义务时，就表明这个国家发生了债务危机。货币危机、银行危机和债务危机可以同

① 由于一国国际收支的持续巨额逆差往往是触发货币危机的重要原因，因此，这种类型的货币危机有时也称作国际收支危机。

时发生，也可以单独发生。例如，在1982年的一些拉美国家，其债务危机和货币危机是同时发生的。当一国无法偿还其对外债务时，公众会丧失对该国货币的信心，从而引发货币贬值，因此债务危机往往会伴随着货币危机。但是货币危机未必会导致债务危机，如1992～1993年的欧洲货币体系就只发生了货币危机，而在1994～1995年的墨西哥和1997～1998年的东南亚则同时发生了货币危机和银行危机，我们把这种情况称为孪生危机(twin crises)。

二、货币危机的基本原理

自从金本位制度在第一次世界大战中崩溃以来，世界经济就不时地受到货币危机的困扰。在两次世界大战之间的这段时期，发生的比较重大的货币危机有：1923～1926年的法国法郎危机；1931年的英镑危机；1933年的美元危机；1935～1936年的黄金集团(Gold Bloc)危机。[①] 在布雷顿森林体系时期，发生的比较重大的货币危机有：1947～1949年的英镑危机；1960年的美元危机；1967年的英镑危机；1968～1969年的法国法郎危机；1971～1973年导致布雷顿森林体系崩溃的美元危机。在1990年以前的后布雷顿森林体系中，发生的重大货币危机有：1976年和1982年的墨西哥比索危机；1982年的智利比索危机。

尽管货币危机的历史甚至还可以追溯到更远，但是对于货币危机理论的系统研究则是从20世纪70年代末期才开始的。到目前为止，货币危机理论模型可以分为三类：克鲁格曼(Krugman，1979)、Flood和Garber(1984)提出的第一代货币危机模型；Obstfeld(1986；1996)为代表的以自我实现的预期和多重均衡为特征的第二代货币危机模型；用于解释东南亚货币危机的第三代货币危机模型。[②]

根据无抵补利率平价(UIP)，在资本自由流动的情况下，国内外利率水平和货币的预期贬值率之间存在如下关系：

$$i=i^{*}+\frac{E^{e}-E}{E} \tag{10-1}$$

在固定汇率制度下，如果公众对政府维持固定汇率充满信心，那么预期汇率E^e就和即期汇率一致，即$E^e=E$。然而，如果公众预期该货币会贬值，即$(E^e-E)/E>0$，那么为了维持固定汇率，货币当局必须提高本国利率。根据货币市场均衡条件

$$L(Y,i)=M/P \tag{10-2}$$

① 黄金集团是1933年法国、荷兰、意大利、比利时、瑞士、波兰6国为保持金本位制度而组成的货币集团。1929～1933年的大萧条后，英美等国先后放弃金本位制度，6国政府试图通过其中央银行的密切联系和相互支持，以继续维持原来的金本位制度。但由于贸易收支恶化，资金外流，币值无法稳定，意大利首先退出该集团。1936年9月，黄金集团瓦解。

② 对于货币危机理论的较为详细的专业性综述，可参见金洪飞(2001；2004)。

得出，利率的提高是通过减少货币供应量来完成的。在等式(10－2)中，为方便起见，我们不妨假设 M 为基础货币。我们知道中央银行是通过改变其持有的国内资产或国外资产来控制货币供应量(或基础货币)，中央银行的资产负债平衡就意味着

$$M=F+D \tag{10-3}$$

如果中央银行无法减少其本币资产(D)，那么只有通过出售外币资产(F)来回笼流通中的本币，于是导致中央银行外汇储备的下降。如果央行持有的外汇储备数量不足，货币贬值的预期将迅速耗尽中央银行的外币资产，迫使其货币贬值。

第二节　第一代货币危机模型

由上面的分析我们可以发现，货币贬值的预期在货币危机中起了关键作用。第一代货币危机模型认为，公众之所以会产生货币贬值预期，这是因为政府采取了某些与固定汇率制度并不一致的经济政策。如1976年的墨西哥比索危机的重要原因就是墨西哥政府采取了与维持固定汇率制度的要求不一致的连续的财政赤字政策(见专栏10－1)。第一代货币危机模型可以很好地解释20世纪70年代和80年代初发展中国家，如墨西哥(1973～1982年)、阿根廷(1978～1981年)等国家的货币危机。

第一代货币危机模型假定一国的货币需求是非常稳定的，而货币供应则是由国内资产和外汇储备两部分构成。在固定汇率制度下，国内利率等于国外利率，因此国内货币市场均衡就变为：

$$L(Y,i^*)=M/P=(F+D)/P \tag{10-4}$$

假如政府实行持续的财政赤字政策，并通过向中央银行出售政府债券为财政赤字融资。于是连年财政赤字必然导致中央银行的国内资产增加。由等式(10－4)可知，在固定汇率制度下，当国外利率和本国产出保持不变时，货币供应量是不会改变的，国内资产的增加必然伴随着同等数量的外汇储备的减少，因此中央银行持续地为财政赤字融资必然会耗尽所有的外汇储备，然后，政府就只能通过印发纸币为财政赤字融资了，并且，由于外汇储备短缺，政府也无法通过外汇市场干预来维持固定汇率，也就只能放弃固定汇率，听凭本币随着货币供应量的增加而贬值。而公众既然意识到政府不可能一直维持固定汇率，为了避免本币贬值的损失，就会在政府未耗尽外汇储备时进行攻击(把本币换成外币)，造成外汇储备的急剧下降，导致固定汇率制度的崩溃。公众的这种行为就称为对货币的投机性攻击(speculative attack)。

那么，公众会在何时发起投机攻击呢？第一代货币危机模型用影子浮动汇率(shadow floating exchange rate)确定了市场发起投机攻击的时间点。所谓影子汇率，

是指政府不对外汇市场进行干预时的外汇汇率。在固定汇率崩溃前影子汇率并不起作用，而在固定汇率崩溃后则等于浮动汇率值。当政府耗尽外汇储备而放弃固定汇率后，国内基础货币就等于中央银行持有的国内资产，即央行创造的国内信贷。国内信贷创造越多，影子汇率就越高。因此，影子汇率是国内信贷的单调递增函数。当中央银行为连续的财政赤字融资时，其持有的政府债券数量逐渐增加，国内信贷创造就越来越多，影子汇率的数值就越来越大。当影子汇率等于固定汇率时，投机者就会发起投机攻击。如果投机者在影子汇率数字小于固定汇率时发起攻击，攻击的结果导致固定汇率的崩溃，影子汇率就变成了真正的浮动汇率。由于在投机攻击时，投机者以高于影子汇率的固定汇率抛售本币，因而此时的投机攻击反而给投机者造成了损失。如果投机者在影子汇率高于固定汇率时发起投机攻击，在固定汇率崩溃后，投机者将获得投机利润。但是市场中投机者并不止一个，每个投机者都想抢在他人之前抛售本币，竞争的结果使得大家都在影子汇率等于固定汇率时发起攻击，耗尽中央银行的所有外汇储备，迫使中央银行放弃固定汇率。

上述过程可以用图 10－1 来说明。该图的纵轴表示汇率(E)，为固定的汇率，AB 线表示影子汇率的变动。随着国内信贷的扩张，影子汇率持续上升。在没有投机的情况下，当国际储备降至最低限时，政府放弃固定汇率制度，本币贬值，外汇汇率从 C 点跳跃至 B 点。在投机者具有充分预见(perfect foresight)的情况下，当影子汇率等于固定汇率时(图中的 A 点)，投机者就会开始攻击，国际储备迅速降至最低限，固定汇率制度提前崩溃，汇率将随国内货币供应量的增加而上升，不出现跳跃。

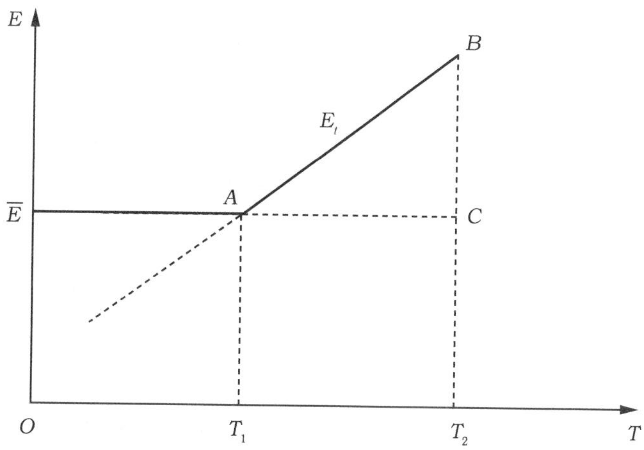

图 10－1　不同汇率制度下的汇率走势

专栏 10-1 1976年的墨西哥比索危机

自20世纪30年代到70年代初期，墨西哥经历了比其他发展中国家相对发展较快的时期。土地改革、进口替代工业化、基础产业和基础设施投资为经济增长提供了良好的基础。但是在1954年以前，墨西哥经济虽然快速增长，但通货膨胀也相对较高。1940～1954年间的价格年平均上涨率为10.6%。1954年，柯尔蒂内斯政府决定按照国际货币基金组织的要求，实行"稳定发展计划"，即放弃过去的"贬值—通胀增长模式"，实行固定汇率的"稳定增长模式"，官方汇率由1美元兑8.65比索下调并固定于1美元兑12.50比索，从而使墨西哥经济进入了稳定发展阶段。在1954～1970年间，年平均经济增长率达到了7%，而同期的年平均通货膨胀率则只有3.5%。这一时期经济发展取得的显著成绩被誉为"墨西哥奇迹"。然而到60年代末，稳定的经济本身产生了许多新的问题。政府为刺激工业发展而采取的基本粮食价格长期不变的政策，造成大量的农业积累资金向工业生产部门转移，于是农业增长速度明显放慢；工业部门的进口替代政策使得国内市场的生产资料需求无法得到满足；长期的关税保护政策也使得墨西哥的产品缺乏国际竞争力。受世界经济危机和国内经济问题的影响，墨西哥的经济增长在70年代初开始减慢，1971年的GDP增长率只有3.4%，农业增长率为1.8%。1970年开始执政的埃切维里亚政府决定进行改革，实行新的"共享发展"战略，结束此前不考虑社会利益的"稳定发展"阶段，以解决经济增长和社会发展之间的矛盾。为此埃切维里亚政府决定改变以私人资本为主的政策，加强政府对国民经济的干预力度，积极发展公共部门，强调经济增长目标与社会发展目标相结合，在保持经济增长的同时努力实现比较公平的收入分配。为了实现这些发展目标，政府采取了一整套的经济发展政策，如增加公共投资，改革财税体制，重新实现土地改革，优先发展基础工业，发展科学技术、教育和社会福利事业，支持工人提高工资的要求等一系列政策措施。

"分享发展"战略在促进了经济与社会的协调发展、缓和社会各阶层的矛盾方面起到了一定的积极作用。大量的公共支出带动了经济需求，墨西哥1972年和1973年的经济增长率回到了8%以上。但是，由于经济增长的主要推动力来自政府的公共部门投资，经济发展的速度极不稳定，GDP年增长率从1974年开始下降，1974～1976年分别为5.9%、5.4%和4.1%。庞大的公共投资和政府开支造成了财政连年赤字。尽管墨西哥联邦政府财政收入从1970年的330.7亿比索增至1976年的1 347亿比索，但同期政府开支从402亿比索上升到1 920亿比索;预算赤字从1970年的63.35亿比索增加到1976年的573亿比索。

为了弥补赤字,政府不得不大规模借债和发行货币。狭义货币供应量由1971年的5 789万比索增加到了1976年的15 797万比索,广义货币供应量则由7 753万比索增加到24 299比索,广义货币与GDP的比率由1971年的15.8%上升至1976年的177.2%;公共外债由1970年的31.97亿美元增加到1977年的207.03亿美元,同期通货膨胀率也由4.7%上升为27.2%。另一方面,比索定值过高使得墨西哥产品在国际市场上失去了竞争力,出口减少,贸易逆差增加。大量的政府外债、持续的高通货膨胀以及由此造成的比索币值高估和经常项目的恶化导致了公众对墨西哥比索的贬值预期,进而出现了私人资本的大量外逃,迫使墨西哥银行在1976年8月31日宣布比索贬值,由原先的1美元兑12.5比索贬值为1美元兑20.5比索,并且在同年10月27日进一步贬值为1美元兑26.37比索。

第三节 第二代货币危机模型

20世纪80年代是第一代模型的全盛时期。然而第一代模型并没有考虑政府的行为是否最优,而是建立在一系列带有任意性的政府决策规则的基础之上,或者说政府的政策是外生的。因此,政府的行为并不是最优化的结果。

1992年的欧洲货币体系的汇率机制危机对第一代货币危机模型提出了挑战。首先,没有一个发生危机的国家因为融资的需要而进行国内货币创造,他们并不寻求通胀税收入。第二,这些国家都是发达国家,他们放弃双边的固定汇率不是因为缺乏外汇储备,即使在贬值时,他们也具有从国际金融市场筹措大量外汇的能力。第三,有些受到攻击的国家的宏观经济基本面根本不存在问题。这些现象驱使人们开始寻找新的理论来做出解释,由此形成所谓第二代货币危机模型。

一、货币贬值的预期

如前所述,货币贬值的预期在货币危机中至关重要。在第一代货币危机模型中,货币贬值的预期是由于政府采取了与固定汇率制度相冲突的经济政策。因此,对于政府而言,货币危机是罪有应得。在第二代货币危机模型中,公众对货币贬值的预期是自我实现的,在货币危机发生以前并不存在与固定汇率制度相冲突的实际政策，但货币危机本身会导致政府政策的变化。因此，在第一代模型中，事前的政策不当导致了危机的产生，而在第二代模型中，对事后政策不当的预期导致了危机的产生。

第二代货币危机模型认为政府有两个选择：一是放弃维护固定汇率制度以便采取相机抉择的货币政策，保证充分就业和产出稳定；二是维护固定汇率，以获得固定汇率制度的好处。政府通过权衡维持固定汇率所付出的成本与得到的收益，来决定是否放弃固定汇率，也就是说政府是理性的。该模型认为，经济中存在一个基本面薄弱区，也就是“危机区”，在这个区域里，货币危机可能发生也可能不发生。如果公众预期货币会有贬值，一方面工薪阶层就会要求提高工资，因为货币贬值会引起通货膨胀，于是生产成本上升，经济出现衰退；另一方面为了继续保持固定汇率，面对货币贬值的预期，政府就会提高利率，这同样会造成经济衰退。因此货币贬值的预期使维持固定汇率的成本上升，从而使政府放弃固定汇率。但是，如果公众认为政府维持固定汇率的决心是可信的，维持固定汇率的成本就不会上升（甚至还会下降），固定汇率也就得到了维持。所以当公众认为货币危机会发生时，就会发起投机攻击，而应对投机攻击的高昂成本最终会促使政府放弃固定汇率，货币危机也就发生了；反之，若公众认为货币危机不会发生，就不会发起投机攻击，也就不会造成货币危机。这时候的货币危机是自我实现的（self-fulfilling），其两个基本特征就是自我实现的预期和多重均衡（multiple equilibrium）。这里的多重均衡，就是指发生危机和不发生危机这两种均衡都存在。而多重均衡的存在基础恰恰是“自我实现的预期”。

二、货币贬值预期的诱因

根据第二代货币危机模型，公众的货币贬值预期是自我实现的，而不是由于政府采取了错误的与固定汇率制度相冲突的经济政策。诱发公众产生自我实现的贬值预期的原因可以是多种多样的。

（一）政治因素

在1995年的法国大选中，人们预计，执政党将会采取货币贬值来刺激经济，降低失业率，以便赢得选举。基于这样一种信念，投机者便对法国法郎发起了攻击。为了保卫固定汇率，法国政府大幅度提高了利率，使之比德国的利率高出3个百分点。尽管法国政府获得了汇率保卫战的胜利，但是法国的经济却一蹶不振，在之后的几年中，法国的失业率一直超过10%，经济增长率则几乎都在1%以下。事后有许多学者认为，面对投机攻击，法国政府的正确做法应该是让货币贬值。而且，许多国家往往在选举年爆发货币危机，这说明政治原因确实可以成为货币危机的诱因。

（二）对总需求的不利冲击

当外来冲击使得一国的总需求下降时，政府就会陷入维持国内目标和维持固定汇率制度之间的矛盾之中。总需求的下降会使经济出现衰退迹象，并且当公众对本币产生贬值预期时，政府必须提高利率才能维持固定汇率，但是这会使得本已不景气的经济雪上加霜，这可能是政府所不能忍受的。一旦公众认识到这一点，就会产生自我实现的货币贬值预期。有些学者认为，国际投机者在 1997 年攻击东南亚货币的一个原因，就是东南亚国家在危机前出口需求的下降。他们认为东南亚国家出口需求下降的原因有三：其一是中国 1994 年的货币贬值使中国产品的国际竞争力提高；其二是北美自由贸易协定的签订使得墨西哥成为亚洲国家在美国市场的强有力的贸易竞争对手；其三是美元对日元的升值，使得货币钉住于美元的东南亚国家相对于日本的竞争优势下降。

（三）国外利率的提高

国外利率上升时，为了维持与外国货币的汇率稳定，中央银行必须提高本国利率，否则就会导致资本外流和本币的贬值。利率提高对国内经济产生紧缩作用，公众会因此产生货币贬值的预期，这进一步提高了维持固定汇率的成本。在德国统一后，为了防止经济过热造成的通货膨胀，德国政府提高了利率。公众认识到那些与德国保持固定汇率的欧洲国家将无法维持与德国马克的固定汇率，因而形成了对这些国家货币的贬值预期，并最终引发了投机攻击和欧洲汇率机制的崩溃。

（四）大量的政府债务

当政府存在大量的公共债务时，高利率会增加债务的利息支出，加大政府财政赤字。如果政府不能为增加的财政赤字融资，过高的公共债务将引发公众自我实现的货币贬值预期。

（五）国内金融机构的脆弱性

1997 年危机爆发以前，东亚国家的金融机构把大量贷款投向股票和房地产等市场。数额巨大的不良贷款也被宽松的金融环境和经济繁荣景象所掩盖。利率上升时，资产价格的下跌会引起金融机构资产负债状况的恶化和不良贷款的增加，严重时会导致金融机构的破产。面对投机攻击，公众认识到政府无法通过提高利率来维持固定汇率，因而会产生自我实现的贬值预期。

专栏 10-2 1992～1993 年的欧洲汇率机制危机

1979 年 3 月，欧洲货币体系中的法国、联邦德国、意大利、比利时、丹麦、爱尔兰、卢森堡和荷兰 8 个国家成立正式的相互钉住的汇率框架，即欧洲货币体系的汇率机制(ERM)。这 8 个国家之间的双边汇率保持固定，对美元和其他货币则采取联合浮动。

最初，为了防止过度投机而引发货币危机，欧洲货币体系对资本流动进行了管制，这些限制条件在 1987 年得到放松。由于该体系的初期运行情况良好，吸引了越来越多的国家加入该体系：如西班牙(1989 年 6 月 19 日)、英国(1990 年 10 月 8 日)、挪威(1990 年 10 月)、瑞典和芬兰(1991 年 5～6 月)、葡萄牙(1992 年 4 月 6 日)。由于德国拥有低通货膨胀的信誉，其他国家都选择德国马克作为主要的储备货币，并且依照德国制定本国的货币政策。这样，欧洲货币体系就逐渐发展为与布雷顿森林体系类似的、以德国为主导地位的货币体系。

1990 年 7 月，东德和西德实现了统一，东德货币开始兑换成联邦德国马克，由此引发一轮对之前遭禁的现代生活消费品的购买热。结果，消费需求大幅度上升。此外，统一以后的许多东部企业由于缺乏竞争力，纷纷面临倒闭，政府只能提供财政支持。此外，为了重建东部经济和治理环境污染，政府还启动了许多基础设施建设项目。这都导致了巨额的财政支出。

为了避免需求扩张可能导致的通货膨胀，德国政府于 1992 年开始实施货币紧缩政策，这导致德国马克升值。该政策使欧洲货币体系的其他国家面临困境。为了保持与德国马克的固定汇率，其他国家必须同样降低国内的货币供应。对于那些经济并不繁荣并且有巨额财政赤字的国家，如法国、英国和意大利而言，紧缩的货币政策会使产出水平急剧下降，失业率也大幅上升。于是货币市场上的投机者们开始怀疑这些国家是否有能力避免经济衰退。早在 1991 年的下半年，市场参与者就预期这些国家可能重新调整其货币对德国马克的中心平价(central parity)，这些国家的经济状况在 1992 年第一季度的进一步恶化更加强了市场对这些国家货币贬值的预期，人们开始把这些国家的货币兑换成德国马克或其他货币。1992 年 2 月，意大利的外汇储备开始下降，到 7 月份外汇储备的流失变得尤为严重。无论在现货市场还是期货市场，意大利的债券价格都出现了下跌，而穆迪公司对意大利的债券的评级也由 AA1 降为 AA3。在 8 月 28 日，意大利里拉对德国马克的汇率达到了其波动带的下限。为了维持汇率平价，意大利银行在 9 月 4 日把贴现率提高到了 15%，但依然无法阻止市场的投机攻击和资本外逃。

1992 年 9 月 12 日，意大利银行入市干预，抛出数十亿德国马克收购意大利里拉。但同市场上的投机资本相比，这数十亿的德国马克不过是杯水车薪，抢购德国马克的风潮愈演愈烈。9 月 13 日，欧洲货币委员会宣布对参与欧洲货币体系汇率机制的 11 种货币汇率进行调整，意大利里拉贬值 3.5%，其他 10 种货币升值 3.5%，因此意大利里拉实际贬值了 7%。意大利里拉的贬值使得投机者获得了丰厚的利润，而且这也向世人表明了市场有足够的力量来破坏欧洲货币体系这一事实。

1992 年 9 月 16 日，所谓的黑色星期三，里拉持续受到进一步向下调整币值的压力，而英国受到的投机攻击压力使其耗尽了所有的外汇储备。最后以里拉和英镑退出欧洲货币体系的汇率机制、允许汇率浮动而告结束。同时，西班牙比塞塔也贬值了 5%。在里拉和英镑失守之后，市场投机者把目光转向了法国法郎、丹麦克朗和爱尔兰镑。猛烈的投机浪潮使得这些货币相继跌至汇率机制规定的波幅下限。尽管法兰西银行最终保卫了法郎的地位，但欧共体的许多其他货币被迫下调币值或脱离欧洲货币体系：1992 年 11 月 19 日，瑞典克朗脱离欧洲货币体系；1992 年 11 月 22 日，西班牙比塞塔和葡萄牙埃斯库多贬值 6%；1993 年 1 月 30 日，爱尔兰镑贬值 10%；1993 年 5 月 13 日，西班牙比塞塔和葡萄牙埃斯库多再次分别贬值 8%和 6.5%。1993 年 8 月 2 日，除了德国马克、荷兰盾和卢森堡法郎外，欧洲货币体系中其他货币的中心汇率上下浮动幅度扩大到了 15%。至此，欧洲货币体系已经名存实亡，使欧洲实现单一货币的基础遭到了极大的破坏。

第四节　第三代货币危机模型

在 1997 年的东亚货币危机爆发前，泰国货币泰铢已经与美元保持固定的兑换比价长达 14 年。尽管在 20 世纪 80 年代泰国的经济得到了快速发展，但是它的产业结构并没有得到及时提升，产品的国际竞争力也逐渐下降。而外部资金的大量涌入，使得国内经济出现泡沫。1996 年，泰国的外债余额已经超过 900 亿美元，短期外债高达 400 多亿美元，已经超过了外汇储备。而且，由于国内投资过热造成了大量银行坏账。1997 年初，公众对泰铢的信心开始动摇，国际炒家也开始积蓄力量，准备对泰铢发起大规模攻击。2 月 14 日，在投机资本的冲击下，泰铢兑美元贬值 5%，恐慌情绪迅速蔓延，在从众心理的作用下，人们纷纷大量抛售泰铢。泰国中央银行宣布决心捍卫泰铢，开始出售美元以维持固定汇率，导致大量的外汇储备流失。5 月份，国际炒家又大肆卖出泰铢，泰铢汇率一路下滑，最低跌至 1 美元兑 26.70 泰铢。泰国中央银行在紧急关头采取了各种应急措施，如动用 120 亿美元外汇买入泰铢，提高隔夜拆借利率，限制本国银行的拆借行为等。这些强有力的措施使得国际炒家的交易成本骤增，暂时击退了投机商的攻击。然而，公众已经对泰铢失去了信心，国际炒家也于 6 月下旬筹集了更庞大的资金再次向泰铢发起猛烈进攻。泰国政府虽然努力联合东南亚部分国家联手干预，但最终回天乏力。1997 年 7 月 2 日，泰国中央银行被迫宣布泰铢自由浮动。当天，泰铢兑美元的汇率下跌 20%，到 7 月 24 日已跌至 1 美元兑 32.63 泰铢的历史最低水平。在泰国货币危机之后，国际炒家又对印度尼西亚、菲律宾、缅甸、马来西亚等国家发起了攻击。印尼卢比、菲律宾比索、缅元、马来西亚林吉特纷纷大幅贬值，导致了工厂倒闭、银行破产和价格上涨，这些国家几十年的经济增长化为灰烬。

在亚洲货币危机爆发时，绝大多数的经济学家都认为这次货币危机与以往的货币危机并没有不同，因此可以由已有的货币危机理论来解释。但是随着危机的持续蔓延和不断深化，人们感到已有的货币危机理论并不能解释东亚货币危机的许多特征。

首先，在危机发生前，这些国家不存在明显的财政赤字问题，也不存在不负责任的信贷创造和货币扩张，并且其通货膨胀率也很低，因此，第一代模型并不适用。其次，尽管在 1996 年这些国家的经济增长率有些放慢，但并不存在严重的失业，政府也就不存在如欧洲货币危机中的放弃固定汇率追求货币扩张的动机，所以第二代模型也不适用。第三，在危机前，这些国家的房地产和股票的价格先是一路上升，尔后狂跌。第四，在这些国家中，金融中介机构似乎起着关键作用。这些金融机构从境外获得了大量的日元或美元的短期借款，同时又把这些借款转贷给以国内货币形式作为回报的长期资产项目。这就造成了国内金融机构资产表现为以本币计价的长期资产，而其负债则是以外国货币计价的短期负债，即出现了资产负债的期限错配和币种错配。第五，这些国家在危机后都出现了严重的经济衰退。第一代模型认为货币危机只是国内居民对国内货币和外汇之间进行资产组合的结果，基本上没有涉及实体经济（real economy）；而对于第二代模型，投机攻击的结果是选择放弃固定汇率，并不意味着对就业和产出造成不利冲击，事实上固定汇率所造成的政策约束的消除，至少对短期的宏观经济是有利的。

东南亚货币危机的以上特征，说明危机爆发的根源和其严重后果是无法用第一代或第二代货币危机模型来解释的。为了揭示东南亚货币危机，经济学家提出了许多理论模型，通称第三代货币危机模型，其中以道德风险理论、金融恐慌理论以及货币危机的资产负债表理论最具代表性。

一、货币危机的道德风险模型

所谓道德风险（moral hazard，又译败德行为），是指当事人明知可能对他人产生不利影响，但仍然一意孤行以追求自身利益的行为。

根据道德风险模型，地方政府、中央政府或诸如IMF等国际机构承担了挽救金融机构（如银行）的责任，这就为金融机构提供了隐性或明确的担保：当金融机构陷入困境时官方机构会帮助其度过危机。于是，金融机构就会不顾风险而为那些效益很差的工程和缺少现金的企业提供融资，以追求收益。这一方面造成了过度借贷和过热投资，另一方面又导致不可持续的经常项目逆差。由于政府对银行和金融机构的隐性担保以及监管不力，还使得过多的风险性贷款投向资产（房地产和证券）市场，导致了资产泡沫的产生，在泡沫没有破裂以前，金融机构的金融状况问题被泡沫所掩盖。然而，资产的价格不可能无限飙升，一旦资产价格下跌，金融机构的问题就会暴露，迫使其停止把资金投向资产市场，导致资产价格的进一步下跌。资产价格的下跌，使人们认识到金融机构可能无法偿还未来的债务而抽离资金，从而出现金融机构倒闭和资本外逃，货币危机随之产生。

二、货币危机的恐慌模型

恐慌模型认为东南亚货币危机的本质与经典的银行挤兑模型并没有什么不同，只是因恐慌心理而触发的国际性的挤兑而已。在发生货币危机前，东亚国家通过国内的金融机构，把来自多个国外债权人的短期外债转化为缺少流动性的长期贷款。这些短期债务到期时，如果国外债权人都不撤走资金，国内的投资项目就会正常运转。但是一旦有国外债权人不愿意继续提供贷款时，国内的投资项目将难以为继，除非有新的外国债权人提供新的资金注入。因此，尽管所有的外国债权人作为一个整体愿意为债务国的投资项目提供新的贷款，然而没有任何单个债权人愿意单独提供新的贷款，只要其认为其他债权人都不会提供新的贷款。而且，由于长期投资项目变现能力的不足，使得先撤走资金的债权人损失最小，而后撤走资金的债权人将承担很大的损失。因此一旦有国外债权人撤资，就会导致恐慌心理，使得所有投资者采取撤资行为，于是就产生了流动性不足的货币危机。当然，当所有的外国投资者都愿意继续在该国投资时，货币危机也就不会发生。这种自我实现的恐慌心理，使得外资会迅速撤离该国或该地区，导致了该国或该地区资产价格的下降、货币的贬值以及企业的破产和产出的下降。从一个国家整体来看，这种自我实现的恐慌性货币危机与经济基本面（如经常项目、实际汇率、腐败水平等）关系不大，但是其爆发与短期外债和外汇储备的比率有显著关系，而且与长期外债和外汇储备的比率却无显著关系。当一个国家的短期外债超过其短期对外资产时，就会发生货币危机。因此，发生恐慌性危机的国家不是从长期上无力偿还外债，而是短期的流动性不足。

三、货币危机的资产负债表模型

1994～1995年的墨西哥比索危机和1997～1998年的东南亚货币危机表现出了一个与以往的货币危机根本的不同点，就是这些国家在货币危机后出现了大幅度经济衰退。1995年墨西哥的国内生产总值比1994年下降6.2%，而印度尼西亚、韩国、马来西亚和泰国在1998年的国内生产总值分别比1997年下降13.1%、6.7%、7.4%和10.2%。这是第一代和第二代货币危机模型都无法解释的，因为第一代模型认为货币危机只是国内居民对国内货币和外汇之间进行资产组合的结果，基本上没有涉及实体经济；而对于第二代模型，投机攻击的结果是选择放弃固定汇率，并不意味着对就业和产出造成不利冲击，事实上固定汇率所造成的政策约束的消除，至少对短期的宏观经济是有利的。根据第三代货币危机模型中的道德风险模型和金融恐慌模型，货币危机的爆发和资本外逃是同时发生的，资本外逃必然导致产出的下降，而且由于大量短期外债所造成的流动性不足，使得企业和项目破产，更加重了经济的衰退程度。但是Krugman和Aghion等人认为，道德风险模型和金融恐慌模型无法解释东南亚危机的严重性，因而提出了货币危机的资产负债表模型。

根据资产负债表模型，货币危机之所以导致产出大幅度下降的关键在于资产负债表的错配(mismatch)和汇率之间的相互作用。资产负债表的错配包括两个方面的内容：一是资产和负债的期限错配(maturity mismatch)；二是资产和负债的币种错配(currency mismatch)。资产负债的期限错配使原本具有清偿能力的企业(或国家)易于遭受国际流动性不足的问题。在货币贬值的预期下，资本外逃和国际清偿力的不足，导致货币贬值和产出水平的下降。资产负债的币种错配是指，新兴市场国家的企业(或金融机构)的外债是以外币计价的，并且很少进行套期保值。所以当本币贬值时，外债的负担加重，资产负债状况恶化。在信贷市场不完善的情况下，由于债权人无法对借款人的行为进行监督或分享借款人的信息，导致了信贷市场的代理成本。Bernake和Gertler(1989)认为，代理成本使得企业的外部融资成本高于内部融资，从而企业的资产负债状况在影响企业的融资成本方面起着重要的作用，只有企业的内部融资达到某个比例时，才会消除信贷市场的代理成本。因此，信息不对称使得信贷市场的贷款往往以抵押贷款的形式存在，企业的投资规模受到其净财富的限制。而企业的资产负债表的变化恰恰反映了企业净财富的变化，所以企业的资产负债表在企业的投资方面起着重要的作用。如果某个国家的企业债务中有大量的以外币计价的外债，那么货币贬值时，企业的负债将大大增加，使其净财富下降，限制了其融资能力，进而抑制了企业的投资。因此,货币贬值可以在两方面影响产出水平:首先,货币贬值使得国内产品价格相对下降,改善了经常项目,从而产出水平提高;其次,货币贬值通过企业的资产负债表影响企业的资本投入。当不考虑第二个方面的作用时,货币贬值有利于产出水平的提高。但是,当一个国家有大量以外币计价的外债时,货币贬值就会使可投入的资本减少,而且当贬值的资产负债效应很大时,还会导致厂家劳动投入的减少,失业水平上升、产出下降。

在某些情况下,经济有可能存在两个或更多的均衡点,这就是所谓的多重均衡现象。若存在两个均衡点,则其中有一个是较好的均衡(较高的本币汇率和较高的产出水平),而另一个则是较差的均衡(较低的本币汇率和较低的产出水平)。货币危机意味着较差的均衡。由于经济会从一个均衡点迅速跳跃至另一个均衡点,因此,多重均衡的存在使得危机会突然发生。

经济存在多重均衡的道理是很简单的:如果公众都相信货币不会贬值,国外债权人不会撤走外资,汇率得以维持,国内企业的资产负债问题被坚挺的本国货币所掩盖,产出保持在较高的水平;而当公众认识到国内企业资产负债表中存在的问题时,就会对企业能否维持经营活动产生疑问,以及产生对货币贬值的预期,造成资本的外逃,结果导致了实实在在的货币贬值和企业资产负债状况的恶化以及国内投资的崩溃,进而导致产出水平的下降。所以,此时的货币危机以及伴随的经济危机是自我实现的,可以是完全基于市场预期而发生,而自我实现的前提条件是企业中大量的以外币计价的外债。

专栏 10-3　东南亚国家危机前的经济增长方式和危机后的产出

一、危机前的经济增长

在危机爆发之前,东南亚的经济一直因其快速增长而受到全世界的赞扬,被称为"东亚奇迹"。表 10-1 列出了印度尼西亚、韩国、马来西亚、菲律宾和泰国 1960～1995 年间人均国民生产总值的变化。其中经济增长率最快的是韩国,其人均 GDP 的年均增长率达到了 6.5%,成为世界上经济增长最快的国家之一。1960 年韩国的人均 GDP 比安哥拉、马达加斯加、塞内加尔等非洲贫困国家还低,但是到了 1996 年韩国已经被认为是高收入国家,成为亚洲四小龙之一。印度尼西亚、马来西亚和泰国的人均 GDP 的年均增长率也高达 4%以上。在这 5 个国家中,经济增长最慢的是菲律宾,其人均 GDP 年均增长率只有 1.3%。根据 IMF 的数据(*International Financial Statistics Yearbook*, 2001),菲律宾在 1971～1996 年间的 GDP 增长率为 3.47%,其人均 GDP 增长很慢的原因是人口增长率较高,1971 年菲律宾的人口为 3 790 万,到了 2000 年,人口达到了 7 632 万,30 年间的人口年均增长率为2.44%。总之,在危机前,除了菲律宾外,其他四个国家的经济都以较快的速度扩张,而美国在同一时期的人均经济增长率只有2.0%。

表10-1　1960年和1995年东亚5国的人均GDP

国家	人均GDP(1995年美元)		年均增长率(%)
	1960年	1995年	1960～1995年
印度尼西亚	621	2 602	4.1
韩国	883	8 505	6.5
马来西亚	1 381	6 613	4.5
菲律宾	1 112	1 756	1.3
泰国	923	5 034	4.8
美国	9 774	19 621	2.0

数据来源:Rivera-Batiz (2001)。

在东亚国家的经济增长过程中,因劳动力素质的提高引起的劳动生产率的提高对于促进经济增长的作用是毋庸置疑的。但是东亚国家与其他区域国家明显不同的特点是,这些国家的储蓄率和投资率的提高在经济增长中起了重要的作用。表10-2列示了东南亚5国在1960～1996年间的投资率。从60年代到90年代除了菲律宾外,其他4个国家的投资率都增加1倍以上。在印度尼西亚,投资率从60年代的10%增加到90年代的约35%;韩国的投资率从18.4%增加到了36.9%;马来西亚的投资率从19.2%增加到了39.8%;泰国则从20.5%增加到了42.1%。而在过去的10年间全球的平均投资率仅在20%～25%之间。菲律宾的投资率在30多年间没有太多变化,但也保持在世界平均水平。菲律宾的经济增长率和投资率都比其他4个国家低的事实,在一定程度上也反映了东亚国家的经济增长与物质资本积累之间的关系。

表10-2　1960～1996年东亚5国的年均投资率　单位:%

国家	1960～1969年	1970～1979年	1980～1989年	1990～1996年
印度尼西亚	9.8	21.8	29.1	34.8
韩国	18.4	27.3	30.0	36.9
马来西亚	19.2	25.5	30.0	39.8
菲律宾	19.6	5.6	22.1	22.5
泰国	20.5	25.8	27.6	42.1

数据来源:Rivera-Batiz (2001)。

二、东亚国家的产出、投资和失业

表 10－3 列示了东亚 5 国在 1991～1998 年间的经济增长率。在 1997 年前，除了菲律宾外，各国经济都表现了较快的增长，然而在 1998 年都出现了负增长，经济衰退幅度(1997 年的增长率与 1998 年的增长率之差)分别达到 17.8、11.7、14.7、5.8 和 9.8，这几乎是美国的大萧条以来最严重的经济衰退。表 10－4 列示了东亚 5 国在 1991～1998 年的总投资率(固定资产总额形成比例)。在印度尼西亚，1991～1997 年的总投资率，除 1993 年为 29.5%外，其余年份都在 30%以上，但 1998 年的总投资率为 16.8%。1991～1997 年韩国的总投资率基本上在 35%以上，但 1998 年下降为 21.2%。1991～1997 年马来西亚的总投资率也都在 35%以上，并且 1994～1997 年更是高达 40%以上，1998 年降为 26.7%。泰国在 1991～1997 年间的总投资率更是高得惊人，除了 1994 年为 39.9%外，其余每年的总投资率都在 40%以上，但 1998 年降为 33.3%。这 4 个国家在 1998 年的总投资率分别比前一年下降 15%、13%、16.2%和 8.3%，总投资率下降的直接结果是这些国家的净投资出现负增长。印度尼西亚 1998 年的固定资产存量比 1997 年减少 82.7 万亿卢比，韩国 1998 年的固定资产存量减少 38.8 万亿韩元，马来西亚 1998 年的固定资产存量减少 3.62 亿林吉特，而泰国 1998 年的固定资产存量也减少 0.88 亿泰铢。投资的减少意味着生产规模的降低和失业的增加。表 10－5 列出了东亚 5 国 1991～1998 年的失业率。从表中可以看出，各国在 1998 年的失业率都比 1997 年有不同程度的提高。随着投资率的降低和失业率的上升，产出水平的下降也就在所难免了。

表 10－3　　1991～1998 年东亚 5 国的经济增长率　　单位：%

国家	1991 年	1992 年	1993 年	1994 年	1995 年	1996 年	1997 年	1998 年
印度尼西亚	7.0	6.5	6.5	7.5	8.2	7.8	4.7	－13.1
韩国	9.2	5.4	5.5	8.3	8.9	6.8	5.0	－6.7
马来西亚	9.5	8.9	9.9	9.2	9.8	10.0	7.3	－7.4
菲律宾	－0.6	0.3	2.1	4.4	4.7	5.8	5.2	－0.6
泰国	8.6	8.1	8.7	8.6	8.8	5.5	－0.4	－10.2

数据来源：IMF：*International Financial Statistics Yearbook* 2001。

表 10-4 **1991～1998 年东亚 5 国的总固定资产形成与 GDP 比率** 单位：%

国家	1991 年	1992 年	1993 年	1994 年	1995 年	1996 年	1997 年	1998 年
印度尼西亚	35.5	35.8	29.5	31.1	31.9	30.7	31.8	16.8
韩国	39.9	37.3	35.5	36.5	37.2	37.9	34.2	21.2
马来西亚	37.8	35.4	39.2	41.2	43.6	41.5	42.9	26.7
菲律宾	20.2	21.3	24.0	24.1	22.5	24.0	24.8	20.2
泰国	41.4	42.8	40.0	39.9	40.2	41.8	41.6	33.3

数据来源：IMF：*International Financial Statistics Yearbook* 2001。

导致投资下降的原因究竟何在？危机前后这些国家外资的回流或资本流入的减少是重要原因。而另外一个很重要的原因是，这些国家大量的外债都是以外币计价的，存在所谓的币种错配。

表 10-5 **1991～1998 年东亚 5 国的失业率** 单位：%

国家	1991 年	1992 年	1993 年	1994 年	1995 年	1996 年	1997 年	1998 年
印度尼西亚	2.6	2.7	2.8	4.4	/	4.0	4.7	5.5
韩国	2.3	2.4	2.8	2.4	2.0	2.0	2.6	6.8
马来西亚	4.3	3.7	3.0	2.9	2.8	2.5	2.5	3.3
菲律宾	9.0	9.8	9.0	9.5	9.5	9.5	/	/
泰国	2.7	1.4	1.5	1.3	1.1	1.1	0.9	3.4

数据来源：IMF：*International Financial Statistics Yearbook* 2001。

当投资者用一种货币形式借入资金而以另外一种币种进行投资时，就会出现债务与资产在币种结构上的错配。最典型的一种情况是，发展中国家的银行以外币形式借入资金以本币向企业提供贷款。另外一个例子是，国内企业直接借入外币资金为企业的国内业务融资。第三种情况是，本国政府无法在国外发行以本国货币计价的债券而只能以外币形式借入国外资金。这三种情况都会使得一国的外债以外币计价，一旦本国货币贬值，外债负担就会加重。而国内金融市场的不发达，使得这些国家没有足够的金融衍生工具来进行套期保值。

在 80 年代末和 90 年代，东亚国家和地区外债的币种错配问题非常严重。表 10-6 是东亚国家在 1995～1999 年间外债中以本国货币计价的比例。表中列出的 9 个国家和地区(除了香港)的债务都是以本国货币计价的。所以，一旦本国货币贬值，外债负担就变得非常严重，那些直接借入外债的金融和非金融企业的资产负债状况因此而急剧恶化，进而限制了企业的投资和生产规模的扩张。

表 10-6　部分东亚国家和地区以本币计价的外债比例　单位:%

国家或地区	1995 年	1996 年	1997 年	1998 年	1999 年
新加坡	0.08	0.01	0.01	0.01	0.004
中国香港	0.18	0.42	0.39	0.33	0.39
中国台湾	0.00	0.00	0.00	0.00	0.00
马来西亚	0.00	0.00	0.00	0.00	0.00
韩国	0.00	0.00	0.00	0.00	0.00
菲律宾	0.02	0.01	0.01	0.01	0.01
中国大陆	0.00	0.00	0.00	0.00	0.00
泰国	0.01	0.01	0.01	0.04	0.06
印度尼西亚	0.00	0.02	0.02	0.01	0.000 2

数据来源:Rivera-Batiz & Oliva (2001)。

第五节　货币危机的传染

与以往的货币危机不同,近 10 年的货币危机还有一个显著的特点:一个国家的货币危机可以迅速蔓延到其他国家或地区。1992 年 9 月从芬兰开始的货币危机导致了对欧洲货币体系成员国货币的投机攻击,最后导致整个欧洲货币汇率机制的崩溃。1994 年 12 月 20 日,由于受到投机攻击,墨西哥的外汇储备由 1994 年 2 月的 290 亿美元减少到了 60 亿美元,迫使墨西哥政府放弃与美元的固定汇率,墨西哥比索贬值 15%,而在此后的一周内,总的贬值幅度达 40%。比索危机迅速波及巴西和阿根廷,在 1995 年的第一个季度内,阿根廷损失了 40%的外汇储备和 18%的银行存款,而巴西的外汇储备则减少 20%。同样的情况也发生在 1997 年的东南亚国家。1997 年 7 月 2 日,泰国政府在外汇储备流失大约 300 亿美元后被迫宣布放弃钉住汇率制度,当天泰铢兑美元的汇率下跌 20%,点燃了东南亚货币危机导火索。到 1998 年 1 月底,泰铢兑美元的贬值幅度达到 55%,而地区内的其他货币也相继大幅贬值。从 1997 年 7 月到 1998 年 1 月,马来西亚林吉特兑美元汇率下跌 44.9%,菲律宾比索兑美元贬值 39.4%,新加坡元贬值 18.8%,韩元贬值 49.1%。印尼卢比则由 1997 年 7 月 1 日的 1 美元兑 2 432 卢比下跌至 1 美元兑 14 800 卢比,卢比价值损失 83.6%。此外,1998 年的俄罗斯卢布危机和 1998～1999 年的巴西雷亚尔危机也表现了一定的传染效应。在各种报纸、杂志和其他媒体上，人们创造了许多新名词来形容货币危机的“传染”(contagion)现象，如墨西哥“龙舌兰酒效应”(Tequila Effect)、“亚洲流感”(Asian Flu)、“俄罗斯病毒”(Russian Virus)等。

由于在90年代以前，货币危机很少会在国家间传播，因此在90年代前的金融文献中，对于传染的研究只集中于银行挤兑方面，而对传染性的货币投机攻击的关注却极为罕见。90年代以后，学术界开始关注货币危机的传染现象，然而起初的研究仅集中在新兴金融市场间的资产价格的共同波动(co-movement)和资本流动。这种共同运动通常被解释为国家间资产流动存在传染的经验证据。近十年来，对于货币危机背景的传染才开始得到重视。

一、货币危机传染的概述

关于货币危机的传染，不同的学者有不同的定义。Gerlach 和 Smets(1995)把对一国家货币成功的投机攻击而导致其他国家货币投机攻击压力增加的现象定义为货币危机的传染。Eichengreen、Rose 和 Wyplosz(1996)认为货币危机传染的衡量标准是：当对政治和经济基本因素加以控制后，一个国家在某个时间点上发生货币危机的概率是否与其他国家在同一时间点上发生货币危机有关。也就是说，所谓“传染”是指，当其他地方发生货币危机时本国货币发生危机的概率增加的现象。而 Masson (1998)和 Pritsker (2000)从概念上把货币危机的传染分为两类。第一类“传染”强调不同市场之间的相互依赖所导致的溢出效应。这种相互依赖是指由于实体经济或金融方面的相互联接，使得局部的或全球性的冲击在国际间发生传播。Calvo 和 Reinhart(1996)把这类危机的传播称为“基于基本面的传染”。第二类“传染”则指危机的传染与可观测到的宏观经济或其他基本面无关，而仅仅是由于投资者或其他金融经纪人的行为结果。Kaminsky 和 Reinhart(2000)称之为“真正的传染”(true contagion)，而 Masson(1998)则称之为“纯粹性传染”(pure contagion)。后一种“传染”通常被认为是“非理性”的结果，如金融恐慌、羊群行为(herd behavior)、信心的丧失以及风险厌恶的增加。然而 Calvo 和 Mendoza(2000)的研究表明，个人的理性活动同样会导致危机的传染。为了对货币危机的传染现象做比较系统的探讨，我们按照广义的传染来讨论货币危机，即把货币危机发生的同时性作为来衡量危机传染的标准。

二、货币危机传染的原因

关于货币危机为什么会同时发生的解释有很多。经济学家通常从共同的冲击、贸易联结、竞相贬值、金融联结和唤醒效应(wake-up call effect)等方面来解释货币危机的传染现象。

（一）共同的冲击

主要工业化国家经济政策的变化以及世界主要商品价格的变化等全球性的原因，会使得许多国家的货币同时产生贬值压力而引发货币危机。例如，当美国提高利率时，资本就会从与美元保持固定汇率的拉美国家流向美国，从而使得这些国家可能同时出现货币贬值。另外，由专栏10－2我们可以看到，德国利率的提高是国际炒家对欧洲货币体系成员国发起货币投机攻击的一个重要原因。而1995～1996年间美元的坚挺走势削弱了东亚国家的出口竞争力，并导致了之后的金融困境。

（二）贸易联接和竞相贬值

当一个国家发生货币危机而导致货币贬值时，其主要贸易伙伴国就可能成为被攻击的对象，因为这些国家对发生危机国的出口会急剧下降。在欧洲货币危机中有这么一些现象：1992年9月8日芬兰马克贬值后投机者加大了对瑞典克朗的攻击；意大利里拉和英镑的贬值似乎增加了对法郎的投机压力；11月18日瑞典克朗的浮动增加了挪威维持固定汇率的压力。Gerlach和Smets(1995)正是从这些现象中得到灵感，把注意力集中到这些国家之间的商品和金融资产的贸易联接上。根据他们的模型，对某个国家货币的投机攻击一旦获得成功，就会导致该国货币的贬值，从而提高该国出口商品的竞争力，而其贸易伙伴就会出现贸易逆差和外汇储备的逐渐减少，最后同样会遭受货币攻击。此外，危机国货币的贬值降低了其贸易伙伴国进口品的价格，从而降低了贸易伙伴国的消费价格指数以及货币需求，于是公众会把本币转换成外币，导致该国外汇储备降低，并引发投机者对其进行投机攻击。与贸易相联系的另一个导致危机传染的原因是竞相贬值。因为危机国的货币贬值会降低与其有共同市场的其他国家的出口竞争力，而这些国家为了保持出口份额也会实行货币贬值。

（三）金融联接

同贸易联接类似，直接投资、银行借贷和资本市场的活动同样可以引起货币危机的传染。在国际投资中，金融机构为那些不愿进行长期投资的外国投资者提供了流动性资产，从而大大地增加了资本流动数量。然而，一旦由于外生性原因使得外国投资者开始提取存款时，金融机构很难及时收回贷款以应付提款需要，于是就会面临支付困难，进而引发挤兑。随着外国投资者把提取的存款大量兑换成外汇，货币危机也就在所难免。投资者对存款的提取，减少了金融机构的流动性，迫使金融机构收回给其他国家的贷款或无力给其他国家提供新的贷款，从而导致其他国家的危机。此外，对于一个为许多国家同时提供贷款的国际银行，某个国家的货币危机使在该国的不良资产大幅上升时，为了减少资产风险，商业银行就会撤回在其他国家的高风险项目的资金，导致这些国家同时因外资的撤离而出现币值下调的压力。

(四)多重均衡

对于"传染"的另一种普遍解释是由于投资者的预期变化引起金融市场自我实现的多重均衡。当一个国家的危机使得另一个国家的经济移动到一个"较差的均衡"(具有货币贬值、资产价格下跌、资本外逃等特征的均衡点)时,就发生了传染。而经济体系存在多重均衡的条件是经济基本面不是太好也不是太坏,也就是说,经济基本面在一定范围内的国家比较容易受到危机的传染。Drazen(1999)认为在 1992～1993 年的欧洲货币体系危机中,政治因素导致了经济从一个均衡跳跃到另一个均衡,产生危机的传染。他的模型假定中央银行行长是在政治压力下维持固定汇率的,那么当某个国家放弃固定汇率时,就减少了其他国家放弃固定汇率时产生的政治成本,因此政府对汇率调整的可能性就增加了。

(五)唤醒效应

当一个国家发生危机时,投资者就会认识到其他国家或地区的问题的严重性,于是对那些地区的宏观经济基本面进行重估。如果发现某些经济变量与危机国相似时,投资者就会把资金撤离该国家或地区,引发该地区的危机。例如,当泰铢贬值后,投资者迅速认识到其他东南亚国家金融部门的问题。根据这种观点,被传染危机的国家的经济基本面实际上并不好,但是投资者事先没有意识到,直到其他国家发生货币危机时才被"唤醒"。因此在这种情况下只存在一个较差的均衡,只是投资者此前误以为经济基本面是健康的。

第六节　主权债务危机

主权债务(sovereign debt)是一个国家以其主权为担保所形成的债务。当该国无法对其主权债务按时还本付息时,就产生了所谓的主权债务危机(sovereign debt crisis)。由于一国爆发主权债务时,其主权信用受到质疑,因此主权债务危机又称为主权信用危机。在发展中国家,其主权债务往往是外币计价的,所以发展中国家的主权债务危机往往表现为外债危机。一国发生主权债务危机时,其国家信用下降,投资者对其发行的货币也会失去信心,使该货币汇率下跌,从而往往伴随着货币危机的发生。主权债务违约的历史由来已久,最早记载的西方主权债务违约发生在公元前 4 世纪,当时阿提卡海洋联盟(Attic Maritime Association)的 13 个城邦中,有 10 个城邦未能偿还提洛神庙(Delos Temple)的借款(Winkler,1933)。现代意义上的主权债务违约发生在 1344 年的英国,出于对法国国王腓力六世没收其在法国的领地的愤怒,爱德华三世于 1937 年 11 月率军进攻法国。在 1340 年 6 月,英国舰队在斯勒伊斯海战中大获全胜。但由于军费开支过于巨大，使爱德华三世无力持续作战。1344 年爱德华三世甚至宣布破产，导致佛罗伦萨的两家大银行倒闭。1557 年西班牙国王菲利普二世拖欠了主要从南部德国银行借贷的短期借款(Kohn，1999)。而法国在大革命期间的债务违约高达 8 次之多。在 19 世纪以前，西班牙的债务违约不少于 6 次。而 19 世纪中，德国、葡萄牙、奥地利和希腊各违约了 4 次，西班牙违约了 7 次。可以说，目前的大多数发达国家在历史上都有过多次的主权债务违约(Reinhart et al.，2003)。

在第二次世界大战以后，主权债务违约则主要集中在发展中国家。根据 Reinhart 和 Rogoff(2007)的数据，在 1950～2006 年间，世界各国共发生 87 次主权债务违约，其中非洲国家发生 22 次，欧洲国家发生了 7 次，亚洲国家发生了 11 次，拉美国家发生了 47 次。而这些主权债务危机则无一例外地发生在发展中国家。由于发展中国家往往把本国货币钉住于某发达国家的货币，因而债务危机又经常引发货币危机。20 世纪 80 年代初爆发的拉美国家的货币危机、1998 年的俄罗斯卢布危机、2001 年的阿根廷比索危机都是由债务危机引起的。然而总体而言，发展中国家的债务水平远远低于发达国家，却屡屡发生债务危机，这成了债务违约领域最为令人困惑的问题。2009 年底开始的欧洲主权债务问题，则又向我们提出了新的问题：为何发达国家也陷入了债务泥潭？而目前主权债务水平最高的日本，却为何仍然未发生主权债务违约？

一、主权债务的增长模型

一国在某个时点的主权债务是其历年财政赤字积累而成的，主权债务存量与财政赤字之间存在重要的联系。我们可以把主权债务与政府财政赤字的关系表示如下的差分方程：

$$B_t = B_{t-1}(1+i_t) + D_t \tag{10-5}$$

式中，B_t 为 t 期末的政府债务的名义值，B_{t-1} 为 $t-1$ 期末的政府债务的名义值，i_t 为 t 期的名义利率，D_t 为 t 期的政府原始财政赤字。原始财政赤字等于包含转移支付在内的政府支出的价值减去政府收入的价值。媒体上公布的财政赤字，则需要在原始财政赤字基础上再减去为未到期债务所支付的利息。在等式(10－5)中，假定政府债券都是 1 年期的，则该等式表示 t 期末的政府债务余额为 $t-1$ 期末政府债务余额的本息之和加上 t 期的财政赤字。在(10－5)式的两边同时除以 t 期的国内生产总值(Y_t)，则得到：

$$\frac{B_t}{Y_t} = \frac{B_{t-1}}{Y_t}(1+i_t) + \frac{D_t}{Y_t} \tag{10-6}$$

我们用 G_t 表示 t 期的 GDP 名义增长率，即实际 GDP 增长率和通货膨胀率之和，于是等式(10－6)就成为：

$$\frac{B_t}{Y_t}=\frac{B_{t-1}}{Y_{t-1}(1+G_t)}(1+i_t)+\frac{D_t}{Y_t} \tag{10-7}$$

再进一步令 $b_t=B_t/Y_t$，$d_t=D_t/Y_t$，我们可以得到下面的债务增长模型：

$$b_t=\frac{1+i_t}{1+G_t}b_{t-1}+d_t \tag{10-8}$$

在等式(10－8)中，b_t 和 d_t 分别为债务余额和财政赤字占GDP之比，即所谓的债务比和赤字比。债务比和赤字比是国际上评判一国之公共财政是否健康的重要指标。通常，当债务比低于60％、赤字比低于3％时，公共财政被认为是健康的。而这两个指标也被欧盟认定为成为欧元区成员国的必要条件。一国的债务危机可以分为清偿性危机(solvency crisis)和流动性危机(liquidity crisis)。所谓清偿性债务危机，是指发生债务危机的国家的债务水平超过了其偿还能力，债务重整(debt restructuring)或推迟还本付息只能延后危机爆发的时间，但无法避免危机的最终爆发。而流动性危机则是由政府暂时的资金周转不灵引发的，只要在紧缩经济的前提下给予适当的资金支持，便可渡过难关，因此通过债务重整最终可以避免债务危机的爆发。清偿性债务危机的重要指标就是其债务比过高，而流动性债务危机的指标是正常的债务比和过高的赤字比之差。当一个债务总量水平在正常范围内的国家出现暂时较大财政赤字时，如果市场认为该国会爆发债务危机而不愿意继续提供资金，该国政府将无法为其赤字进行融资，到期债务也将无法如期还本付息，从而爆发危机。但是市场如果对该国的财政保持信心而愿意继续提供资金，那么该国就能获得足够的资金度过暂时的财政困难而避免债务危机的爆发。因此，流动性危机往往具有自我实现的特征。

为了使分析过程更为简单，我们不妨假定GDP增长率、名义利率和原始赤字比皆为常数，此时等式(10－8)即为：

$$b_t=\frac{1+i}{1+G}b_{t-1}+d \tag{10-9}$$

我们可以把等式(10－9)所表示的关于债务比的差分方程称为政府预算方程，并用图形来分析。当 $i<G$ 时，我们可以得到该差分方程的均衡解为：①

$$\bar{b}=\frac{1+G}{G-i}d \tag{10-10}$$

图10－2给出了名义利率水平 i 低于经济增长率 G 时的政府债务增长路径。图中横坐标为 $t-1$ 期末的政府债务比 b_{t-1}，纵坐标为 t 期末的政府债务比 b_1。45°线为债务比的稳态条件 $b_t=b_{t-1}$，表示前后两期的债务比相同。而另外一条斜线就是等式

① 我们可以假定该差分方程的均衡解为 $\bar{b}$，在均衡时 $b_t=b_{t-1}=\bar{b}$，由此得到等式(10－10)。

(10－9)所表示的政府预算线，其斜率小于1。假定最初的债务比为 b_0，代入等式(10－9)，得到A点的纵坐标 b_1，再由45°线转化为B点；把 b_1 代入方程(10－9)，得到C点的纵坐标 b_2，再由45°线转化为D点，如此循环往复，最后将收敛至E点。在E点，由于 $b_t=b_{t-1}$，因此债务比将保持在该点，即达到稳定的均衡状态。$b_0 \to A \to B \to C \to D \to \cdots \to E$ 就是政府债务比达到稳态均衡的路径。这说明，当一国的名义经济增长率大于其名义利率水平时，即使每年都保持固定比例的财政赤字，该政府的债务仍然是可持续的。

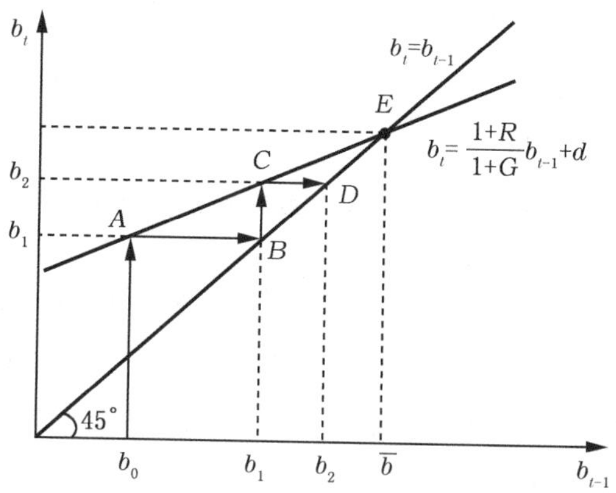

图 10－2　可持续的政府债务的动态增长

而当 $i>G$ 时，差分方程(10－9)的均衡解是不稳定的。根据等式(10－10)，均衡点为图10—3中的E点，然而该均衡是不稳定的，一旦偏离其均衡，债务比将离该均衡点越来越远。假定最初的政府债务比为 b_0，那么下一期的债务比 b_1 就是A点的纵坐标，再通过45°线转化为B点；把B点的横坐标 b_1 代入等式(10—9)得到下一期的债务比 b_2 为C点的纵坐标，再通过45°线转化为D点；把D点的横坐标 b_1 代入等式(10—9)得到下一期的债务比 b_3 为F点的纵坐标，再通过45°线转化为G点；如此循环往复，债务比将渐渐远离均衡点，呈现爆炸性增长，最后达到无穷大。当然，债务比达到无穷大是不可能的，这意味着此时的债务是不可持续的，债务违约将不可避免。

根据上述债务增长模型，当一国的经济增长率过低或利率过高时，其主权债务是不可持续的。在等式(10—9)中，我们假定利率是外生的，但事实上一国的债券利率通常和其债务存量之间存在重要关系。当一国的债务存量较高时，市场预期到债务违约的概率增加，因此要求更高的风险溢价，债券利率上升，政府为赤字融资的成本增加。此外，当一国在某一时期出现大量财政赤字，为弥补赤字需要发行大量债券时，政府债券供应量的增加会导致其价格下跌。而债券的面值是固定的，价格的下跌就意味着利

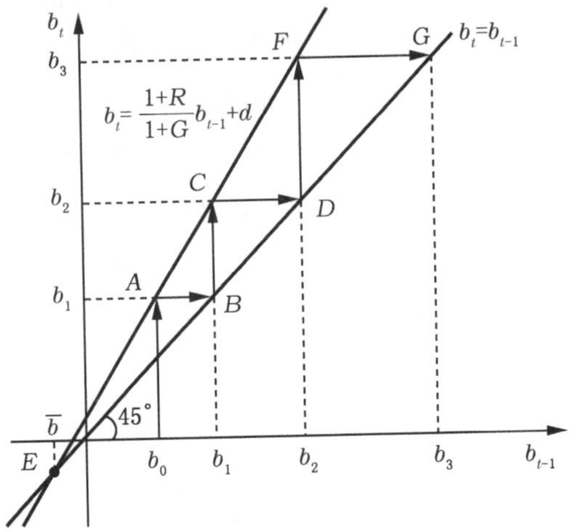

图 10－3 非稳定的政府债务动态增长路径

率的上升。例如一张面值为 100 元的一年期债券，发行价格为 98 元，那么利率就是 2.2%；而如果发行价为 80 元时，这张债券的利率就是 25%，为了借得 100 元资金，政府在一年后得偿还 125 元。因此，过高的债务水平、过大的财政赤字和过低的经济增长率都有可能引发主权债务危机。

二、货币主权、债务计价货币和主权债务违约

如前所述，当一国的债务比过高，超过其偿还能力时，就会发生清偿性债务危机。但是第二次世界大战以后，发展中国家的主权债务比例远远低于发达国家，但主权债务违约却屡屡在发展中国家中发生。撇开目前的欧洲主权债务危机，第二次世界大战以来的几乎所有主权债务危机都发生在发展中国家。

主权债务的违约与以何种货币作为计价货币存在重要的关系。如果一国的中央政府发行的债务都是以本币计价的，那么从理论上而言，它可以做到永远不违约。当债务到期时，中央政府可以发行新的票据让中央银行购买，再把从中央银行获得的本国货币支付给到期债券的持有者。通俗地讲，中央政府只要让印钞厂开工就行了。这实际上就是债务货币化的过程，其后果就是通货膨胀。当前的发达国家的债务大多是以本币计价的，如英国的主权债务大多是以英镑计价的、美国的主权债务主要是以美元计价的、日本的主权债务主要是以日元计价的。这就是第二次世界大战以后发达国家很少爆发主权债务危机的原因之一。

如果中央政府的债务以外币计价，由于无法印制外币来偿还债务，违约也就成为可能。对于发展中国家而言，国内储蓄往往不足，相当一部分的政府财政赤字需要从境外获得融资，而境外投资者对这些举债的发展中国家的货币普遍存在贬值的担忧，

因此,这些债务大多是以外币计价的。比如阿根廷政府不能通过印制美元来偿还美元债务,因为美元的发钞权属于美联储。在2001年,当阿根廷政府的大量以外币计价的债务到期,而又无法获得新的外币贷款以便借新还旧时,阿根廷政府只好宣布债务违约(见专栏10-4)。此外,发展中国家的信用等级往往低于发达国家,因此在以外币发行债券时,其利率往往高于发达国家的债券,因此即使债务总量并不高,但偿还利息的压力却很大,这无疑也加重了发展中国家的债务负担,提高了违约的概率。Cantor和Packer(1996)的研究表明,在控制了其他因素以后,发达国家的主权信用等级显著高于发展中国家。尽管发生债务危机的非发达国家的债务比例还低于不曾发生债务危机的发达国家,但债务危机通常发生在经济衰退时期。非发达国家债券的高利率和危机爆发时的低经济增长率恰恰说明了前面的债务增长模型在债务违约方面的解释能力。

专栏10-4 2001~2002年阿根廷的主权债务危机

一、1998年前的阿根廷经济

在第二次世界大战以后到80年代末,阿根廷一直遭受通货膨胀的困扰,经济一直徘徊不前。为了降低通货膨胀率,使经济稳定增长,阿根廷政府在1967~1990年间先后实施了7个以固定汇率制为核心的经济稳定计划。不幸的是,这7个计划都以固定汇率制的崩溃而告终。1991年4月阿根廷经济部长、著名的新自由主义经济学家卡瓦略(Cavallo)提出了《自由兑换法》,其主要特征就是把比索同美元按一比一挂钩,实行货币局制度(currency board)。同时,政府还采取了一系列私有化和放松管制措施。《自由兑换法》的实施,稳定了阿根廷的经济,通货膨胀从1989年的5 000%下降到了1994年的4%,并且经济在1991~1994年连续增长,GDP增长率从80年代的年均-1.2%增加到90年代的年均4%以上,名列拉美国家榜首(仅次于智利)。当然,其中应该部分地归功于当时美元低利率导致的大量资本流入阿根廷和1989年的布莱迪计划(Brandy Plan)。资本的流入有益于当时阿根廷经济的稳定发展,但同时又导致了国内信贷扩张、过度消费、资产市场的过热以及银行系统资产组合的单一化。

1994年美国采取的紧缩性货币政策,使得国际资本市场利率上升,于是阿根廷的银行系统的脆弱性加重,信贷收缩,经济开始衰退。此外,受1994年墨西哥金融危机的影响,大量资本外逃。投资者把比索兑换成美元,造成了中央银行大量的外汇储备流失。尽管在1995年第一季度里外汇储备损失41%,但比索还是维持了与美元的固定汇率,从而也使《自由兑换法》成为阿根廷战后第一个没有因货币危机而终止的经济稳定计划。但是，从1995年第二季度开始，阿根廷的经济出现了负增长。此后，梅内姆政府继续大力推行紧缩计划和反通胀计划，维持《自由兑换法》确定的比索与美元的固定汇率，从而把经济局势逐渐稳定下来，从1996年第二季度开始，阿根廷的经济恢复增长，直到1998年后半年经济又开始衰退。

二、1998～2001年的阿根廷经济

从1998年第四季度起，阿根廷的经济经历了长达30多个月的衰退。2001年3月2日，担任了15个月的经济部长马奇内亚因无力扭转经济衰退局面宣布辞职。接任的经济部长墨菲在3月16日宣布了政府紧缩措施，但立即遭到社会各界和几乎所有政党包括执政党的反对。3月19日，执政的激进党和全国团结联盟都作出决议，要求政府撤销墨菲所宣布的措施。最大的反对党正义党也坚决反对这些措施，于是刚刚上任两周的墨菲宣布辞去经济部长。第二天，阿总统宣布前正义党政府经济部长卡瓦略再次出任经济部长。3月21日，卡瓦略向议会提出了一项《竞争力法》法案，要求议会授予政府"特别权力"，以便政府能够扫除一切影响经济复苏的障碍，全力推行国家改革，重振经济。3月29日阿根廷参议院通过了这个法案，从而完成了它成为法律的立法程序。阿根廷的企业界和国际货币基金组织对法案中通过的经济措施表示支持，认为它是克服阿根廷经济危机的可行办法。在宣布卡瓦略的任职时，德拉鲁阿总统强调比索与美元一比一的固定汇率和自由兑换政策不会改变，重申阿根廷将履行所有的国际义务。尽管卡瓦略承认他在1991年所设计的固定汇率制存在弊端，但他仍然坚持现行汇率不变，反对比索贬值。然而，随着阿根廷大量的外债期限的临近，市场对政府不能偿还外债的忧虑开始加剧，担心阿根廷比索会大幅度贬值。2001年7月11日，阿根廷比索的隔夜利率从前一日收盘时的18%暴涨到45%，利率的上涨，使得追踪蓝筹公司的Mervel指数猛然下跌7%，阿根廷金融市场出现动荡。此后，阿根廷国家风险系数扶摇直上，经济金融形势继续恶化，阿根廷比索也出现疲软趋势。由于比索一旦贬值，阿根廷政府可能无法赎回债券，或者外币借贷的呆坏账增加，因此国际金融界和理论界密切关注阿根廷货币是否会贬值。8月下旬阿根廷政府与IMF达成协议得到了IMF80亿美元的援助性贷款，缓解了阿根廷发生货币危机的压力。然而统计数据表明，9月份阿根廷经济陷入了三年来最大的衰退，因此人们重新开始关注阿根廷政府能否维持其货币稳定并偿还1 320亿美元的债务。

表10—7给出了阿根廷自1997年至2000年的经济指标。从表中我们可以看出阿根廷经济存在的问题有：经济衰退、居高不下的失业、持续的双赤字（财政赤字和经常项目赤字）及庞大的公共债务和对外债务规模。我们可以从内部和外部两个方面来分析造成这些现象的原因。

经济衰退和失业率的上升是一对孪生兄弟，经济的衰退必然会导致失业的增加。根据国际收支吸收论，一国的总需求（Y）由国内需求（A）和净出口（B）构成，而国内需求则包括投资需求和消费需求。由于历史性的原因，南美国家的储蓄率是很低的，基本上不存在消费需求严重不足的现象。因此，国内需求的不足主要是由投资萎缩造成的。经过1999年和2000年，阿根廷的投资萎缩已超过23%。国外需求方面虽然不是造成阿根廷经济衰退的主要原因，但毕竟存在连年的经常项目逆差，其原因主要还是该国的高消费倾向。另外，阿根廷对巴西的出口占其总出口的近30%，1998～1999年的巴西货币危机一方面降低了阿根廷的出口竞争力，另一方面又通过收入效应减少了对阿根廷商品的需求，因此使得阿根廷的出口减少、总需求下降。

从表10—7中可以看出，阿根廷的财政赤字在1999年和2000年明显增加。造成阿根廷财政赤字的原因主要是两个方面：首先，阿根廷有强有力的工会组织，他们希望用巨额的政府支出来支付工会要求的高工资和高福利，这大大地加重了政府的支出，使得阿根廷政府每年的支出通常高达GDP的20%左右。其次，阿根廷政府在1991年实施《自由兑换法》后，通货膨胀得到了抑制，但是失业率却上升了，失业救济金的发放也导致了政府支出的增加。长年的财政赤字使政府积累了大量的公共债务，危机前公共债务的存量已达到GDP的一半以上。大量公共债务造成的庞大的利息支出反过来又成为新的财政赤字的一个原因。而公共财政状况在1999年的恶化，一方面反映了经济衰退对于税收收入的影响，另一方面则是由于政府债券利率上升的结果，此外也反映了中央政府和地方政府支出的增加。当然1999年阿根廷名义GDP的减少也在某种程度上使得公共债务与GDP的比值上升。国内储蓄的不足，使得公共债务主要来自外债，大量的外债积累就不足为奇了。

表 10－7　　**1997～2000 年阿根廷的部分经济指标**　　单位：%

	1997 年	1998 年	1999 年	2000 年
实际 GDP 增长率	8.1	3.8	－3.4	－0.5
国内需求增长率	9.7	3.8	－4.7	－0.7
消费增长率	7.9	3.1	－2.6	1.1
投资增长率	17.7	6.5	－12.8	－8.3
CPI(年末)变化率	0.3	0.7	－1.8	－0.7
失业率	14.0	12.5	13.8	14.7
国民储蓄/GDP	15.3	15.0	13.5	12.7
国民投资/GDP	19.4	19.9	17.9	16.0
中央政府收支/GDP	－1.6	－1.3	－2.5	－2.4
所有公共部门收支/GDP	－2.1	－2.1	－4.2	－3.6
公共债务/GDP	38.1	41.3	47.45	50.8
私人储蓄增长率	27.0	15.8	2.8	8.0
私人贷款增长率	19.1	13.0	－2.1	－1.6
存款利率	6.97	7.56	8.05	8.34
贷款利率	9.24	10.64	11.04	11.09
贸易差额(亿美元)	－2.12	－3.12	－0.77	2.54
进口（亿美元）	28.55	29.56	24.10	23.76
出口（亿美元）	26.43	26.44	23.33	26.30
经常项目差额(亿美元)	－12.4	－14.7	－12.4	－9.4
经常项目差额/GDP	－4.1	－4.8	－4.4	－3.3
外债/GDP	42.6	47.1	51.1	51.6

数据来源：IMF，*International Financial Statistics*；IMF，Public Information Notice No. 00/84；IMF，Country Report No. 01/90。

2001 年 8 月，IMF 的援助性贷款虽然暂时缓解了阿根廷政府偿还外债的压力，但这只是给了阿根廷政府一个喘息的机会。因为大量债务的偿还最终要来自于公共财政的盈余，而这又涉及两个方面：增收和节支。阿根廷政府已经在 2001

年7月11日宣布大幅度削减政府公务员薪酬和退休金，并在7月17日，联邦政府和全国23个省的省长签署了协议实施“零赤字”计划。根据该项计划，从2001年第三季度起，中央政府和地方政府的开支都要量入为出，坚决消除财政赤字。因此，政府在大幅度削减开支的同时将大力打击偷税漏税，对巨额漏税企业将予以严惩，此外还将向银行和企业提前收取明年的税款，以弥补财政缺口。然而在增收方面，光靠打击偷漏税是不够的，必须依赖于经济的复苏，否则税收就成了无源之水。

三、无奈的选择：债务违约并放弃货币局制度

危机前阿根廷经济中存在的很多问题是同其经济不振息息相关的，或者说这些问题的最终解决依赖于经济的复苏。而阿根廷经济衰退的主要原因是国内投资需求的不足。通过观察表10－7中的贷款利率可以发现，居高不下的利率阻碍了投资，而高利率则反映了阿根廷紧缩的银根。根据《自由兑换法》，阿根廷比索与美元保持一比一的平价，而这种平价的承诺是通过要求流通中的每一比索必须有一美元的外汇储备与之对应来实现的，因此阿根廷的货币体系其实就是一种特殊的固定汇率制。阿根廷政府用各种可能的方法来维持这种平价体系的可信度和安全性。正是阿根廷政府的这种决心和努力，使得阿根廷比索经历了1994～1995年的墨西哥货币危机和1998～1999年的巴西货币危机后依然能够保持币值的稳定。

在1991年，阿根廷实施《自由兑换法》时，该国经历了长期恶性通货膨胀的折磨，因此社会各界都希望政府能够采取强有力的措施来消除通货膨胀、稳定经济，这使得《自由兑换法》的实施有了广大的政治和社会基础。这个法案的实施，杜绝了政府滥印货币现象，通货膨胀得到了抑制，并且由于当时的全球经济处于增长时期，外资也进入了阿根廷，经济也得到了稳定发展。但《自由兑换法》也使得政府不能通过货币政策刺激经济，无法使处于衰退的经济得到复苏。居高不下的利率和投资的萎缩正是这种缺乏灵活性的货币政策的结果。因此，阿根廷政府刺激经济的唯一方法就是求助于扩张的财政政策。事实上，阿根廷20世纪90年代的经济发展在很大程度上依赖于庞大的政府支出，于是造成了大量的公共债务。所以，大量的公共债务和外债余额部分是由汇率制度造成的。而严重的政府财政赤字，使得政府根本不可能再利用财政政策来刺激经济。

因此，危机前的阿根廷经济已经进入了一种困境：要经济复苏，就要放弃与美元的钉住汇率，用货币政策来刺激经济，而放弃固定汇率的话，又会使物价上升，

出现通货膨胀，而且固定汇率的放弃必然会导致资本的外逃。但是不放弃固定汇率的话，又没有很好的方法来刺激经济复苏，那么债务危机迟早要发生。在2001年8月，IMF的援助计划在某种意义上缓解了危机的压力，给阿根廷政府创造了一定的缓冲时间，而且阿根廷政府一而再、再而三地宣称不会放弃《自由兑换法》。但是，这些都不能够从根本上避免危机的发生，也就是说，债务危机和货币危机的爆发只是时间问题。然而，后来的情况证明，阿根廷政府无法控制国会，旨在缓解财政困境的"零赤字"计划也无法得到有效实施。同时，IMF也推迟了援助计划的实施。阿根廷政府只好宣布无力偿还政府所欠的债务，同时为了防止资本外逃，阿根廷政府在2001年12月1日对银行存款和资本流出实施管制，实际上宣告了货币局制度的崩溃。2002年1月6日，杜阿尔德总统宣布阿根廷比索贬值，1美元兑1.4比索。然而在1月11日外汇市场首次开市后，比索汇率下挫44%，达到1美元兑1.8比索。此前出于对阿根廷比索贬值的担忧，公众早已纷纷从银行中取出存款转换为美元，于是债务危机转化为银行危机。因此，2001～2002年的阿根廷金融危机是由主权债务危机引发的债务危机、银行危机和货币危机同时爆发的三重危机。

然而，上面的逻辑似乎无法解释2009年底开始的欧洲主权债务危机。希腊、意大利、西班牙、葡萄牙等欧洲国家都属于发达国家，其债务也主要以其本币(欧元)计价的。为了理解欧洲债务危机，我们可以从地方政府的债务谈起。对于地方政府而言，本币计价的债务和外币计价的债务是没有差别的，其债务比例过高都会爆发债务危机，因为地方政府无法控制印钞厂。就货币发行权而言，欧元区的成员国已经变成了欧盟的地方政府，失去了自主发行货币的权力。其债务尽管是以本币计价，但是债务比达到一定程度仍然会引发债务危机。此外，由于成员国失去了货币主权，经济受到不良冲击时，只有使用扩张性财政政策，这就导致了公共债务的增加。因此，统一的货币是欧洲主权债务危机爆发的一个重要原因(见专栏10-5)。

专栏 10－5　欧洲主权债务危机

2009 年 12 月 8 日，国际信用评级机构惠誉将希腊的信用评级由 A－下调至 BBB＋，前景展望为负面，自此引爆了希腊主权债务危机。同月 16 日和 22 日，另外两大国际信用评级机构标准普尔和穆迪也分别下调了希腊的主权债券信用等级。2010 年 1 月危机开始传染到其他国家，比利时、葡萄牙和西班牙也相继陷入了危机之中，市场到处弥漫着恐慌情绪。西班牙股市在 2010 年 2 月 5 日当日骤跌 6%，创下 15 个月以来的最大跌幅。而欧元相对于其他货币的汇率也出现大幅贬值，使得德国等欧元区的核心龙头国家也开始感受到危机的影响，有评论家甚至推测欧元区最终会解体。2010 年 4 月希腊主权信用评级被调至垃圾级，欧洲债务危机进一步升级蔓延，欧洲主权债务和欧元成为困扰国际金融市场和全球经济的一个重大问题。2011 年 6 月 13 日，标准普尔更是将希腊的主权信用评级连降 3 级至全球最低的 CCC 级，而在稍后的 7 月 6 日和 12 日，穆迪公司则相继将葡萄牙和爱尔兰的主权信用评级降为垃圾级。受欧洲主权债务危机的影响，欧元区经济再次出现衰退迹象。由于欧洲主权债务危机的蔓延和升级已经影响到了欧元区的生死存废和全球经济的增长，欧盟和 IMF 等国际组织，对欧洲主权债务危机国采取各种救助措施。尽管如此，欧洲主权债务危机的前景依然扑朔迷离。

一、欧洲国家的政府债务和财政赤字

表 10－8 给出了部分 OECD 成员国在 2006～2011 年的政府债务比数据。从表中可以发现，在 2011 年底债务比最高的国家是日本，高达 211.7%，其次是希腊、意大利和冰岛，分别为 165.1%、127.7%和 127.3%；此外，爱尔兰、葡萄牙的债务比也超过了 100%，分别达到 112.6%和 111.9%；紧随其后的法国和美国分别为 98.6%和 97.6%，而相对来说债务问题不太严重的英国和德国也分别为 90%和 86.9%，也都已经远远地超过了 60%的警戒线。在这些国家中，债务比最低的反而是深陷债务危机之中的西班牙，其在 2011 年的债务比为 74.1%，而在 2008 年以前其债务比都在 50%以下。在 2011 年底，欧元区 15 国的平均债务比为 95.6%，而所有 OECD 国家的平均债务比为 101.6%。受美国次贷危机的影响，许多 OECD 国家都发生了银行危机，为救助陷入困境的银行，这些国家进行了大量的财政资金的注入，从而使得政府债务比在 2008 年和 2009 年迅速增加。

表 10－8 **部分 OECD 国家的政府债务与 GDP 之比** 单位：%

	2006 年	2007 年	2008 年	2009 年	2010 年	2011 年
法国	71.2	73.0	79.3	90.8	95.2	98.6
德国	69.8	65.6	69.7	77.4	87.1	86.9
希腊	116.9	115.0	118.1	133.5	149.1	165.1
冰岛	57.4	53.3	102.1	119.8	125.0	127.3
爱尔兰	29.2	28.7	49.6	71.1	98.5	112.6
意大利	116.9	112.1	114.7	127.1	126.1	127.7
日本	172.1	167.0	174.1	194.1	200.0	211.7
葡萄牙	77.6	75.4	80.7	93.3	103.6	111.9
西班牙	46.2	42.3	47.7	62.9	67.1	74.1
英国	46.0	47.2	57.4	72.4	82.2	90.0
美国	60.9	62.1	71.4	85.0	94.2	97.6
欧元区(15 国)	74.7	71.8	77.0	87.6	92.9	95.6
OECD	74.6	73.3	79.7	91.4	97.9	101.6

数据来源：OECD 网站。

表 10－9 列示了 2001～2011 年欧元区和部分欧洲国家的财政盈余与 GDP 之比的数据。我们发现在 2009～2011 年，表中列出的所有国家都存在财政赤字，并且赤字比都超过了 3%的国际标准。而对于债务危机最为严重的希腊，自加入欧元区以来所有年份的赤字比都不低于 4.5%。

表 10－9 **部分欧元区国家的财政盈余与 GDP 之比**

年份	欧元区	德国	爱尔兰	希腊	西班牙	法国	意大利	葡萄牙	英国	冰岛
2001	－1.9	－2.8	0.9	－4.5	－0.6	－1.5	－3.1	－4.3	0.5	—
2002	－2.6	－3.7	－0.4	－4.8	－0.5	－3.1	－2.9	－2.9	－2.1	—
2003	－3.1	－4	0.4	－5.6	－0.2	－4.1	－3.5	－3	－3.4	—
2004	－2.9	－3.8	1.4	－7.5	－0.3	－3.6	－3.5	－3.4	－3.4	—
2005	－2.5	－3.3	1.6	－5.2	1	－2.9	－4.3	－5.9	－3.4	4.9
2006	－1.4	－1.6	2.9	－5.7	2	－2.3	－3.4	－4.1	－2.7	6.3
2007	－0.7	0.3	0.1	－6.4	1.9	－2.7	－1.5	－3.1	－2.7	5.4
2008	－2	0.1	－7.3	－9.8	－4.2	－3.3	－2.7	－3.5	－5	－13.5
2009	－6.3	－3	－14.3	－15.4	－11.1	－7.5	－5.4	－10.1	－11.4	－9.9
2010	－6	－3.3	－31.2	－10.5	－9.3	－7.1	－4.5	－9.8	－10.3	－7.8
2011	－4.1	－1	－13	－9.2	－8.5	－5.2	－3.8	－4.2	－8.4	－4.4

数据来源：OECD 网站。

二、欧洲主权债务的前景

显然表 10－8 中的债务比数据表明希腊、意大利和葡萄牙的债务危机是清偿性危机。西班牙的债务比数据虽然不是很高，但是高达 25% 的失业率意味着其将来的政府债务将迅速增加。对于清偿性债务危机，债务重整或延期还款是无法从根本上解决的。清偿性债务危机的结果无非是违约或通货膨胀。但是货币主权的丧失使得这些深陷债务泥淖的国家无法通过创造通货膨胀来稀释债务，唯一的出路是增收节支，保持持续的财政盈余来降低债务比。然而欧洲国家经济的下滑，使得增收无从谈起，而节支则会使得本不景气的经济雪上加霜（表 10－10 列示了欧元区国家的经济增长率数据）。为了走出债务困境，这些国家必须促使经济复苏。从总需求看，经济复苏可以通过增加消费、投资、政府支出或净出口来实现。然而，对于经济前景的忧虑以及债务危机导致的高利率阻碍了私人部门的消费和投资。全球经济的不景气使得欧洲国家的出口也难有起色。而债务危机本身又限制了扩张性财政政策的使用。因此，这些深陷债务之中的欧元区国家靠自身的力量是无法走出衰退而平稳度过债务危机的。

表 10－10　部分欧元区成员国的经济增长率　单位：%

季度	欧元区	德国	西班牙	法国	希腊	意大利	葡萄牙
2008Q1	2.16	2.66	2.75	1.49	0.44	0.30	0.88
2008Q2	1.37	1.65	1.90	0.26	0.27	－0.44	0.74
2008Q3	0.20	0.49	0.28	－0.49	0.06	－1.77	0.34
2008Q4	－2.16	－1.94	－1.43	－2.10	－1.33	－3.38	－1.98
2009Q1	－5.13	－6.64	－3.47	－3.93	－4.19	－6.65	－3.86
2009Q2	－5.13	－5.54	－4.45	－3.21	－4.61	－6.33	－3.01
2009Q3	－4.35	－4.45	－3.92	－2.69	－3.42	－4.92	－2.03
2009Q4	－2.21	－1.97	－3.04	－0.66	－0.74	－2.96	－1.10
2010Q1	1.00	2.39	－1.29	1.03	0.45	1.05	1.68
2010Q2	2.21	4.05	－0.04	1.47	－0.92	1.62	1.63
2010Q3	2.40	4.03	0.35	1.65	－4.61	1.47	1.26
2010Q4	2.15	3.77	0.72	1.39	－8.46	1.55	0.96
2011Q1	2.43	4.63	0.92	2.24	－8.00	0.83	－0.50
2011Q2	1.68	2.92	0.82	1.67	－7.36	0.69	－0.98
2011Q3	1.41	2.62	0.75	1.55	－4.96	0.21	－1.74
2011Q4	0.69	2.02	0.27	1.20	－7.46	－0.45	－2.90
2012Q1	－0.05	1.18	－0.41	0.33	－6.25	－1.33	－2.19

外部的救助是否能够拯救这些在债务泥潭中奄奄一息的国家呢？当各国交出货币主权成为欧元区成员国时，从货币政策角度而言，各成员国已经相当于欧盟的地方政府。如同一国的中央政府极不愿意看到地方政府违约或破产，欧盟必然会对陷入债务危机的成员国进行救助，因为希腊、意大利、葡萄牙和西班牙等国违约将会对欧元区造成巨大的破坏，甚至会造成欧元的崩溃和欧元区的解体。但是救助行动的本质是节俭国的公民为奢侈国的公民埋单，会助长道德风险，同时也会受到非危机国公民的反对。而且受全球金融危机的影响，非危机国也存在大量的失业，也需要大量的财政支出，解决就业、提高福利；德国、法国等国家正忙于救助持有大量的危机国主权债券的国内银行。处于两难境地的欧盟的做法必然是一方面对危机国展开救助，同时对危机国的支出决策进行直接或间接的约束，比如要求减少财政赤字等。然而危机国一旦接受欧盟的条件，采取紧缩性财政又会使经济陷入衰退的恶性循环，必然导致危机国的公众的强烈反对。另外，我们从表 10－8 中可以看出，整个欧元区在 2011 年底的平均债务比已经高达 95.6%，所以在救助方面，整个欧盟也是有心无力。而强大的欧盟和强势的欧元并不是美国所乐见的，因此在 IMF 拥有实质否决权的美国也不会提供实质性的帮助，而且美国本身也面临着财政危机。中国虽然拥有大约 3.2 万亿美元的外汇储备，但外汇储备本质上是一个国家全体国民的储蓄，其安全性和保值增值尤为重要，而且其中大部分的外汇储备购买了美国债券，拯救欧元区国家就意味着抛售美国债券，引发美国债务危机，最终导致外汇储备的损失。如果中国用这些来之不易的外汇储备去购买欧元债券，则既不明智也不现实。因此，欧洲国家成功度过债务危机的可能性微乎其微。事实上，希腊政府于 2012 年 3 月实施的私营债权人债券置换计划(PSI)表明希腊主权债务已经违约。在这个债务互换中，每 100 欧元的债券将换得面值 31.5 欧元的新发希腊债券和 EFSF 发行的面值 15 欧元的短期票据，这些新债券的期限为 11～30 年。私人债权人将接受 53.5% 的票面损失。

三、主权违约的代价

同企业债务或个人债务相比，主权债务的一个特殊性是主权债务的债权人无法催逼债务人还债。通过军事行动逼迫债务国还债往往代价太大而得不偿失，并且也会失去道义上的支持。对于主权国家的法律起诉也通常不起作用，实际上也不存在要求一个主权国家清偿债务的法律途径。尽管关于主权违约诉讼案不断增加，但丝毫无法改变这种法律窘境。在理论上，违约国的境外资产可以被没收，但在准备违约之前，违约国早已经把资产转移回国内。当然如果主权债务可以随意违约而又不受惩罚的话，主权债务也就失去了存在的可能性，因为投资者不会愿意投资主权债券。

借款政府之所以愿意偿还债务，是因为主权债务的违约会产生金融和宏观经济方面的成本。在主权政府的债务违约问题无法与债权人取得一致意见和妥善解决之前，违约国就无法在金融市场进一步获得借款，从而限制了国内的消费和投资。违约也会降低主权信用等级，Cantor 和 Packer (1996)的研究表明，在其他条件不变时，历史上有过主权债务违约的国家之主权债券的信用等级会显著低于不曾违约过的国家。而信用等级的降低就意味着发行债券所需的利率，即融资成本的上升。违约国在借款时还会遇到另外两个问题：难以以本币举债和难以获得长期借款。

主权债务的违约还会对国内金融体系产生巨大危害。一国的银行通常会持有大量的本国政府债券，它们甚至可能在违约前夕被迫持有更多此类债券以帮助政府渡过难关。当政府债务违约时，银行将陷入困境。当银行向政府寻求救助时，政府因债务问题无力挽救银行，于是银行危机的爆发也将不可避免。银行危机使得资金无法从储蓄者有效地流向生产企业，从而损害整体投资活动。陷入困境的银行也将无法为进出口企业提供进出口融资和开具信用证，因而影响到国际贸易。在采取固定汇率制的国家中，债务违约导致的资本外逃还会导致固定汇率的崩溃而引发货币危机。

本章小结

货币危机是当公众对某种货币产生贬值预期而对其发起投机攻击，使得该货币贬值，或者导致该国货币当局国际储备大量流失或利率的大幅度提高的现象。导致货币危机的原因是多种多样的，在 20 世纪 90 年代以前，货币危机通常是政府采取了与固定汇率不一致的经济政策所引起的，货币危机是经济基本面恶化的结果，第一代货币危机模型主要解释了这种类型的货币危机。1992～1993 年的欧洲货币体系危机，使人们认识到经济基本面没有明显问题的国家也同样会发生货币危机。在此背景下，一些学者提出了第二代货币危机模型。这一类模型认为，发生货币危机的国家的经济未必在危机前存在问题，但是公众的货币贬值预期会使得货币当局维持本国货币汇率的代价急剧上升，从而促使政府在面对投机攻击时放弃固定汇率以维护国内经济目标。尽管第一代货币危机模型和第二代货币危机模型都可以在一定程度上解释东南亚货币危机的爆发，但是它们无法解释东南亚货币危机的严重后果以及以前的货币危机所不具有的特征。一些学者以金融机构在货币危机中发挥的作用为切入点，建立了道德风险模型、金融恐慌模型和资产负债表模型等一系列模型来解释东南亚货币危机的成因及后果。这些模型统称为第三代货币危机模型，但是至今为止，学术界还没有关于第三代货币危机模型的公认的分析框架。90 年代以后，一个国家的货币危机往往会迅速蔓延到其他国家或地区，即出现所谓的货币危机传染现象。我们可以从共同的冲击、贸易联结、竞相贬值、金融联结和唤醒效应等方面来解释货币危机的传染现象。

当一个国家的主权债务无法如期还本付息时，就发生了主权债务危机。主权债务危机可以分为清偿性危机和流动性危机。由于发展中国家和新兴市场国家的许多主权债务是以外币计价的，无法通过债务货币化来稀释债务，所以第二次世界大战以来的大部分主权债务危机都发生在发展中国家。欧洲主权债务危机的表面原因是高福利支出和财政收入之间的结构性矛盾，但欧元区体制是其深层次原因。

重要术语

货币危机	金融危机	第一代货币危机模型	影子汇率
第二代货币危机模型	自我实现	第三代货币危机模型	道德风险
恐慌模型	资产负债表模型	多重均衡	期限错配
币种错配	主权债务危机	清偿性危机	流动性危机

思考题

1. 货币危机和金融危机有什么区别？
2. 与浮动汇率制度相比，固定汇率制度是否更容易发生货币危机？为什么？
3. 三代货币危机模型之间的主要区别是什么？
4. 如果没有投机攻击，一国是否会发生货币危机？
5. 为了避免货币危机，有些国家对国际资本流动采取了限制措施。你是否赞同这种做法？
6. 欧洲主权债务危机的原因是什么？对中国地方政府债务有何启示？

参考文献

1. 龚关：《国际金融理论》，武汉大学出版社 2000 年版。
2. 姜波克：《国际金融新编》(第六版)，复旦大学出版社 2018 年版。
3. 金洪飞、李子奈：资本流动与货币危机，《金融研究》，2001 年第 12 期。
4. 金洪飞：外债期限结构与货币危机，《金融研究》，2003 年第 6 期。
5. 金洪飞：财政赤字、公共债务和货币危机，《财政研究》，2004 年第 2 期。
6. 金洪飞：《新兴市场货币危机机理研究》，上海财经大学出版社 2004 年版。
7. 张文阁、陈芝云：《墨西哥经济》，社会科学文献出版社 1987 年版。
8. Bernanke, Ben S. and Mark Gertler, 1989, Agency costs, net worth and business fluctuations, *American Economic Review*, 79(March), pp. 14—31.
9. Calvo, Guillermo A. and Enrique G. Mendoza, 2000, Rational contagion and the globalization of securities markets, *Journal of International Economics*, 51, pp. 79—113.

10. Calvo, Sara and Carmen Reinhart, 1996, Capital flows to Latin America: is there evidence of contagion effects, In Guillermo Calvo, Morris Goldstein, and Eduard Hochreiter, ed., *Private capital flows to emerging markets*, Washington, DC: Institute for International Economics.

11. Cantor, Richard and Frank Packer, 1996, Determinants and Impact of Sovereign Credit Ratings. *Federal Reserve Bank of New York Economic Policy Review*, October, pp. 37—54.

12. Drazen, Alan, 1999, Political contagion in currency crises, NBER Working Paper No. W7211.

13. Eichengreen, Barry, Andrew K. Rose and Charles Whplosz, 1996, Contagious currency crises, NBER Working Paper, No. 5681.

14. Flood, Robert and Peter Garber, 1984, Collapsing exchange rate regime: some linear example, *Journal of International Economics*, 17, pp. 1—13.

15. Frankel, Jeffrey A. and Andrew K. Rose, 1996, Currency crashes in emerging markets: An empirical treatment, *Journal of International Economics*, 41, pp. 351—366.

16. Gerlach, Stefan and Frank Smets, 1995, Contagious speculative attack, *European Journal of Political Economy*, 11, pp. 5—63.

17. International Monetary Fund, 1998, *World economic outlook*, Washington, DC: International Monetary Fund.

18. Kaminnsky, Graciela L. and Carmen M. Reinhart, 1999, The Twin Crises: The causes of banking and balance-of-payments problems, *American Economic Review*, 89, pp. 473—500.

19. Kaminnsky, Graciela L. and Carmen M. Reinhart, 2000, On crises, contagion, and confusion, *Journal of International Economics*, 51, pp. 145—168.

20. Kohn, Meir G., 1999, Merchant Banking in the Medieval and Early Modern Economy, Dartmouth College, Department of Economics Working Paper No. 99—05.

21. Krugman, Paul, 1979, A model of balance-of-payments crises, *Journal of Money, Credit and Banking*, 11, pp. 311—325.

22. Masson, Paul R., 1998, Contagion: Monsoonal effects, spillovers, and jumps between multiple equilibria, IMF Working Paper, No. WP/98/142.

23. Obstfeld, Maurice, 1986, Rational and self-fulfilling balance-of-payments crises, *American Economic Review*: 76, pp. 72—81.

24. Obstfeld, Maurice, 1996, Models of currency crises with self-fulfilling feature, *European Economic Review*, 40, pp. 1037—1048.

25. Pritsker, Matt, 2000, *The channels for financial contagion*, Mimeo, Federal Reserve Board, Washington, D. C.

26. Reinhart, Carmen M and Kenneth S. Rogoff, 2008, This Time is Different: A Panoramic View of Eight Centuries of Financial Crises, NBER Working Paper No. 13882.

27. Reinhart, Carmen M., Kenneth S. Rogoff and Miguel A. Savastano, 2003, Debt Intolerance, Brookings Papers on Economic Activity, Economic Studies Program, *The Brookings Institution*, vol. 34(1), pp. 1—74.

28. Rivera-Batiz, Francisco L., 2001, The East Asian crises and the anatomy of emerging market

disease, in Arvid John Lukauskas and Francisco L. Rivera-Batiz, ed. , *The political economy of the East Asian crisis and its aftermath*, Cheltenham, UK: Edward Elgar Publishing Limited.

29. Rivera-Batiz, Luis L. and Maria-Angels Oliva, 2001, Revisiting the East Asian crises and its aftermath: A political economy approach, in Arvid John Lukauskas and Francisco L. Rivera-Batiz, ed. , *The political economy of the East Asian crisis and its aftermath*, Cheltenham, UK: Edward Elgar Publishing Limited.

30. Winkler, Max, 1933, *Foreign Bonds, An Autopsy: A Study of Defaults and Repudiations of Government Obligations*. Philadelphia: Swain.